KB142385

新羅의 政治構造와 身分編制

서의식 徐毅植

본관 扶餘, 본가 靑陽
1956년 禮山 光時의 외가에서 출생
1975~82년 서울대학교 사범대학 역사과(학사)
1983~94년 서울대학교 대학원 국사학과(석·박사)
1994~98년 국사편찬위원회 別定職5級
1998~2007년 서울산업대학교 기초교육학부 교수
2007년 2월부터 서울대학교 사범대학 역사교육과 교수

新羅의 政治構造와 身分編制

서 의 식 지음

2010년 8월 25일 초판 1쇄 발행

펴낸이   오 일 주
펴낸곳   도서출판 혜안

등록번호   제22-471호
등록일자   1993년 7월 30일

주소   (우) 121-836 서울시 마포구 서교동 326-26번지 102호
전화   3141-3711~2
팩시밀리   3141-3710
E-Mail   hyeanpub@hanmail.net

ISBN 978898494-397-1 93910

값 33,000원

新羅의 政治構造와 身分編制

서 의 식

혜안

간 행 사

'上古'期에서 '中古'期로 접어들던 6세기 초, 신라 정치지배집단의 최고위층을 형성하던 세력이 '干'에서 '眞骨'로 변화하였다. 신라왕의 친족들이 신라의 형성에 참여했던 諸小國의 왕족들로부터 스스로를 구분하여 '眞骨'이라 칭하며 대두하여 배타적 특권층으로 성장한 결과였다. 이에 따라 干 중심의 六部體制가 무너지고 眞骨 중심의 중앙집권체제가 정비되기 시작하며, 골품제 내부에 신분 구성의 변화가 일어나 그 영향이 정치·사회·문화 등 모든 부면의 변동으로 파급 확산되었다. 이 시기 신라에서 진행된 이와 같은 획기적 사회변동은 생산력의 발전에 따른 생산관계의 변화에서 비롯된 것으로서 최고 지배신분층의 변화는 그 결과적 양상에 불과했겠지만, 진골 신분의 생성과 정치적·사회적 최고 특권층으로의 대두가 다른 부면에서의 변동을 견인한 指標的 變化였던 것은 분명하다. 이 책은 그 구체적인 내역에 관한 보고서다.

역사학은 자료로써 考究하는 학문이다. 아무리 그럴듯한 이야기라도 자료가 없으면 말할 수 없고, 아무리 그럴 리 없는 이야기처럼 보여도 확실한 자료가 그렇게 말하고 있으면 실제로 그러했다고 인정할 수밖에 달리 도리가 없다. 따라서 역사의 연구에서 가장 피해야 할 것이 선입견과 편견이다. 후학으로서 우리는 늘 선학의 연구 성과에 기반을 두고 새로운 연구에 착수하지만, 그것이 우리의 연구에 선입견이나 편견으로 작용하려 할 경우엔 과감히 거부하고 버리지 않으면 안 된다. 자료가 우선인 것이다. 이 책에서는 이미

通說化한 이해라 할지라도 자료가 전하는 바와 아귀가 맞지 않는다면 단호히 그렇게 하였다.

그러나 한국고대사의 연구는 자료만 가지고 추구하기 어려운 실정에 있다. 자료의 여건이 워낙 零星하기 때문이다. 게다가 그나마 남은 자료 중에는 후대의 操作이 가해져 이미 그 진면목을 알아보기 힘든 것도 있고, 몇 단계 거쳐 전해들은 轉聞을 기록한 내용이라서 도무지 신뢰하기 어려운 것도 있다. 더구나 3세기 이전의 한반도 사정과 관련해서는 우리 쪽 기록과 중국 쪽 기록의 내용이 상반하는 듯 보여 둘 중 어느 한 쪽만 겨우 자료로 쓸 수 있는 형편이다. 몇 되지 않는 자료임에도 그 태반을 버릴 수밖에 없었고, 나머지도 '사료비판'을 통해 반신반의하는 처지에서 이용해 온 셈이었다. 하지만 상반하는 내용이라는 판단이 현재 우리의 '合理'에 입각한 것임을 감안할 때, 當代에는 그것이 불합리가 아닌 그대로의 실상으로서 양쪽의 기록이 각각 그 한 단면만 기록한 것일 가능성을 늘 염두에 두고 생각하지 않으면 안 될 것이다. 그래서 이 책에서는 兩者를 공히 충족시킬 수 있는 이해 형태의 모색에 주력하였다. 그것이 당대의 실상에 더 접근한 이해 형태리라 생각했기 때문이다. 이 과정에서 사료에 대한 엄밀한 비판을 추구했음은 물론이다.

그럼에도 불구하고 열악한 자료의 한계로 말미암아 한국고대사에서 우리가 확신할 수 있는 사실은 그리 많지 않다. 결국 그 단편적인 사실들의 연관성을 설명하기 위해서는 추정을 거듭하고 假說로서 설명할 수밖에 없는 경우가 허다하다. 그런 경우에 이 책은 앞뒤의 사실들을 연결하는 고리를 역사 발전의 계기성에서 발견하고자 하였다. 우리 역사를 國史, 곧 우리 민족이 건설했던 역대 국가의 계승사로서 파악하면서 그 계기적 발전상을 규명하려 하였고, 古朝鮮부터 三國에 이르는 각 사회 내부의 구조와 그 변화를 역사 발전의 합법칙성에 입각하여 상호 유기적으로 이해하려 하였다.

6

신라의 진골세력은 6세기 초에 새로 대두한 신분층이다. '骨' 層에서 일어난 신분 분화의 결과였는데, 곧이어 '頭品' 층에서도 이런 분화가 일어나 육두품이 생성되었다. 重位制를 통해 그 과정을 구체적으로 살필 수 있다. 필자가 이 사실을 처음 알게 된 계기는 1987년 가을에 聖住寺址를 답사하면서 朗慧和尙碑文의 '曰聖而曰眞骨'이 잘못 판독되어 온 문구로서 原文은 '曰聖而眞骨'이었음을 확인하고, 得難을 육두품의 다른 이름으로 볼 수 없음을 확신하게 된 데 있었다. 신라가 멸망할 때까지 골품제도가 처음의 형태 그대로 유지된 것이 아니었다는, 어쩌면 매우 당연한 사실을 새삼 깨닫고 그 구성에 이미 몇 차례의 변화가 더 있었을 가능성을 늘 염두에 두고 사료를 살피게 되었던 것이다. 이에 그동안 상식처럼 알고 있었던 사실들에 대해서도 다시 검토하고 확인하는 자세가 버릇처럼 되었다. 重位制에 대한 당신 理解의 문제점까지 기탄없이 말씀해 주신 故 邊太燮 선생님의 학문 자세와 金光洙 선생님이 이따금 던지는 禪門의 話頭 같은 질문들이 큰 힘이고 버팀목이었다.

신라의 골품제도는 혈통에 의해 부여되는 '骨' 제도와 개인의 능력과 공적에 의해 취득되는 '頭品' 제도의 결합에 의해 완성된 것이었다. 두품은 개인에게 적용된, 승급 가능한, 정치적·사회적 지위였다. 따라서 엄밀하게 말하면 두품을 신분이었다고 하기 어렵다. 육두품이 새로 출현할 수 있었던 데에는 바로 이런 사정이 있었다. 두품을 이처럼 파악하게 되자, 신라 국가가 형성되는 과정에서 편입한 세력들을 그 크기에 따라 등급별로 편제하기 위해 설정한 것이 골품제도였다는 종래의 이해를 수정하지 않으면 안 되었다. 신라의 국가 형성 과정과 신분 편제의 구조 및 원리를 전면 다시 검토해야만 했던 사정은 여기서 기인하였다. 王京人의 개념을 새로 설정하고, 지방민에 대해 적용한 것이었다고 이해해 온 外位制가 실상은 州 또는 小京의 長官이 되어 出居한 진골들이 독자적으로 운영하던 관등체계로서 그 주된 적용 대상이 長官이 인솔하고 나간 家臣層이었음을 밝히게 된 것도 이런 인식의 연장에서 가능했던 일이다.

필자는 1994년에 重位制에 대한 검토 결과를 박사학위논문으로 제출한 이래 위와 같은 생각에서 관련 논문들을 순차적으로 발표하면서 스스로 自說을 재점검해 온 결과, 더 논증해야 할 사항은 많고 구성도 더 가다듬어야 하나 그 이해 방향만은 眞向에서 크게 벗어나지 않았다는 확신이 서서, 이제 이를 정리하여 책으로 출판해도 크게 후회하지는 않으리라 생각하게 되었다. 그러나 이미 발표한 논고라도 이들을 묶어 하나의 체계로 엮기 위해서는 다소간의 손질이 불가피하였고, 일부는 다시 써 메우지 않으면 안 되었다. 아직도 미진하고 미숙한 점이 없지 않겠지만 이에 대해서는 후일의 보완과 수정을 기약한다.

駑鈍한 필자가 이만큼이라도 한국고대사의 究明에 진력해올 수 있었던 것은 여러 선생님들의 薰陶 덕분이다. 필자가 南山新城碑에 나타난 部 중심의 力役 動員 構造를 분석하여 六部에 의한 지방지배체제의 一端을 석사학위논 문으로 제출했을 때, 하잘것없는 拙稿를 꼼꼼히 읽어주시고 일부러 긴 시간을 내 인문대학 학장실로 불러서까지 여러 가지를 일러주며 격려해주신 故 金哲埈 선생님께 진심으로 감사한다. 그때의 말씀은 지금까지 필자가 학문을 해오는 데 늘 이정표가 되어 왔다. 그리고 석·박사 과정에서 뜬금없는 이야기만 거듭하는 제자를 인내 속에서 지도해 주셨던 崔柄憲 선생님과 盧泰敦 선생님께도 뒤늦게나마 머리 숙여 고마움을 표한다.

필자가 事實을 발견하고 論旨를 바로세우는 데는 누구보다 金光洙 선생님의 도움이 컸다. 가르침은 多大한데 이해가 굼떠 늘 죄송한 마음뿐이었다. 또한 항상 가까이서 필자를 격려해주시고 엉성한 論旨를 가다듬도록 질책해주신 李景植 선생님께 감사한다. 助敎 시절부터 李 선생님을 가까이 모시면서 그 학문 자세를 龜鑑삼아 공부할 수 있었던 것은 행운이었다. 그리고 金容燮

선생님께서는 찾아뵐 때마다 필자로 하여금 스스로 어리석음을 깨닫게 해주셨고, 李元淳·尹世哲·劉善浩 선생님께서는 한국고대사 관련 문헌이나 서적이 생길 때마다 당신의 연구 분야와 무관하다며 모두 필자에게 넘겨주셨다. 이 분들로부터 '師範'의 典範을 보고 배웠으나 역부족이었던 것은 필자의 한계다.

또한 同學의 도움도 컸다. 조교 시절 필자의 옆 자리에서 로마의 역사를 일러주며 서양고대사로까지 안목을 넓혀 준 金昌成 교수, 학위 과정 중 느닷없이 귀한 논문이나 책을 찾을 때마다 마다하지 않고 구해주어 연구에 몰두할 수 있게 도와준 姜鳳龍 교수에게는 그저 고마운 마음뿐이다. 그리고 매번 출간을 주저하는 필자를 권면하여 용기를 갖게 해준 安智源 박사에게도 이 자리를 빌려 특별한 감사의 마음을 전한다.

끝으로, 젊은 시절 같은 시간강사로서 함께 소주를 기울였던 인연으로 이 책의 가치를 크게 평가하며 기꺼이 출판을 맡아준 도서출판 혜안의 吳一柱 사장에게 감사한다. 同社 편집부의 金賢淑 씨가 번잡하고 까다로운 출판 관련 사무를 즐겁게 견뎌주었고, 필자가 재직하는 사범대학 역사과의 朴惠英 碩士生과 李在光 學部生이 번잡한 교정 일을 꼼꼼하게 보아주었다. 이 책이 이만큼 번듯한 모습을 갖추게 된 것은 모두 이들의 덕이다.

2010년 7월

著 者

차 례

제2장 新羅 '上代' 干 中心의 六部組織과 王朝의 執權化

제3장 新羅의 支配身分과 骨品制의 變化

제4장 新羅 '中·下代' 眞骨 中心의 政治編制와 六頭品·得難

제1장
辰國과 辰韓, 그리고 新羅의 成長

Ⅰ. 辰國의 變轉과 '辰王'位의 推移

1. 序 言

三國의 국가 형성 과정을 제대로 파악하기 위해 반드시 전제되어야 할 것이 三韓에 대한 올바른 이해다. 그러나 삼한에 대해 우리 측에서 남긴 기록이 전무하다시피한 형편이어서, 제3자로서의 관점과 흥미에서 傳聞 내지 轉聞을 기록한 것인데다 誤·脫字가 적지 않아 더러는 文意마저 알기 어려운 중국 문헌에 의지하여 삼한 문제에 접근하다 보니 몇몇 사실의 이해에서는 서로 견해가 갈리고 관점이 어긋나 피차 납득하기 곤란한 三韓 社會相을 제시하는 경우도 생긴다. 辰國 및 辰王을 둘러싼 이해가 그 대표적인 예다.

진국·진왕에 대한 이해의 分岐는 三韓諸國이 모두 옛 진국에서 나왔으며 진왕은 삼한 전체의 왕이었다는『後漢書』의 기록을 신뢰하여 사실로 받아들이느냐 아니냐의 여부에서 시작되었다. 이『후한서』의 기사가『三國志』와 상치하는 것처럼 보이는 데 문제가 있었던 것인데,『삼국지』에는 辰韓이 옛 진국이라고만 서술되어 있을 뿐 삼한이 모두 진국에서 나왔다거나 진왕이 삼한 땅 전체의 왕이라는 내용이 없다. 따라서 후대의 撰述인『후한서』가 『삼국지』의 기사를 恣意的으로 變改한 것이라고 판단하는지[1] 아니면 나름대

---

1) 末松保和,「新羅建國考」,『新羅史の諸問題』, 1954, 127~128쪽.
金貞培,「'辰國'과 '韓'에 關한 考察」,『史叢』12·13合輯, 1968, 348~351쪽.
千寬宇,「三韓攷 第2部-『三國志』韓傳의 再檢討」,『震檀學報』41, 1976 ;『古朝鮮史·三韓史研究』, 一潮閣, 1989, 229~232쪽.
全海宗,「東夷傳의 文獻的 研究」, 一潮閣, 1980, 119~121쪽.
武田幸男,「三韓社會における辰王と臣智(上)」,『朝鮮文化研究』2, 1995, 23쪽.

로 그렇게 쓴 典據가 따로 있었으리라고 생각하는지2)에 따라 견해가 갈리게 되었다. 게다가 『삼국지』 자체 내에서도 月支國을 다스린다는 辰王과 弁·辰韓 24국 중 12국이 속해 있다는 辰王이 竝述되어 있어, 兩者가 같은 존재를 지칭한 용법인지 아닌지를 둘러싸고서도 다시 의견이 나뉘었다. 삼한으로 分立하기 전에 그 땅 전체를 다스린 辰王의 辰國이 실재했다는 견해3)부터 진국이고 진왕이고 모두 추정과 상상의 결과로 만들어진 문헌상의 존재일 뿐 실체가 아니라는 견해4)까지 異論의 스펙트럼이 대단히 폭넓게 분포한다.

하지만 그동안 연구가 진행되면서 대체로 『삼국지』의 사료 가치를 더 높이 인정하는 쪽으로 논의가 정리되어 왔다. 진국과 진왕이 존재했다는 것은 사실로 인정하면서도 삼한이 진국에서 나왔다든가 '盡王三韓之地'한 辰王이 실제로 있었다는 것을 인정하지 않는 경향이 뚜렷해진 것이다. 『후한서』의 기사는 단지 후대에 성립한 인식을 보여주는 것으로서 실제의 역사 사실과 구분해서 파악해야 한다는 생각이 논의의 기저를 이뤘다.

---

2) 『後漢書』는 唐·宋代 이후 中國과 韓國에서 共히 크게 신뢰를 받아 왔다. 문헌상으로는 北宋의 『冊府元龜』(1013)에 馬韓을 옛 辰國이라 한 것이 辰國에서 三韓이 나왔다는 인식의 一端을 드러낸 최초지만, 『後漢書』에 註釋을 가한 唐 章懷太子 李賢이 이 史書의 기록을 대체로 신뢰한 이였다고 보아 좋을 것이다. 朝鮮에서는 18세기 이후 申景濬(『彊界誌』), 安鼎福(『東史綱目』), 丁若鏞(『我邦彊域考』), 韓致奫(『海東繹史』), 李圭景(『五洲衍文長箋散稿』), 韓鎭書(『海東繹史續』·『增補文獻備考』) 등에 의해 辰國에서 三韓이 나왔다는 인식이 굳어졌다. 근대에 들어와서는 다음 논고들이 이와 같은 전통적 역사인식을 계승하였다. 다만 辰國의 실체에 대한 이해에서는 의견이 相異하다.
   吉田東伍, 『日韓古史斷』, 1893, 84쪽.
   李丙燾, 「三韓問題의 新考察(一)」, 『震檀學報』 1, 1934, 21~22쪽.
   鄭寅普, 『朝鮮史研究 上』, 서울신문사, 1946 ; 『蒼園 鄭寅普全集 3』, 延世大學校 出版部, 1983. 66쪽.
   丁仲煥, 『加羅史草』, 釜山大學校 韓日文化研究所, 1962, 38쪽.
3) 三上次男, 「南部朝鮮における韓人部族國家の成立と發展－韓諸國の發展と辰王政權の成立－」, 『古代東北アジア史研究』, 吉川弘文館, 1966, 104쪽.
4) 三品彰英, 「事實と考證－魏志東夷傳の辰國と辰王－」, 『史學雜誌』 55-1, 1944, 78~85쪽.
   村山正雄, 「'辰國'臆斷」, 『朝鮮學報』 81, 1976, 412~415쪽.

그러나 이는 관련 자료를 새로 발견했다거나 딱히 이렇게 생각하지 않으면 안 될 논리적 근거를 확보한 결과는 아니었다. 『삼국지』가 『후한서』보다 약 150년 앞서 편찬된 사서라는 점을 중시하여 삼한의 70여 개 소국에 앞서 그 전체를 統轄한 대국이 먼저 존재했을 개연성은 희박하다고 판단한 결과일 뿐이었다. 記事를 字句대로만 읽고, 삼국의 국가 형성 과정을 이해하는 데 서구 인류학의 社會發展段階論을 仍襲的으로 적용해 온 끝에 도달한 필연적 귀결이라고 하여 과언이 아니다.

그런데 논의의 방향이 이렇게 쏠리고 보니 크게 두 가지 점에서 문제가 생겼다. 하나는 삼국 이전의 사회 상태를 古代에 이르지 못한 원시공동체 단계로 파악하게 됨으로써 古朝鮮에서 三國으로의 진전에서 繼起性을 부인하게 된 것이고, 또 하나는 이런 認識의 귀결로서 黃河文明과 뚜렷이 구분되는 大凌河 · 遼河 유역의 독자적 고도문명[이른바 '遼河文明' 혹은 '渤海文明']에 대한 이해 능력을 상실하여 제 역사를 세계사적 전망 위에서 파악할 기반을 沒却하게 된 것이다. 신라가 원시 촌락 몇이 결합하여 세운 사로국의 발전 형태로 규정되고, 나아가 고조선 아닌 사로국이 한국사의 기원으로 파악되며, 삼국 중 고구려는 물론 그 성립 배경으로서의 고조선 또한 한국사의 전개와는 '객관적으로' 무관한 존재로 이해되기에 이른 현실이 문제의 현주소를 말해 준다.5)

필자는 그동안 고조선 사회의 계기적 발전이라는 맥락에서 삼국의 성립 과정을 파악하지 않으면 한국고대사를 제대로 이해할 수 없다는 사실을 누차 지적해 왔다.6) 그리고 그 과정에서 『삼국지』와 마찬가지의 비중을

---

5) 拙著, 『한국고대사의 이해와 '국사' 교육』, 혜안, 2010, 205~244쪽.
6) 拙稿, 「古代史에서 神話 · 傳說과 國史教育」, 『歷史教育의 方向과 國史教育』(尹世哲教授停年紀念歷史學論叢 2), 솔, 2001, 413~437쪽.
   拙稿, 「'辰韓六村'의 性格과 位置」, 『新羅文化』 21, 2003, 139~168쪽 ; 이 책의 제1장 Ⅲ.
   拙稿, 「韓國 古代國家의 二重聳立構造와 그 展開」, 『歷史教育』 98, 2006, 169~203쪽

두고 『후한서』의 기사를 적극 활용하는 연구 자세를 견지하였다. 두 기록을 동시에 충족하는 방향에 역사의 진실이 놓여 있으리라 생각한 때문이었다. 양자택일적인 史料 運用은 恣意的 판단을 부추기기 쉽다.

이러한 견지에서 本考에서는 『후한서』의 사료적 가치를 정면에서 살피고, 그 토대 위에서 辰國·辰王에 대한 이해의 지평을 확대해 보고자 한다. 어느 견해든 그것이 확실한 근거 위에서 구축된 이해체계라면 응당 받아들여야 마땅하겠지만, 砂上樓閣이라면 가급적 조속히 철거하여 역사의 본모습을 복원해 주어야 할 것이다. 그릇되었음을 알고서 그것을 바꾸는 데 주저하거나 지체해서는 안 된다.

2. 『後漢書』 辰國·辰王 記事의 點檢과 理解

辰國·辰王에 대해 논의가 분분해진 根因인 『삼국지』와 『후한서』의 기록을 살펴보면 다음과 같다. 먼저 『삼국지』는 韓傳에서 韓에 3種이 있다면서

> 一曰馬韓 二曰辰韓 三曰弁韓 辰韓者 古之辰國也. 馬韓在西……凡五十餘國. 大國萬餘家 小國數千家 總十餘萬戶. 辰王治月支國.[7]

이라 하여 '진한이 古之辰國'이라고 서술한 반면, 『후한서』는

> 韓有三種 一曰馬韓 二曰辰韓 三曰弁辰……皆古之辰國也. 馬韓最大 共立其種爲辰王 都目支國 盡王三韓之地. 其諸國王先皆是馬韓種人焉.[8]

이라고 삼한 전체에 대한 일반 현황을 소개하는 가운데 '삼한 모두가 古之辰國

; 이 책의 제1장 Ⅱ.
7) 『三國志』 30, 魏書30, 烏丸鮮卑東夷傳30, 韓.
8) 『後漢書』 85, 東夷列傳75, 韓.

이라 하였다. 字句뿐 아니라 그 文意까지 다른 것이다.

이렇게 된 원인은 여러 각도에서 찾아볼 수 있겠지만 우선 생각할 수 있는 것은 『후한서』가 前代의 『삼국지』를 참고하였으되 적어도 이 부분에서만큼은 『삼국지』를 그대로 轉寫하지 않고 다른 어떤 典籍에 의거하여 따로 서술했을 가능성이다. 그 典籍은 『삼국지』가 참조한 魚豢의 『魏略』原文이었을 수도 있고,9) 이와는 다른 『위략』異本이었을 수도 있으며,10) 『위략』보다 앞서 편찬된 謝承의 『後漢書』東夷列傳이었을 수도 있다.11) 『후한서』는 『삼국지』의 記事를 再錄한 데 불과하다는 혹평도 있고,12) 또 『후한서』의 撰者인 范曄(398~445)은 그보다 십수 년 앞서 裴松之(372~451)에 의해 간행13)된 『삼국지』裴注本조차 참고하지 않는 안일한 자세를 보였다는 견해도 있지만,14) 예컨대 蘇馬諟 기사처럼 『후한서』에 보이나 『삼국지』에는 없는 기사가 있다는 사실은 范曄이 나름대로 참고한 전거가 따로 있었음을 시사하는 일면임이 분명하다 할 것이다. 蘇馬諟 이야기는 『삼국지』裴注 所引의 『魏略』에 보이는 廉斯鑡 이야기와 비슷한 내용이나, 建武 20년(44)이라는 확실한 연도가 제시된 점과 光武帝가 蘇馬諟를 漢廉斯邑君으로 봉했다고

---

9) 高柄翊, 「中國正史의 外國列傳 ─ 朝鮮傳을 中心으로」, 『大東文化研究』2, 1966 ; 『東亞交涉史의 研究』再收錄, 서울大出版部, 1970, 24~25쪽.

10) 全海宗, 앞의 책, 47~48, 63, 123~125, 132~141쪽. 全 교수는 『魏略』이 『三國志』와 거의 같은 시기인 晉 武帝 太康年間(280~289)에 찬술된 것으로 보고, 『三國志』가 참조한 것은 魚豢의 『魏略』이 아니라 이보다 앞서 존재했던 별개의 『原魏略』(假稱) 이었을 것으로 추정했다.

11) 박대재, 「謝承 『後漢書』東夷列傳에 대한 예비적 고찰」, 『韓國古代史研究』55, 2009. 40~68쪽.

12) 三品彰英, 위의 논문, 80~84쪽. 故 미시나 쇼에이(三品彰英, 1902~1971) 교수는 『後漢書』가 그대로 베낀 『三國志』의 기사도 三韓의 실태에 어두운 陳壽가 책상 위에서 관념적으로 쓴 것이었다고 보고, 따라서 辰國이고 辰王이고 현실이 아닌 관념적 존재임이 분명하다고 논단하였다.

13) 裴松之가 注를 달아 『三國志』를 撰述한 것은 428년의 일이고, 范曄이 『後漢書』의 紀傳部 서술을 완료한 것은 늦어도 439년의 일이었다고 한다(吳樹平, 「范曄《後漢書》的撰述年代」, 『秦漢文獻研究』, 齊魯書社, 濟南, 1988, 436쪽).

14) 全海宗, 앞의 책, 99쪽.

매우 구체적으로 기술한 점 등으로 보아 단순한 '机上造作'으로 치부하기 곤란한 기사다.

『위략』은 대략 265년을 전후한 시점에 찬술된 것으로 여겨지는데,[15] 그후 겨우 십여 년이 지나 이루어진『삼국지』撰述時에 이미 異本이 출현했을 개연성이나,『후한서』가 찬술되던 때에 동이에 관한 기록에서만 차이가 날 뿐 다른 내용에서는 字句까지 동일한 또 다른『위략』이 존재했을 가능성 모두 인정하기 어려운 것이 사실이므로, 同時代의 裴松之가 본 魚豢의『위략』을 역시 范曄도 참고했다고 보는 것이 옳은 판단일 것이다.[16]

문제는 陳壽(233~297)와 范曄이 참고한 典據가 동일함에도 불구하고 전혀 다른 記事를 남긴 이유가 무엇인가 하는 것이다. 물론 范曄이『삼국지』외에『위략』만 참고한 것은 아니었다. 范曄 이전에 이미 吳의 謝承, 晉의 薛瑩・司馬彪・劉義慶・華嶠・謝沈・袁山松 등이 찬술한 7종의 紀傳體『후한서』와 晉의 袁宏・張璠의 편년체『後漢紀』그리고 漢 劉珍의『東觀漢記』와 晉 張瑩의『後漢南記』등이 유포되어 있었다.[17] 그러나 東夷 관련 기록에 관한 한은『위략』과『삼국지』에 거의 전적으로 의존했다고 생각된

---

15) 『魏略』의 撰述 시점과 관련해서는 흔히 현전하는『魏略』의 기사 중 시기가 가장 늦은 것이 무엇인지를 참조한다.『太平御覽』권495에 太安 2년(303)의『魏略』기사가 인용되어 있지만 撰者인 魚豢이 魏 明帝(226~239) 때 郞中職에 있었다고 하므로 그 나이로 짐작할 때 지나치게 후대의 기사여서 잘못 인용된 것으로 보는 것이 옳다고 생각된다. 그렇다면『三國志』15, 魏書15, 賈逵傳의 註로 인용된 甘露 2년(257) 기사가 가장 늦은『魏略』기사다. 이로부터 8년 후인 265년 말에 晉이 건국하였다. 그래서 全海宗 교수는『魏略』이 晉初에 이루어졌으리라고 판단하였다(위의 책, 40~41쪽). 그러나『魏略』이 晉을 建國한 司馬氏에 대해 냉엄한 태도를 취한 반면 그 반대 세력에 대해서는 관용적인 태도를 보인 점으로 미루어 晉이 건국하기 전에 집필 완료된 史書일 가능성이 더 크다는 것이 일반의 생각이다.『魏略』이 晉의 유력자에 대해 諱를 사용한 것으로 나타나는 이유는 晉에 들어와 유포되는 과정에서 筆寫者가 避諱法에 유념한 때문이 아닐까 한다.

16) 尹龍九,「3세기 이전 中國史書에 나타난 韓國古代史像」,『韓國古代史硏究』14, 1998, 150쪽의 脚註 140).

17) 金靜庵,『中國史學史』, 鼎文書局, 1974, 60쪽.

다.[18] 『삼국지』도 기실은 東夷傳 기사의 4분의 3 이상이 『위략』 기사를 轉載하다시피 한 것이었다.[19] 결국 같은 史書의 기록을 보고 서로 달리 기술한 셈이다.

그렇다면 이렇게 된 원인으로 첫째 적어도 두 사람 중 하나는 『위략』 원문을 보았으되 자기가 이해한 대로 기술하였을 가능성, 둘째 앞서 陳壽가 『위략』의 기사를 잘못 보고 기록한 것을 뒤의 范曄이 바로잡았을 가능성, 셋째 魚豢의 『위략』부터가 傳聞을 채록한 것이어서 일종의 상상력이 녹아든 기록이었던데다가 陳壽와 范曄을 거치면서 그 상상력이 확대되어 갔을 가능성 등을 생각해 볼 수 있다. 종래에는 중국 史書의 동이전이 현지 사정에 어두운 찬자가 傳聞에 의거하여 작성한 것이라는 점을 들어 세 번째 가능성이 높다고 여기는 경향이 강하였다.

『晉書』 단계에 이르러서도 한반도 남부의 사정을 마한과 진한으로 나누어 기록한 것을 보면, 當代의 실상에 대해 구체적으로 아는 바가 없이 机上에서 前代 史書의 해당 부분을 拾掇하는 인습적인 방식으로 外國 列傳을 작성하던 것이 일반적 修史 태도였음이 분명하다. 따라서 改筆과 錯簡 등 숱한 착오가 일어났으리라고 여겨지며, 그 과정에서 다소간 상상력이 반영되었을 가능성을 전면 부인하기는 어렵겠다. 그러나 陳壽와 范曄이 前代의 사서를 읽고 나름대로 생각한 歷史像을 좀더 합리적으로 꾸미기 위해 자의적으로 改書와 粉飾을 일삼는 안이한 修史 태도를 지녔다고 확신할 증거는 발견된 바 없다.[20] 따라서 오류가 있다면 그것은 撰者가 일부러 의도하지 않은 방향에서

18) 諸家의 後漢書類에는 東夷傳이 구비되어 있지 않았다고 보는 것이 일반이다(尹龍九, 앞의 논문, 147~148쪽). 『太平御覽』이 謝承의 『後漢書』 東夷列傳을 인용하여 三韓 의 臘日 풍속을 전한 사실에 입각하여 그 東夷列傳의 존재를 인정한 견해도 있지만 (박대재, 앞의 논문), 陳壽와 范曄이 이를 적극 참조했다고 볼 근거가 확인된 것은 아니다.

19) 全海宗, 앞의 책, 149쪽.

20) 李潤和, 「范曄의 정치적 생애와 현실인식」, 『大丘史學』 50, 1995, 78~83쪽.
기수연, 「『後漢書』 「東夷列傳」에 나타난 韓國古代史의 인식」, 『단군학연구』 7,

뜻하지 않게 생긴 過失이나 無知의 결과였다고 보는 것이 실상에 가까운 파악일 것이다.

撰者가 부지불식간에 오류를 범했을 경우의 수는 많다. 그렇지만 일반적으로 상정해볼 수 있는 것은 참고한 史書의 원문을 撰者 스스로가 잘못 읽은 데서 오류가 빚어졌을 개연성이다. 그것이 撰者의 단순 착각에서 말미암았든 아니면 그렇게밖에 달리 읽을 도리가 없었던 사정에서 비롯되었든, 참고한 史書의 原文에 문제가 있었던 것이 분명하다. 肉筆로 쓴 글씨의 字體가 좋지 않았거나 종이의 상태나 재질이 粗惡하여 字畵이 분명치 않았던 까닭에 잘 읽을 수 없는 글자가 있었을 경우는 얼마든지 상정 가능한 일이다.

기실 105년에 後漢의 蔡倫이 종이의 量産法을 발견했다고 하지만 이때의 종이는 표면이 매우 거칠어 거기에 쓰인 글자를 제대로 판독하기 어려운 경우가 많았다. 나무껍질·넝마·헌 어망 등으로 만들었기[21] 때문이다. 그리고 3세기 말~5세기 중반에는 누가 책을 저술해도 그것을 肉筆轉寫하는 방도 외에는 廣布의 길이 없었다.[22] 물론 그 轉寫 과정에서 적잖은 誤·脫字가 발생함은 다반사였고, 책을 사용하며 펼쳤다 접기를 반복하는 과정에서 완전히 분쇄·융해되지 않은 채 종이의 일부를 이루던 나무껍질 등 거친 재질이 떨어져 나가면서 그 위에 쓴 글씨가 함께 없어지는 경우도 비일비재하였을 터다.

따라서 같은 『위략』을 보고 찬술했어도 동일한 筆寫本을 본 것이 아닌

2002, 29~71쪽.

신현웅, 「『三國志』韓傳 記事의 判讀−민족지적 기록을 중심으로−」, 『梨花史學研究』31, 2004, 33~54쪽.

이강래, 「『삼국지』동이전과 한국고대사」, 『전남사학』25, 2005, 319~343쪽.

21) 『後漢書』78, 宦者列傳68, 蔡倫, '自古書契多編以竹簡, 其用縑帛者謂之爲紙. 縑貴而簡重, 並不便於人. 倫乃造意, 用樹膚·麻頭及敝布·魚網以爲紙. 元興元年奏上之, 帝善其能, 自是莫不從用焉, 故天下咸稱蔡侯紙.'

22) 木版印刷法이 발명된 것은 일러도 唐나라 초기(7세기 전반)의 일이었다고 알려져 있다.

한, 설령 동일한 필사본을 보았다고 해도 세월의 흐름에 따른 마모 상태의 차이로 인하여, 陳壽와 范曄이 본 『위략』은 좀체 읽을 수 없는 부분이 서로 다른 전연 별개의 책일 수밖에 없는 형편이었을 것으로 짐작된다. 이들은 책을 읽다가 판독하기 어려운 글자가 나올 경우, 그것이 用言이면 앞뒤의 문맥으로 미루어 적절히 짐작하고 조정하여 이해하는 것이 습관처럼 되어 있던 시대를 산 사람들이었다. 같은 기사를 참고하고서도 다른 서술이 나오게 된 원인에는 이러한 사정이 크게 작용하였을 것이다.

그러나 體言의 경우엔 판독이 어렵다고 해도 멋대로 써넣을 수가 없었을 것이다. 문맥으로 推斷할 수 있는 대상이 아니기 때문이다. 그 체언의 일부만 보일 경우 자신이 가진 지식에 근거하여 더러는 유추도 하고 더러는 敷衍하기도 하여 원형이라고 생각한 문장으로 加工한 때도 없지 않았으리라 짐작되나, 자신이 합리적이라고 생각한 방향으로 오로지 상상력에만 의지하여 임의로 作文[23]한 경우는 거의 없었다고 보는 것이 옳을 것이다. 비록 誤讀과 誤解로 원문의 내용을 잘못 전한 경우가 있었다고 해도[24] 그것을 의도된 創作으로까지 확대 해석하기는 곤란하다.

일반적으로 말해, 앞 시기의 사서를 거의 轉載하다시피 했으면서도 脫漏 혹은 縮約한 문장이 있다면 일차적으로 그것은 해당 기사의 史的 가치를 평가하는 撰者의 안목에 의한 것이었다 하겠지만 원문의 체언을 제대로 읽을 수 없어 하는 수 없이 그렇게 된 경우도 적지 않았으리라는 점을 감안할 필요가 있다. 그리고 이런 탈루와 축약은 그가 본 原典의 종이 상태 혹은 마모 상태에 의해 크게 좌우되었을 것이므로 후대의 사서보다 앞 시기의 사서가 더 원전에 가깝다고 단정할 수도 없는 일임에 유의해야 한다. 종이 표면이 더 粗惡한 책을 참조했던 앞 시기의 사서가 오히려 더 원전을 오독했을

---

23) 三品彰英, 앞의 논문, 81쪽.
24) 金貞培, 앞의 논문, 353쪽.

개연성마저 없지 않은 형편이다. 게다가 지금 전하는『삼국지』와『후한서』도
陳壽나 范曄이 修撰한 그대로의 사서가 아니다. 엄밀히 말하면 후대에 그것을
인쇄하기 위해 판각할 당시에 板刻者가 읽은 형태일 뿐이다. 底本의 상태가
조악했을수록 판각자가 그만큼 잘못 읽었을 가능성이 크며, 오래된 사서일수
록 그 상태는 더 조악했을 터다.

　이러한 사실을 염두에 두고서 번거롭지만 다시, 문제가 된『삼국지』와
『후한서』의 기사를 비교해 보자. 지금까지 이와 관련해 제시되었던 諸說은
사실을 정확히 보는 데 편견이나 선입견으로 작용할 소지가 있으므로 일단은
모두 잠시 잊는 것이 좋다.

> ○ 一曰馬韓二曰辰韓三曰弁韓辰韓者古之辰國也. (『三國志』)
> ○ 一曰馬韓二曰辰韓三曰弁辰……皆古之辰國也. (『後漢書』)

　'弁韓辰韓者'와 '弁辰皆'만 다르고 나머지 文句는 그대로 일치하는 문장이
다. 그러고 보면 '弁辰'은 '弁韓辰韓'의 축약으로 볼 여지도 있어 실제로
다른 글자는 '者'와 '皆'뿐인 셈이다. 그리고 이 두 글자는 거친 종이에 쓰여
있을 경우엔 판별하기가 쉽지 않았으리라 여겨질 만큼 字形이 매우 유사하다.
따라서 둘 중 하나는『魏略』원문을 오독한 것이 분명하다. 문제는 어느
쪽이 원문과 같은 글자냐는 것인데, 원문이 '者'일 경우와 '皆'일 경우를
각각 상정해 볼 수 있다.

　먼저『삼국지』쪽이 원문 그대로라면『후한서』는 원문의 '者'를 '皆'로
誤讀하여 잘못 쓴 것이 된다. '三曰弁韓辰韓者古之辰國也'라는 원문을 '三曰
弁韓辰韓皆古之辰國也'로 읽고 쓴 경우다. 그런데 여기서 원문에 '三曰弁韓'
으로 되어 있었으리라는 상정은 재검토의 소지가 있다. 왜냐면 원문을 그대로
轉載한 것이라고 간주한『삼국지』가 그 뒤에서는 '弁辰'이라고만 썼기 때문이

다. '弁韓'이라고 쓴 표기는 오직 여기에만 보인다. 당시 현지에서 실제로 통용된 명칭은 '弁辰'이었음이 분명한 것이다. 물론 '弁韓'이라는 말이 사용되지 않은 것은 아니다. 裴松之가 注로 인용한 『魏略』의 廉斯鑡 설화에 '弁韓布'가 보이고, 또 통념으로 생각해도 馬韓·辰韓이 모두 '韓'을 칭하는 마당에 유독 弁辰만 弁韓이라 불리지 않았다 하기도 어렵다. 弁辰과 弁韓은 병용된 용어라고 볼 수밖에 없다. 그러나 『삼국지』와 『후한서』를 통틀어 본문에 弁韓이라고 표기한 용법이 이 문장에서만 쓰였다는 것은 아무래도 미심쩍다. 뒷부분의 서술과 동일한 맥락에서 생각한다면 '三曰弁韓'보다는 '三曰弁辰' 쪽이 더 자연스럽다.[25] 『위략』 원문에는 '弁辰'으로 되어 있었는데 이를 弁韓과 辰韓의 合稱이라고 생각한 陳壽가 '弁韓辰韓'으로 나누어 썼던 것일 개연성이 큰 것이다. 그렇다면 이는 『삼국지』 쪽을 원문에 가깝다고 본 앞의 상정을 다소 무색하게 만드는 것임이 분명하다.

다시 돌아가서, 范曄이 『위략』의 원문을 '三曰弁韓辰韓皆古之辰國也'로 읽었다면 誤讀하기는 했어도 문의가 통하지 않는다고 생각했을 가능성은 적다. 이 문장은 '三曰弁韓'에서 일단 마무리되는 構文이므로 '辰韓皆古之辰國也'로 읽은 셈인데, 이는 '辰韓諸國이 모두 옛 辰國'이라는 뜻으로서 문의가 통하지 않는 것이 아닌 까닭이다. 따라서 范曄은 그가 읽은 원문의 멀쩡한 문장에서 '弁韓·辰韓'을 굳이 弁辰으로 축약해서 쓰고, 하나로 죽 연결된 문장에서 '皆古之辰國也'만 분리하여 뒤로 돌리는 무리를 감행했다는 이야기가 된다. 范曄이 史書를 修撰할 때 原 資料의 기록을 예사로 자기식 문투로 변개하여 윤색하는 恣意的 태도를 가졌던 사람이었다면 몰라도 그렇지 않다면 도무지 납득하기 어려운 文意 操作이고 歪曲 敍述인 셈이다. 그러나 그가 그러한 사람이었다고 볼 단서는 발견할 수 없다. 원문에 자신의 지식을

---

25) 弁韓을 弁辰이라 불러 그 국명을 辰자로 표시한 것은 이 역시 辰國을 이룬 일부였음을 나타내고자 한 일면으로 이해할 수 있을 것이다(金容燮, 『東아시아 역사 속의 한국문명의 전환-충격, 대응, 통합의 문명으로-』, 지식산업사, 2008, 105쪽).

더하여 해설하고 보완한 경우는 있었다고 보이지만 그리하여 내용까지 제멋대로 바꾼 경우는 찾아지지 않는다. 즉 원문의 '者'를 范曄이 '皆'로 잘못 읽었을 개연성은 거의 희박하다.

그렇다면 거꾸로, 『위략』 원문에 본디 '皆'로 되어 있던 것을 이번에는 陳壽가 '者'로 잘못 읽었을 가능성을 검토해 볼 차례다. 즉 『후한서』 쪽이 원문을 그대로 轉載한 기사였을 경우인데, 일단 분명한 것은 '三曰弁辰' 뒤에 三韓 각각에 대한 일반 현황을 개괄하는 글을 두고 이어서 三韓諸國이 '皆古之辰國也'라고 쓴 『후한서』의 문장 구조 자체가 『위략』의 원문 형태를 그대로 轉載한 것이라고는 말하기 어려우리라는 점이다. 『삼국지』와 『후한서』가 같은 문장을 보고 서술했다면, 문제가 된 이 부분은 원래 『삼국지』처럼 하나의 문장으로 이어진 構文이었을 개연성이 크다. '一曰馬韓二曰辰韓三曰弁辰皆古之辰國也'로 되어 있던 문장에서 '皆'를 陳壽가 '者'로 읽었으리라는 것이다. 말하자면 '一曰馬韓二曰辰韓三曰弁辰者古之辰國也'로 잘못 읽었을 경우다.

이렇게 읽은 陳壽는 일단 무언가 착오가 있다고 생각했을 것이 틀림없다. 문의가 통하지 않았겠기 때문이다. 그렇지만 자신이 글자를 잘못 읽었다고는 미처 생각지 못한 陳壽는 아마도, 책을 읽다 보면 誤·脫字로 말미암아 그 의미를 이해하기 어려운 문장과 마주치는 것은 흔한 일이었기 때문에, 자신의 지식에 입각해 전후 문맥을 미루어 짐작하면서 원래의 문장은 어떠했을지 복원해 보려 했을 것이다. 그러다 보니 앞의 '弁辰'을 자연스럽게 다시 주목하였을 것이고, 이는 본디 '弁韓辰韓'의 合稱으로 쓰일 수도 있는 문구이므로 원래는 이렇게 쓰여 있던 문장인데 筆寫者가 실수로 잘못 베꼈던 모양이라고 생각했을 개연성이 크다. '者'는 그 앞에 으레 이로써 그것을 받는 體言을 동반하는 말이기 때문이다. 그리하여 나름대로 복원해낸 문장이 '一曰馬韓, 二曰辰韓, 三曰弁韓, 辰韓者, 古之辰國也'였을 것이다. 그렇다면 이런 문장이 나온 배경을 납득할 수가 있다.

요컨대 논리적으로 추정할 때『위략』의 원문이 '者'였을 개연성보다는 '皆'였을 개연성이 높다고 하겠다. 원문을 改書·錯簡하게 된 이유는 글자를 誤讀한 결과 문의가 통하지 않게 되었기 때문일 터이므로 오독해도 문의가 통한 前者의 상정은 개연성이 적다고 사료되는 것이다. 그러므로『삼국지』보다는『후한서』쪽이 원문에 더 충실한 기사라고 보는 것이 이치에 부합하는 판단이라고 할 수 있다. 范曄은『삼국지』가『위략』기사를 誤讀한 사실을 발견하고 바로잡아 줄 요량이었는지도 모른다. 그러면서 그는 文意를 더 명백하게 하기 위해,『위략』에 하나로 연결된 문장처럼 서술된 記事를 나눠 그 사이에 삼한에 대한 일반론을 삽입하는 손질을 가했던 것이겠다. 한편『위략』을 잘못 읽고 '辰韓者古之辰國也'로 서술하게 된 陳壽는 目支國의 진왕이 '盡王三韓之地'한다는 기사를 '辰韓은 옛 辰國'이라고 쓴 것에 배치되는 내용이라고 보았기 때문인지 채록하지 않았다.

그러나 이상의 추론은 실제로 이러했을 개연성이 어느 경우보다 높다고 생각은 되지만 역시 하나의 추측에 지나지 않음을 인정하지 않을 수 없다. 현재로서는 그 어느 견해도 단지 추측일 뿐이다. 그렇다면 그 중 한문에 아주 능통한 사람의 견해를 들어보는 것이 바람직한 방향일 것이다. 기실 지금까지 이끌어 온 추론의 기본 맥락은 간략하게나마 이미 鄭寅普가 제시한 바 있는 내용이었다.[26] 이를 우리 학계가 여태껏 전혀 인정하지 않고 지내왔을 뿐이다. 그 원인은 지금까지의 논의가『삼국지』에 대한 신뢰를 확신하는 쪽으로 기울어 진행되어 왔기 때문이라고 여겨지지만, 어떤 뚜렷한 증거가 있어서『후한서』의 사료적 가치를 貶毁해 왔던 것은 아니다.『후한서』기사를 인정하지 않으려 한 결정적인 이유는, 이를 사실로 받아들이고서는 한국고대사의 전개에 대한 社會發展段階論的 이해를 더 이상 진행할 수 없다고

---

26) 鄭寅普, 앞의『朝鮮史研究 上』(舊園 鄭寅普全集 3, 延世大學校 出版部), 66쪽.

판단한 데 있었다.[27] 史料에 입각하여 理論을 세우는 것이 아니라 理論에 입각하여 史料를 부인해 온 것이 한국고대사 연구의 오래된 弊習이었음을 自認하지 않을 수 없다.

여기서 분명히 확인해 두고자 하는 것은 삼한 전체가 옛 진국이라는 『후한서』 기록이 杜撰이라는 증거는 딱히 발견할 수 없다는 사실이다. 논리적 추론에 의하면 오히려 『삼국지』 쪽이 사실을 잘못 기록한 것일 확률이 더 높다. 『후한서』를 신뢰하고 전개한 논의면 무조건반사적으로 마치 지금까지의 연구 성과를 무시한 마구잡이식 논의인 것처럼 매도하려 든다면 이는 결코 학문적 태도라고 할 수 없다.[28]

삼한이 분립하여 다투기 전에 '辰國'이라는 하나의 정치체로 통합되어 있었다는 것이 『위략』의 撰者인 魚豢의 역사 지식이었다. 그리고 이를 수용한 陳壽와 裴松之, 范曄 등도 모두 이렇게 알고 있었다. 곧 '古之辰國'이 그것이다. 그러나 『위략』과 『삼국지』가 찬술된 3세기 후반의 시점에서는 이미 그런 진국은 존재하지 않았다. 삼한으로 나뉜 것이다. 다만 마한의 목지국에 진왕이 있을 뿐이었다. 그렇다면 이 시점에서 '辰國'이라는 존재 자체가 완전히 소멸해 있었던 것인가?

분명히 말할 수 있는 것은 이 질문에 확실한 답을 내기는 곤란하다는 점이다. 삼한 전체가 '古之辰國'이었다는 언급이 '今之辰國'은 그렇지 않다는 의미인지, 아니면 지금은 辰國이 없다는 의미인지 확언하기 어렵기 때문이다.[29] 지금까지의 연구는 대개 '古之辰國'을 '(지금은 더 이상 존재하지 않는)

---

27) 社會發展段階論에 입각한 한국고대사 이해의 전개와 그 문제점에 대해서는 拙著, 앞의 책, 155~183쪽을 참고할 것.

28) 기수연, 「『後漢書』, 「東夷列傳」 '韓傳'에 대한 분석 - 『三國志』 '韓傳'과의 비교를 중심으로 - 」, 『白山學報』 57, 2000, 143~184쪽.

29) '古之'는 '예전의'라는 뜻이므로 '古之亡人'(『三國志』 辰韓傳)·'古之肅愼氏之國'(『三國志』 挹婁傳) 등의 사례에서 보듯 이로써 수식하는 대상이 지금은 없어져 존재하지 않는 경우가 많았던 것은 사실이겠으나 그렇다고 해서 이미 없어진 경우에만 한정해서 쓴 용어였다고는 말할 수 없다. '지금의' 것이나 상태와 비교함을

옛 辰國'이라는 의미로 해석하고 확신하는[30] 이해 위에서 논의를 전개해
온 경향이 강하지만,[31] 記事의 文句를 이렇게 해석한 것일 뿐 다른 근거가
있는 판단은 아니다. 하지만 '古之辰國'이라는 字句는 비록 예전 같지는
못한 처지지만 지금 진국이 존재하는 상황에서도 가능한 표현이다. 3세기
후반의 시점에서 예전의 辰國은 그랬지만 지금은 그렇지 않다는 의미로도
해석할 수 있는 것이다.

따라서 이에 대한 논의는 강성했던 '옛 진국'과 쇠락한 '지금의 진국'을
대비하여 생각한 경우도 염두에 두었어야 했다. 그럼에도 불구하고 논의를
일방적으로 3세기 후반의 시점에서는 진국이 더 이상 존재하지 않았으며
따라서 목지국의 진왕은 진국과 전혀 무관한 존재였다는 쪽으로 몰아갔다면
이는 독선적이라는 비판을 피하기 어려울 것이다. 이런 일방적 추론 위에서
辰王을 일개 小國의 首長쯤으로 간주하거나,[32] 자생적·토착적인 존재가
아니라 중국의 강대한 정치권력에 의해 창출된 외래의 존재였다고 본[33]
견해를 전폭 지지하기는 곤란하다. 辰王을 辰國과 분리하여 파악하는 것이
이치에 합당한 판단이라고 인정할 근거는 딱히 발견할 수 없는 형편이다.

일반 상식으로 생각한다면 '辰王'은 분명히 '辰의 왕' 곧 '辰國의 왕'이라는
뜻을 가진 명칭이다. 지금의 진왕을 '옛 진국'(古之辰國)의 진왕과 구분할

전제한 용법이므로 예와는 다른 상태로 존재하는 現在·現存의 대상을 염두에
두고서도 능히 쓸 수 있는 말이다.

30) 末松保和, 앞의 「新羅建國考」, 127쪽.
31) 金貞培, 앞의 논문, 349쪽.
　　武田幸男, 앞의 논문, 13~15쪽.
　　尹善泰, 「馬韓의 辰王과 臣濆沽國－領西濊 지역의 歷史的 推移와 관련하여－」,
　　『百濟研究』 34, 2001, 2쪽.
　　박대재, 「『三國志』 韓傳의 辰王에 대한 재인식」, 『韓國古代史研究』 26, 2002, 38쪽.
　　文昌魯, 「『三國志』 韓傳의 '辰王'에 대한 理解方向」, 『韓國學論叢』 26, 國民大
　　韓國學研究所, 2004, 10쪽.
32) 金貞培, 위의 논문.
33) 武田幸男, 앞의 논문.

필요는 있겠지만, 진국과 분리된 전연 별개의 진왕을 상정하는 것은 아무래도 여러 모로 어색하고 근거도 박약하다. 진왕은 역시 진국을 전제로 이해해야 자연스러운 존재임이 틀림없다.[34] 다만 진국의 실체와 그 변화를 어떻게 파악하느냐에 따라서 진왕에 대한 이해도 큰 편차를 보이며 다양하게 갈릴 소지가 있을 뿐이다.

여기에 본질적인 難局이 있다. 즉『후한서』의 진국·진왕 관련 기사가『위략』의 原文에 가깝다는 사실을 수긍해 받아들인다고 해도 과연 이것을 그대로 사실로 인정할 수 있느냐는 여전히 별도의 문제로 남는 셈이기 때문이다. 결국 기록이 무어라고 전하든 상관없이, 나름대로의 推論을 내세운 임의의 견해는 그 推想을 근거삼아 얼마든지 기록을 무시할 수 있고, 또 그 위에서 전혀 뜻밖의 역사상을 구축할 가능성이 없지 않은 것이다. 기록이 전하는 바가 통념과 다르더라도 일단 그에 입각하여 재구성한 결과를 사실에 가까운 것으로 본다는 데 합의하지 않고서는 논의의 진전은 기대하기 어렵다. 기록을 적당히 조작하거나 변개하여, 혹은 여러 개연성 중에서 뚜렷한 근거 없이 하나를 택하는 선택을 숱하게 반복한 결과로서 만들어낸 歷史像보다 우선은 잘 납득되지 않더라도 기록이 전하는 역사상 자체를 온전히 파악하는 것이 급선무다.

3. 辰王 共立 政治體制의 變轉과 辰國

辰國과 辰王을 분리해서 생각하는 연구자나 연계해서 이해하는 연구자나 目支國의 辰王을 馬韓 聯盟의 盟主[35] 또는 금강 중류 및 하류 유역 등[36]

---

34) 李丙燾, 앞의 논문, 17쪽.
　　千寬宇, 앞의 논문, 243쪽.
　　박대재, 앞의 「『三國志』韓傳의 辰王에 대한 재인식」, 58쪽.
　　文昌魯, 앞의 논문, 11쪽.
35) 金貞培, 「目支國攷」, 『韓國古代의 國家起源과 形成』, 高麗大學校 出版部, 1986,

제한된 범위 내의 小國들로 구성된 지역연맹체의 대표자쯤으로[37) 생각하는 경향이 우세하다. 3세기 중·후반에 이른 시점에서는 실제로 그러했다고 여겨진다. 그러나 이와 같은 생각이 그 논거를 서구 신진화주의 고고인류학의 이른바 사회발전단계론에 두고, 삼국에 앞선 시기에 삼한 전체를 統轄하는 권력이 성립했다는 것은 도무지 상정하기 곤란한 일이라고 생각한 데서 비롯한 것이라면 이에 동의하기 어렵다. 오히려 그와는 반대로 이는 일련의 변화 과정 속에서 앞 시기보다 위축된 형태일 수도 있기 때문이다.

『후한서』가 전하는 史實은 삼한이 70여 개의 소국으로 분립하여 角逐하기에 앞서 이미 삼한 전체를 통할하는 권력이 존재했고 그것은 엄연히 국가 권력이었다는 것이다. 그럼에도 불구하고 지금까지 이를 杜撰에 의한 허구적 사실로 간주해 온 것은, 國史上 최초의 'state'는 三國 단계에 이르러야 비로소 성립했다고 단정하고 삼국의 국가 형성 과정을 이해하는 데 사회발전단계론을 적용한 결과였다. 혹시 삼국이 성립하기 전에도 넓은 범위에 그 지배력을 미친 왕권이 존재했다면 그것은 삼국의 영역보다 훨씬 작은 한정된 범위에서 성립한, 삼국의 왕권으로 향하는 발전 과정의 중간 형태로서만 인정되어야 하리라는 생각이 여기서 나왔다.

본디 이 사회발전단계론을 한국고대사 이해에 처음 도입하게 된 것은, 1970년대로 접어든 시점에서 白南雲 이래 내처 사용해 온 '部族國家'라는 용어가 개념상 문제가 있다는 지적이 제기되면서, 우리나라 고대국가의 성립 과정을 체계적으로 이해하고 설명하기 위해서는 세계사적 보편성이 있는 이론을 참고할 필요가 있다고 느끼게 된 데 있었다. '부족국가'는 용어 자체가 혈연 개념에 입각한 것이어서 실제로는 지연의 확대를 토대로 성립하는 국가의 성격을 왜곡하는 측면이 있고, 그 결과 한국 고대사회를 이해함에

300쪽.
36) 박대재, 앞의 「『三國志』韓傳의 辰王에 대한 재인식」, 68쪽.
37) 文昌魯, 앞의 논문, 18쪽.

있어서 共同體關係의 遺制를 지나치게 강조하는 폐단을 수반하게 되었음을 깨달은 것이었다. 또 1960년대에 한국 청동기시대의 존재가 명확히 드러난 사실이 '부족국가' 개념의 전면 재검토를 촉구하는 배경으로 작용하였다.[38]

그리하여 일각에서는 막스 베버(Max weber)의 '城砦王國' 개념을 차용하여 '城邑國家'로 부르는 것이 적절하리라는 의견도 개진되었다.[39] 그러나 학계 전반의 논의는 엘만 서비스(Elman. R. Service)를 비롯한 신진화주의 고고인류 학자들이 가설로서 제시한 사회발전단계론을 원용해 보는 쪽으로 기울었다. 한국 고고학자들이 이 이론을 적극 지지하고 검토한 데도 원인이 있지만, 보편론적인 이 가설이라면 한국 고대국가의 형성 과정을 단계적 · 체계적으로 설명해 낼 수 있으리라고 기대한 결과가 아닌가 여겨진다.

그러나 이후 지금까지 근 40년에 걸친 논의 결과는 그다지 이룬 것이 없는 형태라고 해도 과언이 아니다. 국가 형성 과정에 대한 서구 이론을 자세히 알게 되었을 뿐, '부족국가' 개념에 대치할 만한 다른 용어를 확실히 찾아낸 것도 아니었고 국사의 전개 과정을 체계적으로 밝히기에 이른 것도 아니었다. 'chiefdom'의 일반적 · 개별적 개념과 정의는 무엇이며 이 단계를 국사 상의 어떤 시기에 적용할 것인지 등을 둘러싸고 논의가 무성했지만, 3세기 이전의 삼한 제국을 'state' 이전 단계로 파악하려는 태도와 관점은 여전한 것이 현실이다.

그리고 사회발전단계론의 적용에 몰입한 결과 우리 고대사의 근원을 사로국으로 파악하려는 경향이 새로 생겼다.[40] 삼국부터 古代라고 인식한 결과 삼국 이전의 사회 단계를 원시공동체 사회로 파악할 수밖에 없었던 데서 비롯된 논리적 귀결이었다. 삼한으로 분립하기 이전에 진국의 진왕이

---

38) 이하 社會發展段階論과 관련한 언급은 拙著, 앞의 책, 205~244쪽 참고.
39) 千寬宇 編, 『韓國上古史의 爭點』, 一潮閣, 1976, 215~224쪽.
40) 李鍾旭, 「관학파가 만든 '민족사'에서 우리를 만든 '한국사'로」, 『韓國古代史探究』 創刊號, 2009, 7~35쪽.

삼한 전체를 통할했다는 기사를 결코 인정하지 않으려 했던 이유도 여기에 있다. 물론 이러한 이해체계에서 고조선 또한 국가로 인정될 리 없었고, 그 결과 古朝鮮史는 자연히 우리의 시야에서 멀어지게 되었다. 고조선 문명일 개연성이 크다고 알려진 이른바 '遼河文明'에 대해 한국고대사 학계가 침묵하고 있는 데는 이런 사정이 있다.[41]

그러나 다시 강조하여 확인해 두는 바거니와 무엇보다 중요한 것은 어떤 理論보다도 자료를 중시하는 태도다. 사료 비판을 역사 연구의 출발점으로 삼는 것은 당연하고 마땅한 일이지만, 이를 구실로 뚜렷한 근거 없이 사료를 불신하고 못 쓰게 만들어서는 곤란하다. 특히 관련 자료가 零星한 고대사의 연구에서는 가정과 추론이 불가피한 경우가 많은데, 그 추론을 매양 사실로 착각·확신하면서 그나마 겨우 남은 자료를 오히려 묵살하는 태도는 결코 바람직하지 않다. 역사 사실의 진상을 은폐하는 행위를 역사 연구라 부를 수는 없는 것이다. 기록에 입각하여 궁구한 끝에 아무리 생각해도 아니라고 여겨질 경우에 하나의 가정으로서 자신의 견해를 조심스럽게 개진해 볼 수 있을 뿐이다.

『후한서』만이 아니라 『위략』원문 자체가 삼한의 隔絶과 各自圖生에 앞서 삼한 전체를 통할하는 권력이 존재하였다고 기록했으며 이것이 사실일 개연성을 외면하면 안 된다. 그리고 『삼국지』나 우리 측 『삼국사기』가 전하는 바 또한 이러한 歷史像에서 크게 어긋난 것이 아닐 수 있다. 서로 상충하는 내용인 듯 보이는 기록일지라도 양자를 동시에 충족할 수 있는 방향에서

---

41) 范曄은 『後漢書』 東夷列傳의 序文에서 東夷의 前史로서 春秋戰國時代 以前에 中國에 의해 征服당하여 中國化한 東夷의 歷史에 대해 간략하게 소개함으로써 當代의 東夷가 이들과 별개의 種族이 아니라는 인식을 보였는데, 현재 우리 學界의 主論은 이들을 별개로 보면서 范曄의 認識을 妄發로까지 간주하는(全海宗, 앞의 책, 51쪽) 방향에 서 있으며, 이는 이른바 '遼河文明'을 우리 조상이 남긴 文明 혹은 '古朝鮮 文明'으로 파악하는 견해를 非學問的이라며 배척하는 근거로 작용하고 있다.

새로운 이해를 모색해 볼 필요가 있다. 한 쪽의 기록에만 의지하여 상상력을 키우기에 앞서 가능한 한 다수의 기록을 동시에 납득할 수 있는 이해 방향을 찾아보는 것이 우선이다.[42]

이와 같이 생각하면서 기록을 다시 보면, 辰王은 꼭 辰國만이 아니라 辰韓과도 결부될 소지가 있는 명호임에 주목하게 된다. 진한 전체의 왕이라면 辰韓王이라 부르는 것이 자연스럽겠지만 이를 줄여 辰王이라 했다고 해도 수긍하지 못할 바가 아니기 때문이다. 삼한 제국 모두가 진국을 이루면서도 삼한으로 구분되어 있었다면, 그 명호로 볼 때 진국과 가장 친연성이 있는 것은 삼한 중 辰韓일 터다. 또한 馬韓·辰韓·弁韓으로 모두 韓을 칭했으니 이들이 이룬 辰國을 다른 말로 불렀다면 韓國이라 했을 만도 하다. '辰韓者 古之辰國也'라거나 '民多流入韓國' 혹은 '諸韓國臣智加賜邑君印綬'하였다는 등의 『삼국지』 기록이 아마 이래서 가능했을 것이다.

그렇다면 '삼한이 모두 옛 진국'이라고 기록한 『후한서』 기사와 '진한은 옛 진국'이라고 기록한 『삼국지』 기사를 꼭 서로 충돌하는 기사로 볼 이유가 없다. 삼한 전체가 진국을 구성하던 지난날에는 그 중 진한이 주도권을 쥐고 있었고, 그래서 국명과 왕명이 처음에 진국·진왕으로 정해졌던 것일 수 있기 때문이다. 『후한서』가 삼한 중 마한이 가장 크기 때문에 '其種' 곧 마한 사람을 辰王으로 共立한 것이라고 한 데서 더욱 이렇게 생각된다. 지금은 마한이 최대 세력이지만 예전에는 다른 세력이 더 커서 거기서 진왕이 나오던 때가 있었다는 의미를 함축한 기사로 읽을 수 있는 까닭이다. 目支國에 있는 辰王은 삼한 가운데 馬韓이 가장 커지는 변화가 생긴 이후에 共立된 존재고, 앞서서는 辰韓이 가장 컸으므로 진한 제국 중 유력한 한 소국의 왕을 진왕으로 共立했을 가능성을 배제하기 어렵다. 11세기 초에 완성된

---

42) 지금까지는 '兩書를 同時에 取할 수는 없다'(千寬宇, 앞의 「三韓攷 第2部」, 232쪽)는 兩者擇一 不可避論이 논의를 지배해 왔다. 이 같은 관점에서 벗어날 필요가 있다.

『冊府元龜』에 '馬韓古之辰國也'라는 기사가 보이나,[43] '古'라고 말한 기준 시점이 『삼국지』나 『후한서』와 같다고 말하기 어려우므로 이러한 상정을 위협하는 요소라 할 수는 없을 것이다.

辰國이 3세기 후반 당시에 이미 소멸한 상태든 아니든 적어도 예전과 같지 않았던 것만은 분명하고, 진국이 그렇게 변화해 있었다면 삼한 중 마한이 가장 큰 세력이 된 것도 그 변화의 결과일 수 있다는 것 역시 능히 짐작 가능하다. 또 진국의 주도 세력이 교체되는 대대적인 변화가 있었다면 그것은 진한 사람들이 마한으로 流移해 들어왔다는 기록과 분리해서 생각하기 어려운 상황임이 틀림없다. 즉 辰韓人들이 유이해 오기 전의 상태가 『삼국지』나 『후한서』에서 '古之辰國'으로 표현된 것이었던 셈이다.

『삼국지』에 의하면, 진한 사람들은 자기들이 유이해 들어왔을 때 마한이 동쪽 땅을 내주어 살게 되었다고 말하고 있었다. 秦나라 때 고된 부역을 피해 내려왔다고도 하고 樂浪人을 일러 '우리 남은 사람들'이라는 뜻의 '阿殘'이라 부른다고 하여 낙랑에서 이동해 왔다고도 말한다고 하였는데, 그렇다면 그 이동은 대략 기원전 3세기 후반부터 시작되어 기원전 2세기 초까지 수십 년에 걸쳐 이루어졌다고 볼 수 있을 것이다.

기록에서 확인할 수 있는 한, 낙랑 지역 사람들이 집단으로 남하한 것은 기자조선이 망했을 때와 위만조선이 멸망했을 때 두 차례였다. 따라서 이 중에서 『삼국지』가 전하는 진한 세력의 이동은 準王이 衛滿에게 패배함으로써 빚어진 箕子朝鮮 중심 세력의 이동을 뜻하는 것이 틀림없다. 『위략』의 歷谿卿 기사로 미루어, 늦어도 衛滿朝鮮의 右渠王 때에는 조선과 대립·경쟁하던 辰國이 이미 그 동쪽에 존재하고 있었음이 분명하기 때문이다. 그러므로 진한은 본디 기자조선의 핵심 세력으로서, 기자조선이 강성했을 때는 삼한 중 최대 세력이었으나 이동 후에 위축되어 마한의 제어를 받는 弱小의

---

43) 『冊府元龜』 956, 外臣部, 種族.

처지로 전락한 것이 된다. '古之辰國'은 곧 전성기의 기자조선을 지칭한 말이고, 그때의 辰王이란 바로 기자조선의 왕이었다고 볼 수밖에 없게 되는[44] 것이다.

그런데 『후한서』에는 이와는 달리 생각할 수 있는 기사가 전한다.

初, 朝鮮王準爲衛滿所破, 乃將其餘衆數千人, 走入海, 攻馬韓, 破之, 自立爲韓王. 準後絶滅, 馬韓人復自立爲辰王.

準王을 '朝鮮王 準'이라고만 기록했을 뿐이어서 그를 辰王이라고도 불렀다고 볼 근거가 희박한데다가, 준왕이 마한을 공격해 격파하고 자립하여 韓王이 되었다고 기록한 것으로 미루어 기자조선이 삼한으로 형성되어 있었다는 상정이 무색하고, 준왕의 代가 끊긴 후에 馬韓人이 다시 自立해 辰王이 되었다고 했으므로 진왕이라는 위호는 기자조선에서가 아니라 오히려 그 맥이 끊어진 이후에 성립했다고 보는 것이 타당하게 여겨질 수 있는 기사다. 그래서 鄭寅普조차도 이 기사는 杜撰으로 간주하였다. 準은 이미 삼한의 왕이므로 마한을 공격할 까닭도, 새삼스레 자립하여 韓王을 칭할 까닭도 없었다고 보고, '走入海'는 準王이 바다로 가 투신자살하였음을 전하는 기사로 보아야 한다고 생각한 것이었다.[45]

그렇지만 여기서는 우선, 『후한서』가 '其諸國王先皆是馬韓種人焉'이라 하여 三韓諸國의 王들이 先代는 모두 馬韓人이었다고 한 기사를 눈여겨볼

---

44) 鄭寅普, 앞의 『朝鮮史硏究 上』(薝園 鄭寅普全集 3, 延世大學校 出版部), 56~67쪽.
安在鴻, 『朝鮮上古史鑑(上卷)』, 民友社, 1947.
金容燮, 앞의 책, 88~89쪽.
한편 桓·靈(146~189) 말엽에 韓·濊가 强盛했다는 기사를 중시하여 辰王이 이때 등장했고, 246년의 崎離營 전투를 계기로 漢의 두 郡이 韓을 멸했다는 기사를 중시하여 대략 이때쯤 辰王이 소멸했으리라고 본 견해도 있으나(尹善泰, 앞의 논문, 27쪽) 논자가 상정한 정황에 그 근거를 의존한 추정이다.
45) 鄭寅普, 앞의 책, 100~102쪽.

필요가 있다. 삼한으로 나뉘어 있으면서도 진한이나 변진의 왕들까지 모두 '마한인'이었다는 것은 이때의 '마한인'이 단순히 마한 출신이라는 뜻으로 쓰인 말이 아니었음을 의미한다. 출신으로 말하자면 진한과 변진 제국의 왕들은 모두 각자 자기 나라 출신이었을 터인 까닭이다. 그럼에도 불구하고 이들을 馬韓人으로 파악했다면 이는 그렇게 파악하도록 되어 있는 정치체제 가 작동하고 있었다는 뜻이다. 두말할 나위 없이 이는 삼한 최대의 세력인 마한의 目支國王을 辰王 곧 '辰國의 王'으로 共立한 정치체제 바로 그것이다. 따라서 이를 '辰國體制'라 불러도 좋으리라 생각한다.

이와 같이 삼한 제국의 왕들이 共論하여 삼한 중 가장 큰 韓에 속한 小國 王을 추대, 辰王으로 공립함으로써 구성하는 辰國體制는 삼한 중 진한이 최대 세력이어서 이 중에서 진왕을 찾아 共立하던 예전 시기에도 그대로 작동하였으리라고 볼 수 있다. 그리고 그때의 진국체제에서는 삼한 제국의 모든 왕들이 辰韓人으로 편제되어 있었겠다. 그렇다면 진한 사람들이 남하하 여 약소 세력이 되고 삼한의 주도권을 마한에게 넘긴 처지에서, 형세를 역전당하여 거꾸로 辰韓諸國의 王들이 馬韓人이 됨은 당연한 일이었다. 앞서 '其諸國王先皆是馬韓種人焉'이라 한 것은 물론이고, 『삼국지』가 弁辰傳 에서 馬韓人으로 辰王 곧 辰韓王을 삼는다 하고,[46] 『위략』이 이는 진한 사람들이 流移해 온 이들이라서 마한의 통제를 받게 된 때문이라고 풀이한 것은[47] 모두 이런 사정을 직간접으로 전한 내용이었던 셈이다. 이러한 문맥에 서 『삼국지』 弁辰傳의 辰王을 辰韓王으로 파악해야 하리라는 것은 굳이 논증할 필요가 없는 명료한 일이라 할 것이다.[48] 현재의 진한왕은 실제로

---

46) 『三國志』 30, 魏書30, 烏丸鮮卑東夷傳30, 弁辰, '辰王常用馬韓人作之, 世世相繼, 辰王不得自立爲王.'

47) 『三國志』 30, 魏書30, 烏丸鮮卑東夷傳30, 弁辰 所引 魏略, '魏略曰, 明其爲流移之人, 故爲馬韓所制.'

48) 『三國志』 弁辰傳의 辰王을 辰韓王으로 볼 수 없다는 견해가 있다(宣石悅, 「『三國志』 弁辰傳의 辰王의 解釋 問題」, 『역사와 경계』 47, 2003, 1~20쪽.). 辰韓 全體

과거의 '辰王'이기도 했던데다가, 그가 馬韓人으로 간주되는 사실이야말로 이러한 국가체제가 생소한 중국인의 눈에는 참으로 이해하기 어려운 일이었을 터임이 분명하다.

여기서 진국체제의 기본적 구조와 특징의 윤곽을 잡아볼 수 있다. 먼저 진국의 주도 세력이 진한에서 마한으로 바뀐 이후에도 그 왕호가 종전과 마찬가지로 '辰王'으로 유지되었음을 주목할 때 아직 진국체제가 완전히 와해된 것은 아니었다고 하겠다. 三韓諸國의 王들이 辰王을 共立함으로써 '辰國體制'가 성립한 것이었으므로 진왕이 존재하는 한 진국체제도 존속한 것으로 보아야 마땅하겠기 때문이다. 목지국의 진왕은 적어도 명분상으로 여전히 '盡王三韓之地'하는 존재였다.

그러나 진한 및 변진의 제국이 辰國體制에 들어와 目支國의 진왕에게 복속하여야 한다는 것은 진왕 또는 마한 측의 관점이고 주장일 뿐 실제의 형세가 그랬던 것은 아니었다. 『삼국지』가 전하는 바와 같이 진한 12국은 이미 독자의 辰王(=辰韓王)을 共立하여 世世相繼하고 있던 상태였다. 3세기 후반의 시점에서 진국체제는 사실상 무너져 일부 세력의 헛기침으로만 남아 있음을 중국인들도 익히 알고 있었던 셈이다.

그리고 이와 관련해서는 무엇보다 赫居世居西干이 그 38년(B.C. 20)에 瓠公을 마한으로 보내 修聘하였다는 『三國史記』의 기록을[49] 참고하는 것이

의 王이 존재한 것처럼 인식하게 된 데에는, ① 宋의 裴松之가 『魏略』을 잘못 이해하여 『三國志』의 辰王 관련 기사(其十二國屬辰王. 辰王常用馬韓人作之, 世世相繼, 辰王不得自立爲王) 뒤에 '魏略曰 明其流移之人 故爲馬韓所制'라는 注文을 붙인 것을 ② 唐初의 史書가 잘못 이해하여 이를 근거로 나름대로의 辰韓觀을 꾸며 내기에 이른 두 단계의 오류가 놓여 있었다고 본 것이다. 논자는 신라가 4세기에 들어서 성립했다고 보는 견해를 가졌기 때문에 3세기 중엽 이전의 辰韓에 그 전체의 왕이 있었다는 사실을 인정할 수 없었던 듯하다. 그러나 裴松之의 注가 잘못 붙여졌다는 확증이 분명치 않거니와 唐初의 史書를 오로지 机上操作의 결과로만 본 것은 지나친 감을 지울 수 없다.

49) 『三國史記』 1, 新羅本紀1, 赫居世居西干 38년 2월.

좋을 것이다. '辰・卞 2韓은 우리의 속국인데 근년에는 왜 職貢을 보내지 않느냐'고 질책한 馬韓王의 언급이 記事化된 사실로 미루어 대략 이 무렵을 전후하여 진한은 실질적으로 진국체제로부터 이탈했던 것으로 보이기 때문이다. 그러나 사신을 보내 그간의 형세 변화를 설명하고 이해를 구하려 한 辰韓 居西干의 태도에서는 종래의 진국체제를 가능한 한 존중하려는 자세가 읽혀진다. 마한왕이 사신으로 온 瓠公을 호되게 질책했다는 데서도, 일방적인 태도이기는 하지만 어떻든 진국체제의 엄연한 존속을 표방할 수 있는 여건이었음이 인지된다. 馬韓은 여전히 辰韓(=新羅)의 居西干을 馬韓人으로 편제하여 대우했을 것이고, 居西干은 자신이 마한인으로 간주되든 말든 크게 개의치 않고 독자적 처신을 도모했을 것이다.

이러한 상황이었으므로 '辰王常用馬韓人作之'한다는 『삼국지』의 기록도 진국체제가 제대로 작동하던 過去之事를 말한 내용으로 이해해야 한다. 『후한서』의 范曄 또한 삼한 제국의 왕들이 '馬韓種人'이었던 것은 先代의 일로 인지하고 있었다('其諸國王先皆是馬韓種人焉').[50] 하지만 여기서 '늘 馬韓人으로 辰王(=辰韓王)을 삼았다'고 한 것은 명목상으로라도 진국체제가 작동하고 있는 한 진한왕은 마한인일 수밖에 없었던 사정을 소개한 記述이겠지만, 다소 어폐가 있어 오해의 소지마저 없지 않은 언급이었다고 하겠다. 辰韓人들이 유이해 온 사람들이기 때문에 마한의 통제를 받게 된 것이었고, 이로써 형성된 복속관계로 인해 마한인을 그 왕으로 삼게 된 것이었다고 나름대로 판단하고 기록한 『위략』의 기사도 마찬가지다. 진국체제의 외형만 보고 그 본질을 제대로 이해하지 못함으로써 사실의 先後・因果關係를 거꾸로 파악한 셈이었다.

---

50) 여기서 '先'이 명사로 쓰였는지 아니면 부사로 쓰였는지는 분명하지 않다. '그 諸國王의 先祖는 모두 馬韓種人이었다.'고 해석할 수도 있고, '그 諸國王이 예전에는 모두 馬韓種人이었다.'고 해석할 수도 있다. 하지만 어느 경우든 현재의 일을 말한 것이 아니라는 사실은 변함없다.

진국체제에서 삼한 제국의 왕들이 마한인이었다는 것은 단지 복속의 의미로서만 이루어진 일이 아니었다. 그것은 복속과 동시에 마한의 정치에 주체적으로 참여할 자격을 지님을 의미하였다. 신라의 경우를 보면 왕위의 계승에 '新羅國人'이 관여하였던 것으로 드러나는데, 여기서 '國人'이라 함은 신라 국정에 주체적으로 참여하고 있던[51] 六部의 諸干을 가리킨다. 六部로 편제된 진한 제국의 王을 비롯한 지배층 인물들이 곧 '新羅國人'이었다.[52] 마찬가지로 馬韓뿐 아니라 辰韓 및 弁辰諸國의 國王들도 '馬韓人' 즉 '辰國人' 으로서, 辰王인 마한 목지국왕이 이끄는 辰國의 國政 논의와 결정에 주체적으로 참여하였을 것이다. 삼한 제국이 진왕을 共立하였다고 하였으니 辰·弁韓의 왕들이 辰王을 공립한 주체였음이 틀림없고, 이는 이들이 '마한인'으로서의 위치에 있었기 때문일 것도 당연지사다. 즉 '馬韓人'이라는 소속의 명시는 그 정치에 주체적으로 참여할 수 있는 존재임을[53] 밝히는 표현이기도 했던 것이다. 부연하자면 삼한 제국의 왕들이 마한의 '國人' 자격으로 마한을 대표하는 왕을 共立하는 데 참여한 것이었고, 그렇게 共立된 왕이 삼한 전체의 總王인 辰王으로 군림하던 二重聳立의 政治體制가 곧 辰國體制였다.

辰王의 기본 속성은 그가 '왕들의 왕'이라는 점에 있었다. 당시 삼한에서는 왕을 韓 또는 干·加라 하였으니, '辰王'을 달리 표기하면 '居西干'일 수도 있고 '韓王'일 수도 있었겠다. 居西干은 말 그대로 '居西(=渠帥) 干'으로서 '干들의 王'이라는 뜻이다. 지금도 브리아드 몽골 학자들은 箕子를 '게세르칸' 으로 읽는다고 하니, 箕子는 곧 居西干의 異表記임을 확신해도 좋을 것이 다.[54] 箕子는 辰王의 다른 표기였던 셈이다. 箕子朝鮮을 辰國으로, 箕子를

51) 金光洙, 「古代國家形成論」, 『韓國史 認識과 歷史理論』(金容燮敎授停年紀念韓國史 學論叢 1), 1997, 290~291쪽.
52) 拙稿, 앞의 「韓國 古代國家의 二重聳立構造와 그 展開」, 191~194쪽 ; 이 책의 제1장 II로 재수록.
53) 金光洙, 「新羅 官名 '大等'의 屬性과 그 史的 展開」, 『歷史敎育』59, 1996, 78쪽.
54) 箕子는 大公(=크치)의 표기로서(安在鴻, 앞의 책, 28쪽) 곧 게세르칸(居西干)이었다

辰王으로 보아야 하는 이유가 여기에도 있다.[55]

그리고 辰王(=韓王=箕子=居西干)은 삼한 제국의 왕들이 共立한 존재로서, 스스로 自立한 왕이 아니라는 점에 특징이 있다. 그 位는 辰韓王과 마찬가지로 世世相繼되었으리라 여겨지지만 그렇다고 共立의 의의가 부인되고 그 절차가 무시된 것은 아니었다.[56] 따지고 보면 辰韓의 辰王(=新羅居西干)만 자립할 수 없었던 것이 아니라[57] 目支國의 辰王 자체도 자립할 수 없는 왕이기는 마찬가지였던 셈이다. 이것이 二重聳立의 辰國體制가 가진 본질이었다.

한편 辰韓이 주도하던 前期 辰國體制('古之辰國')는 辰王이었던 準王이 衛滿의 기만책에 말려 나라를 잃고 마한으로 쫓겨 들어가게 되자 위기에 당면하였다. 準王의 後代가 절멸한 뒤에도 3세기 말의 韓人 중에는 여전히 그 제사를 받드는 자가 있다고 한 기사가 이를 전한다. 거개는 準王의 제사를 받들지 않았으며 이는 그를 辰王으로 인정하지 않는 세력이 대다수였음을 암시하기 때문이다. 그가 패퇴하여 마한으로 들어왔을 때 이미, 그를 여전히 진왕으로 인정해야 한다는 세력과 그럴 수 없다는 세력으로 나뉘었던 것이겠

(주채혁,『순록치기가 본 조선·고구려·몽골』, 혜안, 2007, 142쪽). 居西干은 首長·君長의 뜻인 '居西=渠帥'와 王을 지칭하는 東夷語인 '干=汗=加'의 합성어로서, 여러 干들이 모여 共立한 존재 곧 '干들의 우두머리'임을 뜻한 말이다. 可汗도 마찬가지 표기다(金容燮, 앞의 책, 73~74쪽).

55) 朝鮮은 國名이 아니라 관할하는 地境('管屬된 土境')이라는 뜻을 가진 일반 술어라는 鄭寅普의 견해(앞의『朝鮮史研究 上』, 48~50쪽)를 따르면 箕子朝鮮은 箕子(=辰王=王들의 王)의 통치력이 미치는 地境이라는 의미로 이해할 수 있다. 그렇다면 辰王의 朝鮮 즉 辰國(=三韓)이 곧 箕子朝鮮이고 箕子가 곧 辰王이다.

56) 신라의 尼師今은 繼承王의 의미로서 居西干 位를 繼承한 王이라는 뜻이고 그 계승은 기본적으로 '新羅國人'의 推戴와 承認을 전제로 이루어진 것이었다(拙稿,「新羅 '上代' 葛文王의 冊封과 聖骨」,『歷史敎育』104, 2007, 24~25쪽 ; 이 책의 제4장 II로 재수록).

57) 신라에서 최초의 自立王은 訥祗麻立干(417~458)이었다. 訥祗의 자립은 종래의 共立體制 곧 六部 中心 정치체제가 무너지는 계기가 되었으며, 이로써 신라에는 새로운 정치세력(=眞骨)이 등장하여 國王 中心 中央集權體制를 구축해가는 전면적이고 장기적인 大社會變動이 시작되었다.

다. 마한의 주축 세력은 진왕의 교체를 주장했다고 여겨진다. 準王이 마한을 공격한 이유가 여기에 있었을 것이다.

그리하여 마한의 중심 세력을 이긴 準王은 스스로 '韓王'을 칭했다. 韓王은 그 語義가 辰王과 크게 다를 바 없었지만 共立된 존재가 아니라 自立한 왕이었으므로 '辰王'을 칭할 수 없었던 사정이 '韓王' 곧 '(여러 왕 중에서 가장 큰) 大王'이라는 칭호에 머물게 된 원인이었을 것이다. 무기력한 패퇴와 세력 축소를 이유로 자신을 더 이상 辰王으로 인정하지 않으려 하는 諸國의 王들에 맞서 무력으로 몇몇 반대 세력을 제압하기까지 하였으나 전체 王들로부터 再共立을 받는 데는 실패하였으므로 準王 스스로 '自立爲韓王'(『후한서』) 혹은 '自號韓王'(『삼국지』)하는 수준에서 만족할 수밖에 없었던 것이 아닌가 하는 것이다. 韓王이 이끄는 辰國時代가 새로 시작된 셈이었다.

그러다가 共立 辰王 중심의 辰國體制가 다시 회복된 것은, 정확히 그것이 언제인지는 불분명하나,[58] 準王의 후대가 절멸한 뒤의 일이었다는 것이 范曄의 이해였다. 그러나 복구된 後期 辰國體制는 마한이 주도하는 새로운 진국체제였다. 그리고 보면, 前揭한 『후한서』의 기사 역시 기자조선을 옛 진국으로, 기자를 옛 진왕으로 파악하는 데 장애가 되는 요소는 아니다.

4. 渠帥의 王者性과 '辰王'位의 推移

---

58) 1905년에 편찬된 崔景煥의 『大東歷史』는 準王의 후대가 끊긴 것이 A.D. 9년의 일이었다고 썼다. 이 책에 의하면 哀王(=準王)이 그 28년(B.C.194)에 衛滿에게 나라를 빼앗기고 金馬郡(지금의 익산)으로 도망쳐 나왔으며, 이듬해 그가 죽자 태자인 卓이 왕위를 계승하였고(武康王), 그로부터 王系가 이어져 學에 이르렀으나 A.D. 9년에 백제에게 멸망하니 卓부터 學까지 9王 202년이었다고 한다. 이에 따르면 太熙 원년(290)에 西晉으로 사자를 보낸 馬韓은(『晉書』 97, 列傳67, 東夷, 馬韓) 目支國의 辰王이 주도한 後期 辰國體制下의 馬韓이 되는 셈이다. 그러나 『大東歷史』의 서술은 『淸州韓氏世譜』의 내용을 歷史 事實로 받아들인 것으로서 지금으로서는 그대로 신뢰하기에 무리가 있다.

辰國體制는 三韓諸國의 王들이 주체적으로 참여하여 형성한 二重聳立의 上部 政治體制였다. 따라서 진국 차원의 논의와 결정이 요구되는 중요 사안은 諸王의 共論과 合議를 통해 추진되었을 것이다. 진국체제에서는 삼한 제국의 왕들이 그 세력 규모가 크든 작든 기본적으로 독자성을 띤 소국의 왕이라는 점에서 동등한 발언권을 지녔을 것이며, 대립보다는 이해와 동의가, 상쟁보다는 양보와 배려가 上位의 가치로 여겨졌을 것이다.

우리 國史에서 신라의 和白會議, 고구려의 諸加評議, 백제의 政事嚴會議부터 고려의 都兵馬使·都評議使司를 거쳐 조선의 備邊司에 이르기까지 합좌·합의 기구가 늘 중시되고 유지된 데에는 진국체제의 합의제 귀족정치의 운영 방식이 수차례의 중국식 문명전환에도 불구하고 전통으로 자리잡아 살아남은 결과가 아닌가 한다.[59] 『삼국사기』에 赫居世居西干이 神德이 있다거나 남의 재난을 다행으로 여기지 않는 인자함이 있었다고 거듭 강조한 것은[60] 그 居西干(=辰王) 位가 본디 그러한 도덕적 가치를 중히 여기고 지킬 것이 요구되는 자리였음을 보여주는 일면이겠다.

그런데 準王을 내몰고 왕이 된 衛滿은 합의에 기초한 辰國體制의 전통을 지키지 않은 듯하다. 그가 살아온 燕나라의 정치체제가 그런 형태와 무관했던 데다가 신의를 저버리고 僞計를 써서 왕이 된 집권 과정부터가 辰王에게 요구되는 덕목과는 거리가 멀었다. 衛滿은 국왕 중심의 중앙집권체제를 구축하기 위해 부심하였다. 그 손자인 右渠王이 일정 지역에 대한 독립적 지배력을 토대로 주체적으로 국정에 참여하고 있던 大勢力家인 歷谿卿에게

---

59) 金容燮, 앞의 책, 135쪽.
60) 『三國史記』는 赫居世居西干이 神德이 있음을 듣고 倭人이 군사를 돌렸다거나(8년), 樂浪人들이 來襲하였다가 밤에도 집 문을 닫아걸지 않으며 들에는 노적가리가 그대로 쌓여 있는 것을 보고 '有道之國'이라며 물러간 일(30년 4월), 馬韓이 國喪을 당한 기회를 틈타 공격하자는 건의에 대해 居西干이 '幸人之災 不仁也'라며 물리친 일(39년), 聖人이 났다는 소문을 듣고 東沃沮가 사신을 보내 온 일(53년) 등을 특필하였다. 辰國體制에서의 文化的 遺風을 전한 것으로 보아 좋을 것이다.

幕僚的 從事者層에게나 어울릴 법한 朝鮮相이라는 관직을 내려 준 사실이[61] 이런 사정을 넌지시 전한다. 독자성을 띤 왕들을 관료로 편제함으로써 집권력을 강화해 나가고 있었던 것이다.[62] 역계경의 諫言은 필시 진국체제에 입각한 合議와 그 遵守의 필요성을 역설한 내용이었을 것이다. 우거왕이 이를 수용할 수 없었음은 물론이다. 역계경은 결국 2천여의 예하 民戶를 이끌고 위만조선을 벗어나 辰國으로 이동하게 되었다.

『삼국지』에 의하면 마한 제국의 長帥(=渠帥=王) 중 큰 세력을 가진 자는 스스로 臣智, 작은 세력을 가진 자는 邑借라고 칭했다 하고,[63] 진한 및 변진에서는 그 크기에 따라 渠帥層이 臣智・險側・樊穢・殺奚・邑借로 좀 더 세분화되어 있었다고 한다.[64] 진한 쪽에서 분화가 더 심했다는 것이 정확한 기록이라면,[65] 그 원인은 역시 이들이 前期 辰國體制의 핵심세력으로서 장기간에 걸쳐 정치를 주도해 온 세력이었다는 데서 찾아져야 할 것이다. 『삼국지』는 또 後期 辰國體制의 주도세력인 마한의 臣智 중에는 간혹 그 위호에 품위를 더하여

臣雲遣支報安邪踧支濆臣離兒不例拘邪秦支廉

이라 칭하기도 했다고 전한다.

우선 臣智와 邑借는 險側・樊穢・殺奚가 그런 것과 마찬가지로 삼한의 토속어를 한자의 음을 빌어 적은 것이다. 혹자는 臣智의 '臣'과 邑借의 '邑'을

---

61) 『三國志』 30, 魏書30, 東夷傳, 韓傳 所引 『魏略』.
62) 金光洙, 「古朝鮮 官名의 系統的 理解」, 『歷史敎育』 56, 1994, 11쪽.
63) 『三國志』 30, 魏書30, 烏丸鮮卑東夷傳, 韓, '各有長帥 大者自名爲臣智 其次爲邑借.'
64) 『三國志』 30, 魏書30, 烏丸鮮卑東夷傳, 弁辰, '各有渠帥 大者名臣智 其次有險側 次有樊穢 次有殺奚 次有邑借.'
65) 그러나 필자 개인의 판단으로는 辰韓뿐 아니라 馬韓 역시 수장층의 階序가 5단계 이상 설정되어 있었다고 보는 것이 타당하리라 본다. 馬韓 쪽의 정치적 분화가 더 더뎠다고 볼 근거를 찾기 어렵기 때문이다.

한자의 뜻을 빌린 표기로 생각하여 '臣下된 자', '邑을 다스리는 자'로 그 의미를 새긴 다음, 군신관계로서 이들을 예속시킨 군주는 군현을 매개로 그 권위를 나타낸 중국 황제였다고 이해하기도 했으나[66] 개연성이 높은 견해라고는 생각되지 않는다. '臣'이 漢字의 語義를 취한 것이라고 해도, 그것은 중국 황제를 염두에 두고 外臣을 자처한 경우로서가 아니라 토착어 '大等'에 대한 漢語 對譯으로 쓰였다고 보는[67] 것이 歷史性을 중시한 이해 방향일 것이다. 長帥 중 大者, 곧 三韓諸國 중 비교적 大國에 속하는 나라의 王이 자칭한 '臣智'의 경우는 國名에서와 마찬가지로 '크다'·'높다'는 뜻의 토착어를 한자를 빌어 표현한 말로 보는 것이 무난하리라 생각한다.

辰韓(=新羅)에서 大等을 '臣'이라는 한자어로 표기하기 시작한 것은 6세기에 들어와서의 일이었다.[68] 마한에서 국명으로 '臣'이 쓰인 경우는 臣濆沽國·臣釁國·臣蘇塗國·臣雲新國 등이 있는데, 國名에 臣屬의 뜻을 함의했으리라고는 도무지 생각할 수 없다. 특히 '臣蘇塗國'이라는 국명은 '臣+蘇塗+國'의 성분을 가진 어형임이 분명하거니와, 土俗의 蘇塗를 수식하는 말로 쓰인 '臣'이 중국 황제에 대한 外臣의 뜻으로 쓰였을 리가 만무하다. 게다가 품위를 더하는 優號로 쓰인 '臣'이 기껏 臣屬의 뜻으로 쓰였다는 것도 납득하기 어려운 상정이다. 진왕 중심의 진국체제에 속한 臣智고 邑借였다.

한편 『삼국지』가 예로 들어 소개한 優號는 좀체 이해하기가 어려운 語形인데, 혹자는 여기서 臣雲新國·安邪國·臣濆沽國·拘邪國이라는 4개의 國名을 추출하여[69] 이들 나라가 주요 교통로상의 대국이었다고 보고, 삼한 제국으

---

66) 武田幸男, 앞의 논문, 16~22쪽.
67) 金光洙, 앞의 「新羅 官名 '大等'의 屬性과 그 史的 展開」, 77~79쪽.
68) 大等을 '臣'으로 표기한 것으로 가장 앞선 기록은 『日本書紀』 17, 繼體紀 23년 4월조에 신라가 '上臣伊叱夫禮智干岐'를 다시 보냈다고 한 것이다. 법흥왕 16년 (529)의 일이었다.
69) 井上幹夫, 「魏志東夷傳にみえる辰王について」, 『續律令國家と貴族社會』(竹內理 三博士古稀記念會 編), 1978, 621쪽.
盧重國, 「目支國에 대한 一考察」, 『百濟論叢』 2, 1990, 81쪽.

로부터 중국 군현으로 향하는 해로 및 육로의 중간 매개 지점에 위치한 목지국의 진왕이 중국 군현과의 관계에서 韓을 대표하는 세력으로 성장하여 4국의 신지에게 우호를 내리기에 이르렀다고 이해했다.[70] 하지만 이와 같은 이해는 그 4국의 이름을 억지로 추출하여 얻은 것이라는 점에 문제점이 있다. 優號에서 '瀆臣'을 '臣瀆'의 倒置로 본 다음, 臣雲을 臣雲新國의, 臣瀆을 臣瀆沽國의 略稱으로 간주한 것이었다.

자신의 着想을 정당화하기 위해 기록에 손질을 가하는 것 자체도 지지하기 어렵지만, 만일 이 優號가

　　○ 臣雲遣支報安邪踧支瀆
　　○ 臣離兒不例拘邪秦支廉

으로 둘로 나뉘는 것이라면[71] 앞의 瀆과 뒤의 臣을 연결하여 錯簡을 상정한 것 자체가 오류다.[72] 臣智들이 '臣~支瀆', '臣~支廉'과 같이 자신의 칭호를 더 품위 있고 우아하게 수식한다는 뜻으로 쓴 문장일 가능성이 크다. '臣'으로 시작하여 '支○'로 끝나는 똑같은 字數의 構文이 臣智들의 優號로 쓰인 것이 아닌가 하는 것이다. 그리고 이처럼 臣智의 優號를 끊어 읽고 두 개의 사례를 예로 든 것으로 이해할 경우엔 '臣雲'을 '臣雲新國'의 약칭으로 보기 어렵게 된다는 점에 유의해야 한다. '臣離'도 이로써 시작하는 國名의 일부로 보아야 할 터인데 그런 국명은 보이지 않기 때문이다. 설령 '瀆臣'을 '臣瀆'의 도치로 인정한다고 해도 이것이 '臣瀆沽國'의 약칭이라고 확신할 근거가 부족하다.

　　　宣石悅, 『新羅國家成立過程研究』, 2001, 88~89쪽.
　70) 尹善泰, 앞의 논문. 29~36쪽.
　71) 金光洙, 앞의 논문, 78쪽. 이렇게 끊어 읽는 것이 지금까지 제시된 많은 견해 중 가장 개연성이 있는 讀法이라고 생각한다. 構文을 일단 이와 같이 이해하고 해석을 구하는 논의를 더 진전시킬 필요가 있다.
　72) 倒置로 볼 수 없다는 견해도 있다(尹龍九, 「三韓의 對中交涉과 그 性格-曹魏의 東夷經略과 관련하여」, 『國史館論叢』 85, 1999, 106쪽).

마찬가지로 '安邪'와 '拘邪'도 정식의 국명은 '弁辰安邪'와 '弁辰拘邪'로 나타나므로 '弁辰'을 떼고서도 그 나라를 부르는 말로 쓴 약칭의 사례인 셈이다. 그렇지만 '安邪'와 '拘邪'는 똑같이 '邪'로 끝나는 말인데다 優號를 이루는 構文에서 이것이 위치한 자리가 같다는 점에서 이는 일반 용언으로 쓰인 말일 개연성이 없지 않다. 國號로서의 고유명사가 아닐 수 있다는 것이다. '邪'[야]가 마한의 不斯濆邪國, 변진의 彌烏邪馬國, 왜의 邪馬台 등으로 두루 쓰인 단어임을 보면 東夷語에서 '邪'는 '耶·倻'와 同字로서, 특정한 나라나 땅을 지칭하는 고유명사로만 쓰인 글자가 아니었음을 알 수 있다. 그렇다면 삼한 제국의 국명에 지형이나 지세를 표현하는 말과 정치적 위상을 드러내는 용어가 많이 포함된[73] 것과 마찬가지로 '安邪'와 '拘邪' 역시 國名이기에 앞서 그런 일반적인 뜻을 지닌 用言이거나 體言일 수 있다.[74]

기실, 優號에서 국명이나 지명을 찾기로 말하자면 '不例'도 그냥 넘겨서는 안 될 글자다. '不例'는 '不耐'의 異表記일 가능성이 높기 때문이다. '不耐'는 흔히 '國內' 혹은 '國川'으로 쓰기도 한[75] 우리말 '벌내(→나라)'의 漢字 표기로 볼 수 있는 어형이다.[76] 즉 '樂浪'을 '不例'로 표기한 것일 수도 있고, '國內城'을 표기한 것일 수도 있는 것이다. 그리고 '不耐=國內'를 '尉那嵓'으로도 표기한 사실로 미루어 보면 '不例'는 나라의 중심인 王都를 뜻하는 보통명사로 쓰인 말일 가능성도 있고, 百濟의 王都인 고유명사 '慰禮'의 異表記였을 수도 있다. 地名처럼 여겨지는 단어라도 그것이 확실히 지명인지 잘 살펴야 하며, 지명이 분명하더라도 그곳이 지금 어디인지를 확정함에 있어서는 신중을

---

73) 鄭寅普, 앞의 책, 106~113쪽.
   李丙燾, 「三韓問題의 新考察(三)」, 『震檀學報』 4, 1936, 36~51쪽.
74) 예컨대 '報安邪'로 끊어 읽고 이를 樊穢의 異表記로 看做한 견해도 있다(安在鴻, 위의 책, 41쪽).
75) 『三國史記』 37, 雜志6, 鴨淥水以北已降城十一, '國內州 一云不耐 或云尉那嵓城.'
76) 鄭寅普, 앞의 책, 180쪽.

거듭해야 한다.

분명한 것은 優號에 '國' 혹은 이에 준하는 문자가 쓰이지 않았다는 점이다. 여기서 4개 국의 국명을 추출한 것은 아무래도 지나친 느낌이 강하다. 馬韓 臣智의 優號에서 弁辰의 國名을 추출한 것이 옳다고 확신할 근거는 아직 확실하지 않다. 지금까지 제시된 견해들은 일단 하나의 가능성으로 이해하되, 다른 여러 가능성에 대해 충분한 여백을 두고 생각할 필요가 있을 것이다. 기록을 수정하면서까지 상상을 확대해 나가는 것은 그다지 바람직한 방안이라 하기 곤란하다. 優號의 경우는 이를 이해할 단서를 확보할 때까지 단정을 삼가면서 좀더 두고 보는 것이 좋겠다.

『삼국지』에 의하면 臣智~邑借는 諸小別邑의 長帥(=渠帥)들이 '自名'하던 말이었다고 한다.[77] 따라서 스스로 칭한 이름이라는 데 방점을 두고 생각한다면, 渠帥層의 獨立 王者的 性格이 돋보이는 반면 이들을 통할한 辰王의 권력이 상대적으로 약하게 보여 辰王과 臣智 사이에 君臣關係를 설정하는 것이 무리일 것처럼 여겨질 수 있다.[78] 그러나 여기서는 渠帥層이 '自名'한 이름이 等差를 나타내고 있었던 사실과 그 등차가 5단계의 階序로까지 진행되어 있었던 사실에 유의하지 않으면 안 된다. 辰國體制에 속한 諸國의 首長들이 스스로 자신의 명호를 달리 불렀다는 것은 辰國 전체 구도 속에서 각자가 처한 정치적 위치를 자각하고 있었다는 의미고, 이는 이들 渠帥層이 상위 권력을 전제로 이미 그만큼 일반 귀족으로 변모해 있었음을 의미한다고 보아 좋을 것이다.

그리고 3세기 渠帥層의 독자성에 대한 평가는 무엇보다 이와 관련된 사실의 역사적 맥락을 염두에 두고 행할 필요가 있다. 첫째는 東夷 社會

---

77) 『三國志』 30, 魏書30, 烏丸鮮卑東夷傳.
　　'各有長帥 大者自名爲臣智 其次爲邑借' (韓傳).
　　'又有諸小別邑 各有渠帥 大者名臣智 其次有險側 次有樊濊 次有殺奚 次有邑借' (弁辰傳).
78) 武田幸男, 앞의 논문, 18쪽.

構成의 기본 속성이 매우 이른 시기부터 '兄弟的 秩序'로 나타난다는 사실이다.[79] 서열을 이루면서도 본질적으로 상호간의 평등성을 전제로 한 사회 구성 원리가 고조선을 형성한 기반이었다. 둘째는 명백히 국가로 성장한 이후에도 夫餘 및 三國의 지배세력은 공히 加나 干(韓)으로서 그 평등성을 한동안 유지했다는 사실이다. 특히 신라의 경우에는 諸干의 평등성이 和白의 만장일치제로 후대까지 남았다. 세력의 균형이 깨져 우열의 격차가 상당한 수준으로 진전된 상태에서도 六部가 상호간의 平等性을 전제로 유지되었던 것은[80] 部를 이루는 諸干 자체가 평등성을 전제로 조직되어 있었기 때문이다. 또 하위 관등에 있던 사람이 몇 관등을 뛰어넘어 상급자를 제치고 伊湌에 오를 수 있었던 것도[81] 官等의 高下에 앞서 諸干의 平等性이 더 중시되었음을 보여주는 사실이다.

평등성은 각자의 독자성을 상호 인정하고 보장함에서 나오는 것이다. 즉 干層의 독자성은 강력한 국가체제 속에서도 의연히 존중된 것이었다. 이러한 역사 사실들의 맥락 위에서 생각한다면 '自名'이라는 단어에 초점을 맞추어 首長層의 독자성을 강조하고, 辰王이 수여한 지위가 아니라는 이유로 辰王과 臣智 사이의 君臣關係를 부인하는 것은 논리 비약 또는 확대 해석에 불과하다고 하겠다. 애초에 그러한 독자적 首長層이 주체적으로 辰王을 '共立'함으로써 만들어낸 국가 시스템이 '辰國體制'였다.

그러므로 진국체제에서 辰王은 삼한 전체의 首長層을 일방적으로 제어할 통제력을 갖기 어려웠으리라 짐작된다. 그러나 진왕의 권력을 과소평가해서는 곤란할 것이다. 辰韓의 辰王은 배반한 소국을 토벌하여 徙民하기까지 하였고[82] 소국 사이의 분쟁을 裁決하는[83] 막강한 권력을 지녔다. 辰國體制

---

79) 金光洙, 「蚩尤와 貊族」, 『孫寶基博士停年紀念韓國史學論叢』, 1988, 19쪽.
80) 武田幸男, 「新羅六部とその展開」, 『朝鮮史硏究會論文集』 28, 1991, 174~175쪽.
81) 拙稿, 「新羅 '上古'期 '干'層의 編制와 分化」, 『歷史敎育』 53, 1993, 102~104쪽.
82) 『三國史記』 1, 新羅本紀1, 逸聖尼師今 13년 10월.
83) 『三國史記』 1, 新羅本紀1, 婆娑尼師今 23년 8월.

의 작동 원리를 알 수 있게 해주는 자료가 전하지 않아 확실하게 말하기 어렵지만, 新羅가 辰韓의 斯盧國王을 辰王(=居西干)으로 共立함으로써 출범한 나라였으므로『三國史記』新羅本紀의 초기 기록을 검토해 보면 前·後期 진국체제의 운영 원리도 대략 유추해낼 수 있지 않을까 여겨진다.[84]

지금까지 검토한 바에 입각한다면, 삼한으로 이루어진 진국체제는 처음에 箕子 중심의 전기 진국체제(제Ⅰ기 진국체제, 箕子朝鮮)를 거쳐 韓王 중심의 진국체제(제Ⅱ기 진국체제)로 변화했으며, 다시 마한 중심의 후기 진국체제(제Ⅲ기 진국체제)로 변화했다고 정리할 수 있다. 제Ⅱ기의 한왕 중심 진국체제는 準王이 위만에게 나라를 잃고 남하하여 무력으로 마한 세력을 制壓, 自立함으로써 출범한('攻馬韓 破之 自立爲韓王') 것이었으므로 엄밀히 말하면 共立에 입각한 진국체제와 다소간 거리가 있는 형태였지만, 삼한 제국을 통괄한 점에서 진국체제의 연속선상에서 파악해야 할 대상임은 틀림없다. 다만 準王은 본디 진한에 속했다고 여겨짐에도 불구하고 후대의 진한과 전혀 무관한 존재처럼 보이는 점이 흥미로운데 이는 準王이 이끄는 세력이 마한 땅 한복판으로 들어왔다가 소멸한 데 원인이 있는 듯하다.

準王이 들어와 자리잡은 곳이 지금의 어디인지는 잘 알 수 없으나,[85] 분명한 것은 그가 마한을 공격해 격파했다고 해서 그의 세력을 마한의 일부로

---

84) 『三國史記』新羅本紀의 초기 기록은 舊來의 辰國體制를 襲用한 초기 신라의 정치 운용에 관한 매우 귀중한 實錄이다.

85) 『帝王韻紀』(李承休, 1287)에서 '準乃移居金馬郡'(卷下, 後朝鮮紀)이라 한 이후『應制詩註』(權擥, 1462년)가 '箕準避衛滿之亂 浮海而南至金馬郡'이라 하고『東史綱目』(安鼎福, 1778)이 이를 그대로 따라 '王攻破馬韓 都金馬郡'(第一上, 戊申 王準 28년)이라 하는 등 準王이 지금의 益山으로 들어와 자리잡았다는 설이 일반화되었다. 그러나 準王의 南來地에 대해서는 廣州京安說(李丙燾,「三韓問題의 硏究」,『韓國古代史硏究』, 博英社, 1976, 251~253쪽) 등의 異見도 있다. 그런데 여기서 유의할 것은 準王이 馬韓을 처음 건설한 듯 여기거나 後期 馬韓의 중심지로 나타나는 目支國을 準王의 南來地로 파악하는 것은 아무 근거가 없는 유추라는 점이다. 故 李丙燾(1896~1989) 교수만 해도 準王의 南來地와 目支國을 구분하였으나, 故 千寬宇(1925~1991) 선생은 이를 일치시켜 생각하고 그 南來地를 洪城에 비정하였다(千寬宇,「三韓攷 第3部」,『古朝鮮史·三韓史硏究』, 一潮閣, 1989, 318~322쪽).

파악해서는 곤란하리라는 점이다. 準王을 마한 세력으로 보게 된 것은 『삼국유사』가

魏志云 魏滿擊朝鮮 朝鮮王準 率宮人左右 越海而南至韓地 開國號馬韓[86]

이라고 하여 『三國志』 魏書 東夷傳을 인용, 準王이 韓 땅에 이르러 개국하고 이름을 馬韓이라 했다고 쓴 데서 기원하나 정작 『삼국지』에는 이와 같은 기록이 없다. 여기서 魏志의 내용은 '南至韓地'까지다. 말하자면 『삼국유사』의 撰者는 단지 準王이 韓 땅으로 들어왔다는 魏志의 서술만으로 그가 '開國號馬韓'했으리라 유추했던 것일 뿐이다. 하지만 準王은 앞에서 살폈듯이 辰韓에서 나온 왕일 가능성이 매우 높다. 準王의 후예가 절멸하자 馬韓人이 다시 辰王이 되었다고 하여 準王과 馬韓을 대비적으로 쓴 기록에서도[87] 양자 사이의 일정한 간극이 확인되는 바다.

그리고 그의 南來地와 관련해서는 『삼국유사』에 碧骨堤의 축조 기사가 신라 제16대 乞解尼叱今(訖解尼師今)條에 편제되어 나타나는[88] 사실을 주목할 필요가 있다. 지금까지 이는 백제 항목에 들어갈 내용이 잘못 편제된 것이라고 여겨져 왔으나, 『삼국사기』의 다음 자료와 연계하여 생각할 때 그렇게만 단정할 일이 아니다.

全州 本百濟完山 眞興王十六年爲州 二十六年 州廢[89]

全州는 본디 백제의 完山이지만 신라 진흥왕 16년(555)에 州로 삼았다가 26년에 폐하였다는 내용이다. 즉 전주 지역이 신라의 수중에 들어간 것이

---

86) 『三國遺事』1, 紀異1, 馬韓.
87) 『後漢書』85, 東夷列傳75, 韓, '準後滅絶 馬韓人復自立爲辰王.'
88) 『三國遺事』1, 王曆篇, 第十六乞解尼叱今 己丑(329).
89) 『三國史記』36, 雜志5, 地理3, 全州.

언제부터인지는 확실치 않지만 이미 진흥왕 때에 이르면 이곳을 州로 편제할 정도로 확실한 장악 하에 있었다는 것이다. 여타의 기록을 통해서는 6세기 중엽에 신라가 이 지역에까지 진출했음을 확인하거나 입증할 수 없으나, 적어도 기록에 입각하는 한 金堤에서 全州에 이르는 지역이 매우 이른 시기부터 신라와 관련되어 나타나는 것은 주목되어 마땅한 사실이다.[90] 이처럼 『삼국유사』와 『삼국사기』 두 계통의 자료가 서로 맥락이 닿는 내용을 전하고 있다는 것은 이를 간단히 杜撰으로 치부하기 곤란함을 의미하기 때문이다. 잘 모르는 일일 뿐 그럴 리 없다고 무턱대고 부인할 일이 아닌 것이다. 사실일 가능성에 비중을 두고 생각해 볼 여지가 있다.

그렇다면 辰韓諸國은 弁辰만이 아니라 馬韓과도 '雜居'하던 것이 當代의 실상일 개연성도 고려에 넣고 생각해야 하리라 여겨진다. 『삼국지』에 의하면 변진과 진한은 섞여 있다('弁辰與辰韓雜居')고 하였는데, 이에 속한 諸國은 流移해 들어와 정착하는 과정에서 서로 마구 섞이게 되었으므로 國 자체만이 아니라 各國을 이루는 邑落도 피차 混在하던 상태였다. 그리고 이는 馬韓도 마찬가지였다.

其俗少綱紀 國邑雖有主帥 邑落雜居 不能善相制御[91]

---

90) 지금의 全州 지역을 眞興王이 州로 편제한 사실과 관련해서, 비록 전설의 형태이기는 하지만 高敞 禪雲山에 眞興王이 수도한 곳이라고 전하는 眞興窟이 있음이 주목된다. 아무리 俗傳이라도 하필 신라의 진흥왕과 관련되었다는 유적이 邊山半島에 있다는 사실은 대단히 흥미롭다. 누가 꾸며낸 史話일 경우 그 내용이 대부분의 사람들이 알고 있는 역사 지식과 상반된다면 터무니없는 것으로 여겨져 대개 오래 지속되기가 어려울 것이므로 지금까지 남아 전하는 데는 그럴 만한 이유가 있을 것으로 짐작된다. 이처럼 백제 땅 한복판에 신라와 깊이 관련된 지역이 존재하는 이유를 지금으로서는 상정조차 하기 어려운 것이 사실이나, 극히 零星한 자료를 토대로 역사적 진실을 추궁해 내야 하는 古代史 분야에서는 俗傳까지도 염두에 두고 전체의 이해체계를 점검해 보아야 할 경우가 있다.

91) 『三國志』 30, 魏書30, 烏丸鮮卑東夷傳30, 韓.

위는 이와 같은 '雜居'의 사정을 전하는 내용이다. 一國을 이루는 國邑과 別邑들이 다른 國의 邑落들과 서로 섞여 있어, 國邑마다 비록 主帥가 있다고는 해도 피차 잘 제어하지 못하는 형세를 이루고 있었다는 것이다. 이 부분은 主帥의 권력이 아직 미약하여 邑落民과 섞여 살던 단계를 묘사한 것처럼 이해하기도 하나,[92] '雜居'의 主語를 이처럼 '主帥'로 파악한 것은 誤譯이다. 이에 해당하는 『후한서』의 문구가 그저 '邑落雜居, 亦無城郭'[93]이라고만 되어 있는 데서도 명백하듯이 '雜居'의 主語는 '邑落'인 까닭이다. 雜居하는 것은 主帥가 아니라 邑落인 것이다. 主帥가 邑落民과 雜居하기 때문에 서로 잘 제어하지 못한다는 뜻으로 이해하면 主帥와 邑落民이 서로 상대방을 제어하는 관계에 있었던 것처럼 되는데, 이는 도무지 語不成說이라는 사실도 이렇게 해석해서는 안 되는 이유다. 여기서 서로 잘 제어하지 못하는 주체는 각 國邑의 主帥로서, 自國의 읍락이 他國의 읍락들과 서로 雜居하는 형세였기 때문에 읍락에 대한 主帥의 制御力에 한계가 있을 수밖에 없었음을 전하는 기록이다. 물론 마한 제국의 읍락이 이처럼 雜居한 것은 이들 역시 다른 지역으로부터 옮겨와 살던 세력이었기 때문에 나타난 현상이다.

이러한 사실을 염두에 둔다면, 마한 제국의 읍락 사이에 진한에 속한 國의 읍락이 있는 경우가 전연 없었다고 단언하기 어렵다. 金堤에서 全州에 이르는 지역이 일찍부터 신라의 지배 하에 놓이게 된 것도 그 나름대로 역사적 배경이 있는 일이 아니었던가 하는 것이다. 이를테면 다음과 같은 상정이 가능하다. 즉 전기 진국체제(箕子朝鮮)를 주도한 前辰韓의 準王 세력이 기원전 2세기 초에 馬韓 지역으로 들어올 때 선박을 이용해 곰소만을 경유, 지금의 줄포 쪽으로 진입한 후 金堤-全州 방향으로 진출했을 가능성이다. 그래서 準王의 후예가 절멸한 뒤에도 이 지역에 대한 辰韓(新羅)의 연고권

---

92) 金貞培,「韓國史와 城邑國家論의 問題」,『韓國古代의 國家起源과 形成』, 고려대학교 출판부, 1986, 304~305쪽.
93) 『後漢書』 85, 東夷列傳75, 韓.

이 후대까지 작동하게 된 결과가 이렇게 나타난 것이 아닐까 하는 것이다. 관련 자료가 워낙 빈궁한 처지여서 짐작뿐이기는 하지만, 準王과 함께 움직이지 않고 잔류하여 衛滿朝鮮에 편입되었던 前辰韓 세력들이 기원전 108년 漢에 의해 국가를 잃고 남하하여 신라 건설의 주체가 되었기 때문에 먼저 내려온 準王 세력과 직접으로는 연결이 닿지 않았으나, 準王의 후손이 끊어져 지도자를 잃은 馬韓 내부의 前辰韓 세력들이 馬韓에 복속하고 또 百濟에 복속하는 과정을 거친 후 결국은, 나중에 내려와 따로 국가를 건설하여 사회를 안정시킨 後辰韓(新羅)과 다시 연결된 결과가 이처럼 납득하기 어려운 단편 사실들로 남았을 가능성도 능히 상정해 봄직하다.

요컨대, 韓王 중심의 제Ⅱ기 辰國體制는 準王의 후예가 절멸함으로써 마한 주도의 제Ⅲ기 진국체제로 변전했다. 마한의 目支國王이 이끈 진국체제였다. 그러나 지금으로서는 그 변화의 정확한 시점을 잘 알 수 없는 형편이다. 歷谿卿이 右渠王을 떠난 기원전 2세기 말에도 韓王 중심의 진국체제가 작동하고 있었다고 여겨지는 반면, 赫居世居西干이 馬韓에 瓠公을 사신으로 파견했다는 기원전 20년 무렵은 이미 마한 중심의 후기 진국체제로 접어든 시점으로 여겨지므로 대략 기원전 1세기 전반에 그 변화가 있었으리라 짐작할 뿐이다. 그리고 적어도 3세기 중·후반까지는 이 후기 진국체제(제Ⅲ기 진국체제)가 유지되었다.

그러나 제Ⅲ기 진국체제는 성립한 지 얼마 지나지 않아 해소의 국면으로 접어들고 있었다. 『三國史記』 초기 기록을 참조해서 정리해 보면, 기원전 1세기 중엽에 辰韓諸國은 독자의 辰王을 共立함으로써 기존의 진국체제로부터 독립했으며, 기원전 1세기 말엽에는 한강 유역에서 百濟國王을 중심으로 한 또 다른 辰國體制가 새로 형성되었다.[94] 그리고 이는 해당 지역에서

---

94) 『三國史記』에는 辰國·辰王에 대한 언급이 없지만, 『三國志』가 3세기 辰韓(新羅)의 王을 辰王이라 부른 사실로 미루어 기원전 57년에 즉위한 新羅의 居西干이 곧 辰韓에서 새로 성립한 辰王이었음을 알 수 있다. 그렇다면 百濟의 溫祚王도 이와

출토되는 유물의 양상과 편년으로 보아 사실일 개연성이 크다고 여겨진다. 다만 기원전 1세기 중엽에 경주 일원에서 일어난 변화는 사로국의 건국이 아니라 사로국왕을 중심으로 한 辰韓의 獨自化 곧 新羅의 成立으로 설명되어야 할 것이다. 진한으로서 이는 자기 세력이 주도하던 옛 辰國體制로의 복귀를 향한 새 출발이라는 의미가 있었겠다. 그렇다면 金庾信이 지녔던 것으로 전하는[95] '一統三韓' 意識은[96] 三國을 여전히 三韓으로 인식한 의식이라는 점에서 辰韓 중심의 辰國體制 再建을 꿈꾼 신라 국초부터 이미 고취되어 있었던 것일 가능성마저 없지 않다.

이에 마한 중심의 진국체제는 기원후 3세기를 기다릴 것도 없이 이미 1세기를 지나는 시점에서 사실상 유명무실해져 있었다. 目支國의 辰王은 그저 명목뿐이었고 辰國의 위용은 입으로만 전하는 구시대의 추억에 지나지 않았다. 그러면서도 한정적인 圈域內에서나마 진국체제가 한동안 더 지속된 듯 보이는 것은, 그 중심에 있던 목지국의 구심력이 그만큼 강해서가 아니라 이 체제의 역사적 연원이 그만큼 悠久했던 데서 기인하는 다소 긴 殘光現象이었다고 하겠다.

5. 結 語

삼국 이전에 삼한 전체를 통괄한 辰王이 실제로 존재했는가, 그리고 이 辰王은 기원전 2세기 말에 朝鮮相 歷谿卿이 무리 2천여 호를 이끌고 衛氏朝鮮

마찬가지로 馬韓의 북부 일대에서 새로 등장한 辰王이었다고 하겠다.

95) 『三國史記』 41, 列傳1, 金庾信 上.
96) 邊太燮, 「三國統一의 民族史的 意味－統三韓意識과 관련하여－」, 『新羅文化』 2, 1985, 57~64쪽.
　　金光洙, 「高麗建國期 一國家意識의 理念的 基礎」, 『高麗史의 諸問題』, 1986, 487~491쪽.
　　李昊榮, 「新羅의 統一意識과 '一統三韓' 意識의 成長」, 『東洋學』 26, 1996, 109~131쪽.

을 빠져나와 옮겨갔다는 저 辰國과 전혀 무관한가 등은 그 답의 여하에 따라 우리나라 고대사 이해의 향방이 갈리는 매우 중요한 질문들이다. 지금까지는 三韓이 '모두 옛 辰國'(皆古之辰國也)이며 目支國에 도읍한 辰王이 '삼한 땅 전체의 왕'(盡王三韓之地)이었다는 『後漢書』의 기록을 잘못된 것으로 판단하고 辰國과 辰王은 서로 무관한 존재였다고 여기는 견해가 大宗을 이뤘다. 『三國志』에는 그저 '辰韓이 옛 辰國'(辰韓者古之辰國也)이라고만 기록되어 있는데 이를 신뢰하고 『후한서』를 杜撰으로 간주한 결과였다.

그러나 本考에서 지금까지 검토한 바에 따르면 『삼국지』의 기록은 撰者인 陳壽가 『魏略』 원문의 '皆'를 '者'로 잘못 읽고 문의를 조정한 것일 개연성이 매우 크다. 당시의 종이는 나무껍질이나 넝마 등 매우 거친 재질로 만든 것이기 때문에 그 위에 육필로 쓴 글자를 잘 읽을 수 없는 경우가 허다했는데, 陳壽가 '皆'를 字形이 유사한 '者'로 잘못 읽은 나머지 文義가 통하지 않는다고 생각하고 그 앞의 '弁辰'을 '弁韓·辰韓'으로 분리하는 調整을 가한 결과가 '辰韓者古之辰國也'로 著錄되어 나타났다고 여겨지는 것이다. 그러므로 『후한서』 기록을 신뢰하지 않을 이유가 없으며, 當代의 실상을 알기 위해서는 『삼국지』와 『후한서』를 동시에 충족하는 방향에서 새로운 이해 형태를 모색할 것이 요구된다.

『삼국지』나 『후한서』에 기록된 70여 개의 三韓 小國들은 그 지역에서 성장한 村落集團(原始共同體)들이 형성한 것이며, 그 중 유력한 소국이 주변 소국들을 정복·병합해 나감으로써 삼국으로 발전하게 되었다는 것이 기존의 이해였다. 그러나 이는 新進化主義論者들의 사회발전단계설을 삼국의 형성 과정을 파악하는 데 적용했기 때문에 나타난 결과로서, 삼국에 앞서 완전한 국가 형태가 존재할 수 없다는 편견 혹은 선입견이 이로 말미암아 창출되고 굳건해진 것이었다. 삼한 전체를 통할한 辰王의 존재를 부인하게 된 것은 이러한 논리의 여파일 뿐 기록에 입각한 이해가 아니다. 삼국의

형성 과정 이해에 사회발전단계설을 적용한다는 것은 삼국 이전에는 국가가
존재하지 않았다는 단정을 전제한 것인데, 이는 근거 없는 推斷에 불과하다.
사회발전단계론을 적용할 對象과 時期를 전면 재검토해 보아야 할 것이다.
  『삼국지』는 '진한이 옛 진국'이라고 했고『후한서』는 '삼한 전체가 옛
진국에서 나왔다'고 했다. 그 시기가 애매하기는 하지만, 예전에 辰國이
있었다는 것이『魏略』의 저자인 魚豢의 인식이었고 이를 陳壽와 范曄이
계승한 것이었다.『삼국지』고『후한서』고 동이전은『위략』에 근거하여 찬술
된 것으로 여겨지므로, 같은『위략』을 보고 서로 달리 기록했던 셈이다.
역시 종이의 질과 마모 상태가 서로 다른『위략』을 본 데서 야기된 현상이었다.
그런데 여기서 辰國을 '옛 진국'(古之辰國)이라고 표현한 것을 3세기 후반
현재의 시점에서 진국이 더 이상 존재하지 않았음을 보여주는 언급이라고
이해하면 곤란하다. 지금도 辰國은 있지만 예전의 진국과 다르다는 뜻일
수도 있기 때문이다. 분명한 것은 그동안 진국이 많이 변화했다는 사실이다.
  진국에 일어난 변화의 요체는 진한과 변진이 남쪽으로 이동한 것이었다.
마한이 이들에게 그 동쪽 땅을 내주고 정치적 주도권을 장악했던 것으로
전한다. 삼한 중 마한이 가장 강대하므로 마한 사람을 共立하여 진왕으로
삼았다는 것이다. 이것이 변화의 결과였다면 변화 이전의 상태를 유추해
볼 수 있겠는데, 辰王이나 辰國이라는 명호로 미루어, 그리고 辰韓이 옛
辰國이라는 기술에 입각할 때, 남하하여 마한 땅으로 들어오기 전에는 辰韓이
辰國의 주도권을 쥐고 있었던 것이 틀림없다. 당시는 辰韓王이 辰國의 辰王이
었다. 이처럼 三韓諸國 중 가장 큰 세력을 형성한 韓의 諸國王 가운데 최대의
강자를 辰王으로 共立하고, 三韓諸國의 모든 王들(干·韓이라 부른 渠帥들)
이 最大韓의 國人임을 밝히며 세력의 규모에 따라 각기 명호를 달리하여
臣智~邑借를 칭하던 정치체제가 작동하고 있었으니 이를 辰國體制라 부를
수 있겠다. 辰國體制는 독자성을 띤 渠帥들이 그들의 수장인 辰王을 주체적으

로 共立함으로써 건설한 국가체제였다. 이 체제는 진한이 이동해 오기 이전의 진한 중심 前期 辰國體制와 이동한 후 마한에게 주도권이 넘어간 後期 辰國體制로 구분해 파악할 수 있다.

기록을 검토해 보면, 다름 아닌 箕子朝鮮이 바로 辰韓 중심의 前期 辰國이 었다고 판단된다. 準王의 패퇴와 마한 땅으로의 이동이 곧 辰韓 耆老가 말한 '來適韓國'의 실체다. '箕子'는 '干들의 渠帥'를 뜻하는 '게세르칸'(居西干) 의 표기로서 三韓諸國 王(干·韓)의 王인 辰王이 바로 그다. 그러나 준왕은 패퇴한 왕을 진왕으로 인정할 수 없다는 마한 세력의 저항에 직면하였던 듯하다. 이에 그는 반대 세력을 무력으로 제압하고 최고 왕으로서의 위치를 지켜냈으나 共立된 辰王이 아닌 自立한 韓王으로 존재할 수밖에 없었다.

準王의 후예가 절멸한 후 진국체제가 복구되었으나 그것은 마한 중심의 새로운 진국체제였다. 三韓諸國의 왕들은 마한의 目支國王을 辰王으로 共立 하고 後期 辰國體制를 출범시켰다. 이러한 변화가 일어난 시점이 지금으로서 는 분명하지 않으나 마한 주도의 진국체제가 한동안 작동하였음은 '三韓諸國 王의 선조들이 예전에는 모두 馬韓人이었다'(其諸國王先皆是馬韓種人焉) 는 기록을 통해 확인할 수 있다. 이는 마한 출신의 渠帥가 三韓諸國의 왕이 되었음을 전하는 기록이 아니라 三韓諸國의 왕들이 辰王이 속한 韓의 國人으 로 기능하던 辰國體制의 한 단면을 전하는 기록이다.

그러나 3세기 중·후반에 접어든 시점에 이르러서는 삼한 전체를 아우르는 진왕의 구심력이 크게 약화되어 후기 진국체제가 해소의 국면에 처해 있었다. 이 시점에서 마한은 辰國의 주도 세력이 아니었다. 마한 주도의 진국체제는 그저 回顧로만 남아 目支國의 辰王은 이미 삼한 전체에 대한 통제력을 상실하고 기껏 인근 세력을 대표하는 首長에 불과한 처지로 전락해 있었다. 辰韓이 독자의 辰王(=居西干과 尼師今)을 共立하여 독립한, 곧 新羅가 성립 한 결과였다. 辰韓으로서 新羅의 형성은 옛 체제에서 지녔던 주도력을 회복하기 위한 첫발인 셈이었다. 그리고 또 마한 내부에서도 百濟國王 중심의 새로운 辰王體制가 등장해 있었다. 이와 관련한 변화 양상을 올바로 파악하기 위해서는 『三國史記』 및 『三國遺事』의 기록을 적극 활용할 필요가 있다.

『後漢書』 동이전의 기사를 신뢰하고 참조하여 『三國志』와 상호보완적으로 이해하면 이와 같이 고조선에서 삼국으로 이어진 우리 고대사의 繼起的 面貌를 그 片鱗이나마 제대로 파악할 수가 있다. 그리고 『三國史記』 新羅本紀의 초기 기록은 辰韓의 徐羅伐(斯盧國) 辰王(居西干과 尼師今)이 국정을 운영한 내역을 비교적 구체적으로 전하는 것이므로, 이를 통해 前期의 箕子와 後期의 馬韓 目支國 辰王이 주도한 진국체제의 작동 방식을 대략 유추할 수 있을 것으로 전망된다. 記錄보다 理論을 중시하며 기록을 선택적으로 활용하거나 적절히 操作 變改하여 이해하는 편의적 태도로부터 벗어나 事實 또는 眞相의 원형을 제대로 복원하려는 노력과 자세가 절실하다.

II. 韓國古代國家의 二重聳立構造와 그 展開

1. 序言

그동안의 한국고대사 연구는 古代國家 形成 過程의 규명에 초점을 맞추어 왔고, 또 그 노력에 비해 성과는 상대적으로 부진했다고 하여 크게 틀린 말이 아니다. 그것은 斯盧六村說과 社會發展段階論이 서로 맞물리면서 兩者 擇一的인 기록의 운용을 부추겨 온 결과지만,[1] 한국 측 史書와 중국 측 史書가 제시하는 歷史像이 서로 크게 차이가 나는 듯 보이는 기록 자체의 여건이 연구의 진전을 속박하는 결정적 桎梏으로 작용해 온 것이 사실이다. 특히 한반도 중부이남 지역의 정세에 대해 『三國史記』와 『三國遺事』는 기원전 1세기부터 新羅·百濟·加耶 중심의 역사가 전개되었다고 서술한 반면, 『後漢書』와 『三國志』는 3세기까지도 三韓 78國의 竝立像이 연출되었다고 기록한 사실이 크게 작용하였다. 양측 기록을 융화하여 단일한 역사상으로 복원해 낸다는 것은 사실상 불가능한 일일 것처럼 여겨질 정도다.

그런데 이러한 역사상의 間隙은 中國史書 내부에서도 발견된다. 『후한서』는 三韓 중에서 馬韓이 가장 크므로 마한의 目支國王을 '共立'하여 '辰王'으로 삼고 三韓諸國이 이에 '統屬'하는 형세를 이루고 있다고 기록했다. 辰王은 三韓 全體의 王이라는('盡王三韓之地') 것이다. 반면에 『삼국지』는 辰王이 月支國(目支國)을 통치한다고만 했을 뿐 다른 언급이 없는데다가, 辰韓 12國이 辰王에게 臣屬하며 항상 馬韓 사람으로 辰王을 삼아 대대로 세습한다고

---

1) 拙著, 『한국고대사의 이해와 '국사'교육』, 혜안, 2010, 146~199쪽.

하여 혼선의 소지를 제공하고 있다. 또 '辰王'과 함께 '辰國'도 보이는데, 『후한서』는 三韓 전체가 옛 辰國이라 한 데 반해 『삼국지』는 辰韓이 옛 辰國이라고 하여 서로 다른 이해를 보였다.

따라서 이 중 어느 기록이 역사적 진실에 부합하는가를 가리는 작업이 그동안 고대사 연구의 중핵을 이뤘고, 그 객관적 판단 기준으로 唯物論이나 社會發展段階論 등 보편론적인 역사이론을 주목하거나 중국·일본의 사회상과 견주어 보는 比較文化論的 視角이 고대사 연구의 유력한 방법론으로 부각되었다. 그러나 어느 경우든 연구자의 관점에 부합하는 기록을 자의적으로 선택하고 있다는 비판을 면하기가 어려웠다. 이론에 들어맞지 않는 자료는 불가불 외면할 수밖에 없었기 때문이다. 그러면서, 외면한 기록에 대해서는 그것을 믿을 수 없는 이유를 논리화하는 작업이 병행되었다. 특히 『삼국사기』 초기 기사와 『후한서』의 辰王·辰國 관련 기사에 대한 불신론이 팽배하였다.

『삼국사기』 초기 기사 중에는 說話化한 전승을 그대로 역사 사실로 기록했거나 후대의 관념이나 事象에 입각하여 적절히 각색한 내용을 당대의 사실로 기록한 경우가 있는 것이 사실이다. 그러나 이러한 일부 기록에 대한 의문을 근거로 『삼국사기』가 제시하는 역사상 자체를 믿을 수 없다고 단정하는 것은 성급하다. 그러기에 앞서 『삼국사기』를 비롯한 한국 측 사서가 전하는 역사상과 중국 측 사서의 역사상이 서로 만나는 접점을 찾고, 이를 座標로 삼아 두 歷史像의 궤적 사이에 놓인 時空을 積分해 볼 필요가 있다. 그동안의 연구에서는, 강한 불신론의 영향으로 인하여 이러한 노력이 제대로 시도되지 못하였다.

서로 상반하는 듯 보이는 두 역사상의 접점은, 그 통치 범위의 相違를 일단 차치하고 생각한다면, 諸國이 '共立'하여 세우고 그에 臣屬한 上位의 王權이 존재하였음을 인정한 데 있다. 『삼국지』는 韓傳에서 직접 '共立'이라는 용어를 사용하지 않았지만 제시하고자 한 삼한의 歷史像 全般이 『후한서』

와 크게 다르다고는 말하기 어렵다. 共立한 王의 존재 양태는 韓傳에 이어 서술한 倭人傳에 비교적 소상하게 나타난다. '王'이 지배하는 독자의 '國'들이 한 여자를 '共立'하여 王으로 삼고 邪馬臺國에 도읍을 두니 그 여왕이 卑彌呼 라는 것이다. 그리고 여왕의 지배력이 비교적 강하여 '大倭'로 하여금 각국의 시장에서 이루어지는 교역을 감찰하게 했으며, 邪馬臺國 이북에는 '一大率' 을 두어 諸國을 檢察하게 하였는데 제국이 모두 그를 두려워하였다고 한다. 삼한에서의 사정도 이와 대동소이하였을 것이다.

韓·倭 지역에는, 같은 王이지만 一國을 지배하는 王과 그러한 王들이 '共立'하여 추대하고 그에 '統屬'되어 있던 '王들의 王'이 따로 있었고, 똑같이 國이라는 용어로 기록되어 있지만 수십을 헤아리는 작은 國들과 그들 전체를 統轄한 상위의 國이 동시에 존재하였다는 것이 기록이 공히 전하는 當代의 역사상이다. 외면적으로 본다면 諸國並立의 형태였으나 내면적으로 본다면 諸國 위에 다시 국가가 있는, 二重構造였다고 할 수 있다. 그리고 보면 한국 측 사서와 중국 측 사서가 전하는 역사상의 차이는 이 視角의 차이에서 기인한 것일 가능성이 크다.

그동안, 한국의 고대 왕권은 지배세력을 累層的으로 쌓아올린 構造의 頂點에 聳立한 것이었음이 누차 지적되어 왔다.[2] 그러나 지배세력의 성격과 편제 방식, 고대 왕권이 聳立한 지역 범위 등 구체적인 부분에서 견해가 엇갈려 연구자마다 제시하는 古代史像이 큰 차이를 보였다. 한국과 중국, 양측 기록에 대한 이해 방식의 차에서 비롯한 혼선이었다. 이제 한국고대사 이해체계 전반에서의 대립으로 확대되고 있는 이 혼선을 어떻게든 수습해야

---

2) 金哲埈, 「韓國古代社會의 性格과 羅末麗初의 轉換期」, 『韓國史時代區分論』, 乙酉 文化社, 1970.
盧泰敦, 「三國時代의 '部'에 關한 研究―成立과 構造를 중심으로」, 『韓國史論』 2, 서울大 國史學科, 1975.
金光洙, 「高句麗 前半期의 '加' 階級」, 『建大史學』 6, 1982.
李鍾旭, 「韓國 初期國家 形成過程의 小國並合 王國」, 『東亞研究』 35, 1998.

할 단계에 와 있지 않은가 생각된다.

한국 고대국가의 기본 구조는 累層構造라기보다 二重構造였다고 보는 것이 더 진상에 가깝다. 小國을 지배하는 王(加·干)과 그들이 共立한 王, 개별 소국과 통합된 연방 국가라는, 서로 차원을 달리하는 두 요소로 구성되었기 때문이다. 그러나 二重構造라는 용어가 통시대적으로 두루 쓰이고 있기 때문에, 그리고 그 구조는 수준과 성격이 다른 王의 이중적 聳立을 중핵으로 하여 성립한 것이므로 여기서는 특히 고대국가의 이중구조를 지칭하는 말로 '二重聳立構造'라는 용어를 사용하기로 한다.

本節은 『후한서』辰王·辰國 기사를 신뢰하지 못할 이유가 없음을 논증하고 變轉을 거듭한 辰國史의 윤곽을 잡아보려 했던 앞 節에 이어, 이 二重聳立構造의 실체를 究明하는 작업을 基本軸으로 해서 양측 사서가 전하는 歷史像의 접점에 어떠한 형태의 국가가 설정될 수 있는지를 생각해 본 것이다. 기록의 어느 한 편을 부인하고 양자택일적으로 이해하기보다 양측을 동시에 납득할 수 있는 이해방향을 모색하는 것이 무엇보다 선행해야 할 긴요한 과제이겠기 때문이다. 기록이 전하는 歷史像을 부인할 것인가의 여부는, 그리하여 획득된 이해체계가 前後의 역사 사실들과 얼마나 整合하는지 그 脈絡을 면밀히 따져 검토해 본 후에 천천히 논의할 문제다. 따라서 여기서는 기록이 전하는 歷史像 자체를 이해하는 데 역점을 두고자 한다.

2. 三韓諸國의 '雜居'와 二重聳立構造

중국의 사서들을 통해 3세기 韓·倭 地域 국가들이 형성한 二重聳立構造의 윤곽을 대강 그려볼 수는 있지만, 그 구체적인 내용을 정확하게 알기가 어렵게 되어 있다. 자세하게 기술하지 않았기 때문이다. 오히려 이들이 전하는 當代의 형세는 지극히 평면적인 모습이어서, 原始 상태를 갓 벗어난 단계에서 처음 형성되기 시작한 初期國家 혹은 君長社會의 群雄割據的 立立 樣相이었던 것으로 오해될 여지마저 없지 않다. 그러나 중국 사서를 읽는 데 있어서는 이것이, 역사 경험이 전혀 다른 별개의 문화권에 속한 사람들이 그들 나름의 관점에서 바라보고 서술한 내용이라는 점에 유의할 필요가 있다.

중국 북동부에서 한반도를 거쳐 일본 중·남부에 이르는 지역은 이미 신석기·청동기시대부터 黃河 유역의 중국 문화와는 전연 별개의 문화권을 형성하고 있었다. 빗살무늬토기와 琵琶型靑銅劍·고인돌 등은 황하 문명권에서는 좀체 발견되지 않는 유물들이다.[3] 따라서 그 문화의 토대가 다른 만큼, 철기 단계에 들어와서의 이 지역 歷史像도 중국에서의 그것과 일정한 거리가 있을 수밖에 없는 것이었다. 한국과 일본의 국가 형성 과정이나 그 국가 형태가 반드시 중국과 동일했다고는 보기 어려운 것이다. 중국·한국·일본을 동시에 시야에 두고 정치적·문화적 관계의 相互有機性에 주목하는 관점도 요구되지만 동시에 그것은, 중국과 다르면서 한국과 일본에 공통하는 이 지역 독자의 특성에 유의한다는 前提를 기반으로 해서 추구되지 않으면 안 된다.

3세기의 정세를 전하는 것으로 여겨지는『삼국지』와『후한서』를 통해 한반도 중부이남 지역의 韓사회에서 형성된 二重聳立構造의 실체에 접근하기 위해서는 우선, 諸國이 '雜居'하고 있었다는 사실을 올바로 이해하고 이를 열쇠로 삼을 필요가 있다. 이들 史書는 공히 '弁辰與辰韓雜居'한다고 기록하였다. 弁韓諸國과 辰韓諸國은 서로 섞여 混在한다는 내용의 기술이다. 예컨대 멀리 떨어져 있는 辰韓諸國 사이에 弁韓에 속한 國이 끼어 있는

---

3) 光岡雅彦,『支石墓の謎-前方後圓墳·'天皇'の原流』, 學生社, 1979.
　　全榮來,『韓國靑銅器時代文化硏究』, 圓光大學校 馬韓百濟文化硏究所, 1990.
　　沈奉謹,「韓·日 靑銅器文化의 比較」,『石堂論叢』20, 東亞大學校 石堂傳統文化硏究院, 1994.
　　崔夢龍·李淸圭 外,『한국 지석묘유적 종합조사·연구(Ⅰ)(Ⅱ)-분포, 형식, 기원, 전파 및 사회복원-』, 문화재청·서울대학교박물관, 1999.

경우가 있고, 또 그 반대의 경우도 있다는 것이다. 이처럼 弁辰 24國이 서로 '雜居'하는 상태에서 어느 어느 國은 辰韓이고 어느 어느 國은 弁韓이라고 명백히 구분되고 있었다는 사실은 일단 삼한이 단순한 지역 구분이 아니었음을 의미한다. 서로 떨어져 있는 '國' 단위의 세력들을 하나로 결집해 내는 정치력이 존재한 것이고, '三韓'은 그 정치력과 관련하여 성립한 概念이자 實體였던 것이다.

그러나 '弁辰與辰韓雜居'라는 기록은 그동안 이것이 함축하고 있는 역사적 의미의 심중함에 상응하는 주목을 받지 못하였다. 잘 납득되지 않는 一句였던 셈이다. 대부분의 중·고등학교 『역사부도』에 각기 다른 세 개의 색으로 삼한의 영역을 표시한 3세기의 한반도 지도가 게시되고 있는 사실이 그 인식의 현주소를 말해준다. '馬韓在西'·'辰韓在東'·'弁辰在辰韓之南'이라고도 한 『後漢書』의 설명을[4] 액면 그대로 받아들인 결과라고 볼 수도 있지만, 弁辰이 辰韓과 雜居한다는 記事의 의미를 제대로 이해 혹은 납득하지 못한 처사임이 분명하다. '雜居'의 사정을 정확히 이해하기 위해서는 우선 다음 사실들을 周密하게 음미해 볼 필요가 있다.

첫째는 高句麗로부터 그 세력을 이끌고 남하하여 馬韓에 편입된 溫祚와 沸流가 慰禮城[현재의 서울시 송파구 일대]과 彌鄒忽[현재의 인천시 주안 일대]로 멀리 떨어져 거주하게 되었던 사실이다. 이 두 지역의 거리는 그 사이에 현재 光明·富川·富平 등 대도시 서넛이 자리잡을 수 있을 정도로 적잖이 멀다. 따라서 當代에도 先住의 '國'이 적어도 하나 이상 介在해 있었을 것이 틀림없다. 이는 대규모의 집단이 他地로 이동할 경우, 이미 그 지역에 들어와 '國'을 세우기까지 한 先住 집단이 적지 않은 상황에서 자기들끼리 한 곳에 모여 함께 거주할 수 있는 넓은 空地를 찾기가 결코 쉬운 일이 아니었으므로, 先住 집단의 영역을 피해 아직 주인이 없거나 그 세력이

---

4) 『後漢書』 85, 東夷列傳75, 韓.

약한 지역을 찾아 적당한 규모로 分居하지 않을 수 없었던 데서 온 현상이겠다. 그런데 여기서는 沸流國이 멸망했을 때 그 民이 멀리 있는 慰禮의 溫祚 세력에 통합된 사실에 특히 주목할 필요가 있다. 서로 격리된 지역에 分居하면 서도 이들은 같은 근원에서 나온 한 세력이라고 생각하는 연대의식이 있었음을 말해 주는 사례이기 때문이다.[5] 요컨대 '雜居'의 양상은 大勢力이 뒤늦게 他地域으로 유입한 사실과 관련하여 성립했을 개연성이 큰 것이었다.

둘째는 신라 초기 脫解王 때에 于尸山國과 居柒山國이 이웃하는 영토 사이에 끼어 있어서['介居'] 자못 나라의 우환이 되고 있었다는 기록이다.[6] 本文에는 두 '國'이 '介居鄰境'하였다고 하는데, 여기서 '介居'는 사이에 끼어 있는 것을 뜻하며, '鄰境'은 語義 그대로 '이웃하여 있는 땅의 경계'라는 뜻으로 서로 떨어져 마주보고 있는 신라의 영토를 가리키는 말이다. 이와 관련해서는 이른바 '犬牙相入地'와 같이 신라의 국경이 유난히 안쪽으로 물러나 있는 지역에 다른 나라가 들어서 있는 형세를 상정해 볼 수도 있겠다. 그러나 당시의 영역은 지금처럼 단선의 국경으로 이루어진 것이 아니라 여기저기 산재하는 크고 작은 읍락들의 집합 형태였다는 사실에 유의할 필요가 있다.[7]

그러므로 그 중심부가 멀리 떨어져 있는 소국들 사이에도 영토분쟁이 일어나는 경우가 있었다. 신라 婆娑王 23년에 音汁伐國과 悉直谷國 사이에 벌어졌던 영토 다툼이 그러한 예였다. 두 나라 사이에 '爭疆'이 야기되어 그 중재를 婆娑王에게 요청해 왔으나 이를 裁決하기가 곤란한 처지여서

---

5) 沸流와 溫祚가 함께 남하한 형제였다는 것은 두 세력이 연맹을 형성한 후 결속력을 강화하기 위한 방편으로 꾸며낸 산물이라고 이해한 견해도 있다(盧重國, 『百濟政治史研究』, 1988, 63쪽). 설령 그렇더라도 원거리에 있던 두 세력이 결합한 데에는 과거에 동일 집단에 속했던 역사 경험이 작용했을 개연성을 부인하기는 어렵다.

6) 『三國史記』 44, 列傳4, 居道, '居道 失其族姓 不知何所人也 仕脫解尼師今爲干 時于尸山國·居柒山國 介居鄰境 頗爲國患.'

7) 李賢惠, 『三韓社會形成過程研究』, 一潮閣, 1984, 106쪽.
이 부분의 언급은 이 책의 제1장 Ⅳ에서 다룬 내용을 요약해서 제시한 것이다.

金官國 首露王에게 부탁하니 문제의 땅을 音汁伐國에 속하게 했다고 한다.[8]

말하자면 辰韓에서 발생한 사안에 弁韓이 관여하게 된 셈이다. 그런데 音汁伐國은 지금의 경상북도 安康, 悉直谷國은 강원도 三陟에 각각 國邑을 두고 있던 小國으로서 거리가 꽤 먼데다 그 사이에 실제로 다른 소국들이 자리잡고 있던 것으로 나타나[9] 단선의 국경을 상정할 경우에는 두 나라가 영토를 다퉜다는 사실을 쉽게 납득하기가 어렵다. 이 상황을 합리적으로 설명할 수 있는 유일한 방안은, 당시의 諸國은 所屬 邑落들이 서로 '雜居' 혹은 '介居'하면서 國邑과 地理上 隔絶된 읍락을 가진 경우가 비일비재했으므로 安康이나 三陟으로부터 멀리 떨어진 어느 지역인가에 양국의 읍락이 서로 인접해 있었고 이들 사이에 영토 분쟁이 일어났던 것일 가능성을 상정하는 길뿐이다.

삼한은 이와 같이, 서로 '雜居'하는 諸國이 형성한 세 개의 정치집단이었다. 國의 '雜居' 현상은 특히 弁韓과 辰韓 24國 사이에 심하였는데, 『삼국지』에 '弁辰'을 冠稱한 12국명이 그렇지 않은 국명과 뒤섞여 나타나는 이유도 여기에 있다고 생각된다.[10] '弁辰與辰韓雜居'의 상황에서 일정한 방향과 순서에 따라 해당 국명을 차례대로 열거하다 보니 생긴 결과가 분명하다. 그리고 '雜居'의 양상은 '國' 단위에서만 벌어진 현상이 아니었다. 같은 '國'에 속한 읍락이라도 타국의 읍락을 사이에 두고서[介居] 國邑으로부터 멀리 떨어져 있는 경우가 흔하였다. 이러한 양상은 삼한이 단순히 地緣에 의해 성립한 정치 단위가 아니었음을 명확히 보여주는 하나의 단면이라 할 것이다.

弁韓과 辰韓의 雜居는 이를 이룬 세력들이 流移民인 데서 온 현상이었다. 그러나 다른 세력과 '雜居'하면서 지리상 서로 隔絶된 國들이 하나의 정치집단

---

8) 『三國史記』 1, 新羅本紀1, 婆娑尼師今 23年.

9) 安康과 三陟 사이의 寧海에는 본디 于尸山國이 있다가 앞서 脫解王 때 新羅에 편입된 것으로 나타나고, 興海에는 多伐國이 있었던 것으로 추측되고 있다.

10) 千寬宇, 「三韓의 成立過程 - "三韓攷" 第1部 -」, 『史學研究』 26, 1975 ; 『古朝鮮史 · 三韓史研究』 再收錄, 一潮閣, 1989, 149~153쪽.

을 형성한 사실은, 삼한을 형성한 이들 諸國의 주류 세력들이 移住하여 부득이 '雜居'하게 되기 전에 이미 어디에선가 하나의 국가체를 형성한 역사 경험을 가진 정치세력들이었음을 암시하고 있다. 그저 단순한 뜨내기 유랑 집단이 아니었던 것이다. '雜居'는 이전 단계의 국가 형성 경험을 상정하지 않고서는 그 원인이나 배경을 설명하기 어려운 현상이다.[11]

삼한을 형성한 流移 집단의 실체를 규명하려 할 때 우선 주목되는 것은 萬里長城을 쌓는 苦役을 피해 남하한 중국계 유망민들에 의해 辰韓이 성립한 것처럼 기록한『후한서』와『삼국지』의 기사 내용이다. 이들 유망민이 한국으로 들어오자 馬韓이 그 동쪽 지경을 분할해 내주었다는 것이다.[12] 그리고 그 언어가 馬韓과 다르며 秦나라 사람의 말과 유사한 점이 있다는 사실을 예로 들어[13] 이 기사의 신뢰성을 보강하였다. 그래서 辰韓을 '秦韓'이라고 부르는 사람도 있다는 것이다.

실제로 秦代부터 漢代에 걸쳐 중국으로부터 한반도로 유입하는 民人들이 적지 않았다는 것은『史記』를 통해서도 짐작할 수 있는 역사적 사실이다. 기원전 2세기 초에 衛滿이 眞·番朝鮮의 蠻夷 및 옛 燕·齊의 亡命者들을 服屬시켜 세력을 확대했다고 하고 그 손자인 右渠王 때에 이르러는 유인해 낸 亡命者 수가 대단히 많았다고 하는데,[14] 이처럼 위만 세력에 의탁하여 머물지 않고 한반도 중·남부에까지 유이해 들어간 망명자들도 적지 않았을 것으로 추측된다.

그러나 아무리 그렇더라도 '秦役'을 피해 유입한 중국계 유망민들에 의해

---

11) 申采浩,「前後三韓考」,『朝鮮史硏究草』, 1926.
　　千寬宇, 위의 논문.
12)『三國志』30, 魏書30, 辰韓, '辰韓在馬韓之東 其耆老傳世 自言古之亡人 避秦役 來適韓國 馬韓割其東界地與之.'
13)『三國志』30, 魏書30, 辰韓, '其言語不與馬韓同 名國爲邦 弓爲弧 賊爲寇 行酒爲行觴 相呼皆爲徒 類似秦人 非但燕齊之名物也.'
　　『後漢書』는 여기서의 '秦人'을 '秦語'로 기록하였다.
14)『史記』105, 朝鮮列傳55.

辰韓이 성립했다고 말해서는 곤란하다. 위의 기사 내용은 단지 辰과 秦의 音이 유사한 데서 기인한 착오이거나 사회 일각의 부분적 실태를 전하는 언급에 불과한 것으로 보는 것이 옳다. 이보다는 오히려 그 뒤에 이어진 기사에서 『삼국지』가 '名樂浪人爲阿殘 東方人名我爲阿 謂樂浪人本其殘餘 人'이라고 한 것이 간략하지만 더 구체적이고 비중 있는 진술이다. 辰韓 사람들은 樂浪 지역 사람들을 '阿殘' 즉 그들의 殘餘人으로 인식하고 있었다는 것이다. 그리고 여기서는 辰韓人을 特稱하여 '東方人'이라고 부른 사실에 특히 유의해야 한다.

樂浪은 漢이 衛氏朝鮮을 滅하고 그 지역에 설치한 郡의 이름이다. 따라서 이 기사는 衛氏朝鮮이 멸망하자 그 일부 세력은 남고 일부 세력은 남하하여 辰韓을 형성했으며, 辰韓 사람들은 그 남은 사람들에 대해 여전히 유대감 내지 연대의식을 지니고 있었음을 전해주는 내용이라 하겠다. 또 辰韓 사람들을 일컬어 '東方人'이라고 한 것은 이들이 中國系가 아니라는 명백한 구별의식의 소산이라 할 것이다.

한편 이와 같은 중국 측의 기록은 한국 측의 역사 이해와도 일치한다. 『삼국사기』의 찬자인 金富軾은 秦의 苦役을 피해 한반도로 들어온 사람들이 馬韓 동쪽에 살면서 辰韓 사람들과 雜居했다고 파악하였다. 중국계 유이민과 辰韓人을 구분하고 있는 것이다.[15] 이는 한편으로 『삼국지』나 『후한서』의 기록을 참조한 재해석으로 보이기도 하지만, 이렇게 서술한 배경에는 燕·齊 지역에 거주하던 朝鮮 遺民들이 秦役을 계기로 적잖이 유입한 사실에 대한 留意가 놓여 있지 않은가 여겨진다. 중국의 사서들은 辰韓의 언어가 燕·齊만이 아니라 秦과도 유사한 면이 있다고 서술하였는데,[16] 이를 뒤집어 해석한다면 燕·齊의 언어가 秦과 다소간 다르다는 것이고, 이는 이 지역에 漢族과

---

15) 『三國史記』1, 新羅本紀1, 始祖赫居世居西干 38年, '中國之人 苦秦亂 東來者衆 多處馬韓東 與辰韓雜居 至是浸盛 故馬韓忌之 有責焉.'

16) 註 11)과 같음.

言語를 달리하는, 즉 漢族이 아닌 異民族이 많이 거주한 데서 온 결과일 것으로 推論할 여지가 있다. 燕 지역에 살다가 조선으로 들어온 衛滿의 경우도 고조선계의 인물이었던 것으로 여겨지거니와,[17] 燕·齊 지역에 살던 고조선계 유민의 다수가 한반도 중·남부에까지 유입했을 가능성은 충분히 높다고 하겠다.[18]

그리고 『삼국사기』는 辰韓이 朝鮮 遺民들에 의해 건설된 사회라는 점을 명시하였다. '朝鮮遺民'이 산골짜기에 흩어져 '六村'을 형성했으며, 이것이 나중에 '辰韓六部'가 되었다는 것이다. 여기서의 '朝鮮'은 기원전 108년에 漢 武帝에 의해 멸망한 衛氏朝鮮만이 아니라 이에 앞서 衛滿에게 나라를 잃은 準王의 箕子朝鮮도 함께 일컬은 말이라고 생각된다.[19]

그런데 이 기록을 읽는 데에는 몇 가지 주의해야 할 점이 있다. 우선 여기서의 '六村'을 字意 그대로 6개의 村落으로 생각하면 곤란하다는 사실이다. '朝鮮遺民'이 한반도 중·남부 지역으로 남하하여 살다가 신라를 형성한 기원전 1세기 중엽은 아직 '村'이라는 단어가 쓰이기 전이었다.[20] 當代에는 달리 불렸던 것을 후대에 村이라고 해석했거나 실제로 村으로 편제하게 되었기 때문에 그렇게 기술한 것이겠다. 문제는 그 원형의 실체다. 현재는 이를 慶州 一圓에 있다가 斯盧國을 형성한 자연 취락 정도로 이해하는 것이 일반인 것 같다. 그러나 6촌의 위치를 경주 일원에 한정해 파악하는 것은 근거 없는 단정이다. 허구의 '斯盧六村'說로부터 벗어나지 않으면 안 된다.[21] 기록은 분명히 6촌을 辰韓과 연계하여 파악하고 있으며, 이는 뚜렷한 반증이 없는 한 그대로 존중되지 않으면 안 될 내용이기 때문이다.

---

17) 李丙燾, 「衛氏朝鮮興亡考」, 『韓國古代史研究』, 博英社, 1976.
18) 千寬宇, 앞의 論文, 168쪽.
19) 拙稿, 이 책의 제1장 Ⅰ.
20) 全德在, 『新羅六部體制研究』, 一潮閣, 1996, 18~19쪽.
21) 宣石悅, 『新羅國家成立過程研究』, 혜안, 1997.
　　拙稿, 이 책의 제1장 Ⅲ.

辰韓을 이룬 단위가 國이었다는 중국 측의 기록과 처음에 新羅를 형성한 주체가 辰韓의 6촌이었다는 한국 측 기록을 동시에 인정한다면, 이 村의 실체는 國이었다고 볼 수밖에 없다. 게다가 중국 측 기록이 辰韓은 처음에 6國으로 출발했다고 증언하고 있다. 6촌은 辰韓을 형성한 초기의 6國을 지칭한 말이 분명한 것이다. 한국 측 기록은 훗날 新羅의 中央集權體制가 强化 整備되는 과정에서 이들이 村으로 편제되게 되었기 때문에 후대의 개념에 입각해 村으로 기술한 것이겠다.

적어도 辰韓은 남하한 朝鮮遺民들이 건설한 사회였다. 국가를 경영해 본 역사 경험과 문화 능력을 가진 사람들이 辰韓을 형성한 것이었다. 朝鮮은 일찍이 기원전 3세기 초에 燕將 秦開에 의해 1~2천 里의 땅을 빼앗기고도 그 명맥을 유지하였고,[22] 기원전 2세기 말에는 大帝國으로 발전한 漢의 침입을 받고서도 이에 맞서 1년 가까이 항전할 능력을 지녔던 국가였다. 관련 자료가 零星하기 때문에 조선의 구체적인 영역이나 그 국가적 성격을 명확히 파악하기는 어려운[23] 실정이다. 그러나 그러한 조선 사회를 최소한 原始社會로 볼 수 없다는 사실만은 분명하다.

---

22) 『三國志』所引의 『魏略』에는 '燕이 將軍 秦開를 파견하여 (朝鮮의) 서쪽 지방을 침공하고 2천여 리의 땅을 빼앗아 滿番汗에 이르는 지역을 경계로 삼았다.'고 하였는데, 『史記』匈奴傳에는 秦開가 胡에 인질로 갔다가 돌아와 東胡를 습격해 격파하였으므로 東胡가 천여 리를 물러났다고 하였다. 기록에 차이가 있으나 천여 리로 헤아리는 상당한 거리를 빼앗기고도 명맥을 유지한 사실로 미루어 조선의 영토가 대단히 넓었음을 알 수 있다.

23) 古朝鮮의 국가적 성격과 관련해서는 封邑制國家로 파악하는 견해(尹乃鉉), 城邑國家로 이해하는 견해(李基白), 初期國家로 이해하는 견해(李鍾旭), 部體制로 파악하는 견해(盧泰敦), 部族制 직전의 聯盟部族 형태로 이해하는 견해(宋鎬晸) 등이 錯綜하고 있다.
尹乃鉉, 「古朝鮮의 社會性格」, 『韓國古代史新論』, 一志社, 1986.
李基白, 「古朝鮮의 國家形成」, 『韓國史市民講座』 2, 一潮閣, 1988.
李鍾旭, 『古朝鮮史研究』, 一潮閣, 1993.
盧泰敦, 「古朝鮮의 變遷」, 『檀君』, 서울대학교 출판부, 1994.
송호정, 『한국 고대사 속의 고조선사』, 푸른역사, 2003.

한반도를 무대로 朝鮮의 일부를 이루던 馬韓은, 북방의 朝鮮 중심부를 떠나 집단으로 이동해 들어오는 遺民들을 맞아 그 세력 혹은 집단을 해체하여 개별화함으로써 자기 사회 내부로 흡수·분산시키지 않고, 동쪽 경계를 내주며 그 세력의 穩全을 容認하였다. 馬韓 사회의 정치적 조직력이나 사회경제적 분화 정도가 대규모의 유이민 세력을 해체하여 편제하기에 역부족이었던 탓도 있었겠지만, 유이민을 이끌고 있던 辰韓의 개별 정치세력의 조직력이 그만큼 상대적으로 강고했던 것이 더 근본적인 원인이었을 것이다.

辰韓은 馬韓의 동쪽 지경에서 弁韓과 '雜居'하는 형세를 이뤘다. 弁韓은 의복과 주택이 辰韓과 같고 언어와 법속이 서로 비슷하다고 한 것으로 미루어, 역사나 문화 면에서 辰韓과 매우 밀접한 관계에 있던 집단이었으리라 추측되나 현재의 자료로서는 그 실체를 파악하는 데 난점이 있다. 衣食住 생활이나 언어 풍속이 서로 비슷했다면 弁韓 역시 辰韓과 같은 朝鮮系 遺民들이 이룬 사회였을 개연성이 크다고 여겨질 뿐이다.[24]

한편 辰韓은 弁韓과 유사한 점이 많았던 데 반해 馬韓과는 다소간 달랐던 것으로 나타난다. 무엇보다 言語에 다른 점이 많았다는 것이다. '其言語不與 馬韓同'하다면서 '國'을 '邦'이라 하고, '弓'을 '弧'라고 부르며, '賊'을 '寇', '行酒'를 '行觴'이라고 한다는 것을 예로 들었다. 또 진한에는 編頭와 文身의 풍속이 있다고 하여 법속 면에서도 다른 점이 있음을 특기하였다. 그러나 辰·弁韓과 馬韓의 차이를 과대평가하는 것은 곤란하다고 판단된다.

우선 삼한이 '韓'이라는 동질 사회를 형성하고 있었던 점에 주목할 필요가 있다. 셋으로 나뉘어 있다고는 해도 모두 '韓'이라는 하나의 범주로 파악해야 할 존재라는 것이 중국 사서들이 공통적으로 갖고 있던 인식이었다. 열전에 '韓'이라는 항목을 두고 그 속에서 삼한에 대해 상술한 것이나, 삼한 제국을 일컬어 '여러 한국'[諸韓國]이라 한 것 등이 그것이다. 그 諸國의 渠帥들이

---

24) 千寬宇, 앞의 『古朝鮮史·三韓史硏究』, 146~154쪽.

제각기 王을 칭했다고 하면서도 동시에 세력의 크기에 따라 臣智·險側·樊濊·殺奚·邑借로 명칭을 달리하며 서열을 이루고 있다고 한 것은 삼한의 정치세력 전체에 대해 일률적인 원리로 작동하는 정치적 질서가 분명히 존재하였음을 보여주는 증거라고 할 것이다. 臣智에서 邑借에 이르는 명호가 삼한에서 공통으로 쓰였던 사실에서 더욱 그렇다.

삼한은 이질성보다는 동질성이 우세한 사회였다. 그리고 그 동질성은 삼한이 조선 유민을 중심으로 고조선 사회의 역사 경험과 문화 능력을 계승하여 성립한 사회였던 데서 기인한 것이었다고 생각된다. 이와 관련해서는 앞 節에서 詳論한 바지만, 삼한은 분명히 古朝鮮에서 나온 사회였다. 古朝鮮 또는 辰國의 역사 경험이 弁·辰韓의 雜居와 삼한의 二重聳立構造로 이어졌던 것이다. 문제는 그러한 辰國의 국가적 실체와 삼한에서 형성된 二重聳立構造의 실상이다.

3. 辰韓의 二重聳立構造와 斯盧國

한국 측 기록이 전하는 3세기까지의 歷史像은 중국 측이 전하는 바와 사뭇 다르다. 기원전 57년에 新羅가, 기원전 37년에 高句麗가, 그리고 기원전 18년에 百濟가 성립함으로써 三國 중심의 역사가 시작된 것으로 되어 있는 것이다. 물론 북방에는 夫餘가, 남방에는 加耶가 있었고, 馬韓도 4세기까지는 존속한 것으로 나타나므로 3세기의 시점에서 三國이 鼎立하는 樣相을 보였다고는 말할 수 없는 資料 與件이기는 하다. 그러나『삼국사기』나『삼국유사』가 전하는 바에 의하면, 한반도 동남부 지역의 역사는 기원전 1세기 중엽 이후 줄곧 新羅의 역사이지 辰韓의 역사라고 하기 어려운 형태다. 내부의 일부 小國들이 때로 離叛을 시도하기도 하였으나 이는 무모한 기도로서, 辰韓諸國이 新羅에 의해 거의 완전히 장악되어 있었다는 것이 한국 측 사서가 전하는 역사상인 것이다.

 이러한 기록상의 相違는 양측의 역사상이 서로 兩立할 수 없다는 생각을 당연한 듯 받아들이게 만들었고, 當代의 기록이라는 점에서『삼국지』쪽이 더 신뢰성이 있다고 여겨지면서『삼국사기』의 초기 기록은 도무지 믿기 어렵다는 불신론이 팽배하게 되었다. 그러나 이러한 논의의 흐름은 當代의 삼한 사회가 입체적인 二重聳立構造로 조직되어 있었다는 것을 간과하고 진행되었다는 점에서 한계가 있다. 입체구조는 외부에서 평면적으로 바라볼 때와 내부에서 단면적으로 바라볼 때 전혀 다른 모습으로 나타나는 법이다. 따라서 중국 측 사서는 當代 社會相의 平面을, 한국 측 사서는 斷面을 각각 기술한 것일 가능성을 염두에 두어야 했다. 이 경우, 입체적인 原象의 復元은 양자를 상호보완적으로 읽을 때 비로소 가능할 것이다.

『삼국지』나『후한서』는 辰王에 대해서만 언급했을 뿐 삼한이 각자 독자의 정치체이기도 했다는 점에 대해서는 구체적인 기술을 피하였다. 그러나『晉書』四夷東夷傳 馬韓條와 辰韓條에서 西晉의 武帝 太康 元年(280)에 馬韓 및 辰韓의 王이 사신을 보내 토산물을 바쳤다고 한[25] 것을 보면, 兩者가 각기 독자의 정치체로 기능하고 있었음이 분명하다. '馬韓王', '辰韓王'을 자칭한 존재가 실재했다고 볼 수밖에 없기 때문이다. 문제는 그 실체다.

『삼국지』는 弁辰 24國 중 12國이 辰王에게 臣屬하는데, 馬韓人으로 辰王을 삼는다고 하였다. 그리고 辰王의 왕위는 대대로 세습하지만 자립하여 王이 되지는 못한다고도 했다.[26] 그런데 이 기록은 내용이 간략하고 모호하여 여기서의 辰王이 앞의 韓條에서 月支國(目支國)을 다스린다고 한 그 辰王을 가리킨 것인지, 아니면 辰韓王이 따로 있어 그를 辰王이라고 부른 것인지

---

25) 『晉書』97, 列傳67, 四夷, 馬韓, '武帝太康元年・二年, 其主頻遣使入貢方物 七年・八
   年・十年 又頻至.'
   同書, 辰韓, '武帝太康元年 其王遣使獻方物 二年復來朝貢 七年又來.'
 26) 註 24)와 같음.

잘 알 수가 없다. 그러나 『晉書』가 후자 쪽으로 해석한 것으로 미루어 볼 때[27] 辰韓王이 보낸 사신을 맞은 당사자가 그렇게 이해했다면 역시『삼국지』 기사의 본의도 그러한 것이 아니었겠나 생각된다. 3세기 단계에서는 目支國 辰王의 지배력이 크게 위축되어 있었음을 고려한다면 더욱 그렇다. 그런데 辰韓王이 馬韓人이라는 진술이 흥미롭다. 이는 한국 측 사서를 통해서는 전혀 드러나지 않는 사실이기 때문이다.

　일단 분명한 것은 3세기 후반의 시점에서 辰韓이 독자의 정치체로 움직이고 있었다는 점이다. 그러나『삼국지』등이 제시한 諸國立立의 역사상에 워낙 강한 인상을 받아 왔기 때문에, 설령 辰韓王을 칭한 존재가 있었더라도 그것은 辰韓 12국 중 한 나라의 王이 자칭한 데 불과하리라는 추정이 통용되어 왔다. 이를테면 그것은 辰韓을 대표한 斯盧國의 王이 아닌가 하는 것이다.[28] 이 경우 '대표'한다는 것의 구체적인 내용은 불분명하지만, 辰韓 12國 중에 가장 강대한 一國의 王이 辰韓 전체에 대해 일정한 대표권을 가졌으리라고 추정한 셈이다. 하지만 이처럼 '斯盧六村'說을 전제로 한 추정은 잠시 유보할 필요가 있다.

　辰韓은 앞서 살핀 바와 같이, 단순한 地名이나 영역 구분이 아니라 국가를 세워 운영한 경험이 있던 사람들이 형성한 정치체였다. 나라가 멸망하여 개별 정치세력 단위로 뿔뿔이 흩어져 남하하였고, 여기저기 空地를 찾아 분산되어 弁韓 세력들과 雜居하면서 각기 '國'을 칭하고 있지만 여전히 辰韓 이라는 이름으로 연대·결속되어 있었다는 것이 중국 측 기록이 전하는 모습이었다. 그러나 이들 기록은 삼한을 독립 條目으로 각기 서술하면서도 辰韓 12國의 立立 樣相만을 전할 뿐, 이들 國家를 묶어낸 辰韓이라는 정치체 자체에 대해서는 일체 언급하지 않았다. 역사 경험이 달랐던 중국인의 안목에

---

27)『晉書』97, 列傳67, 四夷, 辰韓, '辰韓常用馬韓人作主 雖世世相承 而不得自立 明其流 移之人 故爲馬韓所制也.'
28) 全德在, 「4세기 국제관계의 재편과 신라의 대응」,『역사와현실』36, 2000.

서는 辰韓을 國家體로 인정하기 어려웠거나, 이에 대해 상술하는 것이 사서 편찬의 목적에 부합하지 않았기 때문일 것이다.

辰韓의 실체를 알기 위해서는 한국 측 기록을 면밀히 검토해 볼 필요가 있다. 『삼국사기』는 기원전 1세기 중엽까지 辰韓과 弁韓이 馬韓의 屬國으로서 馬韓王에게 해마다 職貢을 바쳐 왔으나 新羅가 성립하면서 이러한 정세에 변화가 왔다고 적고 있다. 赫居世居西干이 즉위한 후로는 馬韓에 대한 屬國으로서의 禮를 행하지 않았다는 것이다.29) 馬韓이 弁·辰 2韓에 대해 일정한 지배력을 지녔다는 것은 중국 측 기록과 같은 맥락에 서 있는 기술이기는 하나 시기가 좀 소급해 있다는 점이 약간 다르다.

그러나 중국 측 기록이 어느 때의 사정을 전하는 내용인지 분명하지 않고, 또 辰韓人들이 유이민이기 때문에 馬韓의 제재를 받았다면 그것은 이주 초기에 아직 독자의 정치력을 갖지 못한 단계에 한정된 일일 공산이 크므로 『삼국사기』 기록을 무조건 불신할 이유는 없다고 하겠다. 문제는 독자적인 정치력이 실제로 성립한 시기다. 그러나 이 문제는 전체적인 역사상의 윤곽이 어느 정도 드러나면 저절로 가늠될 수 있는 사안이므로 뒤에 다시 살피기로 하고, 우선 二重聳立構造의 얼개를 파악하는 것이 바람직할 것 같다. 그러기 위해서는 이 구조의 상층부를 이룬, 辰韓 전체에 지배력을 가진 독자 권력이 형성된 과정과 그 구조에 대해 한국 측 사서는 어떻게 설명하고 있는지, 일단 아무런 편견 없이 진술을 들어보는 것이 순서다.

이와 관련된 『삼국사기』와 『삼국유사』의 진술은 매우 간략하고 명료하다. 요컨대 辰韓에 처음 성립한 통합 권력이 新羅였다는 것이다. 辰韓의 6개 세력이 결집하여 王을 共立하고 一擧에 新羅를 세웠다고 한다. 다만 처음의 國號는 徐那伐이었고, 이를 斯羅·斯盧·新羅 등으로 표기하기도 했으나, 503년(智證王 4)에 新羅로 확정했다고 했다. 斯盧는 중국 측 기록에 辰韓

---

29) 『三國史記』 1, 新羅本紀1, 始祖 赫居世居西干 38年.

12國 중의 하나로 나타나지만, 한국 측 기록은 처음부터 辰韓諸國에 대해 통치력을 가진 국가로 성립했다고 서술한 것이 다른 셈이다.

그래서 그동안 歷史의 眞相은 辰韓의 一國에 불과했던 斯盧國이 성장하여 다른 辰韓諸國을 병합함으로써 新羅로 발전했던 것인데, 그렇게 되자 마치 처음부터 辰韓 전체에 대해 지배력을 가진 국가로 출발했던 것인 양 역사를 조작하게 되었고, 또 斯盧國도 그 내부에 서로 계통이 다른 세 部族이 같은 시기에 병립하면서 각기 자기 부족의 首長의 지위를 이어 온 것이었음에도 불구하고 나중에 역사를 조작할 때 이 역시 一系로 왕위를 이어 왔던 것처럼 직렬 형태로 꾸미면서 紀年도 크게 인상하게 된 것이라고 이해해 왔다.[30]

사실 초기 新羅王系의 기년에 일부 의문의 여지가 없는 것은 아니다. 그러나 현대의 합리로 적절히 판단하여 그 실제 기년을 확정하려 드는 것은 사실을 왜곡하기 쉬운 시도다. 어느 경우에도 論者 나름의 심증만 있을 뿐 확증을 제시하기 어려운 자료 여건이기 때문이다. 그에 앞서, 먼저 사서가 전하는 역사상을 정확하게 이해한 연후에 시비를 논할 필요가 있다. 기록에 대한 불신론부터 앞세워 그 역사상을 이해하려는 노력을 아예 하지 않는 것은 무책임한 처사다.

『삼국유사』에 의하면 辰韓에는 天降說話로 그 권위를 수식한 村長들이 民을 지배하고 있던 여섯 개의 村이 있었는데, 民의 성장으로 인하여 지배력에 한계를 느끼게 된 村長들이 그 子弟들을 거느리고 함께 모여 대책을 의논한 끝에 赫居世를 王으로 추대하고 나라를 세웠다고 한다. 말하자면 더 강력한 지배력을 갖기 위해 힘을 모아 더 큰 국가를 건설할 필요가 있었다는 것이다. 이때 赫居世王의 位號는 居瑟邯(居西干)으로 정해졌다.

여기서 6촌은 앞서 언급한 바와 같이 중국 사서들이 6國으로 파악한

---

30) 金哲埈, 「新羅上古世系와 그 紀年」, 『歷史學報』 17·18合輯, 1962.
　　姜鍾薰, 「『三國史記』 初期記錄의 紀年問題 再論」, 『歷史學報』 162, 1999.

존재들이다. 물론 당시 이들이 스스로 村이나 國이라는 말을 썼던 것은 아니다. 新羅가 첫 國號를 徐羅伐이라 했고, 新羅 영역내의 小國으로 音汁火·沙伐 같은 國號가 보이며, 推火·達伐 등의 地名이 나타나고, 또 新羅六部가 그 名號에 '喙'라는 용어를 썼던 사실 등으로 미루어, 이들 대부분은 각기 자기 나라를 '火'나 '伐'로 불렀을 것이다. '火'·'喙'의 訓과 '伐'의 音은 '부리(buri)' 또는 '불(bul/böl)'이며, 이는 城을 뜻하는 용어로서[31] 馬韓·百濟系 言語인 '夫里'와 함께 國名에 흔히 쓰였던 말이다.

한편 村長의 實體는 干(khan)이었다. '干'은 '加(kha)'나 '邯·韓(han)' 등과 더불어 王을 지칭하던 말이다. 즉 居西干(居瑟邯)은 '干들의 渠帥(首長)'라는 의미다.[32] 한국 측 사서들은 新羅가 辰韓諸國의 지배층에 의해 성립되었고, 新羅王은 처음부터 王들의 首長으로 출발했다고 분명히 전하고 있는 것이다.

그런데 『삼국사기』와 『삼국유사』는 辰韓6國이 서로 연합하여 徐那伐(斯盧國=新羅)을 구성한 후에도 개별 '國'으로 그대로 존속한 사실과 관련하여 그 배경이나 이유에 대해 명확한 설명을 하고 있지 않다. 굳이 별도의 설명이 필요 없는 당연지사로 인식한 듯하다. 이를 알기 위해서는 기록을 꼼꼼히 음미해 볼 도리밖에 없다. 여기서 6國의 지배층이 '辰韓六部'를 형성했다는 언급을 다시 주목할 필요가 있다. 6國의 干(王)과 그 자제들이 중심이 된 지배층은 각자 자국에서의 지배력을 강화하기 위해 新羅를 세웠고, 이에 6干은 辰韓六部의 始祖가 되었다는 내용이다. 환언한다면, 6국의 지배층은 각기 자국의 기존 체제를 그대로 유지한 채 그들끼리만 서로 모여 六部를 형성함으로써 신라를 건국했다는 의미다.

六部의 형성 시기나 성격과 관련해서는 논의가 분분하지만, 이에 구애받지

---

31) 推火郡이 密城郡으로, 亦陵夫里郡이 陵城郡으로 改名된 데서 '불/부리'가 城에 대응하는 의미를 지닌 말이었음을 알 수 있다(朴炳采, 「古代三韓의 地名語彙考」, 『白山學報』5, 1968).

32) '居西'는 主·上을 뜻하는 kəsi의 표기다. 『日本書紀』神功紀에서는 百濟王을 'koni-kisi'로 표기하였는데, 이 'kisi'가 居西와 대응하는 말일 것이다.

않고 기록 그대로를 편견 없이 바라보는 것이 중요하다. 우선 六部는 赫居世居 西干 當代에 존재한 것으로 나타난다. 여기서 당시에 '部'라는 용어가 실제로 쓰였는가를 따지고, 이런 논의를 토대로 部의 성립 시기를 가늠해 보려는 시도는 무의미하다. 當代의 명칭이야 어떻든 그것은 후대에 '部'라고 부른 바로 그것이었다는 것이 기록상의 사실이고, 이를 부정할 근거 또한 뚜렷하지 않기 때문이다. 실제로는 '徐那伐(徐羅伐)'이었다고 해서 新羅가 아직 성립하지 않았다고 볼 수 없는 것과 마찬가지다.

한 국가의 지배층이 다른 국가들의 지배층과 연합하여 따로 王을 세우고 별도의 국가를 건설했다는 것은 기실 쉽게 납득하기 어려운 일이다. 그러나 그렇게 건립한 지배층 연합정권의 힘을 배경으로 각기 자국에 대한 통치력을 강화할 수 있었다는 것이 한국 측 기록이 전하는 내용인 것만은 분명하다. 新羅는 辰韓六部로 구성된 나라였다. 즉 六部人이 新羅國의 國民이었다. 이는 『삼국사기』의 다른 기록에서도 드러나는 사실이다.

『삼국사기』는 新羅의 왕위가 王子에게 계승되는 것이 원칙이었으나 자식이 없을 경우에는 '國人'이 그 後嗣를 결정하여 '共立'하였다고 적고 있다.[33] 여기서 '國人'은 지칭하는 대상이 다소 막연한 듯 보이지만, 문맥상 六部에 속한 사람들을 가리키는 매우 한정적이고 대상이 분명한 용어로 사용되었다. 王을 선택할 권한을 지닌 자들이기 때문이다.[34]

---

[33] 『三國史記』 2, 新羅本紀2, 伐休尼師今 즉위년. 이 밖에도 婆娑尼師今이 勤儉節約하며 民을 사랑하므로 '國人'이 이를 기렸다고 기록되어 있고, '國人'이라는 용어를 쓰지는 않았지만 儒理尼師今의 경우는 脫解가 '左右'와 함께 그를 王으로 받들어 세운 것이었다고 하였다. '國人'의 범위가 지배층에 한정되어 있으므로 이를 '左右'라고 바꾸어 표현할 수도 있었던 것이 아닌가 여겨진다.

[34] 夫餘의 경우는 王을 共立한 주체가 諸加였던 것으로 명시되어 나타난다('諸加共立麻余'(『三國志』 30, 魏書30, 夫餘). 신라에서도 이처럼 共立의 주체가 六部의 干層에 한정되었는지 아니면 六部의 구성원 전체였는지는 분명하지 않다. '國人'이라는 용어를 일부러 골라 쓴 것을 보아서는 干層이 연대하여 新羅를 형성할 때 非干層 官僚群의 협력이 필요하였고, 그 결과 관료층도 한정적이나마 일정한 발언권을 지니게 된 것이 아니었나 여겨진다.

六部에 소속한 자가 아니면 新羅의 '國人'이 아니었다. 6세기까지도 新羅의 지배층 모두가 관등성명에 앞서 所屬部를 적은 것은 이런 사정 때문이다. 六部에 소속한 자는 모두 지배계층이었고, 지배계층만 六部에 소속할 수 있었던 셈이다. 六部人은 애초에 新羅를 건국한 주체였으므로, 왕을 추대할 수 있는 권한도 지녔던 것이었다 하겠다. '國人'이라 함은 이들을 지칭한 말이다. 왕위가 王子로 계승되는 경우라도 '國人'의 '共立'이라는 절차와 의례는 새 왕의 즉위 때마다 취해졌을 것으로 짐작된다. 중국 측 기록에 辰王이 自立하여 王이 되지는 못했다고 한 것은 이를 가리킨 진술이겠다.

한편 辰韓6國 각국의 피지배층은 新羅의 '國人'이 아니었다. 그럴 수가 없는 구조였다. 이들은 新羅를 구성하고 있는 六部 지배층의 지배를 받는, 바꾸어 말하면 新羅가 건국한 뒤에도 각자가 속한 '國'의 피지배민이라는 종래의 지위에 전혀 변화가 없었던 존재였다. 이들의 실태는 夫餘에서 마치 奴僕과 같았다는 '下戶'의 처지에서 크게 벗어난 형태가 아니었다. 국가는 이들을 지배하기 위해 존재하는 것이었고, 따라서 그것은 지배계급의 전유물이었다.

이와 같이 辰韓諸國의 전래의 지배관계가 그대로 온존하는 가운데 辰韓6國의 지배층만이 모여 六部를 구성함으로써 연합정권 곧 新羅를 형성하고 各部의 이해관계를 절충하여 정책의 방향을 결정하던 체계, 이것이 저 二重聳立構造의 기본 골격이다. 따라서 이러한 二重聳立構造 하에서 新羅六部의 결정은 辰韓 全 地域에 영향력을 미칠 수밖에 없었다. 蔚珍鳳坪新羅碑에는 여러 部의 干들이 한 자리에 모여 共論한 끝에 내린 결론을 '新羅六部'의 이름으로 발표한 사실이 담겨 있다. 그런데 여기서 지방의 어떤 일을 결정하면서 이것을 굳이 '新羅六部'의 명의로 발표한 것은 지금까지의 이해 방향 위에 설 때 매우 어색한 일임이 분명하다. 그냥 '六部'가 아니라 '新羅六部'라고 한 데서는 이 일을 마치 다른 나라의 일처럼 생각하고 처리한 듯한 느낌을 받기 때문이다.35) 이 비가 발견된 蔚珍 鳳平 지방을 新羅가 아닌 것처럼 인식한 인상마저 없지 않다.36) 그러나 新羅가 二重聳立構造의 상층부를 이루고 있던 사실을 생각한다면 이는 당연한 표현이었다고 이해할 수 있다. 이 비가 건립된 法興王 당시는 이미 新羅의 성격이 변화하여 각국의 干에 의한 개별적인 지배를 인정하지 않게 된 단계였지만, '辰韓六部' 혹은 '新羅六部'라는 관용어가 아직 그대로 남아 이렇게 나타난 것이다.

『삼국사기』가 전하는 역사상을 다시 요약해 보면 이렇다. 辰韓6國의 王[干]들은 그들 중에서 다시 王[居西干=干들의 首長]을 추대하고, 金城 一帶[지금의 慶州]를 都邑으로 삼아 新羅를 세웠다. 그리고 각국의 王과 王族, 官僚들은 '部'를 이루고 新羅國의 '國人'이 되었다. 王京에는 六部의 지배층이 일정한 구역을 차지하고 거주하면서 자국과의 연락 사무를 담당하는 한편 辰韓諸國

---

35) 하일식, 「6세기 新羅의 地方支配와 外位制」, 『學林』 12·13合輯, 연세대, 1991, 21~22쪽.

　　朱甫暾, 「蔚珍鳳坪新羅碑와 法興王代 律令」, 『韓國古代史硏究』 2, 1989, 120쪽.

36) 이 때문에 鳳坪碑의 '新羅六部'라는 표현은 오히려 신라 사회가 중앙과 지방을 엄밀히 구분하는 체제 위에서 성립했다는 종래의 이해체계가 정당함을 입증한다고 생각하기도 한다(전덕재, 「신라의 왕경과 지방, 넘을 수 없는 경계」, 『역사비평』 65, 2003). '斯盧六村'說에 서서 신라는 斯盧小國이 주변의 여타 소국을 정복함으로써 성립했고, 斯盧小國의 원래 영역으로 王京을 형성하는 한편 斯盧小國人이 신라 전역을 지배하는 지배층으로 성립했기 때문에 지방에 대한 이런 차별 의식이 넘을 수 없는 경계로 작용했다고 보는 것이다. '新羅六部'가 아니라 '斯盧六部'로 쓰여 있다면 그렇게 생각하는 데 동의할 수 있겠다. 그러나 '新羅六部'로 되어 있다. 이는 新羅란 곧 六部라는 인식의 표현이다. 이것을 '新羅의 六部'라는 뜻으로 읽고 六部는 王京人(舊 斯盧國人)이라고 이해할 경우에는 國內事에서 굳이 '新羅'라는 國號를 사용한 것이 영 어색한 표현이 된다. 그리고 신라에서 官位를 京位와 外位로 나누는 등 京外를 구분한 것은 명백한 사실이지만, '京'은 王京, '外'는 地方이라는 지역에 따른 단순 구분이 아니었다. 外位는 지방장관으로 나간 眞骨이 그 영역에 대한 효율적인 지배를 위해 각자의 家臣 혹은 側近者를 관할 지역의 주요 거점에 파견하면서 이들에게 독자적으로 부여한, 중앙 관위체제 밖의 官位이다(拙稿, 이 책의 제4章 I). 京位와 外位가 따로 존재한 사실을 근거로 王京과 지방 사이에 넘을 수 없는 劃線이 있었다고 생각하는 것은 誤謬이며, 더 근본적으로 이런 사고가 근거하고 있는 '斯盧六村'說 자체가 허구적 구상이다.

공동의 관심사와 대외 병마사에 발언권을 가지고 주체적으로 참여하였다. 실제의 세력 면에서 六部는 상호 다소간의 등차가 있었으나 동등한 위치에서 國政 참여의 권리를 보장받았으며,[37] 軍士를 내고 租賦를 부담함으로써 권리에 상응하는 책무를 짊어졌다. 六部가 공동으로 낸 군사력으로 구성된 六部兵은 외세의 침입에 대한 방어뿐 아니라 六部를 구성한 各國에서 일어나는 민란이나 모반에 강력하게 대응하기 위한 공동의 군사력이었고,[38] 이를 배경으로 辰韓諸國의 지배층은 실제로 더욱 강력한 지배력을 행사할 수 있었다.

그러므로 六部를 아직 왕권이 미약했던 단계에서 유지된 자치력을 보유한 단위정치체로 보거나[39] 王權에 의해 편제된 王京의 행정구역이었다고 보는[40] 것은 기록이 전하는 역사상과 어느 정도 거리가 있는 견해다. 下戶가 部라는 자치체에 속했다고 보는 것은 所屬과 居住를 혼동한 결과다. 六部人은 지방에 거주해도 六部人이었으며, 下戶는 王京에 거주해도 六部에 소속한 자가 아니었다. 部의 성격이 변질되어 지배층이 더 이상 소속부를 冠稱하지 않게 되는 6세기 후반 이전에 피지배민이 소속부를 가진 경우를 일절 확인할 수 없는 것은 이 때문이다.[41] 그리고 六部를 六村에서 발달한 행정구역으로

---

37) 武田幸男, 「新羅六部와 그 展開」, 『朝鮮史研究會論文集』 28, 1991.
38) 李文基, 「新羅의 六部兵과 그 性格」, 『歷史敎育論集』 27, 2001.
39) 朱甫暾, 「三國時代의 貴族과 身分制-新羅를 中心으로-」, 『韓國社會發展史論』, 一潮閣, 1992.
　　盧重國, 「삼국의 통치체제」, 『한국사』 3, 한길사, 1993.
　　全德在, 앞의 『新羅六部體制硏究』.
　　姜鍾薰, 「新羅 六部體制의 成立과 展開」, 『震檀學報』 83, 1997.
　　盧泰敦, 「초기 고대국가의 국가구조와 정치운영」, 『韓國古代史硏究』 17, 2000.
　　姜鐘薰, 「삼국 초기의 정치구조와 '부체제'」, 『韓國古代史硏究』 17, 2000.
40) 李鍾旭, 「韓國 初期國家의 形成·發展段階」, 『韓國史 轉換期의 문제들』, 1993.
　　李鍾旭, 「新羅 '部體制說'에 대한 批判」, 『韓國史研究』 101, 1998.
　　田美姬, 「冷水里碑·鳳坪碑에 보이는 신라 六部의 성격」, 『韓國古代史硏究』 17, 2000, 244~246쪽.
41) 眞平王代(579~632)에 嘉實이 '沙梁部少年'으로 나타나는 것이 지배계급에 속하지

생각한 견해도 역시 추론의 비약이다. 6촌을 慶州 및 그 인근의 자연촌락으로 간주하는 것도 기록과 동떨어진 생각이지만, 각 部가 실제로 王京의 일정 지역을 차지한 경향이 있었다는 것과 그래서 部를 행정구역으로 볼 수 있다는 논리 사이에도 비약이 있다.

新羅六部의 결정이 辰韓 전체에 미쳤다는 점에서 본다면, 3세기의 辰韓은 곧 新羅였다고 말할 수 있다. 西晉 武帝에게 사신을 보낸 辰韓王은 곧 斯盧[新羅] 王이었다. 물론 辰韓12國 중의 一國으로서의 斯盧國의 王이 아니라 辰韓諸國의 지배층이 共立한 斯盧王이다. 그렇지만 다른 한편 辰韓諸國이 모두 新羅였다고 말할 수 있는 構造는 아니었다. 그들은 각자 독립적인 위치에 있는 國이었음이 분명하다. 辰韓諸國의 民은 그 王[干]의 民이었지, 新羅王의 民이 아니었다. 新羅는 辰韓諸國의 지배층으로만 구성된 국가였기 때문이다. 이 구조는 新羅王을 麻立干이라고 부르던 시기까지 그대로 유지되었다고 생각된다. 王이 干들의 首長으로서 그 역시 기본적으로는 干이라는 성격을 지녔던 것 자체가 二重聳立構造의 산물이었기 때문이다.

이러한 二重聳立構造는 辰韓 독자의 정치사회 체제가 아니었다. 앞 시기의 辰王도 3세기의 馬韓王도 諸干·諸加 세력의 首長이었고 이들 王이 도읍한 곳에는 그를 王으로 추대한 세력이 그 나라의 '國人'으로서 '部'를 형성하여 각기 그들의 이해관계를 대변하고 국정에 참여할 대표단을 파견하고 있었을 것으로 짐작된다. 三國에 공히 部가 존재한 사실에서 그 사회체제의 보편성을 읽을 수가 있다.

辰王이 馬韓人이었다는 중국 측 사서의 증언도 이러한 맥락에서 이해해야 할 것이다. 여기서의 辰王이 馬韓 目支國에 都邑한 辰王을 지칭한 것이라면

않은 자로서 六部와 관련되어 나타나는 첫 사례다.(『三國史記』 8, 列傳8, 薛氏女). 그러나 이는 眞平王代 이후로 지배계급의 所屬部 冠稱 慣行이 소멸하는 사실과 관련하여, 六部의 성격 변화라는 맥락에서 이해되어야 할 기사다. 이 기록을 근거로 그 앞 시기에도 피지배층이 6부에 소속했다고 보면 곤란하다.

辰韓人이 유이민이라서 馬韓의 제재를 받고 있었기 때문에 馬韓人으로
辰王을 삼은 것이라는 해설은 뜬금없는 이야기가 되고 만다. 이를 辰韓諸國의
王인 新羅王을 지칭한 말로 보아야 하는 이유가 여기 있다. 그렇다면 이
기록은 馬韓의 二重聳立構造에서 新羅王 또한 馬韓의 '國人'으로 편제되어
있던 사실을 전하는 一句임이 분명하다. 新羅王이 馬韓의 '國人'이기도 했던
것과 馬韓 '國人'으로서의 권리를 행사하지도 책무를 지지도 않았다는 것은
별개의 문제였던 셈이다. 그 '國人'이라는 의미를 과장한 馬韓 측의 주장을
일방적으로 수용한 진술일 수 있기 때문이다.

4. 二重聳立構造와 時代區分

중국 측 사서가 한국 고대사회의 二重聳立構造에 대해 상술하지 않은
이유가 상호간 사회체제가 다르고 따라서 그 역사적·문화적 경험이 달랐던
데서 기인한 몰이해로부터 연유했는지, 아니면 원거리에 있고 교류가 적어
관련 정보가 부족했던 데서 연유했는지, 혹은 생소한 국가체제에 대한 경계
등 어떤 정치적 의도로부터 연유했는지는 불확실하다. 그리고 피상적으로
볼 때에는, 이 二重聳立構造 자체도 그 상층부가 표면으로 잘 드러나지
않았을 수 있다고도 여겨진다. 이를테면 諸國이 독자성을 띠고 병립한 상황에
서 斯盧國 역시 외형상으로는 그들 諸國과 크게 다르지 않았겠기 때문이다.
처음에 徐羅伐(斯盧＝新羅)이 성립할 때, 辰韓6國 지배세력의 의지만으로
無에서 갑자기 세워진 것은 아니었다. 일찍이 6國의 지배층은 느슨한 유대관
계였던 것으로 보이기는 하지만 일정한 상호 협력체계 혹은 연맹체를 구축하
고 있었던 것으로 나타난다. 『삼국사기』에 蘇伐公, 『삼국유사』에 蘇伐都利로
기록된 연대관계에서의 公務者가[42] 있었고 그를 중심으로 한 자리에 모여

---

42) 金光洙, 「新羅 官名 '大等'의 屬性과 그 史的 展開」, 『歷史教育』 59, 1996, 57~60쪽.

현안을 의논하였다고 한다. 신라가 건국한 것은 이런 共論의 산물이었다는 것이다. 그리고 새로 국가를 세울 만한 空地가 남아 있었을 개연성이 희박하므로, 신라가 지금의 경주에 도읍을 두게 된 것도 당시 辰韓을 이루던 諸國 가운데 이곳에 자리잡고 있던 一國의 중심부를 새 나라의 도읍으로 택하고,[43] 또 그 小國의 干을 居西干으로 共立한 결과일 공산이 크다. 따라서 신생 斯盧國이 종래의 諸國과는 구조와 성격이 다름에도 불구하고 외면상 그들과 잘 구별되지 않았을 소지가 어느 정도는 있었을 것이다.

그러나 斯盧國이 新羅 건국의 토대가 된 것은 아니었다. 斯盧는 徐羅伐 즉 새 나라의 國名이었다. 신라 건국의 토대가 된 경주 지역 小國의 國名을 지금으로서는 잘 알 수가 없다. 그리고 이는 당시나 지금이나 별반 중시될 사항도 아니다. 중요한 것은 경주 지역에 있던 한 小國이 辰韓6國 지배층을 중심으로 한 새로운 국가의 도읍으로 다시 태어났으며, 그 국가가 徐羅伐이자 곧 斯盧고, 新羅였다는 사실을 인정하고 확인하는 것이다. 문제는 그 新羅의 국가적 성격이다.

『후한서』는 高句麗에 대한 항목을 따로 편제하고 5部의 이름을 나열하는 한편, 과거에는 消奴部에서 王이 나왔으나 세력이 약해져서 지금은 桂婁部에서 王을 낸다는 등 정세의 변화도 약술하였다. 반면에 한반도 중부이남 지역에 대해서는 韓이라는 항목을 두어 삼한 관련 사실을 뭉뚱그려 소개하는 데 그쳤다. 『삼국지』는 韓 외에 辰韓과 弁辰이라는 항목을 따로 나누어 놓았으나, 部에 대한 서술이 일체 없기는 『후한서』와 마찬가지다. 그래서 部는 물론이고 新羅의 존재조차 이들 사서를 통해서는 잘 확인할 수가 없다.

그러나 70여 개의 諸國이 二重聳立構造로서 三韓을 형성하고 있었고,

---

43) 都邑을 정하는 데 있어서는 현실 세력의 형세만이 아니라 辰韓 각 지역으로 향한 각종 교통로의 여건, 많은 인구가 거주하기에 충분한 食水源의 여부, 有事時 防禦를 위한 立地 등이 두루 고려되었을 것이다.

辰韓의 二重聳立構造에서 斯盧國이 그 상부 구조를 이루고 있었던 것은 분명한 사실이다. 3세기 말에 斯盧國의 王이 辰韓王 명의로 수차례에 걸쳐 西晉에 사신을 파견했던 사실로 미루어, 『삼국지』의 기록은 의도적이든 아니든 삼한의 二重聳立構造를 무시 혹은 외면한 최소한의 서술 형태임이 확실하다 할 것이다. 二重聳立構造에서 상부 구조를 이룬 것이 바로 部였다.

초기 新羅는 辰韓6國의 지배층이 형성한 六部 그 자체였다. 그러므로 斯盧王이 辰韓王을 칭할 수 있었던 것이기도 하지만, 엄밀히 말하자면 斯盧王이 辰韓王을 자칭한 것은 어폐가 있는 일이기도 했다. 斯盧王이 辰韓 전체의 영토와 民에 대해 직접 지배권을 지녔던 것은 아니기 때문이다. 二重聳立構造는 諸干의 民에 대한 종래의 지배권을 그대로 인정하고 허여하는 토대 위에서 구축된 것이었다. 이 점에서, 辰韓의 지배층이 민에 대한 지배력에 한계를 느끼게 된 시점에서 그 지배력을 강화하기 위한 방략으로 신라를 세웠다는 『삼국유사』의 설명은44) 역사의 맥락에 부합하는 면이 있다.

한국 고대사회에서 지배력의 강화는 民을 해체하여 私的으로 예속시켜 나가는 방향에서가 아니라, 諸加·諸干 계급 스스로 서로 간에 병렬로 연대하고 아울러 累層으로 疊築하여 거대 권력을 마련하는 방향에서 이루어지고 있었다. 이는 당시의 民이 토지 소유의 사적 주체인데다, 농업생산에서 그 集約性과도 결부하여 자립성이 강하였던 데서 기인한 역사적 특징이었다.45) 또 이는 諸干·諸加 계급이 전통적인 공동체 관계를 해체하여 이를 새로운 사회관계로 조직해 나가는 데 필요한 시간과 여건을 마련하기 어려웠던

---

44) 『三國遺事』는 六部의 始祖들이 제각기 子弟를 거느리고 閼川 언덕 위에 모여, '우리들이 위에 君主가 없이 民을 다스리려 하니 民들이 죄다 거리낌 없이 제멋대로 굴고 있소. 어찌 德 있는 사람을 찾아 君主로 삼고 나라를 세워 都邑을 정하지 않을 수 있겠소?'(我輩, 上無君主, 臨理蒸民, 民皆放逸, 自從所欲. 盍覓有德人, 爲之 君主, 立邦設都乎)라고 의논하고는 赫居世王을 居瑟邯으로 추대하여 신라를 세웠 다고 적었다.

45) 李景植, 『韓國 古代·中世初期 土地制度史, 古朝鮮~新羅·渤海』, 서울대학교 출판부, 2005, 21~38쪽.

데서도 기인하였다. 중국에 통일 세력이 성립한 후 그들과의 투쟁에서 계속 밀리고 있었던데다가, 秦代 이후 잇따라 발생한 대규모의 유이민 파동에 대응하기 위해서는 기존의 사회관계를 해체하여 변화를 꾀하기보다 오히려 더 공고하게 다져 안정을 꾀하는 편이 더 효율적이었을 것이다. 더구나 여러 小國의 지배층이 서로 유대를 강화하고 연대하여 朝鮮을 건설했던 역사 경험은 民을 私的으로 예속시켜 소유하는 새로운 사회관계의 모색을 어렵게 만들었으리라 짐작된다. 지배세력 상호의 연대는 기존의 사회관계와 지배체제를 그대로 유지하기 위한 것이었으므로, 그것을 새로운 형태로 재편하기 위해 노력하는 것 자체가 연대의 전제를 부인하는 성격을 띠었을 것이기 때문이다.

중국 사서들은 당시 삼한의 피지배민을 '下戶'라고 기록하고 있다. 이는 삼한의 民을 중국의 下戶 즉 上·中·下 3等戶制의 下戶와 동일한 존재로 인식한 결과라고 생각된다.[46] 『삼국지』는 夫餘와 高句麗, 濊의 民도 下戶라고 기록하였다. 선후진의 차가 없지 않았겠으나 한국 고대사회에 보편적으로 존재한 일반민을 下戶라고 부른 것을 알 수 있다. 부유한 民은 豪民이라고 불러 사회계급상 下戶와 구분한 것으로 미루어, 下戶는 그 原形이 본디 邑落의 소가족 농민이었겠으나 생산력의 발전에 따른 계급분화 과정에서 점차 貧農으로 전락한 계층을 특히 지칭한 말일 것이다. 이들 下戶는 諸加 계급에 의해 정치적·사회적·경제적으로 예속되어 夫餘의 경우 그 처지가 奴僕과 같다고[47] 할 정도였다.

한편 삼한의 下戶 중에는 交易을 통해 경제력을 쌓고 이를 기반으로 그 사회적 지위를 높이는 자가 적지 않았다. 3세기 무렵의 실태를 전한 내용으로 보이지만, 樂浪이나 帶方 등 중국이 설치한 郡에 가서 朝謁할

---

46) 李景植, 위의 책, 29쪽.
47) 『三國志』30, 魏書30, 東夷傳 夫餘, '邑落有豪民 名下戶皆爲奴僕.'

때 자신의 印綬를 차고 衣幘을 착용하는 사람이 천여 명에 이르렀다고 한다.[48] 下戶들이 중국 군현과 접촉한 것은 비단 3세기만의 사정이 아니었겠다. 특히 樂浪人을 阿殘이라고 불러 유대감을 표시하고 있던 辰韓의 下戶들은 이주 직후 기원전 1세기 초부터 樂浪과의 교역에 나섰을 것이고, 경제적·사회적인 성장도 두드러졌을 것으로 보인다. 辰韓의 諸干이 이미 기원전 1세기 중엽에 民에 대한 지배력의 한계를 절감하게 되었다는 『삼국유사』의 진술은 충분히 개연성을 갖는 셈이다.

辰韓諸國의 지배층은 下戶層의 성장에 대응하여 新羅를 건국함으로써 더욱 강력한 지배 권력을 구축할 수 있었다. 경제력을 쌓아 豪民으로 성장하는 극소수의 下戶와는 협조 관계를 맺기도 했겠지만, 대부분 邑落의 貧農·下戶層에 대해서는 정치적·사회적·경제적 諸部面에서 지배—복속 관계를 강화하여 인신적인 주종관계로 확립해 나갔다. 6세기로 접어든 시점까지 新羅에 殺人 殉葬制가 남아 있었던 사실이 이를 말해 준다. 殉葬은 人身的 隷屬이 극에 달한 상태에서 발현되는 습속으로서 노비층만이 아니라 下戶層도 그 대상이 되고 있었다.[49]

新羅의 성립은 辰韓6國의 지배층이 각기 部를 형성함으로써 이루어진 것이므로 部 관련 기사가 『삼국사기』에 초기부터 나타나는 것은 당연하다. 여기서 그것을 처음부터 部라고 불렀는가는 의미 없는 물음이다. 처음에 무어라 불렀든 그것은 部일 뿐이다. 그리고 그것은 부족 등 혈연조직과는 무관하였다. 6國의 干과 그 친족, 관료층 및 그 가족들이 部를 형성하였다. 新羅의 관등이 干群 관등과 非干群 관등으로, 신분이 骨族과 頭品族으로 양분되어 있었던 사실에서 이를 능히 유추할 수 있다.[50] 관등을 가졌거나

---

48) 『三國志』30, 魏書30, 東夷傳 韓, '其俗好衣幘 下戶詣郡朝謁 皆假衣幘 自服印綬衣幘 千有餘人.'
49) 朱容立, 「한국 고대의 순장 연구」, 『孫寶基博士停年紀念韓國史學論叢』, 지식산업사, 1988.
50) 拙稿, 이 책의 제3장 Ⅳ.

골품제의 적용을 받은 이들이 六部人이었다. 이들의 名簿는 신라왕에게 보고되고, 公的인 관리의 대상이 되었을 것이다.

六部에 소속하여 新羅 '國人'이 된 자는 그가 그대로 본국에 머물든 왕경에 올라와 거주하든 六部人이었다. 이들은 왕경과 본국을 수시로 오갔을 터다. 따라서 新羅에서는 초기부터 지방의 6國과 왕경을 잇는 교통로가 발달하였다. 신라의 초기 영토가 鳥足狀의 형태로 나타나는 것처럼 보이는 이유가 여기에 있다.[51] 엄밀히 말하여 辰韓6國의 전 영토가 처음부터 신라의 영토였다고 말하기는 곤란하다. 辰韓6國에서 干의 지배는 그대로 인정된 상태였고, 그 民은 新羅人이 아니었기 때문이다. 그러나 新羅王을 辰韓王으로 칭하기도 했듯, 그것을 新羅 영토라고 말하지 못할 바도 없었다. 6國의 지배층이 新羅王의 지배를 받는 新羅人이었으므로, 新羅王은 六部의 '國人'을 파악하고 租稅를 징수하기 위해서라도 그 근거 자료로서 이들이 각기 지배하는 민과 영토의 실태를 알지 않으면 안 되었을 터다. 실질적이고 직접적인 지배는 아니지만 이 역시 지배의 한 형태임은 분명하였다.

新羅王을 頂點에 聳立시킨 二重聳立構造가 성공적으로 작동하면서 새로 편입하는 나머지 辰韓小國의 지배층도 있었을 것이다. 辰韓이 처음에 6國이었으나 점차 12國으로 늘어났다는 『삼국지』의 기록은 이를 말한 것이겠다. 그러나 이들은 독자의 部를 형성하지 못하고 기존의 六部에 세력 균형을 고려하여 분산 편입되었다. 六部는 고정이었다. 물론 六部人으로 편제된 것은 지배계층뿐이다. 37년(儒理尼師今 14)에 高句麗의 침입을 받은 樂浪人 5천이 來投하였을 때와 373년(奈勿尼師今 18)에 백제 禿山城主가 3백 인을 거느리고 來投하였을 때 이들을 六部에 分居시켰다는 기록이 보이는데,[52]

拙稿, 이 책의 제3장 Ⅲ.
51) 拙稿, 이 책의 제1장 Ⅳ.
52) 『三國史記』 1, 新羅本紀 1, 儒理尼師今 14년, '高句麗王無恤 襲樂浪滅之 其國人五千 來投 分居六部.'
　　『三國史記』 3, 新羅本紀 3, 奈勿尼師今 18년, '百濟禿山城主 率人三百來投 王納之

이는 이들을 六部人으로 편제했다는 것이 아니라 六部로 분산시켜 할당한
것을 전하는 내용이다.

　新羅의 王京에는 六部에 소속한 지배층이 거주하였고, 이들의 생활을
지탱 지원하기 위해 많은 民人(豪民과 下戶層)과 奴婢들이 각기 본국에서
이주해 들어와 있었으며, 六部兵과 또 新羅가 성립하기 전부터 이 지역에
살면서 農耕이나 商工業에 종사해 온 民人의 후예들도 거주하였을 것이다.
그러나 그 중에서 지배층만 六部에 소속하였고 그 외에는 六部人의 지배를
받는 피지배민들이었을 뿐이다. 王京에 거주하든 지방에 거주하든 干의
지배를 받는 이들 民人은 그 지배−복속 관계가 인신적 주종관계의 성격을
띠고 있었으므로, 사회경제적인 위치가 奴僕이나 다름없는 처지였다. 蔚珍鳳
坪新羅碑와 慶南 咸安 城山山城 출토의 木簡에 보이는[53] '奴人'은 필시
이런 처지에 있던 京外의 일반 民人을 六部의 '國人'에 대비하여 부른 凡稱일
것이다.[54]

　國家의 요건으로 흔히 階級分化・租稅制・編戶・軍事組織・官僚制의
성립을 꼽아 왔다. 그렇다면 二重聳立構造의 상부로 성립한 신라는 그 성립

　　分居六部.'
53) 鄭桂玉, 「함안 성산산성 출토 목간에 대하여」, 『新羅史學報』 1, 2004.
54) 奴人에 대해서는 중앙과 지방을 물론하고 신라 전 영역에 편제된 臣民 일반을
　　지칭한다고 보는 견해(李基白)부터 地方民 일반(金在弘), 被征服 지역의 집단적
　　隸屬民(盧泰敦, 朱甫暾), 差別 編制한 特殊地域民(安秉佑)을 가리킨다고 보는 견해,
　　또 服屬地域民에 대한 포괄적 표현이라고 생각하는 견해(趙法鍾) 등 여럿이 있다.
　　많은 연구자들이 지방 혹은 피정복민에 역점을 두고 있으나, 故 李基白(1924~2004)
　　교수의 지적처럼 굳이 중앙과 지방을 구분할 필요는 없다.
　　李基白, 「蔚珍居伐牟羅碑에 대한 考察」, 『아시아문화』 4, 한림대학교, 1988.
　　盧泰敦, 「蔚珍鳳坪新羅碑와 新羅의 官等制」, 『韓國古代史研究』 2, 1989.
　　朱甫暾, 앞의 「蔚珍鳳坪新羅碑와 法興王代 律令」.
　　安秉佑, 「迎日冷水里新羅碑와 5~6세기 新羅의 社會經濟相」, 『韓國古代史研究』3,
　　1990.
　　金在弘, 「新羅 '中古'期의 村制와 地方社會構造」, 『韓國史研究』72, 1991.
　　趙法鍾, 「蔚珍鳳坪新羅碑에 나타난 '奴人'의 성격 검토」, 『新羅文化』 13, 1996.

당초부터 엄연한 국가였다. 다만 지방지배체제 혹은 조직의 존재가 新羅 '上代'에는 확인되지 않으나, 그것은 新羅가 애초에 六部의 지방지배를 그대로 용인한 상태에서 성립한 국가였던 데서 온 당연한 현상이다. 그렇다고 해서 新羅 국가에 의한 지방지배가 이루어지지 않았다고는 말할 수 없다.

이와 같이 二重聳立構造에 입각하여 諸國의 지배층이 部를 형성하고 건설한 국가 형태가 한국 고대국가의 전형이다. 二重聳立構造는 諸干·諸加 계급의 下戶(奴人)에 대한 가혹한 노예제적 지배를[55] 기반으로 성립한 것이었다. 그러므로 이 구조의 정점에 있는 國王 역시 干일 수밖에 없었다. 따라서 國王 스스로 더 이상 干으로서 君臨하지 않음을 천명하고, 諸干의 개별적인 下戶 지배를 부인하며, 奴人의 처지에 있던 民人을 일반 公民으로 편제하여 郡縣制에 입각해 직접 지배하는 단계에 이르러는 古代가 종언을 맞게 되었다고 말할 수 있다.

古代社會가 二重聳立構造로 이루어져 있었다는 사실은 또 한편으로 王朝 교체와 같은 급격한 사회변동 과정을 동반하지 않고서도 古代에서 中世로의 이행을 가능하게 하는 배경이 되었다. 二重聳立構造의 중핵이라고 할 수 있는 諸干을 國王이 임명하는 地方官으로 바꿀 수만 있다면 구조의 외형을 흔들지 않고서도 그 이행이 가능하였기 때문이다. 新羅의 지배세력이 諸干에서 眞骨로 변화한 것이[56] 時代 轉換의 결정적 계기가 되었다. 眞骨에 의한 지방지배 구조는 고대의 二重聳立構造와 기본 골격이 대동소이한 것처럼 보이지만, 왕권을 전제로 성립한 眞骨의 성격이 종래의 干과 다름으로 인하여, 眞骨의 民에 대한 장악 형태가 수취체제를 매개로 하는 봉건적 관계로 전환됨으로 인하여 그 성격이 고대의 그것과는 본질적으로 다르게 발현된 것이었다.[57]

---

55) 李景植, 「古代·中世의 食邑制의 構造와 展開」, 『孫寶基博士停年紀念韓國史學論 叢』, 지식산업사, 1988, 147~149쪽.
56) 拙稿, 이 책의 제3장 Ⅲ.

5. 結 語

『후한서』와 『삼국지』는 삼한이 王들이 다스리는 諸國으로 이루어져 있으며, 諸國의 王들은 다시 그들의 王을 '共立'하고 그에 統屬하고 있다고 기록했다. 이는 辰韓의 諸干이 함께 모여 '干들의 首長'인 居西干을 옹립하고 新羅를 건국했다는 『삼국사기』·『삼국유사』의 기록과 일맥상통하는 내용이다. 이 시기의 干은 一國을 다스리는 王을 지칭하는 용어였기 때문이다. 諸干은 저마다 다스리는 國이 따로 있는 가운데 서로 連帶하여 상위 개념의 國家를 건설함으로써 二重聳立構造를 형성한 것이었다.

한국 사서와 중국 사서가 제시하는 3세기 삼한 사회의 歷史像이 서로 다르고, 중국 사서 사이에도 相差가 있는 것은 삼한 사회의 二重聳立構造를 파악하는 시각이 다르고 서술 대상 시기에 시간차가 있기 때문에 빚어진 현상이다. 삼한 사회의 입체적인 二重聳立構造를 한국 사서는 내부에서 단면적으로 이해했고, 중국 사서는 외부에서 평면적으로 바라보고 서술하였다. 그러므로 양자를 상호보완적으로 읽어야만 입체적인 原象을 제대로 복원해 낼 수 있다. 양자택일적인 史料 읽기는 原象의 일면만을 보는 데 그치지 않고 전반적인 역사상을 왜곡하기 쉽다.

삼한 사회의 二重聳立構造는 '弁辰與辰韓雜居'라는 一句에 압축 표현되어 있다. 統屬 관계가 다른 諸國이 이처럼 서로 뒤섞여 존재하게 된 이유는 이들이 유이해 들어온 세력이라는 데 있었다. 대세력이 한곳에 모여 거주할 수 있는 空地가 없었으므로 山谷間에 分居하게 되었으나, 패망하여 구심력을 잃고 흩어진 세력임에도 불구하고 前代의 역사적 경험과 문화 능력을 토대로 상호 연대한 것이 '雜居'로 나타난 것이었다. 따라서 삼한 사회를 제대로 이해하기 위해서는 古朝鮮 사회의 계기적 발전이라는 측면을 고려하지

---

57) 拙稿, 이 책의 제4장 Ⅱ.
   李景植, 「新羅時期의 丁田制」, 『歷史教育』 82, 2002.

않으면 안 된다. 이 점에서, 원시공동체사회 단계를 벗어난 慶州 일원의 촌락이 斯盧國이라는 小國을 형성했고 이것이 주변 小國을 통합하여 新羅로 발전했다는 이른바 '斯盧六村說'은 역사의 진상과 거리가 멀다.

新羅는 그렇게 느슨한 연대 관계를 유지하던 辰韓6國의 지배층이 部를 이루고 서로 결집하여 居西干을 共立하고 건설한 二重聳立構造의 上層部에 해당하는 국가였다. 辰韓六部가 곧 新羅였던 것이다. 辰韓6國의 지배층이 각기 部를 형성하였으므로, 新羅六部에는 지배층만 소속하였을 뿐 아니라 이에 소속한 자는 그가 王京에 거주하든 本國에 거주하든 전혀 상관없이 六部人이었고 新羅의 '國人'이었다. 초기의 六部人은 수시로 王京과 본국을 오갔을 것으로 여겨진다.

중국 측 기록을 종합해 볼 때, 다음과 같은 유추가 가능하다. 二重聳立構造 는 이미 辰國 단계에서부터 조성되었다. 衛氏朝鮮 동쪽에 辰國이 있었다고 하는데, 기원전 2세기 무렵까지의 辰國王 곧 辰王은 辰韓에서 나왔다. 그러나 辰韓이 중국 세력의 압박으로 붕괴되어 남쪽의 馬韓 지역으로 남하, 馬韓 동쪽에 새로 자리를 잡게 되자 세력이 위축되어 辰王의 자리를 馬韓에 넘겨주게 되었다. 그리고 이 과정에서 辰國은 그 성립의 기반인 삼한 제국 지배세력의 연대가 흔들리면서 의미를 상실하고 해소되고 말았다. 辰國·辰 王에 대한 『후한서』와 『삼국지』의 기술이 엇갈리는 듯 보이는 것은 이런 사정 때문이다. 衛氏朝鮮 이전의 古朝鮮과 辰國의 관계는 앞으로 해명해야 할 과제다.

『삼국사기』 초기 기록은 二重聳立構造의 斷面과 그 구성의 변화를 전하는 내용으로서, 일부 의문스러운 몇몇 기사에도 불구하고 이것이 전하는 전반적 인 역사상은 前後의 역사 사실들과 매우 부합하는 면이 있다. 첫째, 辰韓6國의 지배세력이 이주 후에도 '國'의 형태를 이루고 있었지만, 이주로 인한 地盤의 상실 등 그 지배력에 큰 타격이 있었고, 그로 말미암아 樂浪과의 교역 등으로 경제력을 쌓아 사회적으로 성장하는 下戶層을 제어하는 데 한계를 절감하게 되었다는 것은 매우 설득력 있는 설명이다. 둘째, 한국 고대사회의 下戶層은 본디 토지 소유의 사적 주체인 邑落의 小農民層으로서 자립성이 강하였으므로 이들에 대한 지배력의 강화는 下戶層의 성장에 대응하여 지배세력이 서로 횡적으로 연대하고 上位의 거대 권력을 형성하는 방향에서 추진되고 있었던 사실과 辰韓6國 지배세력이 연대하여 新羅를 건국했다는 내용이 서로 부합한다.

二重聳立構造는 諸干의 下戶에 대한 私的 支配를 그대로 용인하면서 그 권력의 疊築 형태로 이루어진 것이었고, 이를 보장한 것이 部體制였다. 최초에 新羅六部를 형성한 6國의 지배층이 初期 辰韓의 모든 정치세력이었다고는 생각되지 않는다. 그러나 新羅가 성공적으로 운영됨으로써 점차 辰韓諸國 지배세력 전체가 新羅六部로 편입되어 들어왔고 3세기에는 新羅六部를 형성한 小國이 12國을 헤아리기에 이르렀다. 뒤늦게 편입한 세력은 독자의 部를 형성하지 못하고 六部의 세력 균형을 고려하여 분산 편제되었다.

이러한 二重聳立構造는 한국 고대사회를 특징짓는 징표다. 따라서 諸干의 下戶에 대한 私的 支配를 부인하고, 新羅國人의 범주에서 배제되어 있던 下戶層을 國王의 公民으로 재편하여 郡縣을 통해 지배함으로써 齊民的 支配를 구현하는 단계가 되어서는 古代가 終焉을 고하였다고 말할 수 있다. 한국사에서 古代에서 中世로의 이행은 二重聳立構造의 中核인 干層의 성격이 변질하고 그 과정에서 眞骨이 성립하여 지방 지배를 담당함으로써 체제의 큰 동요 없이 비교적 조용하게 진행되었다. 그렇지만 이 변화는 諸干의 人身的인 下戶 支配가 收取體制를 매개로 한 眞骨의 公民 支配라는 封建的 關係로 전환하는 質的 變化였다.

III. '辰韓六村'의 本體와 位置

1. 序 言

6촌의 실체가 무엇이고 어디에 있었는가를 밝히는 것은 신라가 국가로 성립한 사회 단계의 정치적·경제적 구성을 규명하고, 나아가 한국 고대사회 발전상을 체계적으로 설명하기 위한 선결 과제 중 하나다. 그 지배 세력이 신라를 건국한 주체로 나타나고, 또 이것이 발전하여 國政의 大小事를 共論·處決한 '新羅六部'가 되었다 하기 때문이다. 그러나 6촌의 성격과 위치는 지금까지 여러 견해가 피력되었음에도 불구하고 명백히 究明되지 못하고 있다. 『삼국사기』 초기 기록의 신뢰성, 古朝鮮과 三國의 繼起性, 六村과 六部의 관련성 등에 대해 서로 생각이 다르고 신라 초기의 사회 구성을 그리는 각자의 歷史像이 多樣多岐한 까닭이다.

견해는 외면상 크게 두 부류로 나뉘고 있다. 6촌은 경주의 사로국을 형성한 것이었다고 보는 斯盧六村說과 6촌이란 진한 각 지역에 흩어져 있던 6개의 집단으로 그 지배 세력이 연합하여 신라를 건국하였다고 보는 辰韓六村說이 그것이다. 그러나 내용 면에서는 천차만별이다. 6촌의 성격과 관련하여 그 實在 자체를 부정하는 견해부터 씨족·부족·촌락공동체·소국이라는 견해가 난립하고, 6촌이 6부로 발전한 시점에 대해서도 의견이 錯綜한다. 논의가 이렇게 분분한 원인은 무엇보다 관련 자료가 영세하다는 데 있다. 기실 우리는 6촌의 성격과 위치를 석연히 밝힐 자료를 갖고 있지 않다.

그래서 종래의 논의는 주로 역방향으로 이루어져 왔다. 즉 6촌에 대한 이해를 토대로 신라의 국가 형성 과정이나 한국 고대사회의 발전 과정을 파악해 온 것이 아니라, 거꾸로 일반적인 고대 국가의 단계적 발전론을 염두에 두고 6촌을 이해하는 경향이 강했던 것이다. 그나마 몇 줄 안 되는 기록 내용을 전면 부인하거나 일부에 添削을 가하여 이해하고, 혹은 연구자 스스로가 합리적이라고 생각한 방향으로 해석하여 후대의 착오나 조작으로 간주하기도 하였다. 기록 내용을 부인한 주요 근거로는 궁극적으로 그것을 잘 이해할 수 없기 때문이라는 이유를 들면 족하였다. 더러 실증적 작업 결과가 논거로 제시되기도 하였으나, 실증이 자칫 그럴 수 있듯이 '연구자의 합리'를 수식하는 장치에 불과한 경우가 적지 않았다.

그동안 합리로 여겨 온 古代史像은 삼국의 형성 과정이 곧 한국 고대사회의 성립 과정이었다는 것이다. 삼국 성립 이전은 원시공동체사회 단계에 머물렀다는 것이 통설적 이해였다. 이로 말미암아 고조선에서 삼국으로의 계기적 발전상은 자연히 否認되었고, 삼국이 鼎立하기에 앞서 三韓 전체를 통할한 辰王이 존재했다거나 기원전 1세기 중엽에 이미 辰韓諸國을 포괄하는 국가가 성립했다는 것은 도무지 있을 수 없는 일로 의당 간주되었다. 『삼국사기』・『삼국유사』 등 우리 기록보다 『삼국지』・『후한서』 등 중국 측 기록을 더 믿을 만하다고 평가하고, 특히 『삼국지』를 더 신뢰하며 고고 자료가 이를 뒷받침한다고 판단한 결과였다.

그러나 문헌 기록을 무시하고 당시 문화의 전반적 흐름을 독자적으로 재구성할 수 있을 만큼 고고 발굴 성과가 충분한 것은 아닌데다 한반도 청동기문화의 중심지를 아직 발견하지 못한 형편에서는 신석기 유물만 출토된다고 청동기시대로의 진입을 부인할 수도 없는 문제여서, 지금까지의 고고 편년과 '합리적' 이해가 반드시 타당하다고는 말하기 곤란하다.[1] 또

---

1) 拙稿, 「古代史에서 神話・傳說과 國史敎育」, 『歷史敎育의 方向과 國史敎育』(尹世哲敎授停年紀念 歷史學論叢 2), 솔, 2001, 414~422쪽.

고조선의 역사를 우리 민족사의 序章에 서술하면서 한반도 남부 지역이 기원전 1세기 무렵에 비로소 원시공동체사회의 해체기로 접어들었다고 보는 것은 어떤 이유로든 모순임이 틀림없다. 고조선사를 한국사 서술에서 아예 배제하든지, 아니면 삼국의 형성을 고대의 성립으로 이해하는 지금까지의 통설을 전면 재검토해 보아야 옳다. 비파형동검문화 단계에는 한반도 전역이 그 문화권에 포함되다가 후대에 이를수록 단절되어 유독 남부 지역만 낙후되기에 이른 원인과 과정을 체계적으로 설명해 내든지, 아니면 고조선 문화와 역사 경험이 삼국의 성립에 어떻게 작용했는지 계기적으로 설명하든지 택일해야 한다. 일찍이 고대국가로 성립했다가 멸망한 고조선과 훨씬 후대에 비로소 원시공동체가 해체되면서 성립했다는 삼국 사이에 놓인 歷史像의 不整合을 극복하는 새로운 이해가 절실하다.

이 부정합의 중앙에 6촌에 대한 이해가 놓여 있다. 따라서 이 문제를 제대로 다루기 위해서는 우선 6촌과 관련한 지금까지의 논의를 주제 의식의 추이라는 맥락에서 점검해 볼 필요가 있다. 그 견해가 어떤 주제 의식에서 제기되고 계승 혹은 극복되었는지 추적해 보면 우리가 떠맡은 과제가 무엇인지 분명해질 것이다. 그리고 『삼국사기』 초기 기록에 대한 분분한 논란을 일단 접어두고 그것이 제시하는 歷史像이 무엇인지를 면밀히 재구성해 보아야 한다. 신뢰성 여부는 그 토대 위에서 가늠해 볼 일이다. 초기 기록에 모순처럼 보이는 기록들이 적지 않지만 그것을 합리적으로 이해하는 방안이 반드시 紀年의 引下나 否認에만 있는 것은 아니다.

2. 六村에 관한 從來의 論議와 問題點

'斯盧六村'은 斯盧六村說을 지탱하는 기본 개념이지만 기록에 나타나는 역사 용어가 아니다. 造語일 뿐이다. 6촌이 경주의 사로국을 형성하였으므로

'斯盧六村'이라고 불러야 한다는 것은[2] 辰韓이 남한강 유역의 廣州 부근에 있었다고 본[3] 한 연구자가 이를 입증하기 위한 작업의 일환으로 경주를 중심으로 일어난 신라를 진한으로부터 유리시킬 필요가 생긴 데서 發想하였다. 진한이 경기도 지방에 있었으므로 경주에서 성립한 신라와 무관하다는 생각이 '斯盧六村'이라는 新造語를 만들어 내게 된 배경이었던 것이다.[4] 이 견해의 주창자인 故 李丙燾(1896~1989) 교수는 6촌을 斯盧 사회를 구성한 6개의 씨족적 취락으로 간주하고, 六部는 그것을 행정구획화한 것에 불과하다고 생각하였다. 사로국을 6개 씨족사회의 연합으로 본 것이다. 따라서 六村의 六部로의 변화는 '부락정치'를 탈출한 시기에 실현되었을 것으로 전망되고, 그것은 아마도 자비마립간 12년(469)경의 일이리라 추측되었다.

그러나 이 중 진한의 위치와 관련한 부분은 국가발달 단계에 대한 고려를 소홀히 한 채로 도출된 것이며,[5] A.D. 3세기까지를 삼한사회로 보고 이를 금석병용기로 구분하던 당시의 연구 수준이 지닌 한계를 그대로 안고 있다는 점에서 결함이 있음이 지적되었다.[6] 기실 李丙燾 교수는 部族國家 · 部落國家 · 部族聯盟國家라는 용어를 편의에 따라 동의어로 혼용하였으며,[7] 그의

---

2) 李丙燾, 『韓國史 1(古代篇)』, 1959, 365~369쪽.

3) 李丙燾, 「三韓問題의 硏究」, 『韓國古代史硏究』, 博英社, 1976, 249~277쪽.

4) '斯盧六村'이 新造語에 불과하다는 것은 필자가 1996년에 간행된 全德在 교수의 저서 『新羅六部體制硏究』를 評하는 자리에서 지적한 바 있다(拙稿, 「신라 6부에 대한 논의와 한국사의 체계적 이해」, 『역사와 현실』 24, 1997, 210쪽). 그런데 같은 해에 간행된 연구서에서 宣石悅 교수도 거의 같은 취지의 언급을 하였음을 뒤늦게 확인하였다(宣石悅, 『新羅國家成立過程硏究』, 혜안, 1997, 78쪽). 다만 宣 교수는 赫居世의 건국설화가 斯盧國이 아닌 신라의 건국 사실을 반영한 것이라고 보면서도 그 시기는 기원전 1세기 중엽이 아니라 기원후 3세기 초 무렵일 것으로 파악했다.

5) 任昌淳, 「三韓位置攷」, 『史學硏究』 6, 1959, 25쪽.

6) 金貞培, 「三韓位置에 對한 從來說과 文化性格의 檢討」, 『史學硏究』 20, 1968, 150~153쪽.

7) 李丙燾 교수는 『韓國史 古代篇』에서 6촌의 각 촌을 씨족적 취락(366쪽)이라 하기도 하고, 6촌은 사로국이라는 '부족연맹국가'를 형성한 '부족연맹사회'(370쪽)라고도 하였다. 또한 李 교수는 『三國志』에 보이는 韓 사회의 여러 國들을 '부락국가'(363쪽), '부족국가'(280쪽)라 하기도 하여, 스스로 사로국을 '부족연맹국가'라고 규정한

주장을 뒷받침하는 근거는 옛 지명에 대한 다분히 자의적인 언어상의 유추와 추정뿐이었다.[8] 이러한 한계로 말미암아 진한의 위치는 종래 說대로 경상도 지역으로 보는 것이 타당하다는 반론이 더 설득력을 지녀 갔다.[9]

그런데 기록에 입각한다면, 신라를 형성한 6촌은 사로국과 결부시키기보다 진한과 연계하여 파악함이 옳다. 『三國史記』는 신라의 건국에 앞서 古朝鮮의 遺民이 '山谷之間'에 分居하여 6촌을 형성하였으며 이것이 나중에 '辰韓六部'로 발전하였다고 하였고,[10] 『三國遺事』는 '辰韓之地 古有六村'하였다면서 6촌장을 '六部之祖'라 지칭하였기[11] 때문이다. 사로국도 진한을 이룬 한 나라지만 이 기록의 진한을 사로국으로 한정시켜 이해할 근거는 없다. 이 점에 유의한 견해도 제시되었다. 故 金哲埈(1923~1989) 교수가 6촌은

바와는 다른 개념을 사용하면서도 전혀 이율배반성을 느끼지 않고 있었다. 李 교수에게 있어서 이들 제국은 수개 이상의 씨족적(366쪽) 촌락결합체(365쪽)로서 '부락국가' 또는 '부족국가'라 할 수 있는 것이었으며, 그러한 결합체라는 점에서는 한편으로 '부족연맹국가'(370쪽)이기도 한 것이었다. 그러나 이러한 용어와 개념의 혼동은 당시 학계 일각에서 추구되고 있던 한국사의 체계화를 위한 작업들의 성과에 대해 전혀 관심을 갖지 않은 결과였다고 할 수 있다. 이를테면 故 白南雲 (1894~1979) 교수는 일찍이 부족국가가 동맹 단계를 거쳐 정복국가(노예국가)로 발전하였다는 견해를 밝힌 바 있었고(白南雲, 『朝鮮社會經濟史』, 東京 : 改造社, 1933), 故 金哲埈(1923~1989) 교수는 부족국가, 부족연맹체, 고대국가의 단계적 발전을 상정하고 있었다(金哲埈, 「新羅 上代社會의 Dual Organization(上)」, 『歷史學報』 1, 1952).

8) 故 李丙燾 교수는 그의 견해를 입증할 資料가 부족하다고 여겼던지, '車中에서 바라보기만 하고 實地踏査는 하지 못하였'으면서도 '三國時代 以前의 古墳으로 추정'한 土塚의 존재를 自說의 증거로 제시하기도 하였다(李丙燾, 앞의 『韓國古代史研究』, 247쪽). 李 교수의 추정이 맞고 틀리고를 떠나 이런 태도는 자의적이라 하여 지나치지 않다.

9) 李丙燾 교수의 견해를 주목한 연구자도 없지 않았는데, 千寬宇 선생이 그다. 다만 千 선생은 辰韓이 처음에는 한반도 중부 지역에 있었으나 계속 남쪽으로 이동하고 있었으며, 2세기 말에는 그 지배세력이 慶州에 이르러 신라의 왕권을 장악하였다고 생각하였다. 伐休系의 昔氏 王室이 舊辰韓系라는 것이다(千寬宇, 「三韓의 國家形成 (上)」, 『韓國學報』 2, 1976).

10) 『三國史記』 1, 新羅本紀 1, 始祖.

11) 『三國遺事』 1, 紀異 1, 新羅始祖 赫居世王.

각각 2촌이 이룬 '二部體制(dual organization)'였다고 생각하고 그 12촌의 위치를 경상도 일원에서 찾은 것이다.[12] 金 교수는 부족국가가 부족연맹체의 단계를 거쳐 고대국가로 발전한다고 상정하고, 신라의 성립을 부족국가들의 연맹으로 설명하였다. 6촌을 단순한 촌락집단이 아닌 국가의 한 형태로 파악한 것이었다. 따라서 여기에는 '斯盧六村'과 같은 개념이 개재할 여백이 없었다.

이 견해가 궁극적으로 문제삼고 있던 사항은 유이민 파동이 집중된 진한 지역에서 전개된 유이민과 토착족의 결합 양상을 밝히고, 가부장 가족이 중심이 된 부족국가가 고대국가로 발전하는 과정을 설명한다는 것이었다. 그러나 이러한 문제의식을 가질 때 당면하게 되는 논리상의 난점이 있었다. 그것은 두 가지 사실에 대한 설명이 곤란하다는 점이었다. 첫째는 진한 지역의 12국 중 유독 사로국이 다른 諸國을 압도할 수 있었던 요인에 대한 설명이고, 둘째는 사로국이 정복을 통해 신라로 발전하였다고 볼 경우 마립간 시기부터 강력한 정복력을 지니게 되었으리라고 판단되는데, 이 시기의 첫 왕인 奈勿代부터는 정작 신라의 영토 확장이 확인되지 않는데다가 오히려 고구려의 영향을 받게 된 것으로 나타나는 이유가 무엇인가에 대한 설명이었다.

이와 같은 측면에 유의해야만 하였고,[13] 또 한편으로는 진한 지역이 지리적 단조성, 분업의 미발달, 이에 따른 사회분화의 완만성으로부터 제약을 받고 있었다고 보던 당시의 연구 수준에서 자유로울 수 없었던 金哲埈 교수로서는 그러한 지역 내부에서 地方間 생산력의 격차와 사회분화 정도의 차이를 인정하기 힘든 이상 奈勿 이전의 정복 기사를 다른 각도에서 이해할 방도를 찾을 수밖에 없지 않은가 생각하게 되었던 것 같다. 여기서 奈勿 이전에

---

12) 金哲埈, 앞의 「新羅 上代社會의 Dual Organization(上)」, 42~47쪽.
13) 金哲埈 교수가 이 점에 대해 고심한 흔적을 위 논문 46~47쪽에서 읽을 수 있다.

제1장 辰國과 辰韓, 그리고 新羅의 成長

이미 부족연맹적 조직의 확대를 보았으리라는 추론이 가능하였고, 그러므로 6촌은 진한의 전 지역에서 찾아지지 않으면 안 된다고 여기게 되었던 것이겠다.[14] 게다가 6촌명은 각기 두 지역의 촌명이 결합된 듯 보이며 그 12촌명의 상당수가 실제로 경상도 지역 전반에서 발견된다는 사실은, 더욱이 유이민과 토착족의 결합 양상을 밝힌다는 문제와 연결되면서, 이 같은 추론에 일관하는 부족연맹체(부족국가연맹체) 단계 설정의 논리적 근거가 되었다.[15]

이로써 金 교수는 奈勿麻立干 이전의 정복 기사는 그 부족연맹적 조직의 확대 과정이 결국 최후의 승리자로 부상한 경주 지역 세력의 입장에서 기술되면서 정복적 표현으로 윤색된 것에 불과하다는 이해를 갖게 되었다.[16] 6촌에 초점을 두고 말하자면, 진한 지역에서 완만하게 진행되던 부족국가들의 연맹조직이 3세기경에 이르러 6촌, 곧 6개의 부족국가연맹체로 결성되었다는 것이다. 또 金 교수는 이러한 맥락에서 6촌의 6부로의 개편은 2부체제를 통해 6촌을 형성하던 12촌의 지배계급들을 경주 지역에 所定된 各部名을 가진 各里로 이주시킨 사실을 말하는 것으로 생각하고, 그 시기를 소지마립간 10년(488)으로 추정하였다.

물론 이러한 金哲埈 교수의 견해 역시 일러도 3세기까지는 金石竝用期

---

14) 金哲埈 교수의 전체적 논지에 대한 필자의 이해 형태는 다음 논고를 참고하기 바람.
拙稿, 「古代·中世初 支配勢力研究의 動向과 '국사'教科書의 敍述」, 『歷史教育』 45, 1989, 31~36쪽 및 59~61쪽.

15) 金元龍 교수는 이에 대하여 某山某村의 형식으로 기재된 6촌명은 두 개의 村名이 결합된 것이 아니라 '某山에 있는 某村'을 지칭하는 용법이며, 경상도 전역에서 발견되는 同名의 地名은 同名異地일 가능성이 높으므로 二部體制를 상정하기 어렵거니와 신라를 경상도 일대에 있던 6개의 부족국가가 형성한 연맹으로 파악하는 것은 더욱 곤란하다고 반론하였다(金元龍, 「斯盧六村과 慶州古墳」, 『歷史學報』 70, 1976). 그러나 이는 이런 논법으로 추궁될 수 있는 간단한 문제가 아니다.

16) 그러므로 『三國史記』 초기 기사를 최후의 승자가 된 경주 세력의 입장에서 윤색한 것으로 보는 견해는 '부족연맹체'라는 개념이 유효할 경우에만 설득력을 가지는 것이다. 이 점에 유의해야 한다. 정복에 의한 사로국의 확대 과정을 상정하면서 이 견해를 그대로 수용하는 데는 문제가 있다.

단계로 간주하던 시점에서 제출된 것이므로 지금에 와서는 재검토가 불가피하다 하겠다. 그러나 이 견해는 6촌의 실체를 해명함에 있어서 진한 지역 전반의 발전 양상과 고대국가 발달 과정에 대한 구성적 이해를 시야에 두고 개진되었다는 점에서 연구방법론상 일정한 의미를 지닌다. 자료 해석이나 이론 적용 과정에 개입하기 쉬운 자의성을 정확하게 辨別해 낼 수 있는 여건이 아닌 한, 기록과 유물에 대한 일정한 이해가 가능하다고 해서 그것이 곧 6촌을 둘러싼 문제를 푸는 의심할 수 없는 지침이 되리라고 기대하기는 어려운 것이다. 우리 민족사 전개의 계기성에 대한 체계적 이해라는 측면을 늘 염두에 두어야 한다. 또한 이 견해는 사로국이라는 진한 12국 중의 한 나라가 신라로 발전한 것이 아닐 가능성을 타진한 것이었다는 점에서도 의미가 있다. 여기서는 신라를 辰韓諸國의 聯盟體로 이해했는데, 그 형태가 실제로 연맹체였는가의 여부를 떠나 신라의 건국이 진한 전역에 대한 통치권의 성립을 의미한다고 파악한 것은 충분히 유의할 가치가 있는 발상이었다.

그러나 6촌의 위치를 경상도 전역에서 찾으려는 시각은 아무래도 무리라는 것이 대부분의 연구자들이 가진 생각이었다. 故 丁仲煥(1914~2001) 교수는 6촌명을 후대의 한문 표기로 보고, 6촌장의 이름으로 전하는 것이 경주 지역의 사로부족을 형성한 씨족집단 곧 '斯盧六村'의 分居 지역을 표시하는 명칭이라고 이해하였다.[17] 또한 故 金元龍(1922~1993) 교수는 고고 유물의

17) 丁仲煥, 「斯盧六村과 六村人의 出自에 대하여」, 『歷史學報』 17·18合輯, 1962, 413~424쪽.
丁 교수의 논지는 대략 이러하다. '『三國遺事』에서 6촌장이 처음에 내려왔다고 한 곳은 모두 경주 주변의 각기 다른 산이며, 이는 지역명을 씨족명으로 삼은 것으로 그 집단이 씨족집단이었다는 것을 확신케 하는 사실이다. 6촌 즉 6개의 씨족집단들이 사로부족을 형성하고 초대 부족장으로 혁거세거서간을 추대하였다. 이때부터 부족체제가 출발하였으나, 씨족체제를 청산하고 부족체제로서의 제도적 확립을 본 것은 얼마간의 시간이 지난 뒤였다. 6부명을 고쳤다는 유리이사금 9년조의 기사가 바로 그 제도적 확립 사실을 전하는 내용이다.' 이 논고는 6촌의 성격이나 위치에 대한 이해 면에서 李丙燾 교수에게 거의 전적으로 의존하여 쓴 것이었으므로, 金哲埈 교수의 견해를 면밀히 검토해 볼 여백을 지니지 못하였다.

분포를 근거로 경주 일원을 나누어 보면 대략 6개 지역으로 구분할 수 있으므로 6촌이 여기에 있었다고 봄이 타당하다고 하였다.[18] 金元龍 교수의 논고는 6촌 시대의 진한 지역 사회구성 문제를 일단 논외로 하였고, 5~6세기 고분을 발굴해 본 경험에서 생긴 주관적 감각에 그 주장의 근거를 의존한 극히 평면적인 글이었으나, 종래 통설화되어 온 李丙燾 교수의 견해에 고고학적 근거를 뒷받침한 성과로 주목되었다. '斯盧六村'이라는 용어가 흔히 통용되게 된 데에는 의외로 이 논고의 기여가 크다.

그 존립 시기와 성격에 대해서는 다소간의 견해차가 있었으나, 이와 같이 '斯盧六村'이라는 용어는 국가 성립기의 신라 영역을 경주 지역의 사로국에 국한하고, 사로국 즉 신라가 건국한 후에도 6부가 성립하기 전까지 일정 기간 동안은 경주 지역에 6촌이 존재하였다는 인식을 전제로 하여 쓰이고 있었다. 어느 시기엔가 6촌이 그대로 6부로 전환하였다는 인식에 바탕을 둔 것이었다. 그리고 이 용어에는 기원전 1세기는 고사하고 3세기 무렵까지도 진한 사회를 이룬 기초집단은 씨·부족 집단에 불과하였다는 생각이 기본적으로 전제되고 있었다.

그렇지만 사로국 성립 이전 시기에 한정하여 6촌의 존립을 인정하고, 또 그 위치도 경주 지역에 국한하여 파악하지 않으면서도 '斯盧六村'이라는 용어를 사용한 연구자도 있었다. 李鍾旭 교수에 의하면, 사로국의 영역을 이루던 사로 6촌의 영역은 현재의 경주시와 월성군을 합친 지역에 해당한다. 인간이 경작 가능한 공간만 가지고 본다면, 각 촌은 직경 10km 정도의 범위를 가진 공간으로 이루어져 있었다. 이러한 각 촌은 수km 정도의 가계집단 거주지 몇 개로 형성되었으며, 그 가계집단은 수 개의 家로 이루어진 취락[hamlet]이 모여 형성하는 소가계집단 거주지 몇 개로 구성되어 있었다. '斯盧六村'은 각기 酋長이 이끄는 6개의 씨족집단이었으며, 청동기문화에

---

18) 金元龍, 앞의 「斯盧六村과 慶州古墳」.

기반을 두고 기원전 2세기경까지 존재한 촌락사회였다고 한다.[19]

여기서 쓰인 '斯盧六村'의 용법은 종래의 것과 다르다. '사로국'을 경주시와 월성군 일대에 자리잡고 있던 촌락사회 단계의 씨족집단 6개가 형성한 '소국'으로 인식하면서, 아직 국가로 성립하기 전의 사회 상태가 그동안 예상되어 온 것보다 넓은 무대 위에서 촌락을 중심으로 전개된 것이었음을 지시하는 용법으로 쓰였다. 그러나 사로국이 신라로 발전하였으며 6촌은 사로국을 형성한 씨족집단이었다고 본 점에서, 이 견해는 李丙燾 교수의 기본 시각에서 크게 벗어난 것이라고 보기 어렵다. 李鍾旭 교수가 예의 '斯盧六村'이라는 용어를 그대로 사용할 수 있었던 것은 이 때문이겠다.

斯盧六村說의 기본 요지는 경주 혹은 그 일원에 있던 6촌이 형성한 것은 斯盧國이었고, 그 사로국이 주변의 여러 소국들을 정복하여 新羅라는 고대국가로 발전하였다는 데 있다. 6촌의 성격과 지역의 범위, 고대국가로의 성립 시기 등에 대해서는 다소간 의견이 다르다고 해도 사로국이 정복을 통해 신라로 발전했다는 점에는 이의가 없다. 그러므로 정복이 대략 마무리되는 2~3세기 무렵에 신라가 성립하면서 그 사회가 비로소 고대로 접어들었다고 본다. 이전은 원시사회라는 것이다. 사로국을 部族國家·邑落國家·城邑國家·初期國家·小國·伐國이라고 불러 '국가'라는 용어를 사용하였지만, 그것이 '국가'였다는 점을 인정하려는 데 초점이 있는 것이 아니라 다른 무슨 개념으로 수식 한정함으로써 아직은 온전한 국가로 볼 형태가 아니었음을 강조하려는 데 주안점이 놓인 용어들이다. 그래서 일부에서는 무슨 국가라고 하기보다 'chiefdom(君長社會)' 정도로 부르는 것이 더 정확하다는 견해도 제출되었다.[20]

斯盧六村說의 특징은 바로 이렇게 신라 성립 이전을 원시사회로 본다는

---

19) 李鍾旭, 「地方統治組織의 編成」, 『新羅國家形成史硏究』, 一潮閣, 1982, 222~233쪽.
20) 金貞培, 「三韓社會의 國의 解釋問題」, 『韓國史硏究』26, 1979, 1~16쪽 ; 「君長社會의 發展過程試論」, 『百濟文化』12, 1979, 75~87쪽.

점이다. 그리고 이러한 논지의 연장에서 신라 왕권이 강화되어 다른 여타 부족들의 운동력을 제어할 수 있게 되는 단계에서 6부가 성립했다고 파악한 다.[21] '斯盧六村'에는 이와 같은 역사관이 녹아 있다. 따라서 이를 용어로 사용한다는 것 자체가 그것이 내포한 역사인식을 대체로 수용함을 의미한다. 그렇지만 '斯盧六村'의 歷史像은 근본적으로 문제가 있다.

우선 무엇보다도 이에 따르면 濊·貊·韓 族은 중국인이 그 역사의 연원을 제 역사와 비등하게 인식할 만큼 이른 시기에 '조선'이라는 국가를 세워 중국과 당당히 각축할 정도로 발전하였다가 멸망한 후 갑자기 원시공동체 단계로 후퇴하여 오랜 기간을 거치면서 다시 국가를 만들어간 것이 되고 만다. 여기에 난점이 있다. 고조선의 실체는 아직 분명히 드러나지 않고 있다. 그러나 『史記』는 貊族의 조상으로서 고조선의 성립에 앞서 존재했다고 여겨지는 蚩尤가 81개에 달하는 집단을 아우른 거대한 세력을 형성하여[22] 중원을 차지한 黃帝와 겨뤘던 기억을 전하였고, 비록 失傳하였지만 『魏書』는 단군이 요임금 때 나라를 세워 조선이라 했다는 口傳을 기록하였으며, 많은 先秦文獻들이 韓·濊·貊·夫餘·句麗 등에 관해 서술하여 그 정치적 발전 상의 편린을 전하였다.

이것은 설화의 형태로서 그대로 믿을 수 없다고 하더라도, 기원전 4세기 무렵의 기자조선이 燕과 어깨를 겨룰 정도로 성장해 있었다는 것과, 秦開의

---

21) 盧泰敦, 「三國時代의 '部'에 關한 硏究」, 『韓國史論』 2, 1975, 서울대 韓國史學會, 10~20쪽.
   이 논고는 신라 6부의 성립 배경을 6촌에서 구하지 않았고 따라서 '斯盧六村'이라는 용어를 사용하지도 않았으나, 여기서 제시된 신라 초기의 역사상은 '斯盧六村說'에 입각한 윤곽을 보인다. 6부를 정치적 비중이 다른 大小 자치체의 연합 형태로 이해하고, 그러한 자치체가 사로국 지배세력에 한정되지는 않았을 터이므로 6부가 6촌에서 나왔다고 보기 곤란하다고 생각한다면, 이 발상의 근저에서 6촌은 곧 '斯盧六村'으로 전제되었다고 보아 좋을 것이다. 이와 같은 생각은 全德在 교수에게 그대로 계승되었다(全德在, 『新羅六部體制硏究』, 一潮閣, 1996, 18~27쪽).
22) 金光洙, 「蚩尤와 貊族」, 『孫寶基先生 停年紀念論叢』, 知識産業社, 1988, 15~22쪽.

침입으로 말미암아 '2천여 리'로 표현될 만큼 넓은 영토를 빼앗기고 또 衛滿이 왕이 되면서 많은 세력이 이탈함에 따라 국력이 약화된 상태였음에도 불구하고 기원전 2세기 말에 漢의 침입을 받은 위만조선이 이에 맞서 약 1년을 저항할 정도로 강하였다는 것은 명백한 역사 사실이다. 게다가 원래의 고조선은 기자·위만 조선에 서쪽 일부의 영토를 내주고서도 독자의 발전을 당분간 계속했다고 볼 증거를 제시하는 견해마저 있는 형편이다.[23] 그런 고조선의 國體를 후기까지도 소규모의 城邑國家나 초기국가 단계에 머문 형태로 이해하기는 아무래도 곤란할 것이다.

다시 백 보 양보하여 설사 이를 인정한다고 해도, 그 형성에 고조선의 유민이 작용하였음을 부인할 수 없는 '6촌'이 원시공동체 단계의 촌락집단에 불과했다면, 漢과 대결하던 우리 민족은 고조선의 멸망과 더불어 후기 청동기 혹은 초기 철기 시대 단계의 사회로 전락하여 기원전 1세기 무렵에 가까스로 원시공동체사회의 해체를 다시 경험하기 시작했던 것이 된다. 이런 역사관에서 고조선의 엄연한 역사는 허구의 신화이거나 불필요한 혹에 불과하다. '斯盧六村'이라는 용어의 사용자는 이 단절과 모순에 대해 해명할 의무가 있다. 선진적인 일부 지역에 국한하여 일어난 발전으로 간주하기에는 지배세력과 유민의 이동이 장거리에 이르고 빈번한데다가, 그렇게 큰 문화 낙차와 시간차를 설정하기에는 지역이 지나치게 협소한 게 사실이다.

둘째는 '斯盧六村'의 실재를 입증하는 자료는 사실상 존재하지 않는다는 점이다. 이것이 기록에 나타나는 용어가 아님은 물론이려니와, 경주 지역의 어떤 유물도 6촌이 경주에 있었음을 입증해 주는 것은 아니다. 기록은 6촌이 진한의 山谷間 각처에 흩어져 있었다고 전할 뿐이다. 근거할 자료가 없다는 점은 이 說이 가진 결정적 결함임이 분명하다.

셋째는 진한 12국 중 유독 경주 지역이 그런 정복력을 가질 수 있게

---

23) 윤내현, 『고조선연구』, 一志社, 1994.

된 사회경제적 이유에 대해 어떤 해명도 이루어지지 않은 점이다. 金哲埈 교수가 지적했듯이, 이에 대해 납득할 만한 해명이 이루어지지 못하는 한, 신라는 당초부터 진한 전체에 지배력을 미친 국가로 성립했다고 보는 것이 타당하다. 정복 기사를 달리 이해하는 것이 올바른 실증 방향일 것이다.

넷째는 경주 지역에 있던 6촌이 그대로 6부로 발전했다는 설정으로는 鳳坪碑의 '新羅六部'라는 인식을 설명하는 데 난점이 있다는 점이다. '新羅六部'는 『삼국사기』의 '辰韓六部'라는 표현과 상통하는 용어로서, 新羅란 곧 辰韓에 대치할 수 있는 개념임을 보여주는 용례다. 그리고 '新羅六部'가 '新羅의 六部'를 의미하든 '新羅 곧 六部'를 의미하든, 신라 전역에 대한 지배권이 6부에 있음을 천명하는 뜻을 담은 말이다. 이는 6촌에서 유래했다는 6부가 辰韓, 즉 新羅 그 자체를 가리키는 개념이기도 했음을 의미한다. 그런데 斯盧六村說에 설 경우, 이는 경주의 6촌에 기원을 둔 사로국의 지배세력이 6세기에 이른 단계에서도 여전히 신라 전역을 통치하는 지배자로서 군림하였음을 입증하는 문구로 해석될 가능성이 농후하다. 신라가 경상도 일대를 석권한 나라로 성장한 시점에서도 신라는 여전히 사로국 것이라는 인식이 작용했다고 생각할 여지가 있게 되는 것이다. 신라에서는 경주 사람들만 특권을 지녀 京位를 소지하고 골품제의 적용을 받았으며 지방민들에게는 外位를 적용하였다는 京外 二元構造의 설정도 기실 사로6촌설이 가진 역사인식의 연장에 서 있다. 그러나 이는 역사 사실에 부합하는 인식이 아니다. 외위는 지방민에 대한 차별 의식에서 성립한 관위가 아니라 眞骨의 家臣層에게 준 관위였다.[24] 경주 지역의 사로국이 신라 전역에 대해 지배권을 관철하는 각도에서 6세기의 정치체제가 작동하고 있었다는 증거는 어디에도 없거니와,

---

24) 金石文 등 지금까지의 자료에 外位 소지자 대부분이 특정한 지방 촌락과 연계되어 나타나는 것이 사실이지만, 이 현상을 곧바로 '外位 所持者는 地方民'이라는 증거로 생각하면 곤란하다. 外位制를 지방민과의 관련에서만 파악하는 것은 그 본질의 말단을 이해한 것에 불과하다(拙稿, 이 책의 제4장 Ⅰ).

그런 형태의 국가가 과연 존립 가능한 일이었겠는지 의문이다. 신라 사회를 지나치게 특수한 형태로 간주해 온 것은 아닌지 반성해 볼 대목이라 하겠다.

다섯째, 기원전 57년에 赫居世를 옹립하여 徐那伐 곧 新羅를 세웠다는 기록은 단지 신라라는 국가가 이때 성립했다는 사실을 전할 뿐인데, 그 신라란 일정한 영토와 민을 가진 국가로서 신라왕이 이에 대한 지배권을 가졌음을 뜻한다고 자의적으로 해석하고, 그렇다면 당시의 생산력에서 기껏 경주 일대를 벗어나지 못하는 영역을 가진 국가로서 성립했으리라고 추단하는 것은 명백히 논리의 비약이라는 점이다. 뒤에 詳論하겠지만, 초기의 신라는 진한의 노예소유자적 지배계층을 구성원으로 성립한 국가였다. 경주에 거주하더라도 피지배층은 신라의 '國人'이 아니었고, 경주로부터 멀리 떨어진 지방에 거주하더라도 진한의 지배층은 신라의 '國人'이었다.

여섯째, 사로6촌설에서는 사로국이 정복에 의해 영토를 확장하여 신라로 발전했다고 파악하나, 이는 3세기 무렵까지 이어진 소국 정벌이 영토 확장에 목적을 둔 것이 아님을 시사하는 기록을 간과하고 내린 판단이라는 점이다. 예컨대 3세기 중엽의 沾解尼師今 때 이루어진 사벌국에 대한 정벌은 '沙梁伐國이 전에 우리에게 屬하였다가 문득 배반하여 百濟에 붙으므로 于老가 군사를 거느리고 가서 討伐'한 것이었다.[25] 즉 사벌국은 토벌되기 전에도 신라에 속한 나라였던 것이다. 이 점을 소홀히 보아서는 곤란하다. '속했다'는 진술이 의미하는 실상을 먼저 정확히 이해할 필요가 있다. 그리고 여기서 토벌은 사벌국 영토 자체가 아니라 배반한 그 지배세력을 대상으로 이루어진 것이었다는 점에 유의해야 한다. 물론 사벌국이 배반에 성공했다면 결과적으로 신라는 尙州 지역을 상실하게 되었겠지만, 그렇다고 해서 이를 영토 확장을 위한 정벌이었다고 보아서는 곤란하다. 이 시기의 사회 구성이나

---

25) 『三國史記』 45, 列傳5, 昔于老, '沾解王在位 沙梁伐國舊屬我 忽背而歸百濟 于老將兵往討滅之.'

정치조직의 편제 원리에서 그 군사적 행위의 초점은 영토가 아닌 民과 이들에 대한 지배권의 확보에 있었다. 영토는 부차적인 문제일 뿐이었다. 신라왕이 全 領土와 民에 대해 齊民的 지배를 구현하고 관철한다는 것은 아직 생각하기 어려웠던 때였기 때문이다. 성을 공격하여 民口만 노획해가고, 또 그것을 돌려주면 보복 공격을 멈추었던 것도 이런 사정에서 연유한다. 신라라는 국가의 사회 구성과 성격에 대해 어떤 선입견도 갖지 말고 기록이 전하는 내용 자체를 이해하려는 자세가 요구된다.

이와 같은 문제점에도 불구하고 斯盧六村說은 의연히 통설의 지위를 점하고 있다.[26] 사로국이 정복을 통해 신라로 발전했다는 인식은 이제 상식처럼 통용되며, 고조선과 삼국 사이의 역사적 단절은 그 멸망과 성립 사이에 놓인 시간만큼이나 멀고 분명하다는 인식이 당연시되고 있다.[27] 그러나 위에 열거한 바와 같이 이 설이 안고 있는 문제점들은 그 존립의 근거를 위협하는 치명성을 지녔다. 이를 상식처럼 여겨도 좋을 여건이 아니다.

한편 金哲埈 교수가 처음 제기한 辰韓六村說은 몇몇 연구자들에 의해 검토되면서 다소간 다른 형태로 재구성되었다.[28] 먼저 千寬宇 선생은 6촌이 경상북도 일원에 산재했다는 金哲埈 교수의 견해를 대체로 수긍하고 몇

---

26) 邊太燮, 『韓國史通論』, 三英社, 1986, 40~64쪽.
    李基白, 『韓國史新論』(新修版), 一潮閣, 1990, 31~68쪽.
    한영우, 「다시찾는 우리역사」(전면개정판), 경세원, 2004, 110~111쪽.
27) 李鍾旭, 「韓國 初期國家의 政治發展段階와 政治形態」, 『韓國史上의 政治形態』, 一潮閣, 1993, 1~70쪽.
    全德在, 앞의 『新羅六部體制研究』, 10~37쪽.
    權五榮, 「斯盧六村의 위치문제와 首長의 성격」, 『新羅文化』 14, 1997, 1~12쪽.
28) 金哲埈 교수에 앞서 故 스에마쓰 야스카즈(末松保和, 1904~1992) 교수도 6촌의 위치가 경상북도 일원에 있었다는 견해를 밝힌 바 있다(末松保和, 「新羅六部考」, 『京城帝國大學創立十周年紀念論文集(史學篇)』, 1936 ; 『新羅史の諸問題』, 東洋文庫, 東京, 1954 재수록). 그러나 스에마쓰(末松) 교수의 견해는 기계적인 실증의 산물로서 신라의 국가 형성 과정을 구성적으로 파악한다는 문제의식에서 나온 것이 아니었다. 이를 굳이 辰韓六村說의 효시로 볼 이유가 없다. 辰韓諸國이 신라를 형성했다는 것은 기실 우리나라 전통의 인식이다.

지역에 대한 보충적 견해를 제시하였다. 그리고 6촌이 모두 경주 이북 지역에 있는 것은 경주 사로국을 형성한 세력이 남하 정착하는 과정에서 관련을 맺은 지명이기 때문일 것으로 추측하였다.[29] 6촌이 辰韓 全域에 분포했다는 金 교수의 견해를 받는 동시에 李丙燾 교수의 京畿道辰韓說에도 유의하여 移動說로 재구성한 것이다. 그러나 이 견해는 6촌을 사로국 형성에 국한하여 이해한 점에서 金哲埈 교수의 시각과는 근본적으로 다른 것이다. 千 선생은 궁극적으로 辰韓六村說을 지지했다기보다 斯盧六村說을 지지하고, 다만 6촌의 연원을 경기도에서 경상북도를 거쳐 경주로 이동해 온 집단으로 파악했을 뿐이다.

이에 반해 宣石悅 교수는 사로6촌설을 정면으로 부정하고 진한6촌설을 주장하였다.[30] '斯盧六村'은 어떤 기록에서도 확인되지 않는 新造語에 불과하다는 것이었다. 宣 교수에 의하면 『삼국사기』 초기 기록은 훨씬 후대의 사실을 반영한 것으로 그 紀年을 그대로 사실로 인정해서는 곤란하다고 한다. 특히 脫解王 이전의 기록에는 6세기에나 가능했을 사실을 기재한 내용이 많다는 것이다. 宣 교수는 紀年에 대한 이런 인식을 토대로 三姓王室世系는 병존한 것이었으며 혁거세의 건국신화는 내물왕대의 사실을 반영한 것이라고 이해했다.

宣石悅 교수에 의하면, 사로국은 3세기 중엽까지 독자성이 강한 여러 邑落集團이 이룬 느슨한 형태의 지배구조로 유지되다가, 3세기 중엽 이후 3姓 집단이 결합하여 일반 읍락의 세력집단을 통제해 나가면서 통치권력을 강화해 辰韓 諸小國을 정복할 기반을 양성하였다. 3세기 말부터 4세기 중엽에 걸친 辰韓 諸小國 정복을 통해 4세기 중엽에 사로국이 辰韓 전체를 대표하는 국가로 대두하니, 진한 지역 지배층이 사로국의 奈勿王을 추대하여 왕으로

---

29) 千寬宇, 앞의 「三國의 國家形成(上)」, 23~24쪽.
30) 宣石悅, 앞의 책, 58~78쪽.

삼고 신라국가를 성립시킨 것이었다고 한다. 그리고 이와 같은 안목 위에서 辰韓六村이 辰韓六部를 거쳐 경주의 王京六部로 변화하였다고 파악했다.

그러나 宣 교수의 견해는 6촌의 위치 문제에서나 初期 紀年 문제에서 金哲埈 교수의 발상을 많이 계승하였음에도 불구하고 金 교수가 가졌던 문제의식의 핵심을 정확히 이해하고 발전시킨 형태는 아니었다. 金哲埈 교수가 신라의 上古 紀年을 조정할 필요를 느꼈던 것은 독자적인 청동기시대를 설정하지 못하고 금석병용기로 이해하며 철기의 보급 시기도 3세기 무렵으로 생각하던 당시의 연구 수준에서 비롯한 일이지 몇몇 자료에 나타나는 모순을 타개해 보려는 의도에서 나온 것이 아니었다. 초기 기록의 대부분을 불신하면서, 유독 왕의 계보와 혈연관계 그리고 몇몇 특정인과 그 조상 사이의 세대수에 대한 언급만은 믿을 수 있다는 태도를 가지는 것은 분명 自家撞着이었기 때문이다. 현 단계에 이르러서도 여전히 이것이 유효하다고 생각하면 곤란하다. 金 교수가 『韓國古代社會硏究』를 출간하면서 「新羅上古 世系와 그 紀年」은 싣고 「新羅 上代社會의 Dual Organization」을 뺀 것은 이 논문에 결정적인 오류가 있다고 생각해서가 아니라, 6촌이나 6부 문제는 新羅史 이해의 근간을 이루는 사안이므로 별도의 전면적인 연구를 통해 다룰 필요가 있다고 여긴 때문이었다.[31] 우리는 先學의 문제의식 자체를 直視하지 않고 그가 방편으로 삼은 수법에 얽매이지 않았는지 늘 자성해 보아야 한다.

또 金 교수가 6촌을 진한 각지의 국가로 파악하고 三姓의 병립을 상정한 것은 신라가 정복에 의해 성립한 국가가 아니라고 생각한 데 根因이 있었다. 사로국의 정복력을 상정할 경우 하필 사로국이 그런 정복력을 가질 수 있었던

---

31) 필자는 1986년 가을에 제출한 석사학위청구논문에서 六部에 의한 對地方 部役動員 문제를 다뤘는데, 당시 서울대 人文大學長이던 金哲埈 교수가 졸고를 읽어주고 학장실로 필자를 불러 이 주제와 연관해서 생각할 여러 가지 문제를 지적하면서 이와 같이 술회한 바 있다.

원인을 설명하는 데 난점이 있다고 여긴 것이다. 그 三姓을 사로국을 이룬 지배세력으로 보고, 이들이 결합하여 정복력을 가졌다고 인식하며, 정복을 통해 신라가 형성되었다고 파악한 宣 교수의 견해는 金 교수의 생각과 크게 다르며, 따라서 辰韓六村說의 취지를 이해하고 斯盧六村說을 부인한 것은 아니었다 하겠다. 두 설의 차이는 단지 6촌과 6부의 위치를 같다고 보는가 다르다고 보는가의 차이에 있지[32] 않다.

물론 宣石悅 교수의 견해는 金哲埈 교수의 견해와 상관없이 독자적 견해로서 위치하는 것이다. 그러나 그래서 더욱이 문제의 본질과 개념을 분명히 해둘 필요가 있다. 先學이 窮理 끝에 사용한 용어나 개념들을 적절히 혼합해서 獨自說을 세우려면 그 相衝과 補完 관계를 잘 따져보고, 달리 생각해야 할 이유와 근거를 명확히 제시하지 않으면 안 된다.

宣 교수는 辰韓六部를 小國征服期에 사로국에 복속되지 않고 그 지배층이 온존했던 政治體로 이해했다. 小國征服期에는 服屬小國 지역과 辰韓六部 지역이 구분되었다는 것이다. 그리고 그 진한6부를 완전히 정복한 단계에서 복속소국의 지배자를 喙部와 沙喙部로 이주시키고 진한6부의 지배자들은 六部에 분산 이주시켜 慈悲王 12년(469)에 王京六部라는 6개의 거주지역으로 완성되었다고 보았다. 여기서 말한 '辰韓六部'의 실체가 무엇인지 납득하기 어렵지만 '辰韓'을 王京과 구분해서 파악하는 것이 기록에 충실한 해석이라고 여긴 이해 형태임이 분명하다. 그렇다면 鳳坪碑의 '新羅六部'는 무엇인가? 이것이 이른바 '王京六部'를 달리 표현한 것이라면 '辰韓六部'를 굳이 '王京六部'와 구별해야 할 이유가 없지 않은가? 그리고 斯盧國은 본디 6촌이나 6부와 무관했던 것인가?

---

32) 宣石悅, 앞의 책, 63쪽.

3. 『三國史記』와 『三國志』가 전하는 新羅成立史像의 理解

『삼국사기』와 『삼국유사』에 의하면 나라가 멸망한 후 한반도 남부 지역으로 이동해 온 조선 유민들이 진한 땅에 6촌을 세웠으며, 六村長과 子弟들이 경주의 關川에 모여 국가를 세우기로 작정하고 赫居世를 왕으로 추대해 新羅를 건국한 것이 기원전 57년이라 한다. 그런데 3세기 말에 찬술된 중국의 『삼국지』는 78국이 삼한을 이룬 사정만 기록하고, 진한 12국을 열거하는 가운데 사로국을 들었을 뿐이다. 이를 통해서는 진한 전체를 지배하는 신라의 모습을 유추하기조차 어렵다. 게다가 『삼국지』는 우리 측 史書에 전혀 언급이 없는 辰國과 辰王에 대해 기록하였다. 내용이 전혀 딴판인 것이다. 그래서 둘 중 어느 한 기록을 取信하면 다른 한편은 당연히 잘못된 기록으로 치부함이 마땅할 듯 보인다. 혼란은 이로부터 야기되었다. 그러나 두 계통의 기록을 동시에 이해할 수 있는 방향에 역사적 진실이 놓여 있음은 두말할 나위 없는 일이다. 지금까지 알아온 古代史像을 일단 접어두고 처음부터 다시 차근차근 생각해 볼 필요가 있다.

3세기 무렵의 한반도 남부 지역 사정을 이해하기 위해서는 우선 『삼국지』가 전하는 삼한의 실상에 대한 정확한 이해가 필요하다. 54개의 小國으로 이루어졌다는 馬韓과 각각 12개 소국이 형성했다는 辰·弁韓이 과연 무엇인가 하는 문제. 여기서 무엇보다 주목할 사실은, 三韓은 단순한 땅이름이거나 영역 구분이 아니었다는 점이다. 弁韓과 辰韓에 속한 諸國들이 '雜居'한다고 하였기 때문이다. 『三國志』는 '弁辰與辰韓雜居'한다면서, 진·변한 구분 없이 24국의 이름을 뒤섞어 소개하였다.[33] '雜居'란 辰韓 諸國이 弁韓 諸國과 서로 뒤섞여 混居함을 말한다. 『삼국사기』도 1세기 무렵에 于尸山國과 居柒

---

33) 『三國志』30, 魏書30, 東夷傳, 弁辰.
  이하의 서술은 이 책의 제1장 IV의 고찰에 입각한 것이다. 다소 중복의 느낌이 없지 않지만 논지의 전개를 위해 부득이 그대로 쓴다.

山國이 신라 영토 사이에 '介居' 즉 끼어 있었다고 전한다. 雜居·混居의 양상에서 비롯한 현상이다. 진한과 변한을 양분하는 국경은 單線으로 존재하지 않았다. 諸國이 混居하면서 일부는 진한을 이루고, 또 일부는 변한을 이룬 것이었다.[34]

弁辰諸國의 混居는 단지 '國' 차원에서만 나타나는 현상이 아니었다. 각국에 속한 邑落들도 타국의 邑落들과 섞여 혼거하는 양상을 보였다. '國邑雖有主帥 邑落雜居 不能善相制御'하다[35] 함은 自國의 읍락들이 다른 나라에 속한 읍락 너머 여기저기에 흩어져 있으므로 國邑의 主帥가 체계적이고 강력한 통치력을 행사하기 어려웠던 사정을 말한 것인데,[36] 이는 단지 마한에서만 볼 수 있는 특수한 경우가 아니었겠다. 2세기 초에 서로 멀리 떨어져 있던 音汁伐國과 悉直谷國 사이에 영토 분쟁이 발생하고, 분쟁 당사국과 이해관계의 상관성이 전혀 없어 보이는 押督國이 이 사건을 계기로 신라에 복속해 왔던 것도[37] 그 영역이 널리 分散分布하면서 서로 混在하였기 때문에 야기된 일이었음이 틀림없다.[38]

---

34) 『後漢書』韓傳에는 '弁辰在辰韓之有'라 하였는데, 여기서 '有'를 흔히 '南'의 誤字로 간주한다. 그러나 그대로 읽어 '弁辰은 辰韓이 자리잡은 곳에 있다.'는 의미로 해석하고, 저 混居의 상황을 전하는 내용이라고 보는 것이 순리일 것이다.

35) 『三國志』 30, 魏書30, 東夷傳30, 馬韓.

36) 金貞培 교수는 이 기사의 내용을 主帥가 읍락의 일반 백성들과 함께 거주하였음을 전하는 내용으로 해석하고, 따라서 城邑國家說은 문제가 있다고 보았다(金貞培, 「韓國史와 城邑國家論의 問題」, 『韓國古代의 國家起源과 形成』, 高大出版部, 1986, 304~305쪽). 城邑國家說과의 연관 문제는 별도로 하고서, 일단 文意를 잘못 해석한 경우다. '雜居'의 주어는 '邑落'이지 '主帥'가 아니며, 主帥와 邑落民이 '서로 잘 제어하지 못한다'(不能善相制御)는 설정도 어색하다. 民이 主帥를 制御할 리는 없는 일이기 때문이다. 이 文句는 (여러 읍락으로 이루어진 國의) 國邑에 비록 主帥가 있지만, (그 國을 이루는) 읍락들이 (다른 國의 邑落과) 雜居하는 형세여서 (各國의 主帥는) 피차 서로 (각자 자신의 지배하에 있는 읍락들을) 잘 제어할 수 없는 상황이라는 의미로 해석되어야 한다. 이 부분을 『後漢書』는 단지 '邑落雜居 亦無城郭'이라고만 적었다. '雜居'의 주어가 '邑落'임은 의미할 여지가 없다.

37) 『三國史記』 1, 新羅本紀1, 婆娑尼師今 23年 8月.

38) 이상의 서술에 대해 구체적인 정보가 필요한 경우는 이 책 제1장 IV의 내용을

다른 小國의 國邑과 邑落들을 사이에 두기도 하면서 여기저기 흩어져 있는 群小地域이 陸路 및 海·水路를 통해 서로 연결되어 독자의 국가를 형성하고 그런 소국들이 삼한 중 어느 하나에 제각기 속해 있는 모습, 이것이 『삼국지』가 전하는 3세기 무렵의 한반도 남부 지역 사회상이다. 그러므로 삼한은 단순한 지역 구분일 수 없다. 여러 나라를 거느린 정치체였던 것이다. 문제는 그 정치체의 성격이다. 멀리 떨어진 여러 독립 소국들이 이룬 정치체란 과연 무엇이고, 그들을 하나로 묶어 낼 수 있었던 정치력은 과연 어디서 나온 것인가 하는 문제다.

이와 관련하여 우선 주목할 수 있는 것이 '辰王'과 '辰國'에 대한 다음 기록이다.

○ 弁辰韓合二十四國. 大國四五千家, 小國六七百家, 總四五萬戶. 其十二國屬辰王. (『三國志』辰韓傳)
○ 辰韓者, 古之辰國也. (『三國志』韓傳)

辰弁 24국 중 12국이 辰王에 속한다 하고 또 辰韓은 옛 辰國이라고 하여, 독립적인 國을 다스리는 왕권의 상층에 그러한 수개의 國을 아울러 통치하는 또 다른 성격의 왕권이 존재한 사실과 辰韓諸國을 통괄하여 그 또한 國이라고 칭했던 과거의 역사가 있었음을 전하기 때문이다. 이에 입각한다면, 진한 12국을 통치한 辰王이란 존재가 있었으며 그 12국이 서로 떨어져 있으면서도 진한으로 묶일 수 있었던 것은 본래 그들이 옛 辰國을 이룬 역사 경험을 가진 정치세력이기 때문이었으리라고 이해하게 된다. 본디 12국은 각자 왕이 다스리는 독립국이었으니[39] 辰王은 독자적인 12개 국가를 통괄하는

참조할 것.
39) 『三國志』 30, 魏書30, 東夷傳30, 弁辰條에 의하면, 弁辰 즉 弁韓은 辰韓과 雜居하는데 그 12국에는 각기 왕이 있었다고 한다(弁辰與辰韓雜居, 亦有城郭, 衣服居處 與辰韓同, 言語法俗相似, 祠祭鬼神有異. ……十二國亦有王.). 이는 辰韓 12國도 마찬가지

존재로서 王들의 王이었던 셈이다.

그러고 보면 이는 우리 측 史書가 전하는 바와도 일맥상통하는 면이 있는 역사상이다. 진한 6촌의 촌장들이 모여 신라를 세우고 王을 居西干이라고 불렀다는데, 여기서 村長이라고 표현된 존재의 실체를 '干' 곧 독립 소국의 王으로 이해하면,[40] '王들의 王'인 辰王은 곧 新羅 居西干의 성격과 같은 것이 된다. 居西干이란 '干들의 干'이라는 의미를 지닌 말이었기 때문이다.[41] 3세기의 尼師今은 居西干 位를 '계승'하였음을 뜻하는 왕호로 볼 수 있다.[42] 『삼국지』는 진한이 본디 6국으로 출발해서 점차 나뉘어 12국으로 늘어났다고 하였다.[43] 그렇다면 村은 소국을 지칭한 표현이고 辰王은 신라왕을 그렇게 부른 말이라고 보는 것이 타당할 것이다.

그런데 辰王은 馬韓人으로 삼았으며, 스스로 즉위해서 왕이 될 수 없었다는 기록이 있어 자칫 혼란에 빠질 위험이 있다.

辰王常用馬韓人作之, 世世相繼, 辰王不得自立爲王.[44]

하지만 이 역시 『삼국사기』와 충돌하는 내용은 아니다. 우선 '世世相繼'한다 함은 신라왕을 尼師今이라고 한 사실과 부합한다. 尼師今은 '繼承王'의 뜻을 지녔기 때문이다. 그리고 自立해서 王位에 오르지 못했다는 진술은 왕위 계승에 '國人' 혹은 '左右'·'臣僚'가 간여했음을 전하는[45] 『삼국사기』

였을 것이다.

40) 拙稿, 「新羅 '上古'期 '干'의 編制와 分化」, 『歷史敎育』 53, 1993, 79~84쪽.
41) 居西干은 '居西'가 '干'을 수식하는 구조를 가진 合成語로서, '거서'는 主·上의 뜻을 가진 kəsi의 표기다. 즉 거서간은 '主干' 혹은 '干들의 干'이라는 의미를 지녔다.
42) 尼師今은 그 王位 '繼承'이 '世襲性'을 강하게 가졌음을 강조한 왕호다(金光洙, 「新羅 上古世系의 再構成 試圖」, 『東洋學』 3, 1973, 378~380쪽). 세습적 계승의 대상이 왕위라고 할 때, 그것은 구체적으로 居西干 位였다고 하겠다. 이와 관련하여 구체적인 내용이 필요한 경우는 이 책의 제1장 I 참조.
43) 『三國志』 30, 魏書30, 東夷傳30, 辰韓, '始有六國 稍分爲十二國.'
44) 『三國志』 30, 魏書30, 東夷傳30, 辰韓.

내용과 대체로 들어맞는다. 다만 馬韓人으로 辰王을 삼았다는 내용이 잘 이해되지 않을 뿐이다. 기실『삼국사기』를 통해서는 신라왕이 마한 출신이었다고 볼 근거가 전혀 없다. 이는 문제가 그렇게 단순하지 않음을 암시한다. 辰王에 대해서는 다시 되짚어 살펴볼 필요가 있다.

문헌 기록의 전반적인 사정은『삼국지』변진전의 辰王을 곧바로『삼국사기』의 新羅王으로 단정해도 좋을 여건이 아니다.『삼국지』한전에는 '辰王治月支國'이라 하여 진왕이 마한 50여 국 중 하나인 월지국을 다스린 것으로 되어 있고,『후한서』한전은

> 地合方四千餘里, 東西以海爲限, 皆古之辰國也. 馬韓最大, 共立其種爲辰王, 都目支國, 盡王三韓之地, 其諸國王先皆是馬韓種人焉.

이라 하여 삼한 78국이 모두 옛 진국이며, 진왕은 目支國(月支國)에 도읍하여 삼한 전체의 왕 노릇을 하였고, 三韓諸國의 왕은 그 선조가 모두 馬韓人이라고 하였다. 앞에서 본 바와는 전혀 다른 내용인 것이다. 따라서 이에 입각한다면, 진한 12국을 다스린다는 진왕은 단지 진한뿐 아니라 삼한 제국 전체에 지배력을 미친 존재이므로 그를 곧 신라왕이라고 생각한 것은 성급한 판단이었다고 해야 순리일 듯 보인다.

그러나 여기서는 이 기록이 과거 사실을 말한 것이라는 점에 유의하지 않으면 안 된다. '古'니 '先'이니 하는 표현에 주목해야 하는 것이다.『後漢書』가 전하는 바는 삼한 78국이 모두 옛 辰國이며, 辰國 시절에 辰王 곧 辰國의 王은 삼한 전체에 통치력을 미쳤고, 삼한 제국의 왕들이 모두 馬韓人이었다는 내용이다. 그리고 이 진술은『삼국사기』도 같은 내용을 전한 사실로 미루어,

---

45) 예컨대 儒理尼師今은 脫解가 '與左右奉立之'하였다 하고, 婆娑尼師今은 '臣僚'가 논의해서 세웠다 하며, 伐休尼師今은 '國人立之'하였다고 한다. 다른 왕의 즉위와 관련해서도 '國人'의 일정한 논의를 거쳤으리라고 사료된다.

그대로 사실일 가능성이 크다. 『삼국사기』에 따르면, 신라의 赫居世王이 馬韓 王에게 사신을 파견했는데, 馬韓 王은 신라 사신으로 온 瓠公에게 '진한과 변한은 우리의 屬國인데 해마다 貢物을 보내지 않으니 큰 나라를 섬기는 예의가 어찌 이와 같은가?'라며 꾸짖었다고 한다.[46] 신라의 성립을 계기로 그 관계에 변화가 초래되고 있긴 하였지만, 진한과 변한이 마한의 속국이라는 인식이 전통적으로 있어 왔고, 실제로 진한과 변한은 마한에 공물을 바쳐 복속의 예를 갖추어 왔던 것이 사실인 것이다. 馬韓王이 辰王으로서 진한과 변한까지 통괄하였다는 데 『후한서』와 『삼국사기』의 기록이 서로 일치하는 셈이다. 따라서 그러한 마한 왕(辰王) 중심의 정치 질서가 작동하고 있던 시기가 신라 성립 이전이라는 『삼국사기』의 기록도 그 要旨를 믿어 좋을 것이다. 『후한서』의 '古之辰國' 이하 '其諸國王先皆是馬韓種人焉'에 이르는 진술은 신라 성립 이전의 사실을 말한 것이다.

그렇다면 목지국에 도읍한 마한의 辰王은 3세기 무렵에 진한 12국을 대표한 辰王과 별개의 존재였다고 하겠다. 그리고 유독 辰韓만을 옛 辰國이라 한 진술은 다시 시기를 달리하는 내용으로 보아야 한다. 삼한을 아울러 辰國이라 불렀으며, 그 왕인 辰王을 辰韓에서 내던 때가 있었고, 또 馬韓에서 내던 때가 있었던 것이다. 그리고 이와 같은 역사 기억의 연장에서 3세기에 이른 시점에서 辰韓의 王을 辰王이라고도 불러 그 위세를 과시한 것이었다고 이해하면 의문이 해소된다. 즉 辰王은 전통적으로 삼한 중 가장 우세한 세력의 왕이 올랐던 자리고, 삼한에서 우세한 세력은 한때 辰韓이었다가 馬韓으로 변화한 것이었다. 辰韓 王을 辰王이라 하기도 하고 馬韓 王을 辰王이라 하기도 한 중국 측 자료의 혼선은 이런 사정에서 빚어진 것으로 보인다. 분명한 것은 삼한을 통괄한 정치권력이 실제로 존재한 때가 있었으며, 그 시기에는 三韓諸國을 통틀어 辰國이라고 불렀다는 사실이다.

---

46) 『三國史記』 1, 新羅本紀1, 始祖赫居世居西干 38年.

삼국에 앞서서도 개별 국가의 정치권력과 이들을 삼한으로 묶어 낸 상위의 정치권력, 그리고 삼한 전체를 대표하는 최상위의 정치권력이 매우 오래 전부터 중층적으로 존재하였다. 二重聳立構造 위에 다시 辰國의 辰王이 용립한 형세였다. 그 辰國이 곧 朝鮮이었다.

『삼국지』는 진한 耆老의 말을 빌어, 秦나라의 苦役을 피해 남하하는 유민들이 밀려들자 마한이 이들에게 동쪽 땅을 따로 내주어 독자적으로 살게 함으로써 진한이 성립했다고 하였다.

> 辰韓, 在馬韓之東. 其耆老傳世, 自言古之亡人, 避秦役來適韓國 馬韓割其東界地與之.[47]

그리고 진한 언어 중에 中國系 方言이 다수 포함되어 있음을 지적하여, 진한이 마치 중국의 秦나라에서 유래한 듯 기록하였다. 그러나 이에 대해서는 『삼국사기』의 적절한 해설이 있다.

> 中國之人 苦秦亂 東來者衆 多處馬韓東 與辰韓雜居[48]

중국 유민이 많았으나 마한 동쪽에서 진한과 雜居한 데 불과하였다는 것이다. 진한이 옛 진국에서 나왔다는 『삼국지』의 기록을 군이 부인할 이유가 없다. 그리고 진한은 고조선 유민이 형성한 사회였음이 분명하다. 그렇다면 이 자체로서 辰國이 곧 古朝鮮 혹은 그 後身이었을 가능성을 벌써부터 신중히 검토해 보았어야 옳았다고 여겨진다.

大祚榮이 처음 나라를 세우고 국호를 震國이라 하였다던가(698년), 弓裔가 국호를 摩震이라 하기도 했던(904년) 것, 고려가 스스로 일컬어 震檀 혹은

---

47) 『三國志』30, 魏書30, 東夷傳30, 辰韓.
48) 『三國史記』1, 新羅本紀1, 始祖赫居世居西干 38年.

震域이라 부른 것은 이때까지도 저와 같은 역사 사실을 익히 알고 있었기 때문일 것이다. 辰(震)은 최고·최대를 뜻하는 단순한 용어로서가 아니라, 辰國 이래 전체 구성원을 대표하고 통일을 지향한 국가의 전통적 국호로서 쓰여 왔던 것이 아닌가 여겨진다.

이와 같이 이해하고 보면, 신라의 성립 과정을 이른바 '斯盧六村'의 확대 과정으로 파악하는 것은 매우 곤란한 인식임이 분명하다 하겠다. 古朝鮮史와의 연관 위에서 파악해야 한다. 이주하여 남하한 뒤 변한과 잡거하면서 서로 흩어져 있던 진한 세력들이 지난 역사 경험을 토대로 결집하여 신라를 세운 것이지, 경주의 사로국이 산재하는 진한 세력을 정복하여 신라로 성립한 것이 아니었다.

3세기 무렵의 진한은 외면상 독립국들로 이루어진 國家 聯合體였지만, 내실은 그러한 개별 국가 권력의 상위에 진한 제국을 아우른 국가 권력이 존재한 엄연한 단일 국가체였다. 그런데도 『삼국지』가 그 독립국들의 이름을 나열하고 辰王이 있다고만 하였을 뿐 진한을 독자의 국가체로는 인정하지 않았던 것은, 국가라면 응당 그 내부에 독자 권력이 존재할 수 없어야 마땅함에도 저마다 왕이 있는 나라들이 엄존하였기 때문이겠다. 그러면서도 12국이 진왕에게 복속하고 있었으니 중국인의 눈에는 이해할 수 없는 상황이었을 것이다.

그러나 자료가 전하는 대로, 초기의 신라는 실제로 그렇게 성립한 국가였다고 보아야 옳다. 즉 신라는 그 영역 안의 民戶 전체를 신라왕이 다스리는 국가로서 출발한 나라가 아니었던 것이다. 『삼국유사』는 진한 6촌장이 제각기 子弟를 거느리고 閼川 언덕 위에 모여

我輩, 上無君主, 臨理蒸民, 民皆放逸, 自從所欲. 盍覓有德人, 爲之君主, 立邦設都乎?

우리들이 위에 군주가 없이 백성을 다스리려하니 백성들이 죄다 거리낌 없이
제멋대로 굴고 있소. 어찌 덕 있는 사람을 찾아 군주로 삼고 나라를 세워 도읍을
정하지 않을 수 있겠소?

라 의논하고 신라를 세우게 되었다고 적었다. 이는 물론 당시에 오간 대화를
그대로 적은 것일 리 없으나, 六部祖와 그 子弟로 표현된 지배층이 알천
기슭에서 회합을 가졌고 이들이 民에 대한 지배력을 강화하기 위해 국가를
세울 필요성을 느꼈다는 취지만은 그대로 수용해도 좋지 않을까 여겨진다.
조선의 멸망을 전후하여 지금의 경상도 지역으로 이동해 와 여기저기 흩어져
살면서 저마다 小國을 형성했던 干들이 그동안 유지해 온 지배력에 한계를
느낄 정도로 民의 성장이 두드러졌고, 이런 변화에 대응하기 위해 진한의
干들이 연합하여 새로운 형태의 국가를 건설하기로 결정했다는 것은 前後事
實의 맥락으로 미루어 매우 개연성 높은 이야기다.

그리하여 왕을 세워 국가를 건설하고, 각 소국이 병력을 내서 六部兵을
조직한 다음 居西干의 지휘 하에 이를 운용함으로써, 더욱 강력해진 군사력을
배경으로 諸干이 각자의 지배력을 강화했던 사정을 넉넉히 읽을 수 있다.
六部의 勁兵은 외적의 침입에 진한 전체가 공동으로 대응하는 한편 각
소국에서 일어나는 반란을 철저히 진압하는 구실을 하였을 것이다. 6부병을
운용한 기록이 國初부터 나타나는 이유도 이로써 수긍이 간다.

신라는 이와 같이 진한 제국의 지배층이 모여 이룬 나라였다. 따라서
각국의 지배층만이 신라의 '國人'이었고, 신라왕은 이들에 대한 통제력만을
지녔을 뿐 그들 각각이 제 나라에서 행사하는 지배력에는 관여하지 못하였다.
말하자면 신라는 소국 干들이 갖는 民戶에 대한 지배력을 전제로 그 상위에
干들에 대한 신라왕의 지배력을 덮어씌워 성립한 국가였던 것이다.[49] 진한의

---

49) 拙稿, 이 책의 제2장 Ⅲ.

지배층은 신라의 성립과 더불어 六部를 형성하여 국정에 참여하였다.

신라는 애초에 사로국을 포함한 6개 소국의 지배세력이 각기 部를 형성하고 세운 국가였다. 즉 六部가 곧 신라였던 것이다. 6개의 소국이 그대로 신라의 영토가 되고 그 小國 民 전체가 신라왕의 백성이 된 것이 아니라, 그 소국의 지배세력들만 모여 신라를 세웠다는 말이다. 따라서 신라의 '國人'은 모두 지배층에 속한 이들이었다. 이들이 거서간을 추대해 나라를 세우고 六部를 형성했으므로 六部人들은 왕위 계승뿐 아니라 大小 國事에 늘 간여할 수밖에 없었다. 六部人은 新羅國人인 동시에 각 소국의 지배층에 속한 인물들이었다. 따라서 六部人을 王京人이라고만 이해하면 곤란하다. 또 경주에 사는 사로국 사람이라도 지배층이 아니면 신라인이 아니었고 六部人이 아니었다. 骨品制로 대표되는 六部 중심 지배체제가 '上古'期를 관통할 수 있었던 이유가 여기에 있다.

六部의 干들이 독자적으로 지배한 小國의 被支配民은 신라 사람이 아니므로 누구로부터도 보호받지 못했을 테고, 따라서 이들에 대한 干의 지배는 매우 酷甚하였을 것이다. 夫餘에서 諸加의 지배 하에 놓인 下戶들이 奴僕과 같은 처지에 있었던 것과[50] 진배없었겠다. 奴婢가 아니면서도 그에 버금가는 처지에 있던 이들을 부른 용어가 바로 鳳坪碑에 나오는 '奴人'이 아닌가 여겨진다. 鳳坪碑의 奴人法은 諸干의 지배 아래 놓여 있던 奴人層을 新羅國王의 一般 民으로 편제하여 齊民的 지배 형태를 구현하는 데 초점을 둔 조처였을 것이다. 이처럼 '國人'과 '奴人'을 구별하며 성립한 이중적 사회 구조가 우리나라 고대국가의 진면목이다.

독립 소국의 지배층이 신라의 '國人'이었던 정치 질서는 본디 辰國 시절부터 내려온 한국 고대사회의 전통적 질서였을 것이다. 『후한서』가 삼한 諸國의 왕들이 모두 한때는 馬韓人이었다고 기술한 것은 이런 사정에서 나온 것이겠

---

50) 『三國志』 30, 魏書30, 東夷傳30, 夫餘, '邑落有豪民 名下戶皆爲奴僕.'

다. 그러나 신라의 성립과 더불어 진한 諸國의 干들이 모두 마한의 '國人'으로 기능하던 마한 중심의 辰王·辰國 정치 질서는 와해되었을 것이다. 다만 馬韓人으로 辰韓王(新羅王)을 삼았다는 기술로 미루어, 新羅王은 辰韓諸國을 대표하는 존재로서 대외교섭권을 갖는 가운데 당분간 더 마한의 '國人'으로 참여했던 것으로 짐작된다. 즉 '辰王常用馬韓人作之'란 마한 출신의 인물을 신라왕으로 삼았다는 뜻이 아니라, 辰王(辰韓王=新羅王)이 마한을 형성하는 지배세력의 일원이라는 의미다.

4. 六村의 位置와 '辰韓六部'

6촌의 위치와 성격을 명시해 주는 자료는 전하지 않는다. 따라서 이는 한국 고대사회 발전의 전반적인 사정을 시야에 두고 파악할 수밖에 없다. 그러기 위해서는 삼국의 성립을 고조선사와 연계하여 이해하는 관점이 뚜렷이 서야 하고, 신라의 사회구성과 지배세력의 조직 원리에 대한 이해가 분명해야 한다. 그러나 이런 관점과 이해는 자료에 근거하지 않고서도 일반 논리만으로도 능히 획득할 수 있다. 오히려 그 논리가 가진 일반성이 강할수록 기록을 무시하거나 적절히 變改시켜 파악할 수 있는 無所不爲의 무기가 된다. 이 기록은 杜撰이며 저 기록은 믿을 수 없다는 태도가 여기서 비롯한다.

한국고대사 자료의 여건은 실로 영세하기 그지없다. 그나마 몇 안 되는 자료 중에서도 '僞書' 혹은 '後代의 捏造'로 외면된 저술과 기록이 적잖은 형편이며, 거기서 제외된 사서의 내용이라도 '연구자의 합리'에 들어맞지 않으면 믿을 수 없는 것으로 허다히 묵살된 실정이다. 그리고 남은 몇 줄의 기록 위에 한국고대사가 '합리'와 '이론'의 이름으로 세워져 있다. 고조선사와 삼국사를 단절시키고, 삼국 초기의 실상을 원시시대에 묻은 것은, 관련 기록의 '허구성'을 밝히고 '斯盧六村'처럼 '실증적' 인식에 기초하여 새로운 역사

용어를 창조한 '합리'의 '사료비판'이 거둔 '성과'였다. 그러나 가능한 한 많은 기록을 총체적으로 이해할 수 있는 방향이 어떤 합리와 이론보다 더 과거의 실상에 접근하는 길일 것이다. 진정한 역사적 합리와 과학적 사료비판의 기준은 어떤 이해 형태가 기록 전반을 긍정적으로 설명할 수 있는가에 놓여야 한다.

『삼국사기』와 『삼국지』・『후한서』가 전하는 삼한의 실상은 지금까지 양자택일적 관점에서 이해되어 온 것이 사실이다. 그 연장에서 『삼국사기』 초기 기사를 불신하는 시각이 설득력을 얻어 왔다. 불신의 근거는 『삼국지』가 기록한 3세기 무렵 한반도 중・남부 지역의 사회상을 70여 소국의 난립상으로만 想定한 데 있었다. 그리고 거기에 일반화된 사회발전단계론을 적용하여 이 소국은 원시공동체 단계를 겨우 벗어난 몇 개의 촌락들을 통합하여 이룬 초기국가(혹은 성읍국가)였다고 파악해 왔다. 이런 맥락에서 古朝鮮은 선진 지역에서 매우 이른 시기에 성립한 소국이었고 斯盧國은 후진 지역에서 늦게 성립한 소국이었다고 이해되고, 신라의 성립은 사로국이 주변의 辰韓 諸小國을 차례로 복속시켜 통합해 들인 단계에서 비로소 가능했던 일로 해석되었다. 따라서 『삼국사기』가 전하는 기원전 57년의 신라 성립은 사실이 아니며, 그 실상은 경주 지역의 여섯 개 촌락이 통합되어 사로국을 형성한 데 불과하다고 인식되었다. 사로국이 나중에 신라의 모체가 되므로 그 역사를 신라의 역사로 소급해 기술하였을 뿐이라는 것이다. 그리고 여기서 더 나아가 실재하지 않았던 신라의 정치력을 거짓으로 꾸며내다 보니 후대의 사실이 적잖이 소급 編年되었으므로 실상을 복원해 내기 위해서는 그 紀年의 조정이 불가피하다는 논리도 성립하였다.

그러나 이런 인식은 『三國志』 등 중국 측 사서의 기록 내용을 단면적으로 해석하고 성립했다는 점에서 문제가 있다. 『三國志』 韓傳이 전하는 사회상을 제대로 이해하려면 앞서 논의한 바와 같이, 70여 국의 亂立相이 아니라 그들을 3한으로 나눈 정치력이 존재했다는 사실에 주목하고 그 정치력의 기원과 형태에 유의해야 한다. 그리고 기록 자체를 이해하기보다 일반적인 사회발전단계론의 적용을 서두르는 자세를 자제할 필요가 있다.

현재의 자료 여건에서 6촌의 개별적인 위치를 구체적으로 摘示하기는 어렵다. 하지만 그것을 경주와 그 인근에 있던 원시공동체를 갓 벗어난 촌락으로 보는 한, 기록이 전하는 내용의 많은 부분을 이해할 수 없을 뿐더러 한국고대사의 체계적 이해라는 점에서 여러 난점을 안게 된다는 점은 분명하다. 辰韓六村說에 서는 것이 기록에 합당하고 이해의 체계성이라는 면에서도 설득력이 있다.

이곳저곳에 산재한 읍락들을 묶어 각 소국이 성립해 있었고, 그런 소국 24국이 각기 辰韓과 弁辰에 속하며 양분된 가운데 서로 混在한 것이 3세기 무렵의 실상이었다. 그리고 그 소국들이 성립하고 이들이 다시 삼한을 형성한 정치력은 고조선을 이루고 유지했던 역사 경험에서 나온 것으로, 원시공동체의 성장과 해체로 말미암은 사회변동에서 齎來한 것이 아니었다.『삼국사기』가 전하는 진한 6촌의 신라 형성은 6소국의 지배세력이 모여 新羅(初名은 徐那伐)를 이룬 사실을 기록한 내용이다. 곧 진한에서 신라가 나온 것이었다. 그러므로 신라의 성립 이후 진한과 신라는 同義語로 구별 없이 쓰일 수 있었다.『삼국사기』의 '辰韓六部'와 鳳坪碑의 '新羅六部'는 결국 같은 표현인 것이다.

그러나 신라는 6촌의 영역을 모두 포괄하는 국가로 출발한 것이 아니었다. 6촌 즉 6국의 지배세력만이 '國人'이었던 지배층의 국가였다. 각 소국의 '干'과 干의 對民 支配 構造에 참여하는 官人層, 그리고 이들의 親族 정도만이 신라 사람이었고, 小國의 民은 '下戶'로서 奴婢層과 함께 신라왕의 지배에서 벗어나 있었다. 下戶를 신라왕의 지배를 받는 一般 民으로 편제하게 되는 것은 '奴人法'이 반포된 智證~法興王代에 이르러서의 일이었다고 여겨진

다.51) 이때까지 下戶는 諸干의 가혹한 지배를 받았으며, 그 사회경제적
처지는 奴僕과 다름없었다. 이 점에서 '上古'期의 신라 사회는 노예소유자적
생산관계에 기초해 있었던 것으로 보아야 한다고 판단한다. 한국사 전반의
흐름에서 三國 成立期는 古代社會 形成期나 中世 成立期가 아니라 노예소유
자적 구성의 再編期였을 뿐이다.

6촌의 지배세력은 國初부터 6부를 형성하고 王京의 일정 지역에 각기
근거지를 마련하여 거주하면서 국정에 참여하였다. 따라서 6부가 곧 신라이
기도 했다. 6부는 본디 왕경의 행정구역 혹은 지역명과 전혀 무관하게 출발했
으며, 6부인은 그가 경주에 거주하던 본래의 소국에 거주하던 6부인이고
신라의 '國人'이었다. 신라 下代에나 의미를 지녔을 법한 '王京六部'라는
용어를 굳이 이 시기에 소급해서 쓴다면 6부인의 왕경 거주지를 지칭하는
개념으로 쓸 수 있겠으나, 이를 '辰韓六部'와 구별하려 한다면 그 의도는
인정하기 어렵다.52) 王京人(왕경에 거주하는 사람)이 모두 六部人이었던
것도 아니고, 六部人 모두 왕경에 거주했던 것도 아니다.

신라는 6부로 이루어진 국가였으므로, 다시 말해 신라란 곧 6부였으므로,
이후에 신라의 國人으로 편입된 소국의 지배층은 독자의 部를 형성할 수
없었다. 다만 6부의 지배세력은 部의 等質性을 기초로 나라를 이루고 국정에
참여했던 까닭에 그 연장에서 干의 等質性 또한 보장되었으므로, 뒤에 들어온
小國의 干 또한 6부에 속하며 干으로서의 제반 권리를 행사할 수 있었을

---

51) 鳳坪碑의 '雖是奴人 前時 王大敎法' 부분은 대체로 王이 法을 敎하여 奴人을
王의 臣民인 일반 지방민으로 삼은 것이거나, 奴人의 신분적 위치를 개선해준
것을 뜻하는 내용으로 이해되고 있다.
盧泰敦, 「蔚珍鳳坪新羅碑와 新羅의 官等制」, 『韓國古代史硏究』 2, 1989, 179쪽.
李宇泰, 「蔚珍鳳坪新羅碑의 再檢討」, 『李元淳敎授停年紀念 歷史學論叢』, 1991,
102쪽.
52) 6부인의 왕경 거주지가 점차 행정구역화한다는 것은 여러 연구자들이 이미 지적한
바와 같다. 6부의 정치적 의미가 변질하고 6부 중심의 정치체제가 기능을 멈춘
데 따른 변화였다.

것이다. 干의 등질성은 골품제에서 이들이 頭品層과 신분상 구별되는 骨層을 형성하고 官等制에서 非干群 관등의 최고위인 奈麻에 重位를 설치하였던 데서 넉넉히 엿볼 수 있는 바다. 신라를 이룬 소국이 처음의 6國에서 12國으로 늘어났어도 六部가 그대로 유지된 이유가 여기에 있다.

각 소국에서 干의 친족이 아닌 官人層은 그 본래의 정치사회적 위치가 使者 혹은 家臣에 해당하는 부류였던 까닭에, 비록 新羅 國人으로서 6부에 속하였지만 干層과 차별되는 신분으로 편제되었다. 그 편제의 원리가 정치적 으로는 干群官等과 非干群官等으로 2分되는 관등제로, 사회적으로는 골층 과 두품층으로 2분되는 골품제로 나타난 것이었다. 국정은 六部 諸干의 共論과 合議로 이루어졌다. 따라서 干의 下戶 지배가 각 소국에서 관철되던 新羅 '上古'期에는 국정을 분담하여 통괄하는 정치기구의 설치가 불필요하였 다. '上古'期의 신라 정치기구가 제대로 확인되지 않는 것은 이 때문이다.

신라는 殉葬을 금지하고 牛耕을 합법화하며, 국호를 '新羅'로 확정하여 '德業이 일신하고 사방을 망라하였다.'는 뜻을 새로 부여하고, 王號를 '麻立干' 에서 '新羅國王'으로 바꾼 지증왕 때에 비로소 그동안의 정치관계를 청산하고 새로운 형태의 국가로서 거듭났다. 殉葬의 금지는 干의 노예소유자적 지위를 전면으로 부인한 것으로서, 고유 영역에 대한 干의 독자적 지배 형태가 이제 더 이상 관철될 수 없음을 천명한 조처였다. 그리고 종래의 노예제적 지배관계에서 牛耕은, 그로 말미암은 생산력의 증대가 諸干의 등질성에 기초해 온 기존의 사회관계를 무너뜨릴 것으로 예상되었기 때문에, 그동안 줄곧 법으로 금해 온 農法이었다.[53] 이를 허용한 것은 지역별 경제력의

---

53) 智證麻立干 3년(502)에 '始用牛耕'하였다는 기록은 이때 처음 牛耕을 실시했다는 뜻이 아니라 牛耕을 國策으로 처음 채용했다는 뜻으로 보아야 한다. 국가에서 牛耕을 민간에 널리 보급시킬 단계에 들어간 것을 말한다고 본 李春寧(1917~) 교수의 해석이 타당하다(李春寧, 「韓國 古代의 農業技術과 生産力 研究」, 『國史館 論叢』 31, 1992, 54쪽). 고구려에서는 4세기 중엽에 조성된 것으로 보이는 안악 3호분 東側室 南壁에 코뚜레에 붉은색 고삐를 맨 소가 외양간에 매어 있는 그림이

不均이 더 이상 문제되지 않고 오히려 농민들의 개별적 농업생산을 촉진할 필요가 있게 되는,54) 말하자면 경제 단위가 국가 수준으로 확대되는 변화가 있었음을 의미한다. 그러므로 이에 이르러 신라왕은 더 이상 干으로 대표되는 지배세력의 수장을 뜻하는 '麻立干'일 수 없었다. 신라왕은 그 영토 내부의 모든 지역과 民에 대해 유일한 왕으로서의 지배권을 갖게 되었다. 505년에 지증왕이 친히 국내의 州·郡·縣을 정하여 지방 지배체제를 전면 개편한 사실이 이를 입증한다. 종래 下戶 또는 奴人으로 따로 구분해 차별해온 民들에게 일반 백성으로서의 권리와 의무를 부여한 '奴人法'이 반포될 수 있었던 것도 이런 배경에서 가능한 일이었다 할 것이다.55)

사회구성이 변하고 지배체제가 새로 마련되는 단계임에도 불구하고 法興王代에 이르러서도 여전히 '新羅六部'라는 표현을 쓸 수 있었던 것은, 더 이상 '六部가 곧 新羅'는 아니게 되었다고 하더라도 六部는 종전과 같이 신라 지배층의 결집체로서 國政을 주도하는 실체로 기능하였기 때문이고, 또 그것이 완전히 해체되지 않은 이상 六部는 역시 신라의 본체라는 인식이 잔존하였기 때문이겠다. 이와 같은 맥락에서 본다면, '上古'期의 六部 중심 정치체제를 '部體制'라 할 때, '中古'期에 이르러 部體制는 왕권을 전제로 재구성된 정치 구조에서 큰 변화를 강요받고 있었다고 말할 수 있을 것이다.56)

있어 이때 이미 畜力으로 소를 사용하였음을 알 수 있고, 백제에서는 서울 구의동에서 발견된 4~5세기의 쟁기보습이 오늘날까지 사용된 것과 모양과 크기가 거의 같아 牛耕이 일찍부터 실시되었음을 짐작할 수 있다. 유독 신라에서만 6세기가 되어서야 비로소 牛耕을 시행했다고 보아서는 안 될 것이다. 그렇다면 '始用'이란 말에는 그 앞 시기엔 이를 법으로 禁했던 사실이 함축되어 있다고 해석하여 무난할 것이다.

54) 金容燮, 「土地制度의 史的 推移」, 『韓國中世農業史研究』, 知識産業社, 2000, 14쪽.
55) 5~6세기 신라의 권력구조와 그 변화에 대한 필자의 생각은 이미 발표한 바 있다. 拙稿, 「5~6세기 新羅의 權力構造와 그 變化」, 『歷史敎育』 74, 2000, 69~110쪽 ; 이 책의 제2장 Ⅲ으로 재수록.
56) '部體制'는 盧泰敦 교수가 처음 사용한 용어로서 신라 정치체제의 변화를 설명하는 데 매우 유용한 개념이다. 그러나 부체제의 성립과 전개에 대한 이해는 본고와 같은 관점에서 좀더 검토될 여지가 있다고 생각한다.

部는 이후, 지배자 신분으로서의 위치를 나타내고 그 정치적 처지와 배경을 명시하는 입각점으로 기능하다가, 핵심을 이루는 지배세력의 성격이 干에서 眞骨로 변화하면서 그나마의 기능도 상실한 채 왕경의 행정구역 이름으로만 남게 된다.

이와 같이 이해하고 보면 『삼국사기』와 『삼국지』 기록을 양자택일적으로 받아들일 이유가 없거니와, 두 기록은 오히려 상호보완적 관계에 서게 된다. 그러므로 일부 기록을 부인하거나 자의적으로 수정하고 성립한 '斯盧六村說' 은 부당하다. 6촌은 지금의 경상도 일원에 산재해 있던 辰韓 6국이었다. 후대의 안목에서 판단할 때 당시 小國의 형태가 몇몇 聚落의 결집체에 불과하다고 여긴 탓에 村이라고 표현한 것이 아닌가 추정된다. 村이 3세기 말엽 이후에나 쓰이기 시작한 용어라면[57] 신라가 성립하던 당초에 '六村'이란 용어가 쓰였을 리 없고, 또 『삼국사기』를 편찬할 때 참조한 古記에 '六國'으로 표기되었다면 그것을 굳이 村이라고 바꿔 쓸 이유가 없었으리라 여겨지므로, 國을 표현한 우리말이 따로 있었고 당초 古記에는 그 말로 표기되어 있었다고 추정된다. 國을 뜻하는 우리말이 '나라'고 신라의 初名이 徐羅伐이었던 사실 로 미루어 짐작컨대, 那(羅)니 伐이니 夫里니 喙니 하는 것들이 모두 그런 小國을 가리킨 우리말이 아니었나 한다.[58] 신라가 성립하여 발전하는 과정에 서 이들이 결과적으로 지방의 村・城으로 편제되었기 때문에 『삼국사기』 撰者가 이를 그냥 村으로 해석한 것이겠다.

지금으로서는 그 6촌의 정확한 위치를 알 수 있는 자료는 없다. 그러나 6촌의 신라 형성 기록을 사로국 성립 사실을 전하는 것으로 해석하고 6촌의 실체를 단순한 촌락으로 보아서는 안 된다는 점만은 명백하다. 그래서는

---

57) 全德在, 앞의 『新羅六部體制硏究』, 18~19쪽.
58) 部名에 쓰인 喙는 '부리>벌'로 후대에 벌판의 뜻으로 굳어진 말이지만, 애초에는 그 자체가 '國'을 뜻한 말이었다고 여겨진다. 처음엔 '徐那伐'이나 '音汁伐' 등으로 만 써왔는데 후대에 이에 國을 덧붙여 '徐那伐國' '音汁伐國'처럼 표기하게 된 것이 아닌가 하는 것이다.

한국고대사를 체계적으로 이해할 수 없기 때문이다. 6촌의 정확한 위치와 관련해서는 金哲埈 교수의 추정과 千寬宇 선생의 보완을 참고하여 더 궁리해 보는 수밖에 없지 않나 생각한다.

5. 結 語

신라의 국가 형성 과정을 제대로 이해하는 관건은 6촌의 성격과 위치를 정확히 파악하는 데 있다. 6촌이 어디에 있던 무엇인지가 분명해져야 이를 토대로 성립했다는 신라의 형성·발전 과정을 정확히 이해할 수 있을 것이기 때문이다. 그러나 관련 자료가 워낙 零星하여 이를 밝히는 데 어려움이 많다. 게다가 우리 사서와 중국 사서의 내용이 서로 상치하는 듯 보여 혼란이 가중되고 있는 실정이다. 그렇지만 역사적 진실은 양측 사서의 내용을 모두 긍정할 수 있으면서 동시에 한국 고대사회의 발전을 계기적으로 설명할 수 있는 방향에 놓여 있을 것이다.

지금까지의 이해는 6촌을 사로국의 성립 기반으로 간주하고 그 실체는 원시공동체 단계를 갓 벗어난 촌락 혹은 부족 집단이었다고 보는 '斯盧六村說'에 주로 근거해 왔다. 그리하여 사로국의 영역 확장이 일단 마무리되는 시점에 비로소 신라가 성립했으리라고 파악되고, 『삼국사기』의 초기 기록은 실제의 紀年보다 상당히 소급된 형태거나 조작된 형태일 것으로 이해되었다. 그러나 이로써는 우리나라 고대사의 전개를 체계적으로 설명하기 어렵다. 무엇보다 고조선의 문화 능력과 역사 경험을 무시하였기 때문이다. 그리고 애초에 '斯盧六村'은 기록을 부인하고 성립한 造語인데다 이를 입증할 다른 근거가 뚜렷한 개념도 아니어서 추종하기 어려운 것이었다. 기록에 입각한다면 '辰韓六村說'을 따르는 것이 타당하다. 이는 『三國史記』·『三國遺事』와 『三國志』·『後漢書』의 기록을 상호보완적으로 이해할 수 있는 길이기도 하며, 고조선사와 삼국사 사이에 놓인 歷史的 間隙을 해소하는 길이기도 하다.

여기서 살핀 바에 따르면 6촌의 성격은 다음과 같이 이해할 수 있다.

6촌은 기원전 1세기 중엽에 진한을 이루고 있던 6개의 小國을 지칭한 것이다. 이들 소국은 馬韓 지역으로 남하해 온 고조선의 유민 세력이 형성한 국가체로서, 과거의 일정 시기엔 독자의 소국 연맹체를 이루고 고조선의 辰王을 배출한 역사 경험을 가진 세력들이었기 때문에, 이주하여 서로 흩어져 살게 되었으면서도 여전히 '辰韓'이라는 국가 연합체를 형성하고 이를 전제로 존재하였다. 그러나 진한 전체에 지배력을 갖는 정치권력은 아직 성립하지 않았으며, 各國의 왕은 馬韓의 '國人'으로서 그 國政에 참여하였다. 이 시기의 마한은 삼한의 최대 세력으로서 위축된 진한에 대신하여 辰王을 내고 있었다. 辰王은 辰國의 왕을 가리킨 말로 진국은 본디 고조선에서 최대 세력을 이뤄 진왕을 낸 나라를 지칭하였으나 점차 고조선을 형성한 三韓諸國 전체를 통틀어 일컫는 국호로 쓰이게 된 것 같다. 한때는 弁辰 제국의 왕들이 馬韓人 이었다는 『後漢書』의 기록은 삼한 전체에 일정한 통치력을 가진 辰王을 마한에서 냈고 諸國 王이 마한의 국정에 참여하는 '國人'이었던 사정을 전한 내용으로 이해된다.

'辰韓六村'은 당시 伐·火 등으로 표기하고 '부리'라고 부르고 있었지만 그 실체는 '國'으로서 단순한 氏·部族이나 村落集團이 아니었다. 이것을 村이라고 표기한 것은 신라가 성립하여 발전하는 과정에서 '부리'들이 결과적 으로 지방의 村·城으로 편제된 데서 기인한 것이다. 기원전 1세기 중엽의 '부리'는 진한을 이루고 고조선을 형성한 경험을 가진 독자 세력의 王者 곧 干이 관료 조직을 통해 民과 奴婢를 노예제적 형태로 강력하게 지배한, 작지만 그 자체 완전한 국가였다.

그러나 전에 살던 곳보다 따뜻한 기후와 비옥한 토양, 유이민들이 파상적으로 유입하면서 전하는 발달한 철기문화 등의 영향으로 생산력이 급속히 발전하자 民의 성장이 가속화되었고, 이에 따라 진한 6국의 干들은 종래의 지배체제로는 이들을 더 이상 제어하기 힘든 처지에 놓이게 되었다. 더 강력한 지배체제를 마련할 필요가 있었다. 신라는 이러한 시대적 요구 속에서 진한 6국의 干과 그들이 거느린 지배세력이 모여 이룬 새로운 형태의 국가였다. 그들은 경주의 사로국을 중심으로 결집하여 徐那伐을 세우고 諸干을 지배할 수 있는 干을 뽑아 居西干이라 불렀다. 6국의 지배세력은 종래대로 자기 나라를 지배하는 한편, 徐那伐 國政에 직접 참여하기 위한 정치조직을 구성하였다. 이것이 六部다. 이로써 6국의 諸干은 각각이 분담하여 대규모 조직으로 구성한 통합 병력(六部兵)에 기초하여 대내적으로 民에 대한 지배력을 강화하고 대외적으로 自衛力 또한 倍加시킬 수 있었다.

초기의 新羅는 6부와 同義의 개념이었다. 6부가 곧 신라였다. 따라서 신라라는 국가를 구성하는 사람 곧 '國人'은 6부에 속한 지배층에 국한하였다. 貧民과 奴婢 등 피지배층은 신라의 國人이 아니었으므로 신라왕의 지배에서 벗어나 저마다 속한 소국의 干의 지배를 받았다. 그러나 이념과 원리상으로는, 그리고 실제로도 各國의 干들이 居西干의 지배 하에 놓였으므로, 모든 屬國의 영토가 신라의 영토로 간주되고 그 안에 사는 모든 사람이 신라왕의 民으로 운위될 수 있었다. 경우에 따라서는 6부의 합의에 반발하고 신라왕의 권위로부터 이탈하려는 지배세력이 있기도 하였지만 신라 6부를 벗어나는 일은 그리 용이하지 않았다. 심각하게 반발하다가 토벌당할 경우엔 지배하던 民을 강제 이주 형식으로 빼앗기고 그 지배세력 전체가 일거에 몰락하고 말 수도 있었다. 신라에 속한 諸國의 독자성은 民에 대한 지배에 한하여 허여되었고 외교적·군사적 主權은 신라에 귀속되었다고 짐작된다. 신라가 성립 한 후 6국의 干이 더 이상 마한의 國人으로 기능하지 않은 사실에서 그렇다. 鳳坪碑의 '新羅六部'란 표현은 이러한 사정에서 기원한 것이겠다.

그러므로 6부를 王京의 행정구역이나 王京에 사는 사람 전체에 대한 정치조
직쯤으로 이해하면 곤란하다.

이 같은 맥락에서 볼 때, 6촌의 위치를 경주 혹은 그 일원으로 한정시켜
보는 것은 문제가 있다고 하겠다. 6촌의 실체는 진한의 6국이므로 그 구체적
위치는 진한이 자리잡았던 경상도 전역에서 찾아져야 한다.

Ⅳ. 新羅 '上古' 初期의 辰韓諸國과 領土擴張

1. 序 言

삼국시기 新羅의 사회체제와 구조에 대한 이해는 이 시기의 사회구성과 그 성격을 파악하는 데 선결되어야 할 과제의 하나다. 신라의 사회체제와 권력구조는 각 지역에 산재하던 諸小國 및 邑落의 지배세력을 재편하는 과정에서 성립한 것이었다.1) 그러므로 이를 제대로 파악하기 위해서는 그것이 組織되고 編成되던 당시의 사회환경을 먼저 검토할 필요가 있다. 이에 대한 이해 방향의 如何가 六部制·官等制·骨品制·郡縣制 등 기본적인 사항들에 대한 해명은 물론이고 당시의 시대 성격에 대한 究明에도 적지 않은 영향을 미치기 때문이다. 新羅 '上古' 初期 곧 1~3세기의 영역과 領土擴張의 형태에 대한 문제도 그 중 하나다.

신라의 영토 확장이나 국가 형성 과정을 정면에서 추구한 연구는 많지 않다. 우선 관련 자료가 零星한데다가, 국내의 거의 유일한 문헌 자료인 『三國史記』가 제시하고 있는 당시의 社會相이 중국 측 자료가 보여주는 바와 서로 어긋난다고 생각되는 부분이 적지 않아 무엇보다도 기록의 신빙성 여부를 가리는 일이 선결과제로 부각되었기 때문이다. 이와 같은 사정에서 이 문제에 대한 해명은 먼저 국가로의 발전을 단계적으로 설명하는 普遍理論을 전제하고서 우리나라 고대국가 성립 과정의 일환으로서 新羅史를

---

1) 金哲埈,「高句麗·新羅의 官階組織의 成立過程」,『李丙燾博士華甲記念史學論叢』 ;『韓國古代社會研究』(知識産業社, 1975 재수록), 115~156쪽.

이해하는 연구로부터 출발하였다. 部族國家와 거기서 발전한 部族聯盟을 고대국가 성립의 前段階로 설정한 것이었다.[2] 이에 대해서는 나중에 역시 이론적 측면에서 문제가 있음을 지적하는 논의가 제기되었으나,[3] 구체적인 연구 성과를 근거로 한 문제제기는 아니었다.

이에 신라가 처음에는 慶州 一圓에 국한된 영토를 가지고 있던 斯盧國이라는 '城邑國家'였으며, 그 사로국이 점차 동심원의 확대와 같은 영토 확장을 거듭하여 嶺南 일대를 장악해 간다고 상정하면서 이 과정을 추적한 논고가 발표되었다.[4] 영역 확대를 국가 형성의 중요 지표로 보고, 성읍국가에서 영역국가로의 발전이라는 새로운 도식을 제시한 연구였다. 그러나 각 시기의 몇몇 전투 지점을 연결하는 線의 내부를 영역으로 보는 데는 자료상의 한계가 노출되었고, 이에 따라 많은 기록이 신빙성이 없는 것으로 취급되면서 논의에서 제외되었다. 한편 정치적 발전 단계를 통해 신라의 국가 형성 과정을 조명해 보려는 연구도 있었다. 人類學的인 이론을 토대로 新羅史를 단계별로 나누어 파악한 것이었다.[5] 하지만 儒理王代 이후의 『三國史記』 기록을 신뢰한다는 전제에도 불구하고 여기서도 적지않은 기록이 捨象되었다.

신라 초기 영역의 존재 형태와 영토 확장의 경과는 신라의 사회구조를 단계적으로 이해하는 데 관건이 되는 문제다. 여기서 기록의 내용을 이해할 수 없는 경우가 있다는 것은 그만큼 당해 사회의 실상이 다시 정리되고 파악되어야 할 과제로 여전히 남아 있음을 뜻한다. 신라의 영토 확장 과정은 『삼국사기』와 중국 측 자료가 제시하는 사회상을 모두 수용해 내지 않고서는 제대로 설명되지 않는다고 생각한다. 本節은 이런 점에 유의하면서 신라의 영토 확장이 추진되던 시기의 일반적인 사회 상태와 영토 확장의 경과를

---

2) 金哲埈, 「古代國家發達史」, 『韓國文化史大系 1』, 高麗大學校 民族文化研究所, 1964.
3) 千寬宇 編, 『韓國上古史의 爭點』, 一潮閣, 1976.
4) 千寬宇, 「三韓의 國家形成(上)」, 『韓國學報』2, 1976.
5) 李鍾旭, 『新羅國家形成史研究』, 一潮閣, 1982.

살펴본 것이다. 다만 신라의 영토 확장 과정을 설명해 내기 위해서는 그 과정에서 신라로 편입된 복속 세력에 대한 고찰도 함께 이루어져야 할 것이나, 여기서는 일단 영토 확장의 推移와 形態에 대하여만 검토하였다. 지배관계는 따로 정리될 필요가 있다고 생각하기 때문이다.

2. 辰韓諸國의 散在와 新羅의 領域

新羅는 3세기까지만 해도 辰韓 12國 중의 하나로 인식되고 있었다. 적어도 중국인이 보기엔 그러하였다. 반면『삼국사기』가 전하는 이 무렵의 정황은 신라가 小白山脈 이남의 대부분의 세력을 복속시키고 百濟·高句麗 등과 각축하는 모습이다. 신라의 영토 확장 과정을 검토하기 위해서는 기록의 이러한 相差가 당시의 어떠한 사회 상태에서 기인한 것인지부터 밝혀 둘 필요가 있다. 이를 통해서 신라에 의한 영토 확장의 대상이 되었다고 생각되는 辰韓諸國의 분포 상황도 대략 알 수 있을 것이다.

3세기 중엽, 한반도 동남부 지역의 대체적인 형세는 辰韓과 弁韓의 24國이 각지에 분립하고 있었고 그 중 辰韓 12國은 辰王에게 복속한 모습이었다.[6) 진한과 변한은 대략 그 지역이 구분되어 있었다고 생각되나, 획정된 경계를 가운데 두고 대치하였던 것은 아니었다.[7) 考古 자료상, 이 시기의 墓制나 伴出되는 土器 등 유물 면에서 嶺南 일원의 문화 요소를 지역적으로 구분할 만한 근거는 발견되지 않고 있다. 이를테면 墓制에서 2세기 후반기부터 慶州에서는 종래의 土壙木棺墓와는 이질적인 귀틀系 土壙木槨墓가 발견되지만 이를 제외한 영남 일대에서는 土壙木棺墓 또는 木棺系 土壙木槨墓에서 자체적으로 발전하였다고 생각되는 土壙木槨墓가 立地·構造·葬法 등에

---

6)『三國志』30, 魏書30, 東夷傳, 韓, '弁辰韓合二十四國 大國四五千家 小國六七百家 總四五萬戶 其十二國屬辰王.'

7) 李賢惠,『三韓社會形成過程研究』, 一潮閣, 1984, 176~184쪽.

서 지역적인 구분 없이 거의 동질적인 형태로 발견되고 있는 것이다.[8]

진한과 변한은 지역으로 구분되는 諸小國의 집단이 아니었다. 所屬國의 주된 분포지는 지역성을 띠고 있었지만 일부가 혼재하고 있는 상황이었다. 중국 측의 기록에

辰韓在東 十有二國 其北與濊貊接 弁辰在辰韓之南 亦十有二國[9]

이라 하여 弁·辰韓을 方位로써 구분하기도 하는가 하면, 다른 한편에서는

弁辰與辰韓雜居[10]

라 하기도 하였던 것은 그러한 混在의 상황에서 말미암은 두 세력의 共存을 잘 반영하고 있다. 弁辰 즉 변한은 진한과 섞여 살고[雜居] 있었다. 경우에 따라서는 서로 다른 韓에 속한 소국의 분산된 읍락들이 피차간에 서로 상대편에 속한 읍락을 지나서 존재하기도 하는 형국이었던 것이다. 弁辰 12國 중의 어떤 소국은 弁辰에 속한 나라들이 주로 분포하던 영남 서남부 지역에서 떨어져 辰韓諸國이 집중적으로 분포하는 지역의 한가운데에 자리 잡고 있기도 하였다. 이를테면 진한에 속하고 있었음이 분명한 尙州의 沙伐國을 지나서 소백산맥 가까이 있는 店村 부근에 있던 弁辰의 한 소국을 상정할 수 있다. 실제로 店村 남방의 咸昌에 伽倻王妃陵이라고 전하는 古墳이 있는데, 전혀 근거 없는 傳承이 아니겠다는 생각이다. 奉化郡 春陽의 古名이 加耶鄕이었던[11] 것도 이러한 상황과 무관하지 않을 것이다.

---

8) 崔秉鉉, 『新羅古墳硏究』, 崇實大 博士學位論文, 1990, 21~91쪽 ; 『新羅古墳硏究』, 一志社, 1992.
9) 『後漢書』85, 東夷列傳75, 韓.
10) 『三國志』30, 魏書30, 東夷傳, 弁辰.
11) 『慶尙道地理志』, 安東大都督府, 春陽縣.

이와 같은 雜居의 상황은 弁辰과 辰韓 사이에서만 벌어지고 있던 현상이
아니었다. 진한 내의 諸國 간에도 一國의 영토 사이에 他國의 영토가 끼어
있는 경우가 더러 있었다. 누차 말하지만[12] 예컨대 于尸山國과 居柒山國은
신라의 영토 사이에 끼어 있던 소국이었다.

　　于尸山國·居柒山國 介居隣境 頗爲國患[13]

　　이 두 나라의 현 위치에 대해서는 다양한 의견이 제시되어[14] 있으나,
분명한 사실은 文義에 입각할 때 이들이 신라 영토 사이에 '介居' 곧 끼어
있었다는 점이다. 이는 1세기 중엽의 상황이지만 『三國志』가 '雜居'라는
표현으로써 묘사하고 있는 3세기 중엽의 정황 역시 이와 크게 달라 보이지는
않는다. 물론 諸小國들에 의해 그동안 추진되었을 정복 활동 등을 고려한다면,
3세기에 이르러서는 이러한 雜居 양상이 1세기경보다 더 완화되었을 것으로
추측되기는 한다.

　　'介居'나 '雜居'는 각 소국이 하나의 城邑에 국한된 영역을 가졌던 것이
아니라 다른 소국의 영역을 사이에 두고서 서로 격리되어 있는 읍락들을
영역으로 하고 있었을 경우에 야기되는 현상이다. 말하자면 弁·辰韓 諸國의
영역은 각기 分散分布하고 있었다 하겠다. 『三國志』 韓傳에는

　　馬韓在西 其民土著 種植 知蠶桑 作縣布 各有長帥 大者自名爲臣智 其次爲邑借散

---

12) 이 부분과 관련한 구체적 논의는 이 책의 제1장 Ⅳ에서 행하였다. 다소 중복의
　　감이 있지만 논지의 원활한 전개를 위해 再論한다.
13) 『三國史記』 44, 列傳4, 居道.
14) 于尸山國의 현 위치에 대해서는 ① 盈德郡 寧海 說 (李丙燾, 『國譯 三國史記』,
　　乙酉文化社, 1977, 644쪽), ② 蔚山 說(千寬宇, 앞의 논문, 36쪽)이 있으며, 居柒山國의
　　현 위치에 대해서는 ① 東萊 說(李丙燾, 위의 책 ; 千寬宇, 앞의 논문, 35쪽), ②
　　彦陽 說(崔炳云,「西紀 2世紀傾 新羅의 領域擴大」,『全北史學』 6, 1982, 30~31쪽)
　　등이 있다.

在山海閒 無城郭

이라 서술한 후 뒤이어 馬韓諸國의 國名을 나열함으로써 50여 국들이 山海間에 散在하고 있었던 사실을 전하고 있으나, 실은 이들 各國이 거느리는 多數의 聚落群도[15] 分散分布하면서 다른 소국에 복속되어 있는 邑落과 '雜居'하는 상태였다. 같은 韓傳에

國邑雖有主帥 邑落雜居 不能善相制御

하다 함은 이러한 상태를 부연하여 설명한 것이었다.[16]

그러므로 그 중심부가 서로 멀리 떨어져 있는 소국들 사이에 영토분쟁이 일어나기도 하였다. 婆娑尼師今 23년(102)에 音汁伐國과 悉直谷國 사이에 벌어졌던 爭疆이 그러한 예다.

音汁伐國與悉直谷國爭疆 詣王請決 王難之 謂'金官國首露王 年老多智識' 召問之 首露立議 以所爭之地 屬音汁伐國……王怒 以兵伐音汁伐國 其主與衆自降 悉直·押督二國王來降[17]

音汁伐國은 지금의 安康 부근에,[18] 悉直谷國은 三陟에[19] 있던 소국으로서 서로 멀리 떨어져 있는 나라였다. 三陟과 安康 사이는 현재 蔚珍·平海·寧海·盈德·興海 등의 도시가 발달해 있을 만큼 먼 거리고, 그 중 寧海에는

15) 三韓 각 소국은 단일한 취락이 아니라 하나의 중심지에 연결되는 다수의 聚落群으로 상정되고 있다(李賢惠, 앞의 책, 106쪽).
16) 拙稿, 이 책의 제1장 Ⅰ.
17) 『三國史記』 1, 新羅本紀1, 婆娑尼師今 23年 8月.
18) 『三國史記』 34, 雜志3, 地理1, 良州 義昌郡, '音汁火縣 婆娑王時 取音汁伐國 置縣 今合屬安康縣.'
19) 『三國史記』 35, 雜志4, 地理2, 溟州 三陟郡, '三陟郡 本悉直國 婆娑王世來降.'

脫解尼師今代에 이미 斯盧國으로 편입되었다는 于尸山國이 자리잡고 있었고, 興海에는 위 기록에 보이는 사건이 일어난 지 6년 후에 사로국이 군대를 보내 정복하게 되는 多伐國이 있었다고 추정되는 견해까지[20] 제시되어 있기도 하다. 따라서 音汁伐國과 悉直谷國이 그 경계를 이웃하고 있었다고는 말하기 힘들 것이다. 그럼에도 불구하고 양국 사이에 영토 분쟁이 일어났다는 것은 그 분쟁 지역이 양국의 중심부로부터 모두 떨어진 제3의 지역이었음을 의미한다. 이는 당시의 諸小國이 分散分布하는 영역을 가지고 있었던 데서 빚어진 사건임을 뜻한다고 할 수 있겠다. 또한 이 분쟁에 金海의 金官國 首露王이 개입하였고 분쟁 당사국과 이해관계의 상관성이 전혀 없어 보이는 慶山의 押督國이 悉直國과 함께 신라에 복속해 온 일련의 상황은, 문제가 된 분쟁 지역의 처리 여부가 이들 소국의 명운에 직접적이고 결정적인 영향을 주는 지역이 그 부근에 존재하였기 때문이 아닐까 하는 추측도 가능케 한다. 영역이 分散分布함으로써 야기된 '雜居'와 '介居'의 상황에서는 그러한 경우가 발생할 개연성이 높았겠다고 생각된다.

지리상 서로 원거리에 있는 지역들을 영역으로 가진 분산된 諸小國이 결합하여 辰·弁韓을 이루고 있던 상황은 다음과 같은 기록을 통해서도 짐작할 수 있다. 이들 기록은 1~3세기의 諸小國들이 거리와 전혀 무관하게 복속관계를 달리하던 상황을 전하는 경우다.

○ 天鳳五年戊寅, 高麗之裨屬七國來投[21]
○ 景初中……部從事吳林 以樂浪本統韓國 分割辰韓八國 以與樂浪 吏譯轉有異同 臣智激韓忿 攻帶方郡崎離營[22]

---

20) 多伐國은 흔히 大邱에 比定해 왔으나, 千寬宇 선생은 迎一郡 義昌=興海로 比定하고 있다(앞의 논문, 37쪽). 于尸山國을 寧海로 比定하는 견해에 대해서는 註 14)를 참조하기 바람.
21) 『三國遺事』 1, 紀異1, 南解王.
22) 『三國志』 30, 魏書30, 東夷傳, 韓.

앞에 인용한 것은 高句麗에 裨屬해 온 7國이 A.D. 18년에 신라에 투항하였다는 내용이다. 다른 史書에서는 같은 내용이 발견되지 않지만 무슨 근거가 있는 기록일 것이다. 지금의 寧海와 靑松이 본래는 고구려의 于尸郡, 靑已縣이었다는[23] 사실을 고려할 때, 이 근처의 소국이 경주로 歸附하였다고 생각하면 그다지 믿지 못할 일은 아니라고 하겠다. 그런데 또 다른 기록이 전하는 상황에 의하면, 신라는 이 시기에 이미 그 북방에까지 진출해 있던 것으로 나타나고 있다.

北溟人耕田 得濊王印獻之[24]

즉 7國의 투항이 있었다는 이듬해에 北溟 사람이 濊王의 印章을 습득하여 신라왕에게 바쳤다는 것이다. '北溟'의 현 위치는 元山 방면으로 생각되기도 하고 江陵으로 여겨지기도 하지만,[25] 적어도 그 이남 지역이 아닌 것은 분명하다. 여기서 고구려의 영토가 신라의 영역인 '北溟'과 慶州 사이에 들어 있던 모습이 그려진다. 앞서 고구려에 裨屬해 오다가 신라에 투항하였다는 7국은 아마도 이 사이 지역에 있던 소국이었겠다. '雜居'의 상황은 1세기 초엽의 신라와 고구려 사이에서도 연출되고 있었던 셈이다.

뒤에 인용한 것은 景初 年間(237~239년)에 樂浪이 본래 韓國을 통솔해 왔다고 생각한 部從事 吳林이 辰韓 8國을 나누어 樂浪에 소속시키려 했다는 내용이다. 이 시도는 서로간의 의사를 전달하는 과정에서 문제가 발생하여 결국 이루어지지 않았다고는 하나, 정확한 내막을 알 수 없고 또 이 기록이 중국 측의 입장임을 감안한다 하더라도, 기록이 含義하고 있는 바는 통역을

---

23) 『三國史記』35, 地理志2, 溟州 有鄰郡 및 同 野城郡 積善縣.
　　이러한 판도를 1세기 무렵의 것으로 보아야 한다는 점은 다음 小節에 후술하였다.
24) 『三國史記』1, 新羅本紀1, 南解次次雄 16년 2월.
25) 李丙燾, 앞의 『國譯 三國史記』, 7쪽의 註 3) 참조.

맡은 관리가 잘못만 하지 않았다면 충분히 성공할 수도 있었던 정황으로 보인다. 즉 거리와는 일단 무관한 복속관계가 흔히 형성되고 있던 상황이었다고 할 것이다.

이 같은 사정은 沙梁伐國의 경우에 조금 더 구체적으로 나타난다.

　　沾解王在位(247~261) 沙梁伐國舊屬我 忽背而歸百濟[26]

이는 3세기 중엽까지 신라에 속해 왔던 沙梁伐國=沙伐國이 신라를 배반하고서 소백산맥 너머에 있는 百濟에 歸附했다는 내용의 기록이다. 신라는 그러한 沙梁伐國을 정벌하여 州로 삼았다.[27] 3세기에 이르러서는 복속관계의 변동이 상당한 위험 부담을 동반하고 있었던 것이다. 그렇기는 하지만 沙梁伐國의 경우와 같이 그 向背를 달리하는 일은 이 시기까지도 흔히 일어나고 있던 정치 상황이었다고 생각된다. '雜居'의 형국은 이처럼 거리와 일단 무관하게 얽혀 있는 복속관계와 표리를 형성하면서 유지되고 있었다.

그러한 상황이었으므로 각 소국이 그들의 영역이라고 생각하고 있던 分散 隔離된 지역들이 명실상부하게 실제로 그 소국의 영토였느냐 하는 것은 별도의 문제다. 이 시기의 영역 개념은 후대와는 매우 다르다는 점에 유의하지 않으면 안 된다. 3세기 중엽만 하더라도 영역 개념은 복속관계에 근거를 두고 설정되는 바였다. 신라는 沙伐國이 예부터 자기들에게 복속해 왔다('舊屬我')고 파악하고 있었는데, 이것이 당시의 영역에 대한 인식과 직접 간접으로 연결되어 있었겠다는 생각이다.

그러나 이러한 파악은 마치 廣開土大王陵碑文에서 고구려가 百濟와 新羅에 대해

---

26) 『三國史記』 45, 列傳5, 昔于老.
27) 『三國史記』 34, 雜志3, 地理1, 尙州, '尙州 沾解王時 取沙伐國爲州.'

百殘新羅舊是屬民 由來朝貢

해 왔다는 인식을 보이는 경우와 별반 다를 것 없는 태도였다. 따라서 3세기 중엽 이전 시기의 沙伐國이 신라의 '영역'에 속했다고는 말할 수 없을 것이다. 沙伐國은 그 결과야 여하튼 향배를 달리하여 백제에 귀부할 정도로 독자성을 유지하고 있던 엄연한 '國'이었다. 그렇지만 그러한 沙伐國을 신라는 州로 설정하고 있었다. 222년에 백제가 침입하였다는 牛頭州도 그런 예였다고 생각된다.

百濟兵入牛頭州 伊伐湌忠萱 將兵拒之 至熊谷 爲賊所敗 單騎而返 貶爲鎭主[28]

이 기록은 백제가 牛頭州에 침입하자 이를 막기 위해 신라가 군대를 파견하였는데, 우두주에 채 도달하기도 전에 熊谷에 이르러 이미 우두주를 점령한 百濟兵과 맞닥뜨려 大敗하였던 사실을 전하는 내용이다. 여기서 熊谷은 『輿地圖書』에 善山 官門에서 북쪽으로 60리 떨어진 지점에 있다고 한[29] 그 熊谷임이 분명하다.[30] 그러므로 우두주는 백제가 선산으로 향하는 침입로 상에 있는 지역의 명칭이라야 온당할 것이다. 그렇다면 그곳을 春川으로[31] 보기는 힘들다.

이 기록의 문맥에 합당한 지역으로서는 尙州가 거의 유일한 후보지로 떠오른다. 그리고 보면 『大東輿地圖』에 尙州 바로 北方으로 牛頭山이 보이고 있음이 주목된다. '牛頭'는 '쇠머리'의 표기로 sɔi-mɔri>mɔi에서 유래된 것이며,

---

28) 『三國史記』 2, 新羅本紀2, 奈解尼師今 27年 10月.
29) 『輿地圖書』, 慶尙道, 金烏鎭善山都護府, 坊里 ; 國史編纂委員會, 『輿地圖書』下, 韓國史料叢書20, 450쪽.
30) 熊谷을 善山으로 比定하는 점에서는 지금까지의 제 견해가 일치하고 있다.
31) 春川의 古號가 牛首(頭)州였으므로 여기서의 牛頭州를 春川 지역으로 비정하는 것이 일반이다.

山을 뜻하는 mɔi는 峯(puri>pərə)과 같은 뜻을 가진 語形으로서, sɔi-írə는 首邑의 뜻인 沙伐의 sərə-pərə와 같은 音을 가지고 있는 말이다.[32] 곧 여기서의 우두주는 沙伐國을 지칭하고 있는 것이다. 신라는 그들에게 복속해 온 沙伐國을 州로 편제하고 자신의 영역으로 생각하고 있었다 하겠다.[33] 그러나 이때의 州는 沾解尼師今代에 신라가 다시 沙伐國을 정벌하고 설치하였다는[34] 州와는 그 성격이 다소간 달랐을 것이다.

신라가 복속지역을 郡縣으로 편제[35]하고 있었던 사실은 67년에,

以朴氏貴戚 分理國內州郡 號爲州主郡主[36]

하였다는 기록부터 확인된다. 이때의 州郡이 복속지역에 설치된 것이었다는 사실은

   ○ 河曲縣, 婆娑王時 取屈阿火村, 置縣.[37]
   ○ 音汁火縣, 婆娑王時 取音汁伐國, 置縣.[38]

---

32) 李炳銑,『韓國古代國名地名硏究』, 亞細亞文化社, 1982, 249쪽.
33) 기록이 전하는 바대로 尙州의 沙伐國을 牛頭州라고도 불렀던 것이 3세기 초엽의 일이었다는 사실은 믿어도 좋다는 생각이다. 당시의 상황에 대하여는 다음 절에서 상술하였다.
34) 註 26)과 같음. 州名은 알 수 없다.
35) 물론『三國史記』는 斯盧國이 당초부터 복속지역을 郡縣으로 편제하였다고 기록하고 있지만, 정작 郡縣이라는 중국식 용어를 사용하기 시작한 것은 훨씬 후대의 일임이 분명하다.『梁書』가 전하는 바에 의하면, 사로국은 6세기 초반까지도 在外의 邑을 邑勒이라는 토착어로 부르고 있었다(其邑在內曰啄評 在外曰邑勒 亦中國之言郡縣也)고 한다. 그러나 여기서 邑勒은 중국의 郡縣을 말하는 것이라 하고 있고, '邑勒'의 '邑'은 訓借 표기이며 '勒'은 音借 표기로서, '고을>골+륵'에서 喉內入聲 韻尾인 -k'가 이 표기에 관여하지 않았다고 보여 郡縣을 뜻하는 滿洲語인 golo와 같은 音과 意味를 가진 語形이었다고 생각할 수 있으므로, 복속지역에 대한 편제방식이 일찍부터 중국의 郡縣 설치에 비교될 수 있는 형태로 존재하였다는 事實은 충분히 인정할 수 있겠다.
36)『三國史記』1, 新羅本紀1, 脫解尼師今 11年 正月.
37)『三國史記』34, 雜志3, 地理1, 良州 臨關郡.

등의 기사를 통해 짐작되는 바다. 하지만 이러한 군현들을 모두 신라의 영토로 보아야 한다고는 생각되지 않는다. 복속지역을 영역으로 생각하여 郡縣으로 편제하는 방식은 다분히 중국의 對服屬地域 정책의 영향을 받고 있었다고 여겨지는데, 이 시기의 중국 郡縣이 모두 그 영토였다고 생각되지 않는 측면이 있기 때문이다.

중국이 기원전 128년에 濊君 南閭가 遼東으로 복속해 오자 그 지역을 郡으로 편제한 바 있었다.

元朔元年 濊君南閭等 畔右渠 率二十八萬口詣遼東內屬 武帝以其地爲蒼海郡[39]

그런데 濊가 종래 복속해 오던 朝鮮을 배반하고 그 향배를 달리하여 요동에 귀부했다고 해서 중간에 介在한 조선의 영향권을 지나서 있던 濊 지역이 이로써 중국의 영역으로 편입되었다고 하기는 어려운 정황이었다. 南閭는 중국에 복속한 후에도 조선에 복속하던 때와 마찬가지로 여전히 독립적인 세력으로 남았을 것이다. 물론 복속되어 있었으므로 濊는 중국 지배권력의 영향 하에 있었을 것이고, 따라서 그 지배 범위에 들어 있다는 점에서 중국의 영역이었다고 간주될 수 있는 여지가 없는 것은 아니다. 하지만 종래의 지배세력이 여전히 온존하면서 실질적인 지배권을 장악하고 있는 상태의 지역을 엄밀한 의미에서의 영역이라고는 할 수 없을 것이다.

그러한 복속지역을 영역으로 생각하여 郡縣으로 편제하던 방식은 1세기 초까지도 東沃沮 지역에 嶺東七縣을 설치하는 형태로 지속되었으며, 3세기의 景初 年間(237~239년)에는 그 방식에 다소 변화가 엿보이기는 하지만 韓族社會의 渠帥層에 대해 중국의 郡太守級에 해당하는 官爵을 수여하는 형태로 유지되고 있었다.

---

38) 『三國史記』 34, 雜志3, 地理1, 良州 義昌郡.
39) 『後漢書』 85, 東夷列傳75, 濊.

이러한 형세였으므로 신라가 1~3세기 무렵에 郡縣으로 편제하였다는 복속지역 중에는 명실공히 신라의 영토였다고 인정하기 힘든 지역이 상당수에 달하였을 것으로 추측된다. 그러고 보면, 신라가 자신에게 복속하고 있는 지역에 대해 가진 강한 영역 관념은 대개 그 지역이 外侵을 받아 군사적인 지원을 할 필요가 대두될 때이거나 본국과 복속지역 사이에 非服屬勢力이 개재해 있는 경우에 특히 두드러지게 나타났던 것이 아닌가 생각되기도 한다. 그러한 소국 중의 다수가 실제로는 거의 독립적인 국가로 남아 있었던 것이다. 『삼국사기』가 제시하는 당시의 사회상과는 달리 중국 측 기록이 3세기 중엽의 정황을 묘사하여 辰韓 12國이 辰王에 복속한다고 하면서도 斯盧國을 그 12국 중의 하나로만 취급하고 있었던 사실의 저변에는 이러한 사정이 깔려 있었던 것이겠다.

신라에 복속하고 있었고, 또 신라는 그들 지역을 자신의 영역으로 여기는 측면이 없지 않았지만, 3세기 중엽까지 辰韓諸國은 散在하는 聚落群의 國邑으로서의 기능을 각기 지니고 있었다. 『三國志』는 弁辰의 사회구성에 대해 다음과 같은 언급을 하고 있다.

弁辰亦十二國 又有諸小別邑 各有渠帥 大者各臣智 其次有險側 次有樊濊 次有殺奚 次有借邑[40]

弁韓 12國이 있고 또 諸小別邑이 있는데, 거기에는 그 규모에 따라 臣智·險側·樊濊·殺奚·借邑을[41] 칭하는 渠帥가 각기 존재한다는 것이다. 이 문맥에서 臣智~邑借는 弁辰 12國에 속한 諸小別邑의 渠帥層의 等差를 나타내는 용어로 쓰였다.[42] 諸小別邑이라 함은 각 國邑이 거느린 크고 작은 聚落群을

---

40) 『三國志』 30, 魏書30, 東夷傳, 弁辰.
41) 借邑이 宋本에는 邑借로 되어 있다.
42) 『三國志』 馬韓傳에는 長帥의 등차가 臣智와 邑借로만 되어 있다. 馬韓은 流移民들을 그 동쪽 변경인 辰韓地域으로 유도함으로써 그 파동이 齎來할 사회변동을 최소화하

가리키는 용어다.[43]

　그렇다면 여기서 등차가 다양한 單位集團들이 國邑을 중심으로 布列하고 있는 모습을 상정할 수 있다. 또한 그 各 單位集團을 지배하고 있던 渠帥들이 자신들의 세력 기반을 國邑 혹은 다른 單位集團과 비교하면서 當該 社會에서 序列을 설정하고 있던 모습은 各級 渠帥層이 세력 규모에서만 等差가 있었을 뿐 각기 독자적인 지배 기반을 가졌다는 점에는 同質的인 존재였음을 말하고 있다 하겠다. 그러므로 늦어도 『삼국지』의 서술 시기인 3세기 중엽에 弁辰 지역에서 형성되어 있던 5단계의 지배자 서열은 이들 상호간의 복속관계를 기초로 하여 성립한 것이었다고 생각된다. 말하자면 臣智에서 邑借에 이르는 渠帥層의 등차는 그 복속관계가 누층적으로 이루어져 있던 사실을 보여주는 것이다. 이러하였으므로 3세기 무렵의 領域觀은 다양한 수준에서 표출될 수 있었다. 『삼국사기』처럼 영남 일대가 모두 신라의 영역이었던 것으로 말해질 수도 있고, 『삼국지』처럼 分立한 12국과 諸小別邑으로 서술될 수도 있었던 것이다.

　散在하는 대소 별읍들이 서로 누층적 복속관계를 형성하는 가운데 일정한 국읍에 복속함으로써 서로 雜居·介居하고 있고, 그러한 국읍들이 다시 신라=사로국에 복속하여 二重聳立의 상태를 형성한 모습이 3세기의 대체적인 정황이었다. 이와 같은 형태를 소급시켜 생각한다면, 그 복속관계의 내용이

───────────

고 있었다고 생각되므로 渠帥層의 분화 정도가 辰韓보다 馬韓이 덜했던 것이 아닌가 생각된다. 또 이 기록의 바로 뒤에 마한 50여 국의 國名을 나열하고 있어 바로 이들 소국의 渠帥層이 臣智와 邑借로 분화되어 있었다고 말한 것인 듯 보이기도 하나, 이는 그 중간에 있어야 할 諸小別邑에 대한 언급이 생략된 결과라고 봄이 온당하겠다. 國邑과 구별되는 '邑落'과 '別邑'이 그 뒤의 기사에 보이고 있기 때문이다.
43) 國邑은 大小 別邑 중의 首邑인 셈이었다. 首邑 혹은 大邑의 뜻을 가지고 있는 國名이나 地名은 신라의 영향권에 들어 있는 지역에서도 다수 발견된다. 『三國志』의 斯盧國, 難彌難彌凍國, 『三國史記』에 보이는 沙伐·古所夫里·伊火兮·草八(兮) 등이 그러한 것들이라고 한다(李炳銑, 앞의 책, 94쪽과 164~168쪽).

나 강도가 3세기보다는 느슨하였고 또 약했겠지만, 赫居世를 居西干으로 내세우고 '立邦設都'하였다는 기원전 1세기 중엽부터 이미 신라가 다수 세력의 대표였을 가능성은 충분히 있다. 1세기에 신라가 소백산맥을 두고 백제와 각축할 수 있었던 것도 이러한 배경에서 가능한 일이었겠다. 이 시기의 신라는 단지 경주 일원의 세력을 지칭하는 명칭일 뿐만 아니라 이를 徐伐(=首邑)로 하여 聳立하고 있던 제 소국의 세력을 통괄하는 國名이기도 하였던 것이다. 그렇다면 신라에 복속한 세력은 처음에 어떠한 분포를 보였으며, 未服屬 세력이 신라에 편입되는 경과는 지역적으로 어떻게 나타나는가? 이는 신라에 의해 추진된 영토 확장의 형태를 통해 어느 정도 윤곽이 드러날 것이다.

3. 新羅 領土擴張의 形勢

신라의 영토 확장 과정을 시기별로 그려내는 작업은 至難한 일에 속한다. 이 작업이 거의 전적으로 의지해야 할 근거인『三國史記』의 찬술 시기가 그 내용을 이루는 시기로부터 천 년이나 뒤져 있어 정확성에 어느 정도의 편차가 없을 수 없겠기 때문이다. 또 기록에 나오는 지명의 현 위치를 짐작조차 할 수 없는 경우가 거의 대부분이라는 점도 이 작업을 어렵게 만드는 요인이다. 이런 사정으로 여기서 추구하는 斯盧國 영토 확장의 추이도 일단 그 윤곽을 형태상에서 잡아보는 일에 한정하고자 한다.

신라 성립 초기의 영토는 이른바 斯盧六村이었다. 이들은 山谷之間에 '分居'하고 있던 朝鮮流民系의 단위집단들이었다.

先時 朝鮮遺民 分居山谷之間 爲六村[44]

---

44)『三國史記』1, 新羅本紀1, 始祖赫居世居西干 卽位年.

朝鮮系의 流移民 集團이 건국의 주체였다는 사실은 土壙木棺墓 段階 1期의 新羅早期[45] 土壙墓가 西北 지방 '움무덤'과의 직접적인 관련 하에서 출현한 것으로 추정된다는[46] 점에서도 傍證되고 있다. 閼川楊山村, 突山高墟村, 觜山珍支(干珍)村, 茂山大樹村, 金山加利村, 明活山高耶村 등이 그 6촌명이다. 이들이 기원전 1세기 중엽에[47] 斯盧 곧 신라를 성립시켰던 것이다.[48]

그러나 이 6촌의 현 위치는 분명하지가 않다. 경주 일대로 보는[49] 견해도 있고, 경주와 月城郡의 대부분 지역으로 생각하는[50] 견해가 있는가 하면, 경북 각 지역에 분산되어 있었다고 추정한[51] 견해도 있다. 현재로서는 그 정확한 위치를 考證해 낼 수 있는 객관적인 자료를 갖고 있지 못하므로 어느 견해가 옳다고 판단하기는 어렵다.[52] 다만 진한 제국의 영역이 대체로

---

45) 考古學界에서는 新羅古墳을 墓制의 변화에 따라 시기구분하여 흔히 早期·前期· 後期로 나누고 있다(金元龍, 『韓國考古學槪說』, 一志社, 1986). 여기서 早期는 土壙 墓築造期를 말한다. 연구자에 따라 그 연대가 다소 다르게 설정되기도 하는데, 대략 기원전 2세기 말~기원후 4세기 초에 걸친 시기에 해당한다.

46) 崔秉鉉, 앞의 학위논문, 75~77쪽. 土壙木棺墓 段階 1期라는 시기구분 역시 崔秉鉉 교수의 구분과 연대에 따른 용어로서 기원전 1세기 전반기에 해당한다(위의 학위논 문, 73쪽).

47) 斯盧六村이 통합되어 하나의 정치집단을 이룬 斯盧國이 형성된 시기를 기원전 2세기 말경으로 추정하는 견해도 있다(李鍾旭, 『新羅國家形成史硏究』, 一潮閣, 1982).

48) 新羅早期 土壙墓의 개시 연대가 기원전 2세기 말~1세기 초로 추정되므로 이때 衛滿朝鮮系 流民이 남하한 것으로 볼 수 있다면(崔秉鉉, 앞의 학위논문, 65~77쪽), 이들이 통합하여 斯盧國(=新羅)을 이룬 시기는 『삼국사기』가 기록한 대로 기원전 57년으로 보아도 좋다고 생각한다. 『삼국사기』의 紀年은 伐休系가 왕위에 오르기 시작했다는 2세기 후반기의 慶州 지역 墓制가 土壙木棺墓에서 土壙木槨墓로 바뀌 고 있는(崔秉鉉, 위의 학위논문, 83~84쪽) 사실에서 한층 더 증폭된 신뢰도를 갖고 있다.

49) 李丙燾, 『韓國史 古代編』, 1959, 365~369쪽.
    金元龍, 「斯盧六村과 慶州古墳」, 『歷史學報』70, 1976, 1~14쪽.
    李基東, 「新羅 金入宅考」, 『新羅骨品制社會와 花郎徒』, 一潮閣, 1980, 194쪽.

50) 李鍾旭, 앞의 책, 1982, 21~27쪽.

51) 金哲埈, 「新羅 上代社會의 Dual organization(上)」, 『歷史學報』, 1952, 42~47쪽.

52) 이와 관련해서는 이 책의 제1장 Ⅳ 참조.

원거리에 分散分布하면서 서로 '雜居' 혹은 '介居'하던 상황으로 미루어 본다면, '分居'하고 있었다는 이들 6촌이 반드시 일정한 지역에 밀집해 있었다고 생각할 이유는 없을 것이다. 분명한 것은 경주가 신라를 형성한 大小 邑落의 首邑이었다는 사실이다.

그런데 기원 1세기의 상황은 비교적 뚜렷하다. 이 시기에 발생한 일로서 가장 괄목할 만한 사건은 신라가 백제와 이미 接戰을 시작했다는 것과 지금의 경상북도 榮州·奉化 일대를 확보했다는 것이다.

먼저 百濟와의 관계를 살펴보면, 63년(脫解 7)에 百濟 多婁王이 娘子谷城에 이르러 회견을 요청했지만 신라는 이를 거절했으며, 그 이듬해부터 양국의 교전이 시작된 것으로 나타난다. 교전 지역은 蛙山城과 狗壤城이었다. 여기서 娘子谷城은 지금의 淸州, 蛙山城은 報恩임이 분명하며, 狗壤城은 沃川·槐山 등으로 추정되기도 하지만 근거는 확실치 않다.[53] 신라가 1세기 중엽에 이미 報恩 지역에서 백제와 충돌하고 있었다는 것이다. 이 충돌은 약 12년간 (64~76년) 치열한 攻防으로 이어졌다고 한다.[54] 그런데 『삼국사기』는 신라가

---

[53] 『輿地圖書』忠淸道 淸州의 建置沿革에 '本百濟上黨縣 一云娘臂城 一云娘子谷'이라 하였고, 報恩 山川條에 蛙山이 보인다. 다만 狗壤城은 沃川(李丙燾, 앞의 『國譯三國史記』, 12쪽), 槐山(千寬宇, 앞의 「三韓의 國家形成(上)」, 45쪽) 등으로 추정되고 있으나, 근거가 있는 것은 아니다.

[54] 그러나 이 시기에 이미 新羅가 中部 小白山脈을 넘고 있었다는 사실은 대부분의 연구자들에 의해 부인되고 있다. 3세기까지도 辰韓 12國의 하나일 뿐이던 '斯盧國'이라는 인식이 장애가 된 듯하다. 이 기록이 적어도 어떠한 史實에 기초해 있으리라고 생각한 연구자들은 그 합리적인 이해를 위해 대략 다음과 같은 두 가지 형태의 해석 방향을 제시하였다. 첫째는 이것이 慶州 세력의 사실이 아니라 한반도 중부에 있던 舊辰國=辰韓 세력의 사실이라는 견해다. 辰韓系의 昔氏 세력이 남하하여 경주에 이르러 왕권을 장악한 후 그들의 역사적 경험을 기록할 때에 경주 세력의 그것과 單一編年史 속에서 복합시킨 결과 이와 같은 서술이 있게 되었다는 것이다(千寬宇, 앞의 논문, 32쪽). 둘째는 辰韓諸國 중 한 세력이 百濟와 충돌한 사실을 辰韓聯盟의 盟主國이던 新羅가 자신의 직접적인 경험처럼 기록했거나, 원래의 충돌 세력이 뒤에 신라에 병합되면서 그 역사까지 신라사로 편입되게 된 결과로 보는 견해다. 이 입장에서는 蛙山城을 지금의 報恩으로 보지 않고 辰韓諸國이 布列해 있던 嶺南의 한 서부지역으로 생각하는 경향이 강하다(李鍾旭,

2세기 후반에 다시 이 지역에서 백제와 충돌한 것으로 기록했다.

논의의 편의를 위해 1~3세기 신라의 대외 항전 시기와 전투지를 모두 알 수 있는 경우만 일람표로 만들어 제시하면 다음 <표 1>과 같다.『삼국사기』에 의하면 이 시기에 신라가 대적하고 있던 세력은 樂浪·靺鞨·倭·伽倻·百濟였던 것으로 나오는데, 이 중 倭는 2세기 초부터 3세기 초에 걸친 100여 년을 제외하고는 거의 모든 시기에 집요하게 신라를 공격하였으나 영토의 변동에 영향을 줄 정도의 세력은 아니었으며, 樂浪은 기원전 28년부터 37년까지 몇 차례 신라를 공격한 것으로 기록되어 있으나, 이 역시 신라 영토의 변동에 영향을 준 세력은 아니었으므로 여기서 논외로 하였다.

이 표에서 무엇보다 주목되는 바는, 적어도 전투 지역으로 살펴보아선 신라 영토의 '확장'이 뚜렷하게 확인되지 않는다는 사실이다. 즉 1~3세기를 일관하여 처음부터 끝까지 攻防의 대상이 되는 지역이 별반 달라지지 않는 것이다. 백제와는 소백산맥을 사이에 두고서 오가고 있고, 伽倻와는 현 위치가 분명치 않은 黃山河를[55] 건너면서 부근의 馬頭城을 시종 쟁점으로 삼고 있으며, 말갈과는 長嶺 근처에서만 충돌하고 있다. 이는 영토의 점진적인 확장과는 거리가 먼 모습이라 하겠다. 오히려 백제와의 전선은 후퇴하고 있는 듯한 인상을 주기까지 한다.

64~76년 사이의 교전 지역인 蛙山城과 狗壤城에서는 189~190년에도 전투가 있었다. 110여 년이 넘는 기간 동안 쌍방간의 進退가 膠着狀態였던 것이다. 그러므로 적어도 蛙山城 부근 지역의 정황은 1세기 중반이나 2세기 후반이 크게 다르지 않았다고 보아도 좋겠다. 그런데 190년에 羅·濟가 蛙山城에서 다시 충돌하게 되는 경과가 비교적 구체적으로 전하고 있다.

앞의 책, 110쪽).

55) 黃山河는 대개 金海와 梁山 사이의 洛東江을 가리키는 것으로 생각되고 있다(李丙燾, 앞의『國譯 三國史記』, 註 8). 구체적 고증은 다음 논고를 참고할 것.
　　전덕재, 「삼국시대 황산진과 가야진에 대한 고찰」, 『한국고대사연구』 47, 2007, 35~71쪽.

〈표 1〉 1~3세기 新羅의 對外抗戰 일람표

時期	百濟	伽倻	靺鞨	備考
64년	蛙山城·狗壤城			
66년	蛙山城			┌ 于尸山國 ┐ 征服
	交			└ 居柒山國 ┘
75년	蛙山城			
76년	蛙山城			
77년	戰	黃山津口		
		交		
94년	時	馬頭城		
96년		(南鄙)		┌ 音汁伐國 ┐
97년		(遣使請罪)		悉直谷國 征服
102년	期			├ 押督國 ┘
				悉直國 叛·討平
104년				
105년	(和親)			
106년		馬頭城		
108년				┌ 比只國 ┐
115년		黃山河		多伐國 征伐
		交		└ 草八國 ┘
125년			大嶺·泥河	
137년		戰	長嶺	
139년			長嶺	
146년				押督 叛·討平
156년		時		雞立嶺路 開拓
158년			戰	竹嶺路 開拓
165년	(戰鬪 再開)			
185년	交			召文國 征伐
188년	母山城			
189년	戰	期	時	狗壤城
190년	圓山城·缶谷城			
	蛙山城			
201년	時	(和親)		
209년				浦上八國 攻擊
214년	腰車城·沙峴城			
218년	期		期	獐山城
222년	牛頭州·熊谷			
224년	烽山城			

연도					
231년	交		交		甘文國 討平
236년					骨伐國 降服
245년	戰		戰		高句麗와 接戰
					馬頭柵으로 退却
255년	時	槐谷·烽山城	時		沙梁伐國 討滅
266년		烽山城			
278년	期	槐谷城	期		
283년		槐谷城			
286년		(和親)			
		※以後 智證麻立干 代까지 평화 유지			
297년					伊西古國의 侵入

百濟襲西境圓山鄕 又進圍缶谷城 仇道率勁騎五百擊之 百濟兵佯走 仇道追及蛙山 爲百濟所敗[56]

백제가 서쪽 경계에 있는 圓山鄕을 쳐들어와 격파하고 더 진출하여 缶谷城을 에워싸자 당시 左軍主였던 仇道가[57] 勁騎 5百으로 이에 대항하였는데, 백제 군사가 거짓으로 도망하는 것을 仇道가 추격하여 蛙山城에 이르렀으나 결국 백제에 패하고 말았다는 것이다. 일련의 전황을 정확히 이해하기 위해서는 여기 나오는 지명의 고증이 우선 필수적으로 요청된다.

먼저 圓山鄕은 종래 醴泉郡 龍宮으로 생각되어 왔다. 『輿地圖書』에 慶尙道 龍宮이 新羅期에는 竺山이라 불리었는데 이를 혹은 圓山이라 부르기도 했다고 하므로[58] 이 견해에 일단 수긍해 보자. 한편 缶谷은 軍威郡 義興 부근으로 추정되었다. 義興의 領縣으로 缶溪縣이 보이고 坊里名에도 缶南·缶西面이 보이는 등 '缶'자가 든 지명이 여기서 다수 발견되는[59] 사실에 근거한 것이다. 蛙山城은 현재의 報恩이다.[60]

---

56) 『三國史記』 2, 新羅本紀2, 伐休尼師今 7年 8月.
57) 軍主가 처음 설치되고 仇道가 左軍主로 임명된 것은 伐休尼師今 2년(185)의 일이었다(『三國史記』 2, 新羅本紀2, 伐休尼師今 2年 2月).
58) 『輿地圖書』 下, 715쪽.
59) 『輿地圖書』 下, 625쪽.

그렇다고 한다면, 2세기 후반의 전황은 백제가 鳥嶺이나 雞立嶺을 넘어 龍宮을 점령하고 軍威를 지나 大邱 八公山 북방의 缶溪까지 진출한 것을 신라의 仇道가 勁騎 5백으로 맞아 싸워 이겨 후퇴하는 百濟兵을 보은까지 추격하였으나 여기서 패하고 만 것이 된다. 龍宮에서 缶溪를 거쳐 報恩까지는 줄잡아 200km가 넘는 거리다. 仇道가 百濟兵을 추격한 거리만도 缶溪에서 報恩까지 약 120km에 달한다. 대단한 기동력이라 하겠다. 그러나 백제의 공격과 후퇴 경로가 縱橫無盡이며, 龍宮에서 缶溪에 이르는 동안 신라의 지방 군사력에 의한 반격이 없었던 것도 의문이려니와, 勁騎 5백으로 적을 추격하였다는 거리가 지나치게 먼 점도 잘 납득되지 않는다. 기록에 나오는 지명의 현 위치 고증에 문제가 있다고 생각하지 않을 수 없는 것이다.

이에 蛙山城이 보은이라는 사실은 확실하므로 백제의 후퇴 방향인 이 지점이 공격의 기점일 것이라는 추정을 해볼 수 있겠다. 그렇다면 圓山과 缶谷은 報恩에서 소백산맥을 넘어 尙州 방면으로 향하는 도로상에서 찾아져야 한다. 소백산맥을 넘으면 길은 대략 두 방향으로 나뉜다. 한 방향은 그대로 尙州로 향하는 길이고, 또 하나는 善山 혹은 金泉으로 향하는 남쪽 길이다. 그런데 이 시기 尙州에는 沙伐國이 있었으며 金泉 쪽에는 甘文國이 있었으므로, 신라의 左軍主인 仇道가 직접 백제병을 맞이해 싸웠다는 사실에 유의한다면 공격 방향은 그러한 독자적인 세력의 존재가 확인되지 않는 선산 쪽이 유력하다. 222년에 이 도로를 경유하여 善山에 못 미쳐 있는 熊谷에서 접전이 있었던 사실도 이 같은 방향 설정의 타당성을 다소간 뒷받침해 준다 할 것이다. 그리고 보면 바로 이 도로 상에서 원산과 부곡이라는 지명이 발견된다. 그렇지만 그 한자 표기는 각각 元山과 富谷으로 되어 있다.[61] 圓山·缶谷이 아닌 것이다. 그러나 다음과 같은 근거에서 이곳을 기록에 보이는 지명의

---

60) 註 52)와 같음.

61) 이는 韓末 이전부터의 表記였다. 이 사실은 朝鮮總督府, 『舊韓國地方行政區域名稱一覽』, 1912, 672쪽을 통해 확인된다.

현 위치로 보고자 한다.

圓山의 '圓'은 訓借로서 '두루'의 표기다. '두루'는 城邑을 뜻하는 tɔɳ系의 어형이라고 한다.[62] 이 점에 유의하면 元山이 白鶴山 자락에 자리잡고 있다는 사실이 눈에 들어오게 된다. 白鶴의 古代國語 訓이 '두루'이기 때문이다.[63] 그렇다면 元山의 본디 표기는 山名과 같은 圓山이었다는 추론이 가능하다.[64] 그렇던 것이 언제인가 그 시기를 알 수 없지만 元山으로 바뀐 것이겠다. 缶谷의 '缶'는 訓이 '장군'이다.[65] 따라서 이를 訓借로 보기는 힘들 것이다. 音借인 경우는 同音의 다른 漢字로 바뀔 가능성이 訓借인 경우보다 더 크다. 현재의 富谷은 원래 缶谷이었는데 흔히 쓰는 '富'자로 그 표기를 바꾼 경우라고 보아 좋을 것이다. 缶谷은 圓山으로부터 직선거리 약 5km에 불과한 지점이며, 缶谷에서 蛙山城까지의 거리는 50km 정도였던 것이다. <지도 1>은 이 부근의 지도다. 이로써 당시의 전황을 대략 읽을 수 있을 것이다.

이 시기 신라와 백제 사이의 교전은 주변 소국과 소국 사이를 지나는 교통로 상에서 주로 벌어지고 있었다. 신라는 독립성을 거의 유지하고 있었고 그러한 까닭에 경우에 따라서는 언제든 배반의 여지가 있었던 복속 소국들의 부근 교통로를 장악함으로써 이들의 이탈을 억제하는 한편, 이 교통로의 확보와 장악을 놓고 백제와 각축하고 있었다 하겠다. 신라는 교통로를 장악하고, 그 주변의 소국과 읍락을 복속시킴으로써 그 영토 확장을 추진하고 있었던 것이다. 이것이 앞에 제시했던 <표 1>에서 보듯 신라의 영토 확장이 경주 일원을 기점으로 동심원을 그리며 점차 확대되어 경상도를 포괄하는

---

62) 李炳銑, 앞의 책, 52~54쪽.
63) 두루미의 '미'는 접미사로 후대에 발달한 것이라 한다(李炳銑, 앞의 책, 385쪽).
64) 그런데 白鶴山이 『慶尙道地理志』에는 白華山으로 되어 있어 약간의 의문을 남긴다. 하지만 白華는 kVrV系 語形이고 圓은 tVrV系 語形으로서, kara와 tɔɳ가 모두 城邑을 뜻하는 표기이고, 한편으로는 圓과 元의 音이 같다는 점에서 지금의 元山을 기록에 보이는 圓山으로 比定하는 데 큰 무리는 없다고 본다.
65) 여기서 '장군'이란 배가 불룩하고 그 가운데 목이 좁은 아가리가 있는 질그릇을 말한다.

<지도 1> 圓山과 缶谷의 현 위치

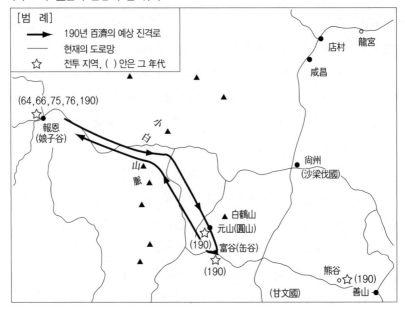

[범 례]

➡ 190년 百濟의 예상 진격로

── 현재의 도로망

☆ 전투 지역, ( )안은 그 年代

(64,66,75,76,190)
☆ 報恩
(娘子谷)

小
白
山
脈

店村   龍宮
咸昌

尙州
(沙梁伐國)

白鶴山
元山(圓山)
☆
(190)
富谷(缶谷)
☆
(190)

熊谷
ㅇ ☆(190)

(甘文國)   善山

형태로 진전되었다는 징후가 사실상 발견되지 않는 결정적인 이유였다. 또한 신라가 辰韓諸國의 首邑國으로서의 기능을 할 수 있었던 직접적인 배경도 여기에서 발견된다.

그러므로 이 시기에 교전이 있었던 제 지점들을 연결하는 선의 내부를 영역으로 설정하는 것은 실제의 사실과 매우 거리가 있는 상정이다. 당시의 전투와 그 결과를 戰線의 이동이라는 개념으로 파악할 수 없는 것이다. 戰線은 존재하지 않았다. 분명히 있었던 사실은 도로 상의 전투뿐이었다. 이와 같은 견지에서, 그 구체적인 경과는 잘 알 수 없지만 신라가 장악하고 있던 교통로가 1세기 중엽에 서쪽으로 보은까지 이르렀으며 여기서 백제와 각축하였다는 기록도 믿을 수 있다고 생각한다. 그런데 북부 지역으로의 진출 상황은 그 경과까지 대략 추론해 낼 수 있다.

『삼국사기』는 嶺南 동북부 지역의 다수가 본래 고구려의 郡縣이었다고 적고 있다. 동해안을 따라서 蔚珍(本高句麗 于珍也縣)·盈德(本高句麗 也尸忽郡), 내륙으로 奉化(本高句麗 古斯馬縣)·榮豊郡 順興面(本高句麗 及伐山郡)·安東郡 禮安面(本高句麗 買谷縣), 臨河面(本高句麗 屈火郡)·靑松(本高句麗 靑已縣)·靑松郡 眞安郡(本高句麗 助欖縣), 安德面(本高句麗 伊火兮縣) 등이 그것이다.

그런데 이들 지역이 어느 시기의 고구려 郡縣인지에 대해서는 언급이 전혀 없다. 고구려가 신라에 대해 강력한 영향력을 행사하던 4세기 말부터 5세기 초가 대략 그 시기가 아니었겠는가 하는 견해가 있으나,[66] 고구려가 嶺南 내륙 깊숙한 지역에 郡縣을 설치하고 있던 사실을 고구려의 신라에 대한 영향력의 강도로 설명하기는 어렵다. 이에 우선 고구려가 최대로 남하하였다고 생각되는 長壽王代의 정세부터 살펴보면서 그 시기를 逆追跡해 볼 필요가 있겠다.

『삼국사기』에 의하면, 고구려가 신라 지역으로 가장 깊숙이 공격해 들어온 것은 481년의 일이었다.

高句麗與靺鞨入北邊 取狐鳴等七城 又進軍於彌秩夫[67]

여기서 狐鳴는 현 위치 未詳이나 彌秩夫가 興海 지역인 것은 분명하다.[68] 고구려가 盈德을 지나 浦項에 근접하는 지점까지 진격한 것이다. 그러나 고구려는 곧 패퇴하였다.

我軍與百濟·加耶援兵 分道禦之 賊敗退 追擊破之泥河西 斬首千餘級[69]

---

66) 金貞培,「高句麗와 新羅의 영역문제－順興地域의 考古學자료와 관련하여－」,『韓國史硏究』61·62合輯, 1988, 1~17쪽.
67)『三國史記』3, 新羅本紀3, 炤知麻立干 3年 3月.
68)『輿地圖書』補遺篇, 慶尙道, 興海郡邑誌, 古蹟條에 彌秩夫城이 보인다.
69) 註 66)과 같음.

百濟·加耶의 援兵과 합세한 新羅의 저항을 당해내지 못한 것이었다. 고구려는 江陵까지 후퇴하고서도 많은 병력을 잃었다. 그러므로 이 공격은 영남 지역에 대한 고구려의 郡縣 經營과 일단 무관하다. 長壽王代의 최대 남하선이 소백산맥을 넘지 못하고 있었음은 中原高句麗碑가 말해 주고 있다. 고구려가 忠北 中原郡에서 신라왕과 접촉하고 있고, 또 이 지역을 '新羅土內'라고 하여 신라의 영토로 인정하고[70] 있기 때문이다. 동해안 방면에서는 대략 江陵 지역에서 신라와 대치하고 있었던 것 같다.[71]

이보다 앞선 시기에 신라가 고구려와 交戰한 기록이 바로 위의 <표 1>에서 본 245년의 것이다. 고구려가 北邊을 침입하자 于老가 병사를 거느리고 맞이하여 싸웠으나 이기지 못하고 퇴각하여 馬頭柵에서 수비하였다고 한다.[72] 그리고 나서는 그 밖의 戰況에 대해 언급이 없다. 馬頭柵의 현 위치는 未詳이다.[73] 그러나 이때의 침입을 고구려의 영남 동북부 일부 지역에 대한 郡縣支配의 단서로 생각할 수가 없음은 명백하다.

그렇다면 그 이전 시기로 더 소급해 보아야 한다. 이에 다음과 같은 기사를 주목하게 된다.

奈靈郡 本百濟奈已郡 婆娑王取之……領縣二 善谷縣 本高句麗買谷縣[74]

---

70) 邊太燮, 「中原高句麗碑의 內容과 年代에 대한 檢討」, 『史學志』 13, 1979, 43쪽.
71) 446년에 悉直(三陟)까지 내려와 수렵을 하던 고구려의 邊將을 何瑟羅(江陵) 城主가 掩殺한 일이 있었다. 이에 노한 고구려의 장수왕이 신라의 西邊을 공격하였으나 신라왕이 사과하자 돌아갔다고 한다(『三國史記』 3, 新羅本紀3, 訥祗痲立干 34年 7月).
72) 『三國史記』 2, 新羅本紀2, 助賁尼師今 16年 10月.
73) 굳이 현 위치를 생각해 본다면 『慶尙道續撰地理誌』 榮川郡 險阻要害條에 忠淸道 永春 地境에 있다고 한 馬兒嶺이 아닐까 한다. '兒'는 방언에 '얼라'인데, 고대어에서 -r의 탈락 현상은 자주 보는 바이므로 '어라'라는 音을 상정할 수 있는바, 山名에서 흔히 보이는 arə/arʊ(於羅)系 語辭는 '長'의 뜻을 지니고 있어 頭와 통하는 표기이기 때문이다.
74) 『三國史記』 35, 雜志4, 地理2, 朔州 奈靈郡.

婆娑尼師今代, 즉 1세기 말~2세기 초에 신라가 榮州 지역을 확보하였다는 내용이다. 여기서는 이 지역이 백제의 奈已郡이었다고 하나, 『世宗莊憲大王實錄』 地理志에는 '高句麗 奈已郡'으로 되어 있다.[75] 실록의 撰者가 근거한 자료가 무엇인지는 분명치 않지만 나름대로의 근거가 있는 기록이리라고 생각된다.

榮州 지역이 백제의 郡이었든 아니면 고구려의 郡이었든 신라가 장악하기 전에 백제나 고구려의 '郡'이었던 것은 否認할 수 없는 事實이다. 지금까지 살펴보았듯이 그 후로는 신라가 이 지역을 喪失한 事實이 발견되지 않기 때문이다. 더구나 奈已郡의 領縣인 善谷縣, 곧 지금의 安東郡 禮安面은 安東에서 동남쪽으로 40km가 넘게 떨어진 지역이다. 그러므로 이 지역이 고구려의 縣이었던 시기도 역시 婆娑尼師今이 奈已郡을 취하기 이전 시기로 보는 것이 온당하다.

그렇다면 영남의 몇 지역이 고구려의 郡縣이었던 것은 2세기 초 이전의 사실로 보아야 한다. 여기서 18년에 고구려에 裨屬해 오던 7국이 신라에 來投하였다는[76] 기록을 '雜居'의 상황과 관련하여 다시 음미해 볼 필요가 있겠다. 盈德이 고구려의 也尸忽郡이던 무렵에 그 북방의 三陟悉直國은 신라의 영향 하에 있었던 것으로 나타나기 때문이다. 이러한 상황은 바로 이 시기가 諸小國과 邑落들이 거리와 무관하게 복속관계를 달리하고 있던 시기라는 사실을 기억함으로써만 제대로 이해될 수 있다고 생각한다.

1~2세기에 고구려의 군현이었던 영남 지방의 諸小國과 邑落들은 고구려의 직접적인 지배를 받는 영토였던 것이 아니라, 고구려에 대한 裨屬의 결과로서 고구려로부터 郡縣의 칭호를 부여받고 있기는 하였지만[77] 독립성

---

75) 『世宗莊憲大王實錄』 150, 地理志, 榮川郡(國史編纂委員會, 『朝鮮王朝實錄』 5, 643쪽).

76) 『三國遺事』 1, 紀異1, 南解王.

77) 그 구체적인 지배 내용은 분명치 않지만, 고구려가 복속지역을 郡縣으로 편제하였던 사실을 정하는 최초의 기록은 『三國史記』 大武神王 9年(A.D. 26) 10월 기사다.

〈지도 2〉 고구려의 嶺南 지역 郡縣과 交通路(1세기)

[범 례]
═══ 예상되는 高句麗 交通路
▽ 高句麗가 장악하고 있던 지역
─── 확인된 新羅의 西部 交通路

江陵
三陟
蔚珍
竹嶺
鷄立嶺
榮州
報恩
安東
尙州
義城
靑松
盈德
善山
興海
永川
安康
慶州

을 유지하고 있던 독자적인 세력이었겠다. 고구려는 복속 지역에 대한 중국의
郡縣 編制 방식을 일찍부터 모방하고 있었던 것이다. 그러한 지역들에서는
高句麗系의 流移民들이 지배권을 장악하고서 高句麗的인 社會組織과 文化
를 유지하고 있었을 것이다.[78] <지도 2>는 고구려의 郡縣으로 나오는 嶺南
지방의 지역들을 지도에 나타내 본 것이다.

이를 통해서 榮州-安東-靑松을 연결하는 交通路를 상정해 볼 수 있다.

---

78) 順興의 邑內里 古墳 등에서 고구려적인 요소가 발견되는 바로는, 이들이 신라에
복속하여 동화된 뒤에도 후대까지 그 생활방식을 고치지 않고 있었다고 추측된다
(이들 고분의 고구려적인 요소가 이 이상의 의미를 지닌다고는 생각지 않는다).
고구려계의 流移民이 적지 않았으리라는 추측은 A.D. 3년에 '去之南韓'하였다는
陜父의 예를 통해서도 가능하다.

盈德과 蔚珍은 靑松에서 연결되는 교통로의 연장에 놓였을 것이다. 靑松과 靑松郡 眞安面이 新羅期에 盈德의 領縣이었음은 이러한 추정을 뒷받침하고 있다. 三陟에 親新羅系이 소국이 있는 상황에서 그 남부의 蔚珍과 盈德이 고구려에 복속할 수 있었던 것은 이 지역이 靑松을 통해 榮州로 이어지는 교통로 상에 있었기 때문이었다. 三陟의 悉直谷國은 海路로 신라와 연결되고 있었던 것 같다.[79]

그러고 보면 1세기의 대체적인 정황이 신라는 陸路上으로는 서쪽으로 善山−報恩에 이르는 交通路를, 海路上으로는 三陟−江陵 지역을 장악하고 있었던 반면, 고구려는 남쪽으로 榮州−安東−靑松−盈德−蔚珍에 이르는 교통로를 확보하고 있었음을 알 수 있겠다.[80] 그러나 이러한 정세는 고구려에 襭屬하던 소국들이 신라에 복속해 오고, 이를 발판으로 하여 婆娑尼師今이 榮州 지역을 장악하면서 변동하기 시작하였다. 아마도 고구려 교통로의 終點 지역에서부터 신라의 영향권 하에 들어갔을 것이다.

하지만 이 무렵만 하더라도 신라는 복속 세력들을 몇 개의 간선도로로 엮어낼 만큼 성장해 있지 못하였다. 각 복속지역은 신라와 개별적으로 연결되다시피 하는 형세였던 것이다. 이러한 사정은 다음과 같은 기록에 그 편린이 남아 있다.

民飢 發使十道 開倉賑給[81]

즉 여기서 보는 '十道'라는 표현이 바로 그것이다. 婆娑尼師今代에 본격적

---

79) 悉直谷國과 音汁伐國의 爭疆에 介入한 金官國 首露王과 韓祇部의 대립을 이들이 海上勢力이라는 점에 착안하여 이해한 논고(金哲埈, 앞의 「新羅 上代社會의 Dual Organization(上)」, 29쪽)가 있는데, 이를 더 확대시켜 爭疆의 當事國들도 海上勢力으로 본다면 그 거리감이 다소 완화될 것이다.
80) 이 시기 영남 지방에 대한 百濟의 진출은 잘 확인되지 않는다.
81) 『三國史記』 1, 新羅本紀1, 婆娑尼師今 29年 5月.

으로 시작된 영토 확장에도 불구하고 이 시기의 판도는 아직 각 지역을 망라할 만한 뚜렷한 교통로를 확보하지 못한 것이었다. 이와 비슷한 표현은

分遣使十人 廉察州郡主 不勤公事 致田野多荒者 貶黜之[82]

라 한 데서도 보인다. 10이라는 수자가 단순히 어투상의 표현만은 아닌 것이다.

그러나 2세기 중엽에 이르러서 신라는 雞立嶺路와 竹嶺路를 장악함으로써 고구려의 영남 지역 교통로 全般을 수중에 넣었다. 서부 교통로에 이어 북부 교통로를 확보한 것이었다. 이에 따라 義城의 召文國도 정벌하여 직접 지배할 수 있게 되었다. 신라가 2세기 후반에 左·右 軍主를 두었던 것[83]은 이러한 성과의 결실이었다. 처음에 軍主로 임명된 仇道와 仇須兮系의 활동 지역이 西部와 北部로 나뉘고 있는[84] 것은 이들에게 兩大 交通路의 경영을 전담시키고 있었음을 보여 준다. 또한 그 주변 복속지역에 대한 지배도 적극성을 띠게 되었다. 군주가 설치된 다음 해에 왕이 직접 州郡을 巡幸하고,[85] 그 이듬해에 州郡의 治政에 干與하는 명령을 내렸던[86] 사실은 그 한 측면이다.

하지만 그렇다고 해서 신라가 영남 일원을 석권한 것은 아니었다. 이 시기 신라의 판도는 2~3개의 교통로를 장악하고 그 주변의 小國과 邑落들을 복속시킨, 말하자면 마치 새의 발과 같은 모습[鳥足形]에 지나지 않았다. 여기서 벗어난 지역의 세력들은 그들이 비록 신라에 호의적이었다 할지라도 新羅民이거나 新羅의 영토를 칭할 만한 것은 못 되었으며, 심지어는 永川의

---

82) 『三國史記』 1, 新羅本紀1, 婆娑尼師今 11년 7월.
83) 『輿地圖書』 下, 625쪽.
84) 朴南守, 「新羅上古 金氏系의 起源과 登場」, 『慶州史學』 6, 198, 4~10쪽.
85) 『三國史記』 2, 新羅本紀2, 伐休尼師今 3年 正月.
86) 『三國史記』 2, 新羅本紀2, 伐休尼師今 4年 3月, '下令州郡 無作土木之事 以奪農時.'

骨伐國이나 開寧의 甘文國처럼 주요 교통로에 인접한 몇몇 세력도 아직 완전히 복속하지 않고 있는 형세였다. 신라의 二重聳立構造 형성에 주체적으로 참여한 國들의 지배세력을 복속시켜 신라왕 휘하의 일반 귀족으로 편제하는 작업이 결코 쉬운 일이었을 리 없다.

甘文國과 骨伐國은 3세기 중엽에 들면서 231년과 236년에 각각 신라로 복속되었다. 그렇지만 이때에 이르러서의 복속은 단순히 복속관계를 설정해 온 종래의 복속 형태가 아니라, 완전한 編入을 의미하는 것이었다. 신라는 복속해 들어온 骨伐國의 阿音夫王을 경주에 살게 하고 그 지역을 郡으로 편제하여 직접 지배하였다.[87] 복속지역의 長帥를 경주에 安置시킨 기록은 이것이 처음이다. 아마도 이때를 전후한 시기에 郡縣支配의 내용이 종래와 크게 달라졌을 것이다.

3세기를 경유하면서도 영남 지방에는 신라의 지배력이 미치지 않는 공백 지대가 존재하고 있었다. 4세기 초엽, 國號를 新羅로 바꾸던[88] 무렵에야 그러한 공백 지대에 대하여 어느 정도의 정리를 본 듯하다. 그러나 이후의 경과는 다시 분명치가 않다. 다만 5세기 후반~6세기 초반에 이르러 신라가 자신의 영역에 대해

- ○ 始置四方郵驛 命所司修理官道[89]
- ○ 新者德業日新 羅者網羅四方之義[90]

등과 같이 '四方'이라는 표현을 쓰고 있는 것을 보면, 이 시기에 와서 그 공백지대에 대한 완전한 정리가 이루어진 것이 아니었을까 짐작된다. 이때의

---

87) 『三國史記』 2, 新羅本紀2, 助賁尼師今 7年 2月, '骨伐國王阿音夫 率衆來降 賜第宅·田莊安之 以其地爲郡.'
88) 『三國史記』 2, 新羅本紀2, 基臨尼斯今 10年.
89) 『三國史記』 3, 新羅本紀3, 炤知麻立干 9年 3月.
90) 『三國史記』 4, 新羅本紀4, 智證麻立干 4年 10月.

'四方'은 前代의 '十道'와 대조되는 표현으로서, 6세기 중엽의 眞興王巡狩碑에 의하면 比子伐(昌寧)·漢城(廣州)·卑利城(安邊?)·甘文(開寧)을 지칭하는 구체적인 용어다.[91] 영남 지역을 망라하는 작업이 이처럼 늦어지게 된 데에는 4세기 후반에서 5세기 후반에 걸쳐 廣開土大王과 長壽王으로 이어진 고구려 세력의 强盛이 중요한 원인으로 작용하였을 것이다.

4. 結 語

신라의 社會體制와 權力構造를 제대로 파악하기 위해서는 그것이 조직되고 편성되던 사회적 환경을 먼저 이해할 필요가 있다. 여기서 신라의 영토 확장 과정을 살펴본 것도 그 일환이었다. 특히 중앙 지배세력의 형성과 구조, 지방세력 통제의 형태와 성격을 究明하는데 있어 이 작업은 필수적이다. 이제 지금까지 검토한 바를 정리하여 작업을 마무리하고자 한다.

3세기 중엽의 弁·辰韓은 지역적으로 구분되는 諸小國의 집단이 아니었다. 弁韓과 辰韓을 이루고 있는 諸小國과 邑落들은 서로 섞여 混在하면서 '雜居'과 '介居' 양상을 보이고 있었다. 이를테면 于尸山國과 居柒山國은 신라의 영역 사이에 '介居' 곧 끼어 있던 소국이었다. 이러한 상황은 大小 邑落의 渠帥層이 그 세력 규모에 따라 서열화된 가운데 거리와는 일단 무관하게 누층적인 복속관계를 형성하고 있었던 데서 말미암은 바였다. 그러므로 한 소국의 영역은 반드시 그 주변의 읍락만으로 이루어졌던 것이 아니었다. 각 소국을 이루고 있던 읍락들은 오히려 散在하여 分布하는 형세였다. 이와 같은 형국은 2세기 초에 音汁伐國과 悉直谷國이 爭疆하였던 것처럼 그 중심부가 서로 멀리 떨어져 있던 소국들 사이에 영토분쟁이 일어났던

---

91) 四方軍主 比子伐軍主沙喙登□□智沙尺干 漢城軍主喙竹夫智沙尺干 碑利城軍主喙福登智沙尺干 甘文軍主沙喙心麥夫智及尺干 (今西龍, 『新羅史硏究』, 서울 : 近澤書店, 서울, 1933, 469쪽 判讀에 따름).

사실에서도 확인된다. 이러한 雜居 양상은 이보다 훨씬 이른 시기부터 나타나고 있었을 것이며, 3세기의 상황은 그것이 현저하게 완화되어 있던 모습이었겠다.

신라는 慶州 지역에 중심을 둔 하나의 소국이었지만, 동시에 辰韓諸國이 형성하는 누층적인 복속관계의 最上部를 점하고 있던 辰韓의 代表國이었다. 신라는 복속국과 읍락을 때로는 郡縣이라고 불러 강력한 지배력을 과시하고 있었지만, 그러한 지역의 대부분은 여전히 독자성을 유지하고 있던 실질적인 독립 소국이었다. 尙州의 沙伐國을 牛頭州라고도 불렀던 것이 하나의 예다. 이와 같은 구조는 복속지역에 대한 중국의 郡縣 編制 방식을 원용한 형태였다고 생각된다. 『삼국사기』가 신라 중심의 일원적인 영역과 그에 대한 지배 형태를 당시의 사회상으로 제시한 반면, 중국 측 史書가 諸小國의 分立相을 보여주는 것은 3세기경의 정황이 이러하였기 때문이겠다.

신라가 성립한 기원전 1세기 중엽의 영역은 자료의 한계로 분명히 드러나지가 않는다. 그러나 1~3세기의 상황은 비교적 뚜렷하다. 이 시기 신라가 대적하고 있던 세력은 百濟·加耶·靺鞨 등이었다. 신라는 1세기 중·후반부터 이들과 接戰하기 시작하여 3세기 말까지 격돌하였으며, 그 이후 6세기 초까지는 대략 평화 상태를 유지하였다. 그런데 1~3세기의 戰鬪 지역을 살펴보아선 영토의 점진적인 확장이 확인되지 않는다. 그것은 1세기에 이미 신라가 서부 교통로를 따라 소백산맥을 넘는 지점까지 진출해 있었기 때문이다. 신라는 服屬小國들의 부근 교통로를 장악함으로써 이들의 이탈을 억제하는 한편, 이 교통로의 확보와 장악을 놓고 백제와 각축하고 있었던 것이다.

『삼국사기』는 嶺南 東北部 지역의 다수가 고구려의 郡縣이었다고 적고 있는데, 이 지역들이 고구려의 郡縣이었던 시기는 대개 1세기 이전이었다. 榮州-安東-靑松-盈德-蔚珍으로 이어지는 교통로 상의 지역들이었다. 이들 역시 고구려에 복속하여 군현으로 지칭되고 있던 독립 세력들이었다.

이 교통로의 끝 부근에 있던 세력들은 1세기 초부터 신라에 복속해 오기 시작하였으며, 1세기 말~2세기 초에 榮州 지역이 신라에 장악되면서는 나머지 세력도 대부분 신라로 그 복속관계를 달리하였다고 생각된다. 이때에 남았던 세력들도 2세기 중엽에 雞立嶺路와 竹嶺路가 신라의 수중에 들어간 후에는 신라에 복속되었을 것이다.

1세기의 정황은 대략 신라가 西部 交通路를 따라 善山을 거쳐 報恩까지 장악하고 있던 반면, 고구려는 嶺南 東北部의 交通路를 따라 靑松을 거쳐 盈德·蔚珍에 이르는 지역을 장악하고 있는 모습이었다. 이러한 진출은 각 교통로 주변 지역들과의 복속관계를 통해 이루어졌던 것일 뿐, 거기에 이르는 전 지역이 영토로 확보된 것은 아니었다. 그러므로 이 시기에 交戰이 있었던 諸地點들을 연결하는 線의 內部를 領域으로 간주한다는 것은 전혀 사실과 다르게 된다. 아직 戰線은 존재하지 않고 있었던 것이다. 엄밀히 따지자면 지배 범위라는 의미에서는 그 복속지역들을 영역으로 여길 수 있는 여지가 없던 것은 아니었겠으나, 직접 지배의 대상이 되는 영토는 아니었다.

2세기에 들어와서 신라는 종래 고구려의 영향 하에 있던 東北部 交通路를 장악하였다. 2세기 후반에 左·右 軍主를 두게 된 것은 그 성과였으며, 이에 따라 복속지역에 대한 지배력도 크게 강화되었다. 하지만 그렇다고 해서 신라가 영남 일원을 석권하게 되었던 것은 아니다. 이 시기 신라의 판도는 좌우의 교통로를 장악하고 그 주변 소국들을 복속시킨 鳥足形의 판도였다. 여기서 벗어난 많은 지역들은 물론이고, 교통로에 인접한 지역까지도 몇몇은 신라의 직접적인 통제를 거부하고 있었다. 그러한 지역들의 대부분은 3세기 중엽에 들어와 신라에 복속해 왔다. 그러나 이제 그것은 더 이상 종래의 복속관계로 유지될 수 없는, 編入이었다.

신라의 사회체제 및 권력구조는 이와 같은 영토 확장의 경과와 형태에 상응하여 변동하고, 또 정비되어 나아갔다. 그러므로 그 정치질서와 체제의 내적인 정비 과정 역시 段階的으로 파악되지 않으면 안 된다.

제2장
新羅 '上代' 干 中心의 六部組織과 王朝의 執權化

I. '中古'期 冷水里碑文의 '節居利'와 干의 租賦統責

1. 序言

　신라 '中古'期의 碑文에는 실체를 잘 알 수 없는 용어들이 적잖이 나타난다. 이를테면 蔚珍鳳坪碑의 '奴人法'이나 丹陽赤城碑의 '佃舍法' 등은 그동안 다각적인 검토를 거쳤음에도 불구하고 아직 그 실체가 구체적으로 드러나지 않고 있는 용어들이다. 迎日冷水里碑(이하 冷水里碑)에 보이는 '財'의 내용도 분명치가 않다. 이러한 용어들의 내용이 제대로 파악되어야 이 시기 신라 사회를 구성있게 이해할 수 있을 것이다.

　그러나 관련 자료가 전무하다시피 한 지금의 처지에서는 이들에 대해 개념적인 이해조차 기대하기 어려운 실정이다. 일반명사라서 그것이 가리키는 바를 비문 자체의 문맥에서 이해하는 것 외에 달리 방도가 없는 저 '財'의 경우는 더욱 그러하다. 이 경우는 '財'가 지시하는 바를 알지 못하는 한 무엇에 관련 자료인지조차 모르게 될 것이므로 금석문이 더 발굴되기를 기다리는 것도 큰 의미가 없을 것처럼 보인다. 주어진 사료라도 거듭 읽고 음미하는 것만이 그 한계를 벗어나는 길이다. 해석을 잘못하였거나 흔한 용례로 단순히 해석하여 문제점조차 인식하지 못하고 있는 것은 아닌지 꼼꼼히 점검해 보아야 한다.

　本考는 이러한 생각에서 冷水里碑文을 음미해 보려는 것이다. 문제의

'財'와 관련하여 비문을 새로 해석하되 초점을 '節居利'의 실체에 두고, 여러 비문과 문헌에서 종종 발견되는 '節'과 '作'이라는 단어의 해석과 결부하여 작업을 추진하고자 한다. 그리고 아울러 建碑를 둘러싼 역사 배경을 추구하겠다. '節居利'는 종래의 이해와 달리 人名이 아니며, '節'·'作'은 지금까지 알려진 용법 외에 보통명사로 쓰기도 하여 '節居利'와도 맥락이 닿는 용어라는 생각에서다. 그리고 '節'·'作'의 의미와 節居利의 기능을 해명해 가는 가운데 '中古'期 신라의 수취제도 운영이 갖는 특징을 윤곽이나마 유추할 수 있을 것이라는 심산에서다.

2. '節'과 '作'의 用例와 解釋

많은 연구자들에 의해 그동안 여러 각도에서 검토된 기록이면서도 여전히 잘못 해석되는 부분을 안고 있는 것이 『三國遺事』의 竹旨郎條 記事다. 孝昭王代의 일로 편년되어 있으나, 이미 알려져 있듯이 眞平王代의 사실을 전하는 내용이다.[1] 다소 장황하지만 논의의 편의를 위해 표점을 가하여 전문을 인용한다. 人名은 밑줄로 표시하였다.

竹曼郎之徒, 有得烏失級干, 隸名於風流黃卷, 追日仕進, 隔旬日不見. 郎喚其母, 問: '爾子何在?' 母曰: '幢典牟梁益宣阿干, 以我子差富山城倉直, 馳去行急, 未暇告辭於郎.' 郎曰: '汝子若私事適彼, 則不須尋訪, 今以公事進去, 須歸享矣.' 乃以舌餠一合·酒一缸, 卒左人而行, 郎徒百三十七人, 亦具儀侍從, 到富山城, 問閽人, '得烏失奚在?' 人曰: '今在益宣田, 隨例赴役.' 郎歸田, 以所將酒餠饗之, 請暇於益宣, 將欲借還. 益宣固禁不許. 時有使吏侃珍, 管收推火郡能節租三十石, 輸送城中, 美郎之重士之風味, 鄙宣暗塞不通, 乃以所領三十石, 贈益宣助請, 猶不許. 又以珍節舍知騎馬鞍具, 貽之乃許. 朝廷花主聞之, 遣使取益宣, 將洗浴其垢醜, 宣逃隱, 掠其

---
1) 金哲埈,「新羅 貴族勢力의 基盤」,『韓國古代社會研究』, 知識産業社, 1975, 227~228쪽.

長子而去. 時仲冬極寒之日, 浴洗於城內池中, 仍合凍死. 大王聞之, 勅 : 牟梁里人從
官者, 竝合黜遣, 更不接公署, 不著黑衣, 若爲僧者, 不入鐘鼓寺中. 勅 : 史上侃珍子
孫, 爲枰定戶孫, 標異之. 時圓測法師是海東高德, 以牟梁里人, 故不授僧職.[2]

여기서 특히 유의해 보아야 할 곳은 使吏 侃珍이 등장하는 대목이다.
竹旨郎이 益宣에게 得烏失의 休暇를 청하였으나 허락하지 않는 것을 보고,
때마침 지나가던 使吏 侃珍이 자기가 管收하여 富山城中으로 輸送하던
推火郡 能節租 30石을 주면서 그 청을 거들었다. 그래도 허락하지 않자
또 '以珍節舍知騎馬鞍具貽之'하였으며, 이에 비로소 益宣이 得烏失의 휴가
를 허락했다고 한다. 그런데 이 부분이 잘못 해석되고 있다. 珍節이라는
이름을 가진 舍知가 騎馬鞍具를 준 것으로 이해한 것이 그것이다.[3] 그러나
'珍節舍知'는 '珍 節舍知'로 읽어야 할 文句로서, '珍'은 侃珍을 가리킨 말이다.
益宣을 '宣'이라고만 한 것과 같다. 나중에 대왕이 이 일을 듣고 侃珍에게만
賞을 내린 사실을 보아도 珍節이라는 이름을 가진 이가 따로 있었던 것이
아님을 알 수 있다. 益宣이 마음을 돌려 得烏失의 휴가를 허락하게 된 직접적
인 계기는 '珍節舍知'가 騎馬鞍具를 제공한 데 있었으므로, 珍節이라는 舍知
가 있었다면 그가 포상에서 빠졌다는 것이 이해되지 않기 때문이다. 使吏
侃珍은 節舍知라고 표현될 수도 있는 직책이나 지위에 있던 인물이었다.
또 勅命에 보이는 '史上' 역시 그의 공식적인 직함이었을 터이니, 使吏·節舍
知·史上은 경우에 따라 서로 바꾸어 부를 수 있던 직명이었다고 하겠다.
　推火郡의 '能節租'를 管收하여 富山城中으로 輸送하던 侃珍은 '節舍知'였
다. 節舍知의 節과 舍知를 끊어 읽을 수는 없다. 節舍知라는 職名이 있었음이
분명하다. 節舍知는 『三國史記』 職官志는 물론이고 다른 기록에도 다시

2) 『三國遺事』 2, 紀異2, 孝昭王代 竹旨郎.
3) 이재호, 『삼국유사(1)』, 한국자유교육협회, 1973, 194쪽.
　　李丙燾, 『譯註 三國遺事』, 廣曺出版社, 1979, 241쪽.

나타나지 않는 직명이므로 소속과 기능을 잘 알 수 없으나, 兵部에 弩舍知, 倉部에 租舍知가 있었던 것을 참고한다면 그 직명 가운데 舍知는 관등명이기보다는 관직명일 것이며, '節'은 기능을 드러내기 위해 붙인 접두어일 것이다. 侃珍이 管收하여 수송하던 能節租와 연관이 있다고 생각된다. 곧 지방에 대한 국가적인 수취체제에서 기능하던 직명이겠다. 그리고 보면 다음 기록도 다시 검토될 여지가 있다.

[A] 乙未年烟見賜節公等前及白他郡中妻追移居因敎合人五

新羅村落文書 중 이른바 A촌 문서의 한 구절인데, 여기서 '節公等'이 눈길을 끈다. 일반적으로 '節'은 '디위 : 지위'로 읽어 때를 뜻하는 말이라고 이해되고 있다. '乙未年에 烟을 보샨 지위 公等의 앞에 미쳐 삶아 他郡의 妻를 追移……'로 해석하는 것이다.[4] 그러나 節을 이렇게 해석하는 데는 문제가 전혀 없는 것이 아니다. '乙未年烟見賜節'에서 끊어 읽고 이를 '을미년에 烟을 조사할 때'로 해석할 수 있다면 이것은 일종의 관용구처럼 쓰이던 말이라고 해야 옳을 터인데, 이 문장에 대응할 만한 다른 촌락의 문서에는 '節'字가 없기 때문이다.

乙未年烟見賜以彼上烟亡廻去孔一以合人三 (B村)
乙未年烟見賜以彼上烟亡廻去孔一以合人六 (D村)

그렇다면 [A]의 경우도 '乙未年烟見賜'에서 끊어 읽어야 하지 않을까? '見賜'가 단독으로 쓰일 때는 '볼새' · '보샤되'로 읽히고, 연용되어 '見賜節'처럼 쓰일 때는 '보샨'으로 읽힌다는 것은 문법 면에서 유례를 찾기 어려운 편의적인 讀法이다. '烟見賜'와 '節公等' 사이를 끊어 읽고, 이들 촌락에 대한

---

4) 李泰鎭, 「新羅 統一期의 村落支配와 孔烟」, 『韓國史硏究』25, 1979, 34쪽.

지배 혹은 수취와 관련하여 기능한 직명은 '公等'이 아니라 '節公等'이었다고 보는 것이 역시 자연스럽다. 公等은 고구려의 公兄과도 통하는 직명으로, 公共의 처지에서 일을 맡아 수행하던 책임자에 대한 지칭이다. 等은 본디 다수의 촌락 세력이 연대함에서 성립한 公務者를 부르던 말이었고, 公은 이에 對譯되던 漢語였다.5) 아마 몇 개 촌락의 公務를 맡아 보던 土着 村主層일 것이다. 그리고 節公等은 節舍知의 예로 미루어, 또 촌락문서 작성의 취지에 비추어 그 중에서도 특히 수취 관계의 公務를 담당한 公等을 가리켜 일컫던 용어일 것으로 추측된다.

'節'은 이와 같이 수취와 관련된 일을 수행하는 舍知나 公等의 '기능'을 표시하는 말로 쓰이기도 하였다. 租뿐만이 아니라 力役의 수취와도 연계되어 쓰였을 개연성이 크다. 이 점을 염두에 두면서 금석문 자료를 검토해 보자.

丹陽赤城碑文을 보면 '書人'이 나온다. 이 비문을 짓거나 새긴 사람을 지칭한 말일 것이다. '書人'과 함께 '石書立人'이 따로 또 나오는 것으로 미루어, 비문을 지은 사람을 '書人'이라 하고 그것을 돌에 새겨 石碑로 세운 책임자를 '石書立人'이라고 한 것이 아닌가 추측된다. 그런데 이와 비슷하면서도 달리 표현된 경우가 있다. 蔚珍鳳坪碑에 보이는 '節書人'과 蔚州川前里書石에 보이는 '作書人'이다. 역시 비문을 지은 사람을 가리킨 말이라고 생각되지만 일단 표기가 다르다는 점을 주목하지 않을 수 없다.

[B] 悉支軍主喙部尒夫智奈庥節書人牟珍斯利公吉之智 沙喙部若文吉之智
[C] 作食人榮知智壹吉干支妻居知尸奚夫人眞肉智沙干支妻阿兮牟弘夫人作書
　　人慕∶尒智大舍帝智

[B]의 '節書人' 부분에 대하여는 '節'과 '書人' 사이를 끊어 읽고 節을 '지휘·감독했다'는 의미로 파악한 견해도 있다.6) 그래서 '悉支軍主인 喙部 소속의

<hr />

5) 金光洙,「新羅 官名 '大等'의 屬性과 그 私的 展開」,『歷史敎育』59, 1996, 51~84쪽.

尒夫智奈麻가 지휘·감독했다. 書人은 ~이다.'로 해석한다. 그러나 이와 똑같은 논법으로 [C]의 '作'과 '書人'을 나누기는 어렵다. '作'字 앞의 阿兮牟弘 夫人까지가 '作食人'에 걸린다는 것이 명백한 까닭이다. '作書人'은 그 실체가 무엇이든 간에 '作書人'일 뿐이다. 이와 마찬가지로 [B]도 '節書人'으로 보아야 한다고 생각한다. '節書人'과 '作書人'은 대비되는 존재라고 여겨지는 것이다.

기실, [B]는 해석하기가 까다로운 문장임에 틀림없다. 節을 書人에 붙여 읽을 때 앞문장은 서술어가 없는 것처럼 보이는 까닭이다. 이에 '奈麻'를 서술어로 보는 것이 어떤가 하는 견해도 제시되었다. 즉 '悉支軍主인 喙部의 尒夫智는 奈麻로 삼는다(강등시킨다).'로 읽는 것 외에 달리 방법이 없다는 견해다.[7] '奈麻' 앞에 '爲'字 따위가 생략되었다고 보면 쉽게 이해가 된다. '悉支軍主喙部尒夫智奈麻'의 앞부분이 '누구누구 杖六十, 누구누구 杖百'하는 처벌 관계 내용이어서 이렇게 보는 것이 문맥상으로도 어울리는 감이 있다. 또 奈麻를 강등된 관등으로 보는 근거로 이것이 軍主의 해당 관등이 아니라는 점을 주목하기도 한다.[8] 級湌 이상의 干群官等 소지자만이 군주가 될 수 있었으므로 설득력 있는 견해라고 여겨진다. 그렇지만 이와 달리 '悉支軍主' 이하를 앞 문단과 구별하고 이 부분에 기재된 인물들은 刑의 집행과 建碑를 총괄한 책임자 및 관계자였다고 파악하는 것도[9] 가능할 듯하다. 어느 쪽이 올바른 해석인지 판단하기 어렵다.

그러나 이처럼 '節'을 동사로 보는 것은 용례 면에서 난점이 없지 않다. 작업을 지휘·감독하는 의미를 가질 때 '節'은 흔히 다음과 같이 직명으로

---

6) 崔光植,「蔚珍鳳坪新羅碑의 釋文과 內容」,『韓國古代史研究』2, 1989, 102쪽.
   李明植,「蔚珍地方의 歷史·地理的 環境과 鳳坪新羅碑」,『韓國古代史研究』2, 1989, 39쪽.
7) 南豊鉉,「蔚珍鳳坪新羅碑에 대한 語學的 考察」,『韓國古代史研究』2, 1989, 51쪽.
8) 李宇泰,「蔚珍鳳坪新羅碑를 통해 본 新羅의 地方統治體制」,『韓國古代史研究』 2, 1989, 196~197쪽.
9) 盧泰敦,「蔚珍鳳坪新羅碑와 新羅의 官等制」,『韓國古代史研究』2, 1989, 183쪽.

쓰이던 말이기 때문이다.

[D] a. 節唯乃 秋長幢主(无盡寺鍾銘)

b. 節唯乃 同說(禪林院鐘)

c. 節州統 皇龍寺恒昌和上 上坐眞行法師(中初寺幢竿石柱記)

d. 節縣令 含梁 萱榮(窺興寺鍾銘)

e. 節 上和上忠心 第二志萱 大伯士釋林典 道如 唯乃志空(禪房寺塔誌)

f. 節三剛 院主道堂 典座含惠 史僧惠允(鳴鳳寺凌雲塔銘)

g. 節州統 皇龍寺 覺明和上(菁州蓮池寺鐘)

이 경우 '節'은 문장의 첫머리에 쓰였다. 특히 '節'이 단독으로 쓰인 [D]-e의 용례는 주목할 만하다. 의미가 같다면, 흔히 이처럼 쓰이는 '節'을 굳이 문장의 뒤로 돌려 동사로 쓸 이유가 있었을까? 게다가 [B]에서 '節'과 '書人'을 분리시키고 각각을 분야별 지휘자로 이해하면, 뒷문장에서는 書人을 앞세운 데 반해 앞문장에서는 '節'을 文尾에 둔 것이 되므로 문장의 호응이 매우 어색해진다. 한편 '節'을 동사로 쓰기도 했다고 생각하는 연구자들은 다음의 용례를 제시하고 있다.10) 平壤城 刻字城石의 기록이다.

[E] a. 丙戌十二月中漢城下後部小兄文達節自此西北行涉之

b. 己丑年三月十一日自此下向□□二里內□百頭上位使尒丈作節矣

c. 己酉年三月十一日自此下向東十二里物苟小兄俳須百頭作節矣11)

여기서 [E]-a를 '漢城下後部小兄文達節 自此西北行涉之'로 읽고 節을 지휘·감독하였다는 뜻으로 새기는 것이다. b·c에서 문장이 '自此'부터 시작한 것을 참고하여 이렇게 끊고 보니 節은 동사로 보아야 하리라고 여긴 듯하다. b·c의 '作節'도 동사로 간주하였다.12) '여기부터 몇리는 누구누구가 만들고

---

10) 南豊鉉, 「丹陽赤城碑의 解讀 試攷」, 『史學志』 12, 1978, 18쪽.

11) 國史編纂委員會, 「平壤城 刻字城石」, 『韓國古代金石文資料集』, 1995, 108~126쪽.

감독하였다' 정도로 이해한 모양이다. 그러나 이는 '節'과 '作'의 의미를 올바로 파악하고 내린 해석이라고 생각되지 않는다.

우선 '節'이라고만 쓴 a에서는 한 사람의 이름이 보이고, '作節'이라고 쓴 b·c에서는 각각 두 사람의 이름이 보인다는 사실에 유의할 필요가 있다. b와 c에서 모두 百頭가 보이므로 이는 관명이나 직책과 관련한 용어라고 하여 무리가 없겠는데, 그렇다면 b의 內□百頭와 上位使尒丈, c의 物苟小兄과 俳須百頭는 각기 다른 사람이 될 터다. 즉 '作'字가 빠지니 사람도 하나 줄고 있는 셈이다. '作節'이 '만들고 감독하다'는 뜻을 가진 동사라면 a에서 이런 관용구를 피하고 굳이 節이라고만 쓴 이유가 궁금하다. 또 앞에서 作書人과 節書人으로 '作'·'節'이 대비되는 듯 보인 사실도 예사롭지 않다. 이 점을 염두에 두고서 같은 단어가 보이는 南山新城碑를 검토해 보자.

> [F] 辛亥年二月十六日南山新城作節如法以作後三年崩破者罪敎事爲聞敎令
> 誓事之

이번에는 慶州의 南山新城이지만 앞의 平壤城과 같은 築城 관계 기록이므로 여기 보이는 '作節'이라는 단어 또한 앞의 것과 동일한 의미로 해석되어야 할 것이다. 각각 편의대로 해석되어서는 곤란하다. 그런데 이는 흔히 다음과 같이 해석되고 있다.

> 신해년 2월 26일에 南山新城을 만들 때, 법에 따라 만든 지 3년 이내에 무너져 파괴되면 罪로 다스릴 것이라는 사실을 널리 알려 誓約케 하였다.[13]

南山新城碑의 '作節'은 平壤城 刻字城石의 '作節'이 '만들고 감독하다'는

---

12) 南豊鉉, 앞의 「丹陽赤城碑의 解讀 試攷」, 18쪽.
13) 李明植, 「慶州 南山新城碑」, 『譯註 韓國古代金石文』, 韓國古代社會硏究所, 1992, 107쪽.

뜻을 가진 동사로 간주되는 것과 달리, '만들 때'라는 뜻을 지녔다고 해석되는 것이다. 그렇지만 경주와 평양의 지역차가 없지 않다손 치더라도 같은 성격의 축성 관계 기록일진댄 동일한 단어는 역시 같은 취지로 해석하는 것이 바람직하다. 서로 해석을 바꾸어 [E]-b·c의 節을 '때'로 해석하면 '누구누구는 만들 때다'가 되어 도무지 말이 되지 않으며, [F]의 節을 '감독하다'로 보아도 어색하기는 마찬가지다. 그렇다면 이러한 해석은 양자가 다 무리라고 할 수밖에 없지 않을까? '節'을 '때'의 뜻으로 새긴 [F]의 경우도 그다지 무난한 해석 같지 않다. 앞에 '辛亥年二月十六日'이라는 시기가 명백히 제시되어 있는데 그 시기를 다시 해설하는 문구가 중복되어 들어간 꼴이 되므로 문맥이 자연스럽지 않은 것이다. 문맥의 자연스러움을 위해 '爲聞教令誓事之' 부분을 '爲聞 教令誓事之'로 끊어 읽고 '널리 알려 서약하게 한 일이다'로 해석했으나 이것도 어색하다. 이 비문의 성격이 誓約文이라면 그에 어울리도록 '누가 무엇을 서약한다'는 주체적인 내용이어야 하겠기 때문이다. '誓事之'는 '이에 맹세하는 바다' 정도로 해석될 문장이다. 또한 신해년 2월 26일은 남산신성의 제작을 마치고 서약한 날이다. 따라서 '신해년 2월 26일, 南山新城을 만들 때'라는 것도 이상하다. 게다가 이 비문은 盟誓 양식의 공식문서나 다를 것이 없으므로 맹세의 主體('誓事之'의 主語)가 빠져서는 곤란하다. 그렇다면 그 주체는 문맥상 '作節'이 될 수밖에 없다. 즉 [F]는 다음과 같이 해석될 문장인 것이다.

> 辛亥年 二月 十六日, 南山新城(을 築造한) 作·節은 法대로 作業한 후 三年(以內)에 崩壞되거나 破損되는 경우엔 罪[罰]를 주겠다고 한 教令을 받잡고(듣고) 이에 盟誓합니다.

여기서 '作'·'節'은 서로 다른 두 계통의 축성 관계 실무책임자를 지칭한 용어였으며, 이 뒤에 연명된 인물들이 곧 그 作節의 구체적인 면모였다.

[E]-b·c의 '作節' 역시 마찬가지다. 그것은 본디 '여기부터 몇리는 누구누구가 作節이다'로 해석될 문장이었던 것이다. '作節'을 이렇게 해석하게 되면 경우에 따라 이 단어를 달리 해석하는 번거로움을 덜 수 있다. 다만 [E]-a에서 小兄文達이 節이라고만 기술한 것은 이 부분의 축성에는 作 계통의 책임자가 참여하지 않았기 때문이겠다. 이를테면 南山新城碑 第2碑, 3碑, 5碑 등에 보이는 '作上人'이 바로 그러한 作 계통의 책임자가 아니었을까? 第1碑에는 作上人이 보이지 않으면서도 作節이 책임지겠다고 썼는데, 이 경우의 作節은 作과 節을 비교적 엄격히 구분해 쓴 평양성의 경우와 달리 築城 책임자 일반을 통칭하는 개념으로 이미 관용화된 용어였을 것이다.

그렇다면 같은 맥락에서 [B]의 '節書人' 부분도 節과 書人을 나누어 파악해서는 곤란하겠다. [C]의 '作書人'에 대비되는 존재로서 '節書人'이 있었다고 이해하는 것이 더 타당하다. '節書人'과 '作書人'은 같은 '書人'이지만 계통과 성격이 다른 인물이었다. 물론 '누가 節이다'라는 용법으로 해석할 경우에도 여전히 [B] 문장을 節에서 끊어 읽을 수는 있다. 그러나 그럴 경우엔 節을 인명 앞에 두어 '節은 누구고 書人은 누구다'로 썼어야 자연스러운 문장이 된다. 또 비문의 전체 문맥에서 형 집행의 최고 책임자가 제일 뒤에 기재되었다는 것도 자연스럽지 않다.[14) 역시 [B]는 '節' 앞에서 끊어 읽고, '節'부터 다음 문단으로 보아야 무리가 없다.[15)

'節'은 節舍知·節公等·節書人 등과 같은 부류의 인물들을, '作'은 作書人·作上人 등과 같은 인물들을 통틀어 일컫던 용어였다고 생각된다. 作·節을 이와 같이 이해하고 보면 적지 않은 자료에서 이 용어가 보인다는 사실에 새삼 주목하게 된다. 기록에 보이는 '節'자와 '作'자가 모두 이처럼 쓰였다고 보아서는 물론 안 되겠지만 가급적이면 많은 경우를 재검토해 볼 여지가

---

14) 李宇泰, 앞의 논문, 197쪽.
15) 李基白, 「蔚珍 居伐牟羅碑에 대한 考察」, 『아시아문화』 4, 1988, 225~226쪽.

있다. 冷水里碑의 節居利도 節舍知와 연관지어 생각해야 할 대상이다.

3. '節居利'와 '節舍知'

지금까지 발견된 신라 古碑 가운데 가장 오래된 것 중 하나로 알려진 冷水里碑는 當代 사회의 實狀을 종합적으로 전하는 내용을 담고 있다고 생각하여 그동안 많은 연구자들이 주목해 왔다. 그러나 거듭된 논의에도 불구하고 비문의 핵심적인 내용이라 할 부분은 여전히 의문으로 남겨진 상태다. 문제점은 무엇보다도 비문의 내용과 형식이 도무지 어울리지 않는다는 데 있다. 내용은 한 촌락에서 재물을 둘러싸고 개인 간에 벌어진 분쟁에 대해 어떤 판결을 내린 것인데 형식이 매우 거창하다. 이 판결에 葛文王을 비롯한 6부의 고위층이 참여하였고, 판결의 준거로 몇 대 전에 내려진 王敎가 거론되고 있으며, 판결 후에는 엄중한 제사 의례나 다름없는 煞牛儀式을 거행하고 그 내용을 돌에 새겨 남겼다. 말하자면, 내용은 기껏 村事에 지나지 않는 것 같은데 대단히 중요한 國事에 버금가는 형식을 갖추고 있는 것이다.

그리하여 그 형식의 무게에 상응하는 수준으로 비문의 내용을 이해하기 위한 노력들이 여러 방면에서 추구되었으며, 그 결과 다양다기한 견해가 안출되었다. 그렇지만 일개 촌락 한 개인의 得財에 대해 중앙의 六部 지배세력이 거의 한 세기 동안을 두고 고심한 이유는 여전히 석연치 않다. 근본적으로 해석에 오류가 있지 않았는지 재검토해 볼 필요가 있다. 우선 비문을 보자. 다음은 논의의 편의상 本碑의 釋文에 여러 가지 부호를 가한 것이다.[16]

---

16) 비문 내용은 형식상 敎 2條, 別敎 2條, 관련자 두 그룹의 처리 내용 2條로 구성되어 있다. (가)~(바)는 각 조의 서술부를 나누어 표시한 것이다. (다)를 제외하고는 此二王·此七王等·此二人·此七人·此二人 등으로 모두 그 主體 혹은 客體가 '此○王(人)'의 형식으로 명시되어 있음이 눈에 띤다. 원문자 숫자는 2·7·2·7·2로 마치 작위적으로 그러한 것처럼 반복된 각 경우의 해당자와 그 수를 표시한 것이다. 또 각 조 서술부의 文句에서는 '用~爲證尒', '令~敎耳', '若~敎其~耳'와 같이 법제적인 상용구로 생각되는 어투가 발견되고 있다. 말하자면 이 비문은

몇몇 글자에 대하여는 달리 읽는 견해가 제시되어 있기도 하나 여기서의 논의와 일단 무관하므로 일반적인 독법에 따른다.

　　　　斯 羅

　　　① 喙 斯 夫 智 王
　　　②　　乃 智 王
(가) 此 二 王 敎
　　　用 珍 而 麻 村 節 居 利 爲 證 尒
　　　令 其 得 財 敎 耳

　　　癸 未 年 九 月 廿 五 日

　　　① 沙 喙 至 都 盧 葛 文 王
　　　②　　　斯 德 智 阿 干 支
　　　③　　　子 宿 智 居 伐 干 支
　　　④ 喙 尒 夫 智 壹 干 支
　　　⑤　　只 心 智 居 伐 干 支
　　　⑥ 本 彼 頭 腹 智 干 支
　　　⑦ 斯 彼 暮 斯 智 干 支
(나) 此 七 王 等 共 論 敎
　　　用 前 世 二 王 敎 爲 證 尒
　　　取 財 物 盡 令 節 居 利 得 之 敎 耳

　　어떤 사항에 대해 매우 엄밀한 용어를 써서 정확하게 기록한 公文書인 셈이다. '令~敎耳'와 '若~敎其~耳'는 文型은 다르나 동일한 표현으로서, 令과 敎耳 사이에는 目的節이 들어가며, 그 목적절의 주어와 술어를 나누어 쓸 경우엔 '若+(目的節의)主語+敎其+(目的節의)述語+耳'의 형태로 되고 있다. 가령 (라)의 '若更噵者敎其重罪耳'는 '令更噵者重罪敎耳'의 다른 표현이다. 또 '令其得財敎耳'라든가 '令其第兒斯奴得此財敎耳'에서 其는 令에 연용하여 쓰는 관용어처럼 보이나, '令節居利得之敎耳'와 같은 용례도 있으므로 관용어로 보기 어렵다. 節居利를 지시하는 대명사거나 '그'의 뜻을 지닌 관형사겠다.

(다) 別 敎
　　節 居 利 若 先 死 後 令 其 第 兒 斯 奴 得 此 財 **敎 耳**

(라) 別 敎
　　① 末 鄒
　　② 斯 申 支
　　此 二 人 後 莫 更 遵 此 財　　若 更 遵 者 **敎** 其 重 罪 耳

　　典 事 人
　　① 沙 喙 壹 夫 智 奈 麻
　　②　　　到 盧 弗
　　③　　　須 仇 休
　　④ 喙 耽 須 道 使 心 訾 公
　　⑤ 喙　　　　　沙 夫
　　⑥　　　　　　那 斯 利
　　⑦ 沙 喙　　　蘇 那 支
(마) 此 七 人 □ □ 所 白 了 事　　煞 牛 拔 誥
　　故 記

　　村 主 ① 臾 支 干 支
　　　　　② 須 支 壹 今 智
(바) 此 二 人 世 中 了 事
　　故 記

　　이 비문을 둘러싸고 제기된 여러 가지 의문 가운데 하나가 本碑 건립 당시 節居利의 나이였다.[17] 비의 건립 시기를 503년으로 보는 견해에 대해 던진 의문이었는데, 乃智王(訥祗王)의 즉위년이 417년이니 이때 절거리의 나이를 대략 20세로 잡더라도 503년이면 그의 나이는 100세를 넘게 된다는

_____

17) 文暻鉉, 「迎日冷水里碑에 보이는 部의 性格과 政治運營問題」, 『韓國古代史研究』 3, 1990, 152쪽.

것이다. 이에 대해서는 本碑가 건립될 당시 절거리는 이미 죽은 뒤였다고 보는 견해와[18] 斯夫智王 및 乃智王의 敎는 절거리를 대상으로 내려진 것이 아니었다고 보는 견해가[19] 제시되었다. 그 의문 자체를 해석의 오류에서 비롯한 근거 없는 것으로 본 것이다. 그러나 이들 해석에도 여전히 문제가 있거니와,[20] 사실은 보다 근본적으로 '節居利'와 '其第兒斯奴'―'其'를 지시대명사나 관형사로 볼 경우엔 '第兒斯奴'―를 人名으로 보았기 때문에 혼란이 생긴 것이었다. 비문을 다시 찬찬히 읽어 보자.

이 비문의 내용에서 가장 强勢가 놓인 부분은 (라)다. 末鄒와 斯申支의 청원 혹은 고소에 의해 本件이 논의되기 시작한 것이기 때문이다. 그러니까 이 비는 '本件에 대한 결정은 이미 내려졌으니 이 문제에 관하여 다시는 재론하지 말라.'는 취지에서 세워진 것이다. 그리고 그 결정 내용을 돌에 새겨 남긴 것을 보면 이것이 단지 珍而麻村에만 국한된 문제가 아니었음을 알 수 있다. 그러면 본건에 대한 판결 내용은 무슨 의미인가? 이에 대한 답은 (다)에 숨겨져 있다. '절거리가 먼저 죽거든 第兒斯奴가 이 재물을 得하라.'는 판결 내용이다.

이 판결의 취지를 제대로 이해하려면 본건의 심의를 의뢰한 당사자인 末鄒와 斯申支의 주장이 무엇인가 생각해 볼 필요가 있다. 문제가 된 것이 '財'라는 점은 명백한데, 그것이 어떻다는 것일까? 이 두 사람이 문제의

---

18) 朱甫暾, 「迎日冷水里新羅碑에 대한 基礎的 檢討」, 『新羅文化』 6, 1989, 75쪽.
19) 李宇泰, 「迎日冷水里碑의 再檢討」, 『新羅文化』 9, 1992, 105~107쪽.
20) 朱甫暾 교수의 견해에서는 분쟁 당사자의 생사를 모르고 죽음을 가정한 판결이 과연 있을 수 있는가 하는 부분이 회의적이다. 李宇泰 교수는 (가)의 '用'을 '以'와 같이 문장의 처음에 오면서 위의 문장을 받는 말로 보아 '斯夫智王과 乃智王의 敎를 써서 珍而麻村의 節居利를 위하여 증명한다.'로 해석하고, 따라서 시점은 어디까지나 지증왕 대이므로 절거리가 그 두 왕의 교를 받았던 것으로 볼 수 없다고 하였다. 일면 수긍이 가는 견해이나 이 해석이 좀더 설득력을 가지려면 동일한 관용구로 쓰인 (나)의 '用'도 똑같이 해석할 수 있어야 할 것이다. 그렇지 못한 지금으로서는 文暻鉉 교수의 의문이 해소되었다고 하기 힘들다.

財를 놓고 다투는 대상이 節居利인가 아니면 '第兒斯奴'인가?[21] 또 이는 과연 고소인이 패소한 사건인가?

(라)에서 '末鄒와 斯申支 두 사람은 이후로 다시는 이 財에 대하여 말하지 말라. 만일 다시 말하는 자가 있으면 重罪로 다스릴 것이다.'라고 언급되었으므로 본건은 고소인이 패소한 사건이 분명하다. (다)는 절거리가 죽은 후의 재산 문제를 말한 것으로 보아 상속에 관한 내용이라고 여겨진다.

이렇게만 생각한 종래의 견해들은 末鄒와 斯申支는 절거리의 財에 대하여 권리를 주장하다가 패소하였고, 결국 그 財는 '第兒斯奴'가 차지하게 되었다고 이해하였다. 그리고 '第兒斯奴'는 절거리의 財의 '상속자'이므로 절거리와 어떤 혈연관계에 있는 인물(동생, 아들, 동생의 아들 등)이어야 하리라고 생각하였다. 그렇지만 公文書나 다름없는 비문의 성격으로 미루어 볼 때, 동생이나 아들을 第, 兒, 第兒와 같이 생경한 용어로 부정확하고 모호하게 표기하였을 개연성은 극히 적다. '其第兒斯奴'는 혈연관계를 나타내는 말과 이름이 복합된 어구가 아닌 것이다.

고소인의 주장을 알기 위하여 그것을 심의한 결과인 (가)~(다)를 살펴보자. 그 내용은 간단하다. 첫째 節居利가 이 財를 가지라는 것이고, 둘째 節居利가 먼저 죽거든 第兒斯奴가 가지라는 것이다. 이에 따르면 절거리가 먼저 죽지 않는 한 第兒斯奴는 문제의 財를 가질 수가 없는 셈이다. 즉 '節居利가 죽으면' 得하라는 데 초점이 있는 문맥인 것이다. 여기에 의문을 푸는 열쇠가 있다.

지금까지는 (다)의 '若先死後'에서 이를 相續 문제로 보고, (라)의 '後莫更尊此財'에서 末鄒·斯申支가 패소하였다고 간주한 결과, 이 비문의 내용은

---

21) 지금까지의 연구에서 대부분의 연구자들은 末鄒·斯申支의 분쟁 상대를 節居利라고 생각하였으나 朱甫暾 교수는 其第兒斯奴로 파악하였다(朱甫暾, 앞의 「迎日冷水里新羅碑에 대한 基礎的 檢討」, 63쪽).

節居利나 第兒斯奴의 勝訴事件을 적은 것이라고 이해해 왔으나 그렇지 않다. 末鄒와 斯申支가 문제삼은 것은 財에 대한 자신들의 소유권 유무가 아니었다. 이들이 물었던 것은 요컨대 문제의 재물을 節居利가 갖는가 아니면 第兒斯奴가 갖는가 하는 것이었다. 두 사람의 주장이 서로 일치하였는지 대립하였는지는 분명치 않지만 적어도 두 사람 중 하나가 第兒斯奴의 得財를 주장하였다는 것은 틀림없다. 이에 대해 至都盧 葛文王을 비롯한 七王等이 共論하여, '前世二王代에도 이 문제가 거론되어 이미 敎令이 있었거니와 그것은 節居利가 가질 財이며, 第兒斯奴는 節居利가 먼저 죽거든 가지라.'고 판결한 것이다.[22] 末鄒·斯申支의 분쟁 대상은 節居利도 아니었고 第兒斯奴 도 아니었다. '得財'의 주체를 둘러싸고 末鄒와 斯申支 두 사람 사이에 분쟁이 일어난 것이 아니라 이 두 사람이 공동 명의로 '財'에 대한 前世二王代의 판결 내용을 재심해 주도록 六部 혹은 國家에 청구함으로써 성립한 사건이다.

여기서 節居利와 第兒斯奴는 人名이 아니다. 문맥으로 보아 職名으로 보는 것이 가장 타당하다. 그러니까 경우에 따라 혹은 지역에 따라 節居利 職에 있는 사람이 그 財를 주관하기도 하고 第兒斯奴 職에 있는 사람이 주관하기도 했던 모양이다. 그리하여 일찍부터 양자 사이에 둘 중 누가 그 財의 실질적인 주관자인가 하는 것이 문제되고 있었다고 생각된다. 實聖王 과 訥祇王 때에도 이 문제가 중앙에서 거론된 바 있을 정도였다. 末鄒와 斯申支가 물었던 것도 이 문제다. 그러나 과거에도 그랬던 것처럼 '이는 節居利가 그 財를 주관할 일이다. 第兒斯奴는 節居利가 사망할 경우에만 관여하라.'는 판결이 내려졌으며, 이 문제로 상호 대립한, 혹은 과거의 판결에 계속 불복하고 있는 末鄒와 斯申支에게는 이제 더 이상 本件에 관하여 시비하지 말도록 강력한 경고 조치가 내려졌다. 末鄒와 斯申支가 곧 節居利나

---

22) 여기서는 得을 '갖는다'고 풀었지만 전후 관계로 보면 '관할한다'는 뜻으로 이해하여 무난할 듯하다.

第兒斯奴 職에 있던 당사자들이었을 것이다. 이것이 冷水里碑의 건립을 둘러싼 내막이다.

그러면 節居利와 第兒斯奴는 어떠한 기능을 하던 직명일까? 이와 관련하여 우선 주목할 사실은 節居利가 그 '財'를 '得'하라고 판결하였다고 해서 곧바로 이것이 財에 대한 私的 所有權을 인정함을 의미한 것은 아니었다는 점이다. 節居利 死後에 그 財를 '其第兒斯奴'가 '得'하라고 別敎한 사실이 이를 말한다. '得'이 의미하는 바가 만일 온전한 사유의 형태였다면 節居利 사후의 그 財의 귀속 문제에 제3자, 특히 국가가 관여하였을 이유가 없다. 절거리가 문제의 재물에 대해 갖게 된 권리는 '得'이라고 표현된바, 私的인 管轄이 용인된 것이면서도 국가와의 관계 속에서 중앙정부가 확인하고 보증해 주는 것이라는 점에서 公的인 성격을 동시에 갖는, 말하자면 불완전하고 제한적인 소유의 형태였던 것이다. 그런데 이와 동일한 맥락에 서 있는 것이 아닌가 의심되는 소유 형태가 나타난다. 앞서 살펴본 바 節舍知가 能節租를 처분할 수 있었던 관계가 그것이다.

節舍知 侃珍이 그가 管收하여 富山城中으로 수송하던 推火郡能節租 30석을 盆宣에게 주는 뇌물로 사사로이 쾌척하였음에도 불구하고 국왕은 그를 국가재산에 대한 횡령죄로 처벌하지 않고 오히려 크게 포상하였다. 이는 그 30석이 推火郡이라는 행정구역이나 租라는 稅目에서 풍기는 公共的 성격과 일단 무관하게 侃珍 개인이 처분·소비할 수도 있는 재물이었음을 뜻한다. 국가가 공식적으로 거두는 稅穀을 횡령 혹은 유용하는 행위가 그 목적이 善하다는 명분 하에 용인되거나 장려된다는 것은 어느 시기 어느 지역 어느 國體에서건 좀체 일어나기 어려운 일이기 때문이다. 侃珍과 같은 節舍知들이 지방 각지에서 거두어 중앙으로 수송하는 세곡은 기본적으로, 아마도 지정된 창고에 공식적으로 납입되기 전까지, 私的인 관할에 맡겨진 재물로 간주되었던 모양이다. 그러나 그것을 사유재산 형태로 이해하기는

어려울 것이다. 어떠한 경우든 지방 행정구역에서 거두어져 중앙으로 이송되는 稅穀이 온전한 의미의 사유재산일 수는 없었을 터다.

節居利의 '財'에 대한 권리와 節舍知의 能節租에 대한 권리는 이와 같이 公的인 성격과 私的인 성격을 동시에 지닌 형태였다는 점에서 서로 일맥상통하는 면이 있다. 따라서 節居利는 앞에서 살핀 '節'의 용례로 짐작컨대 본디 지방에 대한 국가의 수취체제에서 기능하던 직명이 아니었나 생각된다.[23] 중앙의 6부 고위층이 이 문제를 심의하는 등 그 형식이 가졌던 무게도 여기서 이해가 된다.[24] 第兒斯奴 역시 마찬가지겠다. 第兒斯奴의 성격을 생각할 때 유의되는 사실은, '節居利의 死後'라는 단서가 붙어 순위에서 밀리기는 하였지만 결국 그에게도 이 '財'에 대한 연고가 인정되었다는 점이다. 우선순위는 있었어도 권리 주체가 복수로 존재한 셈이다. 더욱이 '其第兒斯奴'에서 其第가 '그 다음 차례의' 혹은 '그 차례에 정한'이라는 의미로 쓰였다고 본다면 '節居利'의 사후에 '財'를 '得'하게 될 '兒斯奴'는 순서가 매겨진 상태로 다수 존재하였던 것이 된다.

4. '得財'와 干의 租賦統責

잠재적인 명의인으로, 혹은 대기 소유자로 財와 관련하여 이와 같이 복수의 연고자들이 존재한 것은 신라의 수취제도 운영이 갖는 특징과 상관이 있다고

---

23) 節居利는 節과 居利의 복합어고, 居利=kəri는 赫居世에 보이는 居世=kəsi의 異表記 (r의 s音化 現象)로서 上·長의 뜻을 지닌 말이었다고 생각된다. 조선어에서는 主人·上典을 '항것'이라 하였다. '것'은 kəri>kəsi>kəs로 변화한 어형일 것이다.

24) 본고와는 발상이 다르고 또 내용도 같지 않지만, 節居利가 得한 '財'의 성격과 관련하여 그것이 租稅收取權을 지시할 가능성 자체는 이미 제시된 바 있다.
朱甫暾, 앞의 「迎日冷水里新羅碑에 대한 基礎的 檢討」, 64~65쪽.
安秉佑, 「迎日冷水里新羅碑와 5~6세기 新羅의 社會經濟相」, 『韓國古代史硏究』 3, 1990, 120~128쪽.
崔光植, 「迎日 冷水里 新羅碑의 釋文과 內容分析」, 『韓國古代史硏究』, 1990, 44쪽.

생각된다. 이를테면 그것은 수취 과정에서 발생하는 모종의 막중한 의무와 연계된 안전장치가 아니었나 하는 것이다. 지방 각처에서 거두는 정해진 조세의 量을 안정적이고 영속적으로 보장받기 위하여 지역별로 稅收를 연대하여 책임질 사람들을 다수 마련해 두었던 사정에서 기인한 현상일 것이다. 干들이 저마다 지방의 諸邑落을 統主하던 삼국 초기의 일반적인 상황을 고려할 때 이렇게 생각된다.

新羅 '上代'의 지방지배는 토착 수장층을 매개로 하여 간접적으로 이루어지고 있었다. 조세행정 역시 인원과 비용이 많이 소요되는 직접적인 수취 형태가 아니라 6부의 유력자들에게 각 지역의 조세 징수를 위임하는 방식으로 운영되었다. 그 대강은 고구려가 東沃沮에 대해

句麗復置其中大人爲使者 使相主領, 又使大加 統責其租稅·貊布·魚·鹽·海中食物 千里擔負致之[25]

하던 것과 크게 다를 바 없었다. 복속지역의 수장층을 使者로 삼아 통치에 활용하였으며, 5부의 大加로 하여금 그 租賦를 統責하도록 하였던 것이다. 고구려 정부는 이로써 안정된 조세 수입을 보장받을 뿐만 아니라 직접적인 징수에 수반하여 야기될 정치적인 문제를 회피하면서 지방에 대한 효율적인 지배를 기약할 수 있었을 터다.

신라의 경우도 마찬가지였다. 지방을 등급별 행정구역으로 나누고 지방관을 파견하여 통제하는 중앙집권적 지배체제와는 별도로 地方 諸邑落에 대하여 6부의 실질적인 장악을 허여한 분권적 지배구조가 존재하였다. 그리고 이 위에 6부의 諸干이 단위정치체로서 國政에 참여하고 지방 수장층이 諸干의 지배에 참여하는 二重構造가 중첩되어 있었다. 京位와 外位를 구별한

---

25) 『三國志』30, 魏書30, 東夷傳, 東沃沮.

것도 이 같은 구조에서 지배의 本支를 명확히 구별하기 위한 불가피한
장치였다고 할 수 있다. 한 지역에 6부의 여러 干이 지배하는 民戶가 복잡하게
뒤얽혀 있던 것이 일반적인 상황이었다. 珍而麻村의 일에 沙喙·喙·本彼·
斯彼의 4부 지배층이 참여한 것도 기본적으로는 이러한 구조에서 비롯한
바다.[26]

　이 속에서 국가에 租賦를 부담한 실질적인 단위는 6부의 유력한 干들이었
다. 干들은 部를 단위로 결합하여 각자 統主하는 제 읍락이 부담할 租賦의
量을 조정하고 결정하였으며 그 납부를 책임졌다. 民戶의 실질적인 생산량은
해마다 기복이 심하였으므로 국가는 그에 대한 수취를 干層에 위임하고
일정 액수의 稅收를 보장받음으로써 안정된 國政 운영을 위한 기반을 확보하
는 한편, 諸干의 民戶에 대한 수취 관계가 혹독하게 이루어지더라도 가급적
이에 직접 개입하지 않음으로써 정복 지역에 대한 효율적 통제를 꾀한 것이었
다.[27] 성격이 유사하다고 여겨지는 節居利의 '財'와 節舍知의 能節租는 이러
한 구조 속에 놓여 있다. 부연하자면 諸干의 租賦統責 기능, 지방 수장층을
통한 간접지배 방식, '財'에 대한 다수 연고자의 존재 등이 節居利의 '得財'와
연관되어 있는 것이다. 그러므로 이제 우리는 그 財의 내용을 대략 유추해
볼 수 있다.

　우선 諸干은 그들이 가진 租賦統責 기능에 입각하여 막대한 재산을 벌어들
일 수 있었을 것이다. 실제로 거둔 조세 수입은 그들이 국가에 부담한 것보다
훨씬 많았을 것이기 때문이다. 그 차익이 干層의 중요한 경제적 기반이
되었다. 따라서 6부의 干들은 그들에게 부여된 지방 조세의 統責權을 '財'의
한 형태로 간주하였을 公算이 크다.

　6부의 干들은 자기 세력을 이용하여 그 統責權을 직접 행사하기도 하였지

---

26) 拙稿, 이 책의 제2장 Ⅲ.
27) 위와 같음.

만, 왕경이나 지방의 재력가들에게 이를 다시 위임하는 방법을 더 선호하였을 것이다. 이 편이 더 안정된 수익을 보장하고, 인력운영상·경비지출상 발생하는 번거로움을 덜어 주었을 것이기 때문이다. 이 경우 조세의 징수권을 위임받고 납부를 책임진 재력가들에게도 그들이 납부한 조세액을 능가하는 실제 징수액이 보장되었을 것이다. 이들은 이를테면 租稅請負者들이었다. 人頭稅 중심의 삼국시기 稅制에서 마치 조선시기의 導掌과 유사한 그 같은 존재가 있었을 가능성은 매우 적다는 반론도 있으나,[28] 조세 청부는 그 稅源의 종류나 稅目과 무관하게 얼마든지 이루어질 수 있는 사안이다.[29]

그러나 풍흉을 예측할 수 없는 상황에서 일정 지역의 조세를 선납하고 그 지역에 대한 수취권을 위임받는다는 것은 손해의 위험성을 동반한 일이었을 것이다. 그러므로 그 '財'에 기대를 걸고 투자하는 재력가들은 발생할지도 모르는 손해에 대비하여 몇몇이 연대하는 것이 일반적이었겠다. 정부로서도 안정된 수취를 원하므로 그러한 연대적 보장을 바람직하게 여겼을 것이다. 節居利 외에 다수의 兒斯奴들이 순차로 존재한 것은 이러한 맥락에서 이해되어야 하지 않을까? 그 같은 연대 관계에 있는 조세청부자들이 복수의 권리 주체로 나타났던 것이며, 節居利니 兒斯奴니 하는 이름도 결국은 이들을 지칭한 말이었을 개연성이 크다. 主務를 節居利라고 부르고, 그의 有故時에 조세수취의 권리와 의무를 계승하여 수행할 자리에 있던 사람을 兒斯奴라고 일컬었던 것이 아닐까 추측된다.

조세청부 사업은 자칫하면 파산할 위험도 없지 않았으나 수익이 높아

---

28) 李宇泰, 앞의 「迎日冷水里碑의 再檢討」, 110쪽.

29) 人身이나 土地에 대해 직접세가 부과되지 않았던 로마에서는 기원전 406년부터 징수되기 시작한 전쟁세를 '트리부니 아이라리이'에게 부과하였다. '트리부니 아이라리이'는 在地 村主層을 중심으로 편제한 租稅先納人이었다. 또 屬州에 대해 부과하는 속주세의 징수는 로마 시에서 공개 경쟁입찰 방식에 의해서 조세징수 청부회사에 도급되었다고 한다(金昌成, 「로마共和國의 租稅徵收政策 硏究」, 서울대 박사학위논문, 1993).

많은 이들이 이에 참여하였으리라고 짐작된다. 따라서 취득 과정에서 상호 분쟁이 발생하기도 하였을 것이다. 冷水里碑는 그 분쟁 중 하나의 결과물이 아닐까? 이를테면 珍而麻村 節居利가 제 기능을 완수할 능력이 없다는 구실을 들어 다음 순서의 兒斯奴들이 그 조세 수취권을 나누어 가지겠다고 주장하였다가 결국 뜻을 이루지 못한 것으로 이해할 수 있다.

이런 사업에 참여하는 재력가들은 대부분 京鄕의 유력자들이었고 또 사안 자체가 지배 원리에 관계된 일이었으므로 그들간의 분쟁을 공정히 매듭짓는 것은 국가의 지방통치와 部體制의 成敗를 좌우하는 중요한 사안이었을 것이다. 葛文王을 비롯한 6부의 諸干이 장기간 珍而麻村 節居利와 兒斯奴의 '得財' 문제에 관여한 것은 여기에 원인이 있다고 생각된다.

이상은 물론 현 단계에서 억측 이상의 것이기 어렵다. 좀더 시간을 두고 관련 기록의 출현을 기다려야 옳을 것이다. 그럼에도 불구하고 이렇게 유추해 보는 이유는 모든 가능성을 생각하여 보는 것이 자료에 막혀 진전이 없는 논의에 물꼬를 트는 길이 되리라는 기대에서다.

5. 結 語

지금까지 迎日冷水里碑는 珍而麻村에 사는 節居利라는 사람(혹은 節居利로부터 상속받은 第兒斯奴)이 차지하고 있는 어떤 재물에 대해 末鄒와 斯申支 2인이 소유권을 주장하는 소송을 제기하여 결국 패소한 사건을 적은 기록으로 알려져 왔다. 그런데 實聖王 및 訥祇王으로 추정되는 2왕이 이미 본건을 다룬 바 있었고, 그것을 다시 智證王을 비롯한 6부의 유력자들이 共論한 것으로 나타나기 때문에 이를 둘러싸고 여러 가지 의문이 제기되었다. 일개 촌락에서 벌어진 개인간의 재산 다툼에 국가 권력의 핵심부가 그렇게 장기간 관여한 이유가 무엇인가 하는 데서 출발한 의문이었다. 그러나 종래의 이 같은 이해와 논의는 비문의 내용을 그릇되게 해석한 위에 전개된 것이었다. 碑文에 등장하는 節居利와 兒斯奴가 職名임에도 불구하고 人名으로 잘못 파악한 결과다.

이 비는 末鄒와 斯申支 두 사람이 신라 정부에 대해 문제의 재물을 節居利가 '得'해야 하는지 아니면 兒斯奴가 '得'해야 하는지 판결해 주도록 청원하여 그것을 심의한 내용을 담은 것이었다. 節居利가 得하되 節居利가 먼저 죽은 뒤에는 '그 차례로 정해진(其弟) 兒斯奴가 그것을 得할 것이며, 末鄒와 斯申支 는 앞으로 이 문제를 더 이상 재론하지 말라고 판시한 데서 이는 명백하다. 그리고 이렇게 해석해야 그동안 제기되어 온 의문이 해소된다. 따라서 이제 문제의 초점은 節居利와 兒斯奴가 어떤 기능을 하던 職名인가에 모아져야 한다고 생각한다.

節居利의 실체를 제대로 이해하려면 '中古'期 金石文과 史書에 자주 등장 하는 '節'의 용례와 그 의미를 먼저 파악할 필요가 있다. '節'은 '作'과 서로 대응하여 나타나기도 하는 용어인데, 종래에는 이를 경우에 따라 편의로 해석해 온 느낌이 강하다. 같은 성격의 자료에 똑같이 쓰인 용어라면 일관된 해석이 가능해야 할 것이다. 이 점에 유의하여 본고에서 살핀 바에 의하면, 이들 단어는 조세의 수취와 力役 동원 등 국가적인 수취체제에서 기능하던 직명에 붙어 그 기능을 표시하는 의미로 주로 사용되었던 것으로 나타난다. 또 '節'은 節舍知 · 節公等 · 節書人 등과 같은 부류의 인물들을, '作'은 作書 人 · 作上人 등과 같은 인물들을 통틀어 일컫는 용어로도 썼다. 이러한 사실로 미루어 節居利 역시 지방에 대한 租賦의 收取體制에서 기능하던 직명이라고 생각된다. 아마 財力이 있는 租稅先納人이거나 租稅徵收 請負者였을 것이다.

六部의 干層이 가졌던 지방에 대한 租賦統責 機能과 '上代' 지방지배체제 의 二重構造에 주목한다면, 이러한 租賦先納 또는 租稅請負 관계를 상정하는 것이 그렇게 큰 비약만은 아니라고 판단한다. 그렇지 않고서는 公的인 성격과

私的인 성격이 동시에 드러나는 節舍知의 能節租와 節居利의 '財物'에 대하여 적절한 설명을 구하기가 곤란하다. 중앙에서 지방에 파견한 관리들이 그렇게 많지 않았던 상황을 고려할 때도 이렇게 생각함이 옳을 것이다.

II. '中古'期 六部의 部役動員과 地方支配

1. 序 言

신라 초기의 사회구조를 이해한다는 것은, 고구려나 백제의 경우도 크게 다를 바 없지만, 결국 그 地方的 分立性이 말미암고 있는 바의 구조를 究明한다는 것과 같은 의미일 것이다. 故 白南雲(1894~1979) 교수 이래 많은 연구자들이 部族國家의 聯盟 형태를 늘 염두에 두고서 三國의 국가 발전 과정을 정리해[1] 온 것도 이 때문이었다. 그리하여 국가 형성 과정에서 복속시킨 제 세력의 성격을 部族國家의 族長勢力으로 파악하고 部를 그들의 연맹 형태로 이해하는 연구들이 계속 뒤를 이었으며,[2] 그 결과 後代의 貴族勢力이 지니고 있는 기반에 오랫동안 잔존한 族的 성격의 연원을 대체로 이해할

---

1) 白南雲, 『朝鮮社會經濟史』, 1993.
　　金洸鎭, 「高句麗社會의 生産樣式」, 『普專學會論集』3, 1937.
　　金哲埈, 「韓國古代國家發達史」, 『韓國文化史大系 1』, 高大民族文化研究所, 1964.
　　위의 논문들에서, '部族國家→ 部族聯盟體→ 古代國家'의 발전 과정을 거쳤다는 이해 형태가 제시되고 구체화되었다(이들의 이해 방향에 대해서는 拙稿, 「古代·中世初 支配勢力研究의 動向과 '국사' 敎科書의 敍述」, 『歷史敎育』45, 1989 참조).
2) 白南雲, 위의 책, 323~332쪽.
　　末松保和, 「新羅六部考」, 『京城帝國大學創立十周年記念論文集 史學編』, 1936 ; 『新羅史의 諸問題』, 東京 : 東洋文庫, 1954, 235~307쪽.
　　金洸鎭, 위의 논문, 19~28쪽.
　　金哲埈, 「新羅上代社會의 Dual Organization(下)」, 『歷史學報』2, 1952, 85~113쪽.
　　村上四男, 「新羅王都考略」, 『朝鮮學報』24, 1962 ; 『朝鮮古代史研究』, 開明書院, 1978, 109~126쪽.
　　盧泰敦, 「三國時代의 '部'에 關한 研究」, 『韓國史論』2, 1975, 1~79쪽.
　　李文基, 「新羅中古의 六部에 관한 一考察」, 『歷史敎育論集』1, 1980, 59~97쪽.

수 있게 되었다.

그런데 70년대에 들어서면서 그 分立的인 성격의 淵源을 둘러싸고, 부족국가와 그 연맹의 형태만을 상정하고서는 설명할 수 없는 부분이 많다는 점이 지적되기 시작하였다.[3] 城邑國家[4]·酋長社會[5]·小國[6]·邑制國家[7] 등의 개념이 제시되었던 것은 그러한 문제의식의 소산이었다. 이로써 '部族'과 '國家'가 한 개념에 같이 놓이기 어렵게 되자, 지방적 분립성의 성격을 族的인 맥락에서만 이해해 온 종래의 경향으로부터 벗어나 사회조직이나 국가구조 및 그 발전단계 등 다양한 部面에서 파악하고 설명하려는 시각의 전환이 추구되기 시작했다.

한편 그동안 族長勢力에 대한 淵源的인 성격 파악에 편중해 온 연구태도를 반성하면서 當代的 존재형태 내지는 실상을 규명하려는 노력도 행해졌다.[8] 이미 집권적 왕조국가의 일반화된 지배계급으로 변화한 '加' 계급이 下戶 지배를 통해 마련하고 있는 기반의 人身支配的 屬性에 대해 새로운 지견을 갖게 된 것은 그 성과였다. 그리고 그 인신지배적 收取 형태의 국가적 파악인 食邑의 史的 推移도 밝혀졌다.[9]

그러나 이러한 연구 성과의 축적에도 불구하고 정작 국가 발전의 가장 큰 요인이었던 정복 과정의 형태에 대한 연구가 미흡하였기 때문에 그 지방적

---

3) 千寬宇 編, 『韓國上古史의 爭點』, 一潮閣, 1975, 187~234쪽.
4) 千寬宇, 「三韓의 國家形成(上)」, 『韓國學報』 2, 1976, 6~18쪽.
   李基白, 「高句麗의 國家形成 問題」, 『韓國古代의 國家와 社會』, 一潮閣, 1985, 77~92쪽.
5) 金貞培, 「韓國古代國家의 起源論」, 『白山學報』 14, 1973, 59~83쪽.
   崔夢龍, 「全南地方 支石墓社會와 階級의 發生」, 『韓國史研究』 35, 1982, 7~8쪽.
6) 李賢惠, 「三韓의 '國邑'과 그 成長에 대하여」, 『歷史學報』 69, 1976, 1~2쪽.
   李鍾旭, 『新羅國家形成史研究』, 一潮閣, 1982, 54쪽.
7) 尹乃鉉, 「古朝鮮의 社會性格」, 『韓國古代의 國家와 社會』, 1985, 18~53쪽.
8) 金光洙, 「高句麗 前半期의 '加' 階級」, 『建大史學』 6, 1982, 1~24쪽.
9) 李景植, 「古代·中世의 食邑制의 構造와 展開」, 『孫寶基博士停年紀念韓國史學論叢』, 1988, 133~163쪽.

분립성의 실상은 상당 부분 왜곡된 형태로 나타난 느낌이다. 그 중 무엇보다도 결정적인 한계는 개별적인 제 소국의 대립과 통합이라는 관점에서 삼국의 국가 형성 과정을 정리한다는 데에 합의하면서도, 그것을 三國의 國境 '線'의 확대로만 생각해 왔다는 사실에 있지 않은가 생각한다. 바꾸어 말하자면 고대국가의 발전은 영토의 확장으로 도모되는 것이 아니라 기본적으로 民에 대한 人身的 파악의 규모와 그 통제력의 확대에서 비롯하는 것이라는 사실을 忘却하거나 忽視한 감이 있다는 것이다. 지금까지 왕권의 강화와 그에 따른 중앙집권적 지배체제의 확립이라는 측면에서만 지방통치 구조를 검토해 온 것도 그러한 데서 기인한 연구 경향이고 한계다.

그러므로 신라 사회의 구조를 체계적으로 이해하려면 民을 파악하는 제 형태의 가닥을 다시 잡아나갈 필요가 있다. 이에 본고에서는 '中古'期 신라의 地方的 分立性에 초점을 두어, 6부를 통한 지방통제 구조의 실상을 드러내고 그 구조의 계통과 변화를 생각해 보고자 한다. 그럼으로써 6부의 기능에 대해서도 얼마간 진전된 인식이 가능하게 되지 않을까 기대한다. 이러한 작업이 더 진행되어 가면 이 시기의 정치조직과 지배체제의 골격에 대한 이해도 더욱 분명해질 것이다.

2. '中古'期 六部의 部役과 地方民의 把握

신라 '中古'期, 6부에 속한 지배자들은 국가가 地方民을 파악하고 통제하는 구조에 여러 형태로 참여하고 있었다. 地方官으로서 해당 지역의 住民을 관리하기도 하였고, 所有地의 經營을 통해 관련된 民을 직접 장악하기도 하였으며, 食邑으로 分給받은 民戶를 지배하기도 하는 등 그 형식과 내용은 다양하였다. 그런데 이들은 6부가 所屬部民에 대해 國役과는 별도로 행한 듯이 생각되는 人身支配的 構造 속에서도 일정한 역할을 담당하고 있었다.

6부가 所屬部民을 독자적으로 지배하는 경로가 있었다는 사실은 그 力役動員
力에 단적으로 나타나고 있다. 部役이 그것이다. 部役이 존재하였음을 알려주
는 직접적인 사료는『三國遺事』卷5, 眞定師孝善雙美條의 다음과 같은 記事
하나뿐이다.

法師眞定 羅人也 白衣時 隷名卒伍 而家貧不娶 部役之餘 傭作受粟 以養孀母

즉 眞定法師가 아직 출가하기 전에 卒伍에 편성되어 있었는데, 집이 가난하
여 혼인을 하지 못하고 部役의 여가에 傭作을 함으로써 粟을 받아 노모를
봉양하였다는 내용이다. 이때의 '部役'에 대해서는 사료가 이뿐이므로 확실치
는 않지만, 대략 軍役 또는 勞役을 말하며 그것이 部落別 部別로 編制되었던
까닭으로 部役이라 한 것이 아니겠는가 이해되고 있다.10)
    '中古'期에 部를 단위로 하여 力役을 동원하는 구조가 작동하고 있었음은
분명하다. 예컨대 南山新城의 축조에 동원된 전국적인 力役의 편제를 보더라
도 部가 중심이 되어 있다. 眞平王은 그 13년(591)에 南山新城을 축조하도록
하고 공사에 참여한 사람들로 하여금 그 견고성을 3년간 보장한다는 내용의
서약문을 돌에 새겨 놓게 하였는데, 지금까지 부서진 파편을 포함하여 그
石碑 10基가 발견·보고되어 있다. 이른바 南山新城碑가 그것이다. 이들
비문은 모두

辛亥年二月卄六日南山新城作節如法以作後三年崩破者罪教事爲聞教令誓事之

라 하여 '教令'을 듣고 誓約하는 것임을 글머리에 밝히고 있고, 또 미리

----

10) 金哲埈,「新羅 貴族勢力의 基盤」,『人文科學』7, 1962 ;『韓國古代社會硏究』, 1975,
    226쪽.
    金基興,「三國 및 統一新羅期 稅制의 硏究」, 서울대 박사학위논문, 1989, 105쪽
    ;『三國 및 統一新羅 稅制의 硏究』, 역사비평사, 1991.

제시된-아마도 중앙정부로부터 하달되었을- 築城法에 따랐음을 말하고 있어[如法以作], 여기에 동원된 力役의 성격은 國役이었음을 짐작케 하고 있다. 그런데 그 力役 動員의 주체는 지금까지 지방관이었다고 생각해 온 바와는 달리 部였던 것으로 보인다.

<표 1>은 그동안 중앙에서 파견된 지방관으로 여겨져 온 京位 所持者 集團의 各 所屬部를 碑別로 정리해 본 것이다.

〈표 1〉南山新城碑에 보이는 京位所持者

區 分	職 名	所屬部	人 名	官 等	備 考
第1碑	阿 良 邏 頭	沙喙	音 乃 古	大 舍	
	奴 含 道 使	沙喙	合 親	大 舍	
	營 沽 道 使	沙喙	△△△知	大 舍	
第2碑	阿旦兮村道使	沙喙	勿 生 次	小 舍	
	仇 利 城道使	沙喙	級 知	小 舍	
	荅大支村道使	沙喙11)	所叱△知	△	
第3碑	(部)監 △	喙	△ △ 次	大 舍	
		喙	仇 生 次	大 舍	
	文 尺	喙	仇 △ △	小 舍	喙部 主刀里人이 建立
	(里)作 上 人	喙	只 冬	大 舍	
		喙	△ △ 知	小 舍	
第4碑	邏 頭	沙喙	奴		
	一善支		△		
第5碑	道 使	喙	△ 文 △		
第6碑					尺同・尺豆, 4字 判別
第7碑	村道使	喙			

---

11) 第2碑에서 所叱△知의 所屬部를 적은 부분의 字形은 그동안 많은 연구자들이 '沙喙'으로 읽어 왔으나(黃壽永,『第四版 韓國金石遺文』, 一志社, 1985, 39쪽), 李文基 교수는 '牟喙'으로 읽었다(李文基,「新羅 '中古'期 王京人의 軍事的 運用」,『新羅文化』 5, 1988, 58쪽). 비문을 확인해 보면 이 부분의 字形이 명확치 않은 것이 사실이다. 그러나 '牟'라고 읽는 것도 무리임이 명백한 字形이다. 여기서는 이 비문을 처음 발견했을 때 판독에 참여한 학자들이 모두 '沙'로 판독하고 異見이 없었던(國史編纂委員會,『韓國古代金石文資料集』, 1995, 134~139쪽) 사실을 중시할 가치가 있다고 판단한다. 필자로서는 '牟喙'으로 斷定하고 強辯하는 論法에 首肯하기 어렵다.

이 표를 一見할 때 주목되는 가장 큰 특징은 같은 碑에 기재된 邏頭 및 道使의 所屬部가 동일하다는 사실이다. 郡縣制의 정비에 따라 중앙에서 각 지역으로 지방관이 파견되어 있었고 邏頭·道使가 지방관이었다면, 郡縣制 실시의 趣旨로 보아 그들의 소속부는 各 村·城에 混在할 법한데도 한 碑에 보이는 수 개 村·城의 지방관이 같은 部 소속인 것이다.

이와 같이 나타날 수밖에 없었던 배경은 여러 가지로 추정될 수 있겠다. 우선 얼핏 떠오르는 것은 6부 중에 喙部와 沙喙部의 두 部가 특히 우세하였으므로 지방관 파견에서도 그 두 部가 주축이 되었을 것이고, 그러다 보니 우연의 일치로 위와 같은 현상이 빚어지게 된 경우다. 그렇지만 두 部의 세력이 비등하였다고 가정하고, 또 第3碑는 王京의 喙部라는 행정구역―部를 일단 행정구역으로 간주하고서―을 단위로 하여 部民을 동원한 경우로 보아 계산에서 제외한 다음, 所屬部가 명시된 第1·2碑의 6명의 인물만을 대상으로 하여 생각해 보더라도, 2개 부에 속한 6인이 서로 소속부가 섞이지 않으면서 2개 그룹으로 3명씩 나뉠 수 있는 확률은 산술적으로 극히 적은 게 사실이다. 그리고 보면, 나머지 南山新城碑도 한 碑에 部가 복수인 경우가 없을뿐더러 力役 動員과 관련된 여타의 '中古'期 비문, 예컨대 丙辰銘 菁堤碑와 明活山城碑의 경우도 각각 喙部와 本波(彼)部만 나오고 있어서 같은 碑에 기재된 部는 동일하다는 사실의 가능성을 뒷받침하고 있으니, 이를 일단 수긍하고 나서 그렇게 되지 않으면 안 되었던 배후의 구조를 규명하는 것이 順理이리라 생각된다. 그렇다면 가능성은 좀더 분명해지면서 두 가지로 나뉜다. 즉 邏頭와 道使가 중앙에서 파견한 지방관일 경우와 그렇지 않을 경우다.

먼저 이들이 지방관이라면, 지방관은 행정구역에 파견된 존재일 것이므로 일정한 행정구역의 지방관은 소속부가 동일했거나, 소속부가 같은 지방관이 통제하는 지역의 주민들은 한 組를 이루어 축성 작업에 참여하였다는 말이 된다. 실제로 어떠하였는지는 각 碑에 보이는 村·城의 위치를 알면 간단히 밝혀질 내용이다. 그런데 古地名의 現位置 考定은 본디, 의심할 바 없는 기록이 뒷받침하지 않는 한 좀체 확신할 수 없는 법이어서, 늘 한계를 지니는 일이므로 이들 지명의 분포 양상을 정확히 알기는 힘든 실정이다.

다만 다음과 같은 추정은 충분히 가능할 것 같다. 즉 각 碑의 지명이 일정한 행정구역—이를테면 郡 정도의 규모[12]— 안에 들어온다면 그 구역 안의 지방관은 소속부가 동일했다는, 따라서 하나의 행정구역은 한 部만 간여했다는 결론에 이르게 되는데 이는 믿기 힘든 사실이다. 가령 하나의 郡에 파견된 지방관들은 모두 同一部 소속이었을까? 여기에는 昌寧碑에 于抽悉直河西阿郡의 使大等으로 喙部의 比尸智와 沙喙部의 須△夫智가 동시에 보이고 있는 점이 참고될 수 있을 것이다.[13] 즉 하나의 행정구역에 일정한 한 部 소속의 지방관만 파견된 것은 아니었다. 그렇다고 해서 지방관의 소속부가 같으면 행정구역이 달라도 단지 같은 部 소속이라는 이유만으로 그들이 담당한 지역의 주민들을 하나의 조직으로 편제하여 축성에 동원할 수 있었다고 보기도 곤란하다. 그러할 경우 도대체 행정구역의 의미가 찾아지지 않을뿐더러, 그 같은 역할을 하는 존재를 굳이 중앙정부가 파견한 지방관으로 생각해야 할 이유가 없기 때문이다.

그러므로 이제 각 碑에 2~3명씩 보이는 同一部 所屬의 邏頭와 道使가 지방관이 아니었을 가능성에 대해 신중히 검토하지 않으면 안 된다. 邏頭·道使라는 관직명을 『삼국사기』에서 찾아볼 수 없는 이유도 이러한 사정에

---

12) 李鍾旭 교수에 의하면 各 碑에서 나타나는 지명은 대략 20~30km 정도의 범위를 벗어나지 않는다고 하며, 이는 대략 현재의 郡 정도의 규모이므로 각기 郡上村主·郡中村主가 속한 同一郡內의 여러 지명이라고 할 수 있다고 한다(李鍾旭,「南山新城 碑를 통하여 본 新羅의 地方統治體制」,『歷史學報』64, 1974, 11~12쪽).

13) '地方官'이란 王命으로 지방에 파견되어 일정한 행정구역의 책임을 맡았던 관리를 뜻하는 말이다. '大等'은 中央官이지만, 郡이라는 지방의 행정구역―그것이 複數라 할지라도―에 파견된 '使大等'은 지방관으로 봄이 마땅할 것이다.

있을지 혹 모른다. 사실 邏頭와 道使는 그들이 같은 부로서 한 組-같이 城의 한 구역을 맡아 축조하였으므로-를 이루었던 사실에서 확인할 수 있듯, 중앙정부가 아니라 部와 관련된 인물이었다.

南山新城의 축조는 적어도 喙部와 沙喙部 두 部 소속의 邏頭와 道使가 참여하고 있는 만큼, 6부 혹은 그 중 몇 개의 部가 주도하는 力役 動員 體制 속에서 이루어지고 있었다고 생각된다. 部가 力役 動員의 주체가 되고 있다고 볼 수밖에 없는 이유는 南山新城碑 各碑의 部가 동일하다는 사실과 第3碑의 喙部 內 編制 사실만으로 충분히 납득되리라고 생각하나, 거기에 지금까지 발견된 碑文들의 발견 장소도 참고되는 바다.[14] 그런데 문제는 部가 주체가 되어 있는 力役 動員의 對象에 지방민이 포함되어 있는 사실에 있다. 이때 部는 지방민의 力役 動員 構造에 관계하고 있으므로 일단은 王京의 단순한 행정구역이 아님이 분명하다. 물론 그 동원 실무자가 所屬部를 지니고 있다는 사실만으로 그렇게 단정할 수 있는 것은 아니다. 王京의 행정구역인 部에 거주하는 인물이 '관리로서' 동원 실무를 담당한 것일 수도 있겠기 때문이다. 그러나 力役 動員 실무자라고 생각되는 邏頭와 道使를 지방관으로 보기가 곤란함은 이미 설명한 바 있다. 그러므로 실제로 지방민의 역역 동원에 部가 주체가 되어 직접 간여하고 있었는지는 邏頭와 道使가 과연 部와 연결된 존재이었는지의 여부에 달려 있는 셈이다.

---

14) 李鍾旭 교수는 『三國遺事』1, 紀異 新羅始祖赫居世王條의 기사로 미루어 보아 慶州 南山의 동쪽을 喙部가 있던 곳으로, 그리고 南山의 대부분과 그 서쪽을 沙喙部가 있던 곳으로 비정할 수 있는데, 南山의 동쪽에서 발견된 第3碑는 喙部 主刀里人이 만든 것이고, 서쪽에서 발견된 第1·2·4碑는 모두 沙喙部 출신 지방관의 책임 하에 만들어진 것이 눈에 띈다고 지적한 바 있다(李鍾旭, 앞의 논문, 17쪽의 註 23). 이 지적을 재음미할 때, 各部 구역에 들어온 성곽의 축조는 해당 部가 관할하던 것이 아니었을까 하는 생각까지 든다. 더구나 明活山城碑가 本彼部의 주도 하에 작성된 것이고 보면 이 같은 추정을 더욱 확신하게 된다. 本彼部는 종래 명활산성 서편에 자리잡고 있었다고 여겨져 온 까닭이다. 그렇다면 이 城의 축조에는 習比部도 참여하였을 것이다.

이를 밝히기 위하여 우선, 작업구역을 各 村別로 더 세분하지 않고 몇 개의 村·城을 묶어 한 작업구역에 편제한 이유가 무엇인지 생각해 볼 필요가 있다. 다음은 각 碑에 나타난 築城 길이다.

〈표 2〉 각 碑에 나타난 築城 길이

碑 區 分	築 城 길 이
第 1 碑	11步 3尺 8寸
第 2 碑	7步 4尺
第 3 碑	21步 1寸

여기에서 주목되는 바는 무엇보다도 축성 길이가 寸 단위까지, 즉 당시에 길이를 재는 최소 단위까지 계산되면서 엄밀하게 구분되고 있는 사실이다. 이는 어떤 분명한 기준에 의해 전체 작업구간을 나눈 경우가 아니고서는 있기 힘든 형태다. 그 기준은 동원된 村·城의 力役 動員 능력과 결코 무관하지 않을 터인데, 그렇다면 正倉院 新羅村落文書에 보이는 計烟과 같은 기준이 이 시기에도 적용되고 있었음이 분명하다. 그 같은 公法的 基準을 엄밀하게 따지는 현실에서 작업 길이를 더 세분하지 아니하고 몇 개의 村·城을 묶어 한 작업구역에 배당하였던 것은, 그렇게 하는 것이 현실적인 여건을 보다 잘 반영하는 것이었기 때문일 터고, 또 작업 능률을 더 높일 수 있었기 때문일 터임은 두말할 나위 없다 하겠으나, 그러한 현실적인 여건은 과연 어떠한 형태였을까?

이와 관련하여 우선 생각되는 바는 작업량이 3배나 차이 나도록 不均等하게 분담되고 있다는 사실로 미루어 보아 일정한 구역을 먼저 분할해 놓고 그 구역을 감당할 각 村·城의 능력을 감안하여 力役 動員 單位의 크기를 조절한 형태는 분명히 아니었겠다는 점이다.[15] 그렇다고 해서 축성 작업의

---

15) 各 築城單位 受作距離가 일정치 않은 이유로는 關係人員의 多寡보다는 地形에 의한 공사 자체의 난이도가 검토된 바 있다(秦弘燮,「南山新城碑의 綜合的 考察」,

특수성—이를테면 돌을 다듬고 쌓는다든지 문서 관계 일을 맡아보는 전문가가 다수 필요하다는—이 力役 動員 單位의 크기를 조절한 배경이었다고도 생각되지 않는다. 물론 그러한 전문적인 인력은 반드시 필요하였을 것이다. 그러나 당시 많은 村·城이 성곽 등 자체의 防衛 시설을 갖추고 있었으므로 그것을 만들고 관리할 만한 능력은 매우 평준화되어 있었으리라고 추측되며, 따라서 각지에 散在하는 전문 인력을 축성 구역별로 고르게 분포시키기 위하여 몇 개의 村·城을 한 단위로 묶어내었을 가능성은 회의적이다. 사실 각 碑에서 실제로 축성을 주도하였다고 믿어지는 기술자들 즉 作上人과 그 휘하의 匠尺·文尺 등은 각기 다른 지역에서 동원된 것이 아니라, 第1碑의 경우는 阿良村에서, 第2碑는 阿大兮村에서, 第3碑는 主刀里에서, 第4碑는 古生村에서만 동원된 사람들이었다. 하기는 이러한 현상을 전문 인력이 몇 개의 村에 집중되어 있고 이 村을 중심으로 여타 지역의 비전문 인력을 묶어낸 경우로 해석할 수도 있겠으나, 당시에 축성 능력이 그렇게 편중되어 있었을지 의문이고, 또한 第2碑에서 沙刀城·久利城 등의 '城'에 築城이 가능한 인력이 없었다고 본다는 것도 어색하다. 그러므로 몇 개의 村·城이 한 단위를 이루게 된 이유는 달리 찾아져야 한다.

2~3인의 道使가 한 작업 구역에 같이 참여한 것으로 나타나는 이유로서 이들이 일시에 동원된 것이 아니라 교대로 동원되었을 경우도 상정할 수 있겠으나,[16] 실제로 작업을 행한 사람들까지 교대로 동원된 흔적을 발견할 수 없는 한 道使들이 연고가 없는 작업 인력을 관리하였으리라고는 생각되지 않으므로 이 경우 또한 가능성은 희박하다. 다만 그 두세 명의 道使가 동일한 구역의 축성을 공동으로 관할했던 것은 아니었던 것 같다. 비록 하나의 碑에 서약문을 남기기는 하였으나 邏頭와 道使는 그들이 담당한 전체 작업구

『歷史學報』 26, 1965, 39쪽). 그러나 그러할 경우 공사의 난이도가 과연 寸 단위의 구분까지 가능케 할 수 있을지 의문이다.
  16) 李鍾旭, 앞의 논문, 21쪽.

역을 나름대로 나누어 각기 築城하였을 것이다. 明活山城碑를 통해 한 사람의 邏頭가 지휘한 力役體制의 세부적인 내용을 확인할 수 있다. 이 비문에 의하면 1인의 邏頭는 1인의 郡中上人－아마도 上人과 村主는 성격이 크게 다른 존재가 아닐 것이다－ 휘하라고 보이는 3개의 집단(下干支徒, 一伐徒, 波日徒)을 총괄하여 감독하되 3집단에게 똑같은 크기의 작업량(4步 3尺 1寸)을 분담시키고 있는 것이다. 南山新城의 경우에서도 邏頭와 道使는 피차 독자적으로 築城하였을 것이며, 그 내부에서 몇 그룹들이 또다시 작업량을 분담하였을 것이다. 말하자면 서로 독자적인 邏頭와 道使가 하나의 비문에 서약하게 된 배경으로 표면에 드러나는 것이라고는 그들이 같은 部 소속이라는 점뿐이다.

이와 같은 점들을 분명히 해두고서 道使의 기능과 성격을 생각할 때 南山新城碑의 力役 動員 체제와 유사한 면을 보여주는 永川 菁堤碑 丙辰築堤記를 주목하게 된다.

> 丙辰年二月八日△△△大
> 搗△△△△鄒九十二△△
> 廣△二△△△將上三將作人
> 七千人△二百八十方
> 使人喙△尺△知大舍第
> △△小舍第述利大烏第
> △△小烏未△小烏一支
> △人△△尒利乃利△丁△
> 使作人只珎巴伊卽刀
> 衆社村只△△△干支△尒利[17]

---

17) 李基白, 「永川 菁堤碑 丙辰築堤記」, 『新羅政治社會史研究』, 1973, 299쪽에서 轉載하였다. 다만 5행의 '喙'은 본문 내용을 참조하여 보충하고, 직접 현지를 답사하여 碑文을 확인해 보니 과연 그렇게 읽을 字形이라고 판단하였다.

이 碑는 곳곳이 마모되어 있어서 자세한 내용을 알 수는 없으나, 菁堤가 喙部의 使人인 大舍와 小舍의 주관으로 築堤되었다는 사실만은 분명히 말해주고 있다. 즉 永川 '地方'의 저수지 건설에 특정한 '部'의 '使人'이 力役 動員의 책임자로서 간여하고 있는 것이다. 여기서의 '使人'을 지방관으로 보기는 힘들다.

金石文에 보이는 '使人'의 용례는 丹陽 赤城碑의 '幢主使人'과 '使人石書立人'이 더 있을 뿐인데, 전자는 外位 所持者로 추정되는 반면 후자는 京位 所持者이며, 職官志에 그러한 職名이 보이지 않고 語義 자체가 使役人의 뜻을 지니고 있으므로 체계화된 官職名이 아니라 일시적인 役名 정도로 생각되고 있다.[18] 菁堤는 喙部의 使人이 책임자가 되어 추진한, 즉 喙部가 독자적으로 주도한 공사에 의해 건설된 저수지였다. 그리고 여기에 동원된 사람들은 衆社村이라는 지명을 보면 지방민이 틀림없다.

이로써 部가 직접 지방민을 동원하여 일정한 공사를 행하는 구조가 확인되었다고 말할 수 있지 않을까 한다. 이러한 사실은 적어도 특정한 部가 특정한 지역과 무슨 관계를 맺고 있었음을 암시하고 있다. 그러지 않고서는 部의 使人이 지방민을 力役에 동원할 수가 없었을 것이기 때문이다. 그리고 그러한 구조에서의 力役은 앞서 眞定師가 행했다는 部役과도 결코 무관하지 않을 것이다.

그런데 여기에서 部가 주관하는 力役 動員의 책임자인 使人의 官等이 大舍와 小舍로서 邏頭 및 道使의 그것과 완전히 일치하고 있음이 눈에

---

18) '幢主使人'에 대해 鄭求福 교수는 幢主의 예하에서 幢主를 보좌하는 임무를 맡은 인물로(鄭求福,「丹陽 新羅 赤城碑 內容에 대한 一考」,『史學志』12, 1978, 118쪽), 李宇泰 교수는 幢主가 필요에 따라 現地人을 발탁하여 개인의 막료로 삼은 것으로(李宇泰,「新羅의 村과 村主」,『韓國史論』7, 1981, 98~99쪽) 생각하였고, '使人石書立人'에 대하여 처음 이와 같이 읽은 朱甫暾 교수는 이때의 使人을 職名이 아니라 碑를 세우는 데 관련된 임시적인 役名으로 보는 것이 타당하다고 생각하였다(朱甫暾,「丹陽 赤城碑의 再檢討」,『慶北史學』7, 1984, 10쪽).

띈다. 그러고 보면 使人과 道使는 그 기능 면에서도 지방민의 力役 動員을 관리·책임지고 있다는 점에서 공통되고 있다. 이러한 사항들을 종합해 볼 때, 道使가 바로 部의 使人일 가능성이 전혀 없다고 말하기는 곤란할 것 같다. 그러나 이를 확언하기엔 아직 이르다. 六部가 地方과 어떠한 관계가 있었겠는가 하는 점이 여전히 의문인 것이다.

六部가 地方과 여하한 형태로든 관계가 있었다면 그 관계는 실질적으로 六部의 구체적인 한 지배자와 어느 특정한 지역과의 관계로 표현될 것이다. 이에 주목되는 것이 金庾信 가문과 三年山郡(지금의 報恩) 사이의 지속적인 관계다.

眞興王 14년 7월, 신라는 백제의 東北鄙를 취하여 이 지역에 新州를 설치하고 阿湌 金武力으로 軍主를 삼았다.[19] 백제로부터 이 지역을 취하게 되는 전투에서 金武力이 세운 戰功이 그를 軍主로 삼을 만큼 多大한 결과인지도 혹 모르겠다. 金武力은 金庾信의 祖父다. 이듬해 백제의 聖王이 加良과 연합하여 東北鄙 喪失의 보복으로 管山城을 공격해 왔을 때, 新州 軍主 武力이 州兵을 거느리고 전투에 참가하였다. 이 전투에서 三年山郡 高干 都刀가 金武力의 裨將이었는데, 그가 聖王을 사로잡아 목 베었다.[20]

그 후 金武力의 子 金舒玄은 三年山郡에서 가까운 萬弩郡(지금의 鎭川) 大守가 되어 부임하였다. 金庾信은 여기에서 태어났다. 眞平王 17년(595)의 일이었다.

文武王 원년, 蘇定方이 唐軍을 이끌고 平壤城을 공격했을 때 신라에 軍糧의 보급을 요청한 일이 있었는데, 그 임무를 金庾信이 맡았다. 문무왕 2년 정월, 김유신은 임무를 수행하여 평양에 접근하게 되자 敵地를 뚫고 唐軍에게 군량의 도착 사실을 먼저 알리기 위해 步騎監 裂起를 파견하였다. 裂起는

---

19) 『三國史記』4, 新羅本紀4, 眞興王 14年 秋7月.
20) 『三國史記』4, 新羅本紀4, 眞興王 15年 秋7月條 및 『日本書紀』 欽明紀, 15年 12月.

김유신의 명을 받고 壯士 仇近 등과 함께 평양을 다녀왔다. 그런데 이때 김유신이 裂起를 불러 하고 있는 말이 주의를 끈다.

吾少與爾遊 知爾志節 今欲致意於蘇將軍 而難其人……汝可行否[21]

즉 김유신은 어렸을 때 裂起와 같이 자랐다는 것이다. 그러한 열기가 김유신의 휘하에 있다. 그렇다면 김유신과 열기 사이에 무슨 밀접한 관계가 있었으리라는 추정이 충분히 가능하다. 물론 이들이 어린 시절에 같이 놀고, 성장하고 나서도 같이 從軍할 수 있는 경우는 다양하게 추리될 수 있겠다. 이를테면 김유신이 나이 15세에 화랑이 되었다고 하므로 열기가 그의 낭도였을 경우를 생각하면 위와 같은 김유신의 말이 자연스럽게 이해되는 것이다. 그러나 이러할 경우 그들의 관계는 두 사람 사이의 當代의 관계로 끝나야 더욱 자연스러우리라 생각되는데 사실은 그렇지 않았다. 裂起와 仇近에 대하여는 따로 傳이 마련되어 그 구체적인 사연을 전하고 있다.

(가) 裂起 史失族姓……庾信嘉其勇 與級飡位 及軍還 庾信告王曰 裂起·仇近 天下之勇士也 臣以便宜許位級飡 而未副功勞 願加位沙飡 王曰 沙飡之秩 不亦過乎 庾信再拜曰 爵祿公器 所以酬功 何謂過乎 王允之 後庾信之子三光執政 裂起就求郡守 不許 裂起與祇園寺僧順憬曰 我之功大 請郡不得 三光殆以父死而忘我乎 順憬說三光 三光授以三年山郡太守

(나) 仇近 從元貞公 築西原述城 元貞公聞人言 謂怠於事 杖之 仇近曰 僕嘗與裂起 入不測之地 不辱大角干之命 大角干不以僕爲無能 待以國士 今以浮言罪之 平生之辱 無大此焉 元貞聞之 終身羞悔[22]

이 기록에 의하면 裂起와 仇近은 김유신의 死後에도 여전히 김유신의

21) 『三國史記』 42, 列傳2, 金庾信(中).
22) 『三國史記』 47, 列傳7, 裂起(附仇近).

아들인 三光과 元貞 밑에서 일하고 있었다. 특히 裂起의 경우, 2대에 걸쳐 김유신 가문과 관계를 맺었던 사실은 흥미롭다. 이는 열기의 父 역시 김유신의 父인 金舒玄과의 사이에 그 子代에 보이는 관계와 동일한 관계를 맺고 있었고, 그 관계 속에서 열기가 김유신과 같이 자랐던 것임을 강하게 암시하는 사실이라고 여겨지는 까닭이다.

裂起는 '沙飡之秩 不亦過乎'라는 왕의 언급으로 보아 당시의 정치적·사회적인 통념 하에서는 沙飡의 지위에 오르기는 무리가 따르는 계층이 아니었나 추측된다. 그러한 인물이 한 가문을 떠나지 않고 있다면 그는 그 가문에 어떠한 형태로든 종속된 인물이었다고 보아도 좋을 것 같다. 仇近의 경우도 마찬가지다. 더구나 이들이 김유신의 휘하에서 세운 軍功을 마치 김유신 개인을 위해 한 일인 양 말하면서 그 功勞에 상응하는 대우를 김유신의 아들들에게서도 기대하고 있고, 이를 저버릴 때의 비난이 오히려 정당한 것으로 받아들여지고 있는 시대 분위기는 그러한 私的인 관계를 상정하지 않고서는 이해할 수 없는 일일 것이다. 이와 같이 族的 制約에서 벗어나 개인들 사이에 상호공존적으로 맺어진 새로운 인간관계가 형성되고 있는 사실이 지니는 의미에 대해서는 이미 고찰된 바 있거니와,[23] 그 관계의 구체적인 모습을 해명하는 것이 본고의 과제는 아니므로 여기서는 다만 金庾信과 裂起·仇近 사이에 私的인 관계가 존재하였다는 점만 분명히 해두고자 한다.

그런데 裂起가 太守로 나간 곳이 三年山郡이었다. 三年山郡은 金武力이 新州 軍主로 있으면서 관산성 전투에 참가하였을 당시 그곳의 高干 都刀가 김무력의 裨將으로 출전한 郡이다. 이는 우연의 일치로 보이지 않는다. 물론 三年山郡은 新州 관할이고, 따라서 그곳의 外位 所持者가 新州 軍主의 裨將이었다고 해서 그 자체로 조금도 이상할 것은 없다.

---

23) 盧泰敦, 「羅代의 門客」, 『韓國史研究』 21·22合輯, 1978, 20쪽.

그럼에도 불구하고 이처럼 생각되는 것은 裂起의 태도 때문이다. 裂起는 三光에게 郡太守 자리를 요구하다 거절당하자 공공연히 불만을 토로하였다고 한다. 이는 裂起가 三光은 그의 뜻만으로 태수 자리를 충분히 마련해 줄 수 있는 처지에 있을뿐더러 응당 그래야만 한다고 믿고 있었음을 의미한다. 실제 順憬까지도 그 불만을 정당한 것으로 받아들여 三光에게 전하였으며, 이에 三光은 과연 三年山郡의 太守 자리를 내주었다.

(가)의 기록에 의하면 이러한 일이 있었던 것은 三光이 '執政'하였을 때라고 하는데, 여기서 '執政'이 구체적으로 어떠한 지위에 있음을 가리키는 말인지 분명치가 않다. 생각 같아서는 郡太守 級의 人事 發令을 마음대로 할 정도면 上大等 혹은 執事部의 中侍 정도의 高位 官職에 오른 것을 뜻하지 않겠는가 하나, 上大等·兵部令·中侍의 任免 記事가 유난히 충실히 전하는 이 시기의 기록 어디에도 三光이 그 같은 관직에 오른 사실을 전혀 찾아볼 수가 없다. 즉 '執政'은 중앙의 고위 관직을 차지한 사실을 의미하는 말이 아닌 것이다. 그것은 신라 사회가 수시로 고위 권력자가 바뀔 때마다 군태수까지 자기 세력으로 교체하는 인사 돌풍이 있었던 불안정한 사회였다고는 도저히 생각되지 않기 때문에 더욱 그러하다. 그러므로 三光이 裂起를 임의로 태수로 파견할 수 있었다면, 그 대상 지역은 극히 한정되어 있었다고 보지 않으면 안 된다. 아마도 그 곳은 三光의 緣故地였을 것이다.

이와 같은 정황으로 보아 三年山郡의 外位 所持者가 金武力의 裨將이었던 것도 예사롭지 않으며, 三光이 그곳의 태수 자리를 임의로 내줄 수 있었던 듯 보이는 사실도 우연한 일이 아니었다고 판단하는 것이다. 추측컨대 김무력이 新州 軍主로 나갔을 때, 報恩과 鎭川 일대의 실질적인 지배권을 이미 장악한 상태였거나 혹은 軍主라는 지위를 빌미로 이 지역의 지배권을 장악하게 되었던 것이 아닌가 한다.

各 部의 지배자들은 김유신의 예에서와 같이 실질적인 지배권을 사실상

확보하고 있는 지역을 다수 가지고 있었을 것이다. 앞서 南山新城碑의 분석을 통하여 드러나고 있던 六部의 地方力役 動員體制는 대략 이와 같은 여건 속에서 성립하였으므로 같은 部 소속의 邏頭와 道使가 한 碑에 기재된 것이었던 셈이다. 그러고 보면 위에 제시한 (나)의 기록에서 仇近이 元貞公을 따라 西原述城의 築造에 참가한 사실에 다시 눈길이 간다. 여기서 仇近이 축성 작업의 진척과 관련하여 杖을 맞은 것을 보면 그는 축성의 실무 책임자였음이 확실한데 이때의 그가 道使였던 것이 아닐까?

이 시기의 築城은 國役으로 이루어지고 있었다. 太宗武烈王 3년에 金仁問이 唐에서 돌아와 軍主에 임명되고 獐山城의 築造를 감독하였다든가,[24] 眞平王 41년에 백제가 速含 등 6城을 공격하자 5軍을 명하여 구원케 했는데 5軍이 백제를 당할 수 없겠다고 판단하고는 국가에서 추진하다 못 마친 奴珍 등 6城의 축조만 마저 끝내고 귀환했다는[25] 기록에서 보듯, 築城이 한 가지 형태로 행해지고 있었던 것은 아님이 분명하나, 거기에 동원된 力役은 대개의 경우 國役으로서의 성격을 지니고 있었다. 그런데도 그 力役이 지금까지 논의해 온 바대로 마치 部役으로 행해진 것처럼 보이는 까닭은 무엇인지 궁금하다.

3. 六部의 地方支配의 系統과 '中古'期의 變動

六部의 지배자들은 각기 그들이 실질적으로 장악하고 있는 지역을 신라 전 영토에 걸쳐 사실상 확보하고 있는 상태였다. 백제의 경우는 행정단위까지도 그 실질적인 장악과 지배를 인정하는 측면에서 설정되고 있었던 것 같다.

『三國史記』 地理志에 百濟故地에 대한 編制로 보이는 都督府 이하 東明·支潯·魯山·古四·沙泮·帶方·分嵯 등의 7州가 그 屬縣과 함께 소개되고

---

24) 『三國史記』 5, 新羅本紀5, 太宗武烈王 3年.
25) 『三國史記』 47, 列傳7, 訥催.

있는데, 이 編制(이하 '都督府 編制')의 내용이 매우 특이하다. 즉 이들 7州는 서로 멀리 떨어진 屬縣들로 구성되어 있는 것이다. 이 지역은 唐이 都督府 통치를 포기하고 완전히 물러간 후, 신라에 의해 영역지배 형태인 9州로 편성되면서 熊川州·完山州·武珍州가 설치된 곳이다. 역시 同書 地理志에 各 州에 속한 郡縣名이 소개되어 있다. 그런데 都督府 編制 1府 7州의 屬縣名 이 統一新羅期의 3州에 分散 分布하고 있는 것이다. 다음 <표 3>은 都督府 編制에 보이는 지명으로 3州의 郡縣名과 동일한 것만 뽑아 본 내용이다.[26] 즉 都督府 編制下의 州는 서로 멀리 떨어진 지역을 묶어낸 형태였다. 같은 州(統一新羅期의 州) 內의 지명들이라 할지라도, 예컨대 帶方州의 屈奈는 지금의 함평지역이고 抽山은 진도인 것처럼 결코 서로 가깝다고 할 수는 없는 지역들이다.

『三國史記』地理志의 都督府 編制에 대해서는 唐이 百濟 故地에 설치하려 고 계획하였으나 결국 실현하지 못한 案件이라는 견해가 있으나[27] 확실한 근거가 있는 추정은 아니다.[28] 설령 그렇다고 하더라도 이와 같이 分散된 지역을 하나의 州로 묶으려고 한 데에는 종래 백제 지배층에 의한 지방장악 형태를 인정하고서 그 지배 질서를 통해 都督府 지배를 실현하려고 한 의도가 깔려 있었지 않겠는가 생각하거니와, 나아가 백제가 멸망하기 전의 행정구역이 이미 분산된 지역을 묶은 형태가 아니었고서는 갑자기 그러한

---

26) 지명이 같다고 해서 반드시 위치가 같다고 하기는 곤란하나, 일부 지역의 地名이 완전히 일치하고 있음을 발견하면서도 이를 구태여 무시하고 뚜렷한 근거 없이 서로 가까운 지역에 비정하려 드는 태도는 문제가 있다고 생각한다. 일단 그러한 현상의 實在를 인정하고 그렇게 된 배경을 생각해 볼 필요가 있다.

27) 李丙燾,『譯註 三國史記』, 乙酉文化社, 570쪽.
   李宇泰, 앞의 논문, 79쪽.

28) 唐이 百濟 地域에 熊津·馬韓·東明 등 5都督府를 설치하고 그 지방 수령으로 都督府 刺史를 삼았다고 하는 기록(『三國史記』地理志 百濟條)과 부합하지 않기 때문에 그러한 추정을 한 것 같으나 확실한 것은 아니다. 李宇泰 교수는 여기에 백제의 郡縣名으로 보이지 않는 지명이 있다는 것을 계획적인 안건이었다고 생각하 는 근거로 제시하였다.

<표 3> 都督府 編制에 보이는 地名의 分布 樣相

都督府 編制	熊 川 州	完 山 州	武 珍 州
都 督 府 (13縣)	尹城縣(本 悅己) 麟德縣(本 古良夫里) 散昆縣(本 新村)	得安縣(本 德近支)①	歸化縣(本 麻斯良)
東 明 州 (4縣)	熊津縣(本 熊津村) 久遲縣(本 仇知) 富林縣(本 伐音村)		鹵辛縣(本 阿老谷)
支 潯 州 (9縣)	己汶縣(本 今勿)	隆化縣(本 居斯勿)	
魯 山 州 (6縣)		魯山縣(本 甘勿阿) 唐山縣(本 仇知只山) 淳遲縣(本 豆尸)	
古 四 州 (5縣)	淳牟縣(本 豆奈只)②	平倭縣(本 古沙夫村) 帶山縣(本 大尸山)	
沙 泮 州 (4縣)			無割縣(本 毛良夫里) 佐魯縣(本 上老) 多支縣(本 夫只)
帶 方 州 (6縣)			軍那縣(本 屈奈) 徒山縣(本 抽山) 半那縣(本 半奈夫里) 竹軍縣(本 豆肹)
分 嵯 州 (4縣)			貴旦縣(本 仇斯珍兮) 皐西縣(本 秋子兮)

비고 : ① 都督府 13縣 중의 德近支는 完山州의 德近과 동일 지명으로 본다.
② 古四州 5縣 중의 豆奈只는 熊川州의 豆仍只와 동일 지명으로 보고자 한다. 奈(乃)가 仍과 같이 쓰인 예로는 進乃郡을 進仍乙이라고도 한 것을 들 수 있다.

얼토당토않은 地方 編制의 착상조차 가능했겠는가 의심을 하는 바다.

신라 지역의 경우에도 멀리 떨어진 지역을 묶어낸 형태의 郡이 昌寧碑에 보이고 있을뿐더러,[29] 이른바 越境地 혹은 交叉領屬關係가[30] 후대까지 존속한 것으로 미루어 볼 때에는 '中古'期만 하더라도 그러한 형태나 구조가

---

29) 眞興王 昌寧 巡狩碑에 보이는 '抽悉直河西阿郡'은 하나의 郡名으로 보는 것이 옳겠다. 나아가 서로 멀리 떨어져 있는 지역들을 하나의 행정구역으로 묶은 경우가 이 예에 限하지는 않았을 것이라고 생각한다.
30) 木村誠,「新羅郡縣制의 確立過程과 村主制」,『朝鮮史硏究會論文集』13, 1976, 6~10쪽.

예외적인 것은 아니었다고 생각된다. 물론 거기에는 그만한 원인과 배경이 있었을 것이다.

『三國史記』初期 記事를 불신하게 되는 이유 중 하나는 정복에 관련된 기사의 내용을 도무지 납득할 수 없다는 점이었다. 경주에서 멀리 떨어진 지역은 이미 장악하고 있는 듯 기술하면서 그보다 훨씬 가까운 지역은 뒤늦게 복속시켰다는 내용이며, 서로 멀리 떨어져 있어 상호간에 地境 다툼이란 있을 수 없을 것 같은 두 개의 소국이 영역분쟁을 일으키고 그 裁決을 신라왕에게 의뢰하였다는 내용 등은 상식적으로 납득할 수 없는 기사였던 것이다. 그런데 이는 다분히 영토는 線으로 둘러싸인 형태라는 상식의 독단이 가져온 결과가 아니었나 한다. 古代에는 영토 그 자체보다도 民에 대한 人身的 파악이 우선되었다는 사실에 좀더 유의했어야만 하였다.

시기적으로 앞서기는 하지만, 예컨대 기원전 128년에 濊君 南閭 등이 右渠王으로부터 畔하여 28만 口를 이끌고 遼東에 來屬함에 漢 武帝가 그 지역에 蒼海郡을 설치하였다는 기록에서,[31] 정작 그 복속의 내용이 영토의 복속이기에 앞서 民口에 대한 파악의 권한을 넘겨주는 것이었음을 재음미할 필요가 있다. 여기서는 또한 濊가 遼東과 경계를 접하고 있지 않았음도 주목된다. 朝鮮相 歷谿卿이 右渠王과 뜻이 맞지 않자 2천여 戶의 民을 이끌고 辰國으로 옮겨 갔다는 기사에서도[32] 반발의 형식은 여전히 戶口의 이탈이었다. 叛하는 경우 거주 지역을 벗어나야 하는가 그러지 않아도 되는가의 차이가 '相'과 '君'의 지위를 가르고, 역으로 그 지위가 그러한 차이로 나타나기도 했을 터지만, 종래의 人身的 파악을 거부하는 형태로 그 뜻을 표현한 점에서는 공통되고 있다. 이러한 사실은 고대의 國家的 收取가 戶口를 대상으로 이루어지고 있었음을 암시한다.

---

31) 『後漢書』85, 東夷列傳75, 濊.
32) 『三國志』30, 魏書30, 東夷傳, 韓傳 所引 魏略.

그러한 상황에서 征服과 服屬은 반드시 地境을 접한 세력들 사이에서만 발생하는 관계가 아니었다. 서로 멀리 떨어진 나라로 찾아가서 복속함으로써 야기되는 혼잡의 모양은 70여 개의 소국들이 分立하고 있던 三韓 지역에서 더욱 심하였다. 『三國志』 東夷傳 韓傳에

國邑雖有主帥 邑落雜居 不能善相制御

하였다는 기록이 있는데, 여기서 國邑에는 비록 主帥가 있어도 읍락들이 雜居하고 있어서 서로 잘 制御하지를 못하고 있다고 한[33] '雜居'는 한 소국을 이룬 여러 읍락들이 서로 分散 分布하면서 다른 소국을 형성하고 있는 읍락들과 서로 혼재하고 있었던 상황을 표현한 것이다.

그러한 소국들과 同盟하고 對決하는 과정 속에서 성장한 신라와 백제는, 그러므로 처음부터 線으로 둘러싸인 영역을 지니고 있었던 형태가 아니라 分散 分布하는 城邑들을 단위로 한 小領域을 집합으로 포괄하는 판도를 지니고 출발한 국가였다고 보아야 한다. 바꾸어 말하면 초기 신라의 판도 내에는 아직 신라에 복속하지 않은 세력들의 영역이 복속한 세력의 영역보다 오히려 더 넓은 면적을 차지하고 있었을 수도 있다는 것이다.[34]

이와 같이 생각하지 않고서는, 예컨대 脫解尼師今代에 백제왕이 娘子谷 (지금의 淸州 지역)에 이르러 使者를 보내 地境의 개척과 관련하여 회견하기

---

33) 이 구절을 처음 이와 같이 해석한 연구자는 千寬宇 선생과 李賢惠 교수였다(千寬宇, 앞의 논문, 15쪽 ; 李賢惠, 앞의 논문, 11~14쪽). 종래에는 主帥가 읍락에 雜居한다는 의미로 받아들여 왔다.

34) 이와 같은 이유로 金哲埈 교수가 6촌을 二部體制 理論에 착안하여 12개 村으로 나누고 그 위치를 慶尙道 일원에 비정한 것도 그 자체 크게 어긋난 견해가 아니라고 생각한다. 다만 신라의 초기 영역이 慶尙道 일원을 모두 포괄하였던 것은 아니었다. 최근에 盧重國 교수도 昔氏 세력은 甘浦 지역, 朴氏 세력은 尙州, 金氏 세력은 慶州에 근거를 두고 있었다고 생각하였다(盧重國, 「鷄林國攷」, 『歷史敎育論集』 13・14合輯, 1990, 175~182쪽).

를 청하였다는 기사라든가,[35] 儒理尼師今代에 낙랑이 신라의 城을 쳐서 함락하였다는 등의 기사는[36] 전혀 이해할 수 없는 내용이 되고 만다. 그러고 보면 婆娑尼師今代에 音汁伐國과 悉直谷國이 서로 상당한 거리를 두고 있으면서 地境을 다투었던 것도[37] 이러한 사정에서 충분히 가능한 일이었던 셈이다.[38] 양국에서 모두 떨어져 있는 지역도 분쟁의 대상이 될 수 있겠기 때문이다. 이 사건의 결과로 音汁伐·悉直·押督國이 항복해 들어왔다고 할 때에도 신라의 판도는 역시 앞서 말한 집합의 형태를 보이게 되는 것이며, 이를 이때에 신라가 三陟 지역에 이르는 모든 영역을 복속시켰다는 내용으로 이해하면 곤란하다.

마찬가지로 逸聖尼師今代에 이미 永興 지역까지 진출해 있는[39] 등 『삼국사기』 초기 기사의 내용에 마치 신라가 廣域의 판도를 완전히 확보한 듯 보이게 되는 것도 충분히 납득할 수 있는 일이다. 사이에 복속하지 않은 지역이 끼어 있더라도 그보다 더 먼 지역이 신라의 판도에 들어왔다고 하여 결코 이상할 것이 없기 때문이다. 반드시 地境을 접해야만 복속하는 것은 아니었다.

신라가 가운데의 공백 상태를 모두 메우고 그 판도를 명실공히 영역으로 지배하게 된 것은 대략 새로 사방을 網羅하였다는 의미의 '新羅'를 國號로 삼은[40] 智證王代의 일이었다고 생각된다. 지증왕 13년에 바다를 건너 于山國을 정복한 것도 그 網羅의 뜻을 완성하려는 의도에서 비롯한 기획사업이었던

---

35) 『三國史記』 1, 新羅本紀1, 脫解尼師今 7年 10月.
36) 『三國史記』 1, 新羅本紀1, 儒理尼師今 13年 8月.
37) 『三國史記』 1, 新羅本紀1, 婆娑尼師今 23年 8月.
38) 李丙燾 교수는 悉直谷國을 三陟 지역으로 보는 것은 音汁伐國(安康)과의 거리가 너무 멀어 잘 이해를 할 수 없으니 역시 같은 安康 지역으로 보는 것이 좋겠다는 견해를 제시한 바 있다(李丙燾, 앞의 『譯註 三國史記』, 17쪽 註 2).
39) 『三國史記』 2, 新羅本紀2, 逸聖尼師今 4年 春2月.
   '靺鞨入塞 燒長嶺五柵'. 여기서 長嶺은 永興의 長嶺鎭이다.
40) 『三國史記』 4, 新羅本紀4, 智證王 4年 10月.

것 같다. 이러한 점에서 『三國遺事』가 바로 이 시기를 끝으로 新羅史를 시대구분하여 '上古'期와 '中古'期로 나누었던 것은 나름대로 근거를 지닌 것이었다고 하겠다.

넓은 판도 내부의 여기저기에 공백이 존재하는 상태에서 이루어진 지방통제는 그 공백이 사라진 후대의 領域 分割 支配와 그 형식이나 내용이 같을 수가 없는 일이었다. 서로 격리된 지역의 戶口를 통괄하는 측면에서 統制의 방향이 설정되어야 했던 까닭이다. 그 통제 방식은 국가 형성 과정에서 새로 편입한 지역의 처리 형태로부터 이미 기본적인 구도가 짜여지고 있었다. 고구려가 臣屬해 들어온 東沃沮를 처리한 방식이 이 대목에서는 좋은 참고가 되고 있다.

> 國小 迫於大國之間 遂臣屬句麗. 句麗復置其中大人爲主者 使相主領 又使大加統責其租賦貊布 · 魚 · 鹽 · 海中食物 千里擔負致之.[41]

고구려는 새로 臣屬해 들어온 東沃沮의 종래 지배층 중에서 大人을 地方官(主者)으로 삼아 중앙의 相으로 하여금[42] 主領케 하고 大加로 하여금 그 지역의 租賦를 統責하게 하였다는 내용인데, 여기서 大加들은 5部에 속해 있는 존재였다. 즉 고구려는 신라 지역이 국가에 부담하는 租賦를 部의 大加들이 統責하도록 하고 있었던 것이다. 그리고 이 구조는 중앙정부의 相이 통괄하는 행정조직과는 별도로 성립해 있었다. 이는 '又'라는 접속사로 연결된 병렬식 문장이 지닌 文義에서 명백하다고 생각한다.

各 部의 大加들이 읍락의 租賦를 統責하는 구조는 단지 복속지역에 한하여 구현되고 있었던 것은 아닐 것이다. 이 구조는 고구려의 國家 收取體制의

---

41) 『三國志』30, 魏書30, 東夷傳, 東沃沮.
42) 이 부분은 종래 '서로 主領케 하였다'는 의미로 해석되어 왔다. 그런데 '主領'이란 中央集權的 統制 形態에서만 가능한 표현이어서 '서로'라는 개념으로 이해될 성질이 아닐뿐더러 漢文 語法上으로도 이편이 옳은 해석이 아닐까 한다.

전반이 의지하고 있는 바였다. 『隋書』에 高句麗의 租稅가

> 人稅布五匹 穀五石. 遊人則三年一稅 十人共細布一匹. 租戶一石次七斗 下五斗.

였음을 전하고 있는데, 여기서 稅는 租로서 人頭에 부과되고 穀은 調賦로서 戶에 부과된 것이었다. 즉 戶口를 기준으로 한 租賦의 收取는 후대까지 고구려 租稅體系의 근간이었다. 大加들이 租賦의 統責을 매개로 읍락을 지배하는 사정은 夫餘의 경우에도 마찬가지였다.

> 其邑落 皆主屬諸加[43]

하였다고 한 것이 그것이다.

정복과 동시에 고구려는 그 나라의 지배층을 중앙의 정치조직에 편입하는 한편 그 지역의 읍락들이 부담할 租賦의 액수를 打量하여 그에 대한 統責을 중앙의 諸加에게 나누어 맡긴 것이었다. 이와 같은 통제 방향과 三韓 지역에서 소국을 이룬 읍락들이 分散 分布했던 상황을 연결지어 생각할 때, 신라에 복속한 소국의 읍락들 역시 몇 개의 部에 속한 다수의 귀족들에 의해 租賦의 收取라는 형식을 매개로 각기 파악되고 있었지 않겠는가 짐작된다. 국가의 力役 動員 體制가 南山新城碑에서 확인된 것처럼 '中古'期까지 部를 중심으로 해서 이루어지고 있었던 것은 위와 같은 구조에서 말미암은 바였겠다.

部의 지배세력들이 장악하는 단위지역의 규모는 일단 종래의 읍락이 기본 단위를 이룬 형태였으리라고 생각된다. 연원상 郡縣 등 행정구역이 단위가 될 수는 없는 노릇일 터이며, 읍락이 諸加에 主屬하였다는 상황은 신라에서도 대동소이하게 전개되었으리라고 예상되기 때문이다. 그러나

---

43) 『後漢書』 85, 東夷傳75, 夫餘國.

개별 읍락이 저마다 다른 지배세력에 의해 각기 파악되지는 않았을 것이다. 이 문제를 생각할 때 다음 몇 가지 사실을 고려할 수가 있다. 첫째, '中古'期의 대부분의 力役은 몇 개의 村·城이 한 단위가 되어 동원된 형태라는 점이 고려되어야 한다. 南山新城碑의 築造가 그러하였고, 大邱 塢作碑에서 보이는 村은[44] 판독할 수 있는 것만 6개 村이다. 둘째, 그렇다고 해서 그 몇 개 村의 집합을 복속해 들어오거나 정복한, 그리하여 신라가 郡으로 편제한 이른바 '小國'의 판도 그 자체로 보기는 힘들다. 新屬한 세력은 가급적 분할해서 파악하는 것이 통제에 용이했을 것이며, 그렇지 않아도 정복 후의 論功行賞 등으로 정복지역은 分割占據의 양상을 보였을 것이다. 셋째, 남산신성의 축조만 해도 200여 개의 築城分團이 동원되었을 것으로 예상된다는[45] 사실을 고려해야 한다. 각 碑에 2~3개의 村名이 보인다고 할 때 4백~6백 개에 이를 村·城을 놓고 일률적으로 行政村이니 自然村이니 하는 논의가 무슨 의미를 지닐지 의문이다. 각 築城分團別로 각기 다른 지배세력에 의해 파악되고 있었다고 볼 수는 없겠으나 그 分團의 단위가 지방 파악의 기본 단위로서 기능하였을 것임은 틀림없을 것이다. 넷째, 신라에 편입되는 '國'의 많은 경우가 복속을 前後하여 몇 개의 읍락을 단위로 분해되고 있었지 않았겠는가고 추정할 수 있는 현상을 보이고 있음을 무시할 수가 없다. 가령 郡으로 편제된 骨伐國[46] 외에 縣으로 편제된 骨伐小國[47] 등의 사례가 전하는 바로는 원래 骨伐國으로 聯盟되어 있던 首長勢力들이 각자의 이해관계에 따라 본디의 기반으로 분열 혹은 개별화하여, 일부는 항복하고 일부는 소국 등을

---

44) 朱甫暾 교수는 南山新城碑에 보이는 村과 塢作碑에 보이는 村의 규모나 성격이 다르다고 보았다. 전자는 行政村이고 후자는 自然村이라고 한다(朱甫暾, 「新羅 '中古'期의 郡司와 村司」, 『韓國古代史硏究』 1, 1988, 31~64쪽).

45) 秦弘燮, 앞의 논문, 39쪽.

46) 『三國史記』 2, 新羅本紀2, 助賁尼師今 7年 春2月, '骨伐國王阿音夫 率衆來降 賜第宅田莊安之 以其地爲郡.'

47) 『三國史記』 34, 雜志3, 地理1, 良州, 臨皐郡 臨川縣, '助賁王時 伐得骨伐小國 置縣.'

칭하면서 독자 세력으로 남아 있다가 뒤늦게 신라에 편입되었던 것이며, 사실은 이러한 경우가 적지 않았으리라고 추정된다. 그렇게 逐次的으로 편입되는 제 세력의 규모는 심한 편차를 보였을 것이다. 그것이 다시 分割 占據되고 있었다면 그 규모나 단위는 어떠한 일정한 기준으로 분류될 수 있는 성질이 아니었겠다.

그러나 지방통제가 六部의 지배자들에게만 전적으로 일임되고 있었던 것은 결코 아니었다. 王은 가능한 한 직접통치의 방향을 모색하고 있었다. 그것은 지방을 郡縣制的 원리에 입각하여 편제하는 방향이었다. 신라는 이미 脫解尼師今 11년(67)에 朴氏貴戚으로 하여금 국내의 州郡을 나누어 다스리게 하고 이들을 州主·郡主라 부르고 있었다. 그렇지만 판도 내부에 적잖은 대항세력이 엄존하고 있고 또 각 지역이 六部의 지배력에 의해 실질적으로 장악된 상태에서 郡縣制的 원리의 具現이란 가능한 일이 아니었다. 그러므로 이 시기의 州主와 郡主는 지방의 행정사무를 관장하는 地方官이라기 보다는 王의 지배를 상징적으로 대리하는 존재에 불과하였다. 그들의 임무는 赫居世居西干이 六部를 巡撫하며 '勸督農桑 以盡地利'하였듯이,[48] 각 지방에서 '勸農桑'하는 것이었다.

分遣使十人 廉察州郡主不勤公事 致田野多荒者 貶黜之[49]

하였다는 기록이 이러한 사정을 잘 말해 주고 있다. 따라서 이 시기의 기사에서 州郡은 民을 파악하여 중앙에 上達하는 단위로서가 아니라, 주로 '發倉賑給'하는 등 王의 恩德을 下達하는 단위로 나오고 있을 뿐이다.

신라는 竹嶺과 더불어 鳥嶺의 길을 열 만큼 어느 정도 권력의 공백지를 메워나간[50] 阿達羅尼師今代를 지나, 다음 대의 伐休尼師今 2년에는 左·右

---

48) 『三國史記』 1, 新羅本紀1, 始祖赫居世居西干 17年.
49) 『三國史記』 1, 新羅本紀1, 婆娑尼師今 11年 秋7月.

軍主를 두기까지 하였다. 그러나 이 역시, 후대에 영역지배를 구현하면서 各 州에 파견한 軍主와는 전혀 성격을 달리하는 존재였다. 처음 軍主로 임명된 仇道가 일개 전투의 패배에 책임을 지고 城主로 貶黜되었다는[51] 것이 당시 軍主의 위상을 말해 주고 있다고 하겠다. 甘文國·骨伐國 등의 대항세력이 여전히 판도 내에 존재하고[52] 있는 한 지역의 개별적인 파악을 止揚할 수 없었던 상황이 가져온 한계였다.

명실상부한 영역지배가 비로소 가능해진 것은 판도 내부에 존재하던 권력의 공백지대를 모두 메우고 四方을 網羅한 智證麻立干代에 이르러서였다. 智證麻立干은 친히 국내의 州·郡·縣을 정하고, 悉直州의 軍主로 異斯夫를 임명하였다.[53] 『三國史記』가 伐休尼師今代와 智證麻立干代의 軍主 임명 사실을 기록하면서 각각 '軍主之名 始於此'라 한 것은 이와 같은 사정으로 미루어 볼 때 충분히 가능한 언급이었다고 생각된다. 명칭은 같은 軍主지만 성격이 완연히 달랐던 까닭인 것이다.

六部의 지배세력에 의한 지방 파악은 在地 지배세력을 매개로 구현되고 있었다. 在地 세력은 애초에 행정적인 位階秩序로 파악할 수 있는 대상이 아니었다. 等差가 다양하여 그 중 큰 세력은 중앙의 角干과 같은 대우를 받더라도 결코 손색이 없을 정도였다. 外位 述干이 酒多·角干과 같은 語義를 지니고 있는[54] 사실이 이를 대변해 준다. 그러한 세력을 지방관을 통해 행정적으로만 파악한다는 것은 불가능한 일이었다. 六部의 지배세력이 '部'라 는 결집 형태를 구성하고 그 部를 배경으로 해서만 비로소 파악이 가능한 존재였던 것이다. 신라에서 部가 '中古'期까지 존속한 이유는 이러한 사정에

---

50) 阿達羅尼師今 3年 夏4月에 雞立嶺(鳥嶺) 길을 열었고, 5年 春3月에 竹嶺을 열었다 (『三國史記』 2, 新羅本紀2, 阿達羅尼師今 該當年條).
51) 『三國史記』 2, 新羅本紀2, 伐休尼師今 7年 秋8月.
52) 甘文國과 骨伐國은 助賁尼師今 2년과 7년에 각각 신라에 편입되었다.
53) 『三國史記』 4, 新羅本紀4, 智證麻立干 6年 春2月.
54) 李宇泰, 앞의 논문, 114쪽.

서 납득될 수 있을 것이다.

재지 지배세력의 일부는 村主로서 지방행정에 참여하기도 하였다. 원래 干들이 모두 해당 지역을 통괄하는 행정적인 일에 간여하였던 것은 아니었다. 朴赫居世가 등장하기 이전에 六村長 중에서 특히 행정 사무에 간여한 사람들을 都利라 하였던[55] 것이 이를 짐작케 한다. 그러나 干이 점차 분화해 나가면서 下級의 干은 實務의 중심이 되어 가고 있었다. 干이 京位의 舍知로 편제되고, 舍知가 또 中央 各 官府의 실무를 담당한 職名으로 쓰이고 있었던[56] 것이 그러한 사정을 반영하고 있다.

그런데 舍知는 中央 官府에서도 文官職보다는 武官職에서, 그리고 文官職 중에서도 兵部에서 먼저 설치된 職名이었음이 주목된다.『三國史記』職官志에 의하면 처음 설치된 舍知는 法興王 10년의 武官 監舍知이며, 다음이 文武王 12년의 兵部 弩舍知이다. 이러한 사실은 舍知란 원래 軍役 등 力役 動員 構造와 연관하여 干層을 행정적 질서로 편입하면서 설치한 관직이 아니었나 추측케 하고 있다. 舍知가 中央 官府에 설치되기 전에 지방에서 발견되는 것은 이 같은 추측을 뒷받침하고 있다.

竹竹 大耶州人也 父郝熱爲撰干 善德王時爲舍知 佐大耶城都督金品釋幢下 王十一年 壬寅秋八月 百濟將軍允忠領兵 來攻其城 先是 都督品釋 見幕客舍知黔日之妻有色 奪之……竹竹收殘卒 閉城門自拒 舍知龍石謂竹竹曰 '今兵勢如此 必不得全 不若生降以圖後效' 答曰 '君言當矣 而吾父名我以竹竹者 使我歲寒不凋 可折而不

---

55) 『三國史記』에 처음 朴赫居世를 발견한 사람으로 나오는 高墟村長 蘇伐公이 『三國遺事』에는 蘇伐都利로 되어 있다. 六村長 중에 公 혹은 都利라는 名號를 사용하고 있는 이는 蘇伐公(都利)뿐이다. 그리고 기사 내용에서 그는 六村을 행정적으로 통괄하는 위치에 있던 인물로 묘사되어 있다. 都利는 드르 → 등(等) → 大等으로 발전한 말로서 후대까지도 행정 사무를 관장한 인물을 公, 等, 公等(村落文書)이라 하였다고 생각된다(金光洙, 「新羅 官名 '大等'의 屬性과 그 史的 展開」, 『歷史敎育』 59, 1996, 57~60쪽).

56) 眞平王代의 實兮와 劍君이 모두 大舍의 아들로 舍人이 되어 궁중의 실무를 담당하였는데, 官府의 舍知도 이때의 舍人과 大同小異한 위치였을 것이다.

可屈 豈可畏死而生降乎' 遂力戰 至城陷 與龍石同死 王聞之 哀傷 贈竹竹以級湌 龍石以大奈麻 賞其妻子 遷之王都[57]

즉 善德王代에 大耶城 都督 金品釋의 幢下에서 보좌하고 있던 黔日·竹竹·龍石이 舍知였다. 그런데 이들은 중앙에서 지방으로 파견된 王京人이 아니었다.[58] 竹竹의 경우만 보더라도 그는 大耶州人으로서 大耶州에서 태어나 大耶城에서 근무하는 사람이었다. 그러한 竹竹이 舍知인 것이다. 그러므로 이때의 舍知는 일단 京位 13等의 舍知가 아니라 職名으로 보아야 한다. 그러나『三國史記』職官志에 의하면 善德王 당시는 武官 監舍知를 제외하고는 중앙 관부에 아직 舍知를 두기 전이었다. 따라서 여기서의 舍知는 중앙 관부의 직명이 아니라 大耶城에서 竹竹의 역할에 대해 부여한 직명이었다고 봄이 옳겠다. 舍知는 이처럼 지방민의 그 지역에서의 역할이나 지위를 표시하는 직명으로 먼저 사용되고 있었다.

그런데 竹竹의 父인 郝熱이 撰干이라는 外位 소지자였음이 주목된다. 撰干(選干)은 뒤에 중앙의 奈麻에 비견된 지위다. 이로 미루어 보아 郝熱은 大耶 지방의 재지 지배세력을 이룬 인물이었을 것이다. 그 아들이 舍知가 되어 都督 밑에서 小部隊長 역할―기사 내용으로 짐작하여―을 수행하고 있다면, 그의 역할은 가령 父의 在地 기반을 이루고 있던 지역의 民人들을 軍役으로 동원하여 大耶城에 入堡한다든가 하는 力役 動員 構造에서 책임자로 기능한 것이 되지 않겠는가? 舍知의 역할이 그러하였기 때문에 中央 官府의 職名으로서 특히 군사적 측면에서 먼저 등장하게 되었던 것일 게다. 그렇다면 舍知는 力役 動員 構造에서 기능하는 재지 지배세력에게 일찍부터 붙여진 직명이었던 셈이다.

中央 官府의 舍知라는 관직에 오를 수 있는 관등은 舍知(小舍)와 大舍知(大

---

57)『三國史記』47, 列傳7, 竹竹.
58) 李成市,「新羅 六停의 再檢討」,『朝鮮學報』92, 1979, 35쪽.

舍)였다. 舍知의 官職名과 官等名이 서로 혼용되고 있었던 것이다. 이러한 사실에서 억측한다면, 지방의 干級으로서 力役 動員 構造에서 활동하는 인물을 舍知라 불러 왔는데, 그들의 실무적인 역할이 정치·사회적으로 점차 중요해져서 그러한 역할을 수행하는 干들을 행정체계 속으로 편제할 필요가 있게 되자 그 직명(役割名)을 그대로 京位로 인정하여 지배조직에 편입하고, 나아가 그러한 역할의 비중이 더욱 증대하자 中央 官府의 官職名에까지 그 職名을 채용하기에 이른 것이 아닌가 한다. 즉 竹竹의 경우 '舍知'는 그의 職名일 뿐 아니라 官等이기도 하였다는 생각이다. 이처럼 지방민에게도 그의 역할에 따라서는 京位가 부여되고 있었던 것이다.

六部의 지방 통제 구조에서도 역시 이와 같은 실무적인 干級의 역할이 중심이 되고 있었다. 邏頭와 道使의 官等이 모두 小舍와 大舍로서 舍知의 그것과 꼭 일치하는 것이 이를 말해 준다. 다음 <표 4>는 邏頭 및 道使와 村主의 관등을 알 수 있는 자료를 '中古'期 金石文에 限하여 뽑아 도표화한 것이다.

〈표 4〉 '中古'期의 邏頭·道使와 村主

職名	所屬部 · 出身地	人名	官等	等級		金石文
阿良 邏頭	沙　　喙	音乃古	大舍	12		南山新城碑
奴舍 道使	沙　　喙	合　親	大舍	12		第 1 碑
營沽 道使	沙　　喙	△△△知	大舍	12		
阿旦兮村道使	沙　　喙	勿生次	小舍	13		南山新城碑
仇利城 道使	沙　　喙	級　知	小舍	13		第 2 碑
答大支村道使	沙　　喙	所叱△知	△			
郡上 村主	阿良村	今　知	撰干	11	5	南山新城碑
	柒吐(村)	△知尒利	上干	12	6	第 1 碑
郡中(村主)	沙刀城	平西利知	貴干	10	4	南山新城碑
	久利城	首△利知	撰干	11	5	제 2 碑
村　　主		奕廳知	迊干	8	2	昌寧碑
		麻叱知	迊干	8	2	

앞서 竹竹의 경우, 본인은 舍知였고 父는 撰干이었다. 이 점에 유의하면서 위의 도표를 볼 때, 주목되는 사실은 阿良邏頭와 阿良村의 郡上村主, 仇利城 道使와 久(仇)利城의 郡中村主의 官等이 각각 小舍(舍知)·大舍와 撰干으로 竹竹과 그 父의 官等과 일치한다는 점이다. 즉 阿良村에서 郡上村主 今知 撰干과 邏頭 音乃古 大舍, 仇利城에서 郡中村主 首△利之 撰干과 道使 級知 小舍는 郝熱과 竹竹의 경우처럼 부자간일 수도 있는 것이다. 물론 이는 가능성에 불과하다. 그러나 적어도 外位를 가진 村主級 지방세력의 아들이 京位를 받고 道使職을 수행하는 구조는 충분히 상정 가능하다고 할 것이다. 邏頭와 道使는 지방관이 아니며, 또한 반드시 六部에서 파견된 통제관도 아니었다. 오히려 '中古'期의 일반적인 지방통제 구조는 村主의 아들(혹은 村主 麾下에 있는 자)에게 京位를 주고 六部의 행정체계로 편입하여 道使職에 앉힌 다음, 이들을 통하여 그 지방의 力役을 동원하고 租賦를 收取하는 등의 통제를 행하는 형태가 아니었나 생각된다.

　그러한 道使 중에는 중앙의 지배세력과 밀접한 관계를 맺고 그들의 家臣的 인 존재로 변모하는 사람들도 있었을 것이고, 王과 연결되면서 宮의 舍人이 되는 경우도 있었을 것이며, 國役에 동원되어 都督 등의 官府에서 복역하는 사람-이들을 舍知라 하였던 것일 터다-들도 있었을 것이다. 그렇더라도 그들의 사회적 지위와 역할은 실무를 관장하고 거기에 책임을 지는 것으로서 여전히 '道使'라는 통칭으로 불렸던 것이 적어도 眞興王代까지의 상황이 아니었던가 생각한다. 그래서 昌寧碑의

大等與軍主幢主道使與外村主

는 大等과 軍主·幢主, 道使와 外村主로 읽어야 한다고 본다. 道使와 外村主 는 大等·軍主·幢主와 달리 기본적으로는 재지 세력이며, 특히 道使는

六部의 지방 장악 및 국가의 수취 구조 속에서 실무자로서 기능하는 干群이었다. 그들은 京位를 지니지 않은 채 幢主의 使人으로 활약하기도 하였고, 京位를 부여받고 六部의 力役 動員 構造에 실무자로서 기능하기도 하였으며, 국가 행정체제 속에서 舍知가 되기도 하였던 것이다.

六部는 이러한 구조 속에서 각자 파악하고 있는 지역들을 다수 확보하고 있었다. 이것이 部의 세력을 이루고 있었으며, 部 사이의 세력편차는 매우 컸다.[59] 部 사이의 그러한 세력편차는 거기에 속한 지배세력들의 입장에서, 중앙 정계로의 진출과 결코 무관할 수 없는 배경이 되었겠지만, 그들에게 막상 현실적인 문제는 각자 장악하고 있는 격리된 지역들을 여하히 일괄적으로 통제하느냐 하는 것이었을 것이다. 州·郡·縣 사이에 交叉領屬關係가 후대까지 존속하게 된 배경에는 지역은 비록 떨어져 있지만 이 지역들에 대한 지배권만은 분할당하지 않으려는 六部權力의 의지가 놓여 있다고 생각되는 것이다.

'中古'期에 들어 王이 직접 州郡縣을 정하는 등 郡縣制에 입각한 영역지배를 통하여 중앙집권적 지방통제 방안을 모색하고 있었으나, 종래 六部에 의해 실질적으로 장악되어 온 상태를 갑자기 청산한다는 것은 어려운 일이었다. 그러한 가운데에서도

王親定國內州郡縣[60]

하였던 것은 정치적으로 六部의 권력을 王權의 통제 하에 고정시키는 데에 매우 유효하였을 것이라고 추정된다. 어느 세력이 장악한 지역에 縣 또는

---

59) '中古'期의 金石文에 喙部, 沙喙部, 本彼部, 岑喙部만 발견되고 있고, 그 중에서도 뒤의 두 部의 인물이 앞의 두 部의 인물보다 數的인 면에서 현격하게 적은 것은 이 시기에 이미 六部 상호간의 세력 편차가 심각하였을 것을 보여준다.
60) 『三國史記』 4, 新羅本紀4, 智證麻立干 6年 春2月.

郡, 혹은 州를 둘 것인가를 왕이 직접 결정함으로써 왕의 지방통치권은 六部의 권력 위에 절대적인 것으로 존재하였을 것이기 때문이다.

누가 장악하고 있는 지역이 이제 民을 파악하는 실제의 행정단위로서의 기능을 갖게 된 州와 郡으로 선정되어, 여타의 세력들이 장악해 온 管內의 여러 지역들을 통괄할 것인가 하는 것은 실로 복잡한 이해관계를 내포하는 문제였을 것이다. 眞興王代에 州·郡의 지방관 소재지를 빈번하게 置廢하였던 사실의 이면에는, 영역의 확대와 戰況에 따라 해당 지역의 정치적·군사적 重要度가 변화하였던 까닭도 없지 않았겠지만,[61] 행정적으로 분할된 각 지역에 대한 주도권을 둘러싸고 六部 지배력 사이에 다툼이 치열하였던 사정이 큰 자리를 차지하고 있었지 않겠는가 한다. 그러므로 더욱이 왕의 州郡縣 親定權은 六部의 지배세력을 견제하는 장치로서 위력을 지녔을 터다. 州郡縣을 정한 지 9년 만에 처음 小京을 두고 六部 및 南地의 人戶를 옮겨 살게 하였던 것[62]도 六部 권력을 지방으로 분산시켜 약하게 만들기 위한 조처였을 것이다.

그러나 南山新城碑에 보이는 力役 動員 構造를 보면, 眞平王代까지만 해도 지방의 力役 파악은 여전히 部를 매개로 하여 이루어지고 있었던 것이 틀림없다. 그렇더라도 이 시기는 『三國遺事』에 傳하는 竹旨郎의 故事에서 확인되듯,[63] 部民에 대한 구태의연한 人身的 支配가 '暗塞不通'한 것으로 여겨질 만큼 六部에 의한 民의 파악은 위축되고 있었던 시기이기도 하였다. 신라의 지방통제 구조는 또다시 큰 변화를 맞이하고 있었던 것이다.

---

61) 姜鳳龍, 「신라 '中古'期 州'制의 형성과 운영」, 『韓國史論』 16, 1987, 79~100쪽.
62) 『三國史記』 4, 新羅本紀4, 智證麻立干 15年.
63) 『三國遺事』 2, 孝昭王代 竹旨郎條.
그런데 이 고사는 孝昭王代가 아닌 眞平王代의 일을 적은 것으로 생각된다(李弘稙, 「三國遺事 竹旨郎條 雜考」, 『黃義敦先生 古稀紀念史學論叢』, 1960; 『韓國 古代史의 硏究』, 1971, 525쪽에서는 그대로 孝昭王代로 보아야 한다고 하고, 金哲埈, 앞의 논문, 1962, 227쪽에서는 眞平王代로 생각하였는데 후자가 타당한 견해).

4. 結語

資料上의 한계를 무릅쓰고 거칠게 정리해 본 六部의 지방지배 구조와 그 계통은 대략 이와 같다. 이제 지금까지 논의해 온 바를 정리함으로써 작업을 마무리하고자 한다.

'中古'期의 力役 動員 形態를 보여주는 南山新城碑의 내용은 익히 알려져 있듯, 수개의 村・城이 한 단위가 되어 그 지역의 지방민이 邏頭와 道使의 지휘 하에 축성에 참가하고 城의 견고함을 3년간 보장한 誓約文이다. 그런데 같은 碑의 邏頭와 道使는 同一部 소속이었다. 이 사실을 몇 가지 측면에서 검토해 보면 南山新城의 축조에 지방민을 동원한 주체는, 그 중 第3碑가 主刀里人을 동원한 중앙의 喙部에 의해 건립된 것과 마찬가지로 지방관이라 기보다는 部였을 가능성이 크다고 생각된다. 한 단위를 이루고 같은 구역의 축성을 담당한 수개의 村・城은 일정한 部에 속한 단위 지배세력이 실질적으로 장악하고 있던 분산된 지역들이었을 것이다.

이러한 추정은 金庾信家와 三年山郡의 지속적인 관계에 의해 어느 정도 뒷받침된다. 三年山郡은 김유신의 조부인 金武力이 그 지역의 外位 소지자를 裨將으로 거느린 곳이었을 뿐만 아니라, 김유신의 아들인 三光이 아버지의 휘하에 있던 裂起를 태수로 내보낸 곳이었다. 裂起는 金庾信家와 지속적으로 私的인 관계를 맺고 있었던 인물이다.

'中古'期 六部에 속한 지배세력이 지방을 장악하고 그 지역민의 力役을 收取하였던 구조는 '上古'期 이래 신라의 국가 발전 과정에서 그들에게 복속지역의 租賦를 統責케 했던 데에 계통을 두고 있는 것이었다. 신라의 국가 발전은 三韓의 諸小國을 복속시켜 나감으로써 이루어진 것이었다. 복속해 오거나 정복한 소국들은 반드시 신라와 地境을 접하고 있던 나라가 아니었다. 또한 그 소국 자체도 서로 떨어져 있는 읍락들이 다른 소국의 읍락들과 섞여 '雜居'하는 상태였으므로, 신라의 판도는 線으로 둘러싸인 영역을 가진 형태가 아니라 分散 分布하는 성읍들을 단위로 한 小領域을 集合으로 포괄하는 판도의 모습을 보이고 있었다. 그러한 영역들이 부담해야 할 租賦를 六部로 결집한 지배세력으로 하여금 分割·管轄케 하고 있었던 것이다. 이로써 六部의 단위 지배세력들은 여기저기 분산되어 있는 지배지역을 갖게 되었다.

領域을 분할하여 일괄적으로 통제하는 지배구조의 설정이 불가능한 판도를 가진 상황에서 지방민을 파악하고 재지세력을 통제할 수 있는 방안은 중앙의 지배세력들이 결집하여 部를 이루고 이를 통하여 지배하는 방향에서 모색될 수밖에 없었다. 영역지배가 가능한 지역에 대해서는 郡縣制的 원리를 적용하여 州·郡을 나누고 縣을 두기도 하였지만, 거기에 파견된 村主와 郡主 등은 아직 중앙집권적 지배체제 속의 지방관이 아니라, 왕의 지배 권위를 상징적으로 代理하는 존재에 불과하였다.

신라가 판도 사이의 공백지역을 모두 메우고 四方을 망라함으로써 명실공히 영역지배를 구현하였던 것은 智證王代를 전후한 시기의 일이었다. 이 시기를 끝으로 新羅史를 시대구분하여 '上古'期와 '中古'期로 나누는 것은 이 같은 사정에서 상당한 근거를 지니고 있다. 智證王은 친히 州·郡·縣을 정하고 州에 軍主를 파견하였다. 軍主는 이미 伐休尼師今代에도 설치된 바 있었으나 영역지배가 불가능하였던 그 시기의 軍主가 智證王代의 軍主와 비록 명칭은 같더라도 성격과 위상까지 같을 수는 없는 일이었다.

왕이 영역을 구분하여 州·郡·縣을 두고 그 지방관 소재지를 친히 정하여 지방을 직접 통치할 수 있게 됨에 따라 六部의 지배세력에 의한 지방장악 형태는 큰 변화를 맞이하였다. 어느 세력이 장악한 지역에 治所를 둘 것인가 하는 문제는 六部에 속한 제 지배세력의 이해와 직결되고 있었던 것이다. 후대까지 남은 交叉領屬關係와 越境地는 그러한 이해관계의 유산이었다. 小京을 설치하여 六部의 人戶를 분산시키고, 州郡의 治所를 빈번히 이동시킴으로써 六部에 의한 지방지배의 의미를 半減시키는 등 왕권의 部勢力에 대한 制裁의 강도는 점차 높아지고 있었으나, 그럼에도 불구하고 眞平王代까지만 해도 지방민의 力役 動員은 部가 주체가 되어 행해지고 있었다. 南山新城碑에 보이는 力役 動員 構造가 그것이다. 그렇지만 한 시기의 역사적인 기능을 담당하였던 部는 그 의미가 위축됨에 따라 또 한 차례의 변화를 맞이하고 있었다.

Ⅲ. 5~6세기 新羅의 六部와 權力關係

1. 序 言

지증왕 4년(503)에 건립된 冷水里碑는 實聖·訥祗 麻立干 때부터 논의가 되어 왔던 節居利에 관한 문제를 智證王 때에 末鄒와 斯申支라는 두 사람이 재심해 주도록 요청한 데 대하여, 六部의 干들이 共論하여 유권 해석을 내리고 이를 돌에 적어 남긴 것이다.[1] 여기서 六部 諸干이 政事를 共論하여 결정하고 이를 敎라는 형식을 통해 실행한 정치 형태가 특히 주목된다. 共論의 정치 형태는, 前代에 비해 다소간 약화된 모습이기는 하나, 鳳坪碑에 서도 볼 수 있다. 국왕과 六部의 諸干이 똑같이 '所敎事'의 주체로 되어 있고,[2] 결정한 내용이 '新羅六部'의 이름 아래 공포되고 집행되었다. 또한 이들 비문에 의하면 法興王 11년(524) 무렵까지는 국왕도 所屬部를 明記하는

---

1) 재심 요청의 요지는 收租의 권리가 節居利에게만 있는가 아니면 兒斯奴들에게도 있는가 하는 것이었고, 이에 대한 六部 干들의 共論 결과는 節居利에게 우선적인 권리가 있으며 阿斯奴들은 節居利가 사망한 경우에만 정해진 순서(其第)에 따라 권리를 가진다는 것이었다. 節居利와 阿斯奴는 人名이 아닌 職名이다. 이들이 어떤 직책이었는가에 대해서는 더 연구해 보아야 하겠지만, 冷水里碑의 내용은 대략, 諸加의 지방에 대한 租賦 統責 구조에서 기능하던 租稅請負業者(節居利)와 連帶保證人(阿斯奴) 사이에 발생한 收租權의 歸屬에 관한 갈등을 보여준다고 이해하여 크게 틀리지 않으리라 여겨진다(拙稿,「新羅 '中古'期의 '節'·'作'과 冷水里碑文의 吟味」,『歷史敎育』63, 1997 ; 이 책의 제2장 Ⅰ로 재수록).

2) 이렇게 생각하지 않는 견해도 있다. 文暻鉉 교수는 敎事의 授敎 主體는 法興王 1인이며, 葛文王을 위시한 13인은 敎事의 受敎 客體로 읽어야 한다고 보았다. 文暻鉉,「迎日冷水里新羅碑에 보이는 部의 性格과 政治運營問題」,『韓國古代史研究』3, 1990, 173~174쪽.

것이 관례였던 것으로 나타난다.

六部 諸干의 共論이나 국왕의 所屬部 明記와 같은 정치 현상은 진흥왕대에 들어선 이후로는 다시 확인되지 않는다. 이는 신라가 6세기 초에 권력구조의 대대적인 재편을 경험하였음을 의미한다. 그렇지 않아도 그 재편의 개연성은 『三國遺事』가 智證王(500~514)을 끝으로 '上古'期가 끝나고 '中古'期로 접어든 것으로 時代區分한 사실이나, 이때에 王號가 麻立干에서 國王으로 바뀐 사실 등으로 미루어 일찍부터 짐작되어 온 바다. 왕호의 변경은 국가 권력구조에서 차지하는 국왕의 지위와 역할이 변화한 결과로서 이루어지기 때문이다. 왕호가 공식적으로 변경되었다는 것은 곧 그 사회 지배세력내의 權力配分關係나 權威位階(hierarchies of authority)에 어떤 변화가 발생하였음을 의미하며, 나아가서는 民에 대한 지배 혹은 소유 형태까지 바뀌었음을 시사하는 '事件'이다. 民을 생산수단으로 여기던 시기에 이는 더욱 그렇다. 생산수단의 소유는 권력 실현의 유력한 대상인 까닭이다.

6세기 초 신라에서 진행된 저 권력구조 재편의 外的인 변화는 干層에서 眞骨이 분화하여 새로운 성격의 最高 支配身分層으로 성립한 사실로 집약된다.[3] 신라의 지배세력이 干層에서 眞骨로 변화함에 따라 지배원리가 바뀌고 지배체제가 다시 짜이며, 그 결과 국가권력구조에서 왕권이 차지하는 위치도 변동될 수밖에 없었다. 진골이 주축이 되어 형성한 '中古'期 이후의 권력구조가 干層이 이룬 '上古'期의 권력구조와 같을 수는 없었을 터다. 眞骨은 중앙집권체제의 구축에 성공한 왕권을 배경으로 하여 독자적 신분으로 성립한 지배세력인 반면,[4] 干層은 독립성을 강하게 띤 王者로서[5] 傳來의 지배영역을

---

3) 拙稿, 이 책의 제2장 IV.
4) 위와 같음.
5) 金光洙, 「高句麗 古代集權國家의 成立에 관한 研究」, 연세대 박사학위론문, 1983.
   朱甫暾, 「6세기 초 新羅王權의 位相과 官等制의 成立」, 『歷史敎育論集』 13·14합집, 1990, 249쪽.
   拙稿, 「新羅 '上古'期 '干'의 編制와 分化」, 『歷史敎育』 53, 1993, 79~84쪽.

지닌 채 중앙정치에 주체적으로 참여하던 지배세력이었던 까닭이다. 그러나 이 변화의 구체적인 내용은 아직 제대로 규명되지 않고 있다. 논의는 활발하지만 견해차가 심하다. 재편 후에 중앙집권적인 권력구조와 지배체제가 정비되어 갔다는 사실만 알려지고 있을 뿐, 어떠한 구조와 체제에서 그렇게 변화하였는지 불명확한 것이다.

'上古'期 신라의 정치적・사회적 상황에 대한 지금까지의 이해는 매우 다양다기한데다 그 편차도 극심하다. 연구자들이 생각하는 당시의 社會相, 나아가서는 歷史觀이 서로 크게 다른 까닭이다. 이런 차이는 事實 자체에 대한 이해부터 다른 데서 기인한다. 같은 기록을 역사적 사실로 인정하는 견해가 있는 반면, 전혀 근거 없는 허위로 판단하는 견해도 있다. 또 기록의 역사성은 부인하지 않더라도 해당 시기를 나름대로 조정하여 이해하기도 한다. 기록은 곧 역사다. 따라서 서로 다른 역사를 보는 처지에서는 사실을 규명하는 작업이 상대방에게 의미와 설득력을 갖기가 대단히 어려울 수밖에 없다.[6] 新羅 '上古'史에 대한 이해의 난맥상이 여기서 비롯한다.

사정이 이러하므로 무엇보다 事實과 見解를 엄밀히 구별하고 先入見이나 誤謬가 없었는지 점검해 보는 작업이 시급하다고 여겨진다. 널리 수용되는 견해든 소수의 견해든, 우리나라 고대사의 體系的・繼起的 이해라는 과제 위에서 다시 검토하고 확인할 필요가 있다. 분명한 사실들을 추스르고 이를 중심으로 前後의 역사적 맥락을 정리해 나아가면 신라 '上古'期 권력구조의 실상과 '中古'期로 이행하는 시점의 권력구조 재편이 갖는 歷史性이 스스로 명백해질 것이다. 본고의 목적은 이 작업을 수행함에 있다.

전덕재, 「6세기 초반 신라 6부의 성격과 지배구조」, 『韓國古代史硏究』 17, 2000, 268~269쪽.

6) 2000년에 이른바 '部體制論'를 둘러싸고 열띤 논쟁이 있었고, 이를 정리한 보고서가 간행되었다(『韓國古代史硏究』 17). 그런데 이 토론 내용을 보면 서로의 견해차만 확인될 뿐이다. 물론 상대방을 납득시키는 일 자체가 큰 의미를 지니는 것은 아니나, 문제의식조차 공유할 수 없을 정도에 이른다면 심각한 일이 아닐 수 없다.

사실을 견해로부터 분리시키기 위해서는 관련 사료에 대한 섣부른 비판을 삼갈 필요가 있다. 그 비판의 준거가 이미 다르고 객관성에 대한 기준도 다른 형편에서는 상대방의 이해가 엄밀한 史料批判에 기초하지 않았다는 지적이 큰 의미를 지닐 수 없겠기 때문이다. 자료의 절대적인 부족으로 말미암아 그 어떤 精緻한 사료비판도 恣意性을 배제하기 어려운 것이 현재의 여건이다. 그리고 본질적으로 기록의 역사적 의미는 사료비판 과정을 통해 부여되는 것이 아니라 연구자가 제시한 역사인식체계에서 그 기록이 제대로 기능하기 때문에 획득되는 것이기도 하다. 사료의 死活은 오직 그것을 운용하는 역사인식체계의 타당성과 의미 여부에 의해 결정될 뿐이다. 기록의 역사적 의미를 드러낼 인식체계를 획득하는 것 이상의 史料批判은 없다.

2. '上古'期의 支配體制에 대한 論議와 理解方向

法興王(514~539)부터 시작되는 '中古'期 이후의 신라 정치체제가 중앙집권적인 형태였다는 데 대해서는 대다수 연구자들이 동의하고 있는 듯 보인다.[7] 그러나 그 이전 시기 특히 麻立干期의 정치체제에 대해서는 서로 다른 견해가 첨예하게 대립하고 있다. 이른바 '部體制說'과 '國王中心體制說'의 대립이 그것이다. 그리하여 이와 관련한 향후의 연구는 이제 양자택일적인 선택만 남은 듯 보일 정도다.[8] 따라서 麻立干期 정치체제의 일면이 반영되어

---

7) 필자는 이에 대하여 國王中心體制와 더불어 眞骨中心體制가 공존하는 중층구조였음을 주장해 왔다. 중앙집권적 형태는 半偏의 眞實일 뿐이라는 것이 필자의 생각이다(이 책의 제1장 Ⅰ 및 Ⅱ).

8) 李鍾旭 교수는, 村長(酋長)社會 단계의 사로 6촌이 늦어도 기원전 1세기경에 城邑國家(小國) 단계로, 기원전 1세기 중·후반경에 小國聯盟國 단계로, 기원후 1세기 후반경에 小國倂合國 단계로 발전하여, 4세기 중엽의 奈勿王 때부터는 중앙집권적 왕국 단계로 접어들었다고 이해하였다(「韓國 初期國家의 形成·發展段階」, 『韓國史 轉換期의 문제들』, 1993). 그리고 李 교수는 이를 '새로운 新羅史體系'로 자처하면서, 시간이 지나면 이것이 '部體制說'을 대체하여 갈 것'이라 호언하였다(「新羅 '部體制說'에 대한 批判」, 『韓國史研究』 101, 1998). 李 교수가 제시한 '새로운

나타나는 冷水里碑와 鳳坪碑의 내용을 검토하여 사실을 추출하기 위해서는 양측의 주장을 우선 정리해 둘 필요가 있다.

두 설의 대립은 표면적으로 六部의 성격에 대한 견해차에서 비롯한 것처럼 보이지만 근본적으로는 신라의 발전 과정에 대한 이해가 다른 데서 기인한다. 두 설은 똑같이 斯盧國이라는 소국이 주변의 辰韓 소국들을 통합함으로써 신라로 발전하였다고 이해하며, 초기 사회의 기본 단위가 邑落이라고 지칭된 地緣集團이었다는 점에 인식을 같이한다. 그러나 그 통합 과정에 대한 생각이 다르다. '部體制說'은, 사로국이 중심이 되긴 하였지만 다른 소국의 지배세력도 초기 고대국가의 건설에 주체적으로 참여함으로써 자치권을 어느 정도 인정받은 상태로 연합체를 구성하였다고 보는 반면, '國王中心體制說'은 그러한 연맹 단계가 있기는 하였으나 진한 소국은 병합 단계를 거치면서 사로국에 종속되어 그 왕의 지배대상이 되었다고 인식한다.

그러므로 전자는 정치적 비중이 다른 大小 自治體의 연합 형태로서 六部가 성립하였다고 이해하고, 그러한 六部를 구성한 세력을 사로국 지배세력에 한정해서 찾기는 곤란하다고 생각한다. 六部를 이른바 '斯盧六村'과 직접 연결시키는 것을 거부하는[9] 이유도 여기에 있다. 이에 반해 후자는 斯盧라는 소국이 성립하면서 종래의 六村을 행정구역으로 편제하였으며, 다른 소국을 병합하는 단계에 이르러 斯盧國 영역을 王京으로 조성하였다고 이해하고, 따라서 6부는 6촌에서 발달한 행정구역일 뿐이라고 본다. 그리하여 전자는 후자의 견해를 따를 때 사로국 홀로 피정복국 전체를 중앙집권적으로 통제할 수 있던 힘의 기반을 어디서 찾을 수 있는지, 6부의 諸干이 共論하여 敎를 내린 사실과 왕이 소속부를 명기한 사실을 어떻게 설명할 수 있을지 의아해하고, 후자는 전자에 의거할 때 六村과 六部를 결부시킨 초기의 사료를

新羅史體系'를 部의 기능 면에서 한정하여 말한다면 '行政區域說' 정도가 되겠으나, 정치체제 면에서 지칭한다면 '國王中心體制說'이라 불러도 좋으리라 여겨진다.
9) 全德在, 『新羅六部體制研究』, 一潮閣, 1996, 18~27쪽.

부정하게 되는데 私見에 의해 자료를 부인해 나간다면 무엇을 근거로 한국고대사를 체계화할 것인지, 父子나 兄弟간에 部를 달리하기도 했던 상황에서 部가 어떻게 단위정치체로 기능할 수 있었는지 납득하기 어렵다고 한다.

部의 성격에 대해서는 자치력을 보유한 단위정치체였다는 견해와 왕권에 의해 편제된 행정구역이었다는 견해로, 王權의 성격에 대해서는 部長인 동시에 국가 전체에 대한 정치적 지배자였다는 견해와 部長을 임명하던 한 단계 상위의 정치적 지배자였다는 견해로, 양자의 대립은 新羅史 全般에 걸쳐 전개되고 있다. 따라서 이 대립과 논쟁은 신라사에 대한 지금까지의 이해를 총괄하는 성격을 띤다. 많은 연구자들이 이에 가담하는 것도 그런 성격에서 연유하는 일이겠다. 그러나 이는 또한 양측의 주장이 研究史에서 차지하는 위치를 알지 못하면 부지불식간에 논쟁에 휩쓸려 결국 가야 할 방향을 잃기 쉽다는 의미이기도 하다. '上古'史 관련 사료와 그에 대한 이해체계 전반을 시야에 두고 양측의 논지를 파악할 필요가 있다.

우선 유의할 점은 두 설 모두 斯盧國이 新羅로 발전하였다고 생각한다는 사실이다. 部體制說은 사로국을 辰韓 소국 중 하나로만 볼 뿐 더 이상의 의미 부여를 하지 않고,[10] 國王中心體制說은 村長社會 단계의 '斯盧六村'을 행정구역으로 편제한 소국으로 본다는 점에서 다를 따름이다.[11] 그렇지만

---

10) 『三國史記』 초기 기록을 그대로 믿지 않는 '部體制'說의 특성상 국가 성립 과정에 대한 언급을 자제하고 있고 논자마다 조금씩 다른 생각이 엿보이기도 하여 한마디로 정리하기 곤란하지만, 대체로 경주나 그 인근의 들판에 발달한 독자적 지연집단들이 주체적으로 연합하여 사로국이라는 소국(邑落國家)을 형성하였고, 그 사로국이 辰韓 諸小國과 邑落集團을 정복하거나 복속시켜 국왕 통제력 하의 단위정치체인 六部로 편제하였다고 인식한다. 부의 성립 시기에 대해서는 3세기 후엽으로 보기도 하고, 奈勿王代 혹은 訥祗王代로 보기도 하며, 逐次的인 분화 과정을 거쳐 慈悲王代에 완성되었다고 보기도 하였다.
朱甫暾, 「三國時代의 貴族과 身分制-新羅를 中心으로-」, 『韓國社會發展史論』, 一潮閣, 1992.
盧重國, 「삼국의 통치체제」, 『한국사 3』, 한길사, 1993.
全德在, 앞의 책, 1996.
姜鍾薰, 「新羅 六部體制의 成立과 展開」, 『震檀學報』83, 1997.

정작 기록은 이 견해들을 뒷받침하고 있지 않다. 기록에는 '斯盧六村'이라는 용어가 보이지 않으며, 사로국이 신라로 발전했다는 언급도 어디서고 찾을 수 없다. 사실과 견해를 분리시킬 필요가 여기서 발생한다. 물론 기록에 나타난다고 해서 그것이 그대로 사실인 것은 아니며, 기록과 다른 견해라고 해서 사실이 아니라고 할 수도 없다. 그렇기 때문에 더욱이 기록과 견해를 분리하고 그것들을 사실과 일정한 관계를 두고 파악해야 할 이유가 있다.

'斯盧六村'이 신라로 발전하였다는 생각은 본디 辰韓이 남한강 유역의 廣州 부근에 있었다고 본 한 연구자가 이를 입증하기 위한 작업의 일환으로 경주를 중심으로 일어난 신라를 진한으로부터 유리시킬 필요가 생긴 데서 發想하였다.12) 진한이 경기도 지방에 있었으므로 경주에서 성립한 신라와 무관하다는 생각이 '斯盧六村'이라는 新造語를 만들어내게 된 배경이다. 이 중 진한의 위치와 관련한 부분은 그 후의 논의를 통해 타당성이 부인되었지만, 6개의 씨족집단이 형성한 경주의 사로국이 신라로 발전하였다는 생각은 거의 통설이 되다시피 하였다.

하지만『三國史記』는 신라의 건국에 앞서 古朝鮮의 遺民이 '山谷之間'에 分居하여 6촌을 형성하였으며 이것이 나중에 '辰韓六部'로 발전하였다고 하였고,13)『三國遺事』는 '辰韓之地 古有六村'하였다면서 六村長을 '六部之祖'라 지칭하였을 뿐이다.14) 사로국이 아닌 진한이 신라 형성의 전제고 토대라

---

11)『三國史記』초기 기록에 대한 신뢰를 표방하는 '國王中心體制'說은 소국에 대한 병합이 시작되는 1세기 후엽에 王京이 성립하면서 행정구역으로서의 六部가 성립하였다고 본다. 말하자면 '部體制說'과 '國王中心體制說'은 중앙권력의 핵심인 斯盧國의 왕권이 주변 제 소국을 정복하거나 복속시켜 병합함으로써 지역집단을 통제할 수 있게 되는 단계에 部가 성립하였으리라는 데 의견을 같이하면서, 기록에 대한 신뢰 정도와 정복력에 대한 평가에서 의견이 갈려 部의 성립 시기와 성격을 달리 파악하게 된 셈이다.

12) 李丙燾,「三韓問題의 研究」,『韓國古代史研究』, 1976, 249~277쪽.

13)『三國史記』1, 新羅本紀1, 始祖.

14)『三國遺事』1, 紀異1, 新羅始祖 赫居世王.

는 것이다. 이에 입각한다면 '6촌'은 진한 각지에 분포하던 6개 나라를 그렇게 부른 것이며, 경주 사로국왕이 곧 신라왕으로서 진한 제국을 대표하고 일정한 통치권을 행사했다는 것이 되겠다.[15] 신라는 성립 당초부터 진한 전역을 상당 부분 포괄하는 국가였다는 것이 이들 史書의 인식이다. 이것은 '斯盧六村'이라는 개념을 사용하며 사로국을 중심으로 한 동심원적 영토 확장 과정을 상정하는 견해의 것과 전혀 다른 역사상임이 분명하다. '斯盧六村'說에 대하여 '辰韓六村'說 또는 '辰韓六部'說이라고 불러 좋을 것이다.

6촌을 사로국이라는 소국을 형성한 경주 일원의 세력으로 생각하는지, 아니면 진한 제국에 통치권을 행사한 신라를 성립시키고 유지한 경상도 일원의 세력으로 여기는지가 이 두 설을 가르는 분기점이다. '斯盧六村'說은 6촌의 성격을 원시공동체사회 혹은 이를 갓 벗어난 단계의 촌락사회로 보고, '辰韓六村'說은 국가의 한 형태로 본다. 전자가 신라의 성립을 고대국가의 형성으로 파악하고 있다면, 후자는 고대사회의 재편으로 이해하고 있는 셈이다. 즉 전자는 신라 성립의 토대를 원시공동체사회의 해체에서 구하지만, 후자는 고대사회의 형성에 성공했다가 분해된 고조선의 문화능력에서 찾는 것이다.

여기서, 사로국의 형성 시기나 신라의 성립 시기에 대한 판단은 중요한 문제기는 하지만 기실 부차적인 사안이다. 연구가 진행되던 시점에 문헌 기록이나 고고학적 발굴 성과에 대한 이해의 수준이 어떠하였는가에 따라 그 시기에는 적지 않은 편차가 생길 수도 있다. 그리고 이는 실증이나 발굴을 통해 명백히 규명될 수 있는 문제가 아니기도 하다.[16] 중요한 것은, 혁거세를 왕으로 옹립하고 출발한 신라가 사로 6촌으로 형성된 경주 지역의 소국일 뿐이었는가 아니면 진한 6국을 포괄한 국가였는가를 묻는 질문에 대한 대답이

---

15) 拙稿, 이 책의 제1장 Ⅲ.
16) 위와 같음.

다.

'斯盧六村'說은 진한 지역에서 발생한 원시공동체사회가 해체되어 고대사회, 고대국가로 성립하는 과정을 일관된 하나의 이해체계로 설명하려는 데 비중을 두고 있고, '辰韓六村'說은 고조선 사회가 붕괴되면서 분열하여 진한 지역으로 자리를 옮긴 유민 사회가 다시 통합되어 가는 과정을 계기적으로 설명하려는 데 중점을 두고 있다. 따라서 전자는 자칫 고조선의 역사 경험을 무시 혹은 경시하여 한국고대사를 삼국 중심으로 협소화할 우려가 있고, 후자는 한반도 남부 각 지역의 발전상을 지나치게 均質的으로 생각하여 기원전 1세기 중엽의 集權力을 과소평가하거나 신라의 성립 시기를 사실보다 늦추어 파악할 우려가 없지 않다.

'斯盧六村'說과 '辰韓六村'說이 제시하는 역사상은 판이하게 다르며, 다른 어떤 견해도 여기서 자유롭기 힘들다. 그러므로 이 중 어느 설을 수용하느냐에 따라 六部에 대한 이해가 갈리게 됨은 불가피한 일이다. 전자의 경우는 초기의 六部를 경주나 그 인근의 혈연공동체, 촌락집단, 지역집단, 단위정치체, 행정구역 등으로 이해하게 되고, 후자는 진한 각지의 지배세력이 정치와 행정의 중심인 경주에 결집하여 이룬 조직이라고 파악하게 된다. 그러므로 성립 당초의 部의 구성에 대한 생각도 서로 다를 수밖에 없다. 전자는 사로국 사람이면 누구나 六部에 속했을 것으로 여겨 지배계급은 물론이고 피지배계급까지도 이에 속했을 것으로 보며, 후자는 干과 그 親族·僚屬으로 형성된 지배계급만이 六部에 속할 수 있었으리라고 추정한다.[17] 鳳坪碑의 '新羅六部'를 이해하는 각도도 다르다. 전자는 이 용어가 사로국 출신의 王京人들만이 신라 사람이라는 인식을 드러내고 있다고 이해하는 반면, 후자는 이를 『삼국사기』의 '辰韓六部'와 同義語 내지 그 연장에 선 용어로 보아 辰韓이 곧 新羅임을 확인하게 해주는 용례며 鳳坪碑에서는 신라 전역을 지배하는

---

17) 拙稿, 이 책의 제1장 Ⅱ.

사람들의 합의임을 내세우기 위해 사용된 것이라고 여길 것이다.

'部體制說'과 '國王中心體制說'은 이와 같은 내용의 '辰韓六村說'과 '斯盧六村說'을 두 축으로 하는 좌표 위에 놓여 있다. 이 설들은 그 한편에서 주장하는 바와 같이[18] 그렇게 새롭고 대단한 이해체계가 아닌 것이다. 고조선・진국의 역사 경험에 대한 엇갈린 평가와 삼국 성립기 지배세력의 성격 및 그 변화 과정에 대한 多岐한 생각들이 錯綜하는 가운데 적절한 절충과 조합이 행해진 이차함수일 뿐이다. 말하자면 두 설은 모두 '斯盧六村說'에 따라 사로국이 신라로 발전하였다고 보되, '部體制說'은 '辰韓六村說'에 유의하여 六部를 辰韓諸國의 지배세력을 포괄하는 편제로 이해한 형태고, '國王中心體制說'은 '斯盧六村說'의 역사상과 '辰韓六村說'의 역사상을 연계하여 單線的・段階的 發展을 상정한 위에 斯盧國王 중심의 集權力을 상대적으로 높게 평가한 형태라고 할 수 있다.

따라서 '國王中心體制說'이 국내 사서의 초기 기록에 대한 신뢰를 토대로 성립한 이해체계인 듯 자처하는 데는 문제가 있다. 초기 기록을 신뢰한다는 것이 단순히 삼국의 紀年을 인상해 파악함을 뜻할 수 없기 때문이다. 그것은 사로국 중심의 역사 인식에서 벗어남을 의미하는 용법으로 사용되어야 옳다. 신라 초기의 역사를 古代國家形成史 혹은 古代社會成立史로 인식하는 한, 그 초기 기록을 신뢰한다는 데 큰 의미를 부여하기 어려운 것이다.

결국 六部를 둘러싼 신라 지배체제와 권력구조의 정당한 이해는 '部體制說'과 '國王中心體制說' 사이의 논쟁 결과보다 '斯盧六村說'과 '辰韓六村說'이 제시하는 역사상 중 어느 쪽을 어떠한 내용으로 수용하느냐에 더 비중 있게 놓여 있다고 판단된다. 지금까지 '斯盧六村說'을 지지하는 연구자는 '辰韓六村說'의 근거가 되는 국내 사서의 초기 기록을 신용하지 않으며, '辰韓六村說'을 지지하는 연구자는 '斯盧六村說'이 미시적인 실증에 치우쳐 한국고대사의

---

18) 李鍾旭, 앞의 「新羅 '部體制說'에 대한 批判」, 17~23쪽.

체계적인 이해를 방해하고 말았다고 지목해 왔다. 이러한 견해차는 절충을 통해 좁혀질 성질의 것이 아니며 어느 한편인가는 오류로 판명되리라 전망된다. 그러나 현재의 자료 여건에서는 그것을 판단할 객관적이고 실증적인 기준을 제시하기 어렵다. 비교적 분명한 사실들을 중심으로 전후의 역사적 맥락을 잡아나가는 수밖엔 달리 방도가 없는 형편이다.

그러자면 무엇보다 국내 기록과 중국 측 기록을 等價로 파악하는 태도를 지닐 것이 요구된다. 결정적인 사실이 확인되지 않는 한, 어느 한 편의 기록으로 다른 한 편의 기록을 부인하는 방법을 통해서는 문제의 해결을 기대하기 어렵다. 근자에 들어서는, 필요할 경우, 국내 기록과 중국 측 기록을 선택적으로 이용하는 경향이 뚜렷하다. 연구자 대부분이 양측 기록 중 어느 하나를 일방적으로 신뢰하거나 불신하지는 않고 있는 것이다. 양자가 전하는 사실이 서로 상치되는 듯 보여도 기실은 같은 사정을 각각 일면에서 전한 것일 가능성을 다 염두에 두고 있는 셈이다. 그렇지만 연구자 각자가 가진 역사상에 부합하는 자료만을 취사선택하는 주관적 태도에서 좀더 벗어나, 양측 자료가 전하는 사회상 자체를 중시할 필요가 있다. 지금까지의 이해 방향에서 모두 한 걸음 물러나는 것이 좋을 것이다. 삼국의 역사를 古朝鮮·辰國으로부터 이어져오는 繼起的 발전 과정의 산물로 파악할 수 있고,19) 국내의 기록과

---

19) 李鍾旭 씨는 기본적으로 '사로6촌설'에 서 있기 때문에 단선적 발전상을 역사적 진실로 간주한다. 원시공동체 사회가 해체되어 성립한 소규모 정치세력이 처음에는 독립적으로 존재하고, 다음에는 연맹체로 발전하며, 다음엔 그 중 우세한 자가 열세한 자를 병합해 나아감으로써 중앙집권적 왕국으로 성장한다는 것이다. 그리하여 광역을 지배하는 국가 형태가 초기에 발생할 가능성을 전혀 고려하지 않으며, 고조선부터 삼국까지 모든 국가 형태가 공히 城邑國家 단계에서 출발하여 동일한 발전 과정을 되풀이하였다고 본다. 여기에 계기적 발전상이 介在할 틈은 없다. 辰國의 존재를 부인한 것도 이러한 인식의 결과다. 그러나 청동기의 제작이 용이했던 지역과 그렇지 못한 지역의 정치적 발전상은 다를 수 있으며, 청동기 문화는 기본적으로 대단한 征服性을 가진 문화라는 점을 고려할 필요가 있지 않을까 한다. 청동기 문화의 특성은 그것이 勝者의 문화라는 데 있다. 패자는 그들이 소유한 청동기를 승자에게 기꺼이 바치지 않으면 안 되었다. 청동기 문화는 승리자만이 향유할 수 있었으며 패자는 신석기 단계의 생활을 벗어나기 어려웠다. 그러므

중국 측의 기록을 동시에 충족시킬 수 있다면 그것이 어떤 형태든 검토해 보지 못할 이유가 없다. 경우에 따라서는 기존의 이해에서 일탈하여 발상의 전환을 시도할 필요도 있다.

3. 六部의 共論體制와 國王의 政治的 位置

신라 정치체제에서 六部가 차지한 위치와 역할은 정치적·사회적 여건의 변동에 따라 몇 차례 획기적으로 變轉하였다. 6세기 초와 7세기 중엽도 그 변전 시기였다.[20] 6세기 초에 이르러 국왕이 소속부를 더 이상 밝히지

로 신석기만 출토된다고 신석기시대인 것이 아니다. 시대는 분명 청동기시대였어도 패자는 여전히 신석기만을 사용할 수밖에 없었다. 청동기는 승리한 세력집단이 거주하는 지역에 집중되었으며, 패배 집단의 首長 정도가 승자의 인준 하에 미량의 청동기를 상징적으로 소유할 뿐이었다. 따라서 다양한 청동기를 대량 제작한 지역과 그 문화를 향유한 중심 지역을 찾지 못한 현 상황에서 청동기시대 사회상을 복원하고 이를 확신한다는 것은 무의미할 수도 있다는 점을 염두에 두고, 생각에 여백을 지닐 필요가 있다. 각지에서 청동기가 다량 출토되는 단계에 이르면 청동기시대는 이미 지난 단계라고 간주해도 좋으리라 생각한다. 청동기는 단순 금속인 철기와 달리 합금으로서 제작이 용이한 금속이 아니었다. 한 번 패배한 세력은 승자의 감시 아래 이를 다시 제작 구비하여 再起하기 어려웠다. 지배—복속 관계는 고착되었으며, 승자는 더 멀리 정복의 길에 나설 수 있었다. 따라서 청동기시대에는 광역의 지배가 이루어지기 쉬웠다. '弘益人間'이란 설화적인 이상이나 희망이 아니라, 청동기를 소유한 지배자 집단이 그들의 광역 지배를 합리화하기 위해 실제로 내세운 논리의 한 형태일 것이다. 이런 양상은 재료를 구하기가 보다 용이한 철기가 보편화되면서 割據의 형국으로 바뀌어 갔지만, 이때 성립한 지배체제와 그 지배의 경험은 할거 세력의 끊임없는 離合集散과 興亡을 유도하고 있었다. 辰國은 허구가 아니며, 고조선이나 辰國이 이른바 城邑國家나 小國이었던 것도 아니고, 三韓이 諸國의 단순한 집합체였던 것도 아니라는 것이 필자의 소견이다.
20) 六部의 성격이 변화한 시점과 관련해서는 '上古'期에서 '中古'期로 이행하는 6세기 초와 '中古'期에서 '下古'期 혹은 '中代'로 접어드는 7세기 중엽이 주목되어 왔다. 중앙집권적 정치체제의 성립에 초점을 두고 살핀 논고에서는 6세기 초가, 六部가 지녀온 정치적 기능의 소멸에 초점을 둔 논고에서는 7세기 중엽이 그 변화의 시점으로 주목되었다. 그러나 이는 주된 관심이 어디에 놓였느냐 하는 데서 온 편차일 뿐, 어느 연구고 六部의 성격 변화가 특정 시기에 한 번 이루어졌다고 본 것은 아니었다. 필자는 六部의 성격에 몇 차례의 변화가 있었으리라는 점을 대부분의 연구자가 명시적으로든 암묵적으로든 인정하고 있다고 읽었다. 그간의

앞게 되고 7세기 중엽에는 귀족·관료 들도 그러하기에 이르렀던 사실이[21] 이때 部의 성격에 어떤 변화가 있었음을 보여준다. 7세기 중엽 이후 六部는 행정구역 이상의 기능을 수행하지 못하였다.[22] 이러한 變轉은 대체로 부가 그동안 지녀온 정치적 기능을 축소하는 방향으로 전개되고 있었으나, 그 변화에 동반하는 정치적 파장은 매우 커서 권력구조에까지 영향을 미치고 있었다. 특히 6세기 초의 轉化 과정과 맞물려서는 六部 중심 정치체제가 國王·官府 중심의 중앙집권적 정치체제로 바뀌고, 王者的 존재였던 干層이 귀족·관료로 변화하였으며, 주도적 지배세력이 干에서 眞骨로 축소 교체되었다.

신라에서 部가 중추적인 정치기구로 작용한 시기는 그 성립에서 6세기 초에 이르는 '上古'期였다. 이 동안에도 部의 정치적 기능과 성격이 시종여일 하였다고는 생각되지 않는다. 따라서 冷水里碑와 鳳坪碑에 보이는 部의 모습은 그 성립 초기에 비해 이미 상당한 변질을 경험한 형태일 것이다. 그러나 국왕까지 특정한 部에 속하고, 六部의 諸干이 共論하여 '新羅六部'의 이름으로 정치적 결정을 내리며, 그것이 최종적인 구속력을 갖는 敎의 형식으로 반포되던, 그리하여 六部가 곧 신라국가라는 인식이 가능하던 6세기 초의 정치구조는 六部의 성립 이후 줄곧 기본적으로 유지되어 온 골격이 아닌가 여겨진다. 그 본질적인 기능이 계속 강화되거나 약화되어 온 결과가

논의에 대해서는 다음 글을 참고할 수 있다.

李基東,「新羅 骨品制 研究의 現況과 그 課題」,『新羅骨品制社會와 花郞徒』, 1984, 13~20쪽.

李文基,「蔚珍鳳坪新羅碑와 '中古'期의 六部問題」,『韓國古代史研究』2, 1989, 157~160쪽.

全德在,『新羅六部體制研究』, 一潮閣, 1996, 6~7쪽.

21) 人名 앞에 部名을 明記하는 관행은 雁鴨池出土寶相華文塼(680)을 끝으로 더 이상 보이지 않는다.

22) 武田幸男,「新羅六部와 그 展開」,『民族史의 展開와 그 文化』(碧史李佑成教授停年退任紀念論叢 上), 1990.

이러했다고는 어느 쪽도 상정하기 곤란하겠기 때문이다.[23]

6세기 초 신라 권력구조의 기본 골격은, 국왕도 喙部라는 특정한 부에 속하고, 國家 重大事를 六部의 지배세력이 공론하여 처결했던 사실에 압축되어 나타난다. 이러한 사실은 部가 어떠한 형태로든 정치적 기능과 관련된 단위였고, 당시의 정치체제는 이 部를 중심으로 운영되었음을 시사한다고 이해하여 무리가 없을 것이다. 이 시기의 部는 단순한 행정구역이 아니었다. '上古'期의 六部를 행정구역으로 보는 견해는[24] 신라의 部와 고구려의 部는 성격이 다르다는 것을 전제하고 있다. 고구려에서는 桂婁部가 王을, 絶奴部가 王妃를 내고 있었는데,[25] 특정 행정구역에서 왕과 왕비를 배출하였다고는 볼 수 없을 터다.[26] 그런 행정구역이 있었다면 이미 그것은 행정구역 이상의 기능을 수행하는 정치적 단위체다. 그렇다면 유독 신라의 부만 행정구역이었다는 것이 되겠는데, 이는 斯盧六村을 행정구역으로 편제했기 때문이라는 논거만으로 납득될 수 있는 문제가 아니다. 신라에서는 王妃가 그녀의 출신부와 무관하게 王部 소속이 되었는지 의문이려니와, 部가 행정구역으로서의 성격을 분명히 띠게 되는 후대에는 왜 국왕뿐 아니라 왕족조차 그들이 속한 행정구역을 명기하는 前代의 관행을 따르지 않게 되는지 이해하기 어렵다.

共論의 정치체제에서 왕권은 六部의 합의를 무시할 수 있는 專制的 권력이

---

23) 六部의 정치적 기능이 강화되고 있었다면 '中古'期에 들어서면서 국왕 중심의 중앙집권적 정치체제가 갑자기 성립하지 못하였을 것이다. 六部의 정치적 기능이 약화되고 있었음은 분명하다. 그러나 六部 중심 정치체제의 기본 골격과 그에 기초한 정치적 기능의 본질이 약화되고 있었던 것은 아니다. 기능의 본질마저 약화되고 있었다면 그 전에는 六部가 無所不爲의 정치적 권능을 지녔다는 것인데, 완전한 聯盟體가 아닌 한 麻立干이든 尼師今이든 국왕이 존재하는 상황에서 그런 권능을 지닐 수 있었다고는 생각되지 않는다. 6세기 초 六部의 정치적 지위는 명분상 더 이상을 상정하기 어려운 형태다.

24) 李鍾旭, 앞의 논문, 1998, 9~17쪽.
전미희, 「冷水里碑·鳳坪碑에 보이는 신라 六部의 성격」,『韓國古代史硏究』17, 2000, 244~246쪽.

25) 『三國志』30, 魏書30, 東夷傳30, 高句麗.

26) 강종훈, 「삼국 초기의 정치구조와 '부체제'」,『韓國古代史硏究』17, 2000, 116쪽.

아니었다. 그렇다고 해서 각 부가 국왕의 명령이나 의사에 반하여 마음대로 일을 처리할 수 있는 독자성을 지녔다고도 할 수 없다. 합의를 전제로 운영되는 정치체제에서 그 합의의 준수는 국왕의 권한으로 구현되는 것이며 합의한 주체들에게는 반드시 이행해야 할 의무로 작용하는 것이다. 왕명을 어긴다는 것은 곧 그 세력의 존립을 걸고 도박을 하는 것과 같은 행위였겠다. 따라서 왕권이 六部의 합의를 무시하지 못하였다는 것은 왕권의 强度와 관련된 개념에서가 아니라 권력구조 및 정치체제와 관련된 개념에서 이해될 진술이다.

어느 시기나 臣僚된 자가 王命을 거역하지 못하는 것은 왕이 전제적 권력자이기 때문이 아니다. 그것은 국왕을 정점으로 하는 권력구조와 정치질서를 깨는 행위로서 그 구조와 질서를 수용하는 모든 이들의 公敵이 됨을 의미하기 때문이다. 국왕마저도 여기서 예외가 아니었다. 왕권이 아무리 미약하더라도 그 권위를 넘보는 행위는 늘 制裁의 대상이 되었으며, 왕권이 아무리 강력하더라도 그 질서를 위협하고 어지럽힌 왕이 용납된 적이 없었다.

冷水里碑와 鳳坪碑에 나타난 바로는 왕권이 六部 共論의 권위를 초월하는 위치에 있었다고 보기 어렵다.[27] 그러나 한편 이를 근거로 六部가 왕권의 통제에서 벗어나 있었다고 생각한다면 지나친 비약이다. 麻立干은 물론 尼師今을 王號로 쓰던 때에도 신라왕은 명분상 국가를 대표하고 실질로도

---

27) 朱甫暾,「蔚珍鳳坪新羅碑와 法興王代 律令」,『韓國古代史硏究』2, 1989, 121~126쪽.
姜鳳龍,「新羅 '中古'期 部의 性格 變化와 姓氏制-'部體制' 解體의 政治社會的 背景-」,『典農史論』1, 1995, 15~18쪽.
그러나 이 시기 국왕의 정치적 위치를 귀족회의의 의장 정도로만 파악한 것은 무리가 아닌가 생각한다. 국왕이 특정 部에 속했다는 사실 자체가 곧 그렇게 파악할 근거가 될 수는 없다고 판단되기 때문이다. 이와 관련해서는 文暻鉉 교수와 李鍾旭 교수의 반론이 있으나, 兩 교수의 반론 취지에는 동감하지 않는다. 좀더 考究해 볼 문제다. 이 문제에 대한 필자의 생각은 본문에 후술한다.
文暻鉉, 앞의 논문, 173~174쪽.
李鍾旭, 앞의 논문, 1998, 15쪽.

軍國政事의 최고 統帥權者로 군림하였음을 부인할 수 없다. 그가 六部 중 어느 한 부에 소속되어 있었다는 것은 그의 권력이 해당 부에 의해 지탱되고 있었음을 의미할 뿐이다. 部를 떠난 왕권은 존립할 수 없었던 것이다.[28]

'上古'期의 六部는 국왕을 추대하는 기능을 수행하기도 하였다.[29] 그러나 일단 왕으로 옹립한 후에는 六部 지배세력 모두 그에게 服屬하지 않을 수 없었다. 이것이 정치질서였고 구조였다. 또한 국왕은 왕좌에 오른 후에도 자신의 소속 부를 명시하는 것이 관행이었다. 그 부를 배경으로 왕좌에 올랐고, 그 부를 토대로 왕권을 구현해야 했기 때문이겠다. 그러나 이러한 관행이 국왕이 그가 속한 부의 部長이기도 했던[30] 데서 온 것이라고는 생각되지 않는다. 王部가 있어 그것이 왕권의 기반이 되었다고 해서 왕이 그 부의 部長이었다고 단정할 이유가 되지는 않는다. 六部體制를 공정하게 운영해야 하는 처지에서는 오히려 그 같은 지위가 장애로 작용하였으리라 추측된다. 국왕이 국가의 임금인 동시에 가장 강력한 部의 長이었다고 보는 직접적인 이유는 그래야만 部人들이 가진 귀속의식의 兩屬性[31] 또는 정치체제의 重層性을 설명할 수 있다고 여기기 때문인 듯한데, '上古'期 정치체제에서 나타나는 중층성은 왕이 국가의 통치자인 동시에 부의 부장이기 때문에 성립한 것이 아니라 왕을 중심으로 하는 구조와 六部를 중심으로 하는 구조가 공존한 데서 성립한 것이다. 六部의 諸干은 국왕의 臣僚이자 독자성을

---

28) '上古'期에는 王部가 있었을 뿐, 王室이나 王族은 정치적 단위로 실재하지 않았다는 것이 필자의 소견이다.
拙稿, 이 책의 제1장 Ⅱ.

29) 六村長이 王으로 추대했다는 赫居世居西干은 물론이고, 儒理와 脫解尼師今도 그 즉위에 六部의 합의가 작용한 듯하다. 婆娑·伐休·奈解·味鄒·奈勿·實聖尼師今 등이 논의 결과 왕위에 오른 것으로 나타난다.

30) 노태돈, 「초기 고대국가의 국가구조와 정치운영」, 『한국고대사연구』 17, 2000, 26쪽.

31) 李文基, 「新羅 中古의 六部에 관한 一考察」, 『歷史敎育論集』 1, 1980, 68~70쪽. 노태돈, 앞의 논문, 2000, 20쪽.

띤 王者였다. 干의 이러한 특성이 중층적 권력구조를 형성한 것이었다. 왕에게 초점이 놓인 구조가 아니다.

왕권은 六部 共論의 권위를 초월하지 못하였지만, 六部가 국왕의 정치적 통제력을 벗어나 있었던 것은 아니었다. 六部 중 가장 강력한 部와 그에 버금가는 部가 왕권을 뒷받침하였으므로 그 권위는 대단히 神聖한 형태로 발현되었다고 여겨진다. 물론 王部는 아무래도 當代의 정치 판도에서 유리한 위치를 점하였을 것이다. 그러나 이는 왕이 그 部의 利害를 대변하는 部長이기도 했기 때문이라기보다는 王部로서 행정 실무에 참여하는 과정에서 그럴 수 있었던 것이라고 보는 편이 더 합리적인 판단이겠다.

그렇지만 국왕이 특정 부에 소속함을 밝히지 않으면 안 되는 처지였다는 것은 여러 측면에서 거듭 음미되어야 할 사실임이 분명하다. 그리고 이것은 무엇보다 六部가 왕권에 의해 창출된 것이 아님을 의미하는 것이 아닌가 한다. 六部가 합의하여 그들 개별을 초월하는 왕권을 성립시키고 유지시킨 것이지 왕권이 部를 만들어낸 것이 아니었다. 이 점에서 왕권이 성장한 결과 그동안 독자적인 운동력을 지녀온 지역집단을 통제하여 하부 단위정치체로 편제할 수 있게 되는 단계에서 部가 성립했으리라고[32] 추정한 견해는 재고의 여지가 있다. 그러한 통제력을 전제로 部가 성립했고, 部를 설치한 취지가 지배세력에 대한 편제에 있었다면 6세기 초까지 신라왕의 처지가 이럴 수는 없었을 것이다.[33]

'上古'期의 정치체제는 六部 중심 체제였다. 그러므로 이 체제를, 그동안

---

32) 盧泰敦, 「三國時代의 '部'에 關한 研究—成立과 構造를 중심으로」, 『韓國史論』 2, 서울대 국사학과, 1975.

33) 盧泰敦 교수는 근년의 한 토론에서, 部體制의 확립 시기 문제에 대해서만큼은 '솔직히 자신이 없다'고 언급한 바 있다(『韓國古代史研究』 107, 55쪽). 鳳坪碑와 冷水里碑를 발견하기 이전에는 部가 국왕의 통제력 혹은 集權力을 전제로 성립했으리라 추정했으나, 이 碑의 발견으로 國王도 部에 속하였다는 사실이 밝혀짐에 따라 이전의 추정이 잘못된 것일 가능성도 고려하게 되었기 때문에 이런 언급이 가능했던 것이 아닌가 추측된다.

이를 매개로 하여 논의해 온 구체적인 내용들을 유보하고 字意로만 생각한다면, '部體制'라고 규정하여 무리가 없으리라 여겨진다. 그리고 이 部를 '單位政治體' 혹은 '支配者集團'으로 본 것은 일면 타당한 견해였다고 생각된다. 다만 문제는 그것이 어떠한 구조 속에서 어떻게 기능하였으며, 그 구성은 여하하였는가 하는 것이다. 이와 관련하여 冷水・鳳坪碑에서 주목되는 사실은 4部만 참여하여 共論한 결과를 '新羅六部'의 이름으로 공포한 점과 沙喙部와 喙部를 제외한 部의 참석자는 한 사람뿐이고 또 관등 없이 '干支'라고만 표기한 점이다. 冷水里碑에는 喙部・沙喙部・本波部・斯波部의 4部만, 鳳坪碑에는 喙部・沙喙部・本波部・岑喙部의 4部만 共論에 참여한 것으로 되어 있다.

冷水里碑의 斯波部가 鳳坪碑에서는 岑喙部로 교체된 것처럼 나타나는데, 21년이 결코 짧은 기간이랄 수는 없지만 그 사이 六部의 세력 판도에 어떤 변화가 있었고 그 사실이 이와 같이 반영되었다고 생각하기는 곤란하다. 4部만 참석하였어도 공론의 결과를 '新羅六部'의 이름으로 시행한 사실이 참석하지 않은 2部가 참석의 자격이 없어 그리했던 것이 아님을 말해주기 때문이다. 불참한 部가 국정 운영에서 완전히 배제되어 있었다면[34] 喙部와 沙喙部가 국정 운영에 참여시키거나 배제할 部를 임의로 선택할 수 있었다는 것인데 그런 상황에서 '新羅六部'의 표방이 무슨 의미를 지녔을지 의문이다. 共論에 참석했는지의 여부가 곧 당시의 세력 판도를 반영하고 있는 것은 아니라 할 것이다. 岑喙部의 경우는 국정 운영에서 완전히 배제당했다가 再起에 성공한 셈이 되는데, 六部體制란 본디 六部 중 강력한 몇 部가 약한 몇 部를 배제하고 국정을 운영하던 체제였다면 혹 몰라도 납득하기 어려운 상정이다.

6세기 초에 이르러는 六部 간의 세력 격차가 이미 크게 벌어진 상태였음이

---

34) 全德在, 앞의 책, 61쪽.

분명하다. 그렇더라도 '新羅六部'를 표방한 것은 六部가 공히 신라를 형성하는 주체임을 인정하고 명시한 것이다. 세력 격차에도 불구하고 六部는 여전히 국정 운영의 동반자로 인식되었다. 따라서 이들 비문에 각기 4부만 나타나는 사실에서 4라는 숫자는 우연의 일치로 볼 수밖에 없다. 사안에 따라서는 六部가 모두 모인 경우도 있었을 것이고, 3部 혹은 5部가 참석한 경우도 있었을 것이다. 이는 共論에 불참한 이유가 그 논의 내용에 있었음을 의미한다. 자신의 利害와 직접적으로 연관된 사안이 아니면 불참하기도 했던 것이다. 그리고 喙部와 沙喙部에서 다수의 지배자들이 늘 참여하였던 것은 역시 그들이 관등을 소지하고 있었던 사실과 연관된 일로 해석되어야 할 부분이다. 이 두 部의 세력이 가장 커서 이들과 얽히지 않은 사안이 없기도 했겠지만, 이들은 共論 결과를 시행하는 기능을 담당한 직접적인 국정 운영자였기 때문에 의무적으로라도 참석할 수밖에 없는 처지였다고 여겨진다. 이 시기의 관등은 곧 국정 운영 실무 담당자의 표시였다.[35]

이러한 論旨의 연장에서 喙部와 沙喙部를 제외한 部의 참석자들이 칭한 '干支'를 해당 부의 部長을 지칭한 용어로 생각하는 데 동의하기 어렵다. 기본적으로 국정의 운영에 직접 참여한 지배계급이 아니면 모두 그냥 '干支'라고 부르던 것이 당시의 실상이었다고 봄이 가장 타당한 이해 방향일 것이다. 다음과 같은 이유에서 그러하다. 첫째, 干支는 '上古'期의 지배계급에 대한 보편적인 호칭이었다. 喙部와 沙喙部의 관등 소지자들도 기본적으로는 干支였다. 阿干支, 一吉干支, 居伐干支 등 官等名에서도 그들이 干支라는 사실이 드러난다. 둘째, 王部와 王妃部 이외의 부에 속한 지배계급은 특별한 경우가 아니면 관등을 지니지 않았으므로, 이들 각 부에 지배계급의 인물이 한 명만 있었던 것이 아니라면 干支 말고 그들을 따로 부른 칭호가 실제로 발견되거나 상정될 수 있어야 마땅하나 그렇지 못하다. 나머지 4부에는

---

35) 拙稿, 이 책의 제4장 Ⅰ.

관등제를 적용하지 못하였다고 볼 경우에도 마찬가지다. 따라서 각 부에는 다수의 干支가 있었다고 보는 것이 온당하다. 그렇지 않다면 六部 모두에서 관등을 지닌 다수의 部員이 확인되어야 한다. 셋째, 六部의 共論에 꼭 部長만 참석해야 하였다고 볼 근거가 없다. 넷째, 鳳坪碑에 本波部와 岑喙部의 干支를 沙喙部의 大阿干支보다 먼저 기록한 것은 '新羅六部의 합의를 표방한 비문의 성격 상 그 대표성을 인정한 것으로 해석하여 무리가 없다. 그들이 部長임을 굳이 고집할 이유가 없는 것이다.

部를 정치적 단위로 파악하는 견해가 정작 해명하지 않으면 안 될 과제는 형제 사이에도 소속부를 달리할 수 있었던 구조다. 鳳坪碑에 의하면 牟卽智寐錦王은 喙部 소속이고 徙夫智葛文王은 沙喙部 소속인데, 두 사람은 친형제다.[36] 동일 씨족이라고 해서 같은 部에 속한 것은 아니라고 하지만[37] 이 사실은 部를 단위정치체로 보는 데 장애로 작용하는 것처럼 보이는 것이 사실이다. 이와 관련해서는 누차 해명이 있었으나[38] 말기적 현상으로만 이해한 것으로 아직 미심한 점이 적지 않다.[39] 단위정치체로서의 部를 구성하고 유지시킨 人的 기반이 어떻게 형성되고 있었는지 原理的 측면에서 답할 의무가 있다.

먼저 검증되어야 할 것은 형제가 그러하였을진대 부부간에도 소속부가 다른 경우가 없었을까 하는 문제다. 왕비의 경우는 소속부를 바꾸지 않았으리라 추측된다. 왕비가 정치에 직접 가담한 것은 아니지만 王部와 王妃部의

---

36) 徙夫智는 蔚州川前里書石에도 등장하는 인물로 法興王弟인 立宗의 다른 표기로 여겨지고 있다.
  李文基, 앞의 논문, 1989, 145쪽.
37) 盧泰敦, 앞의 논문, 1975, 55~56쪽.
38) 李文基, 앞의 논문, 1989, 168쪽.
  朱甫暾, 「三國時代의 貴族과 身分制-新羅를 中心으로-」, 『韓國社會發展史論』, 一潮閣, 1992, 13쪽.
  全德在, 앞의 책, 63~70쪽.
39) 전미희, 앞의 논문, 235~236쪽.

패트론(patron)적 정치관계의 한 상징이었기 때문이다. 국왕 부부는 소속부가 다를 수 있었겠다. 그러나 臣僚의 경우는 그럴 수 없었을 것이다. 부부의 소속부가 다를 수 있고 따라서 정치적 입장이 다를 수 있었다면 部가 단위정치체로 기능하지 못하였을 터다. 그런데 남자 형제의 경우 미성년 시절에는 같은 部에 속하였거나 소속부가 없었던 것이 분명하다. 어린 同母兄弟의 部가 다를 경우를 상정할 변수가 딱히 찾아지지 않기 때문이다. 그렇다면 형제간에 部가 다를 수 있게 된 것은 성년이 된 이후의 일이다. 정치관계에 의해 소속부를 바꾸게 되었을 경우도 배제하기 어려우나, 동일 部 내에서만 혼인이 허용된 것이 아니고 부부의 部가 같아야 했다면, 그리고 형제의 部가 다른 예가 실제로 확인된 이상, 혼인에 의해 남자 쪽의 部가 바뀌는 경우가 있었다고 볼 수밖에 없다. 반면 여성이 소속부를 바꾸는 경우는 거의 없었다고 여겨진다. 신라 사회에서 발견되는 모계 중심 질서의 양상이[40] 여기서 비롯한 것은 아닐지 유의되기 때문이다.

部가 단위정치체로 기능하고, 部의 지배세력이 王者的 존재인 상황에서는 남자 측의 소속부 변경이 기실 필연적으로 발생하지 않으면 안 되었겠다. 六部의 干이 王者이기도 했다는 것은 그 지위가 왕위 계승의 경우와 별반 다름없는 원리로 嗣子에게 계승되고 있었음을 의미한다. 그렇지 않고서는 干이 독자적 성격을 띨 수 없었을 것이다. 따라서 干의 아들 중 嗣子로 정해진 사람을 제외하고 나머지 諸子는 정치적 입지가 매우 불안할 수밖에 없었다. 이들에게 활로를 열어 줄 제도적 장치가 필요하였다. 한편 딸만 가진 干의 경우는 그 기반을 물려 줄 嗣子를 구할 장치가 요구되었을 것이다.

---

40) 申東河,「新羅 骨品制의 形成過程」,『韓國史論』5, 서울대 국사학과, 1979.
　　皮瑛姬,「Double Descent 理論 適用을 통해서 본 新羅王의 身分觀念」,『韓國史論』 5, 서울대 국사학과, 1979.
　　李純根,「新羅時代 姓氏取得과 그 意味」,『韓國史論』6, 서울대 국사학과, 1980.
　　姜鳳龍,「新羅 '上古'期 中央政治體制의 基本原理와 '部'」,『李元淳敎授停年紀念 歷史學論叢』, 1991.

이와 같은 필요성에서 마련된 것이 혼인에 의한 소속부의 변경이 아닌가 추측된다. 嗣子를 제외한 諸子에게 정치적 선택의 통로를 제도적으로 열어줌으로써 部의 단위정치체적 성격과 干의 독자성을 계속 유지할 수 있었다고 생각한다. 아들과 사위가 후계자의 지위를 놓고 경쟁하고 사위가 계승하기도 했던 것은 단지 왕위를 둘러싸고만 일어나던 현상이 아닐 것이다. 王과 王位繼承 豫定者만을 聖骨이라 부르던 신라에서는[41] 諸干 家의 경우도 嗣子로 정해진 아들과 그렇지 않은 아들들의 인생 경로가 대단히 달랐던 것이 아닐까 한다. 그러나 현재로서 이는 아직 하나의 가능성일 뿐으로 관련 자료를 더 기다려 보아야 할 과제다.

4. 六部와 連帶的 分權構造

'上古'期 六部의 성격을 파악함에 있어서는 무엇보다 六村과의 관계를 제대로 이해할 필요가 있다. 六部의 성립 과정을 알아야 部의 성격과 六部를 둘러싼 권력 배분 관계 및 권위 위계에 대해 좀더 명확한 이해가 가능하다. 또 6세기 초에 들어서면서 六部의 정치적 기능이 크게 변화한 것과 관련해서는 그동안의 추이를 一瞥해 볼 것이 요구된다. 이를 통해 5~6세기의 권력구조 변화와 지배세력 교체가 지닌 역사성을 음미해 볼 수 있을 것이다.

앞서 살펴보았듯이 국왕이 특정한 部에 속한 사실은 部가 왕권에 의해 인위적으로 만들어진 것이 아님을 의미한다. 각자 '운동력'을 지녀 온 정치적 지배세력을 왕권이 편제하여서 部가 성립한 것이 아니라, 오히려 部가 신라 왕권을 성립시킨 배경으로 작용한 것이 역사적 實狀이었던 것이다. 部는 신라를 형성한 주체였다. 당초에 그것을 部라고 불렀는지 아닌지는 여기서 후차적인 문제다. 후대에야 비로소 그것을 部라고 부르게 되었다고 해도

---

41) 拙稿, 이 책의 제3장 Ⅰ.

그 실체, 혹은 그 성립의 모체는 신라의 건국 이전 시기부터 존재하였음이
분명한 까닭이다.『삼국사기』와『삼국유사』는 六村이 신라를 건국하였고
이것이 뒤에 '辰韓六部'가 되었다고 하였다. 部라는 이름이 생긴 것은 신라
건국 이후의 일이라는 것이다. 部의 성립은 신라 정치 과정의 산물이었고,
따라서 그 과정에 왕권이 개입하지 않았을 리가 없겠다. 그러나 신라 건국의
주체였던 6촌이 그 모체였다는 것은 部를 성립시킨 주된 힘이 왕권에 의한
통제력에서 나왔다기보다 6촌 지배세력 자체의 '운동력'에서 나왔다는 것을
함의하고 있다.

村은 후대의 표현이다.[42] 그래서 이는 6촌이 실재하지 않았다는 증거가
된다는 견해도 있으나, 다만 당시에는 村이 아닌 다른 용어로 표기되던
실체임을 뜻하는 사실일 뿐이라고 보는 것이 온당한 시각일 것이다.[43]『三國
志』에는 辰韓이,

始有六國 稍分爲十二國[44]

이라 하여 처음에는 6國에서 출발하였다고 하였다. 중국 史書가 말하는
辰韓은 곧 신라다.『晉書』에 의하면, 진한의 왕이 보낸 사신이 280년부터
몇 차례 晉을 다녀갔다고 한다.[45] 진한 왕은 '其十二國屬辰王'[46]하였다는

---

42) 全德在, 앞의 책, 18~20쪽.
43) 全德在, 위의 책, 20~27쪽.
   全 교수는 村이 후대의 용어라는 점을 지적하고, 部名에 보이는 '喙'가 어떤 '들(벌판)'
   을 뜻하는 순수 우리말인 '부리'의 뜻을 새긴 글자임을 역설함으로써, 六部名은
   신라에 村이라는 용어가 도입되기 전에 쓰인 것이므로 六部의 전신으로서 六村이
   존재하였다는 상정은 설득력이 없다고 논하였다. 그러나 이는 村이라는 용어에
   지나치게 구애받은 논법이 아닌가 한다. 4세기 말경부터 그 용어가 사용되기 시작했
   다는(22쪽) 部의 성립 시기를 3세기 말엽으로 거슬러 볼 수 있다면(34쪽), 마찬가지로
   村이 당대의 표현은 아니라 하더라도 그렇게 표기된 다른 형태일 가능성을 타진해
   보았어야 했던 것 아닌가 생각된다.
44)『三國志』30, 魏書30, 東夷傳30, 辰韓.

데서 보듯, 辰韓 12국 중 어느 一國의 왕이 아니라 그 12국 전체에 대해 지배력을 행사하는 존재였다. 즉 신라왕인 것이다. 따라서 신라를 형성했다는 6촌과 진한을 구성했다는 초기의 6국은 동일한 실체를 달리 지칭한 것이라 볼 수밖에 없다. 저 6촌을 『삼국지』는 6국이라 부른 것이다. 신라는 처음에 辰韓六村 곧 辰韓六國으로 출발하였다. 이는 '斯盧六村'說의 역사상이 사실과 일정한 거리가 있다는 것을 뜻한다. 우리 측 사서에 보이는 村을 字意 그대로 후대의 村落으로 보고 辰韓 12국 중 하나인 사로국을 형성한 혈연집단 혹은 지연집단으로 본 것이 잘못이었다. '辰韓六村'說에 입각하여 이해해야 당시의 진상을 제대로 파악할 수가 있다.

辰韓 12國을 거느린 辰王은 '常用馬韓人作之 世世相繼, 辰王不得自立爲王'하였으며, 이는 '明其爲流移之人 故爲馬韓所制'했던 것이라 한다. 辰韓王을 辰王이라고도 했던 까닭에 『後漢書』는 이를 '盡王三韓之地'[47]하던 과거 辰國의 辰王과 혼동하기도 하였지만, 마한이 북방에서 유입하는 망명인들에게 동쪽 땅을 내주어 살게 했고 이것이 진한이 성립하는 계기가 되었다고 하면서 이를 입증하는 사실로서 진한 言語의 특징을 詳述한 것으로 미루어[48] 辰韓王이 마한의 통제 하에 있었다는 진술은 사실일 것으로 생각된다. 辰韓王이 馬韓人이었다는 내용도 사실일 것이다. 다만 이는 馬韓 출신의 인물을 辰韓王으로 삼은 것이 아니라, 독자적으로 '世世相繼'하는 辰韓王=新羅王이 馬韓에 속하여 그 구성원이 됨으로써 馬韓 國政에도 참여할 자격을 가졌으며, 왕위의 승계와 관련하여 명분상 마한왕의 인준을 얻었던 건국 초기의 일을 이렇게 말한 것이겠다. '馬韓人'처럼 어느 '나라 사람=國人'이라고 표현된 용어의 의미가 본디 그런 내용을 함축한 것이었다. 이 관계는 진한 내부의

---

45) 『晉書』97, 列傳67, 四夷, 東夷, 辰韓, '武帝太康元年 其王遣使獻方物. 二年復來朝貢, 七年又來.'
46) 『三國志』30, 魏書30, 東夷傳30, 辰韓.
47) 『後漢書』85, 東夷列傳75, 韓.
48) 『三國志』30, 魏書30, 東夷傳30, 辰韓.

사정을 살펴보면 좀더 분명하게 드러난다.

다른 글에서도 누차 말하여 다소 중복의 감이 없지 않지만, '辰韓之地'에 '分居山谷之間'하면서 신라를 형성한 6촌은 慶州나 月城郡 일대의 촌락이 아닐뿐더러 서로 경계를 이웃하던 소국도 아니었다. 고구려에서 남하한 溫祚와 沸流의 세력처럼 제법 먼 지역에 떨어져 있으면서, 그것이 어떤 형태였든 필시 고조선에서부터 유래하였을, 공유하는 역사 경험을 토대로 서로 긴밀한 유대 관계를 맺고 있던 소국들이었다. 3세기의 상황을 보면 진한 12국은 변한 12국과 混居하는 양상을 보이고 있었던 것으로 나타난다. 『三國志』는 '弁辰與辰韓雜居'한다면서 辰·弁韓 구분 없이 24국의 이름을 뒤섞어 소개하였는데,[49] 이는 辰韓諸國이 弁韓諸國과 실제로 서로 뒤섞여 혼거하는 상태였기 때문이다. 『삼국사기』도 1세기 무렵에 于尸山國과 居柒山國이 신라 영토 사이에 '介居' 즉 끼어 있었다고 전한다.[50] 雜居·混居의 양상에서 비롯한 현상이다. 진한과 변한을 양분하는 국경은 單線으로 존재하지 않았다. 諸國이 혼거하면서 일부는 진한을 이루고, 또 일부는 변한을 이룬 것이었다.[51] 신라를 이룬, 그리하여 신라왕에 속한 소국은 처음에 수십에 달하던 소국 중 6국에 불과하였다. 나머지 소국들은 일부는 따로 변한을 형성하였고, 또 일부는 독자적으로 존재하기도 하였다.

弁辰諸國의 混居는 단지 '國' 차원에서만 나타나는 현상이 아니었다. 각국에 속한 邑落들도 타국의 읍락들과 섞여 혼거하는 양상을 보였다. '國邑雖有主帥 邑落雜居 不能善相制御'하다 함은[52] 단지 마한의 사정만은 아니었다. 읍락들이 雜居하는 상태였으므로 國邑의 主帥가 체계적이고 강력한 통치력을 행사하기 어려웠던 것이다. 2세기 초에 서로 멀리 떨어져 있던 音汁伐國과

---

49) 『三國志』 30, 魏書30, 東夷傳, 弁辰.
50) 『三國史記』 44, 列傳4, 居道.
51) 拙稿, 이 책의 제1장 IV.
52) 『三國志』 30, 魏書30, 東夷傳30, 馬韓.

悉直谷國 사이에 영토 분쟁이 발생하고, 분쟁 당사국과 이해관계의 상관성이 전혀 없어 보이는 押督國이 이 사건을 계기로 신라에 복속해 왔던 것은[53] 모두 그 영역이 널리 分散分布하면서 서로 混在하였기 때문에 야기된 일들이 다. 신라의 초기 영토는 신라에 속하지 않은 소국의 國邑과 읍락들을 사이에 두기도 하면서 여기저기 흩어져 있는 群小地域이 王京을 중심으로 陸路 및 海・水路를 통해 서로 연결된 형태였다고 보면 크게 틀리지 않다.

6국이 형성한 신라는 처음에 公務者로서의 都利를[54] 중심으로 연대해 온 傳來의 國家聯盟體 형태를 크게 벗어나지 못한 모습을 보였다. 6國 중 사로국의 干을 '干들의 渠帥'임을 뜻하는[55] 居西干으로 옹립하고, 6國에서 군사를 내어 居西干의 휘하에 두었으며,[56] 6國의 대외교섭권을 辰韓 곧 新羅의 이름으로 居西干에 위임하였지만,[57] 居西干 位를 그 자손이 계승한다 는 원칙은 아직 합의된 사항이 아니었다. 3대 儒理王부터 王號를 세습성이 강한 권력을 누리는 군주의 출현을 의미하는[58] 尼師今이라 한 사실로 미루어, 그런 원칙은 儒理가 즉위하던 시점에 이르러서야 합의되었다고 추측된다. 왕위를 現王의 자손으로 世世相繼한다는 것이 대단한 의미를 가진 역사적 사실이었기에 尼師今을 王號로 쓴 것일 터다. 이 왕 9년(32)에 六部名을 개정한 것은[59] 이런 변화의 토대 위에서 가능했던 일이겠다.

---

53) 『三國史記』1, 新羅本紀1, 婆娑尼師今 23年 8月.
54) 金光洙, 「新羅 官名 '大等'의 屬性과 그 史的 展開」, 『歷史敎育』59, 1996, 57~60쪽.
55) 居西干은 '居西'와 '干'의 합성어인데, '居西'는 主・上을 뜻하는 kəsi의 표기로 생각된다. 『日本書紀』神功紀에 백제 왕을 'koni-kisi'로 표기한 것이 보이는데, 居西를 이 'kisi'와 비교해 볼 수 있을 것이다.
56) 六部兵의 운용 기록은 南解次次雄 11년에 처음 나타나나, 6國이 신라를 세운 목적이 그 군사력을 공동 운용함으로써 對民 支配力과 對外 抗爭力을 강화하려는 데 있었으므로 건국 초기부터 居西干의 지휘 하에 六部兵이 운용되었을 것이다.
57) 『三國史記』에는 赫居世居西干이 그 38년에 瓠公을 馬韓에 使臣으로 파견한 것으로 되어 있다. 이때 마한에 대한 진한의 服屬 儀禮를 둘러싸고 충돌이 있었다고 하는데, 전후 관계로 보아 있음직한 일이라고 생각된다.
58) 金光洙, 「新羅 上古世系의 再構成 試圖」, 『東洋學』3, 1973, 378쪽.
59) 『三國史記』1, 新羅本紀1, 儒理尼師今 9년 春.

그러나 초기의 정치구조는 6國의 평등한 連帶를 전제로 성립하였다는 점에서 聯盟體的 질서에 바탕을 두고 있었다고 할 수 있지만, 신라의 성립과 함께 6國의 지배세력이 王京에 결집하여 본격적인 정치활동을 하기 시작하였던 사실에 주목한다면 이미 연맹체적 단계는 지나 있었다고 보아야 옳다. 신라왕이 六部를 돌아본 기사가 赫居世居西干 17년조로 나타나는데,[60] 이는 터무니없는 기사로 생각되지 않는다. 6國의 지배세력이 각기 王京의 일정 지역을 차지하고 정치활동을 개시한 시기는, 전하는 바대로 國初의 일일 가능성이 크다. 6국 지배세력이 공론하여 有德者를 君主로 세우고 立邦設都하자 합의했을 때[61] 이는 그들의 王에 대해 臣屬함을 의미하였다.[62]

6국의 지배세력은 그들이 주체가 되어 옹립한 居西干에 臣屬하여 각자 國政에 참여하기 위한 정치조직을 형성하고 王京의 일정 지역을 차지하여 근거지로 삼았다. 部는 6국의 지배계급이 저마다 자기 세력으로 형성한 정치조직을 일컫는 말이었다. 그러므로 이를 '단위정치체' 혹은 '지배자 집단'으로 볼 수 있으나 그 구성에 피지배층도 포함되었다고 생각하는 것은 곤란하다. 『삼국사기』에 왕위의 계승에까지 관여한 것으로 나타나는 '國人'이란 바로 이들, 六部에 속한 지배계급을 지칭한 말이겠다. 왕위 승계에 피지배층까지 의견을 내었다고는 볼 수 없을 터다. 피지배층은 설령 왕이 속한 부가 관할하는 國 곧 斯盧國 民이라 할지라도 六部에 속하지 않았으며, 따라서

이 기사는 후대의 개편 내용까지 포괄한 서술이어서 주의를 요하지만, '改六部之名' 하고 '設官'하였다는 것 자체는 사실로 받아들여도 좋을 것이다.

60) 『三國史記』 1, 新羅本紀1, 赫居世居西干 17年, '王巡撫六部.'
61) 『三國遺事』 1, 紀異1, 新羅始祖 赫居世王.
62) 이 점에 대해서는 李鍾旭 교수가 누차 강조하여 지적한 바 있다(李鍾旭, 앞의 「新羅 '部體制說'에 대한 批判」, 7~8쪽 ; 「한국고대의 부와 그 성격」, 『韓國古代史研究』 107, 33~34쪽). 그 취지에 대체로 동감한다. 다만 필자는 赫居世의 즉위 기록을 이른바 '斯盧六村'에 대한 지배권을 가진 군주의 탄생을 전하는 기록으로 보지 않는다. 혁거세는 진한 6국을 다스리는 왕으로 옹립된 자였고, 徐那伐(新羅)은 사로국만 지칭하는 국명으로만 쓰인 것이 아니었다.

신라 '國人'이 아니었다.

6국의 통치는 여전히 종래의 지배세력이 담당하였으며 그 지배를 위해 적지 않은 지배층이 본국에 머물렀을 것이므로 6국 지배세력이 빠짐없이 王京으로 이주하였다고 보아서는 곤란하겠다. 干支라고 부른 各國의 왕은 본국에 주로 거주하면서 중요한 사안이 있을 때에만 잠시 王京에 머무르던 것이 초기의 모습이리라고 생각한다. 그러나 6국의 지배세력은 그들이 어디에 거주하든 六部人이었으며 신라 國人이었다. 따라서 이러한 체제 하에서는 각국의 民戶가 신라왕에 속한 존재로 파악될 수 없었을 것이다. 각각 그 왕에 예속된 民戶로 파악되었겠다. 그렇다면 國人일 수 없었던 이들을 따로 부르던 용어가 있었을 터인데, 鳳坪碑에 보이는 '奴人'이 바로 六部의 干支에 속한 民人을 일컫던 용어가 아닌가 여겨진다.[63]

각기 部를 형성했던 초기의 6국은 '稍分爲十二國',[64] 즉 점차 나뉘어 12국으로 늘어났다고 한다. 기록 그대로 6국 자체가 분열하여 12국으로 나뉜 것인지 6국이 더 편입되어 12국으로 늘어난 것인지는 정확하게 알 수 없으나, 國의 증가에도 불구하고 六部는 그대로 유지되었다. 늘어난 6國이 따로 部를 형성하지 못하였다는 사실은, 새로운 변화가 기존 질서를 위협하는 수준에 이르지 않고서는 기존 질서가 모든 변화를 재해석하고 흡수하기 마련임을 보여준다. 이 점에서도 部는 왕권에 의해 편제된 형태가 아님을 짐작할 수 있다. 만일 왕권이 성립한 뒤에 그 통제력이 강화되는 단계에서 部가 만들어졌다면 왕은 자신의 세력 기반부터 먼저 部로 편제했을 것이므로 나중에 들어오는 지배세력은 모두 이 部에 편제하여 충분하였을 터다. 신라 六部의 성립 시기를 후대로 늦추어 볼 수 없는 이유가 여기에도 있다.

63) 眞興王代에 眞骨의 家臣을 '奴'라고 부르고, 家臣 스스로도 그렇게 自稱한 흔적이 있다(拙稿, 이 책의 제4장 I). 이와 같이 '奴'를 私屬된 자에 대한 指稱으로 쓴 것은 干에 예속되어 그 지배를 받는 자를 '奴人'이라 했던 '上古'期의 용법과 무관하지 않다는 생각이다.
64) 『三國志』 30, 魏書30, 東夷傳30, 辰韓.

12국의 지배세력은 六部의 세력 균형 상 어느 한 部에 치중되지 않고 고루 배속되었을 것이다. 六部의 세력 균형을 유지하는 것은 무엇보다 중요한 일이었다고 여겨지기 때문이다. 儒理尼師今 14년에 고구려의 침입을 받은 樂浪人 5천이 來投하였을 때와 奈勿尼師今 18년에 백제 禿山城主가 3백 인을 거느리고 來投하였을 때 이들을 六部에 分居시켰다고 하는데,[65] 이 역시 六部의 세력 균형을 염두에 둔 안배였겠다. 六部의 세력 균형이 사실상 상실된 때라고 여겨지는 6세기 초에 이르러서도, 또 六部 중 4部만 참가한 共論이었고 결정이었음에도, '신라6부'를 표방할 정도로 부 사이의 평등과 균형의 원리는 무엇보다 중시되었다. 따라서 각기 2國의 지배세력이 六部를 구성했으리라 추측된다. 婆娑尼師今代의 韓歧部에 許婁 伊湌과 摩帝 伊湌이 있었던 것으로 나오는데, 이 중 摩帝는 『삼국유사』에 '磨帝國王'으로 기록되어 있다.[66] 그는 一國의 王이었던 것이다. 許婁 역시 마찬가지였다.[67] 韓歧部에 이처럼 두 사람의 國王이 공존한 사실이 실제로 각부에 2국씩 배치되어 있었을 가능성을 높여준다.[68] 韓歧部는 이 시기의 王妃部였다.

---

65) 『三國史記』1, 新羅本紀1, 儒理尼師今 14年, '高句麗王無恤, 襲樂浪滅之. 其國人五千來投, 分居六部.'
　　『三國史記』3, 新羅本紀3, 奈勿尼師今 18年, '百濟禿山城主, 率人三百來投, 王納之, 分居六部.'
　　여기서 '六部에 분거시켰다' 함은 다소 애매한 표현이어서 部가 행정구역을 지칭한 예로 거론될 수도 있겠으나, 來投者 중 지배계급을 六部에 배속시키고 일정 지역을 거주지로 마련해 준 사실을 이렇게 기록했을 뿐이라고 보는 것이 타당할 것이다. 지배층은 六部 지배층이 사는 지역에 居할 뿐 部에 屬한 것이 아니었다. '上古'期는 물론이고 '中古'期의 자료에서도 피지배층이 소속부를 가진 예를 발견할 수 없다.
66) 『三國遺事』1, 王曆1, 祇磨尼師今.
67) 許婁 역시 '許婁王'으로 불리기도 하였다. 『三國史記』는 儒理의 妃가 '許婁王之女'라는 一說도 있다고 소개하였다(『三國史記』1, 新羅本紀1, 儒理尼師今 卽位條).
68) 그리고 보면 金哲埈 교수가 六村·六部 이름마다 각기 두 개의 지명이 포함되어 있는 사실을 중시하여 'dual organization'의 형태를 상정한 것도 전혀 터무니없는 발상이 아니었다고 할 것이다. 다만 각 部에 두 개의 지배세력이 공존하였다고 해서 그것을 곧바로 'dual organization'으로 이해할 수 있는 것은 아니다. 이 세력들은 單系的 親族集團도 아니고, 두 세력 간에만 지속적인 통혼관계가 있었다고도

諸小國의 왕 즉 干支들이 신라왕에게 服屬하고 받은 대우는 許婁와 摩帝의
예로 보아 伊湌 級이었던 것으로 보인다. 뒷날 그 상위에 伊伐湌이 설치되었으
나, 적어도 '上古'期에 관한 한, 이는 伊湌 중에서 선발되어 六部의 共論을
主宰하고 六部兵을 總攝하는 職任을 맡은 자에게 부여되던 것으로 官職의
성격이 강한 官位였다.[69] 伊伐湌의 이런 성격은 重位 최고의 해당 관등이
伊湌에 머무르고,[70] 반드시 伊湌만 伊伐湌이 될 수 있었던 것으로 나타나는
사실 등으로 보아 비교적 명백하다고 생각된다. 伊湌 이하의 관등과는 다소간
성격이 달랐다.

伊湌이 소국의 干支였다는 것은 伊湌에 闕位가 생겼을 때 심지어는 一吉湌
이 몇 관등을 뛰어넘어 補任되는 경우도 있던 사실을 통해 확인할 수 있다.
『삼국사기』에 나타나는 尼師今期의 관등 수여 기록을 살펴보면, 波珍湌이었
다가 伊湌이 된 경우가 셋, 阿湌이 伊湌으로 오른 경우가 하나, 一吉湌이
伊湌으로 승급한 경우가 둘인데,[71] 이와 같이 하급자가 상급자를 제치고
伊湌으로 임명되기도 한 것은 그 位가 독자적인 세력의 首長에게 부여되던
것임을 의미한다. 이를테면 소국의 干支 位는 왕위승계의 경우와 마찬가지로
그 나름의 원칙에 입각하여 계승되던 것이었고, 嗣子로 정해진 인물이 신라
王廷에서 어떤 관등을 소지한 상태였건 상관없이 유사시에는 干支 位에

생각되지 않기 때문이다.
69) 申瀅植, 「新羅王位繼承考」, 『柳洪烈博士 華甲紀念論叢』, 1971, 46쪽.
井上秀雄, 「新羅官位制度의 成立」, 『新羅史基礎硏究』, 1974, 210쪽.
李鍾恒, 「新羅上古의 官位制의 性格에 對하여」, 『國民大學論文集 7-人文科學篇』,
1974, 29~44쪽.
李基東, 앞의 논문, 1977, 149~150쪽.
李鍾旭, 『新羅國家形成史硏究』, 1982, 203~221쪽.
權悳永, 「新羅 官等 阿湌·奈麻에 對한 考察」, 『國史館論叢』 21, 1991, 31~34쪽.
金羲滿, 「新羅 '上古'期의 王權과 官等」, 『東國史學』 30, 1996, 41~42쪽.
金瑛河, 「新羅 '上古'期의 官等과 政治體制」, 『韓國史硏究』 99·100合輯, 1997,
48~53쪽.
70) 拙稿, 이 책 제3장 Ⅲ의 <표> 1~3 참조.
71) 拙稿, 「新羅 '上古'期 '干'層의 編制와 分化」, 『歷史敎育』 53, 1993, 102~104쪽.

오르게 되어 있었기 때문에 갑자기 伊湌에 補任되는 경우가 생길 수 있었던 것이다. 각 소국의 왕위는 자체적으로 계승되었으며 신라왕은 다만 이를 인준하는 형식을 취했을 뿐이었던 것 같다. 5세기 전반까지도 諸小國 王들이 저마다 특성을 가진 非出字形立飾 金銅冠을 사용한 것으로 나타나는 것은[72] 이런 권력구조에서 인정된 독자성이 오랫동안 유지되었음을 보여주는 사실이겠다.

12국의 지배계급이 六部를 형성한 뒤에도 크고 작은 지역들이 斷續的으로 신라에 편입되었고 그 지배계급은 선택적으로 六部에 편제되었다. 대항하다가 정벌된 경우는 그 지배계급을 해체하였지만, 자진하여 투항한 경우 독립세력의 首長이면 세력의 상대적인 크기에 민감하게 대응하지 않고 대개는 그대로 干支라고 부르고 우대하였다고 사료된다. 그러나 소국의 王=干支級이 아니면 伊湌은 물론 어떠한 관등도 부여하지 않는 것이 원칙이었다. 六部의 諸干은 共論에 주체적으로 참여할 권리와 결정된 사항을 준수할 의무를 지녔지만 國政의 운영에 직접 가담한 것은 아니었다. 諸干의 합의 사항을 시행하고, 諸干에 의해 이루어지는 對民 支配의 적법성을 監察한다든가 지방 사정을 국왕에게 보고하며, 時宜的으로 하달되는 왕명을 지방에 전달하고, 국가의 재정을 관리하고 집행하는 등 국정의 운영과 관련한 公務는 주로 王部와 王妃部의 지배계급이 담당하였다. 관등은 이들에게 부여되던 것이었다.[73]

각 부에는 伊湌 급으로 대우되는 소국의 干支들이 여럿 소속해 있었으며, 部를 통해 그들의 권익을 집단적으로 주장하였다. 초기의 부는 그러한 집단적 협상의 창구로서 기능하였다. 婆娑尼師今 23년(102) 音汁伐國과 悉直谷國 사이에 벌어진 영역 다툼을 해결하기 위해 초빙된 首露王을 접대하는 자리에

---

72) 全德在, 「新羅 州郡制의 成立背景硏究」, 『韓國史論』 22, 서울大 國史學科, 1990, 37~43쪽.
73) 註 35)와 같음.

韓歧部가 位卑者를 내보냈던[74) 것은 불만 내지 항의의 표시임이 분명한데, 당시의 판결로 영역을 상실한 悉直谷國의 干支가 이 部 소속이었기 때문일 개연성이 크다. 나머지 5부에서는 '以伊飡爲主'하였다고 하나, 말 그대로 伊飡으로 接賓의 主를 삼은 것이라기보다는 伊飡級으로 그리한 것을 말하는 내용으로 이해된다. '伊飡'과 '位卑者'는 이 記事의 문맥에서 정치적 지위의 수준을 뜻하는 용어로 쓰였음에 유의할 필요가 있다.

六部의 諸干은 독자성이 매우 강하여 그들의 奴人 지배에 국왕이 직접적으로는 간여하지 못하였다. 복속지역을 州, 郡, 縣으로 편제하고[75) 등급에 따라 격에 맞는 국왕의 측근 또는 친인척을 州主, 郡主라는 이름의 사자로 파견하기도 하였으나[76) 이들은 신라왕의 使者일 뿐 지방지배를 주도한 지방

---

74) 『三國史記』 1, 新羅本紀1, 婆娑尼師今 23年 8月.

75) 『三國史記』 34, 雜志3, 地理1, 尙州, '尙州, 沾解王時 取沙伐國 爲州.'
『三國史記』 34, 雜志3, 地理1, 良州, 獐山郡, '獐山郡, 祗味王時, 伐取押梁 (一作督)小國, 置郡.'
『三國史記』 2, 新羅本紀2, 助賁尼師今 2年 7月, '以伊飡于老爲大將軍, 討破甘文國, 以其地爲郡.'
『三國史記』 2, 新羅本紀2, 助賁尼師今 7年 2月, '骨伐國王阿音夫, 率衆來降, 賜第宅田莊安之, 以其地爲郡.'
『三國史記』 34, 雜志3, 地理1, 良州, 義昌郡, '音汁火縣, 婆娑王時, 取音汁伐國, 置縣.'
『三國史記』 34, 雜志3, 地理1, 良州, 臨皐郡, '臨川縣, 助賁王時, 伐得骨火小國, 置縣.'

76) 州主와 郡主의 파견 사실을 전하는 기록이 脫解尼師今 11년에 처음 보이므로 그 사실성을 의심하는 것이 일반적인 경향이다. 그러나 智證麻立干 3년에 州・郡主에게 勸農을 명하고 牛耕을 하게 하였다는 기록의 사실성까지 부인하기 어렵다면, 州・郡主의 실재를 인정할 수밖에 없다. 그러므로 '上古'期의 州主와 郡主가 當代의 명칭이 아니라 하더라도, 관련 자료가 重出하는 것은 후대의 州・郡主로 이해할 수 있는 존재가 上古 初期부터 있었음을 의미한다고 이해함이 온당할 것이다. 그리고 신라의 성립을 필자와 같이 파악한다면 그 初見 기사가 脫解代에 보인다고 해서 이상할 것이 없다.
『三國史記』 1, 新羅本紀1, 脫解尼師今 11年 正月, '以朴氏貴戚 分理國內州郡 號爲州主・郡主.'
『三國史記』 1, 新羅本紀1, 婆娑尼師今 5年 5月, '古陁郡主 獻靑牛.'

관이 아니었다. 각 지역과 民人에 대한 실질적인 통치는 전래의 지배세력을 통해 구현되었으며, 州主와 郡主는 勸農 및 取民有度와 관련한 신라왕의 敎令을 지방에 전달하고 諸干의 奴人 지배를 감찰하는 역할을 수행할 뿐이었 다. 이는 고구려에서 東沃沮에 대한 租賦의 統責을 大加에게 맡기고, 그 지방의 유력자를 使者로 임명하여 국왕의 使者인 相으로 하여금 主領케 한 것과 크게 다를 바 없는 구조였다.[77] 그리하여 3세기 말엽까지도 중국인이 보기에는 辰韓諸國 각각이 독립국으로 여겨질 정도였다.

　　六部의 干支들은 전래의 지배영역과 民人을 통치하며 독자적인 官人層을 거느렸다. 후대까지 남은 村干과 一伐~阿尺이 그들이다.[78] 이들은 諸干에 私屬된 존재로서 국왕의 臣僚가 아니었다. 그러므로 이들 역시 奴人으로 파악되었을 것이다. 干支는 신라왕에게 臣屬하여 일반화된 支配身分層으로 변화해 가고 있었지만, 伊湌 級에 해당하는 소국 干支의 경우 그 位를 독자적 으로 승계하고 있었다는 점, 독자적인 官人層을 거느렸다는 점, 또 독자적으 로 지배하는 지역과 民人을 지녔다는 점에서 封建 諸侯와 같은 존재였다. 訖解尼師今(310~355)의 父인 昔于老가 일찍이

　　　見訖解狀貌俊異, 心膽明敏, 爲事異於常流. 乃謂諸侯曰, ‘興吾家者 必此兒也.’[79]

라 하여 訖解에 대한 기대감을 諸侯에게 말하곤 하였다는데, 여기서 諸侯란 六部의 干支들을 지칭한 말로 실제로 이들을 諸侯로 인식하고 그렇게 부르기

　　『三國史記』1, 新羅本紀1, 婆娑尼師今 11年 7月, ‘分遣使十人 廉察州郡主 不勤公事 致田野多荒者 貶黜之.’
　　『三國史記』4, 新羅本紀4, 智證麻立干 3年 3月, ‘分命州郡主勸農 始用牛耕.’
77) 『三國志』30, 魏書30, 東夷傳30, 東沃沮, ‘句麗復置其中大人爲使者, 使相主領. 又使 大加, 統責其租賦·貂布·魚·鹽·海中食物, 千里擔負致之.’
78) 拙稿, 이 책의 제4장 Ⅰ.
79) 『三國史記』2, 新羅本紀2, 訖解尼師今 卽位年.

도 하였음을 보여준다.

　朝鮮 遺民이 주축이 되어 건설한 신라가 이러한 권력구조를 형성해 나아갔던 것은 準王이 衛滿에게 圭를 주어 百里에 封함으로써 藩屛으로 삼았던[80] 역사 경험과 결코 무관한 일이 아닐 것이다. 이와 같은 封建的 分權構造는[81] 古朝鮮·辰國 이래 우리나라 고대사회를 조직하고 유지한 보편적인 원리가 아니었나 여겨진다. 단지 신라만 이러했던 것이 아니겠다.

　봉건 제후를 거느린 왕을 이른바 귀족회의의 의장으로 파악할 수는 없다. 게다가 昔氏 尼師今期를 경과하면서는 국왕의 정치적 위치가 더욱더 고양되고 있었다. 六部의 諸干에 대하여 요구하는 군사적 복무의 내용이 강화되었고,[82] 군사 운용의 실책에 대해 책임을 묻는 강도가 높아졌다. 파진찬 仇道가 城主로 내려앉았고,[83] 심지어는 이벌찬 忠萱이 鎭主로 貶斥당하였다.[84] 또한 小國 干支들의 명백한 臣屬을 강요하여 甘文國·骨伐國 등을 郡으로 편제하였다.[85] 그러나 昔氏系가 집권한 후에 진행된 이와 같은 조처들은 諸干의 심한 반발을 야기했을 것으로 추측된다. 沙梁伐國의 이탈과[86] 伊西國

---

80) 『魏略』(『三國志』 30, 魏書30, 東夷傳30, 韓 所引).
81) '봉건' 혹은 '봉건적'이라는 용어를 굳이 시대구분과 관련해서만 사용할 이유가 없다. 封(feu) 제도를 전쟁이나 정복의 결과 국가가 형성되어 가는 과정에서 나타나는 '형태학상의' 단계로 보는 시각도 있다. O. Hintze와 H. Mitteis에 의하면 교통수단과 화폐경제가 미비한 상황에서 방대한 지역을 '정치적으로 조직하려' 할 때 필연적으로 봉건제도가 출현한다고 한다. 꼭 이런 시각에 동의하지 않더라도 『三國史記』가 전하는 신라 초기의 사회상을 이해하기 위하여 周代의 봉건질서를 참고하는 것은 유효한 일이라고 생각한다.
　미하일 A. 바르크 著, 나종일 編, 「오늘날 부르조아 역사서술에서의 봉건제 개념」, 『봉건제』, 까치, 1988, 46쪽.
82) 伐休尼師今이 波珍湌 仇道와 一吉湌 仇須兮를 左右軍主로 삼은 것을 이렇게 이해하고자 한다. 이들은 자기 군사력을 거느리고 軍主로서의 職任을 수행하였다고 여겨지기 때문이다.
83) 『三國史記』 2, 新羅本紀2, 伐休尼師今 7年 8月.
84) 『三國史記』 2, 新羅本紀2, 奈解尼師今 27年 10月.
85) 『三國史記』 2, 新羅本紀2, 助賁尼師今 2年 7月 및 7年 2月.
86) 『三國史記』 45, 列傳5, 昔于老.

의 金城 침공은[87] 이러한 분위기와 무관하지 않을 것이다.

특정한 干을 城主나 鎭主로 삼는다는 것은 그가 영솔하는 소국의 格을 貶下함을 의미하는 것이다. 따라서 이는 신라왕이 해당 干支에 대해 취할 수 있는 가장 강력한 제재 조처였다. 어느 소국을 州로 삼고 어느 소국을 郡 또는 縣으로 삼을 것인지를 결정하는 것은,[88] 물론 諸干을 설득할 합당한 명분이 있어야 했겠지만 국왕의 고유 권한이었다. 그러나 이 권한을 실제로 행사하는 데는 적지 않은 정치적 부담이 따랐으므로 특별한 경우가 아니면 한 번 정해진 지방행정상의 품격을 바꾸기 어려웠겠다. 이 점에서 智證王이 '親定國內州郡縣'했던 사실이[89] 역사적 의미를 지닌다. 이는 최초의 전면적인 재조정이었기 때문이다.

昔氏系의 왕권은 매우 강력한 형태로 강화되고 있었으나 오히려 六部 諸干의 반발을 야기하였다. 昔氏系가 결국 왕위를 상실하였을 뿐만 아니라 그 세력 전반이 정치적 영향력을 잃고 퇴조하기에 이른 것은 이로 말미암은

---

87) 『三國史記』 2, 新羅本紀2, 儒禮尼師今 14年.
88) 신라의 지방제도는 州郡制에서 州郡縣制로 이행되었으며, 州郡制가 실시된 智證王 代 이전에는 소국 단위의 지방 통제가 이루어졌을 뿐이라는 것이 대세적인 이해다. 소국을 州・郡・縣으로 편제하였다는 『三國史記』의 기록을 믿을 수 없다는 것이다. 그러나 漢의 郡縣制 시행을 기원전 2세기 말부터 가까이서 경험하였고, 읍락의 등급을 나누어 그 渠帥를 臣智, 邑借로 구분한 역사 경험이 있었음을 중시할 필요가 있다. 수취와 관련하여 행정구역을 나누고 이를 등급별로 편제할 當爲性이 있었으며, 그런 당위성을 실현할 충분한 토대 또한 마련되어 있었다고 생각된다. 기록에 나타나는 州郡縣의 존재를 부인할 뚜렷한 근거를 발견하기 어렵다. 다만 521년 무렵의 사정을 전하는 『梁書』 新羅傳에 '其邑, 在內曰啄評 在外曰邑勒, 亦中國之言郡縣也.'라 한 것으로 보아, 그리고 朴堤上이 歃良州干으로 기록되기도 하고 歃羅郡太守로 기록되기도 한 사실로 보아, '上古'期의 州郡縣은 본디 달리 부르던 것을 후대의 제도로 해석하여 적은 것일 가능성이 크다. 그렇지만 중국인이 그들의 郡縣과 같다고 파악한 실체는, 설사 용어가 달랐다고 해도, 州郡縣으로 이해하여 큰 무리가 없다고 생각한다. 邑勒의 '邑'은 訓借 표기이며 '勒'은 音借 표기로서, '고을>골+륵'에서 喉內入聲韻尾인 -k ′가 이 표기에 관여하지 않았다고 보여, 郡縣을 뜻하는 滿洲語인 golo와 같은 소리와 뜻을 가진 語形이었다고 여겨진 다. 즉 邑勒이 곧 郡縣인 것이다.
89) 『三國史記』 4, 新羅本紀4, 智證麻立干 6年 2月.

일이었다고 생각된다. 봉건적 분권구조가 보장되는 六部 중심 체제가 이 시기의 주된 정치질서였으며 가장 우선된 가치였다. 이 같은 맥락에서, 奈勿은 六部 共論의 정치체제와 권력구조의 유지를 보장하면서 왕위에 올랐으리라 추측된다.

그렇지만 訥祇가 정변을 일으켜 집권하고 외국에 인질로 나가 있던 동생들을 불러들이는 데 성공하면서 상황은 크게 변하였다. 소속부보다 혈연의식을 더 중시하는 관념이 새로 형성되기 시작하였고, 고구려 장수왕의 남하정책에 대응하면서 국왕의 군사 장악력이 증대하였다.[90] 주로 王部와 王妃部에 속한 奈勿王系 干들은 '奈勿王 몇 世孫'이라는 전에 없던 형식의 혈연표시법으로 자신을 내세우며 部를 초월하여 협력하는 양상을 보였다. 六部의 세력 균형은 크게 파괴되어 갔으며, 奈勿王系의 우월 의식은 고양되어 갔다. 眞骨을 자칭하는 왕족이 보다 강력해진 왕권을 전제로 새로운 신분층으로 형성되는 수순을 밟기 시작한 것이었다. 이러한 경향에 六部의 諸干이 다시 반발하지 않은 것은 아니었으나 역부족이었다.[91]

智證麻立干 3년에 奈勿系는 神宮의 설치에 성공함으로써 部體制를 초월한 王室의 성립을 공식화하고, 이를 토대로 이듬해에 國號와 王號를 개정하였으며, 6년에는 국왕이 전국의 州郡縣을 親定함으로써 권력구조 재편의 토대를 마련하였다. 왕권을 성립시키고 유지시킨 기반을 部에서 王室·王族으로 옮기고 있었던 것이다. 法興王이 율령을 반포하고 奴人法을 시행하며, 末年무렵에 外位를 제도화하기에 이른 것은[92] 이러한 노력의 결실이다. 奴人法은

---

90) 李基東,「新羅奈勿王系의 血緣意識」,『歷史學報』53·54合輯, 1972.
　　拙稿, 이 책의 제3장 Ⅳ.
91) 炤知麻立干 9년에 汎奈勿系에 의해 주도된 神宮의 설치가 일차 실패하였던 것은 六部 諸干이 連帶하여 반발했기 때문으로 해석된다(拙稿, 이 책의 제2장 Ⅳ). 이듬해인 10년 6월에 배에 글자가 적힌 六眼龜가 왕에게 전달되었던 것은 六部 중심 체제의 기본 정신을 재확인한 것과 관련된 일이겠다.
92) 拙稿, 이 책의 제4장 Ⅰ.

종래 행해져 온 諸干의 奴人 지배에 대하여 모종의 제재를 가한 법으로서 對民 支配 형태에 큰 변화가 추구되고 있었음을 보여준다.[93] 이는 六部와 諸干을 중심으로 형성되어 온 종래의 권력구조가 國王과 眞骨王族을 중심으로 한 새로운 형태로 다시 짜여지고 있었음을 시사하는 標徵인 것이다.

5. 結 語

新羅史는 三國史 중에서 상대적으로 풍부한 자료에 기초하여 가장 밀도 있게 연구되어 왔다. 더욱이 1988년과 1989년에는 鳳坪碑와 冷水里碑가 잇따라 발견되어 6세기 초의 정치 상황과 관련한 새로운 사실들이 추가됨으로써 이를 둘러싸고 진지한 토론과 연구가 활발하게 이루어지고 있다. 六部의 共論이나 국왕의 所屬部 明記, 喙部와 沙喙部 소속 干들만의 관등 소지 등은 이들 비문을 통해 비로소 확인된 사실들이다. 그런데 지금까지의 연구 경향을 보면 자신의 이해체계 속에서 자료를 재구성하는 방향으로 갈수록 더 치우쳐 가고 있다는 느낌이다. 자료에 입각하여 자신의 이해체계를 점검해 보는 노력이 시급한 시점이라 생각된다.

6세기 초 '新羅六部의 共論政治 行態와 관련하여 部의 성격에 대한 理解가 논의의 초점이 되고 있다. 그리고 이 논의는 그것을 단위정치체로 파악하는 '部體制說'과 행정구역으로 파악하는 '國王中心體制說'의 대립으로 압축되어, 이제 향후의 연구는 이 중 어느 쪽을 택하느냐 하는 문제만을 남기고 있을 뿐인 것처럼 보인다. 신라는 斯盧國이라는 소국이 주변의 다른 소국을

---

93) 鳳坪碑의 '雖是奴人 前時 王大敎法' 부분은 대체로 王이 法을 敎하여 奴人을 王의 臣民인 일반 地方民으로 삼은 것이거나 奴人의 신분적 위치를 개선해 준 것을 뜻하는 내용으로 해석된다.
盧泰敦, 「蔚珍鳳坪新羅碑와 新羅의 官等制」, 『韓國古代史硏究』 2, 1989, 179쪽.
李宇泰, 「蔚珍鳳坪新羅碑의 再檢討」, 『李元淳敎授停年紀念 歷史學論叢』, 1991, 102쪽.

정복하고 복속시킴으로써 형성한 국가라는 데 의견을 같이하면서, '部體制說'
은 사로국 왕권이 성장하여 그동안 독자적인 운동력을 지녀온 지역집단을
통제하여 하부 단위정치체로 편제할 수 있게 되는 단계에서 부가 성립하였다
고 파악하고, '國王中心體制說'은 사로국이 소국으로 성립할 때 종래의 촌락
을 행정구역으로 편제한 경험 위에 소국병합단계에 이르러 王京을 조성하면
서 그 행정구역으로 설치한 것이 부였다고 파악한다. 사로국.중심의 인식은
공유하되 그 발전의 형태나 과정에 대한 이해가 서로 다른 것이다.

그러나 『三國史記』와 『三國遺事』의 기록이 전하는 역사상은 다르다. 辰韓
의 6촌이 '辰韓六部'를 형성하였다는 것이 이들 史書의 공통되고 일관된
서술 내용이다. 6촌은 실재한 것이 아니라거나 사로국을 형성한 여섯 개의
촌락집단(斯盧六村)이라는 것은 이 내용과 거리가 있는 인식이다. 기록에
입각한다면 6촌은 辰韓의 6국을 지칭한 것으로 보아야 온당하다. 즉 진한의
6촌이 신라를 건국했다는 것은 신라가 건국 당초부터 辰韓 6국에 대해 일정한
통제력을 가진 국가로 출발하였음을 말하는 것이다.

일찍이 이 같은 기록 내용에 유의한 견해가 제시되지 않은 것은 아니었으나,
당시의 연구 환경이 갖는 한계로 말미암아 노출된 몇 가지 문제점으로 인하여
지금은 그것을 아예 무시하는 것이 당연한 듯 여겨지고 있다. 이 견해가
오류를 포함하고 있는 것은 사실이다. 그러나 그렇다고 해서 건국 당초부터
신라는 경상도 일원에 대한 지배력을 가진 국가로서 성립하였다는 발상
자체를 무시해도 좋은지는 다시 신중히 검토해 볼 필요가 있다. 이 문제는
신라 국가 형성사를 고대국가 형성사로 볼 것인가 아니면 고대사회의 재편
과정으로 볼 것인가를 묻는 한국고대사 연구가 해결하지 않으면 안 될 근본적
인 과제를 함축하고 있기 때문이다. 신라의 국가 형성 토대를 한반도 남부
지역에서 성장해 온 원시공동체의 해체에 초점을 맞추어 찾을 경우 古朝鮮과
辰國은 허구가 되고 말거나 우리의 시야에서 사라지게 된다. 辰國은 물론이고

고조선이 존재하지 않았다고 하더라도 新羅史의 이해는 그대로 가능한 까닭이다. 그래서는 곤란하다는 것이 본고의 論旨다. 사로국 중심 이해체계 자체의 타당성을 재고해 보아야 한다.

6세기 초 신라 권력구조의 기본 골격은, 국왕도 喙部라는 특정 部에 속하고 국가 중대사를 六部의 諸干이 共論하여 처결했던 사실에 집약되어 있다. 이 시기의 왕권을 성립시키고 유지시킨 기반은 部였다. 세력이 가장 큰 부에서 왕을 내고 그에 버금하는 부를 패트론(patron)으로 삼아 왕권을 지탱하면서 國政을 주도하였다. 패트론 부에서 왕비를 내는 것이 일반적이지 않았을까 추측된다. 강력한 두 部의 세력을 배경으로 발현되는 국왕의 권위는 神聖하기까지 하였다. 왕권의 신성함은 王部의 정치적 지위를 높여주는 것이기도 했으므로 국왕에 대한 王部의 服從과 敬畏가 다른 어느 부보다 더 엄숙하였을 것이다. 따라서 왕을 그 소속부의 部長으로 보는 견해에 동의하기 곤란하다.

그러나 국왕은 六部가 共論하여 합의한 사항을 존중하지 않으면 안 되었다. 六部는 국왕의 정치적 통제력 하에 놓여 있었지만, 왕권 또한 6부체제의 토대 위에 존립하는 바였다. 部는 국왕의 臣僚인 동시에 독자성을 띤 王者였던 干들과 그 親族 및 僚屬들이 형성한 지배계급의 정치조직이었다. 國王을 정점으로 하는 정치관계와 六部의 諸干을 정점으로 하는 정치관계가 중첩한 데서 형성된 重層的 權力構造가 '上古'期 신라를 이끈 동력이다. 그러므로 왕권이 六部의 합의를 무시하지 못하였다는 것은 왕권의 강도를 염두에 둔 개념에서가 아니라 권력구조라는 측면에서 이해될 진술임에 유의하여야 한다.

'上古'期 六部의 성격을 제대로 이해하려면 그 성립 과정을 정확히 알 필요가 있다. 신라는 辰韓의 6국 지배세력이 共論하여 형성한 국가였다. 그러므로 진한이 곧 신라다. 다만 초기의 신라는 領域과 民人을 가진 국가이긴 하였으나 그 영역에 거주하는 모든 民人이 다 신라 사람인 것은 아니었다. 신라 '國人'은 6국의 지배계급에 한하였다. 이들이 형성한 정치조직이 곧 '辰韓六部'고 '新羅六部'다. 따라서 王京人이 六部를 형성하였다는 것은 사실과 괴리가 있다. 지배계급의 다수가 王京에 거주하였겠지만, 6국의 지배계급은 어디에 거주하던 상관없이 六部人이고 新羅 '國人'이었다. '上古'期의 신라는, 엄밀하게 말하자면 六部가 형성한 지배자 조직으로서의 국가다. 六部의 諸干이 지배하는 피지배민은, 설령 王京에 거주하는 경우라 할지라도, 신라 '國人'도 아니었고 六部人도 아니었다. 鳳坪碑에 보이는 '奴人'이 이들을 지칭하던 용어라고 생각된다. 干의 奴人 지배를 토대로 국왕이 그 干을 圍繞한 지배계급을 國人으로 거느린 二重構造가 當代의 眞相이다.

  신라의 발전에 따라 뒤에 복속해 들어온 지배세력의 일부가 六部에 편제되고, 六部人의 자손이 번성함으로써 六部의 규모는 계속 커지고 있었다. 크고 작은 독립세력의 干과 그 親族 · 僚屬이 서열을 이루며 국왕에 복속하여 각자의 영역을 지배하였다. 그 중 소국의 왕 급에 해당하는 干은 그 지위를 세습하고 독자적인 官人을 두었으며 또 배타적으로 지배하는 지역과 奴人을 거느렸다는 점에서 封建 諸侯와 같은 존재였다. 신라왕은 자체적으로 승계되는 干位에 오른 자를 封의 형식을 통해 인정하고 충성과 군사적 복무를 서약받았으리라 여겨진다. 이는 準王이 衛滿에게 圭를 주어 百里에 封함으로써 藩屛으로 삼은 사실에서 확인되는 고조선의 역사 경험과 결코 무관한 정치관계가 아니었다. 이 점에서 이러한 封建的 分權構造는 단지 신라에서만 나타난 특수한 형태라고 할 수 없을 것이다.

  '上古'期의 권력구조가 이러하였으므로 六部 중심 정치체제의 유지는 그 어떤 가치보다 우선시되었다. 六部의 諸干에게 요구하는 군사적 복무의 강도를 높임으로써 왕권을 강화하고 있던 昔氏系 尼師今이 실권하기에 이른 것은 그 같은 노력이 部體制를 위협할 수준에 이른 때문이 아닐까 여겨진다. 뒤를 이어 왕위를 차지한 奈勿은 六部 共論의 정치체제와 권력구조의 유지를 보장하면서 집권하였다.

그러나 訥祇가 정변을 일으켜 정권을 잡고 동생들을 불러들여 혈연 중심의 지배체제를 구축하기 시작하면서 상황이 크게 변화하였다. 고구려 장수왕의 남하정책에 대응해야 했던 당시의 정세가 訥祇의 새로운 시도에 유리하게 작용하였다. 奈勿系 왕족은 혈연의식을 앞세워 소속부를 초월하여 협력하는 경향을 띠었다.[94] 昔氏系의 퇴조로 이미 세력 균형을 잃고 있던 六部는 그 균형의 파괴가 심화되는 가운데 정국의 주도권마저 상실해 가고 있었다.

그러므로 6세기 초에 진행된 권력구조의 변화는 봉건적 분권구조가 봉건적 집권구조로 재편되는 과정으로 보아야 한다. 첫째, 왕권의 기반이 部에서 王族으로 옮겨지고 있었다. 干에서 眞骨이 분화하고, 진흥왕 대에 이르러 국왕이 더 이상 소속부를 명기하지 않게 된 것은 그 결과다. 둘째, 六部는 정치적 주도력을 상실하고 있었다. '中古'期로 접어들면서 六部의 共論 정치가 사라지고, 국왕에 직속하는 官府가 정비되기 시작한 것은 그 결과다. 셋째, 이러한 변화 속에서 국가의 개념이 재정립되고 대민 지배의 형태가 바뀌었다. 新羅라는 국호에 담긴 '四方을 網羅한다'는 뜻이 재해석되고, 奴人法이 시행된 것은 신라가 지배계급 중심의 국가가 아닌, 모든 권력이 궁극적으로 국왕에게 귀일하는 국가로 다시 태어난 것을 말한다.

---

94) 拙稿, 이 책의 제2장 Ⅳ.

IV. 6세기 初 '干'層의 分化와
眞骨身分의 成立

1. 序 言

골품제도에 대한 이해는 비단 신라 사회만이 아니라 한국고대사의 기본 성격을 파악하는 토대 혹은 준거로 여겨져 왔다.[1] 斯盧國이 신라로 발전하는 과정에서 복속시킨 族長 세력을 그 크기에 따라 등급을 매겨 王京人으로 편제한, 바꾸어 말하여 신라 사회를 형성하고 유지시킨 기본 원리가 곧 골품제도라고 생각했기 때문이다. 육두품까지의 두품 신분층이 六部에서 기원했으리라고 본다든가[2] 골품제의 연원을 사로국 성립기에서 찾은[3] 것은 이런 생각의 연장선에서 나온 발상의 결과였다.

---

1) 國史上 古代에서 中世로 이행한 시점을 羅末麗初로 보는 견해의 주요 논거가 이 시기에 骨品制度가 해체되었다는 점이었다. 골품제도를 古代的 身分制의 典型으로 파악하고 이 제도가 해체된 시기를 古代社會 解體期로 이해한 것이다. 고려의 郡縣制가 豪族 혹은 族團의 血緣的 결합관계를 토대로 성립한 支配-服屬의 階層的 編成이었다고 하여 고려의 郡縣制가 마치 신라의 骨品制度를 지방 편제에 적용한 형태인 것처럼 논단한 故 하타다 다카시(旗田巍, 1908~1994) 교수의 견해도 골품제적 요소를 고대사회의 증표로 여긴 점에서 같은 맥락에 있는 논의다.
金哲埈,「韓國古代社會의 性格과 羅末麗初의 轉換期」,『韓國古代社會研究』, 知識産業社, 1975, 277~288쪽.
旗田巍,「高麗王朝成立期の'府'と豪族」,『朝鮮中世社會史の研究』, 法政大學出版局, 38~39쪽.
2) 今西龍,「新羅骨品考」,『新羅史研究』, 京城 : 近澤書店, 1933, 217쪽.
武田幸男,「新羅骨品制の再檢討」,『東洋文化研究所紀要』67, 1975, 189쪽.
3) 李鍾旭,『新羅骨品制社會』, 一潮閣, 1999.

골품제도에 대한 지금까지의 일반적인 이해는 王京人과 地方民의 차별에 근간을 두고 성립하여 이 중 前者에게만 적용된 제도로서, 각 신분마다 오를 수 있는 官等을 제한하는 등 정치적·사회적 모든 部面에서 차등을 둔 매우 엄격한 신분제도였다는 것이다. 그러나 연구가 축적되면서 이 제도에 대한 종래의 이해체계는 그 존립의 근거를 대부분 잃게 되었다. 왕경인과 지방민의 지위를 신분으로 차별한 실제의 사례를 찾을 수 없었고,[4] 頭品마다 오를 수 있는 최고 관등이 달리 정해져 있었다는 생각도 근거가 없는 것으로 판명되었다.[5] 그리고 골품제도는 신라 사회 전체를 관통한 一貫體制가 아니라 그 안에서 신분의 분화·생성과 소멸을 부단히 거듭한 可變體制였음이 드러나고,[6] 頭品은 신분이라기보다 획득될 수 있는 정치적 지위로서의 성격이 강한 것이었음이 밝혀졌다.[7]

한편 학계의 일각에서는 新羅 當代에 실제로 존재한 것은 骨品과 頭品이라는 별개의 체제였을 뿐 '骨品制'가 존재한 것은 아니었다며, 骨品을 骨과 頭品의 결합으로 보아서는 곤란하다는 주장이 새삼 다시 제기되었다.[8] 骨品

---

4) 王京人과 地方民을 차별했다는 생각은 京位가 王京人에게, 外位가 地方民에게 각기 적용되었다고 보고, 興德王 9년(834)의 '外眞村主與五品同 次村主與四品同'이라는 규정을 그 차별의 실례로 이해한 데 근거하였다. 그러나 이는 오해다. 外位는 지방민에게 적용된 제도가 아니었고, 興德王 9年條의 규정은 村主라는 職位에 대한 처우를 규정한 내용일 뿐이다. 애초에 신라의 국가 형성 원리 혹은 구조 자체가 양자를 분리하도록 되어 있지 않았다.
拙稿,「6~7세기 新羅 眞骨의 家臣層과 外位制」,『韓國史研究』107, 1999 ; 이 책의 제4장 Ⅰ.
___,「韓國古代社會의 二重聳立構造와 그 展開」,『歷史教育』98, 2006 ; 이 책의 제1자 Ⅱ.
___,「新羅 下代 六頭品 村主와 沙湌重位制의 施行」,『歷史教育』111, 2009 ; 이 책의 제4장 Ⅲ.
5) 拙稿,「신라 중위제의 추이와 지배신분층의 변화」,『역사와현실』50, 2003 ; 이 책의 제3장 Ⅲ.
6) 拙稿,「9세기 말 新羅의 '得難'과 그 成立過程」,『韓國古代史研究』8, 1995 ; 이 책의 제4장 Ⅳ.
7) 尹善泰,「新羅 骨品制의 構造와 基盤」,『韓國史論』30, 1993.

과 頭品이 기반이나 배경에서 근본적인 차이는 없었으나 정치적 목적에서 다른 용어를 사용함으로써 차별하려 한 데서 나뉜 것으로 여겨진다는 것이다.[9] 그리고 骨品은 어디까지나 骨의 品(등급)을 나타낸 것으로서, 왕권이 초월화한 眞平王代에 骨이 분화하여 聖骨과 眞骨이라는 骨品으로 성립했다고 보았다. 하긴 眞骨이 성립한 시기와 관련해서는 이미 法興王代說,[10] 眞平王代說,[11] 眞德王代說[12] 등 여러 설이 제기되어 있던 상태였다. 대략 '中古'期 어느 시점에 眞骨이 성립했다는 데는 대부분의 연구자들이 의견의 일치를 보고 있는 셈이다.

어떻든 일단 眞骨이 骨에서 분화해 나왔다는 데는 이의를 제기하기가 어려울 듯하다. '眞骨'이라는 語義 자체가 이미 존재하는 '骨'을 전제로 자신들이 그 중에서 '眞'임을 주장하는 뜻을 지녔기 때문이다. 그러나 '骨'에서 '眞骨'임을 주장하는 세력이 갈라져 나올 때 그 남은 세력이 '聖骨'이었다는 데는 좀체 동의하기가 어렵다. 骨에서 聖骨과 眞骨이 분화되어 서로 다른 등급의 '骨品'으로 성립했다는 것은 곧 '眞'이 아닌 집단을 '聖'이라 일컬었다는 뜻인데, '眞'은 통상 '假'에 대응하는 개념으로서 그 자신보다 上位의 개념인 '聖'을 카운터파트(counterpart)로 삼고 성립했다는 것은 아무래도 어색하고 아귀가 맞지 않는 이야기인 까닭이다. 기실 聖骨은 眞骨에서 분화했지만 정확히 말하면 身分이라기보다 王位繼承과 관련한 資格 개념에 가까운 것이었다는 게 필자의 생각이다.[13]

---

8) 朱甫暾,「新羅骨品制社會とその變化」,『朝鮮學報』196, 2005.
9) 朱甫暾,「신라 骨品制 연구의 새로운 傾向과 課題」,『韓國古代史硏究』54, 2009, 10쪽.
10) 李基東,「新羅 奈勿王系의 血緣意識」,『歷史學報』53・54合輯 ;『新羅骨品制社會와 花郎徒』, 一潮閣, 1984 재수록.
    金基興,「新羅의 聖骨」,『歷史學報』164, 1999.
11) 木村誠,「六世紀における新羅骨品制の成立」,『歷史學硏究』428, 1976.
12) 全德在,「7세기 중반 관직에 대한 관등규정의 정비와 골품제의 확립」,『한국 고대의 신분제와 관등제』, 아카넷, 2000.

眞骨의 성립과 관련해서는 무엇보다 重位制에 유의할 필요가 있다. 특히 같은 이름의 奈麻重位가 奈麻와 大奈麻에 동시에 기재되어 있는 사실에 주목하지 않으면 안 된다. 그리고 奈麻에 적용된 奈麻重位는 7重에 그치고, 大奈麻에 적용된 奈麻重位는 9重인 사실에도 유념해야 한다. 이는 이 두 관등에 적용된 奈麻重位가 동시에 존재한 것이 아님을 뜻하며, 奈麻重位가 奈麻에 적용될 때에는 아직 大奈麻가 존재하지 않았고, 大奈麻가 새로 성립하여 奈麻重位의 적용 관등을 大奈麻로 옮겨야 할 필요가 생겼을 때는 그 위에 2개 관등이 더 신설되었으므로 이에 대응하여 奈麻重位의 上限을 7重에서 9重으로 늘리지 않으면 안 되었던 사정이 있었음을 의미한다.

大奈麻 등 '大'자가 붙은 관등이 아직 성립하기 전에 重位制가 있었고 이것이 奈麻에 적용되었다는 것은 특정 신분층에게는 奈麻까지의 관등만 주었고, 그 이상의 관등은 당시의 최고 지배신분층이 독점했다는 뜻이다. 환언한다면 奈麻를 기준으로 그 이상 오를 수 있는 신분과 거기까지만 오를 수 있는 신분으로 二分되어 있었던 것이다. 두말할 나위 없이 그것은 '干=骨'과 '非干=頭品'이다. 奈麻 위의 관등은 모두 '干'이라고 부른 관등이었기 때문이다. 骨은 아직 분화되지 않았고 따라서 骨에 이른바 品은 없었으며, 존재한 것은 오직 頭品이었고 그것도 1~5두품뿐이었다. 奈麻 이하의 관등이 奈麻를 포함해 꼭 5개 관등뿐이었던 데서, 頭品이란 곧 각 관등에 따라 대우를 차등화한 것으로서 그 관등에 오른 개인의 능력이 등급으로 주어졌던 것임을 알 수 있다. 六頭品은 아직 존재할 여건이 아니었다. 진골이 독자의 신분으로 성립하고 나서 大阿湌 이상의 관등은 진골만 가질 수 있다는 규정을 둘 때 이 규정의 대상 관등이 六頭品이었으니, 육두품은 진골이

---

13) 拙稿, 「新羅 上代의 王位繼承과 聖骨」, 『韓國史研究』 86, 1994 ; 이 책의 제3장
   Ⅰ.
   拙稿, 「新羅 '上代' 葛文王의 冊封과 聖骨」, 『歷史敎育』 104, 2007 ; 이 책의 제3장
   Ⅱ.

등장할 때 동반한 신분이었음이 분명하다.[14]

眞骨이 성립한 것은 일러도 신라의 관등이 17등급으로 정비된 이후의 일이었다. 그러나 그 성립이 일시에 가능했다고는 생각할 수 없을 것이다. 신라에서 언제부터인가 일어난 정치적·사회적 변화가 眞骨의 성립으로 귀착된 것이었겠다. 이와 관련해서는 이미 앞 장에서 理解의 대강을 밝히기도 했지만, 眞骨이 骨에서 분화하여 독자의 신분으로 성립하게 된 背景과 經過를 좀더 구체적으로 살펴볼 필요가 있다고 여겨진다. 신라 사회가 '上古'期에서 '中古'期로 이행하면서 일어난 정치적·사회적 변화에 대한 이해를 심화하기 위해서다.

2. 部體制의 變質과 '干'層의 分化

기록상으로 확인할 수 있는 眞骨 최초의 인물은 眞興王代의 斯多含으로서, 그의 族系(혹은 家系)가 眞骨에서 나왔다고 한 것이[15] 진골에 관한 기록의 효시다. '系出眞骨'이 斯多含 當代에 진골을 칭하는 族系가 실재했음을 반영한 記述인지 아니면 후대의 관념으로 소급해서 붙인 설명인지는 분명하지 않으나 이를 前者로 이해한다면, 진골이 성립한 것은 늦어도 진흥왕대의 일이었다고 할 수 있다. 그렇다면 그것은 관등제가 17관등제로 성립한 이후부터 진흥왕대에 이르는 그리 길지 않은 시기다.

신라의 관등제가 17관등으로 완비된 시점이 언제인가를 전하는 확실한 기록은 없다. 律令을 頒示하고 모든 관리들의 公服과 服色의 차례를 제정했다는 法興王 7년(520)이 그때이리라고 짐작할 뿐이다. 503년에 세워진 것으로 여겨지는 冷水里碑에는 '大'[太]자가 붙은 관등이 보이지 않지만 524년에 건립된 鳳坪碑에는 보인다는 사실이 이 추정의 개연성을 뒷받침한다. 그리고

---

14) 이와 관련한 事實의 구체적 이해는 이 책의 제3장 Ⅲ을 참고할 것.
15)『三國史記』44, 列傳4, 斯多含, '斯多含 系出眞骨 奈密王七世孫也 父仇梨知級湌.'

斯多含이 加耶 討伐戰에 참여하여 이름을 높인 것은 眞興王 23년(562)의 일이었고, 武官郞을 따라 죽은 것은 그 한두 해 뒤였다. 이 40여 년 사이에 진골이 성립한 셈이다.

그런데 이 사이에 신라 정치계에 일련의 변화가 일어난 것으로 나타나 주목된다. 변화의 징후는 여러 곳에서 발견되지만 우선 주목되는 것은 비문에 나타난 인명 표기 방식의 변화다. 즉 冷水里碑에서는 무엇보다 所屬部를 중심으로 한 인명 표기방식을 보인 반면, 鳳坪碑를 거쳐 진흥왕대의 赤城碑·昌寧碑 단계로 오면 職名 위주의 인명 표기방식으로 일반화된 사실이 확인되는 것이다. 六部의 정치적 위치나 기능에 어떤 변화가 일어난 결과라고 여겨진다.

〈표 1〉 6세기 전반, 碑文의 人名表記 方式 變化[16]

迎日冷水里碑(503)			蔚珍鳳坪碑(524)			丹陽赤城碑(550)		
			喙部	牟卽智	寐錦王			
			沙喙部	徙夫智	葛文王	大衆等	喙部	伊史夫智	伊干支
			本波部	□夫智	干支		沙喙部	豆彌智	彼珎干支
			岑喙部	美昕智	干支		喙部	西夫叱智	大阿干支
沙喙	至都盧	葛文王	沙喙部	而粘智	太阿干支		□□夫智	大阿干支
	斯德智	阿干支		吉先智	阿干支		內禮夫智	大阿干支
	子宿智	居伐干支		一毒夫智	一吉干智	高頭林城在軍主等		
喙	尒夫智	壹干支	喙	勿力智	一吉干支		喙部	比次夫智	阿干支
	只心智	居伐干支		愼宍智	居伐干支		沙喙部	武力智	阿干支
本彼	頭腹智	干支		一夫智	太奈麻	鄒文村幢主		
斯彼	暮斯智	干支		一尒智	太奈麻		沙喙部	導設智	及干支
				牟心智	奈麻	勿思伐城幢主		
			沙喙部	十夫智	奈麻		喙部	助黑夫智	及干支
				悉尒智	奈麻			

위의 표에서 알 수 있듯이 冷水里碑에서는 인명이 所屬部別로 나열되었다. 예컨대 沙喙部의 居伐干支 뒤에 喙部의 壹干支가 나오는 것은 명백히 所屬部 우선의 표기다. 鳳坪碑는 所屬部를 맨 먼저 표기하기는 했지만 기본적으로는

---

16) 國史編纂委員會, 『韓國古代金石文資料集 Ⅱ』, 1995, 14·25·57쪽.

관등의 순서에 따라 인명을 나열한 형태다. 寐錦王·葛文王·干支 등 王級의 인물을 우선 소개하고 官等 소지자를 나열하였는데, 같은 관등을 가진 다른 部 소속의 인물이 나올 때까지 일정 部의 인물들을 官階에 따라 열거하였다. 部 중심에서 官等의 序次 중심으로 인명 기재방식이 바뀐 것이다.[17] 이는 部의 정치적 위상이 후퇴하였음을 짐작케 하는 변화다. 그리고 이 변화는 丹陽赤城碑(550)에 이르러, 官職名-所屬部(혹은 出身地)-人名-官等의 순서에 입각하여 기술하고 동일 官職名 내에서는 官等의 序次에 따르는 형태로 굳어졌다. 昌寧眞興王拓境碑(561) 등 이후의 비문에서는 이러한 인명 기재방식이 준행되고 있다.

국왕에 의해 임명된 관직이 소속부보다 우선하게 된 것은 분명히 새로운 변화다. 昌寧碑에서는 '大等与軍主幢主道使与外村主'로 中央 및 地方官의 序列을 적시했을 정도다. 이에 이르러 所屬部는 정치 과정에서 이미 일차적 고려의 대상이 아니었다. 六部의 정치적 기능이 그만큼 상대적으로 약화된 사실을 반영하는 변화의 징후임이 틀림없다.

이와 같은 변화는 비문의 내용을 통해서도 읽혀진다. 冷水里碑와 鳳坪碑에서는 지방지배와 관련하여 寐錦王과 葛文王 등 '新羅六部'의 干(=王)들이[18] 회합하여 어떤 결정을 내리고 있는 모습이 보이는 반면, 그 이후의 비문에서는 이런 '共論'의 정치가 더 이상 확인되지 않는 것이다. 鳳坪碑에서 新羅六部의 合意가 '王敎'로서 공표된 것은 사실이나,[19] 六部 대표의 共論의 결과를 '別敎'라고 표현한 점이나 또 그것이 原案대로 시행된 것으로 보아 이는

---

17) 拙稿,「新羅 上代 '干'層의 形成·分化와 重位制」, 서울대 박사학위논문, 1994, 65쪽.
朱甫暾,「신라의 部와 部體制」,『釜大史學』30, 2006, 335~336쪽.
18) 두 碑文에서 '所敎事' 혹은 '別敎令'의 主體로 奈麻級의 官等을 소지한 인물이 포함되고 있으나 冷水里碑에서 이들을 '王等'이라고 總稱한 것으로 미루어 그 신분은 干에 속한 인물들이었던 것으로 보인다.
19) 崔光植,「珍鳳坪新羅碑의 釋文과 內容」,『韓國古代史硏究』2, 1989, 97쪽.

六部가 주체적으로 내린 결정이었고 최종적인 구속력을 갖는 결정이었음이 분명하다. 官階를 17位로 정비하고 율령을 頒示한 지 4년이 지나는 시점에서도 신라의 기본적인 정치 운영은 六部의 合議에 입각하여 이루어지고 있었던 것이다. 국왕까지도 그 소속부를 밝혀 적는 상황이었고, 新羅六部는 자신의 이름으로 煞(斑)牛의 祭禮를 행하여 그 결정을 확인할 정도였다. 그러나 이런 六部 중심의 정치 운영 방식은 赤城碑가 세워진 진흥왕 11년(550) 무렵에 이르러 국왕이 임명한 관리 중심의 官府 정치 형태로 바뀌어 있었다.[20]

물론 그렇다고 해서 이 사이에 '新羅六部'가 폐지되어 사라진 것도 아니었고, 지방관이 파견되었어도 六部에 의한 실질적인 지방 장악 구조가 완전히 불식된 것 또한 아니었다. 지방민에 대한 力役 動員은 더 후대까지도 部를 축으로 이루어지던 것이 일반이고 대세였다.[21] 하지만 진흥왕대 이후로 국왕은 더 이상 소속부를 冠稱하지 않으며, 官職 중심으로 파악되는 지배층은 국왕을 陪席 隨駕하는 존재일 뿐 그들이 직접 '新羅六部'의 이름으로 어떤 정치적 斷案을 내리는 주체로 등장하지 않는다. 六部의 정치적 기능이 6세기 전반을 경과하는 시점에[22] 크게 萎縮되었음이 분명한 것이다.

그리고 冷水里碑와 鳳坪碑에 官職 혹은 官等을 표시하지 않은 '干支'가 보이는 점도 유의되어야 할 사실이다. 官職이나 官等은 國政의 實務를 담당한 자에게 부여되는 것이며 일원화된 국가적 조직으로서의 그 수여 주체는 당연히 국왕이었다. 따라서 이를 소지하지 않은 干支가 있었다는 것은 국정의 실무에는 참여하지 않으면서 정책 결정 과정에만 참여한 지배층 인물들이

---

20) 『三國遺事』1, 紀異1, 眞德王條에 閼川·林宗·述宗·茂林·廉長·庾信 등이 亏知巖에 모여 國事를 의논하였다고 하여 重臣會議의 모습을 전하나, 이를 冷水里碑나 鳳坪碑에 보이는 六部 干들의 '共論' 형태와 동일한 것으로 생각하기는 어렵다.
21) 이 책의 제2장 Ⅱ.
22) 六部의 성격이 변화한 시점과 관련해서는 530년대부터 국왕이 部名을 冠稱하지 않게 된 사실을 주목하고 구체적으로 536년의 建元이 部의 성격 변화를 상징하는 사건이었으리라고 생각한 견해가 제시되어 있다(朱甫暾, 앞의 논문, 2006, 333쪽).

있었음을 의미한다.[23] 官職·官等의 소지자가 주로 喙部 및 沙喙部 인물로 나타나는 사실로 미루어, 정책 결정에는 '新羅六部'의 대표가 모두 참여하고 결정된 정책의 시행에는 王部와 王妃部로 여겨지는 喙部 및 沙喙部의 지배층만 참여하여 책임진 것으로 짐작된다.[24]

그러므로 관직과 관등을 받지 않은 나머지 4부 소속의 干層은 국가 행정 실무에 직접 관여하지 않았다는 점에서 국가권력구조의 중핵에서 배제된 政治疏外 계층이었다고 하겠지만, 독자의 지배기반을 지닌 王者的 존재로서 國家重大事를 共論하고 결정하는 구조에 주체적으로 참여하였다는 점에서는 신라 왕권으로부터 일정한 거리를 유지할 만큼 독자성을 띤 政治主導 계층이었다고 할 수 있다. 6세기 초까지 작동하고 유지된 諸干 共論·合議의 '新羅六部 中心 정치체제는 이러한 양면성을 띤 干層이 그 주체였다. 따라서 無官職·無官等의 '干支'가 소멸한 사실은 신라 지배층이 국왕의 권력 밑에 빠짐없이 편제되어 일반 귀족화하였음을 의미한다. 諸干 中心의 六部政治體制 즉 部體制에서 國王 中心의 官府政治體制로 이행한 것이었다.[25]

---

23) 冷水里碑와 鳳坪碑에 보이는 '干支'를 干群 京位의 시원적 형태라고 말할 수는 있겠으나, 524년 건립의 鳳坪碑에 이것이 보이는 사실을 이때까지도 京位制가 아직 완비되지 않은 증거라고 여기면 곤란하다. 官等과는 상관없이 존재한 干層 인물이었고 따라서 꼭 '部長'이라고 볼 이유도 없는 구조였다.

24) 冷水里碑와 鳳坪碑에 喙部 및 沙喙部 소속의 인물만 관등을 지닌 것으로 나타나는 사실을 일반적으로는 이 두 部의 세력이 다른 4部를 압도하였기 때문으로 이해한다. 이러한 六部의 不等性과 序列化가 部體制 붕괴의 원인으로 작용했으리라는 것이다. 결과적으로는 그러한 측면이 없지 않았으리라 여겨지지만 六部 사이에 세력다툼만 있었던 것처럼 생각하면 곤란하다. 六部는 신라의 本體이므로 서로 세력 균형을 맞추기 위한 노력도 적잖이 기울였으리라 짐작된다. 두 部의 인물들만 官等을 지닌 것으로 나타나는 것은 그것이 部體制가 작동하는 하나의 원리이기 때문이지 序列化의 결과가 아니다. 六部 중심의 정치체제는 처음부터 六部의 共論과 2部(王部와 王妃部)에 의한 그 施行이라는 형태로 짜이고 유지되었다고 본다(이 책의 제2장 III).

25) 필자는 그동안 六部 중심의 政治運營體制가 6세기경에 확립된 것이 아니라 오히려 붕괴되어 國王 중심의 官府體制로 이행했다는 주장을 해왔는데, 이는 학계의 일반적 이해와 다른 형태다. 그런데 최근 朱甫暾 교수가 필자와 근접하는 견해(앞의

部體制가 무너지면서 국왕 중심 체제가 확립되어 갔다는 사실은 애초에 部가 왕권에 의해 생성된 것이 아니었음을 의미한다. 部는 왕권에 의해 편성된 행정구역이 아니었을 뿐만 아니라, 정치적 위상을 달리하는 각급 정치체들을 국왕이 통제할 수 있는 단계에서 정리해 냄으로써 성립한 것도 아니었다. 六部의 성립 배경 및 시기와 관련해서는 역시 『삼국사기』나 『삼국유사』의 초기 기록을 존중하는 것이 올바른 태도다. 六部는 신라를 형성하고 권력구조의 정점에 居西干을 옹립한 근거고 기반이었다고 파악되어야 할 것이다. '六部'가 성립함으로써 '新羅'가 건국한 것이었다. 鳳坪碑에 보이는 '新羅六部'란 바로 그런 의미를 함축한 용어였다.26) 말하자면 六部는 二重聳立構造로서의 新羅 居西干 體制를 성립시킨 주체로서 그 자체가 곧 신라였던 것이다. 따라서 이러한 六部의 정치적 기능이나 성격이 변화했다는 것은 신라의 성격이 변화했다는 의미고, 또 그 지배자의 성격과 권력구조가 크게 변화했다는 의미다.

국가중대사의 결정에 六部가 더 이상 나서지 않게 되는 정치적 변화는 신라왕이 部名을 冠稱하지 않게 되는 변화와 맞물려 나타나지만, 이런 변화가 530년대에 들어와서야 비로소 표면화되었다는 것은 기실 의아한 일이다. 502년에 王이 殉葬을 금하여 노예소유자적인 '干'으로서의 성격을 스스로 부인하고, 503년에는 王號마저 '麻立干'에서 '新羅國王'으로 변경함으로써 六部 '干支'층을 초월하는 존재로서의 위치를 내외에 천명한데다가, 520년에 이르러는 율령을 반포하여 국왕 중심의 정치체제를 법제적으로 정비하기까

「신라의 部와 部體制」, 335쪽)를 보여 반갑게 생각한다. 여기서 '部體制'라는 용어는 盧泰敦 교수가 처음 사용한 것이다(「三國時代의 '部'에 關한 研究」, 『韓國史論』 2, 1975). 필자는 部의 성립 시기와 배경, 部內의 통치구조 및 계급구성 등에서 盧 교수와 다르게 보는 면이 있지만, 六部의 主體的 政局主導 機能과 六部 共論의 政治運營 형태를 하나의 體制로 표현하는 데 적합한 용어라고 생각하여 이를 그대로 빌려 쓴다.

26) 拙稿, 이 책의 제1장 II.

지 한 처지였기 때문이다. 六部의 합의가 이루어지고 제도가 마련되어도 그것이 현실 정치에서 구현되기까지는 한참을 더 기다려야 했던 사정이 이런 時差로 나타난 것인지, 法制의 制定과 俱現 사이에 보이는 수년의 時差 자체가 이미 共論과 合議의 내용에 포함된 일이었는지 알 수 없다.

그런데 신라를 성립시키고 유지시켜 온 部體制가 무너지고 새로운 정치체제로 전환한 일련의 변화가 표면상으로는 智證王代에 시작해 眞興王代에 마무리된 것으로 나타나지만, 이를 유발한 단초나 기반은 더 이른 시기에 형성되었을 터다. 그리고 그 단초는, 部體制를 대신한 새로운 체제가 국왕 중심의 체제였다는 점에서 생각할 때, 국왕을 核으로 하는 혈연의식이 部에 대한 소속의식을 초월하는 변화로서 나타났을 것이다. 이를테면 지배층을 部로부터 유리시켜 새로운 기준의 혈연의식에 입각해 재편한 어떤 정치적·사회적 변화가 일어났던 것이 아닌가 하는 것이다.

이 무렵에 일어난 변화로서 정치체제의 변동을 촉발했을 만한 것으로 주목되는 변화는 지배층의 분화 현상이다. 六部 지배층의 상부에서는 眞骨의 대두라는 生長式 신분상승 현상이 일어났고, 하부에서는 3~1두품의 平人化라는 꼬리자르기식 身分整理 현상이 일어난 것이었다.

신라의 頭品은 6~4두품이 있었던 것으로 확인되지만 가장 낮은 신분을 처음부터 4두품이라 불렀을 리가 없다.[27] 3~1두품도 있었을 것이다. 그런데 興德王 9년의 禁制를 보면 4두품 밑의 신분이 平人으로 명시되어 나타난다. 3~1두품이 지배신분에서 탈락하여 平人化한 것이다. 이 平人化의 시점은 자료로 남아 있지 않으나 『삼국사기』를 비롯한 어느 문헌 자료에도 3두품 이하의 명호가 보이지 않는 사실은 이것이 비교적 이른 시기에 진행된 일이었음을 시사한다. 여기서 몇 가지 사실을 짚어 둘 필요가 있다.

첫째, 頭品은 非干層이 소지한 각 관등에 대응하여 성립한 것으로서 그

---

27) 邊太燮, 「新羅 官等의 性格」, 『歷史教育』 1, 80쪽.

관등 소지자를 신분 혹은 대우 개념으로 파악한 용어였다는 점이다. 아직 '大'[太]자가 붙은 관등이 성립하기 전, 그러니까 신라 관등이 12관등이었을 때에는 奈麻에 重位制가 적용되고 있었으므로 干層에 속한 인물이 아니면 干群 官等을 소지할 수 없었다. 非干層이 오를 수 있는 최고의 관등은 奈麻였고, 奈麻 밑으로는 舍知·吉士[吉次]·烏·先沮知[造位]의 4개 관등만 있었다. 이러한 상황에서 두품제가 성립했던 것이다. 즉 두품은 최하위부터 先沮知 -1두품, 烏-2두품, 吉士-3두품, 舍知-4두품, 奈麻-5두품으로 차례로 명명된 것이었다. 말하자면 그냥 官等으로만 불러도 될 일이었지만, 그것을 개인(頭)의 능력별 등급(品)으로 분류해 각기 처우를 달리한 것이 頭品制 성립의 기원이고 배경이었던 셈이다.

따라서 3~1두품의 소멸은 두 가지의 의미를 지닌다. 하나는 吉士 이하의 하급 관등을 지닌 이들을 더 이상 지배계층으로 대우하거나 편제하지 않는다는 것이고, 또 하나는 吉士·烏·先沮知를 서열로 파악하기는 하지만 일일이 등급으로 구분하여 처우를 달리할 이유를 신라 사회가 느끼지 못하게 되었다는 것이다. 平人層이 정치적·사회적·경제적으로 성장한 결과, 그 상층부를 이루는 豪民의 역할이나 지위가 하급 관등 소지자의 그것과 거의 비등해지게 된 현실을 제도로 반영한 것이겠다.

둘째는 頭品制가 非干群 官等과의 1 : 1 대응관계 속에서 성립했으므로 관등을 소지하지 않은, 즉 王部와 王妃部를 제외한 나머지 4部의 非干層은 대부분이 두품을 갖고 있지 않았다는 사실이다. 특별한 능력으로 따로 발탁되어 정책 수행의 실무에 참여하게 된 경우가 아니면[28] 4部의 非干層은 관등이 없었고, 따라서 두품제 적용의 대상이 아니었다. 王部와 王妃部를 제외한

---

[28] 沾解尼師今 5년(251)에 漢祇部 사람인 夫道가 글[書]과 셈[算]이 밝기로 유명했으므로 발탁하여 阿湌으로 삼고 物藏庫의 사무를 맡겼다고 전한다(『三國史記』 2, 新羅本紀2, 沾解尼師今 5年). 그러나 이때는 漢祇部가 王妃部로서 이 部 사람들이 官等을 지니고 행정 실무에 참여하던 시기였는지 모르겠다. 祇摩尼師今(112~154) 때의 王妃部가 漢祇部였다.

나머지 4部는 舊來의 小國 職制를 그대로 준용하고 있었다.

小國의 직제를 자세히 알 수 있는 기록은 전하지 않지만 소국의 干들이 모여 居西干을 共立하는 二重聳立의 구조로 신라를 형성한 사실을 염두에 둘 때, 外位에 보이는 干과 그 예하의 一伐·一尺·彼日·阿尺이 소국 직제로부터 나온 것이 아닌가 생각된다.[29] 개별의 辰韓諸國이 가진 정치조직이 그 聳立 과정에서 신라의 중앙 정치조직으로 재구성된 결과 外位에 보이는 이들 職名이 京位에도 나타나는 것이라고 여겨지기 때문이다.

그런데 文武王 14년(674)에 外位를 京位로 바꾸어 준 조처의 내역을 보면, 一伐~阿尺이 3~1두품에 해당하는 吉士~先沮知와 같은 등급으로 나타난다.

嶽干視一吉湌, 述干視沙湌, 高干視級湌, 貴干視大奈麻, 選干(一作撰干)視奈麻, 上干視大舍, 干視舍知, 一伐視吉次, [一尺視大烏], 彼日視小烏, 阿尺視先沮知.[30]

소멸된 3~1두품의 실체는 소국의 직제에서 유래한 하급 지배층이었던 것이다.[31] 이는 두 가지를 의미한다. 하나는 어느 部인가를 막론하고 소국과

---

29) 拙稿,「新羅 '上古'期 '干'의 編制와 分化」,『歷史教育』53, 1993, 84쪽.
30) 『三國史記』40, 雜志9, 職官 下, 外位.
31) 여기서 大烏는 烏에서 파생하여 성립한 것이므로 520년 이전의 12官等制에서는 없던 관위로 보아야 한다는 점을 고려한다면 一尺도 後來의 것이 되고, 따라서 一伐一一尺一彼日一阿尺이라는 균형 잡힌 官位體系와 官位名도 小國 시절부터의 본모습은 아니라고 해야 할 것이다. 그러나 干과 그 예하의 職制가 먼저 정비된 것으로 보여(盧泰敦,「蔚珍鳳坪新羅碑와 新羅의 官等制」,『韓國古代史研究』2, 1989, 186쪽 ; 朱甫暾,「6세기 초 新羅 王權의 位相과 官等制의 成立」,『歷史教育論集』13·14合輯, 1990, 264~265쪽), 이것이 外位制를 성립시킨 토대가 아니었나 여겨지며, 고구려의 경우 大加가 거느린 使者-皁衣-先人 역시 小國의 王인 加가 영솔한 職制에서 유래한 것으로 짐작되므로, 이처럼 干·加 예하에 있던 서너 개의 官等 兼 官職이 幕僚的 從事者層에게 수여되던 것임은 분명하다 하겠다. 그렇다면 나머지 4部에서도 一伐-(一尺)-彼日-阿尺은 존재했다는 이야기고, 결국은 이들이 2部의 吉士-烏-先沮知와 함께 지배신분층에서 배제되었다는 이야기가 된다. 그리고 이를 뒤집어 말하면, 干支로 나타나는 지방 村主級 이상의 지배층만 頭品을 소지할 수 있는 대상으로 再編된 것이었다.

관련된 기득권이 점차 부정되고 있었다는 것이고, 또 하나는 이 변화에 의해 가장 큰 타격을 받은 세력은 국가 행정 조직에 직접 관여하지 않고 여전히 전래의 기반을 경영하는 데 주력해 오던 4部의 干層이었다는 것이다. 3~1두품의 平人化는 결국, 4部에 속하여 部體制의 중추로서 기능해 오던 지방의 소국 계열 干들이 종래 운영해 오던 職制를 와해시킨 조처인 셈이었다. 물론 유력한 2部에 속했던 3~1두품도 처지는 마찬가지였다. 이로써 在地的 지배기반을 잃고 개별화된 六部의 下級 干들은 중앙 관부의 실무 담당자인 舍知나 奈麻가 되어 국왕으로부터 그 능력과 공로를 인정받기 위해 盡力하는 처지가 되었다.

지배층 하부에서 일어난 3~1두품의 平人化는 干層 내부에 분화 현상이 일어났음을 알려주는 하나의 표징이지만, 기실 더 심각한 干層의 분화는 지배층 상부에서 일찍이 일어나고 있었다. 처음에 신라를 건국하는 데 참여하여 六部를 형성했던 소국 계열의 干들에 대해 자신은 그들과 달리 신라의 왕족 출신 干이므로 저들과 다른 대우를 받아야 마땅하다고 주장하는 분위기가 생성된 것이었다. 신라 왕족들이 중앙 관부의 요직을 차지하고 현실의 권력을 장악한 결과, 소국에 지배 기반을 두고 발전해 온 지배세력과 자신을 차별시하여 더 이상 동질감을 느끼지 못하게 됨으로써 초래된 변화였다.

3. 奈勿系의 國政掌握과 眞骨의 成立

重位制의 推移로만 본다면 육두품이 대두한 것은 대나마가 새로 생겨 나마중위의 적용 관등이 여기로 옮겨간 뒤 어느 정도의 시간이 흐른 뒤였다. 17관등제가 확립된 후에도 당분간은 대나마에 중위제가 적용되었으므로 頭品層이 級湌 이상의 干群 官等을 소지할 방도가 없었고, 따라서 干群 官等을 소지한 두품층 즉 육두품은 아직 존재할 수 없었다. 나마중위제가 유명무실해져 두품층이 간군 관등을 소지하고 승급을 거듭하게 되었을 때 이들을 제재하고 나선 것이 眞骨이었다. 나마중위제가 干層의 특권을 보호하기 위한 조처였다면, 아찬중위제는 진골의 특권을 보호할 목적에서 설정되고 유지된 제도였다. 육두품의 대두를 가능하게 하고 또 이들을 견제한 주체가 진골이었으니, 진골이 등장한 것은 나마중위제가 제구실을 하지 못하게 될 즈음보다 다소 앞선 시점의 일이었던 셈이다.

眞骨의 존재가 처음 확인되는 眞興王代를 전후하여 중앙 정치무대에서 활약한 유력자로서 史書에 그 世系가 전하는 인물들은, 수가 많지는 않으나 거의 대부분이 奈勿系 왕족이었던 것으로 나타난다.

> ○ 異斯夫 姓金氏 奈勿王四世孫[32]
> ○ 居柒夫 姓金氏 奈勿王五世孫 祖仍宿角干 父勿力伊湌[33]
> ○ 斯多含 系出眞骨 奈密王七世孫也 父仇梨知級湌[34]
> ○ 大世 奈勿王七世孫 伊湌冬臺之子也[35]
> ○ 金歆運 奈密王八世孫也 父達福迊湌[36]

奈勿王 이후 그 直系 자손이 왕위를 계승하였으므로 '中古'期에 접어든 시점에서 내물왕계가 국가권력의 핵심부를 장악한 것으로 나타나는 것은 어찌 보면 당연한 일로 여겨지기도 한다. 국왕의 친족이 실권을 쥔 것은 이를 제도적으로 금하지 않는 한 시대를 초월한 人之常情의 결과라 할 것이다. 王部와 王妃部가 국가 행정에 참여하던 部體制 하에서도 이는 마찬가지였을 터다. 그런데 여기서 주목되는 것은 이들의 世系가 모두 '奈勿王의 몇 世孫'이라는 형태로 파악되고 있는 점이다.

---

32) 『三國史記』 44, 列傳4, 異斯夫.
33) 『三國史記』 44, 列傳4, 居柒夫.
34) 『三國史記』 44, 列傳4, 斯多含.
35) 『三國史記』 4, 新羅本紀4, 眞平王 9年 7月.
36) 『三國史記』 47, 列傳7, 金歆運.

물론 '中古'期의 金氏 왕족 모두가 다 이렇게 그 世系를 표현하고 있던 것은 아니었다. 眞平王代에 兵部令을 지낸 金后稷이나 善德·眞德王代에 활약한 金春秋의 경우는 奈勿王을 기점으로 한 세대 수를 말하지 않고서 단지 智證王, 眞智王의 후손이라고만 하였다.

○ 金后稷 智證王之曾孫[37]
○ 太宗武烈王立 諱春秋 眞智王子伊湌龍春之子也[38]

그 系譜를 奈勿王까지 소급시켜 밝히지 않은 것이다. 이는 왕족이 그들의 世系를 파악할 적에 왕위에 올랐던 조상 중 가장 가까운 이를 기점으로 삼아 直系로 말하던 것이 당시의 常例였음을 뜻한다. 말하자면 金后稷의 경우, 智證王의 曾孫이라고만 말해도 그가 왕족임을 나타낼 수 있는데 굳이 奈勿王부터의 관계를 거론할 필요가 없었던 셈이다. 國王 중심, 直系 중심의 계보 파악방식이다. 이는 加耶系 왕족의 경우에도 동일하게 나타난다. 대표적으로 金庾信을 보면

金庾信 王京人也 十二世祖首露……其子孫相承 至九世孫仇亥 或云仇次休 於庾信 爲曾祖[39]

라 하여 首露王이 12世祖가 된다고 하였지만, 궁극적으로는 仇亥王을 世系 파악의 기점으로 삼았다.

기점이 되는 왕에는 葛文王도 포함되었다. 法興王의 近臣이었다는 厭髑(異次頓)의 世系를

---

37) 『三國史記』 45, 列傳5, 金后稷.
38) 『三國史記』 5, 新羅本紀5, 太宗武烈王 卽位年.
39) 『三國史記』 41, 列傳1, 金庾信.

姓朴 字厭觸 其父未詳 祖阿珍宗郎 習寶葛文王之子也[40]

라 한 것이 이 경우다. '中古'期의 왕족은 대체로 現王과의 수평적 혈연관계보다는 先代에서 가장 가까운 王 또는 葛文王을 기점으로 世系를 내세움으로써 직계 관념에 의한 수직적 혈연관계를 통해 자신이 왕족임을 표현하고 있었던 것이다.

그러므로 '奈勿王의 몇 世孫'을 칭한 인물들은, 奈勿王 이후로는 그 선조 중에서 왕위에 오른 이가 아무도 없었던 傍系의 인물들이었다 하겠다. 그렇지 않고서야 굳이 4~8대를 거슬러 奈勿王부터의 계보를 밝힐 까닭이 없었을 터다. 이는 '中古'期의 有力者 대부분이 傍系의 인물들이었음을 뜻한다. 아닌 게 아니라 나중에 왕위에 오른 金春秋와 女性을 제외하면, 기록상 奈勿王이 아닌 다른 왕의 자손임을 내세운 인물은 위에 든 金后稷과 厭觸이 전부인 형편이다. 그렇다면 '中古'期에 이처럼 奈勿系 중에서도 특히 傍系에 속하는 인물들이 정치적으로 왕성한 활동을 보인 이유나 배경이 궁금하지 않을 수 없다.

이와 관련하여 우선 생각할 수 있는 가능성은 현 왕의 형제나 4촌 범위의 근친 중에도 유력자가 많았지만 기록에 남지 않았을 경우다. 예컨대 法興王의 아우인 立宗의 경우, 葛文王으로 있으면서 정무에도 직접 참여했던 것으로 나타난다. 鳳坪碑의 '沙喙部 徙夫智葛文王', 「蔚州川前里書石」原·追銘의 '徙夫智葛文王'·'徙夫知王'이 바로 그다. 그러나 그렇기 때문에 더욱이 현 왕의 近親이 국가 樞要職을 장악하기에 더 유리한 구조에서 먼 친족이 두각을 드러낼 수 있었던 배경이 예사롭지 않게 여겨진다. 眞興王代에 兵部令·上大等을 지낸 異斯夫와 居柒夫는 국왕의 9寸·10寸에 해당하는 먼 친족이었고, 金后稷도 眞平王과 7寸 관계에 있던 인물이다.

---

40)『三國遺事』3, 興法3, 厭觸滅身.

물론 이들이 국왕과 혈연상 먼 친척에 불과했다고 해서 그 가문이 그동안 왕실과 소원하다가 이들 당대에 갑자기 정계에 대두했던 것은 아니다. 居柒夫의 경우 父인 勿力은 鳳坪碑에 喙部의 실력자로서 그 이름이 보이고, 祖인 仍宿은 照知王의 장인으로 伊伐湌을 지낸 인물이다.[41] 또한 異斯夫의 경력을 보면 505년에 軍主가 되었고[42] 562년에는 직접 加耶 征伐을 지휘한 것으로 나타난다.[43] 戰場에 나아갈 수 있는 나이를 70대 중반으로 늦추어 보더라도 그가 처음 軍主가 된 것은 20세가 채 못 된 젊은 시절의 일이었던 셈이 된다. 처음 설치되어 그 成敗가 매우 중요했을 軍主라는 職任에 이처럼 젊은 나이의 異斯夫가 임용될 수 있었던 데는 그가 일찍부터 탁월한 능력을 발휘하여 주위로부터 인정받은 사실도 없지 않겠지만, 아무래도 그의 능력이나 공훈 이외의 요인이 더 크게 작용했던 것이 아닌가 여겨진다. 가령 그의 門閥이 그만큼 유력했기 때문일 수 있다는 것이다. 한 세기 남짓 지난 뒤의 일이기는 하지만, 다음과 같은 사례가 그럴 가능성을 보여준다.

大德慈藏 金氏 本辰韓眞骨蘇判茂林之子……早喪二親 轉厭塵譁 捐妻息 捨田園爲元寧寺 獨處幽險 不避狼虎 修枯骨觀……適台輔有闕 門閥當議 累徵不赴 王乃勅曰 不就斬之 藏聞之曰 吾寧一日持戒而死 不願百年破戒而生 事聞 上許令出家[44]

즉 慈藏이 佛家에 귀의할 무렵에 마침 台輔의 자리가 비었는데, 그의 가문이 當代의 세력 판도에서 차지하는 지위가 많은 이들의 논의 기준에 합당하였으므로 왕이 누차 그를 부른 적이 있었다는 것이다. 慈藏은 閼川·林宗·述宗·廉長·庾信 등과 함께 亏知巖에서 國事를 의논하던 실력자로 기록에 보이는[45] 眞骨 茂林의 아들이었다. 여기서 台輔가 구체적으로 어떠한

---

41) 『三國史記』 3, 新羅本紀3, 照知麻立干 8年 2月, '以乃宿爲伊伐湌 以參國政.'
42) 『三國史記』 4, 新羅本紀4, 智證麻立干 6年 2月.
43) 『三國史記』 4, 新羅本紀4, 眞興王 23年 9月.
44) 『三國遺事』 4, 義解5, 慈藏定律.

職任을 가리키는 말인지는 분명하지 않으나, 신라 초기의 大輔가 軍國政事를 위임받고 있었던[46] 사실로 미루어 보면 상당한 고위직을 지칭한 용어임이 분명하다. 慈藏은 끝내 赴任하지 않았다고 하지만, 眞骨 중에서도 유력한 門閥 출신자만이 그러한 고위직에 補任되고 있던 사정은 여기서 충분히 짐작할 수 있는 바다.[47] 이러한 사정은 후대에 중국에까지 알려져

其建官以親屬爲上[48]

한다는 기록으로 남을 정도였다. 여기서 親屬이 왕의 親屬을 뜻함은 물론이다. 眞平王代의 薛罽頭가 621년에 渡唐하면서 '신라는 사람을 기용함에 骨品을 논하여 그 族이 아니면 비록 鴻才傑功이 있어도 한계를 뛰어넘을 수가 없다.'고 말했다는[49] 데서도 능력보다 혈연 배경을 더 중시했던 당시 사회의 분위기가 감지되는 바다. '奈勿王의 몇 世孫'임을 경쟁하듯 내세운 6세기 초의 분위기도 이와 크게 다를 바 없었다.

그렇지만 또 한편, 4~5대를 거슬러 高祖 내지 玄祖까지 올라가야 비로소 현 왕의 혈통과 만나게 되는 사정을 일반적으로 내세우던 것이 當代의 門閥 重視 價値觀에서 나온 관행이었다고만 말하고 넘기기는 곤란하다.

---

45) 『三國遺事』 1, 紀異1, 眞德王.
46) 『三國史記』 1, 新羅本紀1, 南解次次雄 7年 7月, '以脫解爲大輔 委以軍國政事.'
47) 그런데 이 기록의 정확성은 의심받을 여지가 없지 않다. 여기에 後續된 기사에서 그가 文人 僧實 등 10여 인과 함께 渡唐한 시기를 仁平 3년(善德王 5년, 636)으로 적고 있는데, 그가 '早喪二親'하고 승려가 되었다는 내용과는 달리 그의 아버지 茂林은 眞德王 때에 亏知巖의 會同에 참여한 것으로 되어 있기 때문이다. 그 眞相을 정확히 알 수는 없으나 이는 오류임이 분명하다. 그러나 慈藏이 출가할 무렵에 高位 관직에 補任 제의를 받았던 사실이 있었던 것은 그대로 믿어도 좋지 않을까 여겨지며, 그것이 설령 조작이라 할지라도 門閥에 입각한 用人이 일반적으로 이루어지고 있었던 實狀을 반영한 내용이라는 점은 부인할 수 없다고 생각된다.
48) 『唐書』 220, 列傳145, 新羅.
49) 『三國史記』 47, 列傳7, 薛罽頭, '新羅用人 論骨品 苟非其族 雖有鴻才傑功 不能踰越.'

'門閥'이란 모름지기 그 家門의 門地를 누대로 지킬 수 있도록 만든 주인공이 있어야 형성되는 것이고 그러하기 때문에 후손은 그 주인공이 된 선조를 내세워 자긍심을 표하는 것인데 이 경우는 그런 선조가 보이지 않기 때문이다. 누구나 내세운 것은 어떤 공을 세운 아무개 집안 출신이라는 사실이 아니라 단지 '奈勿王의 몇 世孫'이라는 사실뿐이었다. 조금 거칠게 말한다면 현 왕과의 血緣的 親疎가 아니라 무조건 奈勿王의 후손인가 아닌가의 여부가 중요하다는 식의 사고방식이 엿보이는 측면이다. 分枝의 遠近을 불문한 奈勿系의 大結集과 같은 정치적 상황이 전제되지 않고서는 납득하기 어려운 현상인 것이다.

이제껏 살폈듯이 奈勿系의 王族들이 각기 門閥을 형성하고 이들 문벌이 정치질서의 기축을 이룬 6세기 초의 양상은, 所屬部보다 血緣을 중시한 형태였다는 점에서, 六部 干層 중심의 기존 정치질서와는 사뭇 다른 것이었다. 외형상으로는 亐知巖 會議의 例에서 보듯 여전히 六部의 실력자 혹은 중앙 관부의 장관들이 共論에 참여하고 그 합의에 입각해 정치를 운영하는 구조는 前代와 별반 다를 것 없는 것처럼 보일 수 있지만, 共論에 참석한 이들의 거개가 신라국왕의 친족들이었다는 점은 분명히 '上古'期와 구별되는 괄목할 만한 차이점이었다. 어느 部의 干支라는 사실보다 어느 왕의 몇 世孫이라는 사실을 더 중시하게 된 변화가 部體制 몰락의 단초였음이 분명하다.

그들 대부분이 '奈勿王의 몇 世孫'임을 표방한 사실로 미루어, 干層 내부에 서 一群의 干들이 部보다 血緣을 중시하는 기미를 처음 보이기 시작한 것은 奈勿王의 子代 어간부터의 일이었을 것으로 짐작된다. 십중팔구 訥祇王 代에 일어난 변화였을 것이다. 다음과 같은 정황들이 이 추정을 뒷받침한다.

먼저 유의되는 사실은 訥祇가 政變에 의해 '自立'의 형태로 왕위에 올랐다 는 점이다. 지금까지 알려진 기록으로서는 그 구체적인 전모를 정확하게 파악하기가 곤란하나 『三國史記』와 『三國遺事』 모두 訥祇가 實聖王을 弑害

하고 執權한 사실을 전하고 있는바, 기록에 입각하는 한 신라에서 先王을 시해하고 즉위한 최초의 사례였다. 즉 訥祇의 '自立'은 六部 諸干에 의한 '共立'이라는 지금까지의 繼位 傳統과 慣習을 뒤엎은 혁명적 사건이었다. 訥祇부터 王號를 尼師今에서 麻立干으로 바꾸게 된 것도[50] 그 즉위의 혁명적 성격과 연관된 변혁이었음이 틀림없다.

그리고 訥祇가 그 親弟인 卜好와 未斯欣의 還國을 추진하여 성사시킨 사실이 주목된다. 卜好와 未斯欣은 實聖王에 의해 倭 및 高句麗에 入質하였다가 訥祇王 2년 정월과 가을에 각각 귀국하였다.[51] 實聖王이 이들을 인질로 보내게 된 데에는 앞서 奈勿王이 자신을 고구려에 入質시킨 것에 대한 원한을 그 아들에게 보복하려는 심리가 작용하였다고 하니,[52] 이들이 귀국한 후에는 거꾸로 實聖系의 인물들에 대해 대대적인 보복을 감행하였을 蓋然性도 적지 않다. 實聖의 母가 昔氏라는 점에 유의하여 實聖과 訥祇의 대결을 昔系와 金系의 대결로 이해한 견해가 있거니와,[53] 訥祇가 집권한 후에는 기록에서 昔氏를 찾아보기 힘든 것도 奈勿系의 권력 장악이 일시에 매우 철저하게 이루어졌음을 암시하는 한 측면일 것이다. 訥祇가 즉위하면서 곧바로 동생들의 환국을 추진하였던 배경에는 왕권의 안정을 위해 자기 세력을 보완하려는 의도가 크게 자리잡고 있었을 것이며, 이것이 뜻한 바대로 되기 위해서는 그 親弟들에게 국가권력의 상당 부분을 할애해 줄 필요가 있었을 것이다. 이 과정에서 一端의 血緣意識이 高揚되었던 것이 아닌가

---

50) 拙稿, 이 책 제3장 Ⅱ의 註 46) 참조.
51) 『三國史記』 3, 新羅本紀3, 實聖尼師今 元年 11年 및 訥祇麻立干 2年 丁月. 반면, 『三國遺事』 1, 紀異1, 金堤上條의 기록은 이와 다르다. 여기에는 美海(未斯欣)가 入質한 시기가 奈勿王 36년, 寶海(卜好)가 入質한 시기가 訥祇王 3년, 두 사람이 귀국한 시기가 訥祇王 10년으로 되어 있다. 그러나 이 기록에서는 干支의 착오가 보이는 등 그대로 신뢰하기에는 곤란한 면이 있으므로, 여기서는 『三國史記』의 기록에 따른다.
52) 『三國史記』 45, 列傳5, 朴堤上.
53) 金哲埈, 「新羅 上代社會의 Dual Organization(上)」, 『歷史學報』 1, 1952, 32쪽.

여겨진다.

다음으로 또 유의되는 바는 訥祇王代의 삼국 정세가 새로운 국면으로
접어들고 있었다는 점이다. 고구려 長壽王의 남하정책에 대응하여 신라와
백제 사이에 군사적 동맹관계가 맺어진 것이었다. 訥祇王은 그 39년(455)에
고구려의 침입을 받은 백제를 救援하기 위해 派兵하였다.[54] 情勢가 이러하였
으므로 신라는 자체 군사력의 확충에 盡力하였을 것이다. 이 시기 신라
군사력의 主力은 部體制下에서 諸干에 의해 동원된 六部兵이었다.[55] 諸干이
본래부터 지배해 오던 지역과 새로 획득한 식읍의 民人들로 구성한, 말
그대로 部의 군사력이다. 그런데 訥祇王代에 이르러 군사력 확충의 필요성이
고조되면서 州郡을 매개로 한 지방 군사력의 중요성이 크게 부각되기 시작하
였다. 南進하는 고구려 군사력에 효율적으로 대항하자면 北邊의 지방 군사력
을 강화하는 것이 무엇보다 바람직한 방책이었기 때문이다. 訥祇王 34년(450)
에 何瑟羅 城主 三直이 悉直之原으로 수렵 나온 高句麗 邊將을 掩殺한
사건이 발생하였는데,[56] 이는 그러한 분위기를 잘 설명해주고 있는 한 예다.
'中古'期 신라 군사력의 중핵이었던 六停이 지방 군사력에 크게 의존하게
되는[57] 것도 이러한 맥락에서 자연스럽게 이해될 수 있을 것이다.

---

54) 『三國史記』 3, 新羅本紀3, 訥祇麻立干 39年 10月.
55) 기록상으로 六部兵이라는 용어는 奈解尼師今 14년을 끝으로 보이지 않는다. 그러나
   그것은 신라가 儒禮尼師今 3년 이후로 倭와의 간헐적인 충돌 외에 대체로 평화적인
   대외관계를 유지하였기 때문에 군사력을 동원할 필요가 없어져 자연히 기록에
   나타나지 않게 된 결과일 것이다. 部體制의 기능이 크게 변화하지 않은 한, 신라
   군사력이 기본적으로 六部兵에 의존하고 있었다고 보아 무리가 없다.
56) 『三國史記』 3, 新羅本紀3, 訥祇麻立干 34年 7月.
57) '中古'期 新羅 軍事力의 中核이었던 六停에 대한 지금까지의 연구 성과로 보아
   재지세력인 軍師 村主 등을 매개로 동원된 地方 州兵이 그 구성에서 차지하는
   비중이 높았다는 것은 인정되어도 좋다고 여겨진다(李文基, 「新羅 軍事組織 研究의
   成果와 課題」, 『歷史敎育論集』 12, 1988, 151~156쪽). 六停의 一般兵卒集團에 地方
   民이 포함되어 있었다는 것은 李成市・李文基・朱甫暾 교수 등이 공통으로 지적하
   고 있으나 그 비중에 대해서는 견해차가 있다. 그러나 新羅 軍事組織에서 지방민의
   비중이 높아지고 있었다는 것은 부인하기 어려운 사실이다.

奈勿系의 혈연의식 고양과 관련하여 이상과 같은 지방 군사력의 조직화 추세를 주목하는 이유는 그 과정에서 당시에 州郡에 대한 지배력을 지니고 있던 喙部와 沙喙部의 王族 干들이 部體制에 기초하지 않은 별도의 군사적 기반을 前代에 비할 수 없을 만큼 조직화된 형태로 확보하게 되었던 것이 아닌가 여겨지는 까닭이다. 所屬部보다 血緣關係를 더 중시하는 새로운 가치관을 주장하는 干들이 정치적·사회적으로 장차 독자성을 띤 신분층으로 변화하게 된다는 것은 곧 그들이 자신과 구별하고자 한 일반적인 諸干이 지닌 部體制下의 기반 외에 그들만의 독자적인 기반을 따로 확보하게 되었다는 것을 의미한다. 그렇다고 볼 때, 部體制의 일환으로 이루어지고는 있었으나 王과 王妃의 親屬들이 집중적으로 소속한 部에서 장악하고 있던 州郡支配構造가 그 기반을 마련해 준 것으로 지목해 보는 것은 유력하고 또 타당한 방향일 것이다. 智證王 6년(505)에 郡縣制의 시행을 본격적으로 시도하고 奈勿王 4世孫이라는 異斯夫를 최초의 軍主로 파견한 사실도 이를 방증하는 일면이다.

또한 '中古'期에 활약하면서 '奈勿王의 몇 世孫'임을 내세우던 인물들이 한결같이 武勇을 중히 여기고 실제로 武功을 세워 두각을 나타냈던 것도 그러한 사정과 무관하지 않다. 異斯夫는 悉直州 何瑟羅州 軍主를 거쳐 兵部令을 지낸 인물로 加耶國·于山國의 정벌에 기여했으며,[58] 大等으로서 軍國事務를 自任하였다는 居柒夫는 少時부터 覘敵을 위해 고구려에 잠입하는 등 군사 방면에 큰 뜻을 품은 바 있었고, 또 백제와 더불어 고구려를 공격하여 竹嶺과 高峴 사이의 10郡을 取하는 戰功을 세웠던 인물이다.[59] 斯多含이 花郎으로서 加耶와의 전투에서 공을 세웠음은[60] 널리 알려진 사실이고,

---

李成市,「新羅六停の再檢討」,『朝鮮學報』92, 1974.
李文基,「新羅 6停軍團의 運用」,『大丘史學』29, 1986.
朱甫暾,「新羅 '中古'期 6停에 대한 몇 가지 問題」,『新羅文化』3·4合輯, 1987.
58) 『三國史記』44, 列傳4, 異斯夫.
59) 『三國史記』44, 列傳4, 居柒夫.

金歆運 역시 武勇으로서 立傳된 인물이다.[61] 물론 '中古'期는 삼국의 항쟁이 격화되던 시기고, 따라서 『三國史記』 列傳에 수록된 이 시기의 인물들이 武的 英雄에 편중되는 경향을 보일 수밖에 없었으리라는 점은 충분히 고려되는 바다. 그러나 그 대부분이 奈勿系였던 것으로 나타나는 현상은 이들 奈勿系 인물들이 주로 兵權을 장악하고 있었음을 반영한 일일 것이며, 이는 訥祇王代에 군사력을 장악한 주체가 역시 그들 奈勿系였다는 것을 확인해 주는 한 측면이라고 보아도 지나치지 않다고 여겨진다.[62]

州郡을 장악한 喙部와 沙喙部의 奈勿系 干들이 강화된 지방 군사력에 기초하여 급격히 성장함으로써 六部 및 諸干의 等質性이 크게 위협받기 시작하였다. 그렇게 되자 非奈勿系 干들도 이에 대응하는 自救策으로서 각자의 지배지역에 대한 통제와 수취를 강화하였을 것으로 추측된다. 諸干은 部를 떠나 개별화되고 있었던 것이다. 慈悲王 12년(469)에

定京都坊里名[63]

이라 하여 京都의 坊里名을 정했다는 것이 그러한 추세를 전한다. 지역별로 坊과 里의 位相을 정하고 거기에 독자적인 이름을 부여했다는 것은 곧

---

60) 『三國史記』 44, 列傳4, 斯多含.
61) 『三國史記』 47, 列傳7, 金歆運.
62) 麻立干期에 접어들면서 정치적으로 군사적인 측면이 크게 부각되고 있었던 사정은 人事關係 기록에서도 나타난다. 즉 『三國史記』의 人事關係 기록은 尼師今期에 총 46건이 보이는데, 그 중 38건이 官等授與 기사여서 이 시기의 權力關係에서 官等이 점한 비중이 그만큼 컸음을 반영하고 있는 반면, 麻立干期 이후의 人事 記錄에서는 軍事關係 기록이 반 이상을 차지하고 官等 자체를 수여한 기록은 너댓 건에 불과하여 뚜렷이 대비된다. 이러한 대비는 물론 기록의 전반적인 누락으로 말미암아 발생한 현상에 불과할 가능성도 없지 않다. 그러나 官等授與 관계가 앞 시기에 더 자세한 것은 역시 뒤로 오면서 군사적인 측면이 정치관계의 중핵으로 부각되고 있었던 사정을 반영한다고 보아야 할 것이다.
63) 『三國史記』 3, 新羅本紀3, 慈悲麻立干 12年 正月.

그동안 部의 이름으로 공동관할 하에 들어 있던 지역들의 개별성을 인정하고 나아가 해당 지역을 지배하는 干들의 獨自性을 인정한 것을 의미하기 때문이다.

그러나 所屬部를 초월한 汎奈勿系의 결집이 그렇게 쉽게 이루어졌던 것 같지는 않다. 그들에 의해 주도된 神宮 설치의 기도가 炤知王代에 일차 실패하고 智證王代에 가서야 가능했던[64] 것이 저간의 사정을 암시한다.[65] 왕족의 독자적 지위와 그 우월성을 주장하는 내용이 諸干의 連帶的인 반발을 초래하였던 것이겠다. 이에 奈勿系 干들은 前王族 중에서 비교적 유력한 干들에게 그들과 동등한 지위를 약속함으로써 諸干의 連帶力을 약화시켰던 것 같다. 奈勿系는 그들이 추구하는 왕족 중심 지배질서에 그들이 타도한 昔氏系를 제외한 前王族 즉 朴氏系를 同伴勢力으로 참여시킴으로써 소기의 목적을 달성할 수 있었던 것이 아닌가 싶다. 朴堤上을 婆娑王의 5世孫으로 기록하여[66] 王을 기점으로 한 眞骨 특유의 계보 파악방식을 적용한 것으로

---

64) 神宮의 창립에 대해 『三國史記』는 新羅本紀에서 照知王 9년(487)의 일로, 祭祀志에서 智證王代의 일로 다르게 편년하였다. 이는 照知王 때에 당시 葛文王이었던 智證이 神宮 설치를 주도했기 때문이라고 본 견해가 있다(宣石悅, 「麻立干時期의 王權과 葛文王」, 『新羅文化』 22, 2003, 109쪽). 그러나 기록을 그대로 수용하여 두 시기에 각각 神宮이 설치된 것이 사실이고, 뒤에 또다시 神宮을 설치해야 했던 것은 앞서의 神宮 설치가 의도대로 되지 않았기 때문으로 보는 것이 순리가 아닐까 여겨진다.

65) 神宮의 主神에 대해서는 王族의 始祖였다는 견해와 自然의 天地神이었다는 견해(崔光植, 「新羅의 神宮設置에 대한 新考察」, 『韓國史研究』 43, 1983, 71~74쪽)가 나뉘고, 王族始祖說은 다시 朴姓始祖說(나희라, 『신라의 국가제사』, 지식산업사, 2003, 139~159쪽 ; 채미하, 『신라 국가제사와 왕권』, 혜안, 2008, 80~87쪽)과 金姓始祖說로 나뉘며, 金姓始祖說 안에서는 구체적인 대상을 閼智로 보는 견해(김병곤, 『신라 왕권 성장사 연구』, 학연문화사, 2003, 267쪽), 味鄒王으로 보는 견해(邊太燮, 「廟制의 變遷을 통하여 본 新羅社會의 發展過程」, 『歷史教育』 8, 1964, 61~63쪽), 奈勿王으로 보는 견해(辛種遠, 「三國史記 祭祀志 研究」, 『史學研究』 38, 1984, 25~27쪽), 星漢으로 보는 견해(姜鍾薰, 「神宮의 設置를 통해 본 麻立干時期의 新羅」, 『韓國古代史論叢』 6, 1994, 204~211쪽)가 나뉘어 錯綜한다. 그러나 神宮의 설치가 '中古'期의 金氏 王權 및 새로운 國家體制의 안정을 도모한 조처였다는 점에는 서로 이견이 없다.

미루어 그의 後孫이 眞骨로 편입되었음을 알 수 있는데, 이는 그러한 정치 과정의 결과였을 것이다. 신라 말에 朴氏로서 왕위에까지 올랐던 景暉(神德王)가 阿達羅王의 遠孫임을 표방한[67] 사실이 진골로 편입된 前王族의 수가 상당하였음을 추측케 한다. 阿達羅王은 後嗣가 없었다(無子)고 기록된 왕이 었다. 또한 智證王부터 法興王・眞興王이 연이어 朴氏를 妃로 맞이한 것도 같은 배경에서 이해되어야 할 사실일 것이다.[68]

智證王 3년(502), 奈勿系는 神宮을 다시 創設하여 國王으로 하여금 親祀케 함으로써 部體制를 초월한 王室을 성립시키고, 이에 기초하여 그 이듬해에는 國號와 王號를 다시 정함으로써 諸干에 대한 그 정치적 위상의 우월성을 과시하였다. 그들이 진골을 칭한 것은 이 무렵의 일이었을 것이다. 이러한 변화 속에서 신라의 왕권이 강화되어 갔을 터임은 물론이다. 종래의 部體制下 에서 相互 等質性을 유지하면서 왕과 마찬가지로 干을 칭해 오던 지배세력의 정치적 위치는 이제 왕에 버금하는 존재에서 왕의 臣僚로 바뀌어 갈 수밖에 없었다. 諸干에 대한 呼稱의 변화에서 그 대략의 경과가 읽혀진다.

智證王代까지만 하더라도 諸干을 지칭할 때는 ‘王等’이라 표현하고 있었 다. 冷水里碑에 葛文王 및 干群 京位 소지자 4인, 官等을 갖지 않은 干支 2인을 열거한 다음 ‘此七王等共論’ 云云하여 葛文王 이하의 인물들을 7王等으 로 總稱한 것이 그 一例다. 그런데 이 ‘王等’에 대해서는 지금까지 두 계통의 해석이 제시되어 있다. 하나는 ‘等’을 複數를 표시하는 말로 보아 ‘王들’이라는

---

66) 『三國史記』 45, 列傳5, 朴堤上, ‘朴堤上 始祖赫居世之後 婆娑尼師今五世孫 祖阿道 葛文王 父勿品波珍湌.’

67) 『三國史記』 12, 新羅本紀12, 神德王.

68) 王母・王妃의 姓에 朴氏가 등장하는 것은 同姓不婚의 儒教觀에 맞추기 위해서 실제 姓인 金氏를 朴氏로 개칭한 것에 불과하다는 견해도 있다. 下代의 朴氏 3王도 본디는 金氏였으며 그들을 阿達羅王의 遠孫으로 기록한 것은 허구라고 한다(文暻鉉, 「新羅 朴氏의 骨品에 대하여」, 『歷史教育論集』 13・14合輯, 1990). 新羅史에서 ‘上代’ 및 ‘下代’의 朴氏 王族에 대한 문제는 아직 석연하게 이해되지 않고 있는 과제의 하나다. 이 견해도 더 검토해 보아야 할 문제가 적지 않다.

의미로 읽는 견해고,[69] 하나는 '王'과 '等'의 合稱으로 보는 견해다.[70] 前者는 '干'이란 본디 중국식으로 王을 의미하기 때문에 干群 官等을 소지한 臣僚들도 王으로 통칭되었다고 하여 하등 이상할 것이 없다는 입장이고, 後者는 '等'을 大等의 略稱 혹은 前身으로 볼 수 있으며[71] 다른 용례와 비교할 때 그것을 복수접미사로 보기는 곤란하다는 입장이다. 기실 '此七王等'의 '等'을 複數의 뜻으로 해석하는 데에는 문제가 있어 보이는 것이 사실이다. 무엇보다도 같은 碑文에 '二王'·'二人'·'此七人' 등 複數人을 지칭한 말이 몇 군데 보이는데 여기에는 한결같이 等이 붙어 있지 않기 때문이다.[72] 그러나 이를 '王'과 '等'의 合稱으로 보아야 한다는 것도 의문이다. 干을 '等'이라고 부른 예를 달리 찾아볼 수 없을 뿐만 아니라, 그렇게 부른 배경을 설명하기가 곤란한 까닭이다.[73] 고구려의 '大對盧'와 '對盧' 사이의 관계에서

---

69) 이 견해는 다음 논고에서 詳論되었는데, 비단 이들만이 아니라 대부분의 연구자들이 이렇게 해석하고 있다.
    金昌鎬, 「迎日冷水里新羅碑의 建立 年代」, 『韓國古代史研究』 3, 1990, 94쪽.
    朱甫暾, 앞의 논문, 1990, 248~249쪽.
    申瀅錫, 「5~6세기 新羅六部의 政治社會的 性格과 그 變化」, 『慶北史學』 15, 1992, 7쪽.

70) 李喜寬, 「迎日冷水里碑에 보이는 至都盧葛文王에 대한 몇 가지 問題」, 『韓國學報』 60, 1990, 93~96쪽.
    金羲滿, 「迎日冷水里碑와 新羅의 官等制」, 『慶州史學』 9, 1990, 12~21쪽.
    盧鏞弼, 「新羅 眞興王代 大等의 分化와 그 政治的 背景」, 『歷史學報』 127, 1990, 6쪽의 註 11).
    文暻鉉, 「居伐牟羅 男彌只碑의 새 檢討」, 『朴永錫教授華甲紀念 韓國史學論叢(上)』, 1992, 298쪽.

71) 李基白, 「大等考」, 『歷史學報』 17·18合輯, 1962 ; 『新羅政治社會史研究』, 一潮閣, 1974 재수록, 67~68쪽.

72) 朱甫暾 교수는 等이 複數의 뜻만이 아니라 尊稱의 뜻도 포함하였다고 보아 이 의문에 답했는데, 그렇더라도 '前世二王'에게는 왜 그 尊稱의 뜻을 표하지 않았는가 하는 문제가 여전히 남는다.

73) 『日本書紀』 垂仁紀에 '都怒我阿羅斯等'을 혹은 '宇斯岐阿利叱智干岐'라고도 쓴다고 한 句節을 근거로 等은 智干岐와 同義로 쓰였다고 본 나카다 가오루(中田薰) 교수의 견해도 있기는 하다(井上秀雄, 「新羅官位制度의成立」, 『新羅史基礎研究』, 東京 : 東出版, 1974, 216쪽 참조). 그러나 干支는 王者的 존재에 대한 호칭이고

'大等'에 대응하는 '等'의 존재를 類推하기도 하지만,[74] '等'을 '臣'의 의미라 할 때[75] 官等을 갖지 않은 干支를 포함한 모든 干들이 臣僚로서의 성격을 강하게 지녔다면 王號가 麻立干으로 나타날 까닭이 없었을 것으로 여겨지므로 그러한 類推의 타당성을 인정하기 곤란하다. 麻立干이라 해도 결국은 干임을 표방한 명호이므로 왕의 政治的 位相이 諸干의 그것을 크게 초월하지 못한 단계에서 일컬어진 位號라고 볼 수밖에 없겠다.

이 시기의 干 중에는 초기의 獨自的 王者로서의 성격이 어느 정도 퇴색하면서 王權에 밀착하여 官僚로서 國政에 참여하면서 '王의 幕僚로 기능하는 干'이라는 뜻의 '尺干' 官等을 지니고 있던 부류가 있었다. 그러나 기본적으로 그들은 여전히 각자의 독자적인 지배 기반을 경영하고 있었다는 점에서 그 王者的 性格을 전면적으로 否認하기가 어려운 존재였다. 더구나 干支는 官等을 지니지 않은 채 王者로서의 성격을 비교적 강하게 띠고 部體制를 주도하던 이들이었다. 그러한 干들이 臣僚를 의미하는 '等'으로 불렸다고는 생각되지 않는다. 그렇지만 또 한편, 그들의 성격이 國王과 大同小異하였다고 해서 그 名號까지 같았다고 보기도 어려울 것이다. 麻立干과 같은 干이었다고 해서 麻立干과 干이 동등한 지위에 있었던 것은 결코 아니다. 麻立干을 王이라고 할 때, 諸干을 같이 王이라고 부를 수는 없었을 것이다. 그렇다고 한다면 '王等'은 말 그대로 이해되는 것이 바람직하다. 諸干을 王과 對等한 존재라는 의미로 '王等'이라고 부르기도 했다는 것이다. 그러면서 王等이라 하여 國王과는 명백히 구별한 것이겠다. 이처럼 이해하게 되면 麻立干이라는

等은 臣을 뜻한 말(大等 臣)이므로 兩者가 同義였다고 보기는 어렵다. 다만 等을 tVrV系 新羅語의 音寫로 이해해 볼 여지가 없지 않다는 점은 인정된다 하겠다. 그렇지만 여기서는 본고의 論旨上 '等'의 音價보다는 訓義를 더 중시하고자 한다.

74) 李基白, 앞의 논문, 67쪽 및 盧鏞弼, 앞의 논문, 11쪽.

75) 「眞興王巡狩拓境碑」부터 나타나는 '大等'이 '臣'으로 쓰이기도 했음은 기록이 전하는 바(仕大等−仕臣, 上大等−上臣 등)로 周知의 사실이다. 大等의 前身으로 等을 상정하는 견해가 명시하지는 않고 있지만, 그 '等'이라는 존재도 이와 동일한 의미를 지녔을 것으로 생각되어야 할 것이다.

王號의 의미도 좀더 분명해지는 면이 있다. 麻立干이 일반 干을 초월하는 존재가 아니었음은 여러 연구자들이 누차 지적해 온 바이거니와, 그 語義가 그와 對等한 干들 중에서 으뜸가는 干이라는 의미임이[76] 뚜렷해지는 것이다.[77] 麻立干은 어디까지나 麻立干이지 일반 干이 아닌 것과 마찬가지로 諸干은 王과 比等하나 王 자체는 결코 아닌 존재였다.

'上古'期의 諸干은 이와 같이 王等이라고도 불리고 있었다. 그런데 이 칭호가 진흥왕대에 들어서면 '大等'으로 바뀌고 있다. 그것은 君臣關係를 前提로 國王의 臣임을 분명히 밝히는 뜻을 지닌 용어였다. 즉 諸干은 智證王~法興王代를 경과하면서 새로운 지배질서가 확립되어 감에 따라 독자성을 띤 王者的 존재에서 점차 國王의 臣僚로 變轉해 가다가 眞興王代에 이르러는 완전히 그 名號마저 바꾸게 되었던 것이다. 大等의 성립은 종래의 部體制·干支 중심 體制에서 國王·眞骨 중심 體制로의 지배질서 재편이 일단 마무리되었음을 의미한다.

---

76) 李丙燾, 「古代南堂考」, 『韓國古代史研究』, 1976, 623~630쪽. 이 연구에 의하면, '麻立'은 본디 諸干의 首席을 뜻한 용어라고 한다.

77) 여기서는 1세기 말엽의 게르만 王(rex)을 primus inter pares라고 표현한 사실을 참고하면 좋을 것이다. 對等한 者들 가운데의 第一人者 라는 뜻이다(pares는 par의 복수형이고, par는 equal의 뜻. 여기서 equal의 의미상 비교 대상은 물론 rex임). 漢字式으로 옮긴다면 '王等'인 셈이다. 영국에서 公侯伯子男의 작위를 지닌 귀족에 대한 總稱으로 쓰였던 peer가 곧 이 말에서 발전한 단어다. 同輩라는 뜻으로 불린 귀족은 9~10세기 단계에서도 왕에 버금하는 지위에 있었다. 프랑스에서는 카페 왕조의 중요한 가신 여섯 명과 국왕에 직접 종속되는 교회의 주교나 대주교 여섯 명 정도만이 pair(영어로는 peer)라는 호칭을 독점적으로 사용하였다고 한다(마르크 블로크 저, 韓貞淑 역, 『봉건사회』, 한길사, 91쪽). 그리고 보면 그 개념과 발상이 의미 면에서나 권력관계 면에서 rex는 麻立干과, par는 王等과 각각 그대로 일치한다고 하겠다. 이는 물론 우연이고 실제로 게르만과 신라의 王權이 동일한 성격을 지녔던 것도 아니지만, 諸干의 首位에 위치한 麻立干과 같은 존재가 보편적으로 있을 수 있으며, 그러한 체제에서 麻立干의 同僚는 그에 버금하는 王等일 수밖에 없음을 示唆하는 사실이라 하여 좋을 것이다. 干에 대하여 실제로 等이라는 용어를 사용하였다고 하더라도, 그것은 後代의 大等과는 달리 王과 對等한 者라는 뜻을 지녔던 것으로 보아야 한다.

4. 中央集權體制의 構築과 眞骨의 身分化

眞骨 王族은 智證王 3년에 神宮을 建置하면서 신라 사회에서 새로운 성격의 지배세력으로 부상하였다. 그들은 王位에 올랐던 先祖로부터의 系譜를 자랑스럽게 내세우며 非王族 干보다 우월한 지위에 있음을 과시하였다. 그들에게는 어느 部에 속해 있다는 사실보다 어느 王의 몇 世孫이라는 사실이 더 중요하였다. 그 4년 10월에 智證麻立干에게 新羅國王이라는 位號를 헌상하는 데 앞장선 것은 王의 지위를 높임으로써 그들 자신의 位相까지 높일 수 있었던 진골 세력이었을 것이다.

국왕의 지위가 높아지자 이제 의미를 갖게 된 것은 어느 干의 지배 기반이 어느 정도의 규모인가 하는 문제가 아니라, 누가 國王의 신임을 얻어 어느 정도의 정치적 위치에 섰는가 하는 문제였다. 지배 기반이 정치적·사회적 지위와 역할을 결정해 주던 시대는 지나고 있었다. 정치적 위치가 오히려 지배 기반의 유지 여부를 규정하기에 이르는 국면이었다. 智證王 6년 2월, 國王이 친히 국내의 州·郡·縣을 정하였다는 기록이 그러한 樣相의 一面을 전한다.[78] 이는 지방 각 村落의 정치적·군사적 중요도를 재평가하여 지방지배 구조에서 차지하는 각자의 위치와 기능을 부여함으로써 그들 간의 支配領屬關係를 재설정함을 의미하는 조처였다.[79] 그것이 前代와는 달리 國王의 의지에 입각하여, 그리고 國內의 모든 村落을 대상으로 하여 전면적으로 이루어진 것이었다. 따라서 地方 各處에 지배 기반을 지니고 있었던 諸干의 입장은 그 '親定州郡縣'의 결과에 따라 喜悲가 엇갈릴 수밖에 없었다. 그 지배 지역이 縣에도 들지 못하고서 다른 干의 기반이 집중된 지역에 설정된 州·郡·縣에 隸屬되게 될 경우에 해당 干이 받았을 타격의 강도는 대단하였

---

78) 『三國史記』 4, 新羅本紀4, 智證麻立干 6年 2月, '王親定國內州郡縣 置悉直州 以異斯夫爲軍主.'

79) 이 시기 州郡縣의 實態와 性格에 대해서는 다음 논고를 참고할 수 있다. 木村誠, 「新羅郡縣制の確立過程と村主制」, 『韓國史研究會論文集』 13, 1976.

을 것이다. 지배 기반은 이제 정치관계에 따라 오히려 확대될 수도 있고 위축될 수도 있는 副次的인 사항으로 변하고 있었다. '中古'期의 碑文에서 人名 記載方式이 官職을 所屬部보다 앞세우고, 部의 單一性보다 官等의 階序性을 더 중시하는 형태로 바뀌게 되는 것이 그 변화를 단적으로 대변한다.

智證王代의 이러한 변화는 기존 체제 위에서 단지 지배력의 강화만을 꾀한 형태가 아니었다. 王權의 존립 기반과 성격을 근본적으로 재조정하는 방향에서 일어난 변화였다. 國王이 薨去하면 男女 각 5인으로 殉葬을 해오던 것이 관례였는데 이를 금한 사실이[80] 그것을 말한다. 이는 王權의 성격이 民人에 대한 人身支配者的 土臺에서 벗어남을 宣言하는 의미를 지닌 조처였다. '干(加)'階級이 人身支配的 屬性의 사회적·경제적 관계 위에 군림한 지배신분층이었음을[81] 상기할 때, 王이 더 이상 干을 칭하지 않게 되고 다시 얼마 후, 官等을 지니지 않고서 干支로 존립하던 이들이 소멸하는 변화가 잇따른 사실들이 그 殉葬禁止令의 의미를 분명히 해주고 있다 하겠다. 또 智證王 5년 4월에 喪服法을 제정하여 頒行한[82] 것도 같은 맥락에서 이해된다. 그 喪服制의 구체적인 내용에 대해서는 전혀 알려지고 있지 않으나, 두 해 전의 殉葬 禁止 조치와 연결하여 생각할 때 대략 國喪과 관련한 내용이었을 것으로 추측해 볼 수 있을 것이다.[83] 대략 喪期, 亡者 및 喪人의 服制, 喪服을 입는 親族의 범위와 血親의 親疎에 따른 服制의 差等規程 등을 포함하는 내용이었을 것이다. 喪期의 문제는 喪禮가 행해지는 기간의 비용과 연계된 民의 부담 즉 收取關係와, 服制 문제는 親族의 범위 및 그와

---

80) 『三國史記』 4, 新羅本紀4, 智證麻立干 3年 3月, '下令禁殉葬 前國王薨 則殉以男女各 五人 至是禁焉.'

81) 金光洙, 「高句麗 前半期의 '加'階級」, 『建大史學』 6, 1982, 19~21쪽.

82) 『三國史記』 4, 新羅本紀4, 智證麻立干 5年 4月, '制喪服法 頒行.'

83) 여기서는 炤知麻立干의 薨去 時點을 智證麻立干 3년 3월의 일로 보고 그 정식 葬禮가 5년 4월에 이루어졌다고 생각한 견해(鄭求福, 「迎日冷水里新羅碑의 金石學 的 考察」, 『韓國古代史硏究』 3, 1990, 42~43쪽)가 참고된다.

관련한 相續關係와 직결되는 사항이다. 따라서 이때의 喪服制의 頒行이 國恤에 따른 것이었다면 그것은 眞骨 王族의 범위와 王室 構成의 자격을 명시하고, 諸干과 民人의 정치적·사회적 지위 및 역할을 재정립함을 의미하는 것이다.[84]

　智證王의 정치가 이처럼 體制의 根幹을 재정립하는 개혁의 형태로 나타나게 된 배경에는, 물론 그를 뒷받침하고 있는 진골 세력이 있었지만, 또 한편으로는 그의 즉위가 정상적으로 이루어지지 못했다는 사실이 주는 심리적 압박감도 적잖이 자리잡고 있었지 않을까 여겨진다. 그의 즉위 과정에 의문이 있음은 冷水里碑의 발견을 계기로 더욱 분명해진 느낌이지만,[85] 『삼국사기』와 『삼국유사』에 전하는 그의 系譜가 서로 달리 나타난다는 점, 卽位時의 나이가 64세로 年老하였다는 점 등에서[86] 그 집권의 跛行性이 짐작되는 바다. 따라서 즉위 후 곧바로 제도적인 개혁을 단행함으로써 執權의 正當性을 확립할 필요성이 있었던 것이 아닌가 하는 것이다. 諸干의 지배력을 약화시키고 王權의 位相을 높이려는 방향으로 傾注되고 있던 그의 노력은 즉위 15년 정월에 阿尸村에 小京을 설치하고 7월에

---

84) 그러나 또 한편으로는, 智證麻立干 3년 3월의 殉葬禁止令이 國喪과 관련한 내용이었던 것에 반해 5년 4월의 喪服制는 諸臣喪에 관한 규제였을 가능성도 충분히 상정해 볼 수 있다. 『高麗史』 64, 志18, 禮6, 凶禮 國恤條에 國恤之儀의 내용이 諱而不傳한다고 한 것으로 미루어 볼 때, 이때에 '널리 펴 행하게 하였다'(頒行)는 喪服制가 國喪에 관한 내용이었을 개연성은 적어 보이기도 하기 때문이다. 그럴 경우 喪服制는 국왕이 諸干의 家禮까지 직접 통제하겠다는 의지의 표명으로 해석될 수 있을 것이다. 즉 그것이 諸臣喪에 관한 내용이었다고 하더라도 왕권의 위상을 提高하는 혁신적 조치였다는 점은 변함이 없는 셈이다.

85) 冷水里碑는 智證麻立干이 즉위한 후 4년이 지나도록 葛文王이라는 칭호를 계속 사용하고 있었음을 보여준다. 이는 『三國史記』의 기록과는 달리 그의 정식 즉위가 좀더 늦게 이루어졌을 가능성을 강력히 시사하는 사실로 이해된다(鄭求福, 앞의 논문, 42~43쪽).

86) 이 두 가지 측면에 관하여는 李基東 교수의 정리가 참고된다.
　李基東, 「新羅 奈勿王系의 血緣意識」, 『歷史學報』 53·54合輯, 1972 ; 『新羅骨品制 社會와 花郞徒』, 一潮閣, 1984 재수록, 66~71쪽.

徙六部及南地人戶充實之[87]

함으로써 六部의 지배세력을 지방으로 분산시키는 데서 절정을 이루었다.

　智證王 執權期를 경과하면서 王權의 位相은 상당히 제고되었고, 이에
상응하여 眞骨 主導의 정국 운영 체제가 안정되어 갔다. 그러나 아직은
部體制가 그런대로 유지·작동하고 있었고, 眞骨의 정치적 지위 또한 非眞骨
諸干을 초월할 정도로 배타적이고 독점적인 위치에 서지 못하고 있었다.
眞骨은 여전히 '干(=骨)'身分層의 일부일 뿐 독자적인 신분으로 확립된 것이
아니었다. 法興王 11년(524)에 건립된 鳳坪碑에 國王이 所屬部를 칭하고
官等을 지니지 않은 干支가 보이는 등 이 시기까지도 部體制가 기능하고
있었음을 확인할 수 있거니와, 眞骨이 신분으로서의 배타적 지위를 획득하게
되는 것, 바꾸어 말하여 眞骨 중심의 정치질서가 제도적으로 완성되게 되는
것은 훨씬 후대의 일이었던 것으로 판단된다.

　이 시기 진골 세력은 그들의 정치적 지위를 身分으로써가 아니라 그들이
소지한 官等으로써 保持해 나아가고 있었다. 法興王 7년에 頒示된 律令이

頒示律令 始制百官公服 朱紫之秩[88]

이라 하여, 官等의 次序에 따른 公服의 差等 規程을 주된 내용으로 하고
있었던 사실이 이를 말해준다. 그 구체적인 내용은

自太大角干至大阿湌紫衣 阿湌至級湌緋衣 竝牙笏 大奈麻·奈麻靑衣 大舍至先沮
知黃衣[89]

---

87) 『三國史記』 4, 新羅本紀4, 智證麻立干 15年 7月.
88) 『三國史記』 4, 新羅本紀4, 法興王 7年 正月.
89) 『三國史記』 33, 雜志2, 色服.

하라는 것이었다. 大阿湌 이상의 高位 官等을 지닌 干들 중 대다수가 眞骨이었을 것임을 생각할 때, 紫衣를 입고 偉容을 과시하던 그들의 모습을 떠올리기는 어렵지 않다. 그러나 이때만 하더라도 眞骨들만이 大阿湌 이상의 관등을 지녔다고는 생각되지 않는다. 眞興王代에 건립된 4基의 巡狩拓境碑 및 丹陽赤城碑 단계에 이르러서도 諸干은 공히 大等으로 나오고 있을 뿐이기 때문이다. 그가 眞骨임을 밝혀 적은 경우를 아직 찾을 수 없는 것이다. 眞骨이 非眞骨 干에 대하여 정치적으로 사실상 압도적인 우위에 서 있었을 것임은 물론이나, 法制上 독자적 신분층으로 형성되기까지는 시간을 더 기다려야 했다.

眞興王代에 들어서면서는, 君臣關係下의 臣僚로서 그 정치적 위상을 바꾸게 된 諸干 곧 大等의 在地的 支配基盤을 정리하려는 시도가 잇따랐다. 앞서 智證王代의 州·郡·縣 親定이 지녔던 의미를 고려할 때, 眞興王代에 갑자기 빈번해지는 州·郡의 置廢는[90] 諸干의 在地的 基盤에 대한 國家의 統制力을 강화하는 마무리 작업으로서의 성격을 강하게 지녔던 것으로 이해되는 것이다. 이미 部體制는 政局運營의 주도력을 잃고 와해되어 있었지만 六部의 大等들은 종래 干으로서 지배해 오던 지역을 여전히 지방 각지 이곳저곳에 유지하고 있었다. 그들이 종래와 마찬가지로 所屬部를 冠稱하였던 것은, 그 기반의 지배와 관련된 부분에서만은, 部의 調停 機能이 완전히 멈추지 않고 있었던 까닭이라 할 것이다.

따라서 당시의 지방지배는 그러한 六部 大等들의 실질적인 지배관계

---

90) 州·郡 置廢의 내용을 간략하게 소개하면 다음과 같다.
　　置新州(眞興 14)−廢新州 置北漢山州(眞興 18)−廢北漢山州 置南川州(眞興 29)−廢南川州 還置北漢山州(眞平 26)
　　置完山州(眞興 16)−廢完山州 置大耶州(眞興 26)
　　置比列忽州(眞興 17)−廢比列忽州 置達忽州(眞興 29)
　　置沙伐州(?)−廢沙伐州 置甘文州(眞興 18)−廢甘文州 還置沙伐州(?)−廢沙伐州 置−善州(眞平 36)

위에서 마련되지 않으면 안 되었다. 郡縣 사이에 보이는 이른바 交叉領屬關係
는91) 이와 같은 사정에서 기인한 현상이다. 지역은 비록 떨어져 있지만
그 지배권만은 분할당하지 않으려는 지배세력의 의지가 투영된 결과인 것이
다. 사정이 이러하였으므로 州·郡·縣을 설치하고 廢한다는 것은 곧 그
領屬關係를 재조정함을 의미하였다. 또한 이미 '上古'期부터 州郡의 지배
구조에는 주로 王族들이 참여하고 있었으므로, 특히 軍事 統制權을 쥐고
있는 州의 置廢는 眞骨 세력에 대한 통제 장치로도 작용할 수 있는 바였다.

그러므로 지배 거점을92) 옮긴다는 것은 적어도 두 가지의 趣旨에서 이루어
진 일이었다고 생각된다. 첫째는 州·郡을 매개로 해서 이루어지는 통제력을
바탕으로 특정 干(非眞骨 大等)의 지배 기반이 있는 지역을 집중 관리함으로
써 그 지배력을 약화시킨다는 점이고, 둘째는 그 州·郡의 기능을 갖게
되는 지역을 변경함으로써 갑자기 大勢力으로 대두한 眞骨 王族을 王權이
견제한다는 점이다.93) 이와 같은 의미를 지닌 州·郡의 置廢는 眞平王代에도

---

91) 木村誠, 앞의 논문, 6~10쪽.
92) 이 시기의 州·郡을 支配 據點으로 파악하는 견해는 다음과 같다.
　　木村誠, 앞의 논문.
　　拙稿, 이 책의 제2장 Ⅱ.
　　그러나 '中古'期의 기록에 나오는 '州'는 '停'의 誤記라고 생각하고 군사적 전진기지
　　의 성격으로 파악한 견해(①), 州·郡을 임의의 領域 單位로 이해한 견해(②)
　　등도 제시되어 있다.
　　① 姜鳳龍, 「新羅 '中古'期 '州'制의 형성과 운영」, 『韓國史論』16, 서울大 國史學科,
　　1987.
　　② 全德在, 「新羅 州郡制의 成立背景研究」, 『韓國史論』22, 서울大 國史學科, 1990.
93) 眞興王代에 眞骨 王族을 支援·育成하면서도 동시에 그 세력에 대한 통제책을
　　강구하였던 사정은 同王이 佛敎를 국가의 지도 이념으로 받아들이고 興輪寺·皇龍
　　寺·祇園寺·實際寺 등의 사찰을 건립하여 불교 교단을 육성하였던 반면에, 그에
　　대한 통제책으로 大書省과 少年書省을 설치하고 安藏을 大書省에 임명하여 佛敎에
　　관한 諸般事를 관장케 하였던 것에 대응한다. 眞興王은 그 12년에 신라로 망명해
　　온 고구려 僧 惠亮을 僧統으로 삼아 교단을 더욱 강력히 통제하였다. 그 僧統
　　밑에는 大都唯那와 都唯那娘을 두고 寶良과 阿尼를 이에 각각 임명하여 比丘와
　　比丘尼의 통솔을 분담케 하였다고 한다(崔柄憲, 「新羅 佛敎思想의 전개」, 『歷史都市
　　慶州』, 1984, 369~371쪽).

간간이 지속되었다. 이로써 지방에 대한 국가의 통제력은 갈수록 강화되었고, 郡縣制는 중앙집권적 지배체제로서의 제기능을 찾아가고 있었음은 물론이다. 그리고 그럴수록 종래의 六部가 지녀 온 정치적 기능은 소멸해 갔다. 所屬部를 더 이상 冠稱하지 않는 이들도 생겼고, 그 수는 점차 증가하는 추세에 있었을 터다.[94] 眞興王 44년 2월에

以伊湌龍樹爲內省私臣 初 王七年 大宮・梁宮・沙梁宮三所 各置私臣 至是 置內省私臣一人 兼掌三宮[95]

이라 하여, 王의 從弟인 龍樹를 內省 私臣으로 삼아 大宮・梁宮・沙梁宮의 3宮을 兼掌케 하였다는 기록이 六部의 위축된 實狀과 王權의 강화된 통제력을 전한다. 內省의 설치는 곧 진골 왕족이 他貴族의 기반과는 다른, 한 단계 위의 정치적・경제적 기반을 지니게 된 것을 의미하는 사실이었다.[96]
郡縣制가 정비되고 또 한편으로는 중앙집권체제의 운영을 위한 官府의 설치가 계속되면서 진골 왕족의 정치적 역할이 확대되었고 그 지위가 점차 배타적 성격을 띠어 갔다. 그리하여 眞德王 4년 4월에

下敎 以眞骨在位者 執牙笏[97]

---

94) 眞平王代에 이르면 오히려 下層 民人들이 部名을 밝히는 경향을 보였다고 여겨진다. 嘉實의 예가 그 경우일 것이다. 종래에는 지배층만이 칭하던 部名을 내세워 보는 것이 피지배층 사이에 유행한 것인지도 혹시 모르겠다. 그들의 거주 지역이 어느 部의 관할 하에 있으며 그들이 지고 있는 部役이 어느 部의 통제 하에 있는지를 밝힌다는 의미에서도 그 사용의 필요성이 있었을 것이다. 여하튼 이러한 추세 속에서 六部가 행정상의 지역구분으로 더 큰 의미를 지니게 되었던 것은 분명하다고 하겠다.

95)『三國史記』4, 新羅本紀4, 眞平王 44年 2月.

96) 金哲埈,「韓國古代國家發達史」,『韓國文化史大系Ⅱ』, 1964, 520쪽.

97)『三國史記』5, 新羅本紀5, 眞德王 4年 4月.

하게 하는 下敎가 내려졌다. 眞骨로서 職位에 있는 사람은 그 官等의 高下와 상관없이 단지 그가 眞骨이라는 사실을 드러낼 수 있게 象牙로 만든 忽을 들도록 한다는 조처였다. 숱한 재위자 중에서 유독 眞骨만을 대상으로 한 이 조처는 특별히 진골만 배려해도 무방할 정도로 진골이 이미 특권화한 신분으로 기능하고 있는 현실을 반영한 것으로 보아 좋을 것이다. 이에 이르러 眞骨은 확실히 독자적인 신분으로 확립되어 있었다. 大阿湌 이상의 官等은 '唯眞骨受之'한다는 규정을[98] 법제화할 수 있었던 것도 이 무렵의 일이었을 것이다. 늦어도 眞德王 때에는 배타성을 띤 최고의 특권 지배신분층 으로 성장한 眞骨'이 자기들의 지위를 제도로 보장하고 현실로도 要職과 權力을 독점하는 단계에 도달해 있었음을 확인할 수 있다.

5. 結 語

지금까지 眞骨을 자칭하는 一群의 세력이 대두하여 배타적이고 특권적인 독자 신분층으로 성장하는 과정을 살펴보았다. 眞骨은 新羅 國初의 국가 형성 과정에서 생성된 신분이 아니었다. 경주 지역의 斯盧國 지배층이 眞骨로 편성되었다거나 몇 개의 小國을 통합하여 聯盟勢力을 이룬 지배자 혹은 이에서 轉化한 中央貴族이 眞骨로 편입되었다고 생각한다면 이는 오해다. 眞骨은 '中古'期에 접어드는 시점에 대두하여 그 말기에 독자적 신분으로 성립한 신라의 왕족이었다.

신라왕의 친족들은 처음에 신라를 형성하는 데 참여했던 소국의 지배층 혹은 그 후손들과 동등한 지위에서 部體制를 형성해 왔으나, 自立하여 즉위한 訥祗王 이후 국가권력을 再編하여 累代로 要職을 점령해 오면서 자신들은 '新羅'의 王族으로서 일개 '小國'의 왕족과는 구별되어 대우받아야 한다는

---

98) 『三國史記』 38, 雜志7, 職官 上, 新羅官號.

特權意識을 갖기 시작하였다. 이들은 奈勿系 王族을 필두로 血緣意識을 토대로 결집함으로써 部를 초월하는 사회적·사상적 기반을 마련하고 所屬部 위주의 가치를 職位·官等 중시의 가치로 전환해 나가는 데 성공했다. 冷水里碑의 所屬部 중심 인물 소개 방식이 鳳坪碑를 경과하면서 官等 중심의 형태로 변화하고 眞興王代의 여러 碑文에 이르러 완연히 官職 중심의 형태로 바뀌는 현상은 이를 확인해 주는 사실들이다.

新羅의 王族 干들이 여타의 소국에 계통을 댄 干들과 동질·동급으로 편성되어 왔다는 것은 奈麻重位의 존재를 통해 넉넉히 알 수 있다. 그리고 이들이 스스로 眞骨을 표방한 사실에서도 그 배경이 일반화된 귀족으로서의 '骨'이었음을 유추할 수 있다. '진짜 骨'임을 주장하는 뜻이 담긴 용어이기 때문이다. 종래의 部體制는 이처럼 '小國'과 '新羅'를 구별하지 않고 그 王族들이 凡'骨'族으로서 동등한 위치에서 형성하고 유지해 온 政治組織이고 體制였다. 이 시기의 최고 지배세력은 그냥 骨族으로서의 '干支'層이다.

그러나 國號를 '新羅'로 확정하고 王號를 '新羅國王'으로 격상시켜 부르며, 新羅王이 더 이상 六部 干支들의 共論을 대변하는 존재가 아님을 천명한 智證王代에 이르러 상황이 급변하였다. 그동안 奈勿系의 王族들이 血緣의 親疎를 불문하고 결집하여 국정을 장악해 온 현실의 권력을 토대로, 종래의 干支 중심 部體制를 부인하며 國王 중심의 官府體制로 전환할 것을 주장하고 나섰기 때문이다. 部體制 하에서 國王까지도 所屬部를 밝혀 적던 관행은 사라지고, 部로부터 벗어나 초월적인 존재로 격상된 王이 임명하는 官職이 무엇보다 우선적으로 그 地位를 나타내는 標識가 되었다.

凡骨'에서 眞骨이 분화하여 독립해 나간 지배층의 上昇分列은 그 하층부에서 3~1頭品을 지배층으로부터 배제시키는 꼬리자르기식 自己整理 현상으로 이어졌다. 3~1두품은 본디 소국의 관료층에 계통을 둔 하급의 지방 행정 실무층이었는데, 干層마저 중앙의 실무 담당층으로 전락하는 상황에서 그 존재의 정치적 이유를 인정받기 어렵게 된 것이었다. 물론 이는 平人層의 上部를 이루는 豪民들이 성장하여 그들이 지방에서 수행하는 역할이 종래의 하급 지배층의 그것과 구별할 수 없게 된 현실을 반영한 것이기도 하였고, 또 한편으로는 眞骨이 六部의 干層을 밀어내기 위해서 그 在地的 기반을 와해시킴으로써 세력 약화를 유도할 필요성에서 나온 것이기도 하였다. 3~1두품이 소멸하면서 地方 干層(=村主層)과 同級의 舍知 이상만 지배층으로 인정됨으로써 4頭品 이상의 頭品만 남게 되었다.

　法興王代를 거치면서 律令의 頒布를 통해 官等 중심 官府體制의 기틀을 제도적으로 확립한 신라 왕족은 현실적으로 이미 최고의 지배신분층으로 대두한 셈이었으나 아직은 그 지위가 공식화된 것은 아니었다. 眞興王代의 인물들이 '奈勿王의 몇 世孫'임을 칭하며, 그 殘影이 眞平王代까지 남아 있었던 것은 眞骨이 아직 身分化하지 못하였음을 보여준다. 身分으로 확립된 마당이라면 굳이 그런 血緣系譜를 들이댈 필요가 없었을 터다. 眞骨이 身分化 했다는 증거는 眞德王代에 이르러서야 비로소 확인된다.

제3장
新羅의 支配身分과 骨品制의 變化

I. ‘上代’의 王位繼承과 聖骨

1. 序 言

新羅에서 같은 王族을 聖骨과 眞骨로 가른 기준이 무엇이었는가는 骨品制의 구조와 기능을 이해함에 있어 關鍵이 되는 문제 중의 하나다. ‘中古’期 血族集團의 규모와 血緣意識의 변화, 지배세력의 구성과 성격 등을 밝히기 위해서도 이 문제의 해명은 불가결하다. 그러므로 이에 관한 연구가 일찍부터 시작되었으며, 그동안 다양한 시각에서 제시된 견해들이 수다히 발표되어 왔다.[1] 이 문제를 단순한 血族集團의 문제로서가 아니라 정치 과정의 推移와 연관된 문제로 이해할 필요가 있다는 인식을 갖게 된 것은 그 성과였다. 그러나 基本史料가 절대적으로 부족한데다가 연구자들이 인식하는 신라 정치 과정 또한 多岐한 형태여서 구체적인 내용에서의 견해차는 매우 심한 실정이다. 한편에서는 聖骨의 實體를 어떻게든 설명해 보려는 시도가 계속된 반면,[2] 또 한편에서는 聖骨의 實在 자체를 否認하는 견해가 한 흐름을 이뤘

---

1) 聖骨과 眞骨의 구분 문제를 포함한 骨品制 연구성과에 대해서는 다음 논고를 참고할 것.
　李基東,「新羅 骨品制 硏究의 現況과 그 課題」,『歷史學報』74, 1977 ;『新羅骨品制社會와 花郎徒』, 一潮閣, 1984 재수록.
　李鍾旭,「新羅 骨品制 硏究의 動向」,『韓國古代의 國家와 社會』, 1985.
2) 聖骨은 實在했다고 보면서 그것과 眞骨의 구별은 ① 母系 혹은 父母 兩系의 혈통과 관련한 출생의 조건에서 비롯되었다는 견해, ② 婚姻規律을 어겼는가의 여부에 따라 後來的으로 좌우되었다는 견해, ③ 동일 親族集團內에서 直系와 傍系의 차이 등 복합적인 요인으로 말미암아 발생하였다는 견해, ④ 善德女王의 즉위와 관련한 정치적·외교적 상황에서 성립하였다는 견해, ⑤ 親族集團의 分枝化 과정에서 성립하였다는 견해 등이 제시되었으며, ⑥ 聖骨이 소멸한 것이 아니라 太宗武烈

다.[3]

   기실 현전하는 기록만으로 聖骨의 實在 여부를 명확히 입증한다는 것은
거의 불가능에 가깝다고 해도 과언이 아니다. 그러나 분명한 것은 聖骨이
설령 虛構的인 관념이었다고 할지라도 그 관념이 기초한 論理마저 허구였다
고 보기는 어렵다는 점이다. 聖骨 남자가 없어 善德女王이 즉위하였다거나
眞德女王을 마지막으로 聖骨王 시대가 끝났다고 인식할 수 있었던 데에는
그 나름의 타당한 논리가 있었을 터다. 따라서 聖骨의 실재를 부인한다고
해서 문제가 종결되는 것은 아니다. 그 실재를 인정하든 않든 聖骨 意識의
근거와 내용은 공히 규명해야 할 과제가 되는 것이다.

   기록상 聖骨은 왕위계승과 관련하여 後繼王의 자격 혹은 신분을 논한
문맥에서 발견되고 있는 용어다. 물론 承繼面에서 말하자면, 다음 代의
왕위는 원칙적으로 현 왕과 일정한 혈연관계에 있는 자들의 몫이었다. 그러나
그 혈연관계의 범주에 들어 있다고 해서 누구나 王位繼承權을 가졌던 것은

   王 이후에 眞骨로 骨轉換한 것이었다고 이해한 견해도 제시되었다. 주요 논고는
   다음과 같다.
   ① 說   今西龍,「新羅骨品考」,『新羅史硏究』, 近澤書店, 京城, 1933.
           李丙燾,「古代南堂考」,『서울大學校論文集－人文社會科學』1, 1954 ;『韓國
           古代史硏究』, 博英社, 1976 재수록.
           三品彰英,「骨品制社會」,『古代史講座』7, 東京 : 學生社, 1963.
           金庠基,「國史上에 나타난 建國說話의 檢討」,『建國大 學術誌』5, 1964
           ;『東方史論叢』, 서울대학교 출판부, 1974 재수록.
   ② 說   末松保和,「新羅三代考」,『新羅史의 諸問題』, 1954.
   ③ 說   金哲埈,「新羅 上代社會의 Dual Organization(下)」,『歷史學報』2, 1952.
           _____,「新羅時代의 親族集團」,『韓國史硏究』1, 1968 ;『韓國古代社會硏
           究』, 知識産業社, 1975 재수록.
   ④ 說   井上秀雄,「新羅の骨品制度」,『歷史學硏究』304, 1965 ;『新羅史基礎硏究』,
           東出版, 1974 재수록.
   ⑤ 說   李基東,「新羅 奈勿王系의 血緣意識」,『歷史學報』53・54合輯, 1972 ; 앞의
           『新羅骨品制社會와 花郎徒』재수록.
   ⑥ 說   田美姬,「新羅의 聖骨과 眞骨」,『韓國史硏究』102, 1998.
  3) 池內宏,「新羅の骨品制と王統」,『東洋學報』28-3, 1941.
   武田幸男,「新羅骨品制の再檢討」,『東洋文化硏究所紀要』67, 1975.

아니다. 현 왕의 直子에게 王位承繼의 자격을 우선적으로 부여하고 그 중에서도 神聖性이 발현되는 자에게 다음 왕위에 오를 자격을 준다는 것이 특히 삼국 초기의 王位繼承 관계에서 추출되는 일반적인 관념이다.[4] 왕위를 계승할 자는 여타의 王子나 王族과 다른 초월적인 권위를 지닌다고 인식된 것이었다. 後繼王의 신분과 자격 역시 이러한 인식 위에서 따져졌을 것이다. 그러므로 이 시기의 왕위계승 관계를 단순히 혈연관계만으로 설명하거나 支配的 政治勢力 一角이 편의대로 조정·조작할 수 있었던 사안으로 간주하면서 성골 문제를 그 연장선상에서 이해하려는 데에는 난점이 없지 않다.

本考는 이러한 맥락에서, 聖骨이라는 개념을 설정하고 또 그것이 소멸했다고 생각한 當代人의 논리와 상황을 王位繼承 관계를 통해 류추해 보고자 한다. 新羅 '上代'의 王系, 특히 '上古'期의 그것은 후대의 일정 시기에 일단의 정리를 본 형태이므로, 그 왕위계승 관계를 원리 면에서 점검해 보면 聖骨意識의 概要가 해명될 수 있을 것이다.

2. 聖骨關係史料의 點檢과 理解

聖骨의 소멸 혹은 聖骨에서 眞骨로의 骨轉換 사실을 전하는 기록은 다음 數條의 解說 記事뿐인데다가 그 내용도 단순하다.

A. 善德女王 名德曼 父眞平王 母麻耶夫人金氏 聖骨男盡 故女王立[5]
B. ① 始祖朴赫居世居西干卽位元年 從此至眞德爲聖骨[6]
　　② 國人謂 始祖赫居世至眞德二十八王 謂之聖骨 自武烈至末王 謂之眞骨[7]
　　③ 眞德王薨 太宗王春秋卽位元年 從此以下眞骨[8]

---

4) 金光洙,「高句麗 初期의 王位繼承 問題」,『韓國史研究』55, 1986, 2~6쪽.
5)『三國遺事』1, 王曆1.
6)『三國史記』29, 年表 上.
7)『三國史記』5, 新羅本紀5, 眞德王 8年 3月.
8)『三國史記』31, 年表 下.

④ 眞德女王…… 已上中古 聖骨 已下下古 眞骨[9]

기록 A는 善德王이 女王인 사실을 염두에 두고서 聖骨 남자가 한 사람도 남지 않게 되었으므로 녀왕이 즉위한 것이었다고 해설한 내용이고, B-①, ②, ③, ④는 赫居世居西干의 卽位 혹은 眞德王의 죽음과 관련하여 眞德王까지가 聖骨王이었으며 그 이후로는 眞骨이 왕위를 계승하였다고 해설한 내용이다. 聖骨에 대한 當代의 기록은 없는 것이다. 이 점에서 이들 기록은 일찍부터 그 신빙성을 크게 의심받아 왔다. 그러므로 논의를 진전시키자면 무엇보다 먼저 이 신뢰도 문제를 점검해 둘 필요가 있겠다.

기록 A에 대하여는 後世 史家의 想像說에 불과하므로 신뢰하기 곤란하다는 견해가 제시되었고[10] 또 想像說이라고 論斷하는 것이 설사 경솔하다고 하더라도 적어도 이 기록이 말하는 바에 무비판적으로 따를 수 없음은 분명하리라는 견해도 표명되었다.[11] 『三國遺事』 王曆에 삽입된 설명적 기술이 모두 후대의 것인 점이나, 같은 내용이 『三國史記』에서는 발견되지 않는 점 등으로 미루어 A가 善德王 즉위 당시의 사실을 전하고 있다고 보기는 어렵다는 것이다. A는 B의 기록들과 일련의 記事로서 늦게는 『三國史記』·『三國遺事』 編者들이 직접 작성한 것이라고까지 볼 수 있을 정도의 後代的 記述이라고 한다. 가령 B-②에 대하여는 그 文套가 '其國王侯族 謂之第一骨 餘貴族 謂之第二骨'이라고 한 『說郛』 卷47의 記事와 類似함에 주목하여, 그 유사성은 金富軾이 『說郛』의 第一骨과 第二骨을 각각 聖骨과 眞骨로 比定하여 남긴 기록이기 때문에 발생한 현상이라고 이해하고, 따라서 이는 단순한 김부식의 의견일 뿐이라 할 것이므로 신뢰할 수 없다는 견해가 제시되었다.[12] 8세기의 사실을 전하는 중국 측 기록에 聖骨과 眞骨에 대한 언급이

---

9) 『三國遺事』 1, 王曆1.
10) 池内宏, 앞의 논문, 340쪽.
11) 武田幸男, 앞의 논문, 158~159쪽.

전혀 보이지 않는 만큼, 이 시기까지도 實在한 것은 王族과 貴族의 구분뿐이었다고 함이 옳다는 주장이다. 그러나 8세기 중엽에 작성된 '白紙墨字 大方廣佛華嚴經 寫經 跋文'을 통해 六頭品의 존재를 확인하게 된[13] 지금에 와서는 이 주장의 타당성을 인정하기 어렵다. 그것은 결과적으로 新羅 骨品制를 9세기에 완성된 것으로 보는 데에 장애가 된 기록 A를 논의에서 제외시키기 위해서 무리를 무릅쓰고 撰者의 主觀에 의한 것으로 치부한 형태에 지나지 않았음이 드러난 셈이기 때문이다. 對句 形式의 構文을 常用하는 漢文에서 드물지 않게 발견되는 語套의 유사성에 유일한 론거를 두고서, A는 『說郛』의 第一骨·第二骨을 恣意的으로 聖骨·眞骨로 바꾸어 쓴 것에 지나지 않는다고 생각한 것은 타당성을 인정받기 어렵다.

B에 대해서는 ①과 ②의 내용이 ④의 내용과 相異하다는 점에서 그대로 믿기 어렵다는 견해가 제시되었다. 전자는 始祖에서 眞德王에 걸친 '上代'의 諸王이 모두 聖骨이라는 인식을 보인 반면, 후자는 '中古'期의 王만이 聖骨이라는 인식을 보여 차이가 난다는 것이다.[14] 그러나 ④의 '已上中古 聖骨'은 '以上이 中古고, (中古까지는) 聖骨이다'라는 뜻으로 해석할 수도 있으므로 ①, ②와 내용이 꼭 다르다고 말하기는 곤란하다. 또 B의 기록들을 믿기 어려운 이유로는, 이들이 공통으로 전하는 바 新羅王의 骨品이 太宗武烈王부터 聖骨에서 眞骨로 바뀌었다는 말과 달리 '寺中古記云 新羅眞骨 第三十一主 神文王'[15]이라 하여 신라 왕통이 내내 眞骨로 이어져 온 것으로 인식한 기록도 있다는 점이 지적되기도 하였다. 이를 '新羅眞骨의 第31代 主인 神文王'으로 해석한 것이다. 그렇지만 이 기록에서 '新羅眞骨'과 '第三十一主'는

---

12) 武田幸男, 위의 논문, 145쪽.
13) 李基白編, 『韓國上代古文書資料集成』, 一志社, 1987, 28쪽.
14) 武田幸男, 앞의 논문, 163쪽.
   李基東, 앞의 「新羅 奈勿王系의 血緣意識」, 85쪽.
15) 『三國遺事』 3, 塔像4, 靈鷲寺. 引用文에서 '三十一'은 原文에 '二十一'로 되어 있으나 刊誤가 틀림없으므로 바로잡는다.

각각 '神文王'을 수식한 말로 보아야 옳다. 즉 이는 '新羅眞骨'이자 제31대 王인 神文王'이라고 해석될 문장으로, 굳이 聖骨의 實在를 否認한 내용으로 간주될 이유가 없는 기록이다.

한편 A와 B가 후대의 해설에 지나지 않는 기록이라는 점에 주목하여 그 기록의 當代性이 인정되는 다음 기사를 오히려 더 중시하는 입장도 표명되었다.

C. ① 海東金上人 本枝根聖骨[16]
   ② 有名虎景者 自號聖骨將軍[17]

C-①은 孝恭王 1~2년(897~898)경에 崔致遠이 撰한[18] 聖住寺 朗慧和尙碑 銘文의 一句로서 和尙의 혈통이 본디는 聖骨에 뿌리를 두고 있다고 찬양한 부분이며, ②는『高麗史』가 12세기 중엽에 저술된 金寬毅의『編年通錄』에서 인용한 虎景에 대한 설화의 시작 부분이다. 虎景은 太祖 王建의 父親인 世祖의 陳外家(祖父 懿祖의 外家)側 先祖로 등장하는 인물이다. C-①, ②는 말하자면 9세기 말과 12세기에 聖骨이라는 용어가 실제로 사용되었음을 전하는 當代의 기록인 셈인데, 그렇다면 聖骨은 그 확실한 用例가 初出하는 9세기 말(늦으면 12세기) 이후부터 사용되기 시작한 문자로 보아야 하지 않겠는가 하는 것이 이 입장의 논지다. 따라서 그 표현의 上限이 9세기 말을 넘지 않는 聖骨을 이미 7세기 중엽에 소멸했다고 쓴 기록을 믿는 것은 위험하다는 것이다. 아울러『三國遺事』의 A와 같은 설명이『三國史記』에서 발견되지 않는다는 사실도 聖骨의 소멸과 眞骨로의 전환을 인정하기 힘든 이유로 거론되었다.[19]

---

16) 「聖住寺朗慧和尙白月葆光塔碑」,『朝鮮金石總覽(上)』, 82쪽.
17) 『高麗史』, 高麗世系, 金寬毅編年通錄云條.
18) 管野銀八, 「新羅興寧寺澄曉大師塔碑の撰者について」,『東洋學報』13-2, 1924, 112~114쪽.

현전하는 史料가 극히 빈곤한 사정에서, 또한 설령 그렇지 않다고 하더라도 사료에 대한 엄밀한 비판이 필수적인 歷史의 硏究에서 이는 능히 지적될 수 있는 사항이라고 여겨진다. 그러나 역으로 관련 사료가 극빈한 실정이기 때문에 더욱더 이러한 비판의 설득력은 약하다고도 말할 수 있다. 이는 동일한 血族集團의 成員을 聖骨과 眞骨로 구별한 이유를 잘 알 수 없다는 데서 출발한[20] 비판에 불과하므로, 기록 A와 B가 전하는 聖骨 소멸의 사실이 나름대로 합리성을 지니고 있는 내용임이 밝혀진다면 그 의미는 크게 손상될 것이 분명한 까닭이다.

이상 살펴본 바와 같이, 太宗武烈王부터 眞骨王이고 그 이전은 聖骨王이었다는 기록 A · B를 부인할 확실한 근거는 없다. 이를 일단 신뢰하고 그것이 전하는 사실의 구체적인 내용이 무엇인지를 추구하는 것이 바람직한 태도일 것이다. 기록 A · B에 의하면 新羅는 善德女王 卽位時에 '聖骨男盡'의 상황에 봉착하였고, 眞德女王을 끝으로 해서는 聖骨女마저 절멸하는 사태를 맞이하였다. 7세기 중엽에 聖骨 남자와 여자가 차례로 소멸한 것이었다.

이러한 사실과 관련하여 聖骨의 실체를 추구한 초기 연구의 초점은 聖骨로서의 요건을 갖춘 인물이 소멸한 이유를 찾는 데에 맞추어졌다. 여기서 주목된 것이 眞平王 死亡 당시에 眞智王의 아들인 龍樹(龍春)가 聖骨로 대우받지 못한 사실이다. 善德이 王位에 오를 무렵 龍樹가 생존해 있었던 것은 善德王 4년 10월에

遣伊湌水品 · 龍樹 巡撫州縣[21]

---

19) 武田幸男, 앞의 「骨品制の再檢討」, 156~159쪽.
20) 今西龍, 앞의 논문, 564쪽.
　　池内宏, 앞의 논문, 209쪽.
21) 『三國史記』 5, 新羅本紀5, 善德王 4年 10月條.

이라 한 기록에서 명백한데[22] 王子인 그를 聖骨에서 제외하고 '聖骨男盡'의 상황을 선언하게 된 사유가 무엇인지 의문이었기 때문이다. 또 왕위에 오르지 못한 龍樹는 그렇다고 하더라도 결국 王이 된 그의 아들 곧 金春秋까지 聖骨로 인정하지 않은 이유에 대해서도 관심이 모아졌다. 그리하여 이들의 혈통 관계 특히 母系의 혈통과 혼인관계에 어떤 瑕疵가 있었을 것으로 추측되고 그것을 찾는 작업이 진행되었다. 그러나 논의가 거듭될수록 이 문제는 더욱더 迷宮으로 빠져들었다.[23]

그러자 聖骨의 소멸보다는 그 成立에 착안할 필요성이 촉구되었다. 이른바 政情說과 智證王系 리니이지의 分枝化說이 제기된 것이다. 前者는 王의 혈통을 門閥貴族보다 한 단계 높은 혈통으로 고양시킬 필요가 있었던 眞德女王 즉위 무렵의 정치적 정세에서 聖骨이 새로 성립하였다고 본 견해였고, 후자는 訥祗王系가 直系 繼承의 원칙을 確守하려고 노력한 결과로 일어난 王室 親族集團의 分枝化 추세 위에서 銅輪太子의 直系卑屬으로 구성된 小리니이지 집단이 그와는 다른 계열, 곧 眞智王에서 龍樹를 거쳐 金春秋에 이르는 家系를 배제하고 표방한 것이 聖骨일 것이라는 견해였다.[24] 그러나 이렇게 이해하더라도 의문은 남았다. 그러한 聖骨 造作을 주도한 金春秋 자신이 왕위에 오른 후에도 聖骨보다 낮은 眞骨에 머무르고 만 이유, 환언한다면 聖骨을 조작한 후 겨우 8년 뒤에 金春秋가 스스로 그것을 소멸시켰거나 소멸을 좌시한 이유가 무엇인지 납득되지 않는다는 것과[25] 이는 무엇보다도 赫居世 이후의 '上代' 諸王이 모두 聖骨이었다는 기록 B의 내용과 거리가 있는 인식이라는 점이었다. 眞平王 이전의 王들은 聖骨이 아니었다고 여길 근거가 전혀 없기 때문이다.

---

22) 『花郎世紀』 필사본에는 龍樹와 龍春이 同一人이 아닌 兄弟로 나오나 설령 이것이 사실이라도 상황은 마찬가지다.
23) 李基東, 앞의 「新羅 奈勿王系의 血緣意識」, 85~86쪽.
24) 註 2)의 ④, ⑤ 說.
25) 武田幸男, 앞의 논문, 155~156쪽.

聖骨의 실체에 대한 이해는 어떻게든 기록이 전하는 바를 그대로 수용하는 방향에서 추구되어야 한다. 그럴 때 유의할 것은 이 기록이, 그 聖骨 의식이 赫居世 때부터 있어 왔다는 것을 말하고 있지는 않다는 점이다. 그것이 언제 생겼는지는 모르지만 始祖부터 聖骨이 王位를 계승해 왔다는 인식이 있었고, 그 인식의 논리 위에서 聖骨은 眞德王을 끝으로 滅絶하였다고 판단할 수밖에 없었다는 내용을 전할 뿐인 記事다. 그러므로 문제의 핵심은 當代의 新羅人들이 생각한 聖骨의 개념이 무엇이고, 그 개념이 성립한 시기는 언제인가 하는 데에 놓인다.

적어도 '中古'期 末의 新羅人들에게 있어서 歷代 諸王은 모두 聖骨이었다. 朴·昔·金으로 姓氏를 달리한 王들이 繼位해 왔음을 알면서도 歷代의 王統은 聖骨로 이어졌다고 인식한 것이었다. 그렇다면 그들은 그 王統을 어떻게 정리하고서 聖骨이 王位를 이었다고 생각한 것일까?

3. '上代'의 王位繼承

『三國史記』와『三國遺事』는 王名을 달리 표기한 경우가 있기는 하지만 상호 일치하는 '上古'期 新羅 王室의 世系를 전한다. 異本이 전하는 다른 내용을 分註로 남기기도 하였으나 그 紀年에 있어서도 兩書는 같은 입장을 보인다. 그러나 이 紀年을 그대로 믿는 것은 非合理的인 태도로 여겨지고 있다. 한편에서는 대체로 신뢰해도 좋지 않겠느냐는 입장도 표명되었으나[26] 일정한 修正의 필요성이 있다는 것이[27] 일반적인 견해다. 그 紀年을 인정할

---

26) 金元龍,「三國時代의 開始에 關한 一考察」,『東亞文化』7, 1967 ;『韓國考古學研究』, 一志社, 1987 재수록.
　　金貞培,「韓國古代國家 起源論」,『白山學報』14, 1973.
　　千寬宇,「三韓의 成立過程」,『史學研究』26, 1975.
　　李鍾旭,「斯盧國의 成長과 辰韓」,『韓國史研究』25, 1979.
27) 金哲埈,「新羅上古世系와 그 紀年」,『歷史學報』17·18合輯, 1962.
　　金光洙,「新羅 上古世系의 再構成 試圖」,『東洋學』3, 1973.

경우에는, 三國間의 대외관계 기록이 『三國志』등 중국 측 기록과 서로 다르게 될뿐더러 인간의 생물학적 · 의학적 수명이나 생식 능력이 상식적으로 납득할 수 없는 수준으로까지 설정되어야 하는 등 문제가 발생한다는 것이다.

우리 측의 史書가 전하는 新羅 上古 世系에 상당한 모순점이 내포되어 있다는 것을 부인하기는 어렵다. 예컨대 父子 관계라는 儒理와 逸聖의 歿年이 각각 57년과 154년으로 나타나는 것은 상식적으로 이해하기 힘든 내용이다. 逸聖은 儒理의 嫡嗣였다고 하므로 적어도 100세 이상의 壽를 누린 것이 되기 때문이다. 249년에 사망했다는[28] 于老의 아들 訖解의 歿年이 356년으로 나타나는 것도 유사한 경우다. 또한 仇鄒의 孫인 骨正과 闕智의 5세손 仇道의 女가 夫婦로 되어 있는 사실도 납득하기 어렵다. 脫解가 거두어 기른 闕智는 脫解의 子인 仇鄒와 同時代人일 것이므로 이들의 2世와 6世가 夫婦였다는 것은 常理에서 벗어난 일이겠기 때문이다. 이외에도 事件이나 인물의 年代가 일본 측의 所傳과 부합하지 않는 등 그 紀年에 문제점이 적지 않음은 周知하는 바다.

그러나 그렇다고 해서 이것이 곧바로 『三國史記』와 『三國遺事』의 紀年을 불신해도 좋은 이유가 될 수는 없다. 이로써 그 紀年을 불신한다는 것은 기록에 나타난 혈연관계는 그대로 믿을 수 있다는 것을 전제로 한 판단인데, 紀年에서보다는 王室 世系上의 出自 면에서 더 많은 異說이 전하는[29] 사실로 보더라도 이는 매우 불안한 전제이기 때문이다. 血緣關係와 紀年을 대체로 신빙할 수 있다는 17대 奈勿王부터 28대 眞德王까지와 그 이전을 나눌

<hr>

李仁哲, 「新羅上古世系의 新解釋」, 『淸溪史學』 4, 1986.
姜鍾薫, 「新羅 上古紀年의 再檢討」, 『韓國史論』 26, 1991.
28) 于老의 死亡 시기는 『三國史記』 新羅本紀에 沾解尼師今 3년(249)으로 나오나 列傳에는 沾解尼師今 7년(253)으로 되어 있다.
29) 李康來, 「『三國史記』 分註의 性格―新羅本紀를 중심으로―」, 『全南史學』 3, 1989, 16~32쪽.

때 이후의 12王 298년과 이전의 16王 398년의 평균 재위 기간이 24.83년과 24.87년으로 거의 비슷하게 나타나고 있음을 보면 紀年의 신뢰도를 무작정 의심해도 좋을 여건은 아니다. 다른 한편으로는 考古 發掘 成果가 축적될수록 『三國史記』 紀年의 신빙성이 높아지고 있고,[30] 삼국 초기의 대외관계 기사를 그대로 수용하고서도 합리적인 이해가 가능하여 중국 측 기록에 의존한 大勢論에 서서 紀年을 부인하는 것만이 能事가 아님을 확인할 수 있었던 바다.[31]

『三國史記』와 『三國遺事』가 전하는 新羅 '上古'期의 王統을 그대로 믿는 것은 위험하다. 이를테면 下代의 神德王은

姓朴氏 諱景暉 阿達羅王遠孫 父乂兼[32]

이라 하여 阿達羅의 遠孫으로 公認되어 王位에 올랐던 것으로 되어 있지만, 정작 '上古'期의 王統에서 阿達羅는 자식이 없었던 王으로 나온다. 그리하여 伐休가 왕위를 계승하게 되었다는 것이다.[33] 여기서는 물론 父系 出自 이외의 경우도 상정해 볼 수 있을 것이다. 그러나 사위까지 王位繼承權을 가졌던 시기에 재위 31년의 阿達羅가 無子하므로 伐休가 繼位하였다는 것은 神德王이 그의 遠孫으로 公認된 사실과 여하튼 모순됨이 분명하다. 지배층에게 그 出自 關係는 무엇보다 우선하여 기억되고 전승되어야 할 사항이었을 것이다. 그렇다면 神德王이 阿達羅의 遠孫이라 일컬은 사실보다는 伐休가 卽位한 원인을 阿達羅의 無子로 기록한 사실에 誤謬의 혐의를 두는 것이

---

30) 金元龍, 앞의 논문, 537~551쪽.
　　崔秉鉉, 『新羅古墳硏究』, 一志社, 1992, 91~100쪽.
31) 拙稿, 이 책의 제1장 Ⅰ・Ⅱ・Ⅳ.
32) 『三國史記』 12, 新羅本紀12, 神德王 卽位年.
33) 『三國史記』 2, 新羅本紀2, 伐休尼師今 卽位年, '伐休尼師今今立……阿達羅薨 無子 國人立之.'

더 온당한 태도겠다. 이는 新羅 '上古'期 諸王의 血統에 다소간의 操作이 가해졌음을 의미하는 사실로 보아 좋은 것이다.[34] 王統에 대해 특히 많은 異說이 전하는 점도 그 操作의 蓋然性을 傍證하는 일면에 다름 아니다. 그러므로 대체적인 出系 사실의 수준을 지나 그 系譜와 婚姻關係에 대한 세밀한 기록까지 그대로 믿고서, 상식에 입각하여 출산 가능한 연령이나 수명을 추산하고 그에 기초하여 紀年을 조정하는 작업은 명백한 한계를 지닌다.

王統에 대한 조작은 흔히 그 繼位의 正統性을 주장하는 한 방편이 된다. 『日本書紀』나 『古事記』에 제시된 一系的 王統이 그러한 목적에서 조작된 것임은 이미 알려진 바다. 신라에서도 그러했을 가능성이 높다. 眞興王 6년(545)에 居柒夫 등이 國史를 修撰할 당시에 不動의 사실로 전하는 '上古'期 諸王의 系譜와 업적은 그대로 둔 채[35] 혈연관계에 대해서 일련의 조정을 가했던 것으로 여겨진다. 이는 王族임을 주장하면서 一般 干과는 성격이 다른 지배세력으로 이제 막 대두한 眞骨이 그 범주를 확정할 필요성에서라도 필수적으로 추진하지 않으면 안 되었던 과제였을 것이다.

그렇다면 '中古'期의 聖骨 意識은 이때 정리된 '上古'期 王統의 내용과 무관할 수 없다. 歷代王의 血緣關係에 대한 정리는 무엇이 사실인가보다 어떻게 이해해야 합리적인가 하는 논리 면에 더 중점이 두어진 가운데 이루어졌을 것이고, 그 논리에는 필시 赫居世 이후의 諸王을 모두 聖骨로 생각한 인식이 투영되었을 것이기 때문이다. 따라서 그 조정된 결과로서의 新羅 '上代' 王位繼承 關係는 事實로서보다는 論理로서 더 의미를 지닌다고 하겠

---

34) 신라의 相續制度와 立嗣制度를 전혀 모르고 있는 지금으로서는 이렇게밖에 판단할 수 없으나, 기록을 신뢰할 경우에는 死後에도 入養 등을 통해 相續·後承을 위한 立嗣가 가능했던 것이라고 생각할 여지가 있다.
35) 『三國史記』가 전하는 王들은 어떠한 형태든 일단 實在하였을 것으로 보는 것이 합리적이다(盧泰敦, 「『三國史記』 上代紀年의 信憑性 問題」, 『아시아문화』 2, 1987, 92쪽).

다. 다음은 現王과 繼承王의 血緣關係를 알아보기 위해서 기록상의 관계를 도표로 작성해 본 것이다.

〈표 1〉 新羅 上代의 王位繼承關係 일람표

번호	王位	繼承王	王位 繼承의 血緣關係와 條件			
			現王의 直系	條件	現王의 弟	기타
1	始祖	南解	現王의 子			
2	南解	儒理	現王의 子			
3	儒理	脫解		遺言	現王의 妹弟	
4	脫解	婆娑		王子幼少?		儒理의 子
5	婆娑	祇摩	現王의 子			
6	祇摩	逸聖		無子		婆娑의 兄
7	逸聖	阿達羅	現王의 子			
8	阿達羅	伐休		無子		脫解의 孫
9	伐休	奈解	現王의 孫			
10	奈解	助賁	現王의 壻	遺言		
11	助賁	沾解		王子幼少?	現王의 同母弟	
12	沾解	味鄒		無子		助賁의 壻
13	味鄒	儒禮		無子	現王의 妻男	
14	儒禮	基臨		無子?		助賁의 子 or 孫
15	基臨	訖解		無子		奈解의 孫
16	訖解	奈勿		無子		味鄒의 壻
17	奈勿	實聖		王子幼少	現王의 同壻	
18	實聖	訥祇		政變(廢位)		奈勿의 子
19	訥祇	慈悲	現王의 子			
20	慈悲	照知	現王의 子			
21	照知	智證		無子		訥祇의 孫
22	智證	法興	現王의 子			
23	法興	眞興		無子		智證의 孫
24	眞興	眞智	現王의 子			
25	眞智	眞平		廢位		眞興의 孫
26	眞平	善德	現王의 女	聖骨男盡		
27	善德	眞德		無子		現王의 從弟

이 표를 一見해 보면 現王과 繼承王의 혈연관계는 매우 다양하게 나타난다. 繼承王이 現王과 직접적인 혈연관계에 있었던 경우도 子, 孫, 壻, 同母弟, 同壻, 妹弟, 妻男 등으로 多岐하며 몇 代를 소급한 王의 血族이 繼位한 경우도 적지 않다. 그러나 이 관계를 정리해 보면 거기에는 몇 가지 원칙이

일관되게 적용되었음을 알 수 있다. 첫째는 現王이 無子이거나 直子가 있더라도 幼少한 경우가 아니면 現王의 直子가 繼位함을 원칙으로 삼는다는 것이다. 直子에는 子뿐만이 아니라 女壻도 同格으로 포함되어 있다. 南海次次雄이 子인 儒理와 壻인 脫解에게 '吾死後 汝朴昔二姓 以年長而嗣位焉'이라 유언한 바 있었고,[36] 다시 儒理가 몸이 불편하자 臣僚들에게

脫解身聯國戚 位處輔臣 屢著功名 朕之二子 其才不及遠矣 吾死之後 俾卽大位 以無忘我遺訓[37]

이라 말했다고 하여, 王位의 계승에서는 子壻를 가리지 않고서 그 능력을 우선한다는 원칙이 일찍이 마련되었던 것으로 전한다.[38] 子와 壻가 동일한 位相에 서 있었다는 것은 妻男과 妹夫 혹은 同壻間이 親兄弟間과 동일한 관계로 인식되었음을 의미한다고 보아도 무난할 것이다. 둘째는 일단 왕위에 올랐던 인물의 直子와 孫에게만 繼位의 자격을 준다는 것이다. 現王에게 後嗣가 없는 경우에는 後繼王의 결정 문제가 臣僚들의 논의에 부쳐진 것으로

---

36) 『三國史記』 1, 新羅本紀1, 儒理尼師今 卽位年.
37) 『三國史記』 1, 新羅本紀1, 儒理尼師今 34年 9月.
38) 王女가 직접 왕위계승권을 갖지 않고 그 남편이 現王의 壻로서 王位를 이은 것과 관련해서는 善德女王의 즉위 사실이 유의된다. 그녀는 결혼하여 남편(飮葛文王)이 있었다고 하므로 이 원칙에 따르면 남편이 즉위했어야 마땅하겠기 때문이다. 만일 善德이 즉위할 당시 남편이 있었다면, 그 사이 언제부터인가 왕위의 승계 범위에서 壻가 제외되는 변화가 일어났다는 말이 될 것이다. 그러나 그녀가 즉위할 무렵에 결혼한 상태였는지의 여부, 그렇더라도 남편이 이미 사망한 뒤가 아니었는지의 여부 등이 불분명하므로 그러한 변화가 있었다고 단정하기는 어렵다. 개연성만으로 따지자면, 善德의 남편이 葛文王이고 또 葛文王은 직접 왕위에 오를 수 있는 지위였던(冷水里碑를 통해 智證王은 國王이 되기 전에 葛文王으로 있었음이 알려졌다) 사실로 미루어 그가 聖骨이었음은 틀림없다고 볼 때, 善德의 즉위 당시 聖骨男盡의 상황이었다는 것은 결국 그녀의 남편이 이미 사망한 상태였음을 암시한다고 보는 것이 온당하지 않을까 여겨진다. 善德의 父王인 眞平王의 재위가 54년에 이른 사실로 보아도 長女인 그녀가 즉위할 무렵에는 나이가 족히 40은 넘었을 것으로 추측되므로 喪夫의 개연성은 높다 하겠다.

되어 있지만, 그렇더라도 後繼王은 반드시 先代王의 直子와 孫에서만 물색한다는 원칙에서는 벗어나지 않았던 것으로 나타난다.

'上代' 諸王의 王位繼承 關係에 나타나는 이러한 원칙에 입각한다면, 現王의 사망 당시에 後嗣가 없거나 적절치 않아 直系 子孫에게 왕위를 승계하지 못했던 경우의 後繼王 選定 過程을 다음과 같이 정리해 볼 수 있을 것이다.

〈표 2〉 直系子孫에 의한 王位繼承이 아닌 경우의 後繼王 選定過程

번호	現王	後繼王	先代王 1	先代王 2	先代王 3	先代王 4	基準王과 繼承王의 血緣關係
3	儒理	脫解	╱南解				直子(壻)
4	脫解	婆娑	╱南解	＼儒理			直子
6	祇摩	逸聖	＼婆娑	╱儒理			直子
8	阿達羅	伐休	＼逸聖	╱儒理	╱南解	＼脫解	孫
11	助賁	沾解	╱奈解	╱伐休			孫
12	沾解	味鄒	╱伐休	＼奈解	＼助賁		直子(壻)
13	味鄒	儒禮	╱助賁				直子
14	儒禮	基臨	╱助賁				直子 or 孫
15	基臨	訖解	╱助賁	╱奈解			孫
16	訖解	奈勿	╱奈解	＼助賁	＼味鄒		直子(壻)
17	奈勿	實聖	╱味鄒				直子(壻)
18	實聖	訥祇	╱味鄒	＼奈勿			直子
21	照知	智證	╱慈悲	╱訥祇	╱奈勿		孫 or 曾孫
23	法興	眞興	╱智證				孫
25	眞智	眞平	╱眞興	＼銅輪			子

비고: 1. ╱ 표는 父王, ＼ 표는 王位 繼承上의 子王(親子·壻·孫)이다.
　　　2. 마지막 先代王이 後繼王 選定의 基準이 된 王이다.
　　　3. 여기서 基準王이라는 것은 後繼王 選定의 근거가 된 父王을 뜻하는 便宜的인 개념이다.
　　　4. 14와 21은『三國史記』와『三國遺事』의 所傳이 다른 경우다.
　　　5. 廢位된 경우(18과 25)는 그 존재 자체가 부정된 것인지, 아니면 廢位된 王의 基準王으로 소급해서 따졌는지 불분명하나 여기서는 후자로 간주하였다. 또 25의 경우는『三國史記』에서 眞平王을 '眞興太子銅輪之子'로 기록한 사실을 중시하여, 죽은 太子라 할지라도 王位繼承 序列을 따지는 데 기준으로 작용했다고 보았다.
　　　6. '聖骨男盡'의 극한 상황에서 卽位한 두 女王은 제외하였다.

이 표를 통하여 알 수 있듯, 現王에게 王位를 감당할 直子가 없으면 王位承繼의 基準點을 先代王으로 소급시킨다는 것이 後繼王 選定의 기본적인 논리였다.[39] 이때 先代王은 現王의 즉위 조건이 되었던 父王이지 王位繼承의 代數로 따져지는 前王이 아니다. 이 사실은 儒禮의 후계가 基臨으로 결정된 데서 확인할 수 있다. 儒禮에게 後嗣가 없어 기준점이 先代로 소급할 적에 기준이 前王으로 재설정되었다면 味鄒를 기준으로 하여 後繼王이 물색되었을 터인데, 그렇지 않고서 父王인 助賁으로 소급됨으로써 助賁의 直子인 基臨에게 王位가 넘어간 것으로 이해해야 할 것이기 때문이다. 이 경우 壻로서 王位에 오른 者의 父王은 의당 장인이 된다. 그리하여 先代王의 直子(子・壻) 중에서 後繼王이 물색되었다. 妻男, 妹夫, 同母弟, 同壻 사이에 왕위를 승계하기도 했던 것처럼 나타나는 것은 이러한 절차를 거쳤던 결과인 셈이다. 따라서 兄弟間의 王位繼承은 결과적인 現象이지 本質이 아니었다고 보아야 옳다. 본질은 역시 直子 繼承 원칙인 것이다. 이때 동일한 자격을 갖춘 인물이 複數일 경우는 群臣의 선택이 무엇보다 중요한 변수로 작용한 것으로 되어 있다. 脫解의 死後에

臣僚欲立儒理太子逸聖 或謂逸聖雖嫡嗣 而威明不及婆娑 遂立之[40]

하여, 婆娑를 세웠다는 것이 이를 보여준다. 伐休・味鄒・訖解・實聖 등도 '國人立之'로 王位에 올랐다고 한다.

先代王의 直子에서도 後繼王을 물색하지 못한 경우에는 다시 그 先代王으로 기준점이 올라가 그 直子에서 後繼王이 선정되며, 이러한 작업은 適格者가 찾아질 때까지 거듭되었다. 이 같은 소급은 대체로, 기준이 되는 王의 直子로

---

39) 신라에서 王位를 계승할 수 있는 자격이 始祖王의 後孫이면 누구에게나 있고 정치적으로 선택되기만 하면 되었던 듯 생각하기도 하나, 여기에 일정한 친족원리가 작동하여 直前王만이 아니라 累代를 거스른 親族關係가 따져졌다는 지적도 있다.
崔在錫・安浩龍, 「新羅 王位繼承의 系譜認識과 政治勢力-平和時의 政治勢力이 王位繼承을 左右할 수 있는가?」, 『사회와역사』 17, 1990, 14~31쪽.
40) 『三國史記』 1, 新羅本紀1, 婆娑尼師今 卽位年.

서 왕위에 올랐던 사람이 있고 그 王의 直子 중 이제 장성하여 王位承繼의 자격을 갖춘 인물이 있으면 그에게 왕위를 계승시키는 선에서 마무리되었다. 이때 그 基準王을 한 단계 더 소급시킬 경우 直子가 찾아지면 그에게 優先權을 주는 것을 원칙으로 여긴 것 같다. 第二先代王의 孫보다는 第三先代王의 直子를 택하고, 第二先代王에게 이미 왕위를 계승한 直子가 있었으면 그 系列로 내려가 왕위승계자를 찾은 것으로 되어 있는 것이다.

그런데 이 경우에는 기준점에 해당하는 왕이 死去한 지가 오래되거나 後嗣가 절멸한 까닭에 그 直子를 찾을 수 없는 경우가 발생하기 쉬웠는데, 그렇게 되면 現王의 孫부터 先代王의 孫, 다시 그 先代王의 孫이 물색되었다. 直子가 사망하고 孫이 남은 경우다. 이에 해당하는 경우로서 王位에 오른 이가 伐休·奈解·訖解·智證·眞興·眞平 등이다. 만약 이들이 또 後嗣가 없을 때에는, 後繼王 選定의 기준이 祖父王에게 돌아가는 것이 원칙이었다.

이와 같이 後繼王의 결정이 그 당시의 現在 상황에서 現王 및 先代王의 直子(부득이한 경우에만 孫)에 한하여 이루어지고 있었으므로, 兄弟 중에서 누가 王으로 결정되게 되면, 父王이 다시 王位承繼의 基準王이 되는 상황이 발생하지 않는 한, 나머지 兄弟와 그 後孫은 왕위와는 일단 무관한 처지가 되었다. 예컨대 逸聖은 婆娑가 王으로 결정되면서 그 자신이 왕위에 오르게 되리라고는 예상하기 어려운 처지였다. 婆娑의 子인 祇摩가 자식이 없었고 또 그 형제도 없었으므로 기준이 다시 儒理로 되돌아오게 됨에 따라 뜻밖에 왕위에 오르게 된 것일 뿐이었다. 그리고 逸聖의 子인 阿達羅는 그의 父가 왕위에 올랐기 때문에 이를 매개로 하여 王이 될 수 있었다. 기준이 儒理로 돌아왔을 당시에 만일 逸聖이 사망한 상태였으면 그는 基準王의 孫에 해당하게 되므로 왕위에 오르기가 불가능했을 것이다. 그럴 경우엔 기준이 다시 소급되는 것이 원칙이었고, 그렇게 되면 결국 脫解의 子가 우선권을 지녔을 것이기 때문이다. 또 여기서, 朴提上이 婆娑의 5세손이라고 하므로[41] 婆娑에게는 祇摩 외에도 자식이 더 있었다고 보아야 할 것인데, 祇摩의 死亡 당시 그 형제인 朴堤上의 先祖가 基準王의 子로서 왕위를 계승하지 못한 것을 보면 그는 祇摩보다 더 일찍 사망한 인물이었던 것으로 추론된다. 요컨대 王의 血族이라고 해서 누구나 다 왕위승계의 자격을 가졌던 것이 아니었으며, 한때 繼位의 자격이 있었다고 해서 다음 번 기회에서도 여전히 그럴 수 있던 것이 아니었다. 王位繼承이 이와 같이 이루어지고 있었으므로 '上代' 諸王의 子孫 중 繼位의 자격을 갖춘 인물은 늘 몇몇에 지나지 않았다. 繼位의 요건을 갖춘 인물이 고갈될 위험성은 이 논리 자체가 구조적으로 안고 있던 셈이다. '聖骨男盡'의 상황은 아마도 그것이 현실로 나타난 결과겠다.

4. 聖骨의 槪念

다소간의 정도 차는 있더라도 왕위 자체를 神聖한 것으로 여긴 관념은 시대와 지역을 막론하고 보편적으로 존재한다. 王 개인의 인격이 아니라 王位 자체에 대해 神聖性을 인정하는 의식이다.[42] 그런데 신라에서는 결과적으로 王位에 올랐던 자는 그 개인의 인격이 神聖하였기 때문에 그렇게 될 수 있었다고 여겨진 듯하다. 이를테면

初南解薨 儒理當立 以大輔脫解素有德望 推讓其位 脫解曰 神器大寶 非庸人所堪 吾聞聖智人多齒 試以餠噬之 儒理齒理多 乃與左右奉立之[43]

했다는 데서 보는 바와 같이, 儒理와 脫解가 聖智人이 王位(神器大寶)에 올라야 한다는 데 합의하고 齒理의 多少를 그 기준으로 삼아 떡으로 시험했던 것은 神聖한 자가 王이 된다는 믿음 때문이었다. 무엇인가 성스러운 측면이

41) 『三國史記』 45, 列傳5, 朴堤上.
42) 李基東, 앞의 「新羅 骨品制 硏究의 現況과 그 課題」, 25쪽.
43) 『三國史記』 1, 新羅本紀1, 儒理尼師今 卽位年.

있지 않고서야 하필 그가 王이 되거나 繼位의 자격을 지녔을 리 만무하다는 인식이다. 말하자면 王은 王이기 때문에 성스러운 존재가 아니라 성스럽기 때문에 王位에 오른 존재로 여겨진 것이었다. 脫解의 孫子인 伐休가 뜻하지 않게 王位에 오르자

王占風雲 預知水旱及年之豊儉 又知人邪正 人謂之聖[44]

하였다고 하여, 그가 風雲을 점치고 홍수와 가뭄 및 그 해의 豊凶 등을 미리 알며 사람들의 그릇됨과 올바름을 꿰뚫어 본다는 데서 그 聖스러움을 확인한 것으로 되어 있다. 왕위에 오른 자의 殊異함은 外貌와 風度에서 두루 나타났다고 한다. 다음은 이를 보여주는 기록들이다.[45]

○ (助賁)王身長美儀辨 臨事明斷 國人畏敬之[46]
○ 基臨薨 無子 群臣議曰 訖解幼有老成之德 乃奉立之[47]
○ 實聖身長七尺五寸 明達有遠識[48]
○ 麗人見訥祇形神爽雅 有君子之風[49]
○ 炤知幼有孝行 謙恭自守 人咸服之[50]
○ (智證)王體鴻大 膽力過人[51]

---

44) 『三國史記』2, 新羅本紀2, 伐休尼師今 卽位年.
45) 이와 같이 그 王에게 殊異한 면이 있음을 기록한 경우는 대개 現王의 直子로서 정상적으로 왕위에 오른 인물들이 아닌 것으로 보아, 정상적인 承繼인 경우는 굳이 이 같은 수식의 필요성이 없었던 것으로 보인다. 이 중 炤知王은 慈悲王의 直子로 王이 되었으나, 『三國史記』는 長子라 하고, 『三國遺事』는 第3子라 한 것으로 보아 모종의 정치적 조정 과정을 거쳐 왕위에 올랐던 것으로 사료된다.
46) 『三國史記』2, 新羅本紀2, 助賁尼師今 卽位年.
47) 『三國史記』2, 新羅本紀2, 訖解尼師今 卽位年.
48) 『三國史記』3, 新羅本紀3, 實聖尼師今 卽位年.
49) 『三國史記』3, 新羅本紀3, 訥祇麻立干 卽位年.
50) 『三國史記』3, 新羅本紀3, 照知麻立干 卽位年.
51) 『三國史記』4, 新羅本紀4, 智證麻立干 卽位年.

始祖 이후로 諸王의 直子를 축으로 한 王位繼承의 원칙이 변함없이 관철되어 왔다는 인식에 설 때, 숱한 變數 속에서 하필 그들이 繼位하였다는 것은 가히 공교로운 일로 여겨질 만하였을 것이다. 現王의 直子였으면서도 왕위에 오르지 못한 이들이 적지 않은 반면, 몇 대 전 先代王의 孫으로서 왕위에 오른 자가 있는 형편이었다. 따라서 결국 누가 왕위를 잇게 되는가를 보면 하늘의 의지가 어디에 있는가를 알 수 있는 바였다. 왕위와 일단 멀어져 있던 眞平이 즉위하자 하늘이 玉帶를 내려줬다는 설화가[52] 그러한 인식의 한 형태를 보여준다. 그는 眞智王이 廢位되지 않았다면 왕위 승계의 원칙상 繼位와 무관한 처지에 있던 인물이었다.

논리가 이러하였으므로 일단 王이 된 인물일지라도 그가 성스럽지 못함이 확인될 경우에는 왕위를 박탈함이 당연하다는 주장도 설득력을 가질 수 있었겠다. 그리고 이 경우에는, 諸王의 直子에 한하여 왕위에 오를 자격을 부여한 데서 드러나는바, 일단 王位에 올랐던 인물을 매개로 하여 그 直子代로 전해지는 神聖性까지 부인되었을 것이다. 지나치게 女色에 빠져 음탕한 짓을 함부로 한다고 하여 眞智王을 廢位시킨[53] 것이 그러한 경우였다고 여겨진다. 그를 廢位시킨 세력이 그와 그 자손의 神聖性을 부인하였음은 물론이다.[54] 龍樹와 金春秋가 聖骨로 인정받지 못했던 것은 이러한 사정과 연관된 일이었겠다.

그렇다면 지금까지 검토한 바로 미루어 생각할 때 聖骨의 개념은 비교적 명백해지는 셈이다. 그것은 王으로서 명예롭게 臨終한 이를 통해서만 直子代

---

52) 『三國遺事』 1, 紀異1, 天賜玉帶條.
53) 『三國遺事』 1, 紀異1, 桃花女 鼻荊郎條, '第二十五 舍輪王……御國四年 政亂荒婬 國人廢之.'
54) 그러나 민간에서는 眞智王의 神聖을 의심하지 않았던 것으로 나타난다. 그의 魂魄이 桃花娘으로 하여금 鼻荊郎을 잉태케 하였다고 여겼다든가, 이 일과 관련하여 '聖帝魂生子' 云云하는 歌詞를 지어 불렀다는 기록이 그러한 분위기를 전한다. 眞智王의 神聖을 부인한 정치 과정이 정당하지 않다고 여긴 情緒가 이러한 說話로 투영되어 나타났던 것이겠다.

로 계승된다고 여겨진 神聖性을 지닌 자에 대한 현재적 신분 표현이었다. 구체적으로는 諸王과 그의 直子들이 聖骨로 여겨졌을 것이다. 그러나 그것은 왕위의 계승을 전제로 하여 성립한 개념이므로 현재의 관점에서 보아 늘상 존재한 聖骨은 現王과 繼位豫定者 정도가 아니었을까 생각된다. 이를테면 前王의 直子인 現王의 同母弟는 現王에게 그 왕위를 계승할 장성한 直子가 있기 전까지만 聖骨이고, 그러할 直子가 있게 되면 그것은 하늘이 그로 하여금 왕위를 잇게 할 의지가 없음을 의미하는 것이므로 더 이상 神聖性을 인정받지 못하고 일반 眞骨로 여겨지게 되었던 것이 아니었나 하는 것이다. 그러다가도 現王의 直子에게 혹시 有故가 발생할 경우에는 하늘의 뜻이 現王의 同母弟에게 옮겨진 것으로 여겨져 다시 聖骨로서의 위치를 회복하던 것이 그 구조였겠다. 요컨대 王을 매개로 하여 그 直子에게 재현되는 神聖性과 王位繼承 資格者로서의 現在性이 동시에 충족될 경우에 한하여 그를 聖骨이라고 부른 것이었다.

  骨品이라는 것은 결국 왕권의 성장을 전제로 해서 파악할 수밖에 없는 것이라면[55] 聖骨 의식이 王者支配의 합리화에 기여할 수 있었던 시점은 역시 王의 位號를 麻立干에서 國王으로 바꾸고(503), 郡縣制에 입각하여 中央集權的 地方支配 體制를 구축하며(505), 律令을 頒示하고(520), 上大等을 설치하여 諸干을 초월한 王權의 位相을 과시하는(531) 등 王을 중심으로 한 새로운 정치질서를 모색하던 智證·法興王代의 일련의 정치 과정 속에 놓여져야 할 것이다. 眞骨이 대두한 것도 이 무렵의 일이었다. 진정한 骨族임을 표방한 王의 혈족들이 배타성을 띤 정치세력으로 대두하여 國政運營上의 樞要職을 석권하고서 그들 중심의 지배체제를 안정적으로 지속시키려 했을 때, 歷代 王의 系譜를 一系的으로 정리함으로써 王位繼承 關係를 초월적 권위의 示現 형태로 격상시킨다는 것은 그 목적 달성을 위한 매우 유력한

---

55) 李基東, 앞의 「新羅 奈勿王系의 血緣意識」, 86쪽.

方案 중의 하나였을 것이다.56) 法興王을 '聖法興大王'으로 표기한 川前里書
石의 例가57) 이 같은 추정을 뒷받침하고 있다. 王位를 神聖視하는 관념이
國初부터 있어온데다가 거기에 더하여 王의 인격 자체에 神聖 의식을 투영하
게 된 결과가 聖骨의 성립으로 나타난 것이겠다. 眞興王 6년의『國史』는
그것을 더 論理化하고 公式化할 목적에서 修撰된 史書였다.

'中古'期 初에 歷代王의 系譜를 一系的으로 파악하는 인식이 성립하면서
그에 입각한 王統의 정리 형태가 제시되었으며, 그 결과로서 이후의 王位는
거기서 제시된 논리에 따라 계승되지 않으면 안 되게 되었다. 이 논리가
聖骨의 개념을 구체화시켰으며, 결국 眞平王을 끝으로 聖骨男의 絶滅을
선언하도록 만든 것이었다. 先代王을 몇 대 소급해도 孫조차 없는 상황에
당면한 것이다.

그런데 여기서 주목되는 것은, 現王의 直子에 女壻가 포함되고 있었으므로
善德이나 眞德이 繼位할 당시에 남편이 있었다면 적어도 聖骨의 완전한
소멸은 방지할 수 있었을 터임에도 불구하고 이를 방치한 사실이다. 만일
그 사이에 왕위를 계승할 수 있는 자격을 더 이상 女壻에게 주지 않는
변화가 일어났던 것은 아니라고 한다면,58) 구태여 聖骨의 존속을 도모하지
않았다는 것은 '神聖하기 때문에 王이 된다'는 종래의 인식이 '王이기 때문에
聖스러운 존재'라는 형태로 변화하였음을 시사하는 한 측면으로 풀이해
볼 수 있을 것이다. 말하자면 王의 人格보다 王位 자체의 神聖性이 더 중시되
기 시작한 것이 아닌가 하는 것이다. 9세기 말의 郎慧和尙碑文에서 王을
聖이라고만 부른 것도59) 그러한 인식의 연장에 선 용법이겠다.

---

56) 또 하나의 방안이었던 것으로는 法興王부터 方廣大莊嚴經의 眞正(眞種·眞性)
　　概念을 원용하여 王名을 佛敎式으로 칭했던 사실(金哲埈,「新羅 上代社會의 Dual
　　Organization(下)」,『歷史學報』2, 1952, 91~94쪽)이 지적된 바 있다.
57)「蔚州川前里書石」,『第四版 韓國金石遺文』, 一志社, 1985, 30쪽.
58) 註 38)과 같음.
59) 拙稿, 이 책의 제4장 Ⅳ.

5. 結語

지금까지 聖骨의 실체는 未濟의 과제로 남겨져 있었다. 新羅 社會를 이해함에 있어 骨品制의 해명은 불가결한 바였고 그 중에서도 특히 聖骨과 眞骨의 구분 문제는 그것을 통해 골품제의 성격을 파악할 수 있는 유력한 주제였으므로 이에 관한 연구가 일찍부터 부단히 이루어져 왔음에도 불구하고 聖骨 관련 기록을 합리적으로 이해할 적절한 방안이 딱히 찾아지지 않았던 것이다. 그런데 그동안의 연구를 개관해 보면, 이를 혈족집단 문제로 推斷하면서 출발한 종래의 연구 방향은 재검토의 여지가 있다고 여겨진다. 무엇보다도 기록상 聖骨은 王位繼承과 관련하여 繼位의 자격을 논하는 문맥에서 발견되는 용어일 뿐이기 때문이다.

우선 문제가 될 수 있는 바는 관련 기록의 신빙성 여부이나 그것을 불신할 정당한 이유나 근거는 발견되지 않는다. 따라서 이를 일단 신뢰하고 그것이 전하는 사실의 구체적인 내용이 무엇인지를 추구하는 방향이 바람직하다 할 것인데, 이에 주목되는 것이 『三國史記』와 『三國遺事』에 나타나는 王位繼承 關係 기록이다. 이 기록은 그것이 전하는 '上代' 諸王의 혈연관계에 적지 않은 異說이 부수되고 있는 사실을 통해서도 짐작할 수 있듯이, 일정한 시점에 일괄적인 정리를 거친 결과물이다. 늦어도 眞興王 6년에 居柒夫 등이 『國史』를 修撰할 무렵에는 일단 그 조정이 마무리되어 그 나름의 정론이 세워졌을 것으로 여겨진다. 그것은 眞骨이 새로운 지배세력으로 대두하던 변화와 맞물려, 또한 王號를 麻立干에서 國王으로 격상시키던 변화와 맞물려 眞骨 王族들의 족적 계통을 분명히 하고 王統의 존엄을 주장하려는 방편으로 추진된, 말하자면 정치적인 정리 형태였다. 따라서 이는 事實로서보다는 '中古'期의 王位繼承 論理로서 더 의미를 지니는 기록이다.

이를 검토해 보면 '上代'의 王位는 現王의 直子를 우선함을 전제로 諸王의 直子와 孫으로써만 계승되어 왔던 것으로 나타난다. 이 같은 논리는 초월적인 권위가 王을 매개로 하여 그 直子代로 계승된다는 인식에 기초한 것이었는데, 바로 이 논리에 근거하여 聖骨 의식이 성립한 것이었다. 즉 王을 매개로 하여 그 直子에게 재현되는 神聖性과 王位繼承 자격자로서의 現在性이 동시에 충족될 경우에 한하여 그를 聖骨이라고 부른 것이다. 따라서 聖骨을 血緣集團으로 보아서는 곤란하다. 그것은 왕위계승의 자격과 관련하여 성립한, 王과 王位繼承 資格者에 대한 現在的 身分 槪念이었기 때문이다. 현실적으로 존재한 聖骨은 대개 現王과 그 直子에 불과하였으며, 現王에게 直子가 없을 경우에야 前王의 直子(대부분의 경우는 現王의 弟) 정도가 聖骨로 인정되었을 뿐이다.

頭品制가 그러하듯이 骨制 또한 현재의 정치적 지위를 축으로 운영되고 있었고, 骨品制의 운영 원리 자체가 또한 그러하였던 것이다. 骨品制는 기본적으로 各級 지배세력이 지닌 정치사회적 권위의 位相이 현실적 세력 관계에 입각하여 범주화된 제도였다.

Ⅱ. '上代' 葛文王의 冊封과 聖骨

1. 序 言

한 나라의 정치체제와 권력구조를 이해하자면, 무엇보다 먼저 그것을 구성하는 여러 職銜의 기능과 성격을 온전히 파악할 필요가 있다. 성격을 잘 알 수 없는 직함들이 적지 않다면 그 나라의 정치관계를 제대로 이해했다고 하기 어렵다. 그런데 신라의 경우에는 실체가 아직 석연히 밝혀지지 않은 직함이 적지 않다. 葛文王도 그 중 하나다.

葛文王에 대해서는 그동안 많은 논의가 있었지만, 王位繼承權이 없는 準王과 같은 존재로서 왕과의 일정한 관계를 기준으로 책봉되었으며 그 관계가 시기에 따라 변화하였다는 견해가[1] 일반의 지지를 받아 왔다. 이 견해는 「節居利碑(迎日冷水里新羅碑)」가 발견되어 智證王이 葛文王으로서 왕위에 오른 사실이 확인됨으로써 왕위계승권이 없는 존재였다고 생각한 것이 오류였음을 알게 되었음에도 불구하고 이 부분만 수정한 채 대체로 타당한 견해로 통용되고 있다.

그러나 신라 왕실은 극심한 근친혼을 행한데다 현재 전하는 자료로서는 그 혈연·인척 관계의 全貌와 갈문왕의 冊封時期와 事由, 生沒年代 등을 제대로 파악할 수 없는 처지이므로, 일면으로 나타나는 국왕과의 관계를 따져 갈문왕의 성격을 이해한다는 것은 명백히 한계를 가질 수밖에 없는

---

1) 李基白, 「新羅時代의 葛文王」, 『歷史學報』 58, 1973 ; 『新羅政治社會史研究』, 一潮閣, 1974 재수록.

노릇이다. 예컨대 王妃의 父가 갈문왕으로 나타나는 경우, 왕비의 父이기 때문에 갈문왕에 봉해진 것인지 갈문왕의 딸을 왕비로 맞은 것인지 불확실할 뿐만 아니라, 갈문왕과 국왕 사이의 관계가 단지 왕비를 매개로 한 관계일 뿐인지도 정확히 알 수 없는 형편이다. 정작 왕비의 父를 갈문왕에 봉했다는 기록은 도무지 찾을 수 없다. 또 갈문왕에 봉해지는 이에게 일정한 자격이 요구되었다고 할 때, 그 기준이 딱히 現王과의 혈연·인척 관계에 있었다고만 단정할 근거도 없는 것이 실상이다. 왕과의 관계도 관계지만, 왕위 계승과 관련한 어떤 원리가 더 직접적인 기준으로 작용하였을 가능성도 고려해 볼 여지가 있는 것이다. 갈문왕으로서 왕위에 오른 實例가 확인되었기 때문에 더욱 그러하다.

갈문왕 제도의 두드러진 특징 중 하나는, 그 소멸 시기가 聖骨의 소멸 시기와 거의 일치한다는 점이다. 僖康王(836. 12~838. 1)의 妃가 '葛文王忠恭之女'로 나타나 갈문왕 제도가 이때까지 유지된 듯 보이지만, 이는 太宗武烈王(654. 3~661. 6)이 즉위한 뒤 文興大王으로 追封된 王父 龍春을 『三國遺事』 王曆에 '眞智王子龍春卓文興葛文王'으로 기록한 후로는 전혀 보이지 않다가 180년여가 지나 갑자기 나타난 단 1건의 예에 불과하다. 그러므로 이러한 사료 여건으로 보아서는, '中代'로 접어들면서 즉 聖骨이 소멸하고 眞骨 왕권이 성립하던 때에 신라에서 갈문왕 제도가 실질적으로 중단되었다고 판단해도 무리가 없다.[2]

---

2) 李基白, 앞의 「新羅時代의 葛文王」, 24~26쪽. 李基白 교수는 葛文王制가 中代 이후 大王追封制로 변경 시행되었으며, 封하기는 大王이라 하고 부르기는 갈문왕 이라고 했던 것으로 추측하였다. 이 견해는 '中代' 武烈系 王權의 성격을 專制王權으로 파악한 李 교수가 자신의 논지를 보강하는 맥락에서 王族 및 王妃族·王母族의 독립된 氏族이나 家系의 長이 葛文王이 되었다고 이해하고, 따라서 이 제도의 폐지는 곧 專制王權의 성립을 의미한다고 해석한 것이었다. 그러나 갈문왕은 후술하는 바와 같이 그러한 씨족이나 가계의 長과는 무관한 존재였으며, 이 제도의 소멸이 專制王權의 성립과 직접적인 인과관계 속에서 일어난 것도 아니었다. 다만 '中代'로 접어들면서 葛文王制가 실질적으로 폐지되었다는 진술은 역사 사실

이 점에 주목하여 본고에서는 葛文王 제도의 본질을 聖骨과의 연관성
위에서 규명해 보고자 한다. 갈문왕과 성골의 상관관계가 실증적으로 드러난
다면 이를 통해 신라 사회의 신분 구성 및 지배세력의 성격 변화, 나아가서는
신라 정치 과정의 전개 양상에 대한 좀더 구체적인 이해가 가능해질 것이다.
현재의 자료로서는 갈문왕에 대한 어떠한 논의도 가설 수준을 벗어나기
어려운 처지이긴 하지만, 언제 어떤 연유로 봉해진 것인지 잘 알 수 없는
상태로 단지 갈문왕으로 나타나기만 하는 사람들보다는, 몇 안 되는 예지만
실제로 갈문왕에 책봉된 기록이 전하는 이들이 그 시점에 그럴 수밖에 없었던
배경을 면밀히 검토해 본다면 해명의 단서를 구할 수 있지 않을까 기대한다.

2. 王位繼承과 葛文王 冊封의 原理

갈문왕은 신라에서 왕위의 세습이 시작되던 때부터 일찍이 기록에 나타난
다. 제3대 儒理尼師今의 妃父를 日知葛文王이라 한[3] 것이 初見 記事다.
儒理는 尼師今이라는 王號를 처음 사용한 왕으로서 儒理 자체가 世・繼의
뜻인 '누리'의 표기로 여겨지거니와, 尼師今 역시 세습성을 강하게 띤 '繼承王'
의 의미로 해석되는 용어다.[4] 이 왕이 즉위하던 무렵에 居西干 位를 現王의
자손으로 '世世相繼'한다는 원칙이 세워졌다고 사료된다.[5] 이러한 儒理尼師

을 지적한 내용이므로 그대로 수용해도 좋다.
3) 『三國史記』 1, 新羅本紀1, 儒理尼師今 卽位年, '儒理尼師今 立 南解太子也 母雲帝夫
人 妃日知葛文王之女也 或云妃姓朴 許婁王之女.'
4) 金光洙, 「新羅 上古世系의 再構成 試圖」, 『東洋學』 3, 1973, 378쪽.
5) 拙稿, 이 책의 제2장 III.
신라왕의 位號를 국왕으로 부르기 전에 居西干, 次次雄, 尼師今, 麻立干 순으로
변화를 거쳤음은 주지하는 바다. 이 중 次次雄은 巫의 뜻으로 2대 南解王이 칭한
것으로 나타나나 『三國遺事』에 '此王位亦云居西干'이라 한 것으로 미루어 정식의
왕호는 居西干이지만 그 제사장으로서의 성격에 초점을 두어 次次雄이라고도
일컬은 것이 아닌가 여겨진다. 尼師今은 繼承王의 뜻으로 해석되는데, 그렇다면
그 계승의 내용은 居西干 位가 될 것이다. 신라에서 干은 그 자체로서 王의 뜻이다.

今 때부터 갈문왕이 보이기 시작한다는 사실은 갈문왕이 왕위의 세습적 계승과 관련하여 출현한 官衛일 가능성이 있음을 강하게 암시하는 일면이라 할 것이다.

한편 僖康王의 妃를 葛文王 忠恭의 딸이라고 한 것이 갈문왕의 마지막 기사다. 그러나 忠恭을 갈문왕에 봉한 기록은 없고, 그의 아들인 金明(閔哀王)이 왕위에 올라 아버지를 宣康大王으로 追諡한 기록이 보일 뿐이다. 忠恭은 元聖王의 손자로서 昭聖王, 憲德王, 興德王이 그의 兄들이었다. 그런데 序言에서도 잠깐 언급했듯이, 이 기록은 '龍春卓文與葛文王' 이후 처음이자 마지막으로 보이는 단 한 건의 갈문왕 관련 기사라는 점에서 따로 검토가 요구되는 기록이다. 이 기사에 追封大王을 과거의 葛文王과 같은 성격으로 간주하는 이해가 다소간 녹아 있는 것은 틀림없지만, 그것이 모든 追封大王을 갈문왕으로 부른 근거가 될 수 있는지의 여부는 속단하기 어렵다. '中代'와 '下代'를 통틀어 龍春과 忠恭, 겨우 이 두 事例에 지나지 않기 때문이다. 이들의 경우만 그렇게 부른 다른 특별한 사정이 있었을 개연성도 배제할 수 없다. 그러나 어떤 경우든, 龍春과 忠恭의 두 사례가 갈문왕의 본질을 이해하는 결정적 단서를 제공하리라고 기대하기는 어려울 것이다. 오히려 '上代' 갈문왕의 본질이 파악되면 '龍春卓文與葛文王' 및 '葛文王忠恭'을 둘러싼 의문도 따라서 풀릴 것으로 보는 것이 더 개연성 있는 이해 방향이겠다.

그래서 마지막 보이는 忠恭葛文王을 제외한 日知葛文王 이후의 갈문왕들을 왕위계승도로 표기해 보면 아래 <표 1>과 같다. 왕위의 세습적 계승과 관련하여 갈문왕이 출현하고 유지된 것으로 짐작되는 까닭이다. 기록에 보이는 '上代'의 갈문왕은 모두 21명인데,6) 그 이름만 전할 뿐이어서 왕위계승

그러므로 '居西' 또는 '麻立'으로 干을 수식하여 국왕의 위호로 쓴 居西干과 麻立干이 정식 왕호고, 그 사이의 尼師今은 居西干 位를 계승한 자임을 뜻한 名號로 해석하는 것이 무난하다. 즉 尼師今은 居西干 位를 前提로 하여 쓴 王號이리라는 것이다.

6) 李基白 교수가 관련 기록을 정리하여 日知부터 忠恭까지 21人의 葛文王이 史料에

〈표 1〉 新羅 '上代'의 王位繼承과 葛文王

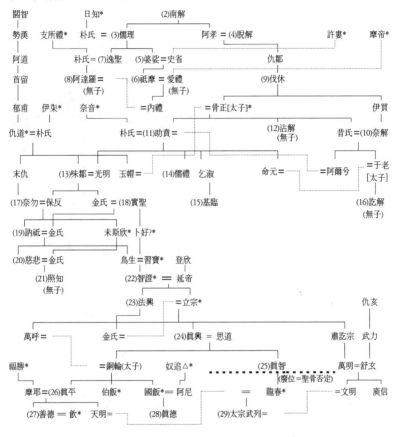

주) ① *표한 이가 葛文王임(『三國遺事』所傳 포함).
　　② =는 婚姻관계, 실선(도표상의 혼선을 피하기 위해 때로는 점선)은 父子(父女)관계를 나타냄.
　　③ =와 =사이의 점선은 혼인관계를 연결하기 위해 사용한 것임.

관계 위에서 파악할 수 없는 2명은[7] 제외하였다.

전하는 것으로 파악하였다(앞의 논문, 28~31쪽). 여기에 節居利碑文의 至都盧葛文
王을 추가하면 22人이 된다. 忠恭을 제외하면 '上代'의 葛文王은 21人인 셈이다.
엄밀히 말하자면 龍春卓文興葛文王의 경우도 '上代'의 葛文王으로 헤아리기 곤란
하다고 여겨지지만, '中代' 이후의 大王을 모두 葛文王이라고 부른 것은 아니라고
여겨지므로 일체의 판단을 유보하고 '上代'의 葛文王으로 셈한다.

관계 위에서 파악할 수 없는 2명은[7] 제외하였다.

이 표를 통해 우선 알 수 있는 사실은 日知·支所禮·伊柒·奈音·福勝·奴追△·飮 등과 같이 그 出自가 불분명한 갈문왕이 적지 않아, 當代 王과의 혈연관계에 초점을 맞추어 갈문왕 책봉의 배경을 규명한다는 것은 아무래도 무리임이 분명하다는 점이다. 그러기에는 자료가 충분치 않을뿐더러 불완전하다. 그리고 앞 시기 갈문왕의 다수가 王妃의 아버지로 나타나지만 이와 같은 平面的 圖上에서는 그들이 갈문왕에 책봉된 시점을 알 수 없으므로, 한때는 주로 妃父를 갈문왕에 책봉하던 시기가 있었다는 등의 추정이 타당성을 갖기 어렵다는 점도 명백하다. 더욱이 갈문왕 책봉의 기준이 妃父에서 王父, 王弟로 변화하였다고 볼 합당한 근거는 전혀 발견할 수가 없다.

갈문왕 관련 기록이 이렇게 나타나는 사실은 갈문왕이 왕과의 혈연관계나 인척관계에 입각하여 冊封된 것이 아님을 암시한다고 보아 좋을 것이다. 이에 冊封 기사가 전하여 그가 갈문왕에 책봉된 정확한 시점을 알 수 있는 경우를 살펴보면 다음과 같다.[8]

---

7) 「昌寧眞興王巡狩碑」에 보이는 △△葛文王과 『三國史記』 逸聖尼師今 15年條의 朴阿道葛文王 2인이다. 朴阿道의 경우는 味鄒의 高祖도 阿道로 나타나지만 姓氏가 달라 同名異人으로 판단하였다. 한편 慈悲麻立干의 妃를 '巴胡葛文王之女 一作未叱希角干之女'라 하였으므로 未斯欣을 곧 巴胡葛文王으로 보고, 期寶葛文王을 '訥祗王弟'라 한 『三國遺事』의 기록을 중시하여 卜好를 곧 期寶葛文王으로 보아도 무난하리라 생각하였다.

8) 葛文王 冊封 記事는 겨우 4件, 5人에 지나지 않는다. 이처럼 책봉 기사가 稀少한 이유에 대해서는 그동안 서로 다른 견해가 대립해 왔다. 한편에서는 책봉을 통해서만 갈문왕이 되었으며 그 책봉은 대개 새로운 왕이 즉위한 직후에 이루어진 의례적 사안이었으므로 많은 기록이 누락되었다고 보았고(李基白, 앞의 논문, 7쪽), 다른 한편에서는 일정한 요건을 갖춘 사람이면 스스로 갈문왕이 되었으며 그 결과 특별한 경우의 예외적인 몇 사람만 책봉 기사를 남기게 된 것이었다고 이해하였다(金庠基, 「葛文王考」, 『震檀學報』 5, 1936, 196쪽 ; 안정희, 「葛文王 再考」, 『韓國傳統文化硏究』 11, 曉星女大 韓國傳統文化硏究所, 1996, 209~211쪽). 전자는 王과의 일정한 관계를 주목한 발상이었고, 후자는 갈문왕의 屬性 자체를 중시한 발상이었다. '葛文'을 神聖한 존재 혹은 君長에 대한 호칭인 '감' '가미' '검'의 表記로 간주하고, 그러한 '감'의 屬性上 갈문왕은 책봉 대상이 될 수 없는 존재였음이

(1) 朴阿道葛文王

(逸聖尼師今) 15년에 朴阿道를 封하여 葛文王을 삼았다.

(2) 世神葛文王

(沾解尼師今) 원년 7월에 [王이] 始祖廟에 拜謁하고, 아버지 骨正을 봉하여 世神葛文王이라 하였다.

(3) 仇道葛文王

(味鄒尼師今) 2년 2월에 왕이 친히 國祖廟에 제사하고, 죄인을 大赦하고, 아버지 仇道를 봉하여 葛文王을 삼았다.

(4) 眞正葛文王·眞安葛文王

(眞平王) 원년 8월에 이찬 弩里夫로 上大等을 삼고, 母弟 伯飯을 眞正葛文王, 國飯을 眞安葛文王에 封하였다.

책봉 기사를 중시하는 이유는 무엇보다 훗날 갈문왕이 된 사람인데도 앞 시기의 기사에서 그를 갈문왕으로 표기한 경우가 적지 않다고 판단되기 때문이다. 예컨대 骨正과 仇道는 沾解尼師今 원년과 그 다음 왕인 味鄒尼師今 2년에 각각 갈문왕으로 봉해진 인물임에도 불구하고, 『삼국사기』는 沾解尼師今의 兄이자 先王인 助賁尼師今代의 기사에서도

助賁尼師今이 즉위하니 姓은 昔씨 伐休尼師今의 손자다. 아버지는 骨正葛文王이요 어머니는 金씨 玉帽夫人으로 仇道葛文王의 딸이다.[9]

틀림없다고 단정한 것이었다. 하지만 그것이 몇 건이든 책봉 기사가 있는 한, 책봉 절차 없이 갈문왕이 되던 것이 일반이었다고 보는 것은 통계만을 지나치게 중시한 견해라 할 것이다. 책봉 기사가 보이지 않는다고 해서 자동적으로 갈문왕이 되었다고 단정하는 것은 아무래도 무리다. 官等 昇級 기사가 몇 건에 불과하다고 해서 요건을 갖추면 스스로 그 관등에 오르던 것이 일반이며 기록에 보이는 것은 특수한 사례에 불과하다고 보는 것과 경우가 같기 때문이다. 더구나 갈문왕이 책봉될 수 없는 존재였다고 단정하게 된 전제, 즉 '葛文'이 '감'의 표기이리라는 단정 자체가 확인 불가능한 추정에 불과하다. '갈문'의 語形이나 意味에 대해서는 여러 견해가 錯綜하고 있는 바다(註 67) 참조).

9) 『三國史記』 2, 新羅本紀2, 助賁尼師今 卽位年.

라고 하여 이들을 갈문왕이라고 표기하였다. 骨正의 경우는 助賁尼師今 때에 骨正葛文王이라고 부르다가 다음 왕인 沾解尼師今 때 世神葛文王으로 개칭하게 되었을 가능성을 생각해 볼 수도 있겠으나, 仇道가 助賁尼師今 즉위 당시부터 이미 갈문왕이었을 소지는 좀체 발견할 수 없다. 물론 骨正도 기록 그대로 沾解尼師今 원년에야 비로소 갈문왕에 봉해진 인물이라고 봄이 온당할 것이다. 즉 助賁尼師今代의 기록에서 이들을 갈문왕으로 표기한 것은 잘못이었다. 助賁尼師今의 어머니는 생시에 갈문왕의 딸이 아니었던 것이다. 이러한 사실로 미루어 훨씬 후대에 갈문왕으로 追封된 이를 소급하여 그렇게 표기한 다른 예가 적지 않으리라 추정된다. 따라서 책봉 기사 이외의 기록에 입각하여 現王과 葛文王의 관계를 밝히려는 시도에는 어떻게든 오류가 개입할 개연성이 크다.

갈문왕의 책봉은 그것이 이루어진 당대의 정치 상황에서 비롯한 일임이 분명하다. 어떠한 상황이 그를 갈문왕에 봉하지 않으면 안 되도록 강제하고 있었던가를 규명할 필요가 있다. 특정인을 갈문왕에 봉하게 된 구체적인 이유나 배경을 摘示할 수 없는 한 어떠한 이해도 불충분하다고 할 수밖에 없을 것이다.

책봉 시기를 염두에 두고 <표 1>의 왕위계승 관계를 다시 살필 때 주목되는 것은, 助賁尼師今은 아버지를 갈문왕에 봉하지 않은 반면 그 동생인 沾解가 尼師今이 되어서는 갈문왕에 봉한 사실과, 眞平王이 두 동생을 갈문왕에 봉하면서 아버지는 봉하지 않은 사실이다. 일이 이렇게 전개된 것은 갈문왕의 책봉과 관련한 어떤 원칙이 일관되게 적용된 결과일 터다. 助賁尼師今과 眞平王은 아버지가 太子였으나 일찍 사망함으로써 왕위계승 관계가 변동되었기 때문에 정상적으로는 왕이 되기 어려운 처지였다는 점에서 공통한 인물들이었다. 어느 경우에 아버지를, 또 어느 경우에 동생을 갈문왕에 봉했던 것인지 그 책봉을 둘러싼 일맥상통하는 원리를 추구할 필요가 있다.

그런데 助賁尼師今은 아버지 태자를 매개로 왕위에 오른 경우가 아니었다. 그는 伐休尼師今의 아들인 骨正 太子의 아들로, 骨正은 伐休의 재위중에 助賁과 沾解를 남기고 일찍 사망하였다. 伐休尼師今이 죽었을 때, 태자인 骨正과 次子인 伊買가 모두 이미 죽은데다가 太孫인 助賁이 아직 어리므로, 伊買의 아들인 奈解가 伐休의 뒤를 잇게 되었다고 한다. 助賁은 奈解가 죽은 후, 奈解의 유언에 의해 그 사위 자격으로 왕위에 올랐다.

尼師今期 신라의 왕위는 繼位와 관련한 現王의 유언을 일차적으로 중시하여 그에 따라 다음대로 계승되었지만, 유언이 없을 경우에는 國人이 共論하여 결정하되 現王의 아들에게 우선 계승함을 원칙으로 삼고 있었다.[10] 다만 金氏 세습왕권이 확립되기 전에는 사위도 아들과 똑같이 왕위 계승 자격을 지녔던 것으로 나타나는데, 이것이 朴·昔·金 3姓의 정권교체를 평화적 형태로 粉飾하기 위한 後代의 조작이든 아니든 적어도 居柒夫의 『國史』가 찬술될 무렵의 인식에서는 合理이고 適法으로 간주되었음이 분명하다. 따라서 奈解의 사위로서 왕이 된 助賁에게 아버지 骨正은 그가 즉위한 근거로 작용한 바가 별반 없는 존재였다. 만일 助賁의 후사가 끊어질 경우엔 왕위 계승의 기준이 先王인 奈解로 소급하게 되는 것이지 親父인 骨正에게 돌아가도록 되어 있는 것이 아니었다.

現王의 아들이 모두 사망하고 장성한 손자가 있을 경우엔 그에게 大統이 돌아갔다. 伐休의 손자로서 왕위에 오른 奈解가 이 경우다.[11] 그리고 현왕에게 後嗣가 없을 경우엔 왕위 계승의 기준이 현왕에서 先王으로 소급하게 되는데, 소급해도 嫡統이 없으면 다시 그 先王으로 기준이 옮겨졌다. 이때 先王은 그가 왕위에 오른 근거가 된 왕이지 단순히 前王이나 親父가 아니며,

10) 金光洙, 「高句麗 初期의 王位繼承問題」, 『韓國史研究』 55, 1986.
拙稿, 이 책의 제3장 I.
11) 現王이나 前王의 직계 손자로서 왕위에 오른 이로는 伐休·奈解·沾解·基臨·訖解·眞興·眞平 등이 있다.

嫡統은 왕위에 올랐던 이가 있으면 그 계통으로 내려감이 원칙이었다.[12]

이를테면 阿達羅尼師今의 뒤를 이은 伐休尼師今은 이와 같은 소급을 몇 번 거듭한 끝에 南解次次雄까지 소급하였다가 南解의 嫡統을 이은 脫解의 直系 孫子 자격으로 왕위에 오른 이다. 阿達羅에게 자식이 없었으므로 왕위 계승의 기준이 先王인 逸聖에게 소급하였으나 그에게도 嫡統이 없자 다시 儒理로 소급하였고, 이런 경우 일단 왕위에 올랐던 婆娑 쪽으로 내려가 嫡統을 찾는 것이 원칙이지만 이쪽에서 嫡統이 찾아지지 않았기 때문에 다시 南解에게까지 소급하게 된 것이었다. 南解를 기준으로 嫡統을 찾을 때 우선권은 왕위에 올랐던 脫解 쪽으로 가게 되므로 그 孫子에게 왕위가 돌아가니 그가 伐休였던 것이다.

『삼국사기』와 『삼국유사』가 전하는 왕실의 혈연관계는 서로 일치하지 않는 점이 있고 또 異說도 많으나, 『삼국사기』의 것을 보다 논리적으로 정리된 형태로 본다면 이러한 왕위 계승 관계는 그 사실 여부와 상관없이 『國史』가 찬술된 '中古'期의 논리를 반영한 것이라 할 수 있다.[13] 그러므로 이에 따를 때 奈解의 사위로서 왕이 된 助賁에게 후계자가 있었어도 나이가 어렸든가 다른 무슨 사유가 있어 그에게 왕위를 전할 처지가 아니었다면 왕위 계승의 기준은 당연히 奈解를 거쳐 伐休로 소급하게 되어 있었던 것임을 알 수 있다. 즉 沾解는 助賁의 同母弟로서가 아니라 伐休의 孫子 자격으로 왕위에 오른 이였다. 그렇게 왕이 된 沾解尼師今이 아버지 骨正을 葛文王에 추봉한 것이다.

따라서 葛文王은 親父에 대한 단순한 尊崇의 의미에서 부여한 것이 아니었음이 분명하다. 사위로서 왕이 되었어도 親父를 갈문왕에 봉한 味鄒의 예로 미루어 助賁 때에도 그럴 수 있었다고 여겨지는데 그렇게 하지 않은 것은

---

12) 拙稿, 이 책의 제3장 I.
13) 拙稿, 이 책의 제3장 I.

그가 沾解보다 孝誠이 부족해서가 아닐 터다. 아버지가 왕이 아니었더라도 沾解로서는 그 왕으로서의 정통성에 전혀 문제가 없었는데 굳이 아버지를 封王하였다면, 그렇게 함으로써 추구한 다른 어떤 관계의 변화가 있었다고 봄이 마땅하다.

여기서 智證王의 경우를 눈여겨볼 필요가 있다. 그는 奈勿麻立干의 曾孫으로서 왕위에 오른 이였다. 그러나 증손은 본디 왕위 계승의 자격이 없는 존재였다고 판단된다. 일찍이 그러한 예가 없었거니와, 前王의 曾孫까지 王位繼承權을 가졌다면 정국의 불안정을 감당하기 어려웠겠기 때문이다. 그럼에도 불구하고 그가 왕이 될 수 있었던 이유는 그의 아버지와 자신이 갈문왕이라는 지위에 있었던 데서 구해야 하지 않을까 여겨진다. 그렇다면 갈문왕은 王位繼承圈에서 벗어나게 된 존재에게 계승 자격을 유지하도록 하는 기능을 수행했던 셈이 된다.

眞德王의 경우도 그녀의 아버지와 할아버지가 모두 왕위에 오르지 못하였으므로 眞興王의 증손이라는 자격만으로는 왕위에 오를 수 없는 처지였다. 그런데도 그녀가 왕이 될 수 있었던 것은 그녀의 아버지가 갈문왕이었기 때문이라는 사실 말고 달리 이유를 찾기 어렵다. 갈문왕은 그 자신과 자식의 범위에 한하여 왕위 계승 자격을 지닌 존재였던 것이다. 갈문왕의 손자는 국왕의 경우와 달리 왕위계승권을 갖지 못하였을 것으로 사료된다. 갈문왕의 손자까지 왕이 될 수 있는 존재였다면 習寶가 갈문왕인 마당에 굳이 그 아들인 智證, 손자인 立宗 등 3대에게 갈문왕의 지위를 부여했을 까닭이 없다.[14] 이들에게 갈문왕의 지위를 부여한 것은 炤知[照知]麻立干이었는데,[15] 그는 자신에게 자식이 없는 처지에서 자신이 이웃 고구려의 장수왕처럼

---

14) 文暻鉉 교수는 眞平王의 妃父인 福勝을 立宗의 아들로 보았다(「上中古期 新羅六部의 史的 考察」, 『國史館論叢』 45, 1993, 160쪽). 만일 그렇다면 갈문왕이 4대에 걸쳐 연이어 책봉된 사례가 된다. 그러나 이것이 사실이라고 해도 이를 증거로 갈문왕이 세습되었다고 본 것은 비약이다. 단지 累代에 걸쳐 갈문왕에 책봉한 예도 있었던 것일 뿐이다.

90세가 넘도록 생존함으로써 왕위계승자가 절멸할 경우에 대비하지 않으면 안 되었다고 여겨진다.

왕손이라고는 유일하게 習寶의 자손으로 보존된 상황에서[16] 炤知 말년에 習寶가 죽고 智證마저 60이 넘어선 고령이 되자,[17] 위기를 느낀 왕실은 智證뿐 아니라 그 자식에게까지 갈문왕의 지위를 주어 왕위계승자의 범위를 가능한 한 확대해 두는 것이 안전하다고 판단하였을 개연성이 크다. 智證의 次子인 立宗이 갈문왕인 사실로 미루어 長子인 原宗 즉 훗날의 法興王 역시 함께 갈문왕에 봉해졌다고 보아 틀림없을 것이다. 智證이 왕위에 오른 이후로는 왕의 直子인 立宗에게 갈문왕이라는 지위를 굳이 부여할 이유가 없었을 터이기 때문이다. 法興에게 아들이 없었다지만 그렇다고 해도 立宗의 아들은 智證의 손자라는 위치만으로도 왕위에 오를 자격이 있었다. 智證이 왕위에 오른 이후로는 立宗을 굳이 갈문왕에 봉할 이유가 없었던 것이다. 즉 立宗은 형인 原宗과 함께 炤知麻立干 대에 葛文王이 된 것이고, 法興王은 갈문왕으로서 왕위에 오른 또 다른 예였던 셈이다. 이처럼 智證의 아들들에게까지 갈문왕의 지위를 부여한 데에는 炤知麻立干의 장수를 기원하는 뜻도 담겨 있었을 것으로 보인다.[18]

---

15) 迎日冷水里新羅碑가 세워진 시기를 443년으로 추정한 견해는 至都盧(智證)가 생래부터 갈문왕이었던 듯 전제한 점에서 오류를 범하였다고 생각한다. 그가 갈문왕이 된 것은 炤知麻立干이 즉위한 479년 이후, 그것도 재위 말년의 일이었을 개연성이 크다.

16) 習寶의 아버지가 누구인지는 분명치 않다. 奈勿麻立干의 아들로 訥祗 외에 卜好와 未斯欣이 있었으므로 둘 중 한 사람이 習寶의 아버지일 것으로 추정된다. 그러나 智證麻立干의 혈통에 대해『三國史記』는 '奈勿王의 曾孫子요 習寶葛文王의 아들'이라고 명시한 반면,『三國遺事』는 訥祗王의 아우 期寶葛文王의 아들이라고 하여 奈勿麻立干의 손자로 기록하였다. 어느 쪽이 정확한지 지금으로서는 알 수 없으므로, 여기서는 왕위 계승 관계를 논리적으로 정리했다고 여겨지는『三國史記』에 따른다. 왕위의 계승은 그러한 논리에 기초한 정통성의 주장과 명분 위에서 이루어졌을 것이기 때문이다.

17)『三國史記』에 의하면, 智證이 왕위에 올랐을 때 나이가 64세였다고 한다(『三國史記』4, 新羅本紀4, 智證麻立干 卽位年).

그러나 炤知麻立干은 재위 22년에 사망하고 말았다. 사망 직전에 왕은 捺已郡에 行幸하였다가 郡人 波路의 딸인 碧花와 관계를 맺어 아들을 두었다고 하는데,[19] 이는 그의 건강이 대체로 양호했음을 전하는 사실이라고 여겨진다. 그러한 炤知麻立干이 갑자기 사망한 것은, 이미 차기 왕위의 계승이 智證系로 확정되다시피 한 현실에서 새삼스런 왕의 득남이 기성의 권력구조에 여러 가지 변수로 작용할 것을 우려한 세력에 의해 뜻밖에 시해당했을 가능성을 시사하는 측면이라 하겠다. 節居利碑에 지증왕이 즉위한 지 4년이 된 시점에 이르러서까지 그를 마립간으로 정식 인정하지 않고 여전히 갈문왕이라고 불렀던 것으로 나타나는 사실도 소지마립간의 죽음이 자연사가 아닐 가능성을 강하게 암시하고 있다.[20]

---

18) 이를 부연해서 말하면, 문제의 초점은 法興王의 경우엔 眞平王의 경우와 달리 동생을 葛文王에 봉할 이유가 없었다는 점에 있다. 立宗 본인과 그 아들은 先王인 智證王의 子와 孫으로서, 그리고 現王인 法興이 後嗣를 두지 못하고 있었으므로, 그대로 聖骨의 지위를 유지한 채 왕위계승권을 가질 것이었기 때문이다. 이에 반해 眞平王의 동생인 國飯과 白飯은 형과 마찬가지로 眞興王의 손자로서 왕위를 계승할 수 있는 위치에 있었지만. 그 子代는 왕위계승권에서 벗어날 수밖에 없었다. 따라서 眞平王으로서는 동생들에게 갈문왕의 지위를 주어 그 子代까지 왕위계승권을 갖게 할 필요가 있었던 것이다. 이러한 사실은 立宗을 갈문왕에 봉한 시점이 아버지인 智證王 때도, 형인 法興王 때도 아니었음을 의미한다. 炤知麻立干 때였음이 분명하다. 炤知麻立干이 立宗에게까지 갈문왕의 지위를 부여한 것은 智證이 자신보다 먼저 사망할 경우를 전제로 한 조처였다. 그러므로 炤知麻立干이 갈문왕에 봉한 사람은 立宗만이 아니겠다. 그 형인 原宗을 제외했을 까닭이 없기 때문이다. 또한 이들을 갈문왕으로 삼기 위해서는 먼저 이들의 아버지인 智證에게도 갈문왕의 지위를 수여하지 않으면 안 되었을 것이다. 갈문왕의 子代도 왕위계승권을 가졌으므로 智證을 갈문왕에 봉하면 原宗과 立宗도 왕위계승권을 가질 일이었지만, 智證이 죽고 나서도 炤知麻立干의 治世가 계속될 경우 原宗과 立宗에게 만일 有故가 발생하면 그로써 王統이 끊어지고 만다는 것이 문제였고, 이것이 智證家 3父子 모두에게 갈문왕의 지위를 부여한 배경이 되었으리라 짐작된다. 原宗 형제를 갈문왕에 봉한 것이 炤知麻立干의 長壽를 기원하는 의미를 지녔다고 생각하는 이유가 여기에 있다.

19) 『三國史記』 3, 新羅本紀3, 炤知麻立干 22年.

20) 鄭求福, 「迎日冷水里新羅碑의 金石學的 考察」, 『한국고대사연구』 2, 42쪽. 鄭 교수는 炤知王의 죽음이 자연사가 아닐 가능성이 크다고 보고, 炤知王을 유폐시킨 상태에서 智證王이 즉위한 것이 아닌가 추측하였다.

왕위계승자가 절멸할 우려가 있는 상황은 다시 眞平王代에도 재현되었다. 眞智王이 폐위됨으로써 그 후손은 왕위계승권을 상실하게 되었으므로, 진평왕이 아들을 두지 못한 채 장수하여 그 아우들이 먼저 사망할 경우 왕위계승 자격을 가진 자가 사라질 형국에 처했기 때문이다. 진평왕에게는 伯飯과 國飯이라는 두 명의 아우가 있었는데, 만일의 경우 이들이 兄王보다 먼저 사망한다면 그 아들들에게는 왕위 계승권이 주어지지 않게 되는 것이었다. 伯飯과 國飯의 아버지인 銅輪은 왕이 되지 못한 채 太子로서 죽은 이였으므로, 眞興王의 증손이라는 위치로는 왕위를 계승할 수 없었던 것이다. 진평왕은 즉위하면서 곧바로 그 아우들을 갈문왕으로 봉했다. 이들의 자식들에게도 왕위계승권을 주어 왕통의 안전을 도모하기 위한 조치였다.[21] 그러나 불행하게도 우려가 현실로 나타나, 진평왕은 물론 그 아우들도 아들을 두지 못하였고, 진평왕이 장수하여 그가 세상을 떴을 때에는 두 아우 모두 이미 죽은 후였다. 通常의 왕위계승권자 곧 聖骨 남자가 소멸하고 만 것이었다. 이에 불가불 德曼(善德女王)이 즉위하였고,[22] 이어 國飯 갈문왕의 딸인 勝曼(眞德女王)이 마지막 남은 유일의 聖骨로서 왕위에 오르니, 이로써 성골은 그 명맥이 완전히 끊어졌다.

葛文王 제도는 기본적으로, 이처럼 왕위계승권을 유지시키기 위한 장치로서 기능하고 있었다. 즉 갈문왕은, '中古'期의 개념을 빌어 알기 쉽게 말하자면, 聖骨에서 벗어나게 된 이 또는 그 아들에게 왕위계승권을 부여할 목적에서

---

21) 眞智王을 폐위시키고 白淨(眞平王)을 옹립한 왕족들은 딸만 둔 왕에게 왕통의 보전을 위한 대책 마련을 종용하였으리라 추측된다. 善德王이 즉위할 때 國人이 그녀에게 '聖祖皇姑'라는 호를 올렸다고 하므로 이미 年老한 나이였음을 알 수 있는데, 60을 넘겨 즉위한 것이 아니었나 여겨진다. 眞平王이 54년을 재위하였으니 그가 즉위할 당시에는 德曼(善德王)이 있었다고 봄이 무난할 것이다.

22) 善德王의 남편이라는 飮葛文王은 善德王이 '聖骨男盡'의 상태에서 즉위하였다는 것으로 보아 일찍 사망하였음을 알 수 있다. 당시의 왕족 혈연관계로 미루어 善德王은 叔父인 白飯과 혼인했던 것이 아닐까 짐작된다. '飮'은 '飯'의 誤識일 개연성이 크다.

봉하여 聖骨로서의 지위를 유지하게 하는 제도적 장치였다. 그런데 이와 같은 설명만으로는 沾解가 즉위한 후 새삼스럽게 아버지인 骨正을 갈문왕에 추봉한 것이 잘 이해되지 않는다. 骨正에게 갈문왕의 지위를 부여하더라도 왕위 계승 관계에 어떤 변화가 야기되는 것이 아니었기 때문이다. 伐休尼師今의 손자로서 즉위한 마당에 아버지를 封王하지 않더라도 정통성이 훼손될 리 없었고, 설사 동생들이 있었더라도 그들 역시 자신과 마찬가지로 그대로 왕위계승권을 가질 일이었다.

이와 같은 의문과 관련해서는 沾解尼師今의 뒤를 이어 즉위한 味鄒尼師今이, 역시 親父를 갈문왕에 봉한 사실을 함께 검토할 필요가 있다고 여겨진다. 味鄒尼師今의 경우엔 아버지 仇道를 갈문왕에 追封하더라도 그 아들 즉 味鄒의 동생들에게 왕위를 넘길 수 있는 구조가 아니었다. 味鄒는 助賁尼師今의 사위로서 왕이 된 이였기 때문에 그가 後嗣를 두지 못할 경우엔 기준이 助賁으로 소급하여 그 아들인 儒禮에게 왕위가 돌아간다는 것이 당연히 예상되는 상황이었다. 味鄒의 형제는 애초부터 왕위 계승과 사실상 무관한 존재였던 것이다. 그럼에도 불구하고 味鄒는 親父를 굳이 封王하였다.

味鄒의 金氏 家系는 始祖인 閼智가 脫解尼師今에 의해 收養되었다고 하고, 閼智와의 혈연관계는 불분명하나 婆娑尼師今代에 韓歧部 伊湌이었다가 갈문왕이 된 摩帝와 許婁가 모두 金氏였다고 하는 등 한때 잠재적인 왕위계승권까지 가졌던 지체 높은 干家였던 것으로 나타나지만, 勢漢에서 郁甫에 이르는 味鄒의 직계 선조 중에는 王女와 혼인한 이가 보이지 않는 사실로 미루어[23] 대체로 그 家勢가 기울고 있던 집안으로 추측된다. 따라서 그러한 집안 출신의 味鄒가 助賁尼師今의 사위가 된 것은 아버지인 仇道가

---

23) 逸聖尼師今 15년에 朴阿道를 갈문왕에 봉했다는 기록이 있으나, 그는 味鄒의 조상인 阿道와 同名異人으로 여겨진다. 『三國史記』列傳에 의하면, 朴堤上이 婆娑尼師今의 5세손으로서 阿道 갈문왕의 손자였다고 한다. 朴堤上을 『三國遺事』는 金堤上으로 기록하여 의문을 남기고 있지만, 갈문왕이 된 阿道는 婆娑尼師今系로서 閼智系와는 혈통상 무관한 인물로 보아야 옳을 것이다.

갈문왕 伊柒의 사위가 된 사실과 직접 관련된 일이었다고 보지 않으면 안 될 것이다. 많은 왕비가 갈문왕의 딸로 나타나는 것을 보면 갈문왕의 자식들은 본디 왕실과 결혼하는 것이 관행이었다고 여겨지는데, 모두 그럴 수는 없는 노릇이어서 다른 干家와의 혼사도 행할 수밖에 없었으리라 짐작된다. 여기서 주목되는 것은, 갈문왕의 외손인 味鄒가 助賁尼師今의 사위가 되었다는 사실이다. 이는 곧 갈문왕의 內外孫子 범위까지 왕실과 통혼할 자격을 가졌음을 示唆하는 단면일 것이다.

味鄒는 親父를 갈문왕에 봉하였고, 조카인 奈勿을 사위로 삼았다. 그렇다면 같은 맥락에서, 奈勿이 왕의 사위가 된 것은 祖父가 갈문왕에 봉해진 것과 직접 연관된 사실이라고 보아 마땅할 것이다. 말하자면 味鄒가 아버지 仇道를 갈문왕에 봉한 것은 왕실의 통혼권을 확대한 조처였던 셈이다. 물론 仇道가 갈문왕이 될 수 있었던 것은 現王의 親父라는 위치에 있었기 때문이다. 누구나 갈문왕이 될 수 있었던 것은 아니었다. 現王의 親父나 親弟, 이미 갈문왕에 봉해진 사람의 直子 정도가 갈문왕이 될 수 있는 범위였을 것이다. 이름만 전하고 혈통을 알 수 없는 갈문왕들 역시 그런 위치에서 봉해진 사람들이었음이 틀림없다.

마찬가지로, 沾解가 굳이 아버지 骨正을 갈문왕에 봉한 것은 구체적으로 누가 해당되었던 것인지 자료로 확인되지는 않지만 직계의 孫은 물론 그 外孫들에게까지도 왕실과 통혼할 수 있는 자격을 부여해 주기 위한 조치였다고 보는 것이 사실 관계에 부합하는 판단이리라고 생각된다. 즉 갈문왕 제도는 왕실의 통혼권을 확대하는 제도적 장치이기도 하였던 것이다. 王妃의 父가 葛文王으로 나타날 뿐 王妃의 父를 葛文王에 봉한 實例가 보이지 않는 것도 이 때문이다. 葛文王의 딸이 王子와 혼인하였다가 남편이 왕위에 오르면서 왕비가 되었거나 갈문왕의 딸을 직접 왕비로 맞아들였던 까닭에 많은 妃父들이 갈문왕으로 나타나게 된 것뿐이라 하겠다.

3. 葛文王 冊封 範疇의 縮小와 聖骨

葛文王은 건국 초기라 할 수 있는 儒理尼師今代부터 나타나고 그 名號가 王이라는 漢字로 표기되어 있다는 점에서 관련 기록의 신뢰성을 일단 의심해 볼 여지가 있는 官銜이다. 국왕의 공식 位號가 아직 王이라고 불리기 전임에도 불구하고 이렇게 이른 시기부터 王을 칭한 官銜이 실제로 존재했을 것인가 하는 의문에서다. 그러나 국왕을 尼師今이라 불렀다고 해서 當代人이 王이라는 표기를 몰랐다고 보기는 어려울 것이다. 기원전 4세기에 이미 古朝鮮王이 燕의 稱王에 대응하여 '王'을 自稱하였다고 하고,[24] 秦代에 다수의 중국 유민이 남하하여 한반도 동남부 지역으로 유입하였으며,[25] 고조선이 멸망하던 기원전 108년을 전후해서는 그 유민들이 내려와 남방 진한사회를 형성했던 데다가, 북방에서는 늦어도 32년에 고구려왕이 중국에 사신을 보내 稱王한 기록이 확인되는[26] 등 諸般 사실로 미루어 신라에서도 葛文王과 같이 토착어와 漢語를 결합한 표기는 물론 純漢文式 표기마저 얼마든지 가능한 정황이었음이 분명한 까닭이다.

한편 금석문으로 확인되는 갈문왕의 初見 기록은 智證王 4년(503) 9월에 작성된 節居利碑의 '沙喙 至都盧葛文王'이다. 신라왕의 공식 위호가 '新羅國王'으로 변경된 것은 이 비가 세워진 뒤인 같은 해 10월이라고 하니,[27] 왕을 아직 麻立干이라고 부르던 때 葛文王이라는 칭호를 실제로 사용하였음이 확실하다. 또 이 비문에는 實聖尼師今과 訥祇麻立干이 각각 斯夫智王 乃智王으로 나타나 尼師今 · 麻立干을 모두 王이라고 표기하기도 하였음을 전한다. 이러한 사실들은 일찍부터 나타나는 갈문왕의 실재 여부를 굳이 의심할

---

24) 『三國志』 30, 魏書30, 東夷傳30, 韓, '魏略曰 昔箕子之後朝鮮侯 見周衰 燕自稱爲王 欲東略地 朝鮮侯亦自稱爲王 欲興兵逆擊燕 以尊周室.'
25) 『三國志』 30, 魏書30, 東夷傳30, 辰韓.
26) 『三國志』 30, 魏書30, 東夷傳30, 高句麗, '漢光武帝八年 高句麗王遣使朝貢 始見稱王.'
27) 『三國史記』 4, 新羅本紀4, 智證麻立干 4年 10月.

이유가 없다는 점을 뒷받침한다고 하겠다. 또 신라 초기에 갈문왕이 존재하지 않았다면 굳이 구체적인 인물을 摘示한 책봉 기사를 일일이 조작해 넣을 이유가 없었으리라 여겨진다. 따라서 그 책봉 첫 기사가 逸聖尼師今 15년(148)의 일로 編載되어 나타나는 사실로 미루어 갈문왕 제도가 실제로 그 이전에 이미 성립하여 운용되고 있었음을 충분히 인정할 수 있지 않을까 한다.[28]

그러나 『삼국사기』 갈문왕 관련 초기 기사가 전하는 내용 모두를 그대로 신뢰하기에는 난점이 없지 않다. 무엇보다 『삼국유사』가 전하는 내용과도 서로 어긋나는 부분이 적지 않기 때문이다. 이를테면 許婁葛文王의 경우 『삼국사기』는 婆娑尼師今(재위 80~112)의 妃父로 기록한 반면, 『三國遺事』는 王曆에서 婆娑尼師今의 외할아버지 즉 儒理尼師今(재위 24~57)의 妃父로 기록하여 시기상 상당한 차이를 보이므로 어느 쪽인가는 오류임이 분명하다. 지금으로서는 婆娑尼師今 때 許婁와 摩帝가 太子妃 揀擇을 둘러싸고 서로 경쟁하였다는 『삼국사기』의 기록이 매우 구체적이어서 이쪽에 더 신뢰감이 가는 것이 사실이지만, 이편이 사실을 전한 내용이라고 단정하기는 곤란하다. 하지만 일단 『삼국사기』에 의거하더라도 갈문왕을 둘러싼 사실 관계의 큰 흐름을 파악하는 데는 무리가 없지 않을까 여겨진다.

『삼국사기』의 갈문왕 관련 기록들을 전체적으로 一瞥할 때 우선 주목되는 점은, 훗날 金氏 王 시기에는 그렇지 않게 되는 데 반해 朴氏 및 昔氏 王 시기에는 王姓이 아닌 他姓도 갈문왕 책봉의 대상이 되고 있었다는 것이다. 대표적인 예가 葛文王 許婁와 摩帝의 경우다. 許婁는 婆娑尼師今의 妃인 史省夫人 金氏의 아버지였고, 摩帝는 祇摩尼師今의 妃인 愛禮夫人 金氏의

---

28) 朱甫暾 교수는 갈문왕이라는 명칭 자체는 麻立干時代에 들어와 사용되기 시작했을 것으로 보면서도 이 같은 성격의 지위는 그 이전부터 존재했을 것으로 생각했다(「三國時代의 貴族과 身分制－新羅를 中心으로－」, 『韓國社會發展史論』, 一潮閣, 1992, 52쪽). 갈문왕 제도의 성립 시기는 연구자마다 각기 상정하고 있는 신라 사회상에 따라 다르게 가늠될 여지가 있겠으나, 명백한 근거가 없는 한 기록을 중시하는 것이 대체로 옳은 방향일 것이다.

아버지였다고 한다. 許婁와 摩帝의 성씨를 金氏로 기록한 부분에서는 『삼국사기』와 『삼국유사』가 서로 일치한다.

또한 『삼국사기』에 의하면 婆娑尼師今 때 왕이 태자인 祗摩를 대동하고 韓歧部에 들렀는데 伊湌 許婁와 摩帝가 저마다 딸을 데리고 나와 춤을 추게 하였고, 이에 祗摩가 摩帝의 딸을 보고 좋아하였으므로 그녀를 太子妃로 맞이해 들였다고 한다.[29] 그의 딸을 이미 婆娑尼師今에게 출가시켜 王妃로 만듦으로써 國舅의 위치에 있던 許婁가 다시 작은 딸을 외손자인 太子 祗摩의 妃로 삼기 위해 같은 部의 伊湌 摩帝와 경쟁했다는 내용이다. 이로 미루어 許婁는 摩帝보다 연상일 개연성이 크지만, 두 사람 모두 韓歧部 소속의 伊湌으로서 同時代人이었던 것은 분명하다.

물론 이 기사의 사실성 여부를 둘러싸고는 여전히 연구자에 따라 의견이 엇갈릴 여지가 있다. 특히 六部의 성립 시기를 麻立干期 이후로 늦춰 보고 있는 연구자들은 여기 보이는 韓歧部의 존재 자체에 회의적일 수 있겠다. 그리고 이 기사를 사실로 받아들인다고 해도 伊湌이었던 許婁와 摩帝가 언제 갈문왕이 되었는지는 여전히 알 수 없는 일로 남아 있다. 두 사람이 같은 때 갈문왕이 되었는지, 許婁의 死後에 摩帝가 그 갈문왕 위를 계승했는지 이로써는 확인할 도리가 없는 것이다.[30] 그러나 婆娑尼師今 때에 妃父인 許婁가 아직 伊湌으로 있었고, 또 同一部 소속의 摩帝와 같은 시기의 伊湌으로서 서로 경쟁 관계에 있었던 것이 사실이라면, 두 사람이 갈문왕이 된 것도 같은 시기였다고 보는 것이 순리가 아닐까 한다. 祗摩尼師今이 後嗣를 두지 못했다고 하므로 이 王 때에 일시에 여러 사람이 갈문왕에 봉해졌을 公算이 크다고 여겨진다. 婆娑尼師今의 아우인 逸聖尼師今의 妃父로 나타나

---

29) 『三國史記』 1, 新羅本紀1, 祗摩尼師今 卽位年.

30) 6세기의 비문에 한 사람씩의 갈문왕만 나타나는 사실을 근거로 한 시기의 갈문왕은 1인뿐이었다거나 父子가 동시에 갈문왕일 수는 없었다고 생각하는 경향이 있다. 그러나 眞平王이 즉위하여 同母弟인 伯飯과 國飯을 동시에 갈문왕에 책봉한 기사에서 단적으로 확인되듯이 이는 명백히 그릇된 생각이다.

는 支所禮葛文王도 이들과 거의 같은 시대의 갈문왕이다.

여기서 주목되는 것은 갈문왕이 같은 部에 複數로 존재했다고 해도 문제될 것이 없는 구조였다는 점이다. 許婁와 摩帝를 같은 部 소속의 갈문왕으로 기록하면서 굳이 그 先後를 밝힐 필요성을 느끼지 못한 것은 일시에 복수의 갈문왕이 같은 部에 있었다고 해도 이상할 것이 없는 일이었기 때문이었다고 여겨지는 것이다. 그렇다면 이는 갈문왕이 六部의 정치적 지배권이나 대표권과 일단 무관하게 성립한 지위였음을 보여주는 사례라 하겠다. 갈문왕은 역시 왕위계승 원리와 관련하여 그 계승권의 범주 혹은 자격 표시의 개념으로 성립하고 유지되던 직함이었음이 분명하다.[31]

그러므로 이와 같이 他姓의 갈문왕이, 그것도 한 시기에 여럿이 존재하다가 점차 사라지게 된 것은 그 사이에 신라의 왕위계승 원리 혹은 관행에 일정한 변화가 있었음을 의미한다고 해석해도 좋을 것이다. 왕위계승권의 범주가 점차 축소되고 있었던 것이다. 또한 이에 수반하여 갈문왕의 지위 자체에도 일정한 변동이 있었으리라는 점을 충분히 유추할 수 있다.

신라 초기 他姓 갈문왕의 존재는 이 시기의 국가체제가, 朴氏가 왕위를 相繼하는 현실에서도 원리상으로는 다른 계열의 세력에게까지 잠재적 왕위계승권을 부여하는 정치구조에 입각하여 조직되어 있었음을 뜻한다. 다분히 聯盟的 성격이 강한 구조였다고 하겠는데, 문제는, 그렇다면 이 시기의 갈문왕이 구체적으로 어떠한 세력의 首長이었는가 하는 점이다. 이는 신라

---

31) 갈문왕의 성격을 파악함에 있어 고구려의 古雛加를 참조하는 경향이 있다. 고구려에서는 王族의 大加, 이전에 國王을 냈던 涓奴部의 嫡統大人, 대대로 왕비를 낸 絶奴部의 大加 등이 古雛加라는 칭호를 얻었으며, 이들은 독자의 宗廟를 세우고 靈星과 社稷에 따로 제사를 지낼 수 있었다고 한다. 따라서 王妃의 아버지가 갈문왕으로 나타나는 것과 王妃 出身部의 大加가 古雛加가 된 것이 매우 유사하며, 신라의 갈문왕도 대략 이와 같은 범주에서 책봉된 것이 아닌가 생각하게 된 때문인 것 같다. 그러나 이러한 유사성에도 불구하고 신라의 갈문왕은 왕위계승권과 관련하여 설정되었다는 점에서 고구려의 고추가와는 근본적으로 계통을 달리하는 官銜이다.

건국에 주체적으로 참여한 최고위 지배세력의 실체가 무엇인가를 따져 묻는 질문이기도 하다.

건국 주체가 어떠한 세력이었는가를 알기 위해서는, 신라가 처음 성립할 당시 왕호를 '居西干'이라고 한 사실에 우선 유의할 필요가 있다고 생각된다. 건국 주체 세력이 그들의 왕을 세우면서 그 왕으로서의 성격을 왕호에 반영해 나타냈으리라 여겨지기 때문이다. 『삼국사기』는 居西干이 '辰'의 언어로서 '王'을 가리키는 말이었다고 간단히 적었다.[32] '辰'이 辰韓의 略語로 쓴 것인지 『後漢書』가 三韓 모두 여기서 나왔다고 한 '辰國'을 가리킨 것인지는 불분명하나, 弁韓을 弁辰이라고도 불렀고 馬韓에 辰王이 있었던 사실로 미루어 삼한 모두 辰과 무관하지 않았다고 본다면, 삼한 전 지역에서 '居西干' 또는 이와 동일한 어형의 용어가 지닌 특정한 의미를 두루 이해하고 정확하게 사용하였을 것은 분명하다.[33] 그런데 '居西干'은 단순히 邑落國家나 小國쯤 되는 작은 세력의 王을 뜻한 말이 아니었다.

'居西干'은 '居西'와 '干'의 합성어다. 이 중 '干'은 夫餘·高句麗의 '加'와 같은 語形으로서, 본디 독자적 세력의 최고 지배자 곧 一國의 王을 가리킨 말이며, '居西'는 首長을 뜻하는 '渠帥(kəsə)'의 다른 표기다.[34] 『日本書紀』는 新羅·百濟·高句麗 3국의 王을 모두 'こきし(ko-kisi)'라고 읽었고,[35] 『周書』 는 百濟의 백성들이 王을 '鞬吉支(kon-kiti)'라고 부른다고 기록하였는데,[36]

---

32) 『三國史記』 1, 新羅本紀1, 始祖赫居世居西干, '居西干, 辰言王.'
33) 『三國志』는 辰韓이 '其言語不與馬韓同'하다고 한 반면 弁辰과는 '言語法俗相似'하 다고 하였다. 그러나 馬韓과 언어가 다르다는 예로 든 것을 보면, '名國爲邦, 弓爲弧, 賊爲寇, 行酒爲行觴' 정도에 지나지 않아 방언의 차이가 있음을 지적한 내용쯤으로 해석된다. 臣智, 邑借 등 渠帥를 부른 말이 공통했던 사실에서 알 수 있듯이 三韓의 언어는 기본적으로 서로 통하는 언어였다고 보아야 옳다. 여기서는 辰韓만이 아니 라 三韓이 모두 辰國에서 나왔다는 기록을 그대로 수용하여 생각함이 옳다고 생각한다.
34) 拙稿, 이 책의 제1장 II 및 III.
35) 『日本書紀』 9, 神功皇后攝政前紀(仲哀天皇 9年 10月) ; 『日本書紀(上)』, 岩波書店, 1967, 338~339쪽.

古代 母音에서 t>s, i>ə 현상을 흔히 볼 수 있는 사실로 미루어 'kisi/kiti'는 'kəsi>kəsə(居西)'와 같은 어형이었음이 분명하다. 즉 辰語[韓語]에서 '鞬吉支'는 '大王', 居西干은 '首長干' 또는 '干(王)들의 王'을 뜻하는 말이었던 것이다. '居西干'은, 王을 뜻하는 同義語의 반복으로 형성되었다는 점에서 北魏 황제의 位號인 '可汗'과 組成이 같은 語形이니, 의미 또한 '可汗'과 마찬가지로 여러 王(干)들의 우두머리 곧 중국의 皇帝에 비길 수 있는[37] 존재에 대한 지칭이었다고 하겠다. 辰王도 기실은 三韓諸國 王들의 상위에 위치한 '居西干'이었을 개연성이 크다.[38]

기원전 57년에 성립한 신라의 왕이 '居西干'을 칭한 것은 그를 옹립한 주체가 諸國의 王들이었음을 보여주는 사실이다. 音汁伐國의 國主를 陀鄒干이라 한[39] 예에서 확인할 수 있듯이 一國의 王이 바로 '干'의 典型이었다. 신라를 건국한 주체 세력으로 나타나는 六村長의 실체는 辰韓 六國의 王들로서, 이들이 赫居世를 共立하고 그를 '居西干'이라 부른 것은 그가 辰韓 6국의 王들을 대표하고 다스리는 皇帝 格의 존재임을 나타낸 것이었던 셈이다.[40] 신라의 건국 세력은 한갓 慶州 지역의 邑落 首長들이 아니었다.

무엇보다도, 斯盧國이 邑落國家였고 '干'은 이를 형성한 6개 邑落의 首長 또는 族長들을 가리키는 말에 지나지 않았다고 보면 신라에서 干의 평등성을

---

36)『周書』49, 列傳41, 異域 上, 百濟.
37)『魏書』103, 列傳91 蠕蠕, '可汗, 猶魏言皇帝也.'
38) 辰國은 본디 箕子朝鮮의 중심 세력이었을 개연성이 크다는 사실에 유의한다면(김용섭, 「한국 : 東아시아 역사속의 문명 전환과 세계화」,『文明의 轉換과 世界化』, 大韓民國學術院 第34回國際學術會議 發表論文集, 160쪽), 우리 역사에서 居西干이라는 칭호를 처음 사용한 시기는 箕子朝鮮이 성립할 당시로까지 소급해 보아야할 개연성이 크다. 우리와 같은 계통의 語族인 몽골의 학자들은 箕子를 '게세르칸(거서간)'이라고 읽는다 하는데(주채혁,『순록치기가 본 조선·고구려·몽골』, 혜안, 2007, 142쪽), 이는 箕子가 본디 居西干의 다른 표기였을 가능성을 암시하는 사실이 아닌가 한다.
39)『三國史記』1, 新羅本紀1, 婆娑尼師今 23年 8月.
40) 拙稿, 이 책의 제1장 Ⅱ.

전제로 한 身分制나 官制가 성립한 사실을 납득하기 어렵게 된다. 일반 骨族에서 眞骨이 분화하여 6세기에 법제적 신분으로 성립하기 전까지, 초기 骨品 體制에서 최고의 지배신분층은 干層이었고, 干은 骨族이라는 점에서 평등하였다.[41] 干들은 실제 그들이 거느린 세력의 규모와 무관하게 서로 같은 등급의 존재라고 인식한 것이었는데, 이는 사회구성상 干 각자가 최고의 정점에 있던 존재였음을 의미한다. 만일 干이 斯盧國이라는 邑落國家를 형성하는 개별 邑落의 首長 또는 族長이었다면 斯盧國만이 아니라 다른 읍락국가의 왕도 居西干으로 일컬어졌다고 보아야 할 터인데 그러한 實例를 찾을 수도 없거니와, 정황상으로도 일개 족장인 干이 사로국에 병합된 다른 읍락국가의 居西干과 같은 등급에 설 수는 없었을 것임이 분명하다. 征伐의 결과로서 그 읍락국가의 지배질서를 완전히 해체하고 왕을 예하의 수장층과 同列로 간주한 경우가 있었다손 치더라도, 자진하여 歸復한 경우에는 그 왕과 예하의 수장층을 같은 등급으로 一元化하거나, 그 왕의 격을 낮추어 사로국의 읍락 수장층과 동격으로 대우하기 어려웠겠다.

신라의 初名이 徐羅伐 혹은 斯羅, 斯盧였다고 하는데 『三國志』 등에 辰韓 12국 중 하나로 斯盧國이 보이는 것은, 진한 자체가 독자의 국가체임을 인정하지 않은 중국 측 시각이 반영된 결과에 불과하다. 중국인들은 辰韓 곧 新羅(=斯盧)의 二重聳立構造를 제대로 이해하지 못한 채, 진한의 도읍을 그 자체 하나의 國으로 간주한 것이었다.[42] 辰韓이 곧 新羅였음은 『삼국사기』의 '辰韓六部'가 「居伐牟羅碑(蔚珍鳳坪新羅碑)」에 '新羅六部'로 나타나는 데서 명확하다. 양자가 같은 대상을 지칭하고 있음에 유의하여 當代의 실상을 정확히 파악할 필요가 있다.

『삼국사기』와 『삼국유사』가 공히 辰韓의 6촌이 신라를 형성하였다고 하고,

---

41) 拙稿, 이 책의 제3장 Ⅲ.
42) 위와 같음.

『삼국지』와『후한서』가 辰韓은 본디 6國으로 구성되어 있었다고 한 것은, 처음에 신라를 건국한 주체가 辰韓 6國의 干들이었음을 전하는 내용이다. 6國의 干들이 각자 그 친족과 관료층을 영솔하고 6개의 部를 형성하여 이 六部에 속한 지배층을 '國人'으로 한 사로국 즉 신라를 건국한 것이었다. 우리 측 기록이 6국을 6촌이라고 표현한 것은 이들 6국이 훗날 실제로 村으로 해소되고 말았기 때문에 후대의 관점에서 후대의 용어로 기술한 결과겠다. 『삼국지』 등이 전하는 바와 같이 6國이 점차 나뉘어 12國이 된 것인지, 처음 신라를 형성한 것은 辰韓諸國 중 6國뿐이었다가 점점 늘어나 12國으로 확대된 것인지는 정확히 알 수가 없지만, 國의 증가에도 불구하고 部의 수는 6으로 확정되어 변하지 않았다. 건국 후에 신라로 편입된 辰韓諸國의 干과 지배층은 경우에 따라, 六部 중 어느 한 部에 속하기도 하고 기반을 해체당한 채 六部에 골고루 分屬되기도 하였을 것이다.

신라의 건국에 주체적으로 참여한 이들은 辰韓諸國의 王들이었고, 신라왕은 그 왕들이 共立한 '王 중의 王'이었다. 따라서 이러한 구조의 논리상 辰韓諸國의 왕들은 신라왕을 共立하는 주체인 동시에 신라왕으로 추대되어 결코 손색이 없는 위치에 있던 존재였다. 물론 諸國의 왕 모두에게 신라 왕위의 계승권이 주어졌다고는 생각되지 않지만, 王子가 아니면서 왕위계승권을 가졌다면 그는 유력한 一國의 왕이었음에 틀림없다. 許婁葛文王과 摩帝葛文王이 각각 '辭要(許婁)王', '磨帝國王'으로 기록되어 나타나기도 하는 사실이나,[43) 他姓이 갈문왕으로 봉해질 수 있었던 배경은, 이러한 맥락에서 이해되어야 할 일들이다.

'六部祖'라고 일컬어진, 처음 건국에 참여했던 6國의 干들은 피차 누구라도 나머지 干들의 동의만 있다면 신라의 居西干 位에 오를 수 있는 충분한 자격을 지닌 것으로 인정했을 것이다. 따라서 이러한 구조에서는 갈문왕과

---

43)『三國遺事』1, 王曆1, 第三弩禮尼叱今條 및 第六祇磨尼叱今條.

같은 개념이 필요할 리 없었다. 그러나 오래지 않아 居西干 位의 승계가 세습으로 결정되면서 사정은 일변하였다.

儒理尼師今은 그 즉위 과정에서 脫解와 경합을 벌였던 것으로 나타난다. 이때 六部가 이를 조정하면서 共立의 명분과 의의를 유지하는 선상에서 왕위의 세습을 인정하는 방향으로 公論을 모으게 되었다. 儒理가 世·繼의 뜻을 지닌 '누리'계의 어형인 사실을 통해 그가 처음으로 世襲王으로서의 성격을 인정받았음을 알 수 있다. 왕위를 세습하게 되었다는 것은 왕위계승권 소지자의 범주를 現王의 直系 卑屬으로 한정하게 됨을 의미하는 것이었다. 따라서 이러한 변화는 諸干이 속한 六部의 정치적 위상을 다시 정립할 필요성을 야기하였던 것으로 보인다. 儒理尼師今 9년 봄에 '改六部之名'하였다 함은 이와 연관된 일련의 조처를 전하는 내용이다.

그러나 왕위계승의 원리가 '世世相繼'로 결정됨으로써 신라왕의 정치적 위상이 어느 정도 높아졌다고는 하지만 그렇다고 해서 尼師今과 諸干 사이에 신분의 차가 인정될 정도로 격상된 것은 아니었다. 정치적으로 干이고, 신분상 '骨'族이라는 점에서, 양자는 대등한 위치에 있었다. 현왕의 직계 비속이 우선적으로 왕위계승권을 갖게 되었다고 해도, 王壻가 王子와 동등한 지위에 있게 된 구조에서[44] 赫居世系가 다른 계열을 전적으로 배제하여 차별화하기는 어려웠다. 왕위의 세습적 전승은 여전히 諸干의 共立이라는 정치적 절차를 거쳐 이루어지는 것이었고,[45] 王壻라는 지위를 통해 諸干家가 왕위 계승에 참여할 기회 또한 여전히 열려 있었다. 干을 초월하는 위치에 어떤 신분상의 획선을 설정하기 어려웠던 이유가 여기에 있다. 그러므로 直系로의 居西干

---

44) 『三國史記』 1, 新羅本紀1, 儒理尼師今 卽位年, '昔南解將死 謂男儒理壻脫解曰 吾死後 汝朴昔二姓 以年長而嗣位焉.'

45) 『三國史記』에 따르면, 國人이 王을 共立한 기준은 첫째 先王의 遺言을 우선으로 하되, 둘째 先王의 아들이나 사위 중에서 왕이 되기에 충분한 명철함과 식견을 가진 자를 택하며, 셋째 위의 기준에 부합하는 이가 없을 경우엔 가장 가까운 시기의 前王의 直子 혹은 孫子 중에서 다시 물색하는 순서였던 것으로 나타난다.

位 傳承을 보장받은 尼師今 측으로서는, 기왕 외부로 열려진 왕위 계승 체제에서, 강대한 세력을 거느린 干들에게 형식상 종래와 같은 왕위계승권을 부여하는 것이 왕의 賢德을 과시하여 저들의 정치적 협력을 구하고 사회적 통합을 도모하는 유력한 方略으로 여겨졌을 개연성이 크다. 儒理尼師今代부터 葛文王이 보이는 것은 이런 까닭이겠다.

尼師今期의 갈문왕은 반드시 신라왕과의 친족관계나 인척관계에 입각하여 부여된 것은 아니었다. 물론 신라왕은 王妃나 子婦를 갈문왕에 봉할 정도의 세력가에서 구하는 경우가 대부분이었을 터이지만, 원리상 갈문왕의 책봉은 정치관계를 우선하는 선상에서 이루어지고 있었다. 婆娑尼師今代에 이미 妃父의 위치에 있던 許婁가 아직 伊飡으로 있었던 사실에서 이렇게 추측된다. 이 시기 대부분의 갈문왕은 형식상 왕위계승권을 가졌지만 실제로 왕위에 오를 가능성은 거의 없는 처지에 있었다. 그러므로 갈문왕은 시간이 지날수록 왕위계승권 소지자로서의 本義를 잃고, 마치 그 기능이 원래 왕실과 통혼할 수 있는 가문의 표시였던 것처럼 구실하였다. 沾解와 味鄒가, 그렇게 하여 왕위 계승 관계에 어떠한 변동도 발생하지 않음에도 불구하고, 그들의 親父를 굳이 갈문왕에 봉하게 된 데에는 갈문왕이 이와 같이 왕실 통혼권의 확대라는 장치로 작동하게 된 현실이 놓여 있었던 셈이다.

그러나 이러한 사정은 麻立干期로 접어들면서 다시 크게 변화하였다. 訥祗가 共立에 의거하지 않고 自立으로 왕위에 올라 麻立干을 칭함으로써[46]

---

46) 『三國史記』는 訥祗가 麻立干을 처음 칭한 것으로 기록하였지만 『三國遺事』는 奈勿로 기록하였다. 현재 일반의 견해는 『三國遺事』를 따르는 쪽으로 기울어 있다. 이는 「中原高句麗碑」의 寐錦을 麻立干의 다른 표기로 볼 수 있다는 견해(李丙燾, 「中原高句麗碑에 대하여」, 『史學志』 13, 1979, 25쪽)에 입각할 때, 「廣開土王碑」에서 奈勿王을 가리켜 '新羅寐錦'이라 하였으므로 麻立干을 처음 칭한 왕은 奈勿王이 분명하다고 본 까닭이었다. 그러나 「居伐牟羅碑(蔚珍鳳坪新羅碑)」에서 法興王도 寐錦이라 한 것을 보면 寐錦을 麻立干의 다른 표기로 단정한 것은 무리였다고 여겨진다. 『三國史記』와 『三國遺事』의 기록을 모두 인정하여, 訥祗가 麻立干을 처음 칭하면서 親父인 奈勿부터 이 位號를 소급 적용하였다고 보는 것이 옳을

共立을 전제로 유지되어 오던 종래의 六部 중심 정치질서가 동요하게 되었기 때문이다. 訥祇가 實聖尼師今을 제거하고 스스로 왕위를 차지하였다는 것은, 이로써 六部의 諸干이 신라 왕위의 계승에 직간접으로 관여할 입지를 상실하였음을 의미한다는 점에서 획기적인 일이었다. 自立은 신라 초유의 일이었다. 이후에도 한동안 外面으로는 共立의 명분과 형식이 유지된 것이 사실이지만, 기실 그것은 거부할 수 없는 처지에서 이루어진 追認에 불과할 뿐이었다. 신라 왕위는 訥祇의 親子인 慈悲에게, 그리고 다시 그 親子인 炤知에게 세습되었다.

訥祇가 왕호를 尼師今에서 麻立干으로 개칭한 사실에서 짐작할 수 있듯이, 그는 단기간에 철저하게 국가 권력 전반을 장악했다는 점에서 前代의 왕들과 다른, 한 단계 진전된 성격의 권력을 지닌 왕이었다. 訥祇가 집권한 후로 종전까지 신라 왕위를 계승해 왔던 昔氏系의 인물을 거의 찾아보기 어려운 사실이 그의 철저한 권력 장악을 잘 웅변해 주고 있다. 볼모로 외국에 나가 있던 親弟 즉 卜好와 未斯欣이 귀국하여 그를 輔翊하였고, 고구려의 南進이라는 새로운 정세 변화에 대응하기 위해 별다른 저항 없이 軍事力을 강화할 수 있었던 사정 등이 국정 전반에 걸친 그의 권력 장악을 뒷받침하였을 것이다.

訥祇는 實聖尼師今을 弑殺하고 왕위에 오르는 과정에서 實聖의 母系인 昔氏 세력의 격렬한 반발에 당면하였을 것으로 추측된다.[47] 그러나 六部의 諸干은 이러한 갈등과 대립에 적극 개입할 처지가 못 되었다. 六部의 共立을 거치지 않았다는 점에서 訥祇의 집권은 명분이 없는 일이었으므로 응당 昔氏系를 지원할 일이었지만, 실권을 장악한 왕과의 정면 대립은 六部의 諸干 누구에게나 감행하기 어려운 부담이었다. 訥祇가 무력으로 왕위를

것이다. 필자는 특히 訥祇가 自立의 형태로 왕위에 오름으로써 종래의 共立 질서를 무너뜨린 사실을 그가 王號를 달리한 사실과 직접 연관된 일로 주목하고자 한다.

47) 金哲埈, 「新羅 上代社會의 Dual Organization(上)」, 『歷史學報』 1, 1954, 32쪽.

차지했음에도 불구하고 六部가 이에 어떤 대응을 했던 흔적은 기록에 일체 보이지 않는다. 六部가 사태의 추이를 관망하면서 뒷전으로 빠진 상태에서, 訥祗麻立干은 친족관계를 통한 自派 세력의 확대를 도모할 수 있었다. 그는 즉위 직후 서둘러 卜好와 未斯欣의 귀환을 추진하였고 집권 이듬해에 이를 성사시켰다.[48] 訥祗麻立干이 아우들의 귀환을 성사시킨 일은 신라 정치사에서 커다란 轉機를 이루는 一大事件이었다. 이를 계기로 所屬部보다 혈연관계가 구심점을 이루는 새로운 정치 구도가 조성되기 시작하였기 때문이다.

기실 奈勿과 實聖은 동서지간이었고, 訥祗는 實聖의 사위로서 卜好와 未斯欣을 귀환시킨 朴堤上과 동서지간이었다.[49] 至親이라 할 수 있는 이들 사이에 恩怨이 얽힌 것이었다. 이는 당시의 정치 질서가 親姻戚 관계 이외의 요소, 이를테면 所屬部에 더 비중을 두고 작동하고 있었음을 암시하는 사실이다. 그러나 卜好와 未斯欣이 귀환한 후의 양상은 사뭇 다르다. 이 두 사람은 그 시기가 불확실하지만 결국 갈문왕에 책봉되었고, 卜好의 아들은 訥祗의 女婿가 되었으며 未斯欣의 딸은 子婦가 되었다. 형제에 대한 互惠와 近親婚을 통해 奈勿系의 連帶가 두드러지게 공고해지고 있었던 것이다.

訥祗의 自立 이후 왕위의 승계가 줄곧 그의 자손으로 이어지고 近親婚이 행해지면서 他姓이 이에 개입할 여지가 전무해졌다. 왕위는 奈勿系의 독점물이 되었으며, 다른 어떤 세력도 형식으로든 실제로든 王位繼承圈에 근접하기

---

48)『三國史記』1, 新羅本紀1, 訥祗麻立干 2年.
　　『三國史記』에는 實聖王이 그 元年(402)과 11년(412)에 각각 未斯欣과 卜好를 倭와 高句麗에 볼모로 보낸 것으로 되어 있지만,『三國遺事』에는 奈勿王이 즉위 36년 (390)에 3子 美海(未斯欣)를 倭로, 訥祗王이 3년(419)에 아우 寶海(卜好)를 高句麗로 보낸 것으로 되어 있다. 그리고 이들이 귀환한 것은 訥祗王 10년(425)의 일이었다는 것이다.『三國遺事』의 기록은 매우 구체적이고 자세하지만 지나치게 설화적이어서 믿기 어려운 게 사실이다.『三國史記』의 기록이 奈勿·實聖·訥祗 사이의 恩怨關係나 당시의 정세 변화에 부합한다고 판단되어 이에 따른다.
49) 宣石悅,「朴堤上의 家系와 관등 奈麻의 의미」,『新羅國家成立過程研究』, 혜안, 2001, 257~259쪽.

조차 어려웠다. 奈勿系는 국가 권력의 樞要職을 專有하면서 그 세력을 더욱 강화해 갔다. 智證王에서 法興王, 眞興王을 거치는 시기에 크게 활약한 인물로『삼국사기』열전에 立傳된 이들은 거개가 '奈勿王의 몇 世孫'임을 내세운 후손들이다. 앞선 시기에도 마찬가지였을 것이다. 갈문왕 책봉 대상은 자연히 奈勿系에 한정되었다.

형세가 이에 이르자 奈勿系는 일반 骨族과 자신들을 구분하여 '眞骨'이라 칭하면서 정치적·사회적 특권을 주장하였다. 重位制 운영의 추이에서 나타나는 바로는, 法興王 7년(520) 이후에도 당분간 大奈麻에 적용된 奈麻重位制가 시행되고 있어 眞骨이 法制的 身分으로 확정되고 이를 阿湌重位制로 반영한 것은 좀더 뒷시기의 일로 생각되지만,[50] 智證王 때부터 '奈勿王의 몇 世孫'을 내놓고 칭한 인물들이 보이는 사실로 미루어 늦어도 이 무렵에는 스스로 眞骨임을 주장하는 이들이 출현했음을 넉넉히 짐작할 수 있다. '眞骨'은 종래의 일반 骨族을 '假骨'로 여기는 독선적·배타적 인식을 내면에 깔고 있는 용어이다. 이미 5세기 말엽에 奈勿系 일각에서 더 이상 일반 干層, 일반 骨族으로 대우받고 싶어하지 않는 경향이 일어나고 있었던 것으로 보인다. 처음에는 辰韓諸國의 왕을 特稱하던 干이 그 후예인 상급 귀족 일반[骨族]을 일컫는 신분상의 용어로 그동안 변질되어 있었는데, 신라왕의 직계 후손이 이들 옛 辰韓諸國의 후손과 어떻게 同級에 놓일 수 있느냐고 생각하게 된 것이겠다. 眞骨이 독자의 신분층으로 형성되기 시작한 것이었다.

奈勿系가 眞骨을 자칭하게 된 의식구조의 내면에는 그들의 所屬部나 官等보다 血緣上 어느 王의 直系 子孫이라는 사실을 더 우선하고 중시하는 인식이 깔려 전제되고 있었다. 따라서 이들에게 新羅王이라는 지위는 절대적이고 神聖한 것일 수밖에 없었다. 이들이 眞骨임을 내세우며 특권을 주장하는 근거가 그 王族으로서의 특수성에 있었기 때문에 신라 사회에서 차지하는

---

50) 拙稿, 이 책의 제3장 Ⅲ.

國王의 위치가 더 숭고하고 신성할수록 그들 자신의 표방과 주장이 더 설득력을 가질 일이었던 것이다. 奈勿系는 자신들의 인식이 보편임을 보이기 위해 前王族인 朴氏系에게도 진골이라는 名號를 부여하여 공유하면서 그 세력의 外延을 넓혔고, 이를 토대로 王의 위호를 '麻立干'에서 '新羅國王'으로 바꾸는 데 성공함으로써 진골 왕족이라는 그 신분적 위치를 더욱 고양하는 한편, 왕과 그 왕위를 계승할 자격이 있는 사람을 '聖骨'이라고 불러 신성시하기에 이르렀다.[51]

『삼국사기』는 新羅本紀 眞德王條를 끝내면서 '나라 사람들이 始祖 赫居世부터 眞德王에 이르는 28王을 일컬어 聖骨이라고 하고, 武烈王부터 말기의 王까지를 眞骨'이라 했다.'고 기록한 반면, 『삼국유사』는 王曆 眞德女王條의 말미에서 '以上中古 聖骨, 以下下古 眞骨'이라고 하여 法興王부터 眞德王까지의 '中古'期 王만 聖骨을 일컬었던 것처럼 기록하여 서로 차이를 보인다. 이는 聖骨이라는 용어가 '中古'期부터 본격적으로 쓰이기 시작했지만, 始祖이래 王統이 일정한 원칙에 입각하여 계승되어 온 것이 사실이므로 그 왕통의 신성함을 수식하고 정당화하는 정치적 논리 위에서 聖骨이라는 용어를 만들어 사용하면서 이를 始祖부터 소급 적용했던 데서 기인한 서술상의 차이일 뿐이라고 생각된다.[52] 두 기록 어느 쪽도 사실에 어긋나는 것은

---

51) 聖骨에 대한 이해는 지금까지 다양하게 제시되어 왔다. 종래의 이해를 一瞥하는 데는 다음 논고를 참고하면 좋다.
田美姬, 「新羅의 聖骨과 眞骨-그 實體와 王統의 骨轉換의 의미-」, 『韓國史硏究』 102, 1998.
金基興, 「新羅의 聖骨」, 『歷史學報』 164, 1999.

52) 拙稿, 이 책의 제3장 Ⅰ.
聖骨은 '中古'期로 접어들면서 現王과 그 왕위를 계승할 아들과 손자, 그리고 경우에 따라 王弟를 지칭하는 신분 개념으로 성립한 용어였지만, 『三國史記』는 신라 왕위가 始祖 이래 줄곧 '성스럽고 지혜 있는 이'(聖智人)들에 의해 부단히 전승되어 내려온 것처럼 기록하였다. 신라 왕들은 본디부터 탄생이 神異했거나, 풍채가 남달리 빼어나고 몸체가 장대했거나, 위엄과 현명함이 특출하여 가히 왕의 재목이었다는 것이다. 『三國史記』가 『舊三國史』에 의거하여 편찬되었고, 『舊三國史』는 居柒夫의 『國史』를 참고했으리라고 본다면, 이렇게 정연한 왕위 계승 관계의

아닌 셈이다.

성골이 하나의 신분 개념으로 성립하자[53] 갈문왕이 성골 신분을 유지하는 방편으로 기능하기 시작했다. 본디 葛文王은 왕위를 계승할 자격, 그리고 왕실과 통혼할 자격과 관련하여 성립하고 유지되던 지위였다. 앞 장에서 살폈듯이, 갈문왕에 봉한다는 것은 그 당사자와 자녀가 왕실과 통혼할 수 있으며, 경우에 따라서는 왕위에 오를 수도 있는 지위임을 인정한다는 의미를 가졌다. 그러므로 갈문왕은 眞骨이 독자의 신분으로 굳어지고 聖骨이 신라국 왕 및 국왕이 될 수 있는 유자격자를 지칭하는 신분 개념으로 定立하자 성골에서 벗어나게 된 자에게 성골로서의 지위를 유지할 수 있도록 하는 장치로서 기능할 수 있었던 것이다.[54]

기실, 兄이 왕위에 오르고 또 세월이 흘러 그 아들 즉 王子가 장성하여 다음 왕위를 계승하는 데 문제가 없는 시점에 이르면, 王弟는 자연 왕위 계승 자격을 잃고 聖骨에서 벗어나게 되는 것이었다. 왕위를 계승할 가능성이 없어졌다는 것은 곧 하늘의 뜻이 그에게 있지 않음이 명백해졌음을 의미하므로 더 이상 그 신성성을 인정할 이유가 없었겠기 때문이다. 父王이 생존할 당시 王子들은 모두 다음 왕위를 계승할 자격이 있다는 점에서 동등한 자격을 가진 형제들이었지만, 父王이 사망하고 그 형제 중 누군가가 왕위에 오르고 난 후에도 그대로 형제일 수는 없었다. 王의 신하로서 복속하는 처지로 내려앉지 않으면 안 되었던 것이다. 그러나 왕이 後嗣를 두지 못하였거

기술은 眞興王 때 『國史』를 편찬한 당시에 이루어진 것이라 하겠다.

53) 聖骨은, 현재 왕이거나 다음 왕위를 계승할 수 있는 위치에 있음을 뜻하는 개념이었다는 점에서 骨品制上의 다른 신분과 성격이 다르다. 왕위 계승 관계의 情況에 따라 聖骨의 범주에 변화가 있었고, 살아 있는 동안 聖骨에서 벗어나는 경우도 얼마든지 있을 수 있었다. 聖骨은 가변적 신분 개념이었던 셈이다(拙稿, 이 책의 제3장 Ⅰ).

54) 眞平王이 두 아우를 동시에 갈문왕에 봉한 것은, 聖骨에서 벗어나게 된 王弟의 자식에게까지 왕위계승권을 주기 위한 매개 장치로 이 제도를 활용하였음을 보여주는 確證的 사례다.

나 설사 후사가 있더라도 幼年하여 왕위를 계승할 처지가 아닌 한에 있어서는 차기 왕위 계승 후보자로서의 지위가 여전히 유지되었다. 그리고 또 王子가 성년이 되었다 하더라도 아직 왕위의 향배는 알 수 없는 일이었다. 그 왕자가 왕위에 오를 경우라도, 그가 獨子고 또 후사가 없다면 그의 사후에 왕위 계승의 기준은 祖王에게 소급하게 되는 것이었으므로 그 祖王의 直子로서 왕위에 오를 수도 있었기 때문이다. 그런 가능성이 있는 한, 王弟들은 성골로서의 지위를 유지하는 것이 원칙이었을 것이다.

그러나 왕이 아들을 여럿 두고 그 왕자들이 성년을 맞이한 경우에는 사정이 달랐겠다. 왕의 형제들이 더 이상 왕위 계승의 희망을 갖는다는 것은 不忠한 일로 여겨졌을 것이 분명한 까닭이다. 그러므로 왕의 형제들에게는, 그것이 언제든, 스스로 성골로서의 지위를 버리는 것이 現王에 대한 忠이고 先王에 대한 孝라고 여길 수밖에 없는 시점이 다가오고야 말았을 것이다. 王弟들의 처신은 매우 어려웠을 것으로 짐작된다.

그렇지만 다른 한편, 그 형제들이 자진하여 또는 제도로서 왕위 계승자로서의 지위를 버리게 된 시점에서 왕의 처신도 쉽지만은 않았을 것이다. 혈연관계 상으로는 엄연한 형제로서 우애를 저버릴 수 없는 의리가 있고, 정치관계로서는 先王代로부터 축적해 온 그 권력기반을 결코 무시할 수 없는 처지였을 터이기 때문이다. 王弟와 여러 경로로 얽혀 있던 왕실 안팎의 귀족세력들이 그의 정치적 위치에 걸맞는 예우를 衆論의 명분으로 요구하였을 개연성도 크다. 갈문왕 제도는 이와 같은 난처함을 모면할 수 있는 유효적절한 장치로서도 의미가 있었던 것이 아닐까 여겨진다.

이러한 맥락에서 생각한다면 王弟에 대한 갈문왕 책봉 기사가 신라 '中古'期에 집중되는 경향을 보인다고 해서 책봉 대상이 앞 시기의 妃父에서 王弟로 바뀌었다고 단정하는 것은 아무래도 무리임을 알 수 있다. 갈문왕의 家系에 대한 『삼국사기』 기록이 그다지 충실하지 않아 그 관계가 잘 드러나지 않을 뿐, '上古'期의 妃父들 다수도 王弟로서 갈문왕이 된 사람들이었을 가능성을 배제하기 어렵기 때문이다. 예컨대『삼국사기』는 日知葛文王이 제3대 儒理尼師今의 妃父였다고 기록한 한편, 一說에 제7대 逸聖尼師今이 그의 아들이었다고도 전한다고 기록하였다.[55] 紀年上 儒理와 逸聖 사이의 격차가 심하여 두 전승 중 하나가 오류거나 이 시기의 王系에 대한 기록 자체를 믿을 수 없는 일일지도 모르겠으나, 적어도 日知라는 갈문왕이 있었고, 그는『國史』가 편찬된 眞興王 당시의 신라 지배층이 볼 때 그의 아들이 왕위에 올랐다고 해도 전혀 문제될 것이 없는 直系 王孫이었으며, 그의 딸이 실제로 王妃이기도 했다고 파악되고 있었음은 분명하다 하겠다.

'中古'期가 되면서 王弟가 갈문왕에 책봉된 예가 많아지는 것은 성골이 성립함에 따라 왕위 계승 자격이 現王의 親子 · 親孫에 한정되게 된 결과 혹시 발생할 수 있는 王統 絶滅의 위험을 모면하기 위한 방책으로, 聖骨에서 벗어나게 된 王弟에게 성골 신분을 유지하도록 하는 장치로서 갈문왕 제도를 활용하였던 데 직접적인 원인이 있다. 이와 같이, 尼師今期에 他姓에게까지 주어졌던 갈문왕은 麻立干期로 접어들면서 奈勿系로 그 책봉 대상이 한정되었으며, '中古'期로 접어들 즈음 聖骨이 성립하면서는 성골 신분에서 벗어나게 된 國王 近親을 이에 책봉하여 그 신분을 유지시켜 주는 장치로 작동하고 있었다. 갈문왕에 책봉되는 대상은 시간이 지날수록 그 범주가 축소되고 있었던 것이다. 이에 따라 갈문왕의 실질적 성격 역시, 신라왕의 位號 改定 및 '干'層에서 眞骨로의 최고 지배세력 改編 과정과 맞물려 몇 차례 변화하였으며, 마침내 聖骨 신분을 유지하는 장치로 기능하기에 이르러는 聖骨의 소멸과 함께 역사의 뒤안길로 사라지고 말 운명에 처하였다.

---

55)『三國史記』1, 新羅本紀1, 儒理尼師今 卽位年 및 逸聖尼師今 卽位年.

4. 聖骨 消滅 後의 葛文王

國飯葛文王의 딸인 勝曼(眞德王)이 왕위에 오른 것을 끝으로 聖骨 王統은 단절되었다. 男女를 불문하고 성골 왕족이 아무도 남지 않게 된 것이었다. 성골 남자는 眞平王이 사망하던 시점(632년)에 이미 絶滅하였다고 한다.[56] 기록에 나타나는 한 眞平王과 두 아우 모두 아들을 두지 못한 것이 성골 절멸의 직접 원인이 되었던 것으로 보이지만, 기실 그 全貌는 잘 알 수가 없는 실정이다. 眞平王보다 한 세대 앞선 시기에 福勝, 奴追△와 같은 갈문왕들이 있었던 것으로 되어 있어 성골의 수가 적지 않았으리라 생각되는데, 어떻게 이렇게 일시에 절멸하게 되었는지 납득하기 어려운 것이 사실이다. 이들 갈문왕의 先後 家系가 대략이라도 밝혀진다면 해명의 단서를 마련할 수 있을 것으로 여겨지지만 지금으로서는 난망한 일이다. 다만 진평왕이 즉위하자마자 두 아우를 갈문왕에 책봉한 사실로 미루어 이때 벌써 성골 왕통의 단절을 우려하지 않으면 안 되는 상황에 처했던 것으로 여겨지고, 그렇다면 先王인 眞智王을 廢位하여 그 성골로서의 지위를 박탈하던 정변 과정에서 이에 연루되어 함께 성골에서 벗어난 근친 왕족들이 적잖았던 것이 아닐까 짐작된다. 어떻든 결국, 聖骨의 범주가 銅輪系로 축소된 것이 절멸의 원인이었음은 분명하다.[57]

성골이 소멸함에 따라 갈문왕 제도도 그 존립의 의의를 상실하게 되었다. 眞骨로서 처음 왕위에 오른 太宗武烈王 金春秋는 즉위와 동시에 아버지를 文興大王으로, 어머니를 文貞太后로 追封했다.[58] 味鄒尼師今이 親父인 仇道

---

56) 『三國遺事』 1, 王曆1, 第二十七善德女王, '聖骨男盡, 故女王立.'
57) 李基東 교수는 聖骨의 성립 배경을 신라에서 혈연의식이 분화하는 과정에서 추구하여, 眞興王系에서 갈라져 나온 銅輪太子 直系의 소리니이지가 자기 집단의 神聖性을 강조하게 됨으로써 대두한 것으로 보았다(李基東, 「新羅 奈勿王系의 血緣意識」, 『歷史學報』 53·54合集, 1972 ; 『新羅骨品制社會와 花郎徒』, 一潮閣, 1984 재수록). 그런데 그 혈연의식의 分枝化는 聖骨의 성립 배경으로서가 아니라 급격한 범주 축소의 배경으로 고려할 사항이 아닌가 생각한다.

를 갈문왕에 봉한 예에 따른다면 王父인 龍春도 갈문왕에 책봉하는 것이 마땅했겠으나, 성골이 절멸함에 따라 진골로서 왕위에 오른 金春秋로서는 그럴 처지가 아니었던 것이다. 王父를 추봉하여 大王으로 삼은 것은 이번이 처음이었다.

그런데 『삼국유사』는 王曆에서 龍春을 '卓文興葛文王'으로 기록하여, 성골의 절멸 후에도 갈문왕 제도가 유지되었던 것처럼 생각할 여지를 주고 있다. 게다가 『삼국사기』는 僖康王의 妃父를 '葛文王忠恭'으로 기록함으로써[59] 더욱 혼선을 야기하였다. 성골이 단절된 후 신라가 멸망하기까지 약 280년 동안 갈문왕으로 기록된 사람은 이들 단 둘에 불과하지만, 지금까지 논의해 온 맥락에서 본다면 그 의의를 상실한 갈문왕이 계속 존립한 듯 보이는 것은 매우 의아한 일이 아닐 수 없다.

이와 관련하여 우선 생각할 수 있는 가능성은, '中代' 이후 갈문왕 제도가 공식적으로 폐지되고 그 대신 追封大王制度가 시행되고 있었지만 사람들이 追封大王을 관습적으로 종래와 같이 葛文王이라고도 부른 것이 아닌가 하는 것이다.[60] 그러나 이와 같이 일반화하여 생각하기에는 사례가 지나치게 적기도 하거니와, 當代人들이 大王을 葛文王의 後身으로서 같은 성격이라고 생각했을 개연성도 그다지 크다고 여겨지지 않는다. 兩者가 같다고 생각했다면 제도 자체를 굳이 追封大王制로 변경할 이유가 없었겠다. 따라서 유독 龍春과 忠恭만 갈문왕으로 부른 것으로 나타나는 데는 그만한 이유가 있다고 생각하지 않으면 안 될 것이다.

여기서 주목할 사실은, 『삼국사기』에 태종무열왕이 즉위한 이후로 누군가를 갈문왕에 봉한 기록이 전혀 나타나지 않는다는 점이다. 大王으로 추봉한 기록들뿐이다.[61] 공식적으로는 갈문왕제도가 폐지되고 追封大王制度가 시

---

58) 『三國史記』5, 新羅本紀5, 元年 4月.
59) 『三國史記』10, 新羅本紀10, 僖康王 卽位年.
60) 註 2)와 같음.

행되었음이 분명하다. 그럼에도 불구하고 갈문왕 제도의 의의를 잘 알고 있는 신라 사람들이 龍春과 忠恭을 갈문왕이라고 부른 것이었다.

먼저 龍春은 太宗武烈王 金春秋의 아버지인 동시에 폐위됨으로써 성골임을 부정당한 眞智王의 아들이었다. 만일 眞智王이 폐위되지 않았다면 그의 사후 당연히 왕위를 계승했을 사람인 셈이다. 그러나 아들 金春秋가 왕위에 올랐다고 해도 이제 와서 사태를 되돌릴 수는 없는 일이었다. 太宗武烈王으로서는 스스로는 물론 아버지 龍春의 신분을 원래의 聖骨로 복귀시키려는 노력을 할 수 없었다. 이는 眞平王의 즉위와 그 이후의 王統 모두를 전면 부인한다는 의미였고, 결과적으로 眞智王의 폐위에 참여한 인물들의 후손에 대해서도 일정한 문책이 뒤따라야 할 문제였기 때문이다. 毗曇의 亂 때 善德王의 정통성을 옹호하여 반란에 맞섰고 眞德王을 옹립하여 이 亂을 평정한 처지에서 그 王統을 부인하기도 어려웠겠지만, 대다수 진골들과 힘으로 대립해야 한다는 부담도 결코 만만한 일일 수 없었을 것이다.

그러므로 金春秋가 즉위하였다는 것은 이미 그가 이 사안에 대한 不再理를 전체 진골 귀족과 약속했음을 뜻한다고 해석된다. 그렇지 않았다면 그의 즉위가 애초에 불가능했거나, 武力에 의한 피의 즉위가 되었을 것이다. 그는 群臣의 추대로 즉위한 직후 親父인 龍春을 大王에 책봉하였다. 이왕 굳어진 질서를 그대로 인정하고 眞骨로서 대우한다는 태도를 명백히 한 것이었다. 그러나 한편으로, 金春秋의 추종 세력은 물론이고 그와 타협한 여타 진골 세력으로서도 기왕 왕위에 오른 金春秋의 親父를 어떻게든 禮遇해 주지 않으면 안 되었을 것이다. 龍春의 신분을 회복시켜 줄 수는 없지만, 呼稱으로라도 그를 좀더 높여 부름으로써 국왕에 대한 예를 표하는 것이 옳다고 생각했던 것 같다. 『삼국유사』가 龍春을 '葛文王'이라고 기록하여 聖骨로 예우한 것은 이러한 분위기를 전하는 한 사례가 아닌가 한다.

---

61) 李基白, 위의 논문, 23~26쪽.

龍春을 大王으로 봉하고서도 갈문왕이라 부른 것은 金春秋 내지 그 추종세력과 眞智王의 폐위를 주도했던 사람들의 후손 사이에 일종의 타협과 화해가 성립한 상징이었다. 그런데 忠恭의 경우에서도 이와 유사한 분위기가 감지된다. 이를 살피기 위해 먼저 그의 가계도를 간략하게 개념화하여 제시해 보면 다음과 같다.

〈표 2〉 忠恭의 家系와 王位繼承關係

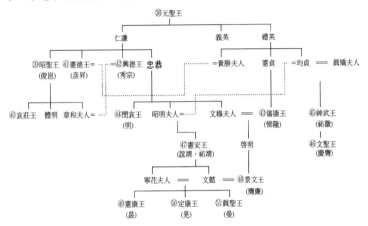

忠恭은 元聖王의 長子인 仁謙의 아들로서 4형제의 막내였는데, 세 형이 모두 왕위에 올랐으며 그 아들 역시 왕이 되었던 인물이다. 위의 도표에서 보는 바와 같이 仁謙의 자손으로서 왕위에 오르지 못한 이는 忠恭 한 사람뿐일 정도다. 新羅史를 통틀어 자신을 제외한 모든 형제들이 왕위에 오르고 또 아들까지 왕이 된 인물은 忠恭이 유일하다.

忠恭이 언제 사망했는지는 잘 알 수 없으나 형인 興德王이 薨去했을 때 그는 이미 세상을 뜬 후였다. 興德王이 죽자 憲貞의 아들 悌隆이 叔父인 均貞과 다음 왕위를 다퉜는데 悌隆이 승리하여 왕이 되니 그가 僖康王이다.

이때 忠恭의 아들 金明은, 悌隆과 均貞이 모두 妹夫이기는 마찬가지였으나 이 중 悌隆 편에 섰고, 悌隆이 왕위에 오른 후에는 그 공으로 上大等이 되었다. 그러나 金明으로서는 仁謙系로 전해 오던 왕위가 禮英系로 넘어간 것이 불만이었던 듯하다. 그는 결국 僖康王 3년에 利弘과 함께 군대를 움직여 왕을 핍박하여 죽이고 스스로 왕이 되니 곧 閔哀王이다. 결과로서 말하자면 悌隆을 왕위에 올리고 또 폐위시킨 것 모두 忠恭系의 의지에 따른 일이었던 셈이다. 閔哀王은 왕위에 오르자 아버지 忠恭을 追諡하여 宣康大王이라 하였다.

이와 같은 事勢로 미루어 忠恭을 갈문왕이라고 높여 부른 것은 일단 閔哀王 때가 아닐까 생각해 볼 여지가 있다. 그러나 閔哀王은 즉위한 지 1년 만에 祐徵에 의해 죽임을 당하였으므로 이 짧은 시간 동안의 호칭이 후대에 남았을 공산은 그리 커 보이지 않는다. 忠恭을 높이는 분위기가 일어난 것은 더 시간이 흐른 뒤의 일일 개연성이 크다.

앞서 悌隆과 均貞이 왕위를 다툴 때에 金明과 利弘, 裴萱伯 등이 悌隆의 편을 들고 祐徵, 金陽 등이 均貞 편에 서서 싸웠는데, 金陽은 裴萱伯이 쏜 화살을 다리에 맞고 패전하여 도망한 후 산야에 숨어 때가 오기를 기다렸으며, 함께 쫓기던 均貞은 도중에 죽고 그 아들 祐徵이 패잔병을 거두어 淸海鎭으로 들어가 大使 弓福(張保皐)에게 의탁하였다. 이들은 金明이 悌隆을 죽이고 왕위를 차지했다는 소식을 듣고, 弓福의 도움으로 군대를 이끌고 상경하여 金明의 군대를 격파하고 祐徵을 왕으로 삼았다. 이에 利弘은 두려워서 달아나다가 祐徵이 보낸 騎兵에 의해 살해되고, 裴萱伯은 사로잡혔다. 그런데 金陽은 裴萱伯을 불러,

> 개는 각자 주인이 아닌 자를 향해 짖는 법이다. 그대는 자신의 주인을 위해 나를 쏘았으니 義士다. 나는 보복하지 않을 것이니 그대는 안심하고 두려워하지 말라.[62]

고 했다고 한다. 均貞系가 집권하기 위해서는 忠恭系와 타협하고 제휴할
필요가 있었음을 엿볼 수 있는 대목이다. 忠恭系가 비록 패배했으나 그
세력은 여전히 무시하기 어려울 만큼 막강했던 것이다. 따라서 당시 사람들은
도망하는 利弘을 끝까지 추격하여 죽인 神武王의 처사를 못마땅하게 생각하
는 경향이 강하였던 것으로 보인다. 利弘이 神武王의 꿈에 나타나 활을
쏘았고, 그 화살을 맞은 神武王이 등창이 나서 죽었다는[63] 기록에는 金陽처럼
반대 세력을 포용하지 못한 왕을 비난하는 마음이 다분히 담겨 있다.

神武王이 즉위 후 몇 개월 만에 죽고 태자 慶膺이 왕위를 이었다(文聖王).
그러나 文聖王은 淸海鎭大使 弓福의 딸에게 장가들겠다는 약속을 지키지
않음으로써 정치적 신의를 저버렸다.『삼국사기』는 왕이 이 결혼에 반대하는
신하들의 의견을 따르기로 했다는 기사를 싣고, 바로 뒤이어 '冬十一月 雷
無雪, 十二月朔 三日並出'[64]이라 하여 큰 異變이 일어났음을 적고 있다.
많은 이들이 이를 옳은 처사로 여기지 않은 것이었다. 文聖王의 治世는
유난히 天災地變이 많아 재위 19년 중 10년에 걸쳐 이변이 있었던 것으로
나타난다. 文聖王은 결국 太子를 잃고, 叔父인 誼靖에게 왕위를 넘겼다.
誼靖은 均貞이 忠恭의 딸인 照明夫人과의 사이에서 둔 아들이었다. 즉 忠恭의
외손자였던 것이다. 그러나 誼靖(憲安王) 역시 후사를 두지 못하고 사위인
膺廉에게 왕위를 물리니(景文王), 이로써 均貞의 直系 王統은 끊어지게 되었
다.

景文王은 憲貞의 아들인 僖康王의 손자였다. 그리고 또한 동시에 그는
忠恭의 딸인 文穆夫人의 손자이기도 했다. 忠恭은 景文王의 진외할아버지였
던 것이다. 즉 景文王은 그 血緣系譜가 憲貞系, 均貞系, 忠恭系를 함께 아우르
는 위치에 있었던 왕이었다. 따라서 景文王은 그동안 왕위를 둘러싸고 대립해

---

62)『三國史記』44, 列傳4, 金陽.
63)『三國史記』10, 新羅本紀10, 神武王 卽位年 7月 23日.
64)『三國史記』11, 新羅本紀11, 文聖王 7年.

오던 제 세력을 화해시키고 통합하는 데 매우 적절한 위치에 있었고, 이러한 위치에 상응하는 조정 역할을 수행해 달라는 興望을 받았으리라 짐작된다. 忠恭을 갈문왕이라 높여 부른 것은 바로 이 景文王 때였을 公算이 크다.

忠恭은 昭聖·憲德·興德 3王의 동생이었고, 閔哀王의 아버지였으며, 僖康王의 장인이었고, 憲安王의 외할아버지, 景文王의 진외할아버지였다. 신라사를 통틀어 이와 같이 한 사람이 여러 왕과 혈연으로 얽힌 경우는 다시 찾아보기 어렵다. 더구나 均貞系가 정치적 신의를 잃고 단절된 상황에서, 비록 그 자신은 憲貞의 直系였지만 세력이 빈약하여 忠恭系에 의지할 수밖에 없었던 景文王으로서는 의례상으로나마 忠恭을 갈문왕이라고 높여 부르는 것이 그 세력의 지지와 협조를 구하는 유력한 방안이었으리라 여겨진다.

유독 龍春과 忠恭만을 갈문왕이라 기록한 데에는 이와 같이 그럴만한 사정이 있었다. 모든 追封大王을 갈문왕이라고 불렀던 것은 아니다. 갈문왕은 聖骨이 절멸하면서 함께 폐지된 제도였음이 분명하며, 이후에 갈문왕으로 나타나는 두 예는 대립과 갈등 속에서 타협과 화해를 구한 정치 과정의 상징물일 뿐이다.

갈문왕은, 그 제도가 의미를 상실한 지 거의 2백 년이 다 되어 가는 시점에 이르러 추봉대왕을 높여 부르는 용어 정도로만 활용되었다. 이 시기 사람들이 갈문왕을 대왕보다 더 영예로운 호칭으로 생각한 것은 그것이 성골 신분을 유지시켜 왕위계승권을 갖게 하는 수단으로 쓰인 직함이었음을 올바로 알고 있었기 때문이라고 여겨진다. 그 뒤로 다시 갈문왕이라고 부른 사람이 보이지 않는 사실에서 더욱 그렇다.

그렇지만 신라가 葛文王 제도를 시행한 본연의 목적과 배경은 시간이 지날수록 점점 잊혀지고, 고려 중기 무렵에는 이제 잘 알 수 없는 일로 치부되고 있다.[65] 막연하게 追封한 왕을 갈문왕이라고 불렀던 것이 아닐까

---

65) 『三國史記』 40, 雜志9, 職官 下.

생각할 정도였다.[66] 이후에도 그 실체를 분명히 알려주는 기록이 더 이상 발굴되지 않았으므로 이에 대한 이해는 지금까지 그대로 답보 상태였다고 해도 과언이 아니다. 그동안 '갈문'의 어의와 관련하여 다양한 가능성을 타진해 보고,[67] 갈문왕을 책봉하는 근거로 국왕과의 혈연·인척 관계를 주목하기도 했으나[68] 워낙 零星한 관련 자료의 한계로 말미암아 恣意的이거나 皮相的인 이해의 수준을 벗어나기 어려웠다.

기록의 외면에 나타나는 바에 입각할 때 갈문왕은 일단 妃后의 父에 대한 지칭으로 볼 수 있을 것으로 여겨졌다.[69] 그러나 모든 妃后의 父를 갈문왕이라고 부른 것은 아니라는 점이 문제였다. 그리하여 일정 氏族의

---

66) 『三國史記』 1, 新羅本紀1, 逸聖尼師今 15年.

67) ① 正祖 때의 文臣인 頤齋 黃胤錫(1729~1784?)은 葛의 訓인 '츩'이 '주'와, 文의 訓인 '글'이 '근'과 가까우므로 '葛文'은 '주근>죽은'의 표기로 볼 수 있다고 생각했다(『頤齋遺稿』 25, 「華音方言字義解」).
② 가쓰라기 스에지(葛城末治)는 葛文을 訓('츩글')으로 읽어 崇上의 뜻인 '치키다'의 미래형('치킬')에서 기원한 말로 보았다(葛城末治, 「新羅葛文王に就いて」, 『東洋學報』 13-4, 1924 ; 『朝鮮金石攷』, 1935 재수록, 592~593쪽).
③ 이마니시 류(今西龍)는 葛이 骨(親族), 文이 몸(身體)의 표기라고 보았다(今西龍, 「新羅葛文王考」, 『新羅史硏究』, 1933, 261쪽).
④ 梁柱東은 죽은 이를 殮襲함을 '갈물>갈무리'한다고 한 것과 '갈문'이 무관하지 않으리라고 여기면서, '갈문'의 어원을 交·代의 뜻인 '갈마들다'에서 찾고 葛文王은 국왕에 버금가는 代王의 指稱이었다고 생각했다(梁柱東, 「葛文王その他」, 『靑丘學叢』 22, 1935).

68) ① 조선시기에는, 本宗의 正統을 追稱할 때에는 麻立干이라 한 반면 異姓을 追尊할 때 갈문왕이라고 불렀던 것이 아닐까 추측한 견해가 설득력을 얻었다(『星湖僿說』 9下, 經史8, 論史門5, 法制 ; 『東史綱目』 附卷 上上, 考異, 葛文王).
② 1970년대 들어 李基白 교수는 갈문왕이 왕과의 일정한 관계를 기준으로 책봉되었으며, 그 기준이 왕권과 이에 준하는 귀족세력 사이의 관계 변화에 상응하여 변화하였다고 보았다. 초기에 王妃의 父가 갈문왕으로 책봉된 것은 朴氏 왕족과 金氏 왕비족의 정치적 결합의 산물이며, 다음에 王父와 王母의 父가 갈문왕에 봉해진 것은 朴·昔·金 세 왕족이 지배씨족으로 연합한 결과고, 그 다음에 王弟가 갈문왕이 된 것은 강화된 왕권을 기반으로 한 金氏 왕족 諸家系 연합의 소산이며, 그후 大王의 追封이 있을 뿐 갈문왕 제도가 중단된 것은 武烈系 왕권이 專制化한 表徵이라는 것이다(李基白, 앞의 「新羅時代의 葛文王」).

69) 『東史綱目』 附卷 上上, 考異, 葛文王, '按, 以史考之, 妃后之父 稱葛文王.'

長上으로서 妃后의 父가 된 사람과 그렇지 않은 사람을 구분했던 것일 가능성과,[70] 기록이 누락된 결과일 가능성이 제시되었다.[71] 하지만 王父로서 갈문왕이 된 경우는 '妃后의 父'에 해당하지 않고, 王弟로서 갈문왕이 된 경우는 氏族의 長上으로 보기 어렵다는 점이 또 문제였다. 혈연집단의 分枝化를 주목하거나 갈문왕에 책봉된 대상이 시기에 따라 변화하였을 가능성을 생각해 보게 된 것은[72] 이런 연유에서였다. 그러나 어떻게 이해하든, 적잖은 기록이 예외로 남는다는 점에서 그 역시 불완전한 이해임이 분명하였다.[73]

本考 또한 여기서 예외가 아닐 줄 안다. 冊封 기사를 단서로 삼아 편견이나 선입견 없이 갈문왕의 실체에 접근하려 노력하였지만, 불가피하게 논리만으로 추정을 거듭할 수밖에 없는 부분이 있었고, 논의의 難澁을 피하기 위해 불가피하게 외면한 王系 상의 異說도 있었다. 그러나 지금의 자료 여건에서는, 葛文王 제도의 本義와 그 제도 운영의 역사적 추이를 이상과 같이 이해하는 것이 가장 합당한 방향이리라 생각한다.

5. 結 語

王과의 혈연관계나 인척관계를 살피고 그 변화를 추적하는 방법으로는 葛文王의 실체를 파악하기가 곤란하다. 사례가 많지는 않지만 冊封 기사를 중심으로 當代의 왕위 계승 관계 및 정치 상황을 주의 깊게 살펴볼 때에만 그 실체에 접근할 수가 있다. 葛文王은 聖骨의 소멸과 함께 실질적으로 그 기능을 상실한 제도였으므로 특히 왕위 계승 자격의 변동 관계를 눈여겨보

---

70) 金庠基, 앞의「葛文王考」.
71) 河廷龍,「新羅上代 葛文王 硏究」,『民族文化硏究』27, 高麗大 民族文化硏究所, 1994, 64~65쪽.
72) 註 68)의 ②.
73) 송은정,「新羅 上代 葛文王의 성격과 변화」,『淑明韓國史論』 2, 1996.
   宣石悅,「신라금석문을 통해 본 葛文王」,『新羅文化祭學術論文集－新羅金石文의 現況과 課題－』 23, 2002.

지 않으면 안 된다. 본고는 이 점에 유의하여 갈문왕 관련 기록들이 含意하고 있는 바를 다각적으로 분석해 보고자 하였다. 이제 지금까지 살핀 내용을 요약함으로써 논의를 마무리하고자 한다.

葛文王은 왕위계승권을 벗어나게 된 사람에게 주어 本人 및 直子에 한하여 왕위 계승 자격을 유지하도록 하는 기능과 그 內外孫子 범위까지 왕실과 통혼할 자격을 부여하는 기능을 수행한 제도다. 이 제도는 直子에 대한 왕위 계승 원칙이 확립되던 儒理尼師今 때 國王의 直子가 아닌 다른 사람에게도 왕위 계승 자격을 주기 위한 목적에서 처음 시행되었다. 당초 신라 건국에 참여했던 辰韓 6國의 干 모두가 왕위 계승 자격을 가졌던 시기에는 갈문왕이라는 지위가 따로 필요 없었으나, 儒理尼師今代에 現王의 直系 卑屬이 왕위를 세습하되 王壻도 王子와 마찬가지로 왕위 계승 자격을 갖는다는 원칙이 성립하자, 왕의 親子에 한정되지 않고 열려진 왕위 계승 체제에서 六部의 諸干을 정치적으로 결속할 필요성이 발생함에 따라 他姓에게도 잠재적이고 형식적인 왕위 계승 자격을 주게 되었고, 이것이 갈문왕 제도의 신설이라는 형태로 나타났던 것이다. 이 시기의 갈문왕은 실제로 왕위에 오른 예가 없었던 것으로 보이며, 왕실의 정치적 후원자라는 의미가 강하였다. 따라서 新羅의 王子들은 거개가 정치적 동맹관계에 있는 갈문왕의 딸을 배우자로 맞는 것이 관행이었다. 尼師今期 갈문왕이 妃父로 나타나는 경우가 많은 것은 이 때문이다. 이에 갈문왕은 시간이 지날수록 왕위계승권의 소지자로서의 本義를 잃고, 마치 그 기능이 원래 왕실과 통혼할 수 있는 가문의 표시였던 것처럼 구실하였다.

그러나 이러한 사정은 訥祗가 自立하여 麻立干을 칭함에 따라 크게 변화하였다. 訥祗는 볼모로 나가 있다가 귀국한 두 아우의 도움으로 국가 권력 전반을 장악하였는데, 이를 계기로 신라에는 所屬部보다 血緣關係가 구심점을 이루는 새로운 정치 구도가 조성되기 시작하였다. 그리하여 형제에 대한

互惠와 近親婚을 통해 奈勿系의 連帶가 두드러지게 공고해지는 가운데, 이렇게 결속된 奈勿系 干들이 일반 骨族과 스스로를 차별화하여 '眞骨'을 칭하고 정치적·사회적 특권을 주장함으로써 독자적 신분층으로 성립해 나갔다. 이들 진골은 新羅王의 近親族임을 근거로 六部의 일반 干들과 구별되는 특권을 주장한 것이었으므로 신라왕을 더욱 절대적이고 神聖한 존재로 수식할 필요가 있었다. 이에 現王과 그 왕위를 계승할 자격이 있는 사람을 '聖骨'이라고 불러 신성시하는 새로운 변화가 일어났다. 聖骨이 성립하게 된 것이었다.

성골은, 왕위 계승 자격자를 일반 진골과 구분하는 신분 개념으로 쓰였지만 본원적으로는 자격의 의미가 강하였으므로, 王子라 할지라도 현실의 왕위 계승 구도에서 왕위를 계승할 가능성이 사라지게 되면 이로부터 벗어나게 되는 신분이었다. 그러므로 성골에서 벗어나게 된 王叔 또는 王弟가 생길 경우에는 그들 자신만이 아니라 왕 또한 처신이 매우 어려울 수밖에 없었다. 이에 갈문왕 제도는 이러한 난처한 국면을 타개하는 유력한 방안으로 주목되고 활용되게 되었다. '中古'期에 王弟를 갈문왕에 책봉한 예가 많은 것은, 성골이 성립함에 따라 왕위 계승 자격이 現王의 親子·親孫에 한정되게 된 결과 혹시 발생할 수 있는 王統 絶滅의 위험을 모면하기 위한 방책으로, 성골에서 벗어나게 된 王弟에게 성골 신분을 유지하도록 하는 장치로서 갈문왕 제도를 활용하였기 때문이다.

이상과 같이, 尼師今期에 他姓에게까지 주어졌던 갈문왕은 麻立干期로 접어들면서 奈勿系로 그 책봉 대상이 한정되었으며, '中古'期로 접어들 즈음 성골이 성립하면서는 성골 신분에서 벗어나게 된 國王 近親을 이에 책봉하여 그 신분을 유지시켜 주는 장치로 작동하고 있었다. 갈문왕에 책봉되는 대상은 시간이 지날수록 그 범주가 축소되고 있었던 것이다. 이에 따라 갈문왕의 실질적 성격 역시, 신라왕의 位號 改定 및 '干'層에서 眞骨로의 최고 지배세력

改編 과정과 맞물려 몇 차례 변화하였으며, 마침내 성골 신분을 유지하는 장치로 기능하기에 이르러서는 성골이 소멸할 경우 함께 사라지고 말 처지에 직면하였다.

그런데 지금까지의 논의에 입각한다면 聖骨 王統이 단절된 眞德王 이후로는 갈문왕이 일체 보이지 말아야 할 것임에도 불구하고, 龍春과 忠恭을 갈문왕이라고 부른 두 건의 기록이 보인다. 하지만 이 사례는 대립과 갈등 속에서 타협과 화해를 구한 신라 정치 과정의 상징물일 뿐이며, 갈문왕 제도가 후대까지 존속했다거나 恒例的으로 追封大王을 갈문왕이라고도 불렀음을 보여주는 증거 자료는 아니다.

龍春은 眞智王의 아들로서 父王이 폐위되지 않았다면 응당 왕위를 계승했을 성골이었으나 父王의 폐위와 함께 성골에서 벗어나고 만 사람이었다. 그리고 그의 아들인 金春秋가 왕위에 올랐다. 그렇지만 金春秋로서도 아버지를 伸寃하여 성골로 복귀시켜 줄 여건이 아니었다. 이미 성골의 절멸이 선언된 마당이기도 했거니와, 그가 즉위할 수 있었던 것 자체가 眞智王의 폐위 사건에 직·간접으로 연루된 사람들의 후예들에게 이 사안에 대한 不再理를 약속함으로써 가능했던 일이기 때문이다. 太宗武烈王 金春秋는 아버지를 大王에 추봉하는 데 그쳤다. 그러나 金春秋의 추종 세력은 물론이고 그와 타협한 여타 진골 세력으로서도 기왕 왕위에 오른 金春秋의 親父를 어떻게든 예우해 주지 않으면 안 되었다. 龍春을 갈문왕이라 부른 것은 呼稱으로써만이라도 그를 예우함이 國王에 대한 臣僚로서의 예의라고 여긴 결과였다.

한편 忠恭은 元聖王의 장자인 仁謙의 아들로서 4형제의 막내였는데, 세 형이 모두 왕위에 올랐으며 그 아들 역시 왕(閔哀王)이 되었던 인물이다. 정치적 위상으로 본다면 龍春에 비견할 만한 사람이었던 셈이다. 閔哀王은 아버지를 大王에 추봉하였다. 그러나 忠恭을 갈문왕이라 불러 예우한 것은

閔哀王 때가 아니었다고 여겨진다. 이후 신라의 왕위는 忠恭系, 均貞系, 憲貞系의 대립과 갈등 속에서 이어졌는데, 이 세 계열의 혈통은 景文王 때 서로 만나게 된다. 景文王의 자녀들은 세 혈통을 모두 이어받은 이들이었고, 이는 정치적으로 매우 중요한 사실이었다. 景文王의 세 자녀가 모두 왕위에 오를 수 있었던 것은 이들이 세 정치세력을 하나로 결합하는 구심점이었기 때문으로 보인다. 이러한 사실로 미루어 볼 때, 景文王은 그동안 왕위를 둘러싸고 대립해 오던 제 세력을 화해시키고 통합하는 데 매우 적절한 위치에 있었고, 실제로 그 위치에 상응하는 조정 역할을 수행해 달라는 輿望을 받았던 왕이었다고 사료된다. 呼稱으로만이라도 忠恭을 갈문왕이라 높여 부르는 정치적 타협과 화해가 이루어진 것은 바로 이 景文王 때였을 公算이 크다. 모든 追封大王을 으레 갈문왕이라고 불렀던 것은 아니었다.

葛文王 제도는 聖骨의 소멸과 함께 폐지되었다. 이 제도가 聖骨 신분을 유지시켜 주는 방편으로 활용되고 있었던 데 따른 결과였다. 따라서 이를 專制王權의 확립을 확신할 수 있는 증거로 간주하는 것은 지나친 해석이다. 그리고 갈문왕의 수여 대상은, 그 범주가 점차 축소되는 경향을 보였을 뿐, 대상 자체가 妃父에서 王父, 王弟로 변화했던 것은 아니다.

Ⅲ. 新羅 重位制의 展開와 支配身分層의 變化

1. 序 言

우리나라 고대 및 중세의 지배체제는, 국가 통치를 위한 정치조직의 정비와 이에 참여하는 지배층의 편제라는 서로 다른 두 계통의 원리를 일원적으로 묶어내는 방향에서 짜여지고 운영되었다. '각 관부의 관직'과 '관인의 관등·관품'을 서로 연결시킬 합의점을 제시하는 것이 지배체제 편성의 관건이고 요체였다. 따라서 그 결과로서의 직관제도에는 늘 당대의 신분 구성과 실질적인 세력 관계가 반영되었으며, 관인 개별의 천부와 능력을 분간하고 평가하는 그 시대 나름의 합리성이 투영되었다. 이는 신라에서도 마찬가지였다.

신라는 국초부터 관등제를 마련하여 시행했으며, 6세기부터는 중앙집권적 정치기구를 설치하고 각 기구에 편성된 관직마다 그에 오를 수 있는 관등의 범위를 규정하여 제도화해 나갔다. 신라의 지배체제는 관등제를 근간으로 그 위에서 편성되고 있었던 것이다. 그러므로 신라 관등제의 성립 과정은 국가의 형성 과정을, 그 개편 과정은 권력구조의 변동과 신분구성의 변화를 그대로 반영하고 있는 것으로 일찍부터 주목을 받아 왔다.[1] 이를 줄곧 골품제와의 연관 속에서 이해해 온 것도 여기에 원인이 있다.

---

1) 金哲埈,「高句麗·新羅의 官階組織의 成立過程」,『李丙燾博士華甲紀念論叢』, 1956 ;『韓國古代社會研究』, 知識産業社, 1975 재수록, 138~154쪽.
官等制와 骨品制를 유기적으로 파악한 종래의 여러 견해에 대해서는 李基東,「新羅骨品制研究의 現況과 課題」,『歷史學報』74, 1977 ;『新羅骨品制社會와 花郎徒』, 一潮閣, 1984 재수록, 41~52쪽을 참고할 것.

지금까지 신라 관등제의 편제와 운영은, 진골의 정치적 특권을 제도적으로 보호하고 두품층의 정치적 활동 범위를 등급별로 규제하는 방향에서 이루어 졌다고 이해되어 왔다. 대아찬 이상의 관등은 진골만 오를 수 있다는 규정에 유의하고, 아찬·대나마·나마에 부가된 중위를 각각 6·5·4두품에 적용한 특진 관등으로 파악한 결과였다. 진골을 제외한 두품층은 저마다 오를 수 있는 상한 관등이 정해져 있었고, 이로써 야기되는 문제점을 해소하기 위해 각 신분의 상한 관등에 중위를 두어 곁가지로 승진할 수 있는 장치를 마련해 주었다는 것이다.[2]

골품에 따라 복색이나 가옥·탈것·그릇 등의 규모와 재질을 달리하던 신라에서, 오를 수 있는 정치적 지위가 골품에 따라 규제되었다는 것은 일견 당연한 일처럼 보인다. 국가 형성 과정에서 골품이라는 확고부동한 신분 개념이 만들어졌고, 이것이 모든 부면에서 작동하였다는 것이 골품제에 대한 지금까지의 일반 상식이다. 그러나 골품제를 이룬 신분의 구성은 시기에 따라 변화하고 있었고, 그 動因의 주축에는 정치 관계의 변동과 지배세력의 교체라는 변수가 놓여 있었다.[3] 골품제로써 신분별로 정치적 성취를 규제한 측면과 아울러 정치적 성취가 골품제에서의 지위를 판가름한 측면이 공존하 였던 것이다. 신라 권력구조의 역동성이 여기서 기인하고 있었다.

이는 중위제 역시, 골품제 상의 신분 구성이 변화하고 관등제가 개편·정비 됨에 대응하여 몇 차례의 조정 과정을 거쳤을 개연성이 크다는 것을 의미한다. 처음 중위를 설치한 후 아무런 손질 없이 후대까지 그대로 유지했으리라고는 보기 어렵다. 중위제에도 권력구조의 변동과 지배세력의 교체 내지 성격

---

2) 邊太燮, 「新羅 官等의 性格」, 『歷史敎育』 1, 1956, 62~82쪽
   三池賢一, 「新羅官位制度(下)」, 『駒澤史學』 18, 1971, 19~21쪽
   井上秀雄, 「新羅官位制度の成立」, 『新羅史基礎硏究』, 1974, 215~218쪽
   權悳永, 「新羅 官等 阿湌·奈麻에 對한 考察」, 『國史館論叢』 21, 1991, 49~55쪽.
3) 拙稿, 「新羅 骨品制의 構造와 그 變化」, 『韓國 古代·中世의 支配體制와 農民』(金容
   燮敎授停年紀念韓國史論叢 2), 1997, 99~118쪽 : 이 책 제3장 Ⅳ에 재수록.

변화가 일정하게 반영되어 나타났을 것이다.

본고는 이러한 생각에서, 중위 규정에 대한 분석적 검토를 통해 신라 지배신분층의 변화와 그 추이를 살피려 한 것이다. 소기의 성과를 거둘 수 있다면 골품제와 관등제의 정비 과정에 대해서도 좀더 구체적인 실상을 파악할 수 있을 것이다.

2. 重位制에 대한 기존의 理解와 問題點

『삼국사기』는 신라의 관등제에 대해 다음과 같이 기록하였다.

儒理王九年置十七等 一曰伊伐湌 二曰伊尺湌 三曰迊湌 四曰波珍湌 五曰大阿湌 從此至伊伐湌 唯眞骨受之 他宗則否 六曰阿湌 自重阿湌至四重阿湌 七曰一吉湌 八曰沙湌 九曰級伐湌 十曰大奈麻 自重奈麻至九重奈麻 十一曰奈麻 自重奈麻至七重奈麻 十二曰大舍 十三曰舍知 十四曰吉士 十五曰大烏 十六曰小烏 十七曰造位[4]

3대 유리왕 때 이미 관등제를 마련해 시행하기 시작했다는 것이다. 물론 여기서 그것이 처음부터 17관등제로 갖추어진 듯 기록한 것은 오류다. 17등의 관등이 구비된 것은 법흥왕 때의 일임이 확인되었기 때문이다.[5] 이 기록은 후대에 신라 관등제에 대해 총괄적으로 기술한 내용임이 분명하다.

신라 관등의 구성에서는 외견상 몇 가지의 특징이 발견된다. 첫째는 干(湌) 群 官等과 非干群 官等이 명확히 구분되어 전자가 후자에 대해 절대적인 우위에 있는 점이고,[6] 둘째는 몇몇 관등에 重位를 둔 점이며, 셋째는 京位

---

4) 『三國史記』38, 雜志7, 職官 上, 新羅官號.

5) 盧泰敦, 「蔚珍鳳坪新羅碑와 新羅의 官等制」, 『韓國古代史研究』2, 1989, 175~186쪽. 다만 그것이 몇 등급이었든 또 그 명호가 어떠하였든 간에, 초기 형태의 관등을 설치하고 이에 입각하여 제도적으로 관인을 편제한 것이 儒理王 때부터의 일이었다는 요지만은 대략 수용할 수 있을 것이다. 국가의 형성은 각급 지배세력을 차등 있게 편제해 내는 조직력의 성립을 의미하기 때문이다.

一伐干·一尺干·波珍干·阿尺干의 이름과 서열이 外位 干 예하의 一伐·一尺·彼日·阿尺과 그대로 일치한다는 점이다.[7] 여기서 예외적인 3위 迊干은 후대에 添設된 관등일 개연성이 크다.[8] 그리고 넷째 大阿尺干·大奈麻·大舍·大烏처럼 기존의 관등에 '大'자를 붙여 독자의 관등으로 성립한 경우가 있어 17관등이 일시에 설치된 것이 아님을 보여주며, 다섯째, 이러한 파생 관등이 아직 성립하기 전의 非干群 官等은 奈麻·舍知·吉士·烏·造位로, 奈麻·舍知가 5·4두품의 상한 관등이었듯이 吉士·烏·造位는 각각 3·2·1두품에 해당했을 개연성을 보이는 점도 신라 관등의 구성에서 발견되는 특징이다.

그렇지만 이 중 무엇보다 주목되는 것은 역시, 17관등 가운데 6위 阿湌과 10위 大奈麻, 11위 奈麻에 각각 4重·9重·7重으로 두었다는 重位에 대한 규정이다. 현존하는 자료에 입각하는 한, 이와 같은 重位制는 신라 관등제에서만 확인되는 특이한 제도인 까닭이다. 그리고 정작 사료를 통해서 확인할 수 있는 重位가 기실 阿湌重位에 불과하다는 점도 눈길을 끌기에 족한 사실이다. 大奈麻와 奈麻에 두었다는 奈麻重位의 實例는 아직 발견되지 않고 있다.

---

6) 고구려에서는 처음에 하위에 있던 '使者' 계열 관등이 후기로 갈수록 상위의 '兄' 계열 관등을 추월하는 경향을 보여, 干群 官等의 절대적 우위를 끝까지 유지한 신라의 경우와 대비된다(拙稿, 이 책의 제4장 Ⅰ).

7) 하일식, 「6세기 新羅의 地方支配와 外位制」, 『學林』 12·13合輯, 1991, 23쪽. 拙稿, 이 책의 제4장 Ⅰ.
波珍干과 彼日의 경우는, 本彼部를 本波部로도 쓰고 彼日을 波日로 쓴 경우가 있어 '波'와 '彼'가 혼용될 수 있던 자형임을 알 수 있는데다, 『三國史記』 金庾信傳의 阿珍舍이 新羅本紀에 安那舍으로 나오는 예로 미루어 珍은 那>nar로도 소리 나던 글자임을 알 수 있으므로 nal:nar의 音價를 가진 日과 혼용했을 개연성이 커 그 상관성을 인정할 수 있다.

8) 權悳永, 앞의 논문, 35쪽. 여기서 權 교수는 고위 관등인 迊湌이 『三國史記』 '上古'期 기사에 전연 보이지 않는 점, 波珍湌에서 迊湌을 거치지 않고 곧바로 伊湌으로 승급한 사례가 여러 차례 보이는 점 등을 근거로, 迊湌은 대아찬과 대나마가 신설될 때 함께 설치되었을 것으로 추정하였다.

阿飡重位는 職官 규정상 武官인 大官大監, 外官인 州助 郡大守 大谷城頭上 등에 상당하는 경위로 규정되어 있고 이 관등을 실제 소지했던 인물로서 金志誠·金言·金堅其·金元靜 등이 기록에서 확인되는 반면,[9] 奈麻重位는 위 기록 이외의 사료에서 다시 나타나지 않는다. 이 때문에 나마중위의 사실성 자체가 의문시되었다. 의문을 촉발한 것은 단지 그 실례가 확인되지 않는다는 사실만이 아니었다. 대나마와 나마에 설정된 중위의 이름이 동일하다는 점과, 대나마의 중위가 9중에 이르는 데에 비하여 나마의 중위는 7중에 그치고 있다는 점도 잘 납득되지 않는 사실이었다. 첫째, 兩者가 같은 시기에 병존하였을 경우 '몇중나마'라는 관등명만 보아서는 그것이 대나마의 중위인지 나마의 중위인지 분간할 수 없었을 것이고, 둘째, 중위제를 특진의 형태로 볼 경우 상위 관등의 중위가 하위 관등의 중위보다 더 많다는 것이 논리상 이해하기 어려운 일이었기 때문이다. 상위 관등에 더 많은 중위를 두었다면 아찬중위는 이보다 더 많았어야 했다.

따라서 大奈麻 重位와 奈麻 重位의 어느 한 편은 사실이 아닐 가능성이 우선 검토되었다. 먼저 대나마에 설정된 중위의 실재를 의심한 견해는 다음과 같은 점에 유의하고 있었다. 즉 아찬의 중위는 육두품에게 곁가지로 특진할 수 있는 길을 열어 주기 위해 설정한 것이었다고 생각할 때, 그 상한인 4중아찬에 해당하는 관등은 잡찬인 반면 같은 원리로 특진하였을 9중나마는 이찬에 해당하므로 하위 관등이 상위 관등보다 더 높은 수준까지 오른 결과가 된다는 점이었다.[10]

---

9) 金志誠은 聖德王 18년(719)에 莊田을 喜捨하여 甘山寺를 짓고 彌勒菩薩과 阿彌陀如來를 造像한 다음 石像 光背의 裏面에 각각 記文을 남겼는데, 이 造像記에 의하면 그는 官等이 重阿飡에 이르렀고 執事侍郎을 역임한 후 67세에 致仕했다고 한다. 金言은 元聖王 7년(791)에 三重阿飡이 되었다(『三國史記』10, 新羅本紀10, 元聖王 7年 11月). 金堅其는 872년에 작성된 「皇龍寺九層木塔刹柱本記」에 俗監典으로 보이는 인물인데, 당시의 관직과 관등은 '浿江鎭都護 重阿干'이었다. 金元靜은 『續日本紀』6, 和銅 7年(714) 11月 乙未條에 重阿飡으로서 일본에 使行한 것으로 나타난다.

이에, 이와 같은 모순성을 회피할 새로운 이해 방향이 모색되었다. 중위를 특진의 형태로 본 데서 모순이 야기되었으니 그렇게 보지 않으면 되지 않느냐는 발상이었다. 그리하여 중위제의 적용을 받은 층은 골품제 상의 신분층이 아니라 신라의 영토 확장 과정에서 새로 편입된 소국의 지배세력일 가능성이 크다는 견해가 제출되었다.11) 대아찬·대나마·대사 등 '대'자로 구분된 관등들은 사로국 이래 줄곧 경주 지방에 거주해 온 귀족세력을 새로 편입된 소국 세력과 구별하기 위해 설치한 것이었다고 파악하고, 아찬·나마의 중위는 新附 세력의 승급을 차단하기 위해 설정한 별개의 체계였을 것으로 추측한 것이었다. 그러나 대아찬과 아찬 사이에 보이는 신분적 단층이 대나마와 나마, 대사와 사지 사이에서는 뚜렷이 나타나지 않는다는 점이 문제로 남았다.12)

한편 나마에 설정된 중위를 인정할 수 없다는 견해가 유의하고 있었던 것은 법흥왕대 의관제에 보이는 관등의 신분적 구분이었다. 아찬은 色服 緋衣의 상한 관등이었고 대나마는 靑衣의 상한 관등이므로 이에 설정된

---

10) 末松保和,「梁書新羅傳考」,『新羅史の諸問題』, 1954, 406~407쪽. 스에마쓰 교수는 각 重位에 상응한 관등이 다음과 같았을 것으로 추정하였다.

1	2	3	4	5	6	7	8	9	10	11	12	13	14	15	16	17
伊伐飡	伊飡	迊飡	波珍飡	大阿飡	阿飡	一吉飡	沙飡	級飡	大奈麻	奈麻	大舍	舍知	吉士	大鳥	小鳥	造位
		4重阿飡	3重阿飡	重阿飡	」											
	9重奈麻	8重奈麻	7重奈麻	6重奈麻	5重奈麻	4重奈麻	3重奈麻	重奈麻	」							
				7重奈麻	6重奈麻	5重奈麻	4重奈麻	3重奈麻	重奈麻	」						

11) 井上秀雄, 앞의 논문, 207~226쪽.
12) 李基東, 앞의 논문, 45쪽.

중위는 각기 육두품과 5두품의 승급을 제한한 데 따른 보조 조치로 볼 수 있지만, 나마는 대나마와 같은 나마群 관등으로서 양자가 동일한 성격의 관등이라 할 것이므로 여기에 또다시 중위를 설정할 이유를 발견하기 어렵다는 것이었다.13) 그러면서도 이 견해는, 7중에 이르는 나마중위에 관한 기록 자체까지 묵살할 이유는 없는 것으로 판단하였다. 대나마의 중위가 7중나마로 충분하던 시기가 있다가 점차 그것이 9중나마까지 분화될 필요가 제기되는 단계에 이르러 7중나마까지의 종래의 중위는 폐기하였던 것인데, 이를 후세 史家가 병존하였던 것으로 오인하여 奈麻位에 牽附하였던 것으로 이해하면 무리가 없다고 본 것이었다.

이는 대나마·나마에 설정된 나마중위를 서로 시기를 달리하여 계기적으로 파악할 경우엔 양자가 같은 이름으로 나타나는 문제를 납득할 수 있다는 새로운 관점을 제시한 주목할 만한 견해였다. 그러나 이와 같이 생각하고서도 두품층이 오를 수 있는 관등의 상한이 신분별로 각기 정해져 있었다고 확신한 나머지 다시 의문을 남기고 말았다. 중위제가 육두품 및 5두품에 적용되고 있었다고 한다면 그것은 4두품에도 적용되었으리라고 봄이 마땅할 터인데 4두품의 상한 관등인 대사에는 왜 중위 규정이 없는지 물을 수밖에 없었던 것이다. 그리고 이와 관련하여, 두품명의 숫자로 미루어 반드시 존재했을 것으로 짐작되는 1~3두품이 소멸한 것으로 나타나는 사실과 중대 이후로는 급찬과 나마 사이의 신분적 경계마저 문란해지는 경향을 보인다는 사실을 주목하고, 하급 신분부터 골품간의 경계가 모호해지고 平民化하던 추세 속에서 대사의 중위 규정이 의미를 잃게 되었을 가능성을 생각하였다.14)

의관제 상의 구분으로 보아 黃衣의 상한 관등인 대사에 중위가 설정되어 있었더라면 매우 자연스러운 일이었을 테지만 그렇지 않다고 하더라도 4두품

---

13) 邊太燮, 앞의 논문, 75쪽.
14) 邊太燮, 위의 논문, 78~81쪽.

층에 적용된 중위 규정 역시 틀림없이 존재했으리라고 추론할 수는 있겠다. 그렇지만 자료에 보이지 않는 대사중위를 가정하고 그것이 없어진 이유를 찾는 것은 아무래도 무리라는 것이 일반의 생각이었다. 여기서 나마중위가 곧 4두품층에 적용된 중위였다는 견해가 제출되었다. 이 견해는 4두품층에게 적용한 중위가 '몇중대사'가 아니라 '몇중나마'로 나타나게 된 배경으로 신문왕 2년에 설치한 國學의 수학 규정을 주목하였다. 골품을 불문하고 단지 그 位가 대나마·나마에 이르면 出學한다는 국학 규정으로 말미암아[15] 4두품 출신으로 국학에서 수학한 자들에 대해 限位 규정을 풀어 나마에 이를 수 있도록 해주는 恩典이 필요하였고, 따라서 그 특진의 한계인 나마에 중위가 설정되게 되었다는 것이다.[16]

그러나 이 경우에도, 대나마와 나마의 重位名이 공히 '몇중나마'로 나타나는 사실에 대한 설명이 궁색하기는 마찬가지였다. 5두품과 4두품에 적용된 중위의 명호가 같았다고 볼 수는 없는 일이었으므로 대나마중위의 명호가 '몇중나마'로 기록된 것은 '몇중대나마'의 오기일 것으로 처리하였으나, 입론에 장애가 되는 기록을 자의적으로 수정하고 세운 논리라는 점에서 명백한 한계를 지녔음을 부인하기 어려운 이해 형태였다. 또한, 나마 관등 소지자로서 중앙 관부의 대사직에 있던 자를 4두품 출신의 국학수학자로 단정할 사료적 근거는 물론이고 정황적 개연성조차 제시하기가 어려웠고, 나마에 중위가 설치된 시기를 신문왕 2년 무렵으로 볼 수 있는 근거를 실제로는 발견할 수 없었다는 데 중대한 결함이 있었다.

이뿐만이 아니다. 이와 같이 볼 경우 후대에 성립한 나마 중위가 7중에 그친 사실에 대해서도 일정한 해명이 있어야 했고, 골품제의 적용을 뛰어넘어 관직을 수여하는 특전을 유독 4두품층에게만 준 이유와 골품제에 입각한

---

15) 『三國史記』 38, 雜志7, 職官 上, 國學.
16) 三池賢一, 앞의 논문, 19~21쪽.

신분 구분을 전제로 관등제를 운영하는 상황에서 국학의 수학 규정만은 굳이 골품과 관등의 긴밀한 상관성을 무시하고 제정한 이유 등에 대해서도 설명이 가해질 필요가 있었다. 이런 문제들에 제대로 답하지 못하는 한 이 견해를 그대로 수용하기는 곤란하다고 할 것이다. 단순히 4두품 이하의 신분에게 특진의 길을 열어주기 위해, 혹은 국학의 수학을 장려하기 위해 그 규정을 마련하였다고 한다면 납득하기 어렵다.

이에 나마중위는 사찬중위와 함께 지방 촌주층에게 적용한 것으로 보는 것이 옳지 않겠는가 하는 견해가 제출되었다. 문성왕 18년(856)의 「竅興寺鐘銘」에 '上村主三重沙干堯王'이라는 人名이 보여 사찬에도 중위가 설정되어 있었음이 전하는데, 사찬은 문무왕 14년(674)에 외위를 경위로 대체하는 조처가 취해진[17] 이후 지방민이 실제로 오를 수 있었던 최고 관등이었다. 따라서 이 사실에 주목하면 사찬중위는 5두품에 해당했던 眞村主層에 대한 특진의 형태로 이해할 수 있고, 나마중위는 4두품에 해당한 次村主層에게 적용한 것으로 이해할 수 있으리라는 견해였다.[18] 아찬과 대나마에 설정된 중위는 왕경 六部인의 중위로, 사찬과 나마에 설정된 중위는 지방민의 중위로 구분해 파악한 것이었다.

이 견해는 중위제 문제를 다루는 시야를 사찬중위까지 확대해 체계적으로 이해해 보고자 한 시도였다는 점에서 주목할 만한 이해 형태였다. 그렇지만 여기서도 문제는 남았다. 무엇보다도 次村主層이 奈麻까지 진출할 수 있었으리라는 것은 단지 추측에 불과할 뿐, 입증할 자료가 없었기 때문이다.[19] 또한 이 견해를 수용할 경우에는 京位의 적용을 받는 六部 소속의 4두품에

---

17) 『三國史記』 40, 雜志9, 職官 下, 外位, '外位 ; 文武王十四年, 以六徒眞骨出居於五京九州別稱官名, 其位視京位.'
   이 기록의 해석 및 外位의 실체에 대해서는 이 책의 제4장 Ⅰ 참고.
18) 李鍾旭, 「南山新城碑를 통하여 본 新羅의 地方統治體制」, 『歷史學報』 64, 1974, 61~63쪽.
19) 權悳永, 앞의 논문, 52쪽.

대해 적용되었을 重位 규정이 공백으로 남게 된다는 것도 문제였다. 더구나 沙湌重位는 그 소지의 사례를 9세기에 이르러야 지방의 금석문을 통해 비로소 확인할 수 있는데, 과연 그것을 阿湌重位 등과 同時期에 놓고서 일괄적인 설명을 구해도 좋을 것인지 의문이다.

沙湌重位는 9세기에 육두품층 내부에서 일어난 신분 분화의 결과, 지방 촌주 출신의 육두품은 一吉湌 이상의 관등을 소지하지 못하도록 차단한 결과로서 설정된 제도였다.[20] 지방민에게 경위의 소지를 허용하면서도 그들에 대해서는 재래의 속성대로 여전히 중앙과 구분하려는 관념이 존속한 결과겠다.[21] 이로써 중앙으로부터 더욱 유리된 육두품 촌주층은 스스로 官班體制를 갖추어 獨自化하는 경향을 띠었다. '三重沙干'을 칭한 이가 '上村主'로서 '第二村主' '第三村主' 등과 함께 촌락사회 지배층의 단위조직을 형성하기에 이른 자의 최고 관등으로 나오고, 더 후대로 가면 나말여초의 官班體制 하에서 좀 더 職名化하여 '上沙湌'으로[22] 굳어지는 추이를 보이는 사실이[23] 저간의 사정을 말해준다. 즉 사찬중위는, 『삼국사기』 직관지에 그와 관련한 언급이 전혀 보이지 않는 사실에서도 알 수 있듯, 17등 관등제의 운용과는 일단 별도로 존재한 것이었다. 이를 나마중위와 같은 계열의 제도로 파악하기는 곤란한 것이다.

대나마와 나마에 공히 나마중위가 설정되었음을 전하는 기록에서 야기되는 의문을 해명하기 위해 이와 같이 다양한 견해들이 제시되었으나, 하나의 사실을 설명하면 거기서 부수되는 의문이 다시 일어나고, 그 해명을 위해서는 불가피하게 자료의 한 측면을 부인하든가 수정하지 않으면 안 되는 난관에 봉착하고 있었다. 그런데 그것은 기본적으로 이 견해들이 각급 두품층 모두에

---

20) 拙稿, 이 책의 제4장 Ⅲ.
21) 金光洙, 「羅末麗初의 豪族과 官班」, 『韓國史研究』 23, 1979, 121~122쪽.
22) 「鳴鳳寺慈寂禪師凌雲塔碑」, 『韓國金石遺文』, 103~104쪽.
23) 金光洙, 앞의 논문, 119~126쪽.

게 중위가 적용되었으리라는 가정을 확실한 사실처럼 믿고 논의를 전개했기 때문에 발생한 모순이었다. 따라서 대나마·나마의 중위를 5두품과 4두품에 대한 특진 형태로 간주한 전제 자체를 근본적으로 재검토해 볼 여지가 있다고 하겠다. 이를 둘러싸고 이루어진 지금까지의 논의의 초점은 그 적용 대상을 골품제 상의 어느 신분층으로 볼 것인가 하는 문제에 맞추어져 왔는데, 여기서 벗어날 필요가 있는 것이다.

기실 중위의 적용 대상을 달리 이해한 경우가 없었던 것은 아니다. 17관등 중 '大'는 '內·古'의 의미를 지녔으므로 '대'자가 붙은 관등을 소지한 층은 신라 왕조 '譜代의 臣'이었고 그렇지 않은 관등의 소지층은 '新付의 領民'이라 볼 것으로, 兩者 사이의 신분적 단층을 인정한다면 중위 규정은 그러한 신세력에 적용된 전연 별개의 관위였다고 보아야 하지 않겠느냐는 견해였다.[24] 이를테면 대나마에 설정된 중위에서 9중나마가 이찬에 상당하는 관등이었다고 생각할 수 있는가의 문제였는데, 그와 같은 형태였다면 아찬중위의 4중아찬은 迊湌相當에 머물고 만 것이 된다는 점이 의문으로 떠오르자 이에 대한 대안으로서 중위의 적용 대상을 다른 데서 찾은 것이었다.

중위가 제한 관등 이상의 관등들에 차례로 대응하는 형태로 운용되었다고 본 견해는[25] 문제가 있었음이 확실하다. 중위의 지위는 그것이 설치된 관등의 지위를 넘지 못했음이 기록으로 확인되기 때문이다. 원성왕 7년(791)에 內省 侍郎 金言을 三重阿湌으로 삼았는데[26] 직관지에 의하면 內省의 侍郎 곧 卿은

卿二人 位自奈麻至阿湌爲之[27]

---

24) 井上秀雄, 앞의 논문. 한편 權悳永 교수도 이노우에 히데오(井上秀雄,) 교수의 견해에 유의하면서 重奈麻는 舊百濟人에게 적용된 것이었으리라고 보았다(權悳永, 앞의 논문, 53쪽).
25) 주 10)과 같음.
26) 『三國史記』10, 新羅本紀10, 元聖王 7年 11月.

라 하여 나마~아찬이 담당한 관직으로 되어 있다. 즉 규정상으로 중위아찬을 포함하지 않는 관직에 3중아찬이 임용되고 있었던 것이다. 이는 아찬중위가 단지 아찬에 대응할 뿐 대아찬 이상의 관등에 상당한 것이 아님을 보여주는 사실이다.[28]

그러나 그렇다고 해서 중위의 적용 대상을 '新付의 領民'으로 보는 데는 문제가 있다. 이 경우 아찬·나마에 중위가 설정된 것은 설명할 수 있지만, 대나마에 설정된 중위에 대해서는 설명할 도리가 없기 때문이다. 이 역시 대나마의 중위를 부인한 견해의 연장에서 제시된 이해 형태에 불과하였다. 기록에 나타나는 세 관등의 중위 어느 것도 부인하지 않고 합리적으로 이해할 새로운 관점을 모색할 필요가 있다.

3. 重位適用官等의 推移와 骨品制 構成의 變動

重位 규정은 신라 官等制에 부설된 시행세칙과도 같은 것이었다. 그리고 이 규정은 신라 관등제의 신분적 성격을 반영한 것이었음이 분명하다. 적어도 아찬중위만큼은 대아찬에 부가된 '從此至伊伐湌 唯眞骨受之 他宗則否'라는 법규와 관련하여 '他宗' 곧 진골이 아닌 다른 신분층에게 적용한 것임이 거의 확실한 까닭이다. 진골 신분층이 대아찬 이상의 관등을 배타적으로 독점하기 위한 장치로서 아찬중위를 설치해 운용한 것이었다.

그러나 그렇다고 해서 대나마와 나마에 설정된 '奈麻重位'가 각기 5·4두품에 적용된 제도였다고는 말하기 곤란하다. 이를 둘러싸고 벌인 지금까지의 논의 과정에서 명백해졌듯, 大奈麻와 奈麻는 같은 奈麻群의 관등이므로 둘 사이에 신분적 界線이 있었다고 보기 어려운데다가 그 重位名마저 같아, 기록의 일부를 부인하거나 수정하지 않고서는 이를 5·4두품과 직접 연결시

---

27) 『三國史記』39, 雜志8, 職官 中, 內省.
28) 三池賢一, 앞의 논문, 18~19쪽.

켜 파악하기에 난점이 있기 때문이다. 나마중위 역시 관등제의 신분적 성격을 반영한 조치였으리라고 짐작됨에도 불구하고 사정이 이렇다면, 나마중위가 운용되던 시기의 관등제나 골품제의 구성이 일반적으로 알려진 바와는 달랐을 가능성을 검토해 보는 것이 옳을 것이다. 관등제와 골품제도 오랜 기간의 변화를 거쳐 17관등제로, 진골 및 6~4두품의 골품제로 굳어진 것이라는 사실을 염두에 둘 필요가 있다.

여기서 한 가지 유의되는 바는 그 '몇重'이라는 중위의 상한을 4중, 9중, 7중 등으로 각기 다르게 설정한 사실이다. 중위는 어차피 그것이 설치된 관등 이상을 넘지 못하도록 한 것이 분명한데, 일정 수로 통일하지 않고서 왜 각기 다른 상한을 두었는지 의문이 아닐 수 없다. 이에 일단 주목할 수 있는 것은 중위가 일정 관등 이상으로의 진급을 제한하고 그 밑 관등에서 곁가지로 승진시킨 형태라는 점이다. 예컨대 중나마 位는 그것이 몇 중나마든 결국은 나마에 지나지 않았으므로 그 지위가 대나마 이상의 일정 관등에 상당하였다고는 말할 수 없지만, 그것이 적어도 그냥 나마가 아닌 이상 '승급의 형태'였던 것만은 분명하다. 그러면서 그 승급의 상한을 9중 혹은 7중으로 달리 설정한 것이었다. 이는 그 상한의 설정에 어떤 논리 혹은 기준이 작용하였음을 함의한 현상임이 틀림없다.

크게 보면, 나마중위가 7~9중에 이른 반면 아찬중위는 4중에 그쳐 높은 관등의 중위가 적었던 것으로 나타난다. 이는 중위의 상한이 그 중위를 설치한 관등 위로 서열된 상위 관등들의 개수와 관련 있음을 시사하는 사실일 것이다. 17관등 중 일정한 관등을 기준으로 삼고 거기에 이르기까지의 관등 수만큼 중위를 설정하였기 때문에 이와 같은 결과가 빚어진 것이겠다. 이를테면 나마중위제에서 중위의 숫자는 그것의 母法이라 할 수 있는 관등제의 영향 하에서 설정되었고, 따라서 그 중위의 상한은 기준 관등까지에 이르는 나마 이상의 관등 수와 일치했으리라는 말이다. 물론 그 지위나 대우가,

해당 중위와 견주어진 관등과 동일했던 것이 아님은 두말할 나위 없다.

그런데 기준이 된 관등이 같았다면 응당 하위와 중위의 상한이 더 많았어야 했음에도 불구하고 상위의 대나마에 설치된 중위가 9중에 이른 데 반해, 하위의 나마 중위는 7중에 그치고 있다. 그러면서 대나마의 중위와 나마의 중위가 같은 이름으로 나타나는 것이다. 두 나마중위가 같은 시기에 운영되었다면 '몇중나마'라는 관등명만 보아서는 그것이 대나마의 중위인지 나마의 중위인지 도무지 판별할 수 없었을 터다. 그렇다면 이러한 사실들을 합리적으로 설명할 수 있는 방안은, 두 관등의 나마중위가 같은 시기에 존재한 것이 아니었다고 보는 길뿐일 것이다. 처음 중위제를 시행할 때엔 7중나마로 충분하던 관등제의 구성이 어느 시점인가에 이르러 9중나마까지 늘려 재조정할 수밖에 없도록 변화했고, 또 그 적용 관등도 나마에서 대나마로 변경하게 된 것이 아닌가 하는 것이다.[29] 관등제와 골품제의 상호 연관성은 시간적 변화를 염두에 두고 살필 필요가 있다.

관등제의 성립 과정에 대한 지금까지의 연구 결과에 입각할 때 후대에 성립한 것이 유력한 관등은, 대아찬·대나마·대사·대오 등 '大'자가 붙은 관등들이다. 그리고 잡찬 역시, 앞서도 언급한 바와 같이, 후대에 설치된 관등일 개연성이 높다.[30] 법흥왕 7년 이전의 신라 관등제는 17관등 중에서 이 다섯 관등이 빠진 12관등체제였을 것이다.[31] 그러고 보면, 나마중위의

---

29) 邊太燮, 앞의 논문, 75쪽.

30) 註 8)과 같음.

31) 신라의 관등이 12관등체제일 때가 있었다는 견해는 스에마쓰 야스카즈(末松保和) 교수가 처음 제시한 바 있다. 伊伐湌과 伊湌, 大阿湌과 阿湌, 大奈麻와 奈麻, 大舍와 舍知(小舍), 大烏와 小烏가 각기 한 관등에서 2분된 것으로 본 결과였다(末松保和, 앞의 논문, 400~408쪽). 그렇지만 이 중 伊伐湌의 경우는, 설사 伊湌에서 분화한 것으로 볼 수 있다고 하더라도, 그 기원인 '酒多'가 5代 婆娑王 때 始置된 것으로 나타나(『三國史記』 1, 新羅本紀1, 祇摩尼師今 卽位年) 그 분화가 매우 이른 시기에 일어났던 것으로 보이므로 이를 12관등설의 근거로 삼기는 곤란하다. 伊伐湌 대신 迊湌을 주목하는 편이 더 타당할 것이다.

상한이 7중에서 9중으로 두 단계가 늘어난 것과 나마군 관등의 상위에 잡찬과 대나마 두 관등이 증설된 것이 공교롭게 상통하는 사실이 주목된다. 이는 나마에 설치된 7중까지의 나마중위가 12관등체제 하의 규정이었던 반면, 대나마에 설치된 9중까지의 나마중위는 관등제가 17등으로 정비된 법흥왕 7년 이후의 규정이었기 때문에 온 결과일 것이다. 7중의 나마중위는 나마부터 기준으로 삼은 관등까지 7개의 관등이 있던 시기에 운영된 것이었다. 이해의 편의를 위해, 이 시기에 운용된 7중까지의 나마중위제를 표로 만들어 제시해 보면 다음과 같다.

〈표 1〉 법흥왕 7년 이전의 12관등제와 나마중위제

신분	관등(12등)		
干 ('骨'層)	1. 一伐干		
	2. 一尺干		7重奈麻
	3. 波珍干		6重奈麻
	4. 阿尺干		5重奈麻
	5. 一吉干		4重奈麻
	6. 沙尺干		3重奈麻
	7. 及尺干		重奈麻
非干 ('頭品'層)	8. 奈麻		
	9. 舍	※ 중위를 사선으로 제시한 것은, 이들이 그	
	10. 吉 士	와 견주어진 경위와 정식으로 比肩된 것	
	11. 烏	이 아님을 나타내기 위해서임.	
	12. 造 位		

奈麻重位의 기준 관등은 2위 一尺干(伊湌)이었다. 거듭 말하지만, 7重奈麻가 一尺干에 상당한 관등이었던 것은 물론 아니다. 重奈麻 位는 결코 奈麻를 넘지 못하였다. 다만 그 중위의 숫자가 7중에 그친 것은 一尺干까지의 관등 수를 염두에 둔 결과라는 것이다. 이는 관등제가 17등으로 정비되면서 奈麻重位의 상한이 9중으로 늘어난 사실에서 거의 명백하다.

〈표 2〉 법흥왕 7年 이후의 17관등제와 나마중위제

신 분	공 복	관등제(17등)		
干 ('骨'層)	紫衣	1. 伊伐飡		
		2. 伊 飡		9重奈麻
		3. 迊 飡		8重奈麻
		4. 波珍飡		7重奈麻
		5. 大阿飡		6重奈麻
	緋衣	6. 阿 飡		5重奈麻
		7. 一吉飡		4重奈麻
		8. 沙 飡		3重奈麻
		9. 級 飡		重奈麻
非干 ('頭品'層)	靑衣	**10. 大奈麻**		
		11. 奈 麻		
	黃衣	**12. 大 舍**	※ 굵은 글자는 법흥왕 7년에 첨설된	
		13. 舍 知	관등들임.	
		14. 吉 士		
		15. 大 烏		
		16. 小 烏		
		17. 造 位		

　　이벌찬을 제외하고 2위 이찬까지만 대비시킨 이유는 잘 알 수 없으나, 이찬이 여전히 중위 상한을 설정하는 기준으로 작용하고 있었다. 그 이유는 아마도 伊伐飡 位의 특수성과 연관되어 있었을 것이다. 이벌찬은 신료로서 오를 수 있는 최고의 관등이므로 아무리 관념상으로 견주는 데 불과한 일일지라도 나마급 관료가 여기까지 대비되는 수준으로 승급하는 것 자체가 刊群 관등 소지층의 자존심을 손상하는 일이기도 했겠고, 이벌찬은 통상적인 승급으로 오르는 관등이 아니라는 특수성도 작용하였을 것이다. 이찬 이하의 관등은 반드시 그 바로 아래의 관등 소지자가 아니더라도 몇 관등을 뛰어넘어 오를 수 있었던 것으로 나타나는 반면, 이벌찬은 오직 이찬만이 오를 수 있었던 것으로 드러난다.[32] 이찬이 아니면 오를 수 없는 관등이 중위의 비교 대상이 될 수는 없었을 터다.

　　이제 대나마와 나마에 똑같은 이름을 가진 重位가 9重·7重으로 병치되어

---

32) 拙稿,「新羅 '上古'期 '干'의 編制와 分化」,『歷史敎育』53, 1993, 104쪽.

있었던 듯 기록된 배경을 대략 알게 된 셈이다. 이처럼 운용 시기가 서로 다른 중위제를 하나의 기사에 서술한 것은 『삼국사기』찬자가 兩者를 같은 시기에 병존한 것으로 오인한 결과일 수도 있고,[33] 사정을 정확히 알면서도 축약하여 기록하다 보니 이렇게 된 것일 수도 있다. 그러나 그 원인이 어떠하든, 한 기사에 나마중위 둘이 병기되어 있는 사실이 이들을 다른 시기에 운용된 중위제로 보는 데 장애 요소로 작용하는 것은 아니다. 같은 기록에 나타나므로 동시기의 것으로 보아야 한다는 생각[34]이 오히려 논리적 비약이다.

나마중위는 7중에서 9중으로 증보되면서 그 이름을 그대로 유지한 채 적용 관등이 대나마로 옮겨졌다. 여기서 중위 명을 바꾸지 않은 것은 나마중위가 궁극적으로 나마라는 개별 관등에 대해 적용하기 위해 고안된 장치가 아님을 의미한다. 대나마든 나마든 아무튼 나마층에 중위를 적용한다는 점에서 그것은 '나마중위'일 뿐이며 그 기능은 그대로 유효하다고 인식한 것이었다. 그리고 적용 관등을 옮긴 것은 중위를 둔 취지에 부합하는 관등이 나마에서 대나마로 변경되었음을 의미한다. 奈麻가 지녀온 身分制上의 상징성을 大奈麻가 대신하게 되었다는 뜻이다.

관등제와 골품제의 연관성을 전제로 할 때, 奈麻群 관등이 놓인 위치는 5두품에 해당하는 관등이라는 점과 非干群 관등의 최고 관등이라는 점에서 의미를 가진다. 奈麻重位는 5두품에게 적용한 것이었을 수도 있고 非'干' 신분층 전체에 대해 적용한 것이었을 수도 있는 셈이다. 5두품에게 적용한 것이었다면 육두품이나 4두품에게 적용한 중위 규정이 따로 있었을 것이고, 非干層에게 적용한 것이라면 奈麻重位制만으로 충분하였을 터다.

여기서 우선 분명한 것은 4두품에게 적용한 중위 규정이 따로 존재하지

---

33) 邊太燮, 앞의 논문, 75쪽.
34) 田美姬, 「新羅 骨品制의 成立과 運營」, 西江大 박사학위논문, 1997, 107쪽.

않았다는 점이다. 그런 규정이 있었다는 증거가 없다. 따라서 문제는 육두품에게 적용한 아찬중위 규정이다. 그런데 아찬중위의 상한이 4중아찬으로 되어 있을 뿐 변경된 내용에 대한 언급이 없다는 사실이 주목된다. 아찬중위제가 나마중위제와 함께 병존했다면, 일찍이 나마에 설치된 7중의 중위제가 있었음을 알 수 있던 자료 상황으로 미루어, 17관등제의 확립과 더불어 그것이 몇 중에서 4중으로 변동된 것인지도 기록했어야 마땅했다고 여겨지는데, 이와 관련한 언급이 전혀 없는 것이다. 奈麻重位制의 경우와 마찬가지로 阿湌 위로 두 관등이 증설되는 변동 속에서 그 重位의 상한 역시 변경되지 않으면 안 되었을 일이다. 그럼에도 불구하고 이에 대한 아무런 언급이 없이 단지 4중아찬까지의 아찬중위제가 있었다고만 기록하는 데 그쳤다. 이는 아찬에 중위를 설치한 것이 17관등제가 성립한 이후의 일임을 시사한다고 보아 좋을 것이다.

또한 아찬중위가 작동하는 상황에서 대아찬이 증설되었다면, 그 중위 역시 나마중위의 경우와 마찬가지로 적용 관등을 대아찬으로 옮기게 되었을 것이다. 연원을 같이하는 대아찬과 아찬 사이에 신분적 획선을 둔 것은 대단히 작위적인 조치로서, 이런 조작이 가능할 만큼 그 계통이나 연원의 의미가 퇴색한 시점에 이르러서야 취해질 법한 일이다. 그리고 나마에 중위가 설정되어 있던 시기의 12官等制下에서 4중까지의 아찬중위제도 병치되어 있었다면 4중아찬의 비교 관등은 1위 伊伐干(伊伐湌)이 된다는 점도 문제다. 나마중위와 마찬가지로 기준 관등은 伊尺干(伊湌)으로 삼았어야 일관된 논리의 법체계였을 것이며, 그 특수성으로 볼 때도 역시 伊伐干은 중위제의 비교 관등에서 초월적으로 제외되었어야 온당했다.

이러한 여러 정황으로 미루어, 아찬중위제는 후대의 제도로서 나마중위제와 병존한 것이 아니었다고 파악해야 옳다고 사료된다. 즉 애초에 중위 규정은 나마 한 관등에만 적용되고 있었던 것이다. 나마중위제는 5두품이 아닌 비간층 전체에게 적용하여 이들이 干群 官等을 소지하지 못하도록 규제한 제도였다. 이는 당시 신라의 신분층이 간군 관등을 소지할 수 있는 '干'層 곧 '骨'層과 그렇지 못한 非干層 곧 '頭品'層으로 나뉘어 있었음을 의미한다.

육두품은 頭品層으로서 干群 官等을 소지한 부류다. 따라서 나마중위가 작동하고 있는 한에는 이런 부류가 존재할 수 없었다. 육두품이 성립했다는 것은 나마중위제가 제 기능을 상실하여 '頭品'層임에도 불구하고 干群 관등을 소지하는 부류가 생겨났고 이들이 독자적인 신분으로 굳어지는 정치적 변동이 일어났다는 뜻이다. 그리고 이 변화 속에서 '干'層 또한 분화하여 眞骨과 非眞骨로 나뉘고 이 중 진골이 최고의 지배신분층으로 부상하여, 간군 관등을 소지하며 진급하게 된 새로운 '頭品'層이 일정 관등 이상으로는 오르지 못하도록 제한할 필요가 생겼음을 뜻한다. '大阿湌부터 伊伐湌까지는 오직 眞骨만 오를 수 있다'는 규정을 신설하고 이에 부수하여 아찬중위제를 둔 것은 이와 같은 변화와 필요의 결과였다.

법흥왕 7년 이전의 12관등 체제에서 '頭品'層은 5두품까지만 존재하였다. 12위 造位가 1두품, 11위 烏(知)가 2두품, 10위 吉士가 3두품, 9위 舍(知)가 4두품, 8위 奈麻가 5두품으로서 관등과 골품이 서로 하나씩 상응하던 체제였겠다. 골품은 관등의 다른 이름이나 마찬가지였던 셈이다. 그리고 奈麻에 重位制를 적용한 것은 '頭品'層이 干群 官等을 소지하지 못하도록 막음으로써 '干'層만 干群 官等을 가질 수 있도록 그들의 특권을 보호하기 위한 조치였다. 중위를 두어 곁가지로나마 승급할 수 있도록 한 것은 '頭品'層이 승급하고 있었음을 의미하는 것이고, 이는 나아가 '頭品'層의 구분은 각기 신분으로 정해진 것이 아니라 관등이 승급함에 따라 오를 수 있었던 것임을 뜻한다. 신분 구분은 '骨' 신분인가 '頭品' 신분인가만 의미가 있었고 '頭品' 신분이 '骨' 신분으로 전환하는 것을 철저히 차단하고 있었을 뿐, '頭品' 신분 내부에서의 승급과 신분 상승은 얼마든지 허용되고 있었다.

나마의 중위가 적용 관등을 대나마로 옮긴 후에도 여전히 나마중위로서 작동하였다는 것은 관등제를 17등 체제로 정비한 법흥왕 7년 무렵까지만 해도 골품제의 기본 구성에 변화가 없었다는 뜻이다. 이후에도 신분은 당분간 '干'층과 非干層으로만 크게 구분되었고, 非干層의 干群 官等 소지만 제한되었던 것이다. 바꾸어 말하면, 진골과 육두품이 독자의 신분층으로 형성된 것은 법흥왕 7년 이후 어느 정도의 시간이 더 경과한 뒤였다.

육두품은 통일전쟁이 격화되던 시점에 중위를 주기에는 부족할 정도로 아주 특별한 전공을 세운 '두품'층 인물들이 양산된 결과로서, 관등에 대한 관념이 상당히 바뀌어 높은 공을 세운 이에게 높은 관등을 주는 것은 당연하다는 생각이 널리 설득력을 얻어간 결과로서, 나마중위제를 설치하여 특권을 옹호하던 '干'층의 정치적 지위가 약화되고 새로 진골이 등장하여 이들을 대신하게 된 결과로서 생겨난 신분층이었다.[35] 5두품에서 육두품으로 상승하는 부류가 있었다는 것은 4두품에서 5두품으로, 평인에서 4두품으로 상승하는 부류도 있었다는 의미. 엄밀히 말하면, '두품'층이라는 사실만 신분으로 작용했을 뿐 그 내부에서 몇 두품인가는 신분 개념으로 작용하지 않고 있었던 것이다. 신문왕 2년(682)에 설치된 國學의 修學 규정이,

> 國學 屬禮部 神文王二年置 凡學生 位自舍知已下至無位 年自十五至三十皆充之 限九年 若朴魯不化者罷之 若才器可成而未熟者 雖踰九年許在學 位至大奈麻 奈麻 而後出學[36]

이라 하여, 관등 舍知 이하 無位에 이르기까지 나이가 15세에서 30세에 이르는 자라면 누구나 국학의 학생이 될 수 있도록 마련된 이유도 여기에

---

35) 拙稿, 이 책의 제3장 Ⅳ.
36) 『三國史記』 38, 雜志7, 職官 上, 國學.

있겠다.

이 규정에서 국학의 학생으로 들어갈 수 있는 자격으로는 특별한 신분일 것이 요구되지 않았다. 사지 이하의 관위를 지닌 자뿐만이 아니라 관위가 없는 자도 그의 신분과 무관하게 입학할 수 있었다. 제한은 다만 나이로 주어졌을 뿐이었다. 그리고 일단 입학한 학생에게 요구된 것은 才能과 器量이었다. 이것이 인정되기만 하면 기한인 9년을 넘겨도 재학이 허용되었으며, 나마나 대나마가 되어 출학하였다. 즉 국학의 학생에게는 신분에 따른 제한이 없이 학문의 성취도에 입각하여 관위가 주어졌고 그 관위가 나마 급에 이르면 내보내도록 되어 있었던 것이다.

대나마·나마는 5두품 이상만이 소지할 수 있었던 관위다. 따라서 나마가 된다는 것은 곧 5두품이 된다는 의미였다. 그러므로 4두품 이하라도 국학에 들어가 소정의 과정을 마치면 나마에 이를 수 있다는 이 수학 규정은 두품 내의 승급이 능력에 따라 이루어지던 것임을 보여주는 명료한 증거라고 받아들여 좋을 것이다. 신분은, '골' 신분인가 아닌가, '진골' 신분인가 아닌가로만 구분되었다. 대아찬 이상의 관등에 대해 '唯眞骨受之 他宗則否'라 하여, '타종'이라는 용어를 씀으로써 진골인가 아닌가의 구별만 강조한 것도 여기에 원인이 있다.

아찬중위제는 골품제를 구성하는 신분에 변동이 생겨 진골과 육두품이 성립한 후에 이에 맞추어, 이미 기능을 상실한 종래의 나마중위제를 개편하면서 설치한 제도였다. 그렇지만 대아찬이 아찬에서 분화한 관등임에도 둘 사이에 신분적 획선을 그어 아찬에 중위제를 적용한 배경은 분명하지 않다. 이를테면 관제 규정에서, 특수성을 띤 이벌찬은 논외로 하고

伊飡·迊飡, 錦冠; 波珍飡·大阿飡·衿荷, 緋冠[37]

---

37) 『三國史記』 33, 雜志2, 色服.

하는 식으로, 이찬 이하를 두 관등씩 묶어 한 단위로 취급하는 便宜 위주의
발상이 5위 대아찬과 6위 아찬 사이에 신분적 획선을 두게 된 배경으로
작용했을 수도 있고, 아찬은 阿尺干으로서 독자성을 띤 '干'이 거느렸던
관료 중 가장 말단의 아척에 그 연원을 두고 성립한 것이므로38) 그 상징성
면에서 이왕 간군 관등을 소지하기 시작한 '두품'층에게 이 정도는 내줄
수밖에 없었던 사정이 작용했을 수도 있다.

〈표 3〉 진골과 6두품이 신분으로 성립한 이후의 아찬중위제(1)

신 분	관 등		
진골	1. 伊伐湌		
	2. 伊 湌		4重阿湌
	3. 迊 湌		3重阿湌
	4. 波珍湌		重阿湌
	5. 大阿湌		
비진골 (두품층)	6. 阿 湌		
	7 一吉湌		
	8. 沙 湌		
	9. 級 湌		
	10. 大奈麻		
	11. 奈 麻		
	12. 大 舍		
	13. 舍 知		
	14. 吉 士		
	15. 大 烏		
	16. 小 烏		
	17. 造 位		

그런데 아찬에 중위를 설치할 때 그 상한을 4중으로 설정한 데서는 대아찬
이 아찬에서 분화한 관등이라는 점을 전혀 무시한 것도 아니라는 생각이
든다. 대아찬은 아찬중위 설정의 비교 대상에서 제외된 듯 여겨지기 때문이다.
아찬중위제에서도 그 상한 설정의 기준 관등은 역시 나마중위제의 경우에서
와 마찬가지로 이찬이었으리라 짐작되는데, 그렇다면 중아찬의 비교 관등은

---

38) 拙稿, 이 책의 제4장 Ⅰ.

대아찬이 아니라 파진찬이 되게 된다.

아찬중위가 이러한 형태로 설정된 이유는, 나마중위에서 중나마가 대나마의 상위인 급찬에 비교된 원리를 그대로 원용하여 아찬중위의 중아찬 역시 대아찬의 상위인 파진찬에 비교한 데 있을 수 있겠다. 중나마는 대나마보다, 중아찬은 대아찬보다 한 등급 상위로 견준 것이 아닌가 하는 것이다. 그러나 다른 가능성을 생각해 볼 여지가 없는 것도 아니다. 즉, 아찬중위제를 시행할 시점에 이르러는 기준 관등을 잡찬으로 하향 조정했을 가능성이다. 기실, 진골이 최고 지배신분층으로 대두한 시기에는 이찬이 정치 운영의 핵심이 되고 있었으므로 그 位를 중위의 비교 대상으로 설정하기 어려웠을 개연성도 배제할 수 없는 게 사실이다. 지금의 자료 사정으로서는 어느 쪽이 당시의 진실인지 판단하기 곤란하며, 다른 관련 기록이 발견되기를 기다려 볼밖에 도리가 없다.

〈표 4〉 진골과 6두품이 신분으로 성립한 이후의 아찬중위제(2)

신 분	관 등		
진골	1. 伊伐飡		
	2. 伊　飡		
	3. 迊　飡	4重阿飡	
	4. 波珍飡	3重阿飡	
	5. 大阿飡	重阿飡	
비진골 (두품층)	6. 阿　飡		
	7 一吉飡		
	8. 沙　飡		
	9. 級　飡		
	10. 大奈麻		
	11. 奈　麻		
	12. 大　舍		
	13. 舍　知		
	14. 吉　士		
	15. 大　鳥		
	16. 小　鳥		
	17. 造　位		

다만 분명한 것은, 아찬에 중위를 설치할 시점에 이르러서는 나마중위제가 이미 제 기능을 완전히 상실했다는 점이다. 중위제는 이와 같이 어느 시기든 하나의 관등에만 적용된 제도였다. 그리고 그것은 각 시기의 최고 지배신분층이 일정 수준 이상의 관등을 독점하고 하급 신분층의 진출을 차단하기 위해 고안된 제도였다. 그러므로 나마중위제는 '간'층이 당대의 최고 지배신분층이 었음을 반영하고, 아찬중위제는 진골이 최고 지배신분층으로 대두하였음을 반영한다. 즉, 중위제는 신라의 최고 지배신분층이 6세기를 경과하면서 '간'층에서 진골로 변화한 사실을 보여주는 결정적인 증거인 것이다.

4. 六頭品의 成長과 阿飡重位制

17관등이 모두 갖추어진 법흥왕대로부터 일정 기간이 경과한 '中古'期의 어느 시점에, 아찬에 중위제가 적용되기 시작하였다. 이로써 아찬중위를 갖게 된 신분은 육두품이었지만,[39] 아찬중위제 자체는 딱히 육두품에게 적용하기 위해 설치한 것이었다기보다 진골이 아닌 신분층 전체를 대상으로 한 규정이었다. 곧 이 제도는 진골이 최고의 지배신분층으로 부상하여 정치의 중심이 되었음을 선언한 표징이었다.

진골이 독자의 신분층으로 성립하게 된 과정이나 시점과 관련해서는 아직 불확실한 점이 많다. 비교적 분명하다고 여겨지는 것은, 이들이 '간'층에서 분리된 왕족 중심의 혈연집단이었다는 점, 국왕 중심의 정치질서를 구축하여 중앙과 지방 관부의 樞要職을 석권하면서 대두한 정치세력이었다는 점, 六部 중심의 부체제를 뛰어넘는 인력 동원 체제를 마련하여 일반 '간'층과는 다른 정치 기반으로 삼았다는 점, 진덕왕 4년(650)에 '下敎 以眞骨在位者

---

39) 邊太燮, 앞의 논문, 65쪽.
  李基白, 「新羅 六頭品 硏究」, 『省谷論叢』 2, 1971 ; 『新羅政治社會史硏究』, 1974
  재수록, 38쪽.

執牙笏'[40]하라는 조처가 취해진 시점에는 이미 독자의 신분층으로 성립해 있었다는 점 정도다.[41] 현재의 자료 상황으로는, 아찬중위제가 시행되기 시작한 것도 대략 진덕왕 무렵이 아닌가 여겨진다. 스스로 진골이라 칭하며 일반 '干'層과는 성격이 다름을 주장하는 부류가 대두한 것은 '상고'기에서 '중고'기로 접어들던 시점이었지만, 이들의 정치적·사회적 지위를 법제화하여 독자의 신분층으로 공식화하기에 이른 것은 '중고'기 말 7세기 중엽쯤으로 추정되는 것이다. 육두품 역시 그러하였다.[42]

진골과 육두품은 그 성립 과정을 함께한 동반세력이었다. 육두품은 특정 진골에 대한 충성의 대가로 정치적 후원을 받아 간군 관등을 소지하기에 이른 '두품'층이었고, 진골은 육두품이 되기 위해 휘하에 모여든 '두품'층을 기반으로 그 정치적 위치를 더욱 공고히 다지고 있었다. 문무왕 원년(661)에 사찬이 된 裂起와 仇近의 예를 통해 이런 사정을 넉넉히 엿볼 수 있다.

열기는 기록에 족성이 전하지 않는다. 문무왕 원년에 당 황제가 소정방을 파견하여 고구려를 쳐 평양성을 포위하였을 때, 함자도총관 유덕민이 국왕에게 조칙을 전하여 평양으로 군자를 보내도록 하였다. 이에 왕은 대각간 김유신에게 명하여 쌀 4,000석과 벼 22,250석을 수송하게 하였는데, 장새에 이르러 눈보라가 몰아치고 쩍쩍 얼어붙는 심한 추위에 사람과 말이 많이 동사하였다. 고구려인이 병사가 피로한 것을 알고 이를 요격하고자 하였다. 당군의 진영까지 거리가 3만여 보였으나 더 이상 전진할 수도 없었고 글을 보내려고 해도 갈 만한 사람을 구하기 어려웠다. 이때 열기가 步騎監으로 輔行했었는데 나아가 말하기를, '저는 비록 미련하고 느리지만 가는 사람의 수효를 채우도록 해주십시오.'라 하고, 드디어 軍師 仇近

---

40) 『三國史記』 5, 新羅本紀5, 眞德王 4年 4月.
41) 拙稿, 이 책의 제2장 Ⅳ 및 제3장 Ⅳ.
42) 8세기까지는 '第1骨'과 '第2骨'의 두 신분층만 존재하였고, 9세기에 가서야 6두품~4(1)두품이 성립한 것이었다고 파악한 견해(武田幸男, 「新羅骨品制의 再檢討」, 『東洋文化研究所紀要』 67, 1975, 137~151쪽)도 있었으나, 경덕왕 14년(755)에 작성된 「白紙墨字 大方廣佛華嚴經 寫經 跋文」에서 6두품이 발견됨으로써(李基白, 『韓國上代古文書資料集成』, 一志社, 1987, 28쪽) 설득력을 상실하였다.

등 15인과 함께 활과 칼을 가지고 말 달려가니 고구려인이 이를 바라만 볼 뿐 능히 막아서지 못하였다. 무릇 이틀 만에 소장군에게 명령을 전하니 당나라 사람들이 이를 듣고 기뻐하며 위로하고 답서를 보냈다. 열기가 또 이틀 만에 돌아오니 유신이 그 용맹을 가상히 여겨 급찬의 관위를 주었다. 군사를 돌이켜 와서 유신이 왕에게 고하고, '열기와 구근은 천하의 용사입니다. 신이 편의(종사권)로 급찬 관위를 주었으나 공로에 합당하지 않사오니 원컨대 사찬의 관위를 더해 주소서.'라고 말했다. 이에 왕이 '사찬의 관질은 역시 지나치지 않겠는가?'고 물으니 유신이 거듭 절하고 말하기를, '爵(官位)과 祿은 公器로서 공훈에 대한 보답으로 주는 것이니 어찌 과하다 하리까?'라 하였다. 왕이 이를 윤허하였다. 뒤에 유신의 아들 三光이 집정하자 열기가 郡守 자리에 나가기를 구하였으나 허락하지 않았다. 이에 열기는 지원사의 중 순경과 더불어 말하기를, '나의 공이 큰데 군수 직을 구해도 얻을 수 없으니 아마도 삼광이 아버지가 돌아가자 나를 잊은 것인가?'라 하였다. 순경이 삼광에게 말하니 삼광이 삼년산군의 태수를 제수하였다.[43)]

裂起는 그 아버지 대부터 김유신 가문과 관계를 맺어 왔던 것으로 추측되고, 김유신의 사후에는 그 아들인 三光 밑에서 일했던 것으로 나타나, 김유신 가문과 '私的인 관계'를 맺고 있던 家臣으로 추정되는 인물이다.[44)] 그리고 그는 큰 공을 세우고서도 사찬이라는 관등을 제수받는 것이 좀 지나치다는 느낌을 주는 하급 신분이었다. 기록에 보이는 왕과 김유신의 대화로 미루어서는, 김유신이 便宜從事權[45)]에 의해 수여한 급찬도 과분한 계층이었다고 여겨진다. 열기는 '두품'층에 속하였고, 따라서 나마중위제가 유효했다면 급찬에 오르는 것도 기대할 수 없었던 인물이었다. 나마중위제가 이미 효력을 상실하고 육두품이 법제적인 신분층으로 인정된 마당이기 때문에 사찬까지 주기는 하지만 역시 이는 좀 지나치다는 것이 왕의 생각이었던 것이다.

43) 『三國史記』 47, 列傳7, 裂起.
44) 盧泰敦, 「羅代의 門客」, 『韓國史研究』 21·22合輯, 1978, 20쪽.
    拙稿, 이 책의 제2장 Ⅱ 및 제4장 Ⅰ.
45) 金翰奎, 「南北朝時代의 中國的 世界秩序와 古代韓國의 幕府制」, 『韓國古代의 國家와 社會』, 1985, 160쪽.

왕이 이처럼 육두품의 진급에 대해 신중한 태도를 보인 것은 이들이 진골 세력을 이루는 인적 기반이었던 까닭이다. 열기와 함께 사찬이 된 仇近 역시,

仇近은 元貞公을 따라 서원술성을 쌓았는데, 원정공이 다른 사람의 말을 듣고 일을 태만히 한다고 하면서 형장을 때렸다. 구근이 말하기를, '제가 일찍이 열기와 함께 적진에 들어가 대각간의 명령을 욕되게 하지 않았으며 대각간은 저를 무능하다고 여기지 않으시고 國士로 대우하셨습니다. 지금 뜬소문을 가지고 그 죄를 물으시니 평생의 욕됨이 이보다 더 큰 것이 없습니다.'라 하였다. 원정이 이 말을 듣고 종신토록 부끄러워하고 뉘우쳤다.[46]

고 한 데서 보듯, 김유신이 죽은 후 그 아들인 元貞 밑에서 일한, 김유신 가문의 家臣과도 같은 존재였다. 김유신을 따라 종군할 당시 구근의 지위가 軍師로 나타나기 때문에 그를 지방세력으로 보기 쉽지만, 외위 간군 관등의 소지자는 대개 진골의 가신층이다.[47]

'두품'층이 경위 간군 관등을 소지할 수 있도록 도와주고 그들의 정치적 진출과 활동을 지원하던 배후가 김유신 같은 유력한 진골이었기 때문에, 왕은 육두품으로 진입한 인물의 승급에 대해 정치적으로 신중할 수밖에 없었다. 그것은 곧바로 왕이 특정 진골을 후원하는 결과로 이어졌기 때문이다. 그러므로 진골은 그의 가신층을 육두품으로 진출시키기 위해 흔히, 관등은 '公器'이므로 공훈에 상응한다면 객관성을 잃는 것이 아니라는 점을 내세우곤 하였다. 육두품이 왕권의 기반으로서 진골과 대립적인 관계에 있었다면,[48] 이와는 정반대로, 육두품층의 진급에 대해 진골은 신중한 태도를 보인 반면 왕이 관등의 公的 성격을 주장하는 형태로 나타났을 것이다.

---

46) 『三國史記』 47, 列傳7, 裂起 附 仇近.
47) 拙稿, 이 책의 제4장 Ⅰ.
48) 李基白, 앞의 논문, 62쪽.

'두품'층으로서는 유력한 진골을 택해 그에게 목숨을 건 충성을 바치는 길이 곧 활로였다. 丕寧子가 홀로 적진으로 돌진하면서,

今於稠人廣衆之中 獨以事屬我 可謂知己矣 固當以死報之[49]

라고 말하였던 데서 이들의 절박한 처지를 읽을 수 있다. 그리하여 육두품이 되고 정치적으로도 원하던 바를 얻은 경우, 그의 主君에 대한 충성심과 애정은 더욱 지극하였다. 중아찬 金志誠이 造像記에서, 善因을 같이 누리기를 기원한 대상으로 그 가족보다 먼저,

國主大王履千年之遐壽 延萬福之鴻休, 愷元伊湌公 出有漏之囂埃 證无生之妙果[50]

라 하여, 특히 愷元 이찬을 꼽은 것은 그런 마음의 표현이었다. 왕도 왕이지만, 그 많은 진골 중에 하필 태종의 일곱째 아들인 개원에게 충성심을 보인 것은 김지성이 살아오면서 가장 은혜를 입은 인물이 그였기 때문이겠음은 두말할 나위 없는 일이다. 개원은 김지성의 主君이었을 것이다.

여기서 왕을 맨 먼저 꼽은 것은 의례적인 처신이기도 했겠고, 실제로도 최종의 인사권이 왕에게 있었기 때문에 왕의 총애가 없었다면 중아찬까지 오르고 관직을 지니기 어려웠던 사정도 개재했을 것이다. 기실, '두품'층이 육두품에 오른다는 것은 主君의 家臣에 지나지 않는 처지에서 국왕 곧 국가의 臣僚로 立身함을 의미하였다. 앞서 구근이 김유신이 자신을 '國士'로 대우했다고 말한 것은 '私的인 관계'를 넘어 국가의 공적인 인재로 인정했다는 의미겠다. 또 强首 열전에서, 나마였던 그의 아버지가 어린 강수를 두고, "이 아이는 장래에 '國士'가 되리라."고 장담한 이야기가 결국 사찬 관등까지

49) 『三國史記』 47, 列傳7, 丕寧子.
50) 「甘山寺彌勒菩薩造像記」, 『朝鮮金石總覽(上)』, 35쪽.

진급하게 됨을 암시하는 복선으로 삽입되어 있는 것도[51] 육두품이 국가에 복무하는 위치였음을 말해주는 일면이다. 그러나 육두품층에게는 그를 후원한 진골 곧 主君과의 관계가 더 중요하였다.[52] 사찬에 올랐던 구근과 열기가 김유신이 죽은 뒤에도 각기 그의 아들들 밑에서 일한 사실에서 이는 명백하다.

한편 진골에게 있어서는, 그를 지지하며 충성을 다하는 인물이 많을수록 그 세력을 키워 정치적 영향력을 확대하기가 용이하였다. 그러므로 진골은 인재를 중시하는 풍모를 널리 과시하지 않으면 안 되었다. 元貞이 구근에게 형장을 가하고 나서 항변을 듣자 종신토록 부끄러워했다는 것도 그런 풍모를 보인 예다. 또 7세기 전반 竹旨가 화랑이었을 때, 항례적인 부역에 동원되어 간 낭도 得烏失을 찾아가 군이 떡과 술로 대접하고 差役의 당사자인 益宣에게 휴가를 청해 준 것도[53] '重士'의 風味를 보이기 위함이었다. 득오실은 이 일을 계기로 죽지에게 더욱 충성을 다하였을 테고, 그 대가로서 결국 급찬에 오를 수 있었던 것이겠다. 이를 통해 중사의 풍미가 있음을 확인한 '두품'층 인재들이 대거 모여들어 충성으로써 추종하였을 것임은 물론이다.

---

51) 『三國史記』 46, 列傳6, 强首.
52) 李基白 교수는 金志誠이 國主大王을 먼저 축원한 것은 國王에 대한 갸륵한 충성을 보인 것이라고 보고, 이는 육두품들이 왕권과 결합하고 있던 하나의 증거라고 생각하였다(李基白, 앞의 「新羅 六頭品 硏究」, 62쪽). 그러나 이는 일면적인 생각이라고 판단한다.
53) 『三國遺事』 2, 紀異2, 孝昭王代 竹旨郞. 이 기록은 孝昭王 때의 일로 편년되어 나오고 있지만, 牟梁部의 幢典인 益宣 阿干이 得烏失을 富山城 倉直으로 差役하면서 시작되어 牟梁里人에 대한 국가 차원의 制裁 措處에 이른 사건의 전말은 眞平王代의 일이다. 무엇보다도 이 사건의 결과로써 圓測法師에게 僧職을 주지 않았다고 한 점에서 그러하다. 圓測은 孝昭王 5년(696)에 84세를 일기로 唐나라에서 入寂한 인물이다. 뿐만 아니라 竹旨가 益宣에게 뇌물을 주면서까지 부탁하였다는 것은 그가 眞德王 5년(651)에 執事中侍에 오르기 훨씬 전, 아직 少年 花郞이었을 때에나 있었을 법한 일이다. 이 기사가 전하는 일련의 사건은 대략 眞平王代 말엽의 사실을 보여주는 것으로, 竹旨郞의 郞徒로서 孝昭王代에는 級湌에 올라 있었던 得烏失이 지난날의 竹旨의 풍도를 기리어 懷古한 내용을 적은 것이라고 보면 무난하다(三品彰英, 『新羅花郞の硏究』, 1943, 60쪽 ; 金哲埈, 「新羅 貴族勢力의 基盤」, 『韓國古代社會硏究』, 1975, 227쪽).

'두품'층은, 重土의 풍모를 지녔고 또 인재를 정치적으로 후원할 능력이 있는 유력한 진골에게 集轝하는 경향을 보였다. 그렇게 모여든 '稠人廣衆之中'에서 그 능력을 인정받아 육두품이 되고 '國土'로 대우받는다는 것은 결코 쉬운 일이 아니었지만, 그럴 수 있다는 희망과 가능성이 진골에 대한 '두품'층의 충성을 이끌어내고 있었다. 主君을 통해 능력을 인정받고 '國土'로 추천된다면 '두품'층으로서도 간군 관등을 지니고 가문을 빛낼 수 있다고 믿은 것이었다. 통일전쟁 과정에서 나타난 신라 사회의 역동성이 여기서 나왔다.

종래의 部體制에 따른 제약을 벗어나 私的 관계를 형성하고 진골이 이를 그 정치적 기반으로 이용하던 새로운 형태의 인간관계는 진골 花郎을 중심으로 조직되고 있던 花郎徒에서 그 연원을 찾을 수 있다.[54] 화랑도가 성립한 것은 신라 사회가 점차 親族的이며 分枝的인 사회조직을 기반으로 하여 발전해 가고, 또 생산력의 비약적인 증가로 말미암아 계층 분화가 심화되면서 종래의 部體制的인 요소가 파탄된 결과였다.[55] 화랑도에 대해서는 이미 귀족 중심 군사조직인 이른바 名望軍의 보충을 위한 조직이었다고 이해한 견해가 있거니와,[56] 진골이 주체가 되어 所屬部와 출신 지역을 떠나 인력을 동원하는 새로운 체제로 확립된 형태라는 점에 주목하여 이를 정치적 관점에서 파악한다면, 그것은 역시 새로 대두한 지배세력인 진골이 종래의 '干'층과 차별화된 그들만의 私的 기반을 확보하기 위해 고안해 낸 조직이었다고 보아 크게 틀리지 않을 것이다.

종래 '干'층 중심의 部體制 하에서 간군 관등을 소지하지 못하고 하급직에 머물렀던 '두품'층은, 새로 대두하는 진골 세력의 기반을 이룸으로써 主君의

---

54) 盧泰敦, 앞의 「羅代의 門客」, 14~20쪽.
55) 李基東, 「新羅 花郎徒의 起源에 대한 一考察」, 『新羅骨品制社會와 花郎徒』, 1980, 322~326쪽.
56) 李基白, 「新羅의 傳統社會와 兵制」, 『韓國史學의 方向』, 1978, 198쪽.

후원으로 신분 상승을 도모하는 새로운 성격의 관료층으로 변해 갔다. 7세기 이후, 진골 중심의 지배체제를 지탱한 것은 바로 이들이었다. 그러나 이들은 아찬까지만 진급할 수 있었을 뿐, 대아찬 이상으로는 오르지 못하였다. 진골이 육두품과의 신분적 획선을 분명히 했기 때문이다. 아찬중위제를 시행한 것은 그 일환이었다. '두품'층이 유력한 진골 세력에 집중되면서 진골 내부에 세력 편차가 크게 벌어지게 된 현실에서 진골이 그 신분성을 유지하자면, 아무리 강대한 진골 세력의 예하에 있는 육두품 인물일지라도 일정한 지위 이상으로는 진출하지 못하도록 강력히 규제할 필요가 있었던 것이겠다. 그 동질성을 상실한다면 신분으로서 온전히 자리 잡지 못할 터였다.

진골층이 아찬중위제를 시행하면서 나마중위제를 폐기했다는 것은 이들이 진골 신분과 육두품 신분 사이의 획선만 중시했을 뿐 '두품'층 내부의 신분 이동 요인을 규제하는 데는 전혀 관심이 없었음을 뜻하는데, 이 같은 노선은 후대의 자료이기는 하나 흥덕왕 9년(834)의 禁制에서도 그대로 관철되고 있다. 흥덕왕은 세속이 점차 경박해지고 또 과소비가 만연하면서 '신분에 따른 예'(禮數)가 참람할 정도로 어그러져 풍속까지 문란해지기에 이르렀음을 개탄하고, '옛 법'(舊章)에 따라 '하늘이 내린 도리'(明命)를 재확립하고자 한다는 뜻을 밝힌 후, 신분에 따라 色服·車騎·器用·屋舍에서의 禁制를 규정하는 명령을 내렸다.[57] 9세기 전반의 이러한 신분 질서의 해이 현상은 특히 진골과 '두품'층 사이에서 발생하고 있었겠다. 그런데 이때 시행한 금제가 '舊章'에 입각한 것으로 표방된 사실이 주목된다. 이는 그 금제가 앞 시기의 골품제 규정을 충실히 반영한 것임을 주장한 내용이기 때문이다. 그렇다면 흥덕왕 9년에 시행된 금제의 내용은 골품제의 원형적 형태를 보여주는 규정이라 하여 좋을 것이다.

이를 살펴보면, 진골에서 평인에 이르는 각 계층의 신분적 지위에 분명한

---

57) 『三國史記』 33, 雜志2, 色服, 興德王卽位九年條.

차별성을 두면서도, 非진골 내부 각 계층 간의 차별성보다 진골과 非진골 사이의 차별성을 더 뚜렷이 설정하고 있었던 것으로 나타난다. 그것은 특히 금제의 色服에서, 각 계층에게 허용한 布의 밀도에 단적으로 반영되어 나타난다. 해당 부분을 抄略하고, 그 내용을 표로 만들어 소개하면 다음과 같다.

① 眞骨大等　　　幞頭任意 表衣·半臂·袴並禁罽繡錦羅 ⋯⋯　　布用二十六升已下
② 眞骨女　　　　表衣禁罽繡錦羅 ⋯⋯⋯⋯⋯⋯⋯⋯⋯⋯⋯　　布用二十八升已下
③ 六頭品　　　　幞頭用繐羅·絁絹布 表衣只用綿紬紬布 ⋯　　布用十八升已下
④ 六頭品女　　　表衣只用中小文綾絁絹 ⋯⋯⋯⋯⋯⋯⋯⋯　　布用二十五升已下
⑤ 五頭品　　　　幞頭用羅絁絹布 表衣只用布 ⋯⋯⋯⋯⋯　　布用十五升已下
⑥ 五頭品女　　　表衣只用無文獨織 ⋯⋯⋯⋯⋯⋯⋯⋯⋯⋯　　布用二十升已下
⑦ 四頭品　　　　幞頭只用紗絁絹布 表衣·袴只用布 ⋯⋯⋯　　布用十三升已下
⑧ 四頭品女　　　表衣只用綿紬以下 ⋯⋯⋯⋯⋯⋯⋯⋯⋯⋯　　布用十八升
⑨ 平人　　　　　幞頭只用絹布 表衣·袴只用布 ⋯⋯⋯⋯⋯　　布用十二升已下
⑩ 平人女　　　　表衣只用綿紬布 ⋯⋯⋯⋯⋯⋯⋯⋯⋯⋯⋯　　布用十五升已下

〈표 5〉 골품제 상의 각 신분층 남녀에게 허용된 布의 質

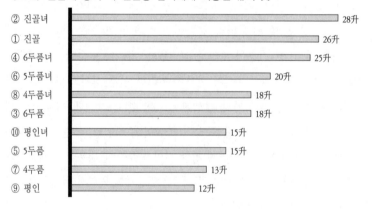

여기에서 무엇보다 주목되는 현상은, '두품'층에서는 하급 신분층의 여성에게 허용된 布의 質이 상급 신분층의 남성에게 허용된 것보다 좋게 나타난다

는 점이다. 이를테면 平人女는 5두품과, 4두품녀는 육두품과 똑같은 밀도의 포를 사용할 수 있게 되어 있다. 여자에게는 상위의 한 신분을 뛰어넘어 다시 그 상위 신분의 남자와 동일한 포를 사용할 수 있게 한 것이다. 이와 같은 원리의 연장선 위에서 생각한다면 5頭品女는 眞骨과 같은 포를 사용하게 했어야 했을 것이다. 그러나 5頭品女는 물론이고 六頭品女조차 진골 남성에게 허용된 질에 못 미치는 포만 사용할 수 있었던 것으로 되어 있어, 眞骨과 非眞骨 사이의 계선만은 명확하게 유지하고 있었음을 보여준다. 각 신분층에서 여성에게 허용된 布의 質이 일반적으로 남성의 경우보다 더 좋았던 것으로 나타나고 있기는 하나, 그 대우 면에서 일어나고 있던 두품 신분 간의 교차 혹은 착종 현상이 이처럼 '두품'층과 진골층 사이에서는 발견되지 않는 사실은, 진골과 비진골 사이에 존재한 차별성이 非眞骨 내부 각 계층 간의 차별성과는 성격이 다른 것이었음을 명확하게 보여주는 단면이라 하겠다.

그것은 중위제를 아찬에만 설정하여 非眞骨層이 眞骨로 신분 상승하는 것만을 차단하고 6~4두품 사이에 일어나는 신분의 이동은 규제하지 않았던 것과 맥락을 같이하는 사실이다. 신라 사회 신분 구성의 실상이 본디 이러했던 것이다. 골품제에서 신분은 진골과 '두품'층으로 크게 구분되었을 뿐이다. 그리고 그 중 '두품'층을 관등제 상의 서열에 따라 구분하여 간군 관등(급찬~아찬) 소지자는 육두품, 나마 급 관등(나마~대나마) 소지자는 5두품, 사지급 관등(사지~대사) 소지자는 4두품이라 부르고 모든 면에서 대우에 차등을 두며 처신을 다르게 한 것이었다. '두품'층 내부에서의 계층 이동은 능력에 입각하여 얼마든지 허용되었다. 중위제의 추이가 이를 말해준다.

5. 結 語

신라의 관등제와 골품제는 일시에 완비된 것이 아니었다. 오랜 기간을 두고 몇 차례의 변화와 개편을 거쳐 17등 관등제로, 진골과 6~4두품의 골품제로 정비된 것이었다. 그 정비 과정의 일단을 중위제를 통해 살펴볼 수 있다.

중위 규정을 처음 마련한 시기가 언제인지는 분명하지 않지만, 중위제는 법흥왕 이전부터 시행되고 있었다. 이 시기의 중위제는 7중까지의 나마중위제였다. '大'로 시작되는 대아찬·대나마·대사·대오와, 외위 干 예하의 직관명과 대비되지 않는 잡찬 등 다섯 관등이 아직 성립하지 않은 12관등제에서, 나마부터 이찬까지 7개의 관등이 있었기 때문에 7중까지의 나마중위가 설치된 것이었다. 여기서 이벌찬이 비교에서 제외된 것은 이찬만이 오를 수 있는 관등이라는 특수성을 고려한 결과로 짐작된다. 나마 상위의 관등들과 비교하면서 7중까지 중위를 두었지만, 그것은 결코 나마 자체를 벗어난 지위가 아니었다.

나마에 적용되던 7중의 중위제는 관등제가 17등으로 정비되면서 9중으로 개편되었다. 이찬까지 잡찬과 대나마, 두 관등이 늘어난 결과였다. 그리고 이와 함께 그 적용 관등이 나마에서 대나마로 옮겨졌지만 '몇중나마'라는 관명은 그대로 유지한 채였다. 7중이든 9중이든, 나마에 적용되든 대나마에 적용되든, 그것은 나마중위일 뿐이었다. 나마중위제는, '간'층이 아니면 간군 관등에 오를 수 없던 시기의 산물로서, '간'층 곧 '골' 신분이 최고 지배신분층으로 군림하면서 간군 관등을 독점한 데 따른 부수적 장치였다. '두품'층에게는 나마群 관등까지만 허용하고, 공로나 업적이 특출하여 대우를 더 올려줄 필요가 있는 자에게는 중위를 통해 곁가지로 승급하도록 하였다. 따라서 나마중위제가 적용되던 시기에는 간군 관등을 가진 '두품'층이 존재할 수 없었다. 즉 육두품은 아직 성립하지 않고 있었다.

아찬중위제는 17관등이 완비된 법흥왕 7년으로부터 상당한 기간이 경과한 '중고'기 말엽, 7세기 중엽쯤에 시행되기 시작했다. 그동안 나마중위제가 유명무실해져서 이 규제를 뚫고 간군 관등을 지니게 된 '두품'층이 양산됨으로써 육두품이라는 독자적인 신분층을 이루고 또 '골' 신분층 내부에 분화가 일어나 진골이 성립하는, 골품제 상의 큰 지각 변동이 아찬중위제의 시행으로 이어진 것이었다. 종래 部體制에 의지하여 특권을 누리던 '간'층은, 소속부보다 능력을 중시해 인재를 등용하는 진골이 성립하여 中外의 국가 요직을 차지하고 정치적 영향력을 확대해 감에 상반하여 점차 쇠락해 갔다. 이 점에서, 아찬중위제의 시행은 진골이 새로 최고의 지배신분층으로 부상하여 정치의 중심이 되었음을 의미하였다.

'爵祿은 公器'라는 논리를 앞세워 공훈이 있는 자에게 높은 관등을 주는 것은 온당한 조치라고 주장하며, 나마중위제의 제약을 무시한 채 '두품'층 유공자에게 간군 관등을 수여하도록 권유한 세력은 진골층이었다. 진골이 그 세력을 키우려면 많은 '두품'층 인재들을 휘하로 모을 필요가 있었고, 그러자면 저들을 정치적으로 후원할 능력이 있음을 실제로 입증하여야 했다. 유력한 진골들은 다투어, 자신에게 충성을 바치는 가신들을 국왕에게 추천하여 간군 관등을 수여하도록 유도하였다.

Ⅳ. 骨品制의 構造와 그 變化

1. 序 言

新羅에서 骨品制가 완전히 그 기능을 상실한 것은 나라가 멸망하면서의 일이었다. 그 말기까지, 眞骨 위주로 운영되던 골품제의 기본 골격과 특질은 대체로 고수, 유지되고 있었다.[1] 그러나 골품제를 이루는 신분들의 구성에는 비교적 이른 시기부터 변화가 일어나 상부에서는 聖骨이, 하부에서는 1~3두품이 소멸하였으며, 下代에 들어서서는 '得難'이라는 새로운 신분층이 성립하고[2] 4두품이 平人化하는[3] 등 해체·분해되고 다시 組織化되는 과정이 부단히 진행되었다. 골품제가 신라 전 시기에 걸쳐 한결같은 구조와 기능으로 유지된 것은 아니었다.

골품제의 起源을 석연히 밝혀주는 자료는 없으나, 그것이 17관등제에 照應하는 法制로서 정비된 시점은 대략 法興王代였다고 생각된다.[4] 종래의 '干'層에서 분화하여 새로운 신분층으로 성립한 진골이 정국을 주도하기 시작한 시점이었다.[5] 그 이후, 신라에서 진골 만능의 권력구조를 지탱하는

---

1) 李基東,「新羅 下代의 王位繼承과 政治過程」,『新羅骨品制社會와 花郎徒』, 一潮閣, 1984, 180쪽.
2) 拙稿, 이 책의 제4장 Ⅳ.
3) 邊太燮,「新羅 官等의 性格」,『歷史教育』1, 1956, 77~80쪽.
   李鍾旭,「南山新城碑를 통하여 본 新羅의 地方統治體制」,『歷史學報』64, 1974, 66~67쪽.
4) 골품제의 기원과 성립 시기에 대한 논의는 다음 논고에 잘 정리되어 있다.
   李鍾旭,「新羅 骨品制 研究의 動向」,『韓國 古代의 國家와 社會』, 一潮閣, 1987, 211~221쪽.

제도적 장치로 정비되고 기능한 것이 골품제다. 그렇지만 그것을 구성하는 신분층에 변화가 생기고, 더구나 그 운영의 中核 혹은 頂点을 이루던 진골 신분 내부에 분화 현상이 일어나 진골의 범주 자체가 축소되기에 이르러서는,[6] 그러한 골품제의 기능이 종전과 같이 유지될 수는 없었다. 따라서 9세기 중엽 이후에 추구된 골품제의 재조직화[7]라는 것도 단순히 종래의 제도로 복귀, 강화함을 의미하는 것이 아니었다. 신라 하대에 접어들면서 전개된 골품제의 변화 과정은 衰落의 과정이었던 것이다.

골품제의 쇠락과 관련하여, 이 제도는 9세기에 들어서면서 붕괴의 경향을 뚜렷이 보이고 있었다는 견해가 이미 제시된 바 있다.[8] 즉, 興德王 9년(834)의 色服 등에 관한 규정을 신라왕이 골품제를 초월하는 존재로 創出된 사실을 반영한 내용으로 해석하고, 이로써 신라 고유의 골품제 자체가 스스로 否定되어 가는 과정에 있었음을 알 수 있다고 판단한 것이었다. 그러나 이는 신라 하대의 정치 과정과 부합하지 않는 면이 있으므로 그대로 수긍하기 어려운 견해다.[9] 또한 본질적인 면에서 말하더라도 왕권을 전제로 골품제를 이해하려는 시각은 한계가 있다. 특히 '中古'期 이후의 골품제는 왕권 중심이라기보다는 진골 중심의 정국 운영 구도에서 기능한 제도였기 때문이다.

本節은 이 점에 유의하여 신라 골품제의 구성과 기능에 일어난 변화를 시기별 추이에 따라 개괄해 본 것이다. 골품제의 史的 전개 과정은 신라 사회의 그것과 궤적을 같이한다. 골품제는 신라 사회를 조직하고 유지시킨 기본 원리였기 때문이다. 그러므로 골품제의 구조와 기능이 변화해 간 추이를 살펴보게 되면, 신라 사회의 변동과 해체 과정에 대하여도 좀더 명료하고

---

5) 拙稿, 이 책의 제2장 Ⅳ.
6) 拙稿, 이 책의 제4장 Ⅳ.
7) 李基東, 「新羅 骨品制 硏究의 現況과 그 課題」, 『新羅骨品制社會와 花郞徒』, 一潮閣, 1984, 39쪽.
8) 武田幸男, 「新羅骨品制의 再檢討」, 『東洋文化硏究所紀要』 67, 1975, 206~211쪽.
9) 李基東, 앞의 「新羅 下代의 王位繼承과 政治過程」, 177~183쪽.

일관된 파악이 가능해지리라 생각된다.

2. '上代' 骨品制의 構造와 變化

골품제의 변화 과정을 제대로 이해하려면 먼저 그 구조와 기능의 본질에
대해 분명한 인식을 가질 필요가 있다. 골품제는 따로 발전하던 骨制와
頭品制가 어느 시점에 결합한[10] 것이 아니다. 그것은 처음부터 신라 최고
지배신분층이 다른 지배신분층과 그들을 구분하는 관념으로 성립한 것이었
다. 골품제의 구성에 나타나는 2원적인 면은 그 구분 관념의 소산일 뿐이다.

신라에서 지배층에 대한 등급별 편제 원리가 형성되기 시작한 시기는
국가 성립 초기 단계까지 소급될 것으로 여겨진다.[11] 그것이 신라 국가의
긴 발전 과정 속에서 정비되어 법흥왕 대에는 17관등제에 조응하는 골품제로
성립한 것이었다. 그러나 골품제는 이때 완성되어 신라가 멸망하기까지
하나의 견고한 제도로 그대로 유지된 것이 아니었다. 그것을 구성하는 신분과
그 신분의 지위가 변화하고 있었다. 비근하게는, 홍덕왕 9년의 규정에서
4두품이 百姓과 同類로 취급되었다든가[12] 朗慧和尙碑文에서 '其四五品不足
言'이라 언급한[13] 것 등을 통해서 신라 말기의 그러한 변화를 읽을 수가
있다.

또한, 법흥왕 대 이전에도 골품제는 존재하였다. 重位制를 분석해 보면,
법흥왕 대 이전 시기 곧 '上古'期에는 '干'層이 骨族으로서 최고 신분층을
이루고 그 밑에 1~5두품이 지배층을 구성한 초기 골품제의 형태가 드러난

---

10) 井上秀雄,「新羅의 骨品制度」,『歷史學研究』304, 1965 ;『新羅史基礎研究』, 東出版,
1974 재수록, 312~324쪽.
11) 李鍾旭,「新羅中古時代의 骨品制」,『歷史學報』99・100합집, 1985, 32~38쪽.
12)『三國史記』33, 雜志2, 車騎・器用・屋舍.
13)「聖住寺朗慧和尙白月葆光塔碑」,『韓國古代金石文資料集(II)』, 國史編纂委員會,
1995, 454쪽.

다.14) 이때의 신분제를 역시 골품제로밖에 파악할 수 없는 이유는, 7중나마까지의 나마중위제가 시행된 사실에서 관등제와의 연관 위에 骨層과 頭品層을 구별하는 확고한 관념이 있었음을 확인할 수 있기 때문이다. 이 구분이 곧 골품제의 기본 원리임은 두말할 나위 없다. 다만 구성 신분에서만 차이가 날 뿐이었다. 즉 이때에는 진골이 아직 독자적인 신분층으로 대두하지 못하고 있었고, 육두품은 아예 존재하지 않았던 것이다.

'上古'期 골품제의 이러한 구조는 관등제와의 상관성에서 간명하게 드러난다.

법흥왕 대에 京位 17관등제가 정비되기 이전에는 外位에서 그 대응 관명이 찾아지지 않는 迊湌과, 大阿湌·大奈麻·大舍·大烏 등 '大'자가 붙어 있어 그것이 없는 관등에서 분화한 것이 분명한 관등들은 아직 생겨나지 않고 있었다. 고구려와 마찬가지로 신라에서도 12관등제가 시행되던 때가 있었던 것이 아닌가 여겨진다.15) 그런데 이 시기 관등제의 특징은 급찬과 나마 사이를 경계로 하여 그 官等名이 干群과 非干群으로 확연히 나뉜다는 점이다. 그리고 非干群 官等의 최상위인 나마에 7重까지의 중위제가 시행되고 있었다. 이는 이 시기의 지배 신분이 '干'層=骨層과 非干層=頭品層으로 대별된 상태에서 후자에게는 干群 官等을 소지할 수 없도록 제한하고 있었음을 의미한다. 따라서 이 구조에 진골과 육두품이 놓일 자리는 없었다고 할 수 있다. '干'層 내부에 어떤 분화의 조짐도 찾아지지 않으며, 육두품은 간군 관등을 소지한 두품층이었던 까닭이다.

'上古'期 골품제의 기본 구성은 간층과 비간층을 구분하고 4·5두품을 비간층의 핵심 신분으로 둔 형태였다. 1~3두품층이 평인화한 시점을 정확히

---

14) 拙稿, 이 책의 제3장 Ⅲ.
15) 17관등은 12관등이 분화한 것이리라는 생각은 다음 논고에서 처음 제시되었다. 末松保和, 「梁書新羅傳考」,『靑丘學叢』25, 1936 ;『新羅史의 諸問題』, 東洋文庫, 1954 재수록, 404쪽.

알 수는 없지만, 지방 간층을 서열화한 외위체계에서 原形의 '干'이 4두품에 비견되게 되는 것을 보면 1~3두품의 정치적 지위는 골품제의 출발 당초부터 대수롭지 않았다고 보아 크게 틀리지 않을 것이다. 촌 단위에도 못 미치는 작은 지역의 首長層이거나 혹은 그에 연원을 둔 이들이 이에 편성되었던 것이겠다.

4·5두품의 해당 관등인 舍知와 奈麻는 본래 독자적 王者로서의 干이었으나, 사로국에 정복됨으로써 그 干으로서의 성격을 부인당하고 단지 일정 지역의 우두머리라는 사실만 나타내는 位號를 사용하기에 이른 부류였다.16) 다만 이들은 일찍 사로국에 편입되었으므로 그 후에 독자적 지배 기반을 완전히 해체당하고 개별화한 상태에서 '干'이라는 명호만을 가지고 편입된 지방 간층과는 달리 중앙 지배세력으로 기능하였을 뿐이다. 지방 干과 동일한 계통의 존재였지만 중앙에서는 '干'層으로 인정받지 못한 채 행정실무에 참여하고 있었던 이들이 곧 4·5두품층이었던 셈이다. 그리고 보면, 흥덕왕 9년의 色服·車騎·器用·屋舍 규정 말미에

　　外眞村主與五品同 次村主與四品同17)

이라고 언급된 것도 골품제 내면의 이러한 구조와 관념이 뒷날까지 크게 변하지 않고 남은 결과였다 하겠다.

頭品層이 骨族인 '干'層과 엄격히 구분되어 간군 관등을 소지하지 못하도록 되어 있었고 그 편제의 상한도 지방 촌주층과 같은 등급이라 할 5두품에 그쳤다는 것은 '上古'期의 골품제가 각급 수장층의 계통과 지배 기반을 정리하고 편제한 것으로서 성립하고 기능하였음을 말한다.18) 그러나 골품제의

---

16) 拙稿, 「新羅 '上古'期 '干'層의 編制와 分化」, 『歷史敎育』 53, 1993, 96~98쪽.
17) 『三國史記』 33, 雜志2, 屋舍.
18) 金哲埈, 「高句麗·新羅의 官階組織의 成立過程」, 『李丙燾博士華甲記念論叢』, 1956

이러한 조직 원리는 '中古'期에 들어 진골과 육두품층이 새로 성립하면서 크게 변질되었다. 이들 신분층이 지배 기반의 크기와 무관하게 성립하였기 때문에 초래된 변화였다.

우선 진골과 육두품층이 신분화한 시점을 가늠해 보기 위해서는 역시 중위제를 살펴보는 것이 유효하다.[19]

奈麻에 설정되어 非干層=頭品層의 간군 관등 소지를 차단하는 장치로 기능하던 7重奈麻까지의 나마중위제는 17관등제가 확립된 후 9중나마까지로 증설되고 적용 관등도 大奈麻로 변경되었다. 그 존속 기간이 어떠하든, 대나마에 나마중위제가 적용되던 때가 있었다는 것은 '中古'期로 접어들고서도 당분간은 '干'層과 非干層의 구분만이 의미를 지녔음을 나타낸다. 나마중위제의 설정 목적과 기능이 본디 그러한 것이었기 때문이다. 그러다가 阿湌重位制가 성립하였다. 아찬에 4중까지의 중위제를 설정한 목적은 다음 자료에서 명백하다.

五日大阿湌 從此至伊伐湌 唯眞骨受之 他宗則否. 六日阿湌 自重阿湌至四重阿湌[20]

그것은 眞骨과 他宗=非眞骨을 구분한다는 것이었다. 즉 아찬중위제의 성립은 진골이 신라의 최고 지배신분층으로 대두하였음을 알리는 좌표인 것이다. 그리고 이는 또한 아찬까지의 간군 관등을 소지하는 두품층이 새로 성립하였음을 말해주는 것이기도 하다. 바로 육두품층이었다.

물론 두품층에 속한 인물들이 간군 관등을 소지하기 시작한 것은, 그들에 대해 일정한 제재의 필요성을 느끼기까지 어느 정도의 시간이 경과하였을

; 『韓國古代社會硏究』, 知識産業社, 1975 재수록, 145~151쪽.

19) 拙稿, 이 책의 제3장 Ⅲ.

20) 『三國史記』 38, 雜志7, 職官 上.

것이므로, 아찬중위제가 시행된 때보다도 훨씬 앞 시기였을 것이다. 이때부터 점차 유명무실해지고 있던 나마중위제는 아찬중위제가 시행됨으로써 제기능을 완전히 상실하고, 그동안 예외적인 5두품 정도로 취급되던 간군 관등 소지층은 육두품으로 공인되었다. 진골이 대아찬 이상의 관등을 독점하도록 뒷받침하는 제도로서 아찬중위제가 시행된 시점은 대략 '中古'期 말엽이 아닌가 생각된다. 眞德王 4년 4월에

下敎 以眞骨在位者 執牙笏[21]

하여, 진골 재위자에게는 그 관등과 무관하게 남다른 징표를 지니도록 조처할 즈음에 이르러는 진골의 이 같은 배타적인 지위가 이미 굳어졌던 것이라 하겠다.[22]

새로 성립한 진골과 육두품은, 지배세력을 등급별로 편성한 '上古'期 골품제의 기초 위에서 파생되어 성립한 신분층이었다. 육두품이라고 해서 다른 두품층과 구별되는 더 큰 지배 기반을 지닌 것이 아니었으며 진골 또한 마찬가지였다. 진골은 여타의 干들과 구별될 그들 나름의 기반을 지니기 위해 노력했지만, 그것은 종래의 干的인 지배 기반을 확대하는 방향에서 추구된 것이 아니었다. 이들은 새로운 정치관계에 입각하여 기존의 질서를 재편하면서 등장한 신분층이었다. '中古'期 이후의 골품제가 前代의 그것과 다른 성격과 기능을 갖게 되는 것은 바로 이 점에 기인한다.

진골을 칭하게 되는 세력이 처음 대두한 것은 '上古'期 후엽의 일로 추측된다. '中古'期 초기의 왕족들은 거의가 내물계로 전하는데, 이들이 그 왕족임을 내세워 스스로를 여타의 干들과 구분하면서 진골을 칭하기에 이르렀다. 그동안 강고하게 유지되어 온 部體制[23] 속에서 내물계의 왕족 干들이 部보다

---

21) 『三國史記』 5, 新羅本紀5, 眞德王 4年 4月.
22) 拙稿, 이 책의 제2장 Ⅳ.

血緣을 중시하는 관념을 내세우기 시작한 것은, 政變을 통해 집권한 訥祇麻立干이 인질로 나가 있던 동생들을 귀국시키는 등 近親 세력을 결집시켜 기반세력화함으로써 왕권 강화를 꾀하고, 고구려의 남하에 대한 대응책으로 州・郡에 이들을 대거 파견하여 지방 군사력을 증강시키는 과정에서 혈연의식이 크게 고양된 결과였다고 사료된다. 智證麻立干 3년에 神宮을 건립한 것은 왕족으로서의 그 혈연의식을 정치적인 면에서 공식화한 것이라는 점에 의미가 있다.

王族 干들은 특히 군사 면에서 두각을 나타내었다. 奈勿系의 王族 干들이 部를 초월하여 결집하는 경향을 보이자 非王族 干들도 대부분 각자의 지배지역에 대한 통제와 수취를 강화하면서 급속히 개별화되어 나아갔다.[24] 왕족 간들은 그들의 구심점이라 할 國王의 位號를 '麻立干'에서 '新羅國王'으로 격상시키고, 干層과 頭品層 전반을 一系的으로 서열화하는 衣冠制를 통해 중앙집권적 율령체제를 구축함으로써 국정 운영에서 사실상의 독점적인 지위를 확보하였다. 王과 王位繼承 資格者의 현재적 신분을 규정하여 聖骨이라 부르기 시작한 것도 이 무렵의 일이다.[25] 그렇다고 部體制가 종래의 기능을 상실한 것은 아니었지만, 諸干이 개별적으로 지닌 지배 기반의 정치적 의미가 크게 위축되었으며, 국왕을 정점으로 하는 중앙집권적 정치구조 속에서 차지하는 臣僚로서의 지위가 상대적으로 더 큰 의미를 지녀 갔다. 지배 기반의 크기가 신분으로까지 표현되던 시대는 지나가고 있었던 것이다.

'上古'期의 부체제 하에서 신라왕은 位號 그대로 가장 강력한 세력을 지닌 干일 뿐이었고, 그가 왕일 수 있도록 뒷받침한 것은 部였다. 말하자면 王部가 있었을 뿐 王室은 존재하지 않았다고 할 수 있다. 왕이 所屬部를 冠稱한 것도 이러한 사정의 결과라 여겨진다. 따라서 眞興王代에 이르러

---

23) 盧泰敦, 「三國時代의 '部'에 關한 硏究」, 『韓國史論』 2, 1975, 71~77쪽.
24) 拙稿, 이 책의 제2장 Ⅳ.
25) 拙稿, 이 책의 제3장 Ⅰ.

왕이 더 이상 소속부를 관칭하지 않게 되는 것은 곧 왕권의 기반이 소속부를 벗어나 새로 형성되었음을 뜻한다. 소속부를 초월하여 결집한 진골 왕족이 그 새로운 기반이었다. 물론 이들은 아직 부체제의 구속을 완전히 벗어나지는 못하고 있었다. 그러나 部體制를 통한 독자성보다 국왕에 대한 臣屬 관계를 더 중시하고 이를 매개로 公室로서의 지위를 보장받고자 하였다. '中古'期로 접어들면서 신라 정치질서의 樞軸으로 대두한 大等이[26] 곧 이들이다. 이들은 소속부보다 그 大等임을 앞세우고 있었다.

내물계의 왕족이 다수를 점하고 그 밖의 前王族 약간과 法興王 19년(532)에 새로 편입된 伽倻係 왕족이 소수나마 진골에 합류하여 정책결정권과 군사지 휘권을 장악하고 신라의 정국을 주도하였으나, 이들이 독자적이고 배타적인 신분층으로 성립하기에는 더 시간이 필요하였다. 그러자면 非眞骨 干들과 구별될 특유의 세력 기반이 확보되어야 했기 때문이다. 그것의 확보는, 진골들이 왕권과의 정치적 관계를 통해 그 정체성을 구축해 나아가던 것과 같은 맥락에서 모색되었다.

大等이 되어 公室로 인정받은 진골들은 그들이 종래 '干'으로서 지녀 온 지배 기반을 국가의 공식적인 통치 기구로 그대로 활용할 수 있었다. 특정 진골이 大等이나 軍主로 임명된다는 것은 곧 그가 독자적으로 거느리는 조직에 公室의 성격이 부여됨을 뜻하였다. 이를테면 州郡을 어느 지역에 둘 것인가 하는 문제는 어느 지역을 장악한 누구의 조직을 官府로 활용할 것인가 하는 문제와 동일하였다. '中古'期의 빈번한 州治 移動에도 불구하고 군사력 자체가 새로운 治所로 이동한 흔적을 발견할 수 없다든가, 眞平王代에 朔州都督으로 임명된 述宗公이 그의 병력으로 여겨지는 騎兵 3천을 거느리고 부임한 것은[27] 이러한 사정을 전제로 이해되어야 할 것이다.

---

26) 金光洙, 「新羅 官名 '大等'의 屬性과 그 史的 展開」, 『歷史敎育』 59, 1996, 69~82쪽.
27) 『三國遺事』 2, 紀異2, 孝昭王代竹旨郎.

종래의 部體制 하에서는 諸干이 일정 지역의 王者로서 그 영역의 제 읍락을 지배하면서 租賦의 統責을 책임져 왔으나 이 기능은 점차 大等이 주도하는 州郡의 몫으로 이양되어 갔다. 군현제에 입각한 지방지배체제가 정비되기 시작한 智證~法興王代에 부체제의 기능이 크게 위축된 것으로 나타남은 이를 말해 준다. 정치적 위치가 오히려 지배 기반의 유지 여부를 규정하기에 이른 국면이었다.

상황이 이와 같이 변화하자, 두품층과 지방 촌주층의 동향도 前代와 달라지고 있었다. 유력한 진골을 추종하여 신임을 얻고 그의 막료가 되면 관직으로 진출하거나 승급하기가 용이하였기 때문이다. '中古'期에는 族的 制約과 부체제의 규제로부터 벗어나 개인적 차원에서 자유롭게 추구되는 인간관계가 특정 진골을 축으로 새로 형성되고 있었음이 간취되거니와,[28] 유력한 진골의 휘하에는 많은 두품층 인물들이 소속부와 무관하게 集蝟하였다. 한편, 중앙 정부 기구가 확충되고 조직화되어 나감에 따라 중간 지배층에 대한 수요가 커졌고, '爵·祿은 公器로서 功勳에 대한 보답으로 주는 것'이라는[29] 認識도 확대되었다. 두품층이라 할지라도 능력이나 공훈에 따라서는 간군 관등을 소지할 수도 있다는 분위기가 성숙하고 있었던 것이다. 眞平王代에 渡唐한 薛罽頭의 경우도 이러한 분위기를 방증하는 예다. 그는 골품을 따져 사람을 쓰는 데 대해 강한 불만을 품었다고 한다.[30] 그러나 현실적으로, 유력한 진골의 후원 없이 두품층 인물이 스스로 국왕에게 그 능력을 입증한다는 것은 거의 불가능하였다. 육두품은 진골의 후원과 庇護 아래 생겨나고 있었다.

육두품에 비견되는 신분층이 지방에는 존재하지 않았다는 사실 자체가 이 신분층은 후대에 그 기반과 무관하게 성립한 것임을 설명해 준다. 그런데

---

28) 盧泰敦,「羅代의 門客」,『韓國史硏究』21·22合輯, 1978, 14~20쪽.
29)『三國史記』47, 列傳7, 裂起.
30)『三國史記』47, 列傳7, 薛罽頭.

그 官職의 취득에 重位阿湌까지의 관등이 요구되던 職任의 성격과 육두품이
확실하다고 여겨지는 인물들의 승급 과정을 살펴보면 이 신분층의 생성
배경이 좀더 분명하게 드러난다. 육두품이 주로 담당하던 관직은 中央官府의
次官職과 浿江鎭典의 頭上大監·州助·郡太守 등 地方支配構造에서의
中·高級 指揮官職으로서, 中央官府의 長官職을 독점하던 진골층의 보좌역
이거나 진골이 재지적 기반의 지배와 관련하여 그 파견권을 갖고 있던 外官職
이었다. 그리고 기록에 의하면 이들 관직에 補任된 인물들의 대부분은 본디
간군 관등을 소지하기엔 무언가 난점이 있었으나 유력한 진골의 후원으로
그것을 소지하게 되었던 것으로 나타난다. 이를테면 裂起가 沙湌이 될 수
있었던 것은 金庾信의 비호에 의해서였고, 三年山郡의 太守職을 얻을 수
있었던 것은 결국 김유신의 아들인 三光의 후원에 의해서였다. 三年山郡은
金庾信家의 연고지로 추정되는 지역이다. 또 김유신이 어렸을 때 열기와
함께 놀았다는 것으로 보아서는 열기의 父도 金庾信 가문에 臣屬했던 것이
아닐까 추측된다. 累代에 걸쳐 한 가문에 忠誠하면서 간군 관등으로의 승급과
관직으로의 진출을 도모하는 부류가 있었던 것이다. 육두품 신분은 이들
중의 일부가 '획득하던' 신분이었다.

진골도 그렇지만 육두품이 이렇게 정치적인 관계 속에서 생성되자 '干'層의
이익을 대변해 오던 종래의 골품제는 변질되지 않을 수 없었다. 진골 중심의
체제로 바뀌고 있었던 것이다. 이는 관등과의 관련성에 직접 반영되어, 이미
제기능을 상실한 奈麻重位制 대신에 육두품층에 대한 관등 승급 제한 조처로
서의 阿湌重位制를 시행하는 것으로 나타났다. 眞骨과 '他宗'의 구분만이
의미를 지니게 된 것이었다. 예컨대 武官職인 大官大監에 오를 수 있는
관등을 규정하는 데 있어서도

眞骨位自舍知至阿湌爲之, 次品自奈麻至四重阿湌爲之[31]

라 하여 진골과 '次品'을 나누었는데 여기서 '次品'은 非眞骨 전반을 지칭한 용어였다. 진골 중심의 골품제 하에서 두품은 개인의 능력과 공훈에 따라 결정되었으며, 두품층 내에서의 상한 관등은 존재하지 않았다. 골품에 의해 오를 수 있는 관등이 결정되는 것이 아니라, 오른 관등에 의해 골품이 결정되었던 것이다.[32]

3. 中·下代 骨品制의 構造와 變化

골품제는, 신라의 국가적 발전 과정에서 勝者로서의 '干'들이 敗者가 되어 '干'이라는 명호를 상실하면서 그 지배 기반의 크기 별로 편제당한 六部 首長層의 정치적 성장을 억제하는 장치로 성립하고 기능한 것이었다. 國政 담당자는 '干'層과 非干層을 구별하지 않고 一系的으로 階序化할 필요가 있었으므로 京位制를 운영하였지만, 그렇게 되면 국정을 담당한 비간층이 국정에 참여하지 않는 '간'층을 자칫 능가할 우려가 있었다. 六部의 '간'층은 관등의 고하에 앞서 기본적으로 등질적인 존재였기 때문에 그 등질성을 침해할 요소를 없애지 않으면 안 되었다. 여기에 골품제 시행의 이유가 있었던 것이다. 諸干은 등질적인 존재로서 일반화된 신분층으로 존재한 반면, 비간층 인물들에 대하여는 지배 기반의 크기에 따라 등급을 두어 그 정치적 기능이 이를 벗어나지 못하도록 규제하였다. 몇 두품인가가 그대로 그 지배 기반의 규모 및 정치적 기능을 규정하도록 한 것이었다. 그리고 비간층은 관등 상으로라도 干을 칭할 수 없도록 하였다.

그러나 진골과 육두품이 독자적인 신분층으로 성립하기에 이르러 골품제의 이러한 구조는 붕괴되었다. 최고 지배신분층과 여타의 신분층을 구분한다는 원칙만 그대로 유지되었을 뿐, 지배 기반과 신분은 별개의 문제로 유리되었

---

31) 『三國史記』40, 雜志9, 職官 下, 武官, 大官大監.
32) 拙稿, 이 책의 제3장 Ⅲ.

다. 골품제는 이제 '간'층이 아닌 진골의 이익을 옹호하는 장치였고, 두품층에게는 능력과 공훈에 따른 신분 상승을 보장하는 희망의 보루였다. '中古'期 말 이후, 특히 삼국 통일 전쟁기의 신라 사회에서 발견되는 역동성은 골품제의 이 같은 성격 변화에서 촉발된 것이 틀림없다.

진골 유력자들은 그에게 충성을 서약하며 경향 각지에서 모여든 人的 기반을 바탕으로 公室로서 內外官의 要職을 차지하였다. 예컨대 진골의 어느 인물이 都督으로 임명되면 그는 자신의 家臣을 거느리고 都督府를 구성하였다. 어떤 지역에 도독을 둔다는 것과 도독부를 둔다는 것이 동의어로 쓰이는 것은 이 때문이다.[33]

또한 大耶城都督 金品釋의 휘하 인물 가운데 '幕客'이라는 용어로 표현된 舍知 黔日이나 金庾信 휘하의 裂起·仇近·丕寧子 등과 같이 개인적 관계에 의해 私的으로 귀속되어 있었다고 여겨지는 인물들이 발견되는 것도[34] 이 같은 맥락에서 이해될 사실들이다. 특히, 김품석을 대신하여 백제군에게 투항의사를 밝혔다는 '品釋之佐' 阿湌 西川은 김품석의 총애를 받아 육두품이 된 가신이었을 가능성이 크다. 일설에 그는 沙湌 祗之邢였다고도 하니[35] 진골이었을 개연성이 희박한데다 '佐'란 본디 예속성이 강한 屬官을 지칭하는 말인 까닭이다. 김품석의 막객이 처를 빼앗기고서도 여전히 그 휘하를 떠나지 못하고 있었던 데서는 그 私的인 예속성의 강도가 대단하였음을 알 수 있다.

진골 유력자의 휘하에는 6부 출신의 두품층 人士들뿐 아니라 地方 干層과 그 子弟들도 모여들고 있었다. 김품석의 휘하에서 舍知로 있던 竹竹이 大耶州 의 撰干 郝熱의 아들이었던 사실을 통해 이를 알 수 있거니와, 죽죽에게

---

33) 『三國史記』35, 雜志5, 地理3, 熊州, '熊州 本百濟舊都 唐高宗遣蘇定方平之 置熊津都督府 羅文武王取其地有之 神文王改爲熊川州 置都督.'
34) 盧泰敦, 앞의 「羅代의 門客」, 14~19쪽.
35) 『三國史記』47, 列傳7, 竹竹.

級湌이 追贈되었듯이, 통일전쟁기를 경과하면서 이들도 적잖이 육두품으로 진출하였다. 문무왕 14년(674)에 외위 자체를 경위로 흡수하는 조처를 내린 것은36) 이러한 추세 속에서 이미 예상된 일이었다고 여겨진다.

진골은 아찬중위제를 시행하여 육두품의 승급을 제한하고 중앙 관부의 장관직과 도독·장군 등 주요 外官職 및 武官職에 보임될 수 있는 자격을 진골에 한정시킴으로써 樞要職을 독점하고 政局을 장악하였다. 그리고 진골로서의 이러한 특권은 강력한 왕권을 전제로 한 정치관계 속에서 성립하는 것이었으므로 정부기구를 확충·정비하여 진로를 넓히는 한편, 국왕과 친밀한 관계를 유지하기 위해 왕실과의 통혼에 힘썼다. '中古'期부터 중대 초에 걸친 官府의 설치와 官員의 증치, 지방제도의 개편은 기본적으로 진골 중심 지배체제의 강화와 안정이라는 각도에서 추진된 것이었다. 이는 물론 왕권의 강화로도 나타났지만,37) 왕권의 강화와 진골 중심 체제의 안정은 상치되는 개념이 아니라 서로 표리를 이루어 진행된 일이었음을 유념할 필요가 있다.

진골 유력자들은 강화된 왕권에 기반하여 封爵과 食邑을 받고 더러는 開府까지 하여 마치 독립적인 列侯처럼 존재하였다. 통일신라기의 자료에 보이는 府는 受封眞骨들이 재산을 관리하기 위해 설치를 허여받은 기관이었다. 여기에는 府主 독자의 僚屬이 두어졌으며, 이들은 군현의 지방관과 협조하여 食邑·祿邑民으로부터 租調를 수취하고 사유재산을 경영하였다. 이 경우, 부주의 위세는 때로 왕이나 다름없었지만 법적으로 개부가 當代에 한하여 허여되던 것이었고 또 왕권이 인정함을 전제한 것이었기 때문에 그 지위를 대물려 유지하려는 부주와 그 자제들은 중앙 정계로 나서서 고위 관직에 올라 공훈을 세우거나 왕실과 지속적으로 통혼관계를 맺지 않으면 안 되었다.38) 신하에게 개부를 허여하는 신라왕의 위상은 중국 황제의 그것과

---

36) 『三國史記』 40, 雜志9, 職官 下, 外官, 外位.
37) 申瀅植, 「新羅 中代 專制王權의 展開過程」, 『統一新羅史研究』, 三知院, 1990, 121~130쪽.

진배없었다.

왕권의 강화에 조응하여 왕실의 결속 또한 강화되고 있었다. 神文王 7년 (687)에 始祖와 四親을 配享하는 五廟制가 성립한[39] 것이 이를 말해준다. 太祖大王을 앞세워 김씨 진골왕족 전체에 대해 王家의 藩屛으로서 그들이 갖는 위치를 확인시켜 주고 眞智王系의 결속을 촉구한 것이 五廟의 배향으로 나타난 것이겠다. 그러나 同高祖의 친족을 포괄하던 왕실의 범위는 惠恭王代에 이르러 同祖父의 범위로 축소되었다. 五廟의 내용이 바뀐 사실에서 이를 알 수 있다.[40] 五廟 중 실제의 친족 범위를 규정하는 四親이 二親으로 축소된 것이다. 그러면서도 태종무열왕과 문무왕을 '不毁之宗'으로 삼은 것은 그동안 中代 王權을 지탱해 온 凡武烈系의 결속이 앞으로도 깨져서는 안 된다는 점을 천명한 것이었다. 그렇지만 사실상의 친족 범위를 二親으로 규정한 이상, 몇 대 더 지나지 않아 그 천명이 허울좋은 명목이 되고 말리라는 것은 명약관화하였다.

왕실 범위의 축소 원인은 대략 두 가지로 추정된다. 첫째는 太宗武烈王을 同高祖로 하는 친족의 수가 급격히 증가한 데 따른 변화다. 神文王代의 同高祖 친족은 사실상 4寸 규모에 지나지 않았으나 神文王의 子代인 孝昭王·聖德王을 지나 孫代인 孝成王·景德王 무렵에 이르러는 그 친족의 수가 크게 증가하였다. 태종무열왕의 형제가 기록에 전하지 않는 반면, 태종무열왕의 아들로는 法敏(文武王)·仁問·文王·老且·仁泰·智鏡·愷元 등 7명 외에 또 庶子로 車得公이 있었다고 전하니 다시 2대가 지난 뒤에는 그 직계 자손이 대단한 수로 불어났을 것임을 짐작하기 어렵지 않다. 따라서

---

38) 拙稿, 이 책의 제4장 Ⅱ.
39) 邊太燮,「廟制의 變遷을 通하여 본 新羅社會의 發展過程」,『歷史教育』8, 1964, 66~69쪽.
40)『三國史記』32, 雜志1, 祭祀, '至第三十六代惠恭王 始定五廟 以味鄒王爲金姓始祖 以太宗大王·文武大王平百濟·高句麗有大功德 並爲世世不毁之宗 兼親廟二爲 五廟.'

이들을 모두 왕실에 포함시켜 대우하기는 곤란하지 않았겠는가 하는 것이다. 둘째는 왕을 중심으로 한 정치관계 속에서 왕실과의 통혼이 갖는 정치적 비중이 갈수록 고조되고 있었으므로 진골왕족 전체의 입장에서는 그 범위를 최소화하는 것이 상호간의 세력 관계를 안정적으로 유지하는 길이었다는 점이다. 또한 現王과의 혈연관계가 멀어질수록 爵位를 강등당하게 되어 있었으므로[41] 왕실 내에서는 이미 3·4촌을 벗어나지 않는 범위에서 近親婚을 행하는 경향이 뚜렷해지고 있던 터였다.[42] 이러한 사정들이 맞물려 왕실의 개념과 범위를 축소시키는 결과로 이어진 것이겠다.

惠恭王代에 이르러 마무리되고 있던 친족 규모의 축소는 '王族'이라는 개념 자체의 변화로까지 확대되면서 골품제에도 영향을 미쳤다. 진골이 제1골과 제2골로 분화된 것이었다. 제1골은 왕족을, 제2골은 나머지의 비왕족 귀족을 지칭한 말이었다는 기록을[43] 통해서, 4촌 범위 정도로 축소되어 근친혼을 행하던 至親 王族들이 스스로를 나머지 왕족과 신분 면에서 구분하기에까지 이르렀음을 짐작할 수 있다. 현 왕의 직계 자손 및 현 왕의 남녀 형제와 그 자손 정도만이 제1골 즉 왕족으로 인정되었을 것이다.[44] 8세기 중후반의 惠恭王代에 제1골과 제2골이 각기 독자적인 신분으로 존재하였다고 말하기는 어렵지만 신분화로의 방향은 이미 정해진 셈이었다.

왕족 범주의 축소는 진골 일반이 그동안 누려 왔던 정치적 특권의 축소로

---

41) 拙稿, 이 책의 제4장 Ⅱ.
42) 『新唐書』220, 新羅傳.
43) 『三國史記』5, 新羅本紀5, 眞德王 8年 3月, '唐令狐澄新羅記曰 其國王族謂之第一骨 餘貴族謂第二骨.'
44) 拙稿, 이 책의 제4장 Ⅳ.
   종래에는 제1골이란 眞骨을 지칭하고 제2골은 진골이 아닌 육두품이나 두품층 전반을 지칭한다고 이해해 왔으나, 이렇게 이해하고 보면 다음과 같은 의문에 답하기가 어려워진다. 첫째, 기록에 의하면 宰相·侍中을 위시한 장관직과 17관등 모두를 제2골이 오를 수 있노라고 하였는데 육두품 이하의 두품층은 그럴 수 없었지 않은가? 둘째, 신라에서는 '骨' 신분과 '頭品' 신분을 엄격히 구분하여 왔는데 두품층을 왜 갑자기 '骨'이라는 용어로 불렀을까?

이어졌다. 왕족에서 배제된 제2골은, 그렇더라도 여전히 진골임에 변함이 없었으므로, 대아찬 이상의 관등에 오르고 장관직을 가질 수는 있었지만 封爵을 받기가 어렵게 되었다. 封爵은 소수의 왕족인 제1골에 집중되었다. 爵位를 가져야 食邑을 받고, 나아가 독자적인 僚屬을 공식적으로 거느리는 開府에 이를 수 있었는데 이것이 곤란해진 것이다. 爵位 없이 자기 기반을 확대하거나 유지하기는 어려웠다. 이 같은 사정의 변화는 신라의 정치적 상황에서 세 가지 측면으로 나타났다.

첫째는 진골 세력 간에 왕위쟁탈전을 촉발시킨 것이다. 왕권이 기존의 질서에 입각하여 순리적으로 바뀔 경우 제1골의 위치에서 밀려날 것이 예상되어 그 기반의 유지가 어렵게 된 인물들의 처지에서는 스스로 왕위에 올라 왕실을 구성하는 것이 그들이 처한 위기를 모면할 가장 유력한 방책이었기 때문이다. 왕위의 찬탈은 성공하기만 한다면 그 族黨에 대단한 이익을 가져오는 것이었으므로 일가 친척들과 휘하 가신층의 지지와 호응을 얻기도 용이하였을 것이다. 이러한 이들은 '士'로 표상되는 두품층을 가능한 한 폭넓게 招致하기 위해 다투어 '重士의 風度'를[45] 과시하였다. 흥덕왕 사후에 벌어진 왕권 다툼에서 均貞을 추대한 金陽은 政敵 悌隆의 가신인 裵萱伯이 쏜 화살을 맞았으나 뒷날 裵萱伯을 불러, '개는 제각기 그 주인이 아닌 이에게 짖는 것이다. 너는 그 주인을 위하여 나를 쏘았으니 義士다.'라고 말했다 한다.[46] 그는 이로써 민심을 안정시키는 동시에, 자신이 '士'를 매우 중시하는 인물임을 널리 과시하여 많은 두품층 인물들을 휘하에 끌어모을 수 있으리라고 기대한 것이겠다. 金陽뿐 아니라 왕권에 뜻을 둔 왕족들이면 누구나 이러한 정치적 계산을 내면에 깔고 행동하였을 것이다. 한편, 왕위쟁탈전이 격화되면서 가능한 한 많은 수의 족당을 규합할 필요성이 커진 것은 왕실의

---

45) 拙稿, 이 책의 제3장 Ⅲ.
46) 『三國史記』 44, 列傳4, 金陽.

범위에도 영향을 미쳤다. 9세기로 접어든 哀莊王 2년(801)에, '世世不毀之宗'으로 삼아 온 太宗·文武 2廟를 別立하고 高祖까지의 親祖를 奉祀하게 된 것은[47] 이러한 필요성에 따라 취해진 조처였다고 이해된다. 물론 축소된 왕실의 규모가 다시 확대됨으로써 제1골의 규모는 늘어났겠지만, 이미 제2골과의 구분 관념이 굳어졌고 또 현 왕과 가까운 근친일수록 높이 대우하는 封爵制를 실시하고 있었으므로, 이 조처가 골품제의 전반적인 변화 추세에 미친 영향은 그리 크지 않았을 것이다.

둘째는, 왕위쟁탈전의 결과로서 부수된 현상이지만, 육두품층의 중앙 정계 진출이 두드러지게 된 점이다. 진골 유력자들의 인적 기반이었던 육두품층은, 생사를 걸고 政變에 참여하여 그 主公을 登極시킨 경우든, 主公을 도와 靖亂에 공훈을 세운 경우든, 그들의 主公이 왕위에 오르거나 왕위를 유지하게 되면 主公과 家臣으로 유지되어 온 종래의 관계를 王과 臣下의 관계로 재편하면서 육두품으로서의 제약을 초월할 기회를 어렵지만 드물지 않게 가질 수 있었다. 大阿湌 관등의 수여를 제안받았다는 祿眞의 예나,[48] 처음에는 결코 진골이었을 리 없는 崔有德이 角干에 오른 사실을[49] 통해서 이러한 사정을 넉넉히 짐작하게 된다.

셋째는, 왕위쟁탈전에 직접 참여하지 않았던 대다수의 일반 진골들 즉 제2골은 정치적 변동과 무관하게 꾸준히 관료로서의 길을 걸음으로써 나름대로 활로를 모색하고 있었던 점이다. 물론 이들을 추종한 두품층도 적지 않았을 것이다. 이들의 입장에서는 왕실의 규모를 가능한 한 축소하는 것이 정국의 안정을 위해 오히려 바람직한 방향으로 여겨졌을 것이다. 그것은 정치 관계의 뜻하지 않은 변화를 최소화하는 길일 수 있었기 때문이다. 그러나 下代의 잦은 정변과 그 여파로 빚어지는 정치 판도 변화의 全面性에서

---

47) 『三國史記』 10, 新羅本紀10, 哀莊王 2年 2月.
48) 『三國史記』 45, 列傳5, 祿眞.
49) 『三國遺事』 3, 塔像4, 有德寺.

이들의 입지는 갈수록 왜소화되고 있었다.

진골이라고 해서 모두 같은 처지에 있었던 것이 아니며 육두품을 비롯한 두품층 역시 그러하였다. 따라서 신라 하대의 정치 과정에서 각 신분이 어떤 일정한 정치적 경향성을 보였으리라고 예상하거나 그들간에 정형화된 관계를 찾으려는 노력은 徒勞에 그치기 쉽다.[50] 한편, 이상과 같은 신라 정치 상황의 전개는 골품제의 구성과 기능에도 변화를 강요하였다. 8세기 중후반의 제1골과 제2골이 9세기 중엽에는 신분상 완전히 분리되어 제1골만이 진골을 칭하기에 이르고, 제2골은 관료로서 大等이라고 불리다가 9세기 말 '得難'이라는 신분으로 성립하였다. 朗慧和尙碑文에 보이는 '得難'은 종래 육두품의 別號로 알려져 왔으나, 기실 그것은 진골층이 몇 세기에 걸쳐 분화한 결과 성립한 독자적인 신분이었다.[51] 이 신분에는 육두품으로서의 제약을 벗어나 '얻기 어렵게' 대아찬 이상의 관등을 소지하기 시작한 부류도 상당수 포함되었다.

9세기 말, 신라 진골은 왕실 그 이상도 이하도 아니었다. 대부분의 고위 관직은 官僚群으로 변화한 제2골 즉 得難層이 차지하고 있었으며, 6·5·4두품의 구별은 있었지만 신분으로서의 성격이 퇴색되어 관등에 따른 분류에 가까웠다. 또 상당수의 육두품이 득난으로 승격되던 상황이었으니 아찬중위제가 제구실을 하였다고 말하기도 어렵다. 최고 지배신분층이 여타의 신분층과 스스로를 엄격히 구분해 온 골품제의 기본 이념은, 이에 이르러 더 이상 찾기 어려웠다. 골품제는 완연히 와해 국면에 처해 있었던 것이다.

---

50) 拙稿, 「古代·中世初 支配勢力硏究의 動向과 '국사'敎科書의 敍述」, 『歷史敎育』 45, 1989, 40쪽.
51) 拙稿, 이 책의 제4장 Ⅳ.

4. 結語

지금까지 신라 골품제의 구조와 그 변화의 추이를 개괄해 보았다. 그동안 발표해 온 필자의 논고들은 골품제 전개의 이러한 흐름을 염두에 두고 정리한 것들이었다. 본고에서 논의가 비약하거나 거칠게 다루어진 부분들은 前考에 의지하고자 한다.

신라 골품제의 전개 과정은 크게 두 단계로 나누어 파악할 수 있다.

첫째는, 골품제가 '干'層의 정치·사회적 특권을 보호하는 장치로 기능하던 단계다. '上古'期에서 '中古'期 말엽에 걸치는 시기가 이에 해당한다. 이 단계의 골품제는 '干'層을 骨層으로, 非干層을 頭品層으로 편제하고 두품층을 1~5두품으로 나눈 형태였다. 두품의 등급은 신라 국가 형성 과정에서 六部로 편입된 首長層을 그들이 지녀 온 지배 기반의 크기에 따라 편제한 데서 출발하였는데, 두품층의 정치적 기능이 이 등급에 따라 규제되었다.

신라는 京位制와 연계하여 奈麻重位制를 시행함으로써 두품층에게는 干群 官等의 소지를 허용하지 않았다. 여기서 골품제의 신분제적 폐쇄성이 나타나는데 본디 최고 지배신분층이 여타의 신분층과 스스로를 구분하여 그 권익을 최대한 옹호한다는 것이 골품제 운영의 기본 취지였다. 이 단계의 골품제 전개 과정은 나마중위제의 추이에 따라 전·후기로 나누어 보면 이해하기가 쉽다. 전기는 나마에 7중까지의 중위제가 시행되던 때로, 골품제는 '干' 중심 체제의 근간으로 충실히 기능하였다. 후기는 9중까지의 나마중위제가 대나마에 적용되던 때로, 진골과 육두품이 그 기반과 무관하게 정치적 관계 속에서 생성되면서 나마중위제가 제기능을 상실해 갔고 골품제의 기능에도 변화가 초래되었다.

둘째는, 골품제가 진골 중심의 정치체제에서 기능하던 단계다. 진골과 육두품이 독자적인 신분층으로 대두한 결과 아찬중위제가 시행되기에 이른 '中古'期 후엽부터 신라의 멸망에 이르기까지가 이에 해당한다. 진골들은 그들을 추종하는 두품층 인사들의 간군 관등 소지를 후원하여 육두품의 대두를 조장하고 이들을 자신의 인적 기반으로 활용하였다. 유력한 진골 휘하에는 정치적인 진출과 성장을 도모하는 두품층과 地方干層이 모여들었으며 진골은 이 인적 기반을 바탕으로 公室로서 內外官의 要職과 將軍職을 독점하였다. 이 단계의 골품제는 진골의 이익을 옹호하는 제도적 장치였고, 두품층에게는 능력과 공훈에 따른 신분의 상승을 보장하는 희망의 보루였다. 두품의 등급은 각자가 오른 관등에 의해 획득되는 것으로 변화한 것이었다. 특히 통일전쟁기의 신라 사회에서 발견되는 역동성은 골품제의 이러한 변화에서 말미암은 바다.

강력한 왕권을 전제로 한 진골 중심 정치체제가 강화되어 나아가면서 왕실의 정치적 비중이 커지자 현 왕의 친족들이 근친혼을 행하는 경향이 두드러졌고 그 결과 진골에 분화 현상이 일어났다. 8세기 중후반에 이르러 진골이 제1골과 제2골로 나뉘고 왕실의 규모가 축소된 것이다. 제1골만이 종래 진골이 누려 온 특권을 모두 누렸고, 왕실과 혈연적인 親隣 관계가 멀어진 제2골은 점차 官僚群化하여 9세기 중엽에는 大等으로 불리다가 말엽에는 得難이라는 독자적인 신분층으로 성립하였다. 왕실 규모의 축소로 인하여 촉발된 진골 세력 간의 왕위쟁탈전 과정에서 阿湌重位制의 제약을 넘어 大阿湌 이상의 관등을 소지하는 육두품층이 생겨났는데, 이들도 득난으로 편입되어 官僚群層을 두텁게 하였다. 제1골만이 진골을 칭하고 제2골이 득난이라는 일반화된 관료층으로 성립하기에 미쳐 골품제는 와해의 국면에 직면하였다.

신라 골품제의 전개 과정을 이상과 같이 파악하면 신라 사회의 변동과 高麗로의 왕조 전환을 좀더 계기적으로 이해할 수 있지 않을까 생각한다.

제4장
新羅 '中·下代' 眞骨 中心의 政治編制와 六頭品·得難

I. 6~7세기 新羅 眞骨의 家臣層과 外位制

1. 序 言

신라의 外位制는 고구려나 백제에서는 그 유례를 찾을 수 없는 독특한 제도다. 이는 신라의 지배체제와 사회구조가 고구려·백제와는 다른 형태로 발전했다는 사실을 말해 주는 유력한 典據로 여겨져 왔다. 京位制와 外位制를 별개 제도로 성립시킨 신라 사회의 조직 원리가 다른 나라와 같을 수는 없으리라 생각된 것이다. 이에 따라 외위제는 신라의 국가 형성 과정, 지배세력 형성 과정, 六部制, 中央 및 地方 統治體制, 신분제도, 中代王權 성립 과정 등 新羅史 이해의 뼈대에 해당하는 여러 部面에서 각각의 특수한 양상을 입증하는 機制로 주목되었다.[1)]

그렇지만 외위제의 기능이 무엇이며, 어떤 과정을 거쳐 언제 제도로 확립되

---

1) 金哲埈, 「高句麗·新羅의 官階組織의 成立過程」, 『李丙燾博士華甲記念論叢』, 1956
 ; 『韓國古代社會研究』, 知識産業社, 1975 재수록.
   權悳永, 「新羅 外位制의 成立과 그 機能」, 『韓國史研究』 50·51合輯, 1985.
   朱甫暾, 「6세기 초 新羅王權의 位相과 官等制의 成立」, 『歷史敎育論集』 13·14合輯, 1990.
   하일식, 「6세기 신라의 지방지배와 외위제」, 『學林』 12·13合輯, 1991.
   盧重國, 「新羅 17官等制의 成立過程」, 『啓明史學』 8, 1997.
   朱甫暾, 「6世紀 新羅의 村落支配 强化過程」 ; 「統一期 地方統治體制의 再編과 村落構造의 變化」, 『新羅地方統治體制의 整備過程과 村落』, 1998.
   河日植, 「新羅 官等制의 起源과 性格」, 연세대 박사학위논문, 1998.
   末松保和, 「新羅六部考」, 『新羅史의 諸問題』, 1954.
   三池賢一, 「『三國史記』 職官志 外位條의 解釋」, 『北海道駒澤大學研究紀要』 5, 1970.

없는지에 대해서는 아직 정설이 없다. 외위제의 실체가 아직 제대로 드러나지 않은 것이다. 다만 그동안 거듭된 논의 속에서, 신라인들은 王京과 地方을 엄격히 구분했으며, 왕경의 六部人들만이 京位를 지니고 지방민에게는 外位를 주었다고 정리되었다. 京·外로 이원화된 구조를 보인 신라 사회에서, 외위제가 지방 유력자들을 포섭하는 장치로 기능하였다는 인식은 이제 정설로 굳어진 것처럼 보인다.

그러나 경위제가 王京人에게, 외위제가 地方民에게 각각 적용되던 제도라는 것이 엄밀한 논증을 거쳐 확인된 사실은 아니다. 그 語義에서 직관적으로 단정되고 수용되어 왔다고 해도 과언이 아니다. 물론 지금까지 알려진 자료에 의하면, 外位 소지자 대부분이 특정한 지방 촌락과 연계되어 나타나는 것이 사실이다. 그들은 실제로 그 지역에 거주하던 사람들이었을 것이다. 하지만 이 사실만으로 외위제가 지방민에게 적용된 제도였다고 확신하기는 어렵다. 그 지역 출신자인지 아니면 그 지역에 배치된 사람인지조차 분명치 않거니와, 이는 단지 외형상 나타난 결과적 현상일 뿐 本質이 아닐 수 있기 때문이다. 이를테면 어떤 다른 원리에 의해 시행된 외위제의 실제 적용 대상 대부분이 결과적으로는 지방민이었던 것처럼 나타날 수도 있다. 만일 그렇다면 외위제를 이른바 '지방민'과의 관계 위에서만 파악하는 것은 본질의 말단을 이해한 것에 불과하게 된다. 외위가 어떤 이들에게 수여되었던 것인지는 신라의 사회구성과 지배세력의 편제 원리에 대한 정확한 이해가 가능한 단계에서야 비로소 해명될 수 있다. 경위제도 마찬가지다. 경위 소지의 현실적인 의미가 아직 불분명한 이상, 그 소지자가 六部人으로 나타나는 사실 자체로써 경위제의 본질을 말할 수 있는 것은 아니다.[2]

---

2) 1988년과 1989년에 잇따라 발견된 蔚珍鳳坪碑와 迎日冷水里碑에서는 六部에 속하였으면서도 京位를 소지하지 않고 단지 干支라고만 칭한 인물이 있었음이 확인되었다. 그런데 일부 연구자들은 이를, 國王이 所屬部名을 冠稱한 사실과 연계시켜 경위제가 六部 전반에 아직 관철되지 못하던 상황을 전하는 사실로 해석하고 이에 근거하여 '上古'期 신라 정치제도의 미비성과 왕권의 미숙성을 논하고 있다(武

官等制는 기본적으로 지배세력에 대한 편제 원리와 정치체제 및 권력관계의 실상을 포괄하여 성립하고 운영된 제도였다. 따라서 그 기능과 성격을 올바로 이해하려면 지배세력 전반의 구성을 시야에 두고 관련 자료를 꼼꼼히 검토해 나갈 필요가 있다. 이에 주목되는 사실이, 古代의 邑落社會 首長層이 국가권력을 전제로 결집하는 과정에서 貴族的 參與層과 幕僚的 從事者層이 나뉘어 발전하고, '加' 혹은 '干'이라고 부르는 보편적인 신분층으로 변화한 귀족적 참여층은 國王 중심의 질서에 편입되면서도 독자적인 經理를 지님으로써 이중구조를 형성했다는 점이다.[3] 세력이 강대한 귀족들은 각자의 지배기반을 경영하기 위해 저마다 家臣層을 거느리고 있었다. 고구려에서는 이런 사정이 비교적 분명히 나타나거니와,[4] 신라의 경우도 크게 다르지 않았으리라 여겨진다. 그동안 신라 官制와 정치조직에서 국왕의 家臣層이 차지한 역할과 비중은 누차 언급되어 온 바다.[5]

田幸男,「新羅六部와 그 展開」,『朝鮮史硏究會論文集』28, 1991). 그렇지만 이는, 京位가 어떤 원리에서 성립하여 누구에게 수여되던 것인지 제대로 알지 못하는 한, 논리의 비약에 불과할 뿐이다. 그것은 京位가 六部 전반에 아직 관철되지 못하던 상황이 아니라 六部 지배층 모두가 京位의 적용 대상인 것은 아니던 단계의 상황일 수도 있기 때문이다. 京位가 처음부터 六部 지배층에 대한 왕권의 통제 수단으로 성립 기능하였다고 여기는 시각도 의문이지만, 설령 이에 수긍한다 해도 이미 六部로 편제된 지배층 일부가 국왕의 京位 수여를 거부할 정도로 독자성을 지니고 있었던 양 파악하는 데는 선뜻 동의하기 어렵다. 더구나 그러한 지배층이 속한 部가 열세의 部였다는 것은 명백한 모순이 아닐 수 없다.

3) 金光洙,「高句麗 前半期의 '加'階級」,『建大史學』6, 1982.
_____,「高句麗의 '國相'職」,『李元淳敎授停年紀念 歷史學論叢』, 1992.
_____,「夫餘의 '大使'職」,『朴永錫敎授華甲紀念 韓國史學論叢(上)』, 1992.
_____,「新羅 官名 '大等'의 屬性과 그 史的 展開」,『歷史敎育』59, 1996.
李景植,「古代・中世의 食邑制의 構造와 展開」,『孫寶基博士停年紀念 韓國史學論叢』, 1988.
4)『三國志』30, 魏書30, 東夷傳, 高句麗.
5) 李基白,「稟主考」,『新羅政治社會史硏究』, 1974.
李鍾旭,「新羅 中古時代의 骨品制」,『歷史學報』99・100合輯, 1983.
李文基,「新羅 中古의 國王 近侍集團」,『歷史敎育論集』5, 1983.
田美姬,「新羅 眞平王代 家臣集團의 官僚化와 그 限界」,『國史館論叢』48, 1993.
河日植, 앞의 학위논문.

그런데 신라 귀족의 家臣層에 대해서는 치밀한 검토가 없었다.[6] 직접적인 관련 자료가 거의 없다시피한 형편 때문이기도 했지만, 귀족세력을 王權과의 관계에 치중하여 파악하고 있었던 데 근본 원인이 있다. 그 결과, 신라 지배체제에서 귀족의 家臣層이 차지한 위치가 대수롭지 않게 평가되었고, 관심의 대상에서 벗어나게 된 것이다. 그러나 이들에 유의하지 않고서는 外位制의 본질을 제대로 이해하기 어려울 것이다. '京'에 대비되는 '外'는 京師에 대하여 地方을 뜻한 말일 뿐만 아니라 王에 대하여 諸侯[外藩]를 지칭하던 말이기도 하다. 신라는 食邑이나 府와 같이 封建의 원리가 투영된 제도를 시행한 국가이므로,[7] 이런 국가체제에서 外位는 諸侯의 臣下 곧 王族의 家臣層에게 수여되던 官位일 가능성이 높다. 이와 같은 문제의식에서 外位制의 본질을 살펴 나아가면 진골 귀족의 성격과, 이 제도를 운영하던 6~7세기 신라 사회의 시대성에 대해서도 좀더 명확한 이해가 가능하리라 전망된다.

2. 眞骨의 出居와 그 家臣의 外位所持

新羅 外位制의 全貌를 전하는 기록은 우리에게 주어져 있지 않다. 『三國史記』 권40, 職官志 下의 外官 外位條가 비교적 포괄적인 내용을 전하는 유일한 기사다.

外位: 文武王十四年, 以六徒眞骨出居於五京九州 別稱官名, 其位視京位 : 嶽干視一吉湌, 述干視沙湌, 高干視級湌, 貴干視大奈麻, 選干(一作撰干)視奈麻, 上干視大舍, 干視舍知, 一伐視吉次, 彼日視小烏, 阿尺視先沮知.[8]

---

6) '家臣'이라는 시각에서 접근한 연구는 아니지만, 신라 귀족과 私的으로 결속된 집단에 대해 '門客'이라는 일반 개념을 매개로 검토한 연구가 있다.
　　盧泰敦, 「羅代의 門客」, 『韓國史研究』 21·22合輯, 1978.
7) 李景植, 앞의 논문.
　　拙稿, 이 책의 제4장 Ⅱ.
8) 原文에서는 '出居' 다음 글자를 읽을 수가 없다. 『三國史節要』에 의거하여 '於'로

그러나 이 기록은 시대에 맞지 않는 용어를 포함하고 있고 또 정확성도 결하고 있기 때문에 전체의 취지마저 믿기 어렵다는 평가를 받고 있다. 무엇보다 문제가 되는 것은 '五京九州'라는 용어다. 신라에서 지방제도가 5경 9주로 완성된 것은 神文王 5년(685)의 일이므로[9] 이에 앞선 文武王 14년(674)의 시점에서는 이 용어가 쓰일 수 없었다. 그럼에도 불구하고 이렇게 기록된 사실은 이 기사가 문무왕 14년에 外位와 관련하여 취한 조처의 내용을 原文 그대로 전하는 것이 아님을 의미한다고 보아 무리가 아니다.

이 기사의 신뢰성을 약화시키는 또 다른 요소는 文句의 脫漏다. 一伐과 彼日 사이에 一尺에 관한 부분이 빠져 있는 것이다. 一尺의 존재는 鳳坪碑나 南山新城碑 등 금석문을 통해서도 확인되지만 당장 이 기사의 뒤를 잇는 百濟人位條에도 나타난다.

> 百濟人位, 文武王十三年, 以百濟來人 授內外官, 其位次視在本國官銜. 京官: 大奈麻本達率, 奈麻本恩率, 大舍本德率, 舍知本扞率, 幢本奈率, 大烏本將德. 外官: 貴干本達率, 選干本恩率, 上干本德率, 干本扞率, 一伐本奈率, 一尺本將德.[10]

신라가 삼국을 멸한 후인 문무왕 13년(673), 외위를 경위에 '視'하는 위의 조처가 있기 한 해 전에 백제 지배층에게 京位나 外位를 주어 自國의 지배층으로 편입한 사실을 전하는 내용인데, 그 중 將德에게는 경위 大烏나 외위 一尺을 준 것으로 되어 있다. 즉 一伐 다음에, 경위 大烏와 비견되던 외위 관등으로 一尺이 있었던 것이다. 위의 外位條에는 '一尺視大烏'라는 구절이 脫漏되어 있음이 문맥상 분명하다. 그리고 이러한 탈루 사실은 기사의 신뢰도

읽는다. 顯宗 대에 간행된 鑄字本『三國史記』에는 '然'으로 되어 있으나 문맥으로 보아 誤植으로 보아야 할 것이다.

9)『三國史記』8, 新羅本紀8, 神文王 5년, '五年春, 復置完山州, 以龍元爲摠管. 挺居列州, 以置菁州, 始備九州, 以大阿飡福世爲摠管. 三月, 置西原小京, 以阿飡元泰爲仕臣. 置南原小京, 徙諸州郡民戶分居之.'

10)『三國史記』40, 雜志9, 職官 下.

를 다소간 약화시킨 한 요소로 지적되어 마땅하다.

外位條 기사가 이처럼 문제점을 안고 있다 보니 이를 둘러싸고 적잖은 혼선이 빚어질 수밖에 없었다. 기사의 要旨조차 믿기 어렵다는 견해까지 나왔다. 外位만이 아니라 신라의 官制에 대해 전반적인 이해를 缺하고 있던 『三國史記』撰者들이 진골 귀족의 出居 사실과 京位－外位의 대응관계를 담은 서로 다른 두 기사를 합침으로써 생긴 착오라는 것이다.[11] 이를 착오로까지는 보지 않더라도, 진골의 出居와 外位가 무슨 관련이 있다는 것인지에 대해서는 대부분의 연구자들이 함께 의아해 왔다. 外位는 지방민에게 주던 관등이라고 굳게 믿고 있으므로 진골의 出居와 이를 연계시켜 생각하기 어려웠던 것이다. 따라서 그동안 이 기사는 외위의 성격을 규명하는 작업에서 크게 주목받지 못했다. 외위가 무엇인지 그 본질을 언명한 史書의 기록은 무시되고 겨우 몇몇 외위 소지자의 이름만 전하는 금석문이 더 중요한 자료로 주목되는 기현상이 연출되어 온 셈이다.

그러나 외위조 기사를 착오로 판단하는 것이 과연 정당한지는 다시 생각해 보아야 한다. 자체에 문제점이 없는 것은 아니지만, 그것이 기사 전체를 불신해도 좋은 이유가 되는지 의문이다. 문제가 된 '五京九州'는 대표적인 행정구역을 일컬음으로써 王京 이외의 '地方'을 凡稱한 말이라고 諒解할 수 있는 사항이다. 그 숫자가 정확하지는 않지만, 小京과 州를 摘示한 말이라고 보아도 좋다. 후대에 자료를 정리하다 보면 자칫 발생할 수도 있는 사소한 실수로서, 그 숫자만 오류일 가능성도 있다. 기사의 신빙성은 字句 한둘의 정확성보다 그것이 전하는 사실 전반의 역사적 진실성에 입각하여 판단되어야 한다. 一尺에 대한 언급을 빠뜨린 것도 편찬 과정에서 생긴 실수일 뿐, 사실 자체가 허구이기 때문에 발생한 현상이 아니다. 그렇다면 결국 이 기사를 착오로 간주한 根因은 단지 그 내용이 잘 이해되지 않는다는 데

---

11) 河日植, 앞의 학위논문, 32쪽.

있었다고 하겠다.

外位條가 전하는 대로 文武王이 그 14년에 취한 조치의 요지는, 외위 소지자에게 그에 대응하는 경위를 주고 외위제를 폐지한다는 것이다.[12] 이때 외위제가 폐지되었다는 것은 이 시기를 획으로 하여 이후로는 외위 소지자를 보기 어렵다는 사실에서 명백하다.[13] 그것이 폐지되기 전에 취해진 백제 출신 지배층에 대한 조처와 폐지된 후에 취해진 고구려 출신 지배층에 대한 조처를 비교해 보아도 그 차이가 쉽게 드러난다.

> 高句麗人位, 神文王六年, 以高句麗人授京官, 量本國官品授之. 一吉湌本主簿, 沙 湌本大相, 級湌本位頭大兄・從大相, 奈麻本小相・狄相, 大舍本小兄, 舍知本諸兄, 吉次本先人, 烏知本自位.[14]

5경 9주가 완비된 이듬해인 신문왕 6년(686), 신라는 고구려 출신 지배층에게 本國의 官品을 헤아려 京位 官等을 수여했다는 내용이다. 즉 백제 출신자에게는 경위나 외위를 선택적으로 주었던 데 반해 고구려 출신자에게는 경위만 준 것으로 되어 있는 것이다. 이는 고구려 출신자에 대한 조처가 외위 폐지 이후에 취해진 것이기 때문에 발생한 결과다.[15]

외위조는, 그것이 안고 있는 문제점으로 미루어, 문무왕 14년의 조처를

---

12) 三池賢一, 앞의 논문, 129쪽.
李鍾旭, 「南山新城碑를 통하여 본 新羅의 地方統治體制」, 『歷史學報』64, 1974, 60쪽.

13) 元聖王 14년(798)에 건립된 永川菁堤碑 貞元修治記에 '所內使上干年乃末'이라는 구절이 보이는데, 외위제가 공식적으로 폐지된 이후에 외위를 사용한 경우로는 이것이 유일한 예다. 그러나 乃末이라는 京位를 함께 썼고 외위 上干의 해당 경위는 大舍지 乃末이 아니므로 여기서의 上干을 외위로 볼 수 있는지는 의문이다. 그럼에도 불구하고 이를 외위로 볼 수 있다면, 이는 외위제가 폐지된 후에도 그가 특정한 진골의 家臣으로서 정치적 후원을 받고 있는 人士임을 과시하기 위하여 굳이 외위를 倂記하는 사람이 더러 있었음을 보여주는 예일 뿐이다. 後述 참고.

14) 『三國史記』40, 雜志9, 職官 下.

15) 武田幸男, 「新羅의 骨品體制社會」, 『歷史學硏究』299, 1965, 9쪽.

후대의 누군가가 나름대로 이해하여 재구성한 기사임이 분명하다. 『三國史記』撰者가 그렇게 한 것이겠다. 그러나 이 해에 외위를 경위로 대우하는 조처가 있었다는 기사 내용은 외위 소지자에게 해당 경위를 주고 외위제를 폐지한 사실을 전하는 것으로, 적어도 앞뒤 사실의 맥락을 보아서는 여기에 어떤 착각이 개재하였다고 의심할 만한 요소가 전혀 발견되지 않는다.

그렇다면 外位條에서 '六徒眞骨'의 '出居'를 운운한 것은 무슨 이유인가가 궁금하다. 이를 제대로 이해하기 위해서는 '六徒眞骨'이 지칭하는 대상이 구체적으로 무엇인지부터 밝혀야 할 것이다. 그러나 지금으로서는 분명한 답을 구하기가 어렵다. 우리가 알고 있는 것은 六部뿐이므로 '六部眞骨'의 刊誤가 아닐까 의심되지만 확실히 그렇다고 단정할 근거가 없고, 또 '六部'의 異稱으로 '六徒'가 쓰인 증거도 달리 갖지 못한 까닭이다. 따라서 '徒'라고 쓴 데에는 일정한 이유가 있을 것으로 생각하는 것이 일단 사리에 맞을 것이다. 語義로 미루어서는, 六部가 기능을 정지한 이후에도 여전히 집단적인 양태를 보이던 진골들의 모습을 염두에 둔 표현이 아닐까 짐작된다. 그러나 그 사정을 잘 알 수 없는 현재로서는, '出居'의 主語를 '眞骨'이라고만 이해해도 전체의 문의를 파악하는 데 큰 무리가 없는 만큼, '六徒'의 실체에 대한 의문은 접어두기로 한다. 이제 外位條 앞부분을 다시 읽어보자.

外位 : 文武王十四年, 以六徒眞骨出居於五京九州 別稱官名, 其位視京位

이 기사의 主題는 '外位'고 그것을 설명하는 題材는 문무왕 14년의 조치다. 따라서 '外位는 대략 이러이러한 것인데 문무왕 14년에 이를 어떻게 했다'는 것이 기사의 내용이었다면 알기 쉬웠을 것이다. 그러나 이 기사는 그렇게 구성되어 있지 않다. 문무왕 14년에 어떻게 하였는지 外位와 관련하여 취한 조처만 기술하고 있다. 게다가 文意 파악을 더욱 어렵게 만드는 것은, '出居',

'別稱', '視'라는 敍述語가 중첩하여 쓰인 점이다. 이런 경우 기사의 취지를 제대로 이해하자면 무엇보다 각 서술어의 時制와 主語를 정확히 파악할 필요가 있다.

지금까지의 견해를 보면, 이들 서술어의 時點을 모두 문무왕 14년으로 간주하는 경향이 있는 듯하다. 진골이 5경 9주에 出居했다는 것이 문무왕 14년의 어떤 사실을 염두에 둔 서술인지 나름대로 가늠해 보고 이 해에 '六徒眞骨'의 地方 出居가 정책적으로 추진된 것이었다고 단정하기도 했던 것은 '出居'의 시점을 문무왕 14년으로 여긴 결과다.[16] 또 '別稱'의 시점을 문무왕 14년으로 간주하여, 외위 자체는 전부터 사용되고 있었지만 그것이 경위에 대응하는 제도로서 확립된 것은 문무왕 14년의 일이었다고 생각한 견해도 나왔다.[17] 이 기사를 다음과 같이 해석한 것이다.

外位 : 文武王 14년에, 六徒의 眞骨로 5京과 9州에 出居케 함으로 해서 따로 官名을 일컫게 하였으니, 그 官等은 京位의 等位에 準하게 하였다.[18]

그러나 본질적으로 문무왕 14년의 조치는 '外位'에 대해 취해진 것이지

---

16) 三池賢一, 앞의 논문, 121쪽.
   權悳永, 「7세기 중엽의 新羅 官等制의 變化—外位制의 소멸과 관련하여—」, 『韓國精神文化研究院 大學院論文集』 1, 1986, 140~141쪽.
   河日植, 앞의 학위논문, 33쪽.
   미이케 요시카즈(三池賢一) 교수는 『自治通鑑』 20, 上元 元年 春2月 壬午條에 '時新羅王法敏 旣納高麗叛衆 又據百濟故地 使人守之'라 한 기사를 眞骨의 出居와 관련된 기록으로 주목하였다. 이는 『三國史記』 7, 文武王 14年 春正月條에 실려 있는 기사이기도 하다.

17) 末松保和, 앞의 「新羅六部考」, 287쪽.

18) 李丙燾, 『國譯 三國史記』, 乙酉文化社, 1977, 607쪽.
   이 부분은 최근에 간행된 飜譯本(鄭求福 등, 『譯註 三國史記 2—飜譯篇』, 韓國精神文化研究院, 1997, 693쪽)에서도 대동소이하게 해석되고 있다. '文武王 14년에 六徒의 眞骨로 5京과 9州에 나가 살게 하였고 官名을 별도로 칭하였다. 그 位階는 京位에 견주었다.'

'六徒眞骨'에 대한 것이 아니다. 따라서 '以'를 '出居'나 '別稱'과 직접 연계시켜 해석해서는 안 된다. '以'에 호응하는 술어는 '視'뿐이다. 이 '視'만 문무왕 14년에 해당하는 서술어다. 이 기사는 본디 '文武王十四年, 以外位視京位'라고 쓰면 될 내용이었던 셈이다. 그런데 '外位'에 대해 좀더 구체적으로 해설할 필요성을 느꼈던지 그 자리에 '六徒眞骨出居於五京九州別稱官名'이라 하여 그것이 무엇인지 설명하고 이를 '其位'로 받아 문장을 마무리함으로써 쉽게 이해하기 어려운 構文이 되고 말았다. 지금까지의 해석이 난맥상을 보여온 이유는 여기에 있다. '六徒眞骨出居於五京九州別稱官名'은 그 전체가 '外位' 대신 들어간 揷入句로서 '其位'가 지칭하는 실체다. 그런데도 '六徒眞骨'만 '以'에 걸리는 것으로 보고 揷入句의 述語를 본문의 술어로 잘못 읽었던 것이다. 이는 다음과 같이 해석될 기사다.

> 外位 : 文武王 14년, 六徒眞骨이 5京 9州에 出居하여 따로 칭해 오던 官名(곧 外位)의 位를 京位로 '視'하였다.

여기서 '視'는 '견주다' '대우하다'는 뜻을 가진 동사이니, 문맥으로 보아 '견주어 대우하다' 정도로 해석하면 무난하다. 결국, 앞서 살핀 바와 같이, 外位를 경위로 대체 혹은 전환한다는 뜻이다. 그러므로 '以'가 이끄는 揷入句에 쓰인 '出居'와 '別稱'은 문무왕 14년과 일단 무관한 동사이며 그 주어는 모두 眞骨이라고 보아야 옳다. 종래의 이해와 달리, '別稱官名'한 것은 文武王이 아니라 眞骨이며, 그 시점은 본문에 명시되어 있지 않지만 외위를 경위로 대체하는 조처가 있기 훨씬 이전부터의 사실이었던 것이다. 이것이 外位條가 전하는 내용이다.

外位란 眞骨이 지방에 出居하여 別稱해 오던 官名이라는 것이 『三國史記』 撰者의 인식이고 파악이었다. '別稱官名'하였다 함은 京位를 염두에 둔 언급으로, 경위와는 다른 별도의 官位體制를 독자적으로 설치하여 사람을 등용했다는 뜻이다. 즉 外位는 본디 중앙에서 왕이 除授하는 官等으로 성립하고 운영되던 것이 아니라는 말이다. 물론 이러한 이해가 사실에 부합하는 것인지는 이제 考究해 보아야 할 과제다. 그렇지만 이 기사가 外位와 무관한 사실을 잘못 끼어 붙인 것이거나 서로 다른 두 사실을 附會하여 기록한 것이 아니라는 점만은 분명하다. 이는 外位에 대한 『삼국사기』 찬자의 의도적인 해설이고, 이렇게 파악한 데에는 그럴 만한 근거가 있었으리라고 보아야 한다. 일단은 내용 그대로 받아들여줄 필요가 있는 것이다.

그렇다면 小京이나 州에 出居한 진골은 관할하는 지역에 대한 효율적인 통치를 위하여 그의 측근이나 지방 유력자에게 외위를 수여할 수 있는 권한을 가졌던 것이라고 상정할 수 있다. 그러나 이러한 상정은 곧 장애에 부딪친다. 왕이 직접 外位를 수여한 기록이 전하기 때문이다.

- ○ 王來自百濟, 論功, 以罽衿卒宣服爲級湌, 軍師豆迭爲高干[19]
- ○ 賜庾信位太大角干……軍師南漢山北渠, 平壤城北門戰功第一, 授位述干, 賜粟一千石; 軍師斧壤仇杞, 平壤南橋戰功第一, 授位述干, 賜粟七百石; 假軍師比列忽世活, 平壤少城戰功第一, 授位高干, 賜粟五百石[20]

태종무열왕이 백제 부흥군을 치고 돌아와 論功하는 자리에서 軍師 豆迭에게 高干의 위계를, 문무왕이 고구려를 멸한 후 행한 論功行賞에서 南漢山郡의 軍師 北渠와 斧壤縣의 軍師 仇杞에게 述干, 比列忽州의 假軍師 世活에게 高干의 위계를 준 기록이 보이는 것이다. 더구나 앞서의 百濟人位條에서는 백제에서 온 사람들에게 신라 국왕이 京位뿐 아니라 外位도 수여한 사실을 이미 확인했다. 이는 外位가 지방에 出居한 眞骨이 別稱한 官名이었다는

---

19) 『三國史記』 5, 新羅本紀5, 太宗武烈王 7年 11月 22日.
20) 『三國史記』 6, 新羅本紀6, 文武王 8年 10月 22日.

『三國史記』撰者의 언급과 다른 상황이다. 그렇다면 撰者가 외위에 대해 잘못 이해하고 있었다는 것인데, 여기서는 다음과 같은 사항을 더 고려할 필요가 있다. 첫째, 이 경우는 국가 차원에서 수행한 전투의 결과와 관련하여 論功行賞으로 이루어진 승급의 예이므로 일반적인 경우로 보기가 곤란하다는 점이다. 이런 경우라면 진골이 외위를 別稱하는 상황이라 할지라도 전공을 세운 외위 소지자에 대하여 국왕이 직접 그 官階를 올려주는 行賞이 얼마든지 가능할 수 있다. 피정복 국가의 지배층을 포섭하여 편제하는 일률적인 조처도 역시 특수한 사정이긴 마찬가지다. 둘째, 태종무열왕이나 문무왕 역시 진골인 데다가 여기서 승급한 사람들이 왕과 어떤 관계에 있었던 인물인지 불분명하다는 점이다. 진골이 왕위에 오르면서 사정이 변화했고 그 변화의 추세가 결국 외위제의 폐지로 이어졌던 것일지도 모를 일이다. 그렇다면 외위는 본디 진골이 운용하는 것이 원칙이었다는 『삼국사기』 찬자의 이해가 반드시 그른 것이었다고 단언하기 어렵다.

이에 가장 궁금해지는 것은 외위 소지자들의 구체적인 身元이다. 그들이 연고 지역에 出居한 진골 출신 長官과 어떤 관계에 있었는지 전모를 밝힐 수 있다면 문제 해결은 한층 용이해진다. 그러나 이 궁금증을 석연히 해소시켜 줄 자료는 잘 찾아지지 않는다. 다만, 金庾信 가문의 家臣的 存在였다고 여겨지는 仇近이 軍師 職을 가졌던 것으로 나타나는 편린의 사실을 통해 전모를 짐작해 볼 수 있을 뿐이다.

時裂起以步騎監輔行, 進而言曰: '某雖駑寒, 願備行人之數.' 遂與軍師仇近等十五人, 持弓劍走馬, 麗人望之, 不能遮闌.[21]

이 사료는, 문무왕 원년 겨울에 唐이 고구려를 공격하여 平壤城을 포위하자

---

21)『三國史記』47, 列傳7, 裂起.

신라에서 평양으로 軍資를 보내게 되었는데 그 임무를 김유신이 맡았던 일을 전하는 기록의 일부다. 김유신이 이끄는 부대는 이듬해에 평양성 부근까지 다가갔으나 심한 추위로 말미암아 더 이상 전진할 수도 없고 唐軍 측에 글을 보내 사정을 알리려고 해도 갈만한 사람을 구하기 어려운 난처한 처지에 빠졌다고 한다. 이때 步騎監으로 김유신을 따라왔던 裂起가 나서서 '저는 비록 미련하고 느리지만 가는 사람의 수효를 채우도록 해주십시오.'라 말하고 軍師 仇近 등 15인과 함께 弓劍을 가지고 말을 달려가니 고구려 사람들이 이를 바라만 볼 뿐 능히 막지 못했다는 내용이다.

仇近이 軍師였다는 것은 그가 外位를 소지하였음을 뜻한다. 지금까지 알려진 기록에 입각하는 한 軍師는 예외 없이 외위를 가졌던 것으로 나타나기 때문이다. 앞에 살펴본 기사에서도 논공행상으로 外位를 받은 이들은 모두 軍師였다. 따라서 그동안 軍師 職을 가졌던 이들은 통상 지방 유력자로 생각되어 왔다. 外位란 지방민에게 주던 것이라고 이해해 왔기 때문이다. 그러나 仇近이 지방 유력자였다는 증거는 어디에도 없다. 오히려 그는 김유신 가문에 종속된 家臣과 같은 인물이었다는 것이 사료가 전하는 실상이다. 김유신이 죽은 후에도 仇近은 元貞을 따라 西原述城의 축조에 참여했던 것으로 나오는 것이다.

> 仇近從元貞公, 築西原述城, 元貞公聞人言, 謂怠於事, 杖之. 仇近曰: '僕嘗與裂起入不測之地, 不辱大角干之命, 大角干不以僕爲無能, 待以國士, 今以浮言罪之, 平生之辱, 無大此焉.' 元貞聞之, 終身羞悔.[22]

元貞은 김유신의 셋째 아들이다. 여기서 '從'이라는 술어가 가진 의미나 元貞이 남의 誣告를 듣고 仇近에게 杖刑을 가했다는 것으로 미루어 仇近은 元貞에게 어떤 형태로든 종속된 처지에 있었다고 여겨진다. 즉 그는 金庾信과

---

22) 『三國史記』 47, 列傳7, 裂起.

金元貞 2대에 걸쳐 이 가문과 '私的인 관계'를 맺고서[23] 늘 侍從하며 충성을 다하던 인물이었다. 禮記 禮運第九에 '仕於公曰臣 仕於家曰僕'이라 한다는 언급을 참고하면, 仇近이 스스로 '僕'이라고 칭하였다는 사실도 예사롭지 않다. 그는 金庾信家의 家臣이었을 가능성이 큰 것이다. 이런 인물이 外位를 지니고 軍師로 활약한 것이었다. 이는 『三國史記』 撰者의 外位에 대한 인식이 전혀 근거 없는 것이 아님을 시사하는 사실이다. 撰者의 말이 정확하다면, 仇近에게 외위를 주고 군사로 삼은 사람은 그의 主公인 金庾信이었을 개연성이 크다.

그러나 이러한 추정에 문제가 없는 것은 아니다. 주어진 자료만으로는, 仇近이 외위를 소지한 사실과 김유신의 가신이라는 사실이 꼭 상관관계를 가진다고 단언할 수 없기 때문이다. 仇近이 金庾信의 가신이 된 것은 그 휘하 군대의 軍師로 전투에 참가하여 功을 세운 이후의 일이었을 수도 있다. 그렇지만 仇近이 자신을 裂起와 같은 처지로 생각하고 말하였던 것으로 보아서는 이러할 개연성이 적지 않겠는가 한다. 裂起는 어려서부터 김유신과 함께 지냈다는 인물이고, 그가 위험을 무릅쓰고 평양성으로 향한 것도 김유신이 그에게 中軍 步騎監 職을 준 데 보답하기 위한 것이었다고 하기 때문이다.[24] 仇近의 軍師 職 역시 그러했으리라 생각된다. 그리고 설령 仇近이 지방 유력자였다고 하더라도 그가 外位를 가진 것이 김유신과 무관한 일이었다고 하기는 어렵다. 이와 관련해서 三年山郡 高干 都刀의 예를 참고할 필요가 있다.

百濟王明禮與加良, 來攻管山城, 軍主角干于德‧伊湌耽知等, 逆戰失利. 新州軍主

---

23) 盧泰敦, 앞의 「羅代의 門客」, 20쪽.
24) 『三國史記』 42, 列傳2, 金庾信 中, "庾信曰: '唐軍乏食窘迫, 宜先報之.' 乃喚步騎監裂起曰: '吾少與爾遊, 知爾志節, 今欲致意於蘇將軍, 而難其人, 汝可行否.' 裂起曰: '吾雖不肖, 濫中軍職, 況辱將軍便使令. 雖死之日, 猶生之年.' 遂與壯士仇近等十五人, 詣平壤."

金武力, 以州兵赴之, 及交戰, 裨將三年山郡高干都刀, 急擊殺百濟王. 於是, 諸軍乘勝, 大克之[25]

都刀는 백제의 聖王이 管山城을 공격해 왔을 때 新州軍主 金武力의 裨將으로 참여하여 聖王을 捕殺한 사람이었다. 裨將은『三國史記』職官志에 보이지 않는 직명이다. 이는 都刀가 公的인 정규의 부대편제에 의해 참전한 것이 아니라 金武力에 私屬된 상태에서 참전한 것이었음을 의미하는 사실이다.[26] 그가 하필 三年山郡의 高干이었다는 점도 이런 판단의 타당성을 뒷받침한다. 三年山郡은 金庾信家의 연고지였을 개연성이 매우 높은 지역이기 때문이다.

後庾信之子三光執政, 裂起就求郡守, 不許. 裂起與祗園寺僧順憬曰: '我之功大, 請郡不得, 三光殆以父死而忘我乎?' 順憬說三光, 三光授以三年山郡太守.[27]

裂起가 김유신의 長子인 三光에게 군수 자리를 청하여 마침내 三年山郡의 太守 職을 얻었다는 내용이다. 金武力은 三年山郡의 高干을 裨將으로 거느렸고, 金三光은 그의 가신에게 三年山郡의 太守 직을 내준 것이다. 이 두 사실에서 모두 三年山郡이 대상이 된 것이 우연의 일치는 아니라고 생각한다. 金武力은 金三光의 증조부다. 그러므로 三年山郡은 金武力 이래 이 가문과

25)『三國史記』4, 新羅本紀4, 眞興王 15年 7月.
26) 裨將이라는 職名이『三國史記』職官志에 보이지 않는 것은 이것이 후대에 첨가된 것이기 때문이라고 본 견해도 있다. 村主·軍師·使人 등의 착오일 것이라고 한다 (朱甫暾,「新羅 中古의 地方統治組織에 대하여」,『신라 지방통치체제의 정비과정과 촌락』, 1998, 362쪽). 都刀가 金武力에 직속되었다기보다는 정규적인 부대편제의 한 단위, 이를테면 三年山郡 幢主와 같은 단위 부대장의 예속관일 가능성에 더 비중을 둔 것 같다. 물론 이러할 가능성도 배제할 수는 없겠다. 그러나 都刀가 村主였다고 하더라도 管山城 전투에 裨將으로 참여했다는 기록을 굳이 착오로 간주할 타당한 이유는 없지 않은가 한다. 중소 규모의 단위 부대장이 裨將을 거느렸다고 보기는 어려울 것이다. 진골 귀족 출신의 將軍이나 外官(軍主)이 이끄는 상급 부대에서만 裨將을 둘 수 있었던 것이 아닐까? 新州軍主 金武力를 주어로 쓴 문장이므로 文義 그대로 김무력의 비장이었다고 보는 것이 온당하다.
27)『三國史記』47, 列傳7, 裂起.

어떠한 형태로든 깊은 연고를 맺고 있던 지역이었다고 보는 것이 순리일 것이다.28) 이 지역에 金武力의 食邑이나 祿邑이 설정되어 累代 傳受되고 있었던 것이 아니었나 여겨진다.29) 따라서 三年山郡의 이러한 특수 사정을 고려하면 그곳의 高干인 都刀가 金武力에 私屬된 처지였던 것은 오히려 자연스러운 일이었다고 하겠다. 都刀는 법흥왕 19년에 항복한 金官國人이었다고 본 견해도 있거니와,30) 어떤 기록에 의거하여 이렇게 단언할 수 있었는지 확인하지 못했으나, 전후 맥락으로 보아 실제로 그러할 개연성이 없지 않다고 생각한다. 그가 金官國 출신이었다면 그는 金武力의 家臣으로, 金武力에 의해 外位를 받고, 三年山郡에 배치되어, 이 지역에 대한 金武力의 支配體制에서 종사하던 인물일 것이다.

『日本書紀』를 보면 그가 家臣이었다는 추측이 좀더 힘을 얻는다. 『日本書紀』에는 백제 聖王을 죽인 이가 佐知村의 飼馬奴 苦都로 나온다. 곧 都刀다.

新羅는 明王이 직접 왔음을 듣고 나라 안의 모든 군사를 내어 길을 끊고 격파하였다. 이때 신라에서 佐知村의 飼馬奴 苦都에게 '苦都는 천한 奴이고 明王은 뛰어난 군주다. 이제 천한 奴로 하여금 뛰어난 군주를 죽이게 하여 후세에 전해져 사람들의 입에서 잊혀지지 않기를 바란다.'고 하였다. 얼마 후 苦都가 明王을 사로잡아 두 번 절하고 '왕의 머리를 베기를 청합니다.'라고 하였다. 明王이 '왕의 머리를 奴의 손에 줄 수 없다.'고 하니, 苦都가 '우리나라의 법에는 맹세한 것을 어기면 비록 국왕이라 하더라도 奴의 손에 죽습니다.'라 하였다.31)

이 기사에서, 『三國史記』에 軍主의 裨將이었다는 그를 飼馬奴라 한 것이 주목된다. 飼馬는 語義대로 그가 말을 기르는 일을 맡고 있던 것과 관련이

---

28) 拙稿, 이 책의 제2장 Ⅱ.
29) 李景植, 앞의 논문, 144~145쪽.
30) 井上秀雄, 「新羅官位制度의 成立」, 『新羅史基礎研究』, 1974, 231쪽.
31) 『日本書紀』19, 欽明天皇 15年 12月 ; 崔根泳 등 編譯, 『日本 六國史 韓國關係記事－譯註－』, 駕洛國史蹟開發研究院, 114쪽.

있지 않을까 추측한 견해도 있지만,[32] 都督에 직속하여 軍務를 관장하던 司馬[33] 職을 잘못 이해했거나 의도적으로 비꼰 表記로 보는 것이 더 타당하다고 생각된다. 司馬와 裨將은 결국 경우에 따라 서로 호환해 쓸 수 있는 職名이었다고 보아야 하기 때문이다. 『三國史記』職官志에는 司馬가 長史의 다른 이름으로 등재되어 있는데 이는 司馬가 長史보다 더 오래 전부터 써오던 職名임을 뜻한다고 생각된다. 軍主를 都督으로 改稱할 때에 그 예하의 司馬도 長史라고 바꾸어 부르기 시작한 것이 아닌가 한다. 新州軍主 金武力이 측근의 都刀를 司馬에 補任한 것으로 추측컨대, 司馬는 都督의 前身인 軍主가 처음 설치될 당시부터 두어졌을 것이다.

司馬 職에는 軍主가 신임하는 인물을 임의로 임명하던 것이 상례였으리라고 여겨지는데, 出戰 時에는 이 職에 있는 사람을 裨將이라고 불러 軍主와의 私的인 관계를 강조했던 것도 이 때문이겠다. 후대에도 裨將은 지방장관이 임의로 임명하던 직책이었다. 軍主는 주로 그의 집안 사람이나 家臣을 司馬에 補任하였을 것이다. 이런 맥락에서, 都刀는 金武力의 가신이었을 가능성이 높다고 생각한다. 이 가능성은 外位 3위의 高干으로 軍主를 보좌하던 都刀를 飼馬奴라 하여 賤視하고, 그 자신도 스스로를 賤奴라 칭하며, 聖王 또한 그를 가리켜 奴라고 말한 사실에서도 보강된다. '奴'는 본디 포로 및 복속민을 의미하는 말로서,[34] 「廣開土大王陵碑」·「牟頭婁墓誌」의 '奴客'이나 鳳坪碑의 '奴人'이라는 용례에서도 보이듯,[35] 服屬이나 隸屬의 의미를 강하게 내포

---

32) 朱甫暾, 「蔚珍鳳坪新羅碑와 法興王代 律令」, 『韓國古代史硏究』 2, 1989, 120쪽.

33) 『三國史記』 40, 雜志9, 職官 下, 都督.

34) 趙法鍾, 「蔚珍鳳坪碑에 나타난 '奴人'의 성격검토―新羅의 對服屬民 把握方式의 內容을 中心으로―」, 『新羅文化』 13, 1996, 394쪽.

35) '奴人'의 구체적인 실체에 대해서는 다양한 견해가 제시되고 있으나 기본적으로 隸屬民이었다고 보는 데에는 대체로 의견의 일치를 보고 있다.
    盧泰敦, 「蔚珍鳳坪新羅碑와 新羅의 官等制」, 『韓國古代史硏究』 2, 1989, 179쪽.
    李文基, 「蔚珍鳳坪新羅碑와 '中古'期의 六部問題」, 『韓國古代史硏究』 2. 1989, 149쪽.

한 용어였기 때문이다. 自他가 모두 그를 '奴'라고 부른 것은 그가 특정인에게 예속된 존재, 곧 家臣의 처지라는 것을 명시하고자 한 어법이었을 개연성이 크다.

都刀가 三年山郡 토착의 유력자로서 軍主인 金武力의 신임을 얻어 그 家臣이 되고 高干에 올랐는지, 金官國 출신의 累代 家臣으로 三年山郡 高干에 임명되었는지는 분명하지 않다. 그렇지만 그가 外位를 지니고 金武力의 측근에서 軍務를 보좌했던 데에 국왕의 어떤 직접적인 역할이 불가결했다고는 생각되지 않는다. 外位를 주거나 司馬 職에 補任하는 것은 軍主의 직권에 해당하는 인사 사항이던 것이 제도였고 원칙이었다. 곧 外位는 지방에 出居한 진골이 독자적으로 따로 운영하던 官位體系였던 것이다. 지방 유력자 중에서 충성을 서약한 이들도 대상이 되었겠지만, 대개는 측근의 家臣에게 외위를 주어 관할지역의 요소요소에 배치하던 것이 당시의 실상이었으리라 생각된다.

外位 소지자들의 신원을 일일이 다 파악할 수 없는 현 시점에서 편린의 자료에 입각해서나마 확인할 수 있는 한, 外位에 대한『삼국사기』찬자의 인식이 사실에 부합한다고 사료된다. 外位制는 신라의 지배체제가 干 중심에서 眞骨 중심으로 변화하고, 眞骨의 家臣層이 지방지배 구조에서 기능하기 시작한 것과 연관하여 설정되고 운영된 것이었다.

李宇泰,「蔚珍鳳坪新羅碑를 통해 본 新羅의 地方統治體制」,『韓國고대사연구』 2, 1989, 193쪽.
朱甫暾, 앞의 논문, 1989, 117~119쪽.
安秉佑,「迎日冷水里新羅碑와 5~6세기 新羅의 社會經濟相」,『韓國古代史研究』 3, 1990, 123쪽.
이에 대해 일반 지방민 혹은 臣民의 뜻으로 본 견해도 있다.
金在弘,「新羅'中古'期의 村制와 地方社會構造」,『韓國史研究』 72, 1991.
李基白,「蔚珍居伐牟羅碑에 대한 考察」,『아시아문화』 4, 1988.

3. 外位制 成立의 基盤과 時期

訥祇麻立干이 高句麗와 倭에 인질로 보내졌던 동생들을 성공적으로 귀국시키면서 싹트기 시작한 奈勿系 王族의 혈연의식은 炤知麻立干 대를 경과하면서 더욱 고양되었고,[36] 智證麻立干 대에 이르러서는 왕족을 여타의 干과 구별되는 개별 세력으로까지 성립시키는 토대로 작용했다. '奈勿王의 몇 世孫'임을 내세우던 이들 왕족은 智證麻立干 3년(502)에 神宮을 건립하여 所屬部를 초월한 그 왕족으로서의 혈연의식을 정치적인 면에서 공식화하고, 이듬해에는 그들의 구심점이라 할 王의 位號를 종래의 '麻立干'에서 '新羅國王'으로 격상시킴으로써 자신들의 입지를 다졌다. '眞正한 骨族'임을 주장하는 뜻이 담긴 '眞骨'이라는 用語와 實體는 이렇게 생성되고 있었다.[37]

智證王이 그 6년(505)에 친히 국내의 州·郡·縣을 정할 수 있었던[38] 것은 이와 같은 정치적 변화에 힘입은 바다. 州·郡·縣을 王이 親定하였다는 것이 구체적으로 어떤 사실을 말하는 것인지 지금으로서는 잘 알 수 없으나,[39] 지방행정의 거점이나 행정구역의 범위를 정한 것과 어떻게든 연관된 사실임은 분명하다고 볼 때, 이는 그동안 六部의 共論에 맡겨오던 지방지배 구조를 국왕이 직접 장악하는 방향으로 재편해 나아가겠다는 의지가 투영된 조처였

---

36) 『三國史記』 新羅本紀에는 炤知麻立干 9년 奈乙에 神宮을 두었다 하고 智證麻立干 3년에 왕이 친히 神宮에 제사하였다고 한 반면, 祭祀志에는 智證麻立干 때에 神宮을 창립하였다고 기록하였다. 六部 중심의 정치질서 속에서 추진된 汎奈勿系의 결집이 炤知麻立干 대에 일차 실패하고 智證麻立干 대에 가서야 가능했던 사정이 이렇게 相馳되는 내용의 기록으로 남은 것이겠다. 炤知麻立干 대의 그런 움직임은 결국 무위로 끝난 것으로 보이지만 奈勿系의 혈연의식은 이를 계기로 크게 고양되었을 것이다.

37) 拙稿, 이 책의 제2장 Ⅳ.

38) 『三國史記』 4, 新羅本紀4, 智證麻立干 6年 2月, '王親定國內州郡縣 置悉直州 以異斯夫爲軍主 軍主之名 始於此.'

39) 智證王 6年條 기사에 대한 지금까지의 이해에 대해서는 다음 논고 참조.
朱甫暾, 「6世紀 新羅 地方統治體制의 整備過程」, 『新羅 地方統治體制의 整備過程과 村落』, 신서원, 1998, 75~85쪽.

다고 판단된다. 冷水里碑에 보이는 共論的 支配가 鳳坪碑에서는 보이지 않는 사실이 저간의 흐름을 말해 주거니와, 이때 처음 설치된 悉直州에 軍主로 파견된 이가 異斯夫였다는 사실에서도 지방을 직접 장악하는 장치를 마련하려는 국왕의 강한 의지를 읽을 수 있다. 異斯夫는 奈勿王의 4世孫이었다고 하는데, 발탁될 당시 그는 弱冠에도 못 미치는 나이였던 것으로 추정된다. 六部 내에서의 정치적 위상보다 왕족으로서의 혈연관계가 더 중시된 발탁이었던 셈이다. 智證王은 그의 새로운 시도에 친족인 異斯夫를 참여시켜 왕족의 지지에 답함으로써 정치적 기반을 다지고, 왕족은 이를 계기로 정국을 주도하는 위치에 더 가까이 다가설 수 있었을 것이다. 智證王 15년, 阿尸村에 小京을 설치하고 六部의 人戶를 이주시켰던[40] 것도 이러한 정치 판도의 변화를 염두에 두고 음미해 볼 사실이다. 이때에도 小京의 장관에는 국왕의 近親이 임용되었겠다. 그러나 국왕이 州·郡·縣을 親定하고 小京을 설치하여 그 長官으로 眞骨 왕족을 파견하였다고 해서 이로써 곧 기존의 六部 중심 지방지배 질서가 전면적으로 否認되거나 개편된 것은 아니었다.

　智證王代의 軍主가 어떤 기능을 수행하기 위해 설치된 官職이었는지, 또 당시의 州가 어떤 성격을 지닌 것이었는지를 명확히 설명해 주는 자료는 없다. 이 때문에 그 기능 및 성격을 둘러싸고 說이 분분하다. 그 중 한 견해는, 軍主를 王京의 六部民으로 편성된 軍團을 領率하던 지휘관으로 보고 州는 그러한 軍主가 거느린 軍團의 소재지로서 停을 의미한다고 본다.[41] 그 유력한 논거를 정리해 보면 대략 다음 세 가지로 요약될 수 있다. 첫째,

---

40) 『三國史記』 4, 新羅本紀4, 智證麻立干 15年, '春正月 置小京於阿尸村 秋七月 徙六部
　　及南地人戶 充實之.'
41) 末松保和, 「新羅幢停考」, 『新羅史의 諸問題』, 1954, 328~331쪽.
　　木村誠, 「新羅郡縣制의 確立過程과 村主制」, 『朝鮮史研究會論文集』 13, 1976, 18쪽.
　　姜鳳龍, 「신라 '中古'期 '州'制의 형성과 운영」, 『韓國史論』 16, 1987, 66~69쪽.
　　李銖勳, 「新羅 '中古'期 州의 構造와 性格」, 『釜大史學』 12, 1988, 17~19쪽.
　　朱甫暾, 앞의 「6세기 新羅 地方統治體制의 整備過程」, 1998, 75~85쪽.

신라의 州는 영역을 가지는 廣域의 州와 그 治所로서의 狹義의 州로 나눌 수 있는데, 廣域의 州가 설치된 것은 上州停이 創置된 552년의 일이므로 그 이전에는 州治를 뜻하는 狹義의 州도 성립할 수 없었다고 보아야 한다. 둘째, 신라가 南朝의 梁에 처음 使臣을 보낸 法興王 8년(521) 무렵의 실정을 전하는 것으로 추정되는 『梁書』 新羅傳에, 그 邑은 안에 있는 것을 啄評이라 하고 밖에 있는 것을 邑勒이라 한다고만 하였을 뿐 州나 郡縣이 있다고 하지 않은 것으로 보아, 『삼국사기』에 州·郡·縣으로 기록된 이 시기 이전의 地名 혹은 行政區域을 그대로 신용할 수 없다. 셋째, 眞興王 22년(561)에 건립된 昌寧碑에 四方軍主가 파견된 곳은 州라는 명칭을 붙이지 않은 반면, 정작 州라는 명칭을 가진 上州와 下州에는 行使大等이 파견된 것으로 나타나므로 軍主와 州는 서로 무관한 존재일뿐더러 州는 停의 착오일 가능성이 크다.

편린으로 남은 자료밖에 없는 실정에서 여기 지적된 사실들은 거듭 음미되어야 할 소재임에 틀림없다. 그런데 이런 단편적인 자료를 통해 당대적인 실상을 유추하는 작업은 한계가 있기 마련이다. 우선, 자료를 이해하기보다 論者의 해석에 입각하여 자료를 재단하려는 경향을 갖기 쉽다. 이를테면, 州를 廣域의 州와 狹義의 州로 구분하고, 上州·下州·新州와 같이 그 이름이 추상화된 것은 전자에 속하지만 구체적인 지명을 가진 州는 후자에 속한다고 판단하는 것은 論者의 견해지 자료 내용이 아니다. 따라서 上州停이 설치된 것을 廣域州의 효시로 본다든지, 구체적인 지명을 가진 州는 군단의 주둔지를 뜻하는 것으로 停의 잘못이라고 推斷하는 것은 論者가 前提한 개념을 準據로 사실을 그렇게 규정한 것일 뿐이다. 구체적인 지명을 가진 州가 관할 지역을 갖지 않았다는 증거는 어디에도 없으며, 州名과 停名이 같은 지명을 쓰고 있다고 해도 이것이 곧 州와 停의 혼용을 뜻하는 사실은 아니다. 州를 狹義의 州(또는 '小州')와 廣域의 州(또는 '廣域州')라는 두 개의 범주로 나누는 데는 견해를 같이하면서도 그 지시하는 구체적인 대상에서는 論者 간에 약간의 편차가 발견되기도 하고, 兩者를 表裏關係로 파악하는 견해가 있는 반면 前後關係 속에서 이해하는 견해가 있기도 한 것은 이것이 규정된 개념의 문제인 까닭이다.[42]

또, 잘 모른다는 것을 사실 자체의 부정으로 연결시키기가 쉽다.『梁書』가 전하는 바를 그대로 인정하여 521년 이전에는 郡縣이라는 용어가 신라에서 전혀 쓰이지 않았다고 해도 그것이 곧 郡縣制的 질서의 존재를 부인할 근거가 되는 것은 아니며, 邑勒이란 중국이 말하는 郡縣이라고만 언급하여 州를 빠뜨렸다는 사실이 실제로 州와 같은 기능을 수행하는 존재가 없었음을 의미하는 증거로 여겨져서도 곤란하다. 邑勒의 기능이나 그들 사이의 系統・位階 構造는 모르는 일이지 없는 사실이 아니다. 그리고 昌寧碑에, 州에는 行使大等이 파견되었고 軍主가 파견된 지역이 州로 표기되지 않은 것은 사실이지만, 그것이 州와 軍主를 무관한 존재로 생각할 근거인가는 더 두고 생각해 보아야 할 문제다. 軍主를 王京 六部民으로 형성된 군단의 장이라 할 때, 상당수의 人力을 장기간 사방으로 내보낸 王京은 그 防衛力의 약화에 어떻게 대처하였는지, 六部는 州(이 견해에 따르면 停)가 신설될 때마다 입은 그런 人的인 손실에 대해 어떤 보상을 받았는지, 함께 설명되어야 할 과제가 적지 않다.

異斯夫가 王京에서 軍團을 이끌고 悉直에 내려가 주둔한 部隊長이었는지는 잘 모르겠다. 그러나 그가 軍主로서 수행한 기능이 무엇이었는지 짐작해 보기 위해서는 '州兵'을 이끌고 참전한 新州軍主 金武力의 例에 유의할 필요가 있다고 생각한다.『삼국사기』에 의하면, 眞興王 14년(553)에 새로 설치된 新州의 軍主로 임명된 金武力은 그 이듬해에 三年山郡 高干 都刀

---

42) 州와 停을 둘러싼 논의와 그 문제점에 대하여는 다음 논고를 참고할 수 있다.
   李文基, 「'中古'期 軍事組織의 成立과 展開」, 『新羅兵制史研究』, 1997, 92~95쪽.

등 '州兵'을 이끌고 管山城 전투에 참전했다. 眞興王 22년에 건립된 昌寧碑에 新州가 보이지 않으므로『삼국사기』의 新州는 南川州의 잘못이며 이 지역에 이른바 廣域州로서 新州가 설치된 것은 昌寧碑 이후의 일로 보아야 한다는 견해도 있지만,[43] 金武力의 휘하에 三年山郡의 병력이 포함되어 있었던 사실을 허구라 할 수 없다면 그는 軍主로서 관할하는 영역을 가지고 있었고 그 영역에서 지방민을 동원하고 지휘하였다고 판단할 수밖에 없다. 이는 소위 廣域州의 모습임이 분명하다. 사실의 편린만을 보여주는 碑文을 기준으로 全貌를 가늠하는 思考의 한계를 여기서도 볼 수 있다. 물론 廣域州의 始置는 552년의 일이었다고 보기도 하므로 553년에 廣域州가 확인된다고 해서 이상할 것은 없다. 그러나 관할하는 영역을 설정하고 거기서 지방민을 병력으로 동원하는 것이 552년에 갑자기 가능했는지, 또 그런 지방 사무를 王京人 軍團의 統帥權者라는 軍主가 담당하게 된 연유는 무엇인지가 의문이다. 이에 답하기 위해서는 적어도, 505년의 軍主와 552년 이후의 軍主 사이를 벡터(vector) 개념으로 이해할 필요가 있지 않겠는가 여겨진다. 처음에는 軍主가 지방에 파견된 王京人 군단의 부대장일 뿐이었다고 해도, 그 職責은 단순히 부대장으로서 군사적 임무를 수행하는 데 한정되지 않고 地方을 조직하고 地方民을 동원하는 새로운 力役運用體制를 구축하는 데까지 확대되고 있었던 것이겠다. 그 결과가 上·下州와 新州의 설치로 나타났다고 보아 좋을 것이다. 州·郡·縣의 親定과 軍主의 파견을 국왕의 지방 장악 의도와 연관하여 파악하게 되는 이유가 여기에 있다.

지방에 出居한 眞骨이 家臣에게 外位를 주어 관할 지역의 주요 거점에 파견하고, 그 家臣들이 지방지배 구조에서 기능하게 된 데에는 軍主에게 이와 같은 역할이 부여되어 나아간 사정이 작용하고 있었다. 외위를 설치하고 운용한 기본 취지는, 그동안 六部의 干을 중심으로 한 地方支配體制에서

---

43) 姜鳳龍, 앞의 논문, 89~91쪽.

기능해 온 村干과 그 예하의 吏屬들을 직접 장악하려 한 데 있었던 것이다. 그러므로 干 위로 上干·選干(撰干)·貴干·高干·述干·嶽干 등이 설치되는 단계에야 비로소 外位制가 성립했다고 말할 수 있다. 그렇다면 이것이 성립한 시점이 문제가 된다.

『三國史記』撰者는 진골이 지방에 出居하여 따로 官名을 칭하기 시작하면서 外位가 성립했다고 보았다. 진골이 독자적이고 배타적인 지배신분층으로 대두하는 과정에서 外位가 法制化되었다는 것이다. 이 견해가 옳다면, 진골이 身分化하기 전, 干層이 신라의 최고 지배신분층으로 기능하던 때에는 外位가 아직 성립하지 못하고 있었다는 것이 된다. 실제로 그럴 수밖에 없었을 것이다. 干層이 최고 지배신분층이던 때에는 干을 칭하는 관등을 非干層이 소지하지 못하도록 금했기 때문이다. 京位의 경우에는 非干層에게 奈麻重位制를 적용하고 있었다.[44] 이런 상황에서 外位의 干群 官等이 성립했으리라고 기대하기는 어렵다.

非干層에게 干群 官等의 소지가 허용된 것은 진골이 干層에서 분화하여 독자적인 신분층으로서 그 위치를 공고히 하면서 종래 干層이 독점해 오던 干群 官等 중 大阿湌 이상만을 차지하고 阿湌까지는 非眞骨 신분 일반에 개방한 이후의 일이었다. 重位制의 적용 관등이 阿湌으로 옮겨진 것도 이때의 일이고, 干群 관등을 소지하게 된 非干層이 따로 六頭品으로 성립하던 것도 이때의 일이다.[45] 진골의 家臣層에게, 비록 京位와는 별개의 체제 속에서이긴 하였지만, 干群 관등이 수여될 수 있었던 것도 이런 변화와 같은 맥락에서 이루어진 일이었을 것이다. 즉 外位의 干系列 관등은 진골이 신분화한 이후에 성립할 수밖에 없었으리라 생각된다. 이 점에서도 外位에 대한『삼국사기』 찬자의 견해는 설득력이 있다.

---

44) 拙稿, 이 책의 제3장 Ⅲ.
45) 拙稿, 이 책의 제3장 Ⅳ.

진골이 독자적인 정치세력으로 대두하여 정국의 주도권 장악을 모색하기 시작한 것은 '上古'期 말엽부터의 일이지만, '中古'期로 접어든 법흥왕 대에 이르러서도 아직은 배타적인 지배신분층으로 성립하지 못한 상태였다.[46] 干層 일반이 최고 지배신분층으로 기능하던 때에 유효한 제도였던 奈麻重位制가 그 적용관등을 奈麻에서 大奈麻로 옮긴 이후에도 한동안 유지되었던 사실이 이를 보여준다.[47] 奈麻重位制의 적용 관등이 大奈麻로 옮겨지고 종래 7重奈麻까지 있던 重位가 9重奈麻까지로 확대된 것은 신라의 官等制가 17등으로 완성된 결과인데,[48] 지금까지 주어진 자료에 입각하는 한 17관등제가 성립한 시점을 律令을 반포하고 百官의 公服을 제정하던 法興王 7년(520) 이전으로 소급하기는 곤란한 형편인 것이다. 따라서 법흥왕 7년 이후에도 얼마 동안은 奈麻重位制가 유지되었으며, 당연히 非干層의 干群 官等 소지가 금지되었고, 干을 칭하는 관등을 갖는 外位制도 아직은 성립 단계가 아니었다고 보아야 한다.

그런데 冷水里碑(503)와 鳳坪碑(524)를 보면 外位 官名을 소지한 이들이 나타난다. 일괄하여 정리해 보면 다음과 같다.

---

46) 拙稿, 이 책의 제2장 Ⅳ.
47) 拙稿, 이 책의 제3장 Ⅲ.
　　大奈麻의 重位名이 奈麻에 적용된 重位와 마찬가지로 '몇重奈麻'인 것은 奈麻重位制가 그 적용 관등만을 奈麻에서 大奈麻로 변경하였을 뿐 제도의 취지나 원리를 달리한 것이 아니었다는 사실을 극명하게 보여준다. 奈麻의 重位와 大奈麻의 重位는 한 시기에 共存한 것이 아니었다.
48) 大奈麻가 새로 성립하여 이것이 非干群 官等의 최고 관등이 되었기 때문에 중위의 적용 관등이 奈麻에서 大奈麻로 옮겨진 것이며, 이때 大阿湌과 迊湌의 두 관등이 함께 증설됨으로써 이에 대응하는 두 단계의 重位가 더 필요하게 되었기 때문에 奈麻 重位가 7重에서 9重으로 늘어난 것이었다. 迊湌·大阿湌·大奈麻가 성립할 때 大舍와 大鳥도 성립하여 종래 12관등이던 신라의 京位는 17관등제로 완성되었다.

〈표 1〉冷水碑 및 鳳坪碑에 보이는 外位 官名 所持者

	官 等	人 名	所 屬	職 名
冷水碑	干 支	卥 支	珍而麻村	村 主
	壹今智	須 支	珍而麻村	
鳳坪碑	下干支	異知巴	居伐牟羅	
	一 伐	尼牟利	居伐牟羅	
	一 尺	辛日智	居伐牟羅	
	波 日	你宜智	居伐牟羅	
	阿 尺	奈尒利	葛尸條村	
	一 今?智	□只斯利	居伐牟羅	

外位制가 아직은 성립할 단계가 아니었다고 생각되는 시점임에도 불구하고 外位 소지자가 나타나는 것이다. 그렇다면 지금까지의 추론에 어떤 오류가 있었던 것은 아닌지 검토해 볼 필요가 있겠다. 여기서는 무엇보다 干(下干) 이외의 干系列 外位名이 보이지 않는다는 사실을 주목할 수 있다. 干과 一伐~阿尺의 非干群 官名만 보이는 것이다.

이 사실과 관련해서는 지금까지 두 가지 이해가 제시되어 있다. 첫째는 여기 보이는 官名이 文武王 14년에 外位制를 폐지하던 때의 官名과 일치하고 그 서술 방식에서도 정연한 원칙이 발견되므로 이 무렵까지는 여타의 外位 官名도 대부분 성립하였을 것으로 보는 것이다. 法興王 7년(520)에 律令을 반포하고 百官의 公服을 제정하여 位階를 세운 사실이 이렇게 볼 수 있는 정황 근거로 거론되었다.[49] 둘째는 여기에 干(下干) 이외의 干群 外位가 보이지 않는 사실을 그대로 인정하여 이 시기에는 아직 外位 상층부의 干群이 분화되지 않았다고 보는 견해다.[50] 여기서는 壹今智(一今智)라는 官等名이 보이는 사실이 外位制의 완성을 의심하는 근거로 지적되기도 했다.[51]

---

49) 盧泰敦, 앞의 논문, 1989, 186쪽.
　　李宇泰,「新羅 '中古'期의 地方勢力 研究」, 서울대 박사학위논문, 1991, 130쪽.
50) 朱甫暾, 앞의 「6세기 초 新羅王權의 位相과 官等制의 成立」, 265쪽.
　　盧重國,「新羅 17官等制의 成立過程」,『啓明史學』8, 1997, 32쪽.
51) 冷水里碑의 '壹今智'는 일반적으로 官名으로 보는 경향이 강하다. 그러나 鳳坪碑의

그렇지만 어느 쪽이든, 이들 비문에 보이는 官名이 外位가 아닐 가능성에 대해서는 고려가 없었다. 外位制 자체는 鳳坪碑가 건립된 524년 이전에 이미 성립해 있었다고 단정된 것이다. 그 위에 단지, 干群 外位가 분화된 시기를 문제삼고 있었을 뿐이다. 기실, 주어진 자료만으로는 이렇게 생각하게 될 소지도 없지 않다. 그러나 여기서는 전후 사실의 맥락을 신중히 고려할 필요가 있다. 진골이 종래의 干層을 누르고 배타적인 최고 지배신분층으로 대두한 사실과 맞물려 일어난 일련의 변화 과정을 염두에 둔다면, 17관등제가 확립된 지 겨우 4년이 경과한 524년에 外位가 성립해 있었다고 생각하기는 아무래도 곤란하다.

위의 두 비문에 보이는 官名은 『삼국사기』가 지칭하는 外位가 아니라고 보아야 한다. 六部의 이해관계가 錯綜하는 가운데 이루어지던 '上古'期의 지방지배 구조에서 기능해 온 村干과 그 휘하의 屬官名일 뿐이다. 外位制 시행의 기본 취지가 이들을 直轄하는 체제를 구축하는 데 있었으므로 上干 이상의 干群 外位가 확인되는 단계에야 비로소 外位制가 성립했다고 말할 수 있고,[52] 종래 村干이 이끌어 오던 職制를 흡수하여 一系的인 官等體制로서

'一今智'는 가운데 글자가 마멸되어 꼭 '今'자라고 확신하기 어렵다. 이를 一今智로 읽고 冷水里碑의 壹今智와 같은 관등이라고 본다면, 智라는 존칭어를 쓴 것으로 미루어 干支와 一伐 사이에 있던 관등으로 유추할 수 있다. 그렇다면 壹今智는 外位制의 정비 과정에서 소멸한 것이 되는데, 이는 壹今智라는 관등이 존재하는 한 외위제가 아직 정비되지 않았다고 볼 수밖에 없음을 의미한다. 한편 盧重國 교수는 干支를 上干으로 부르게 되면서 壹今智를 下干으로 개칭하는 변화를 상정했는데(盧重國, 위의 논문, 31~32쪽), 鳳坪碑의 '一□智'를 '一今智'로 읽을 수 있다면 下干支와 一今智가 동시에 존재한 것이 되므로 설득력이 약해진다. 어느 견해든 지금으로서는 추측일 뿐으로, 좀더 확실한 판단을 위해서는 이와 관련된 다른 사료가 나타나기를 기다리는 것 외에 방도가 없다.

52) 朱甫暾 교수는 京位制 성립기인 6세기 초에 중앙집권적인 지배체제를 구축해 가는 과정에서 종래 독자성을 강하게 지녀 온 지방민을 새로이 편제할 필요가 생김에 따라 外位制를 만들었다고 보고, 그러나 이때 갖추어진 것은 (下)干支와 一伐~阿尺이었으며 아직 干群 外位는 분화되지 않았다고 했다. 그리고 干群 外位가 분화되는 시점을 가늠하는 기준으로 金官加耶를 비롯한 가야 일부 세력이 병합되는 532년과, 干群 外位名이 처음 보이는 赤城碑가 건립된 550년을 제시했다.

外位制가 성립한 이후에야 그 하부에 편제된 干과 一伐~阿尺을 비로소
外位라 부를 수 있다.53)

外位制는 2단계를 거쳐 완성되었다고 본 것이다(朱甫暾, 앞의 「6세기 초 新羅王權의
位相과 官等制의 成立」, 268쪽). 또 盧重國 교수는 干支를 분화·격상시켜 干系
外位가 성립한다고 보고, 干 위에 새로운 干이 중첩되었다는 것은 干이 더 이상
首長的 존재가 아님을 의미하므로 干系 外位가 성립하는 시기는 首長的 性格의
干支가 소멸하는 시기와 연관하여 파악되어야 한다고 보았다. 그리고 鳳坪碑에
岑喙部의 長의 格이 干支로 표현된 사실과 眞興王의 昌寧碑에 述干이 나오는
사실을 주목했다. 鳳坪碑 단계에서는 干支의 분화가 이루어지지 않았음을 알
수 있고, 昌寧碑가 세워진 시기까지는 干系 外位의 분화가 모두 이루어졌음을
알 수 있기 때문이라는 것이다. 따라서 干系 外位로서 干支가 분화된 것은 鳳坪碑가
건립된 524년 이후에서 昌寧碑가 세워진 561년 이전 사이의 어느 시기에 이루어진
일로 보아야 한다고 추론했다(盧重國, 앞의 「新羅 17官等制의 成立過程」, 32~33쪽).
外位의 완성 시기에 대한 朱·盧 양 교수의 견해는 본고의 논지와 대체로 共鳴한다.
그러나 非干群 外位가 형성됨으로써 外位制가 일단 성립하고 그 뒤에 干系 外位의
분화로서 완성되는 것처럼 인식한 점과, 독자성을 지녀온 지방민에게 外位를 준
것으로 생각하여 外位制와 영토 확장을 연관시켜 이해한 점은 본고의 논지와
다르다. 한편 盧重國 교수는 重位制의 실시 시기와 관련해서, 阿飡 重位制가 먼저
실시된 뒤에 大奈麻·奈麻 重位制가 실시되었을 것으로 추측했다. 하지만 干系
外位의 분화가 干의 성격 변화와 맞물린 정치 현상이었다고 파악한 이상, 그
성격 변화가 진골의 신분화에서 齎來한 것이며, 그 신분화의 표징이 阿飡重位制고,
奈麻와 大奈麻에 적용된 奈麻重位制는 前代에 干과 非干을 구분하던 제도라는
것도 응당 인정되어야 하지 않았을까 여겨진다.

53) 外位制의 성립 시기를 6세기에 가속화된 신라의 영토 확장과 연계시켜 가능해
보는 견해가 있다(朱甫暾, 앞의 「6세기 초 新羅王權의 位相과 官等制의 成立」,
268쪽 ; 河日植, 앞의 학위논문, 149쪽). 외위제를 지방세력에 대한 편제 원리로
생각하였기 때문에, 영토 확장의 결과 대량으로 편입된 지방세력에게 그 크기에
따라 등급별로 관등을 주어 회유할 필요가 있지 않았겠는가 추측하게 된 것 같다.
그러나 '中古'期 이후의 신라에서 그 크기에 따라 다른 대우를 받은 세력의 존재는
구체적으로 확인되지 않는다. 신라의 영토 확장이 진골의 政局 主導를 앞당기는
계기가 되었을 가능성이 없지 않고, 따라서 외위제의 성립과 전혀 무관하다고
할 수는 없겠지만, 그 성립의 어떤 직접적인 배경이나 원인으로 영토 확장을 주목하
는 것은 무리다. 이미 婆娑尼師今 때부터 徙民 기사가 나타나는 사실로 미루어
볼 때 신라의 정복지역에 대한 解體力은 대단하였다고 여겨지거니와, 6세기의
신라가 피정복 세력을 해체시켜 직접 장악하지 못하고 그 세력의 크기에 따라
등급별로 우대하는 제도를 새로 마련할 수밖에 없었다는 것은 잘 납득되지 않기
때문이다. 또 다양하게 분화된 피정복 지역의 지배계층이 모두 지방민으로 편제된
것처럼 생각한 부분도 재고의 여지가 있다.

異斯夫가 처음 悉直州 軍主로 파견되던 때부터 이미, 軍主의 기능에는 왕권에 의한 지방 장악 의도가 투영되고 있었다고 생각되지만, 이 시기의 왕권이 그런 指向을 당장 현실화할 만큼 성장해 있었다고 판단되지는 않는다. 초기의 軍主는, 한편으로는 그가 受任한 관직의 성격이 기존의 六部 중심 질서와 상충하는 데서 비롯하는 정치적 입지의 한계와, 또 한편으로는 그가 국왕의 親族일 뿐이라는 사실에서 오는 지배 기반의 한계에 당면하여, 종전과는 다른 지배체제를 구축할 필요성을 절감하는 새로운 상황에 직면했을 것이다. 그러나 軍主를 중심으로 한 새로운 地方力役 動員體制의 구축은 개별적인 軍主가 전담할 몫이 아니었다. 그것은 보다 강력한 왕권을 전제해서만 가능한 일이었으므로 懸案의 대부분은 국왕이 중앙 정치세력을 재조직함으로써 해결해야 할 문제였으며, 軍主는 단지 그 체제의 유효성을 입증하는 데 주력하면 되었다. 異斯夫가 于山國 정벌을 추진하게 된 배경에는 크든 작든 이런 맥락이 작용했을 것으로 이해된다.

중앙 정치세력의 재조직은 智證王에 이어 즉위한 法興王代에 가서야 가능했다. 그 7년에 律令을 頒示하고 百官의 公服과 高位官僚의 序次 즉 官等을 다시 제정한 것에서 대략의 정황을 알 수 있다. 이는 그동안 꾸준히 강화되어 온 王權을 법적·제도적으로 보장하기 위한 조처였지만, 국왕의 정치적·이념적 위치가 이를 계기로 더욱 고양되었음은 물론이다. 法興王은 이런 왕권을 기반으로 그 12년(525)에 大阿湌 伊登을 沙伐州 軍主로 파견하여 새로운 力役 動員體制 구축의 대상 지역을 확대했다.54) 지방에 대한 지배방식의 전환이 전국적인 규모로 추진되기에 이른 것이었다. 그러나 이와 같은 量的인 확대가 內實을 갖자면 質的인 면에서도 새로운 체제를 뒷받침할 제도적 장치를 시급히 마련하지 않으면 안 되었을 것이다. 外官으로 하여금 그가 거느린 私的인 人力을 국가의 공식적인 지방지배에 활용하도록 허용한

---

54)『三國史記』4, 新羅本紀4, 法興王 12年 2月, '春二月 以大阿湌伊登爲沙伐州軍主.'

外位의 설치는 이러한 배경 속에서 이루어진 불가피한 선택이 아니었나 여겨진다.

이와 같이 이해하고 보면, 法興王 25년(538)에 外官의 '攜家之任'을 허락한 사실이 예사롭지 않다.[55] 軍主 등이 家屬을 거느리고 임지로 부임하는 것을 허락했다는 것인데, 여기서 '家'란 구체적으로 어떤 대상을 가리킨 용어인지가 문제다. 이 조처가 있고 나서 수십 년이 지난 후의 일이고,[56] 또 삼국이 각축하던 특수 상황에서 그랬던 것이라고는 하지만 外官이 부임하는 모습을 전하는 다음 기록을 참고할 때 이 '家'는 단지 그 가족만을 지칭한 용어로 생각되지 않는다.

初, 述宗公爲朔州都督使, 將歸理所, 時三韓兵亂, 以騎兵三千護送之.[57]

竹旨郎의 아버지인 述宗公이 朔州 都督으로 부임할 때 騎兵 3천이 호송했다는 내용이다. 이 兵力을, 族的 연대성을 기반으로 한 중앙 귀족의 兵團이 군사제도권 내에 재편된 형태로 파악한 견해가 있거니와,[58] 전적으로 그렇게 보기는 곤란하다고 하더라도 述宗과 그의 가족을 호송하던 사람들 중에는 그의 私的인 管轄 하에 있던 인물들이 적잖이 포함되어 있었으리라고 여겨진다. 述宗 일행이 竹旨嶺에서 居士 한 사람을 만났는데 뒤에 그가 죽었다는 말을 듣고 군사를 보내 장사지냈다고 한 것으로 보아,[59] 述宗을 호송하던

---

55) 『三國史記』 4, 新羅本紀4, 法興王 25年 正月, '敎許外官攜家之任.'
56) 竹旨가 花郎으로 활동하던 때는 眞平王代 후반(金哲埈) 혹은 善德王代 초(李鍾旭)라고 하니, 述宗이 朔州 都督으로 부임하여 竹旨를 갖게 된 과정을 전하는 이 기사의 시점은 대략 7세기로 접어들던 때로 보아 좋을 것이다.
   金哲埈, 「新羅貴族勢力의 基盤」, 『韓國古代社會研究』, 1975, 227쪽.
   李鍾旭, 「三國遺事 竹旨郎條에 대한 一考察」, 『韓國傳統文化研究』 2, 1986, 209쪽.
57) 『三國遺事』 2, 紀異2, 孝昭王代 竹旨郎.
58) 姜鳳龍, 앞의 논문, 73~75쪽.
59) 『三國遺事』 2, 紀異2, 孝昭王代 竹旨郎, "行至竹旨嶺, 有一居士, 平理其嶺路, 公見之歡美, 居士亦善公之威勢赫甚, 相感於心, 公赴州理, 隔一朔, 夢見居士入于房中,

병력은 단지 그를 任所까지 호송하기 위해서만 움직인 병력이 아니었음을 알 수 있기 때문이다. 또한 만일 外官의 携家를 허락한 조처가 이때에야 처자식과의 동거를 허용한 것이었다면 이 조처가 있기 전에는 外官 혼자 임지로 떠난 것이 되는데 그렇다면, 外官의 경우는 아니나, 예컨대 昔于老가 그의 失言에 책임을 지고 倭王에게 죽임을 당했을 때 于老의 아들이 幼弱하여 걷지 못하므로 다른 사람이 안고 말을 타고 돌아왔다는 데서 보듯,[60] 戰場에 어린 아들까지 대동하고 나가던 前代의 분위기를 이해하기 어렵게 된다. 이런 점들로 미루어 보면 外官이 부임할 때 거느린 '家'란 그 가족보다도 家臣을 지칭한 말이었다고 파악하는 것이 옳을 것이다.

즉 法興王 25년조의 기사는 軍主 등 外官이 임지로 부임할 때 家臣을 대동하고 가는 것을 허용한 내용이었다. 이는 신라가 軍主를 중심으로 한 새로운 地方人力 動員體制를 구축하고, 軍主로 出居한 진골들이 이 체제에서 그 家臣層을 독자적으로 활용할 수 있도록 公認해 준 것을 뜻한다. 그러므로 外位制가 국가적인 제도로서 성립하게 된 데에는 이 조처가 결정적인 역할을 했다고 보아 좋을 것이며, 外位制의 성립 시점을 이 조처가 내려진 538년으로 확정하여 말하더라도 사실과 크게 다르지 않을 것이다.

4. 支配階級의 編制와 外位制

三國의 지배계급은, 國王에 臣屬하면서도 邑落社會의 首長層에서 유래한 본유의 독립성을 토대로 國政에 干預하는 貴族的 參與層과 職能을 전제로 현실 권력을 위임받아 행사하는 幕僚的 從事者層으로 대별되었다는 점에서,

---

室家同夢, 驚怪尤甚, 翌日使人問其居士安否, 人曰: '居士死有日矣.' 使來還告, 其死與夢同日矣. 公曰: '殆居士誕於吾家爾.' 更發卒修葬於嶺上北峯, 造石彌勒一軀 安於塚前."
60) 『三國史記』45, 列傳5, 昔于老.

그 기본적인 구성이나 성격이 거의 동일했다. 특히 신라와 고구려에서 귀족적 정치참여층에 대한 호칭으로 쓰던 '干'과 '加'는 語源마저 같아 그 형성의 역사적 과정 또한 대동소이하였으리라 여겨진다. 이 점은 양국 지배계급의 존재 형태나 편제 구조에서 실제로 상당한 유사성이 발견되는 사실을 통해 확인할 수 있다.

기실, 外官이 휘하의 관료조직을 독자적으로 운영하던 것도 신라만의 일이 아니었다. 고구려의 경우도 사정은 비슷하였다.『舊唐書』高句麗傳에 의하면

> 外置州縣六十餘城, 大城置褥薩一 比都督. 諸城置道使 比刺史. 其下各有僚佐 分掌曹事.[61]

라 하여, 60여 곳의 州縣으로 나간 褥薩과 道使 밑에 각기 僚佐가 있어 官衙의 일을 분장했다고 하는데, 여기서 僚佐는 주로 府에서 自置하는 屬官을 지칭하던 용어다.[62] 중국 측은 고구려의 外官이 거느린 관료가 私屬의 성격이 강하다고 인지하고 있었던 것이다. 정황이 이와 같고 보면, 고구려의 官制에 반영된 지배세력의 편제 원리와 그 변화 양상이 신라의 경우를 이해하는 데 적잖은 도움을 줄 것으로 기대하는 것도 무리가 아니다. 그러나 양국의 사정을 동일시하면 곤란하다.

신라 外位의 구성에서 무엇보다 주목되는 특징 중의 하나는 그 하부구조를 이루는 干 이하의 非干群 官等名이 京位의 최고위 官等名과 일정한 대응관계

---

61)『舊唐書』199上, 列傳149上, 東夷, 高麗.
62)『舊唐書』에서 '僚佐'의 用例는 高句麗傳 외에 5건이 보이는데, 모두 이런 의미로 쓰였다. 이 가운데 알기 쉬운 용례를 들면 다음과 같다.
　　·'佐命功臣子孫及大將軍府僚佐已下 云云' (『舊唐書』4, 本紀4, 高宗李治 上, 顯慶5年).
　　·'以至外府僚佐 云云' (『舊唐書』12, 本紀12, 德宗李适 上, 建中元年).

를 보이는 사실이다.

<표 2> 京位와 外位의 對應關係

京 位	① 一伐干	② 一尺干	③ 迊干	④ 波珍干	⑤ 大阿尺干	⑥ 阿尺干
外 位	⑧ 一伐	⑨ 一尺		⑩ 彼日		⑪ 阿尺

이 점은 外位制의 형성 과정과 그 편제 원리를 이해할 수 있는 중요한
단서로 일찍부터 주목되고 검토되었다. 그리하여 이는 대체로 신라 王이
기층 사회의 干과 淵源的으로는 성격을 같이하는 존재였다는 것을 의미하는
사실로 이해되어 왔다.[63] 그러한 연원적 측면보다는 干의 當代的 성격에
주목하여 그 변화 양상을 규명함으로써 신라 官制의 형성 과정과 編制
원리를 밝힌 연구도 나왔지만,[64] 독자적인 王者로서의 干이 거느렸던 관료조
직의 원형이 중앙에서는 一伐干~阿尺干이라는 京位 官名으로 남고, 지방에
서는 干 이하의 外位 官名으로 남은 것이라는 점을 부인한 것은 아니었다.
앞서 冷水里碑와 鳳坪碑에 보이는 (下)干支와 一伐~阿尺은 外位名이 아니라
'上古'期이래 '干' 중심 지방지배체제에서 기능해 온 村干과 그 예하의 吏屬이
라고 파악한 것도 같은 맥락이다.

그런데 이러한 이해와 달리, 外位와 京位 사이에 보이는 대응관계는 王京의
여러 '干'들의 서열이 일단 정착된 뒤에 지방인을 편제하기 위하여 별도의
官等制를 마련하게 되었을 때 이미 정착되어 있던 京位 상층부의 명칭을
본떠 外位를 일괄적으로 '制定'했기 때문에 생긴 결과라는 견해가 있다.[65]
異稱이 많이 보이는 京位가 異稱이 없는 外位보다 더 먼저 생겼으리라는
점, 一伐~阿尺이라는 官名이 특정한 직책과 무관하므로 대세력 아래의

---

63) 金哲埈,「高句麗・新羅의 官階組織의 成立過程」,『李丙燾博士華甲紀念論叢』, 1956
   ;『韓國古代社會研究』, 知識産業社, 1975, 151~153쪽.
64) 拙稿,「新羅 '上古'期 '干'層의 編制와 分化」,『歷史教育』53, 1993.
65) 河日植, 앞의 학위논문, 143~145쪽.

職事者 명칭에 기원을 두고 있다고 보기 어렵다는 점 등 여러 논거를 들고 있지만, 기본적으로는 京位 非干群 官等의 기원을 독립적인 대세력에 예속된 家臣의 명칭에서 찾은 데서 나온 견해다. 즉 신라와 고구려의 官制를 동일 구조로 파악한다면 兩國 非干(加)群 관등의 起源과 性格이 유사하다고 보아야 할 것이므로 신라 京位의 奈麻-舍知-吉士-烏知-先沮知는 고구려 大加에 예속된 使者-皂衣-先人과 마찬가지로 대세력의 家臣名에서 유래한 官名이겠고, 그렇다면 一伐~阿尺은 外位가 성립하기 전부터 토착사회의 干이 거느려 온 家臣的 속성의 관료로 보기가 곤란하지 않느냐는 것이다.

그러나 이와 같이 신라 관제의 구성을 고구려의 그것과 직접 비교하고 양자를 동일 구조로 파악하는 것은 외형만을 고려한 발상으로 그 타당성을 인정하기 어렵다. 삼국의 지배계급이 서로 유사한 성격을 지녔던 것은 사실이지만, 이들에 대한 편제는 국가 별로 크게 두 계통으로 이루어지고 있었고, 신라와 고구려는 서로 계통을 달리하였기 때문이다. 편제의 내용에 유의할 필요가 있다.

3세기 무렵의 고구려 관제는 大加를 핵으로 형성된 구조가 다시 王을 중심으로 하여 다원적으로 포진한 형태로 짜여 있었다.

其國有王 其官有相加·對盧·沛者·古雛加·主簿·優台·丞·使者·皂衣·先人 尊卑各有等級……諸大加 亦自置使者·皂衣·先人 名皆達於王 如卿大夫之家臣 會同坐起 不得與王家使者·皂衣·先人同列[66]

마치 중국의 卿大夫들이 家臣을 거느리듯이 저마다 使者·皂衣·先人이라고 부르는 僚佐를 두고 있던 王侯的 성격의 大加들이 국왕에게 臣屬하면서, 국왕의 僚佐라 할 使者·皂衣·先人 등 幕僚的 從事者層과 더불어 관료조직을 형성한 것이었다. 相加·對盧·沛者·古雛加·主簿·優台·丞 등은 귀

---

66) 『三國志』 30, 魏書30, 東夷傳, 高句麗.

족적 정치참여층의 所任으로 使者類와 구분되었으며, 그 使者類의 관직에 대해 절대적인 우위를 점했다. 그런데 여기서 相의 직능을 수행하는 加라는 뜻을 가진 相加에 유의할 필요가 있다. 加가 王侯的인 속성을 갖는 자에 대한 호칭인 반면 相은 종속성이 강한 幕僚를 일컫던 관명이니, 相加는 곧 종래 일정 지역에 군림해 온 大首長이었던 大加들을 相으로 임명함으로써 국왕의 막료적 위치로 재편성하고자 함에서 성립한 官名이었음을 알 수 있다.67) 이 官名을 특히 주목하는 이유는, 고구려의 관제가 정비되어 감에 따라 소멸하고 말기 때문이다.68) 이후의 고구려 관제는, 相加와 같이 두 계통의 성격을 혼합한 官名을 없애고, 加의 수장적 성격을 계승한 '兄' 계열 官名과 幕僚的 성격의 '使者' 계열 官名을 엄격히 구분하여 그 구분을 내내 준수하는 방향으로 변화하였다. 『隋書』의 기록이 이를 말해준다.

官有太大兄・次大兄・次小兄・次對盧・次意俟奢・次烏拙・次太大使者・次大使者・次小使者・次褥奢・次翳屬・次仙人, 凡十二等.69)

여기에, 相加 혹은 이를 계승한 官名이 더 이상 보이지 않는 것이다. 그리고 前期에 절대적인 우위에 섰던 '兄'官이 후기로 갈수록 오히려 '使者'官의 하위에 놓이는 경향을 띠어 갔다. 『新唐書』의 고구려 관등을 보면 太大使者가 皁衣頭大兄보다, 大使者가 大兄보다 상위 서열에 있었음이 확인된다. 왕권이 專制化함에 따라 그로부터 현실 권력을 위임받아 행사하는 使者層이 상대적으로 입지가 위축된 加層을 압도하게 된 결과다.

官凡十二級; 曰大對盧 或曰吐捽; 曰鬱折 主圖簿者; 曰太大使者; 曰帛衣頭大兄,

---

67) 金光洙, 앞의 「高句麗의 '國相'職」, 9쪽.
68) 盧重國, 「高句麗國相考(下)－初期의 政治體制와 關聯하여－」, 『韓國學報』17, 1979, 17~18쪽.
69) 『隋書』81, 列傳46, 東夷, 高麗.

所謂帛衣者 先人也: 秉國政, 三歲一易 善職則否, 凡代日 有不服則相攻 王爲閉宮守
勝者聽爲之. 曰大使者; 曰大兄; 曰上位使者; 曰諸兄; 曰小使者; 曰過節; 曰先人;
曰古鄒大加.[70]

그리하여 말기에는, 앞서 살핀『三國史記』職官志 高句麗人位條에서 본
바와 같이, '使者'官을 '相'으로 개칭하기에 이르렀다. '使者'官의 지위가 높아
지자 종속의 뜻이 강한 使者보다는 '百官之長'의 의미를 띤 相이 실상에
더 부합하게 되었던 것이다.[71] 이는 고구려의 使者層이 加層의 家臣에서
出自한 부류가 아니었기 때문에 가능한 逆轉이었고 改稱이었다고 하겠다.
어떠한 경우라도 家臣 출신이 主君을 능가하게 되는 것을 법제화하는 일은
생길 수 없다. 결국 고구려는 加와 使者의 기능을 二元化하여 편제해 나아감으
로써 초기에 성립한 相加의 경우처럼 양자의 성격을 혼합한 官名을 소멸시키
고 말았다.

그러나 우리나라 고대국가의 발달 과정 전반을 시야에 놓고 볼 때, 이는
局地的인 하나의 경로에 불과할 뿐 전형적인 양상이 아니었다. 일찍이 고조선
에서는 '朝鮮相'이나 '尼谿相'과 같이 일정 지역 내지는 세력의 首長으로
보이는 인물이 相이라는 관직을 지님으로써 독립성을 견지하면서도 국왕의
幕僚로 기능함을 나타내는 職名이 있었고, 부여에서는 '加' 계급에 속하면서
도 使者의 직능을 수행하는 자의 職任이던 '大使'가 있었다.[72] 원초적 독립성
을 갖는 王侯的인 존재이면서도 동시에 국왕에 대해 강한 종속성을 띠고
幕僚로서 기능하는 관직이 성립하고 있었던 것이다. 고구려 초기의 相加나
國相이 그러한 관직이었다.[73] 그렇지만 고구려는 이와 같은 성격을 지닌
官名을 소멸시키고 加와 使者를 엄격히 구분하는 가운데 使者의 지위를

---

70)『新唐書』220, 列傳145, 東夷, 高麗.
71) 金光洙, 앞의「高句麗의 '國相'職」, 11~12쪽.
72) 金光洙, 앞의「夫餘의 '大使'職」.
73) 金光洙, 앞의「高句麗의 '國相'職」.

격상시키는 방향으로 지배계급에 대한 二元的 編制를 추진해 갔다.

반면에 신라는 이와 다른 길을 걷고 있었다. 독립적인 王者로서의 '干'에게 직접 막료적인 직능을 부과하는 방향에서 지배계급을 일원적으로 편제해 나갔던 것이다. 고구려처럼 관등의 序次에 어떤 변화가 일어난 흔적이 신라에서는 발견되지 않는 이유가 여기에 있다. 말하자면 加(干)의 성격과 使者의 성격이 이원화되지 않고 일원화되었기 때문에 國王權의 강화가 관등의 序次 변동으로 반영될 이유가 없었던 셈이다. 유독 신라에서만 外位制가 성립하게 되는 까닭도 기실은 이런 사정과 무관하지 않다.

신라의 京位는 주지하듯이 干群 관등과 非干群 관등으로 이원화되어 있었다. 이는 외형상 貴族的 政治參與層과 幕僚的 從事者層을 나눈 고구려의 편제와 대동소이하게 보인다. 그러나 편제 내용 혹은 원리가 달랐다. 먼저, 귀족적 참여층이 차지하던 官名임이 확실한 干群 官等을 보면 一尺干·阿尺干·沙尺干·及尺干 등 尺干이 주류를 이루는데, 尺은 후대에 舞尺·琴尺·歌尺 혹은 水尺·禾尺과 같이 일정한 職能을 가진 자를 지칭하는 용어로 쓰인 사실에서 명백하듯[74] 職能 위주의 막료를 일컫던 말이다. 즉 尺干은 예의 두 성격이 혼합된 官名인 것이다.

신라의 京位 干群 관등은, 고구려가 加를 加로서 존재하도록 그대로 두고 왕권이 강화되는 데 따라 그의 권력을 '使者'官에게 위임해 감으로써 그 지위를 격상시켜 간 편제 형태를 보였던 것과 달리, 王侯的인 성격을 가진 '干'層 자체를 국왕의 막료로 삼아 나간 과정에서 성립한 것이었다. 물론 고구려에서도 '使者'官에 임명된 이들이 모두 국왕의 從事者 계급 출신은 아니었다. 加階級에 속한 인물들도 다수가 '使者'官에 임용되었으리라고 여겨진다. 그러나 이 경우 '使者'官에 임용된 사람들은 더 이상 加로서의 기반을 토대로 기능하는 존재가 아니었다. 국왕으로부터 위임받은 권력만이

---

74) 今西龍,「新羅官位號考」,『新羅史硏究』, 1933, 270~271쪽.

그의 존립 근거였다. 관명상 '兄'官과 '使者'官이 엄격히 구분되었고, 후기로 갈수록 '使者'官이 '兄'官의 우위에 서게 된 사실이 이를 말해준다. 干이 國政을 담당하는 幕僚로 직접 기능한 신라와 사정이 다르다.

干으로서의 기반을 그대로 인정하면서 그에게 國政 운영상의 職能을 부여한 형태가 신라의 干群 京位였다. 즉 京位를 수여한다는 것은 그 干이 私的으로 거느린 세력을 公室로 인정함을 의미했다. 바꾸어 말하면 京位를 받은 干들은 公室로서 각자의 私的인 세력 기반을 국가적인 公共의 任務를 수행하는 데 동원할 수 있었고, 경우에 따라서는 그 수임한 직무와 관련하여 대단한 특권을 갖기도 했던 것이다. 주로 王部와 王妃部가 國政을 담당했고 이들 部에 속한 干들이 경위를 가졌다고 여겨진다.[75] 여타의 部에 속한 干들은 京位를 소지하지 않았고, 또 그래서는 안 되었다. 따라서 '上古'期 혹은 中古 초기에 京位를 갖지 않은 干들이 존재한 것을 왕권의 미숙성을 뜻하는 사실로 이해해서는 곤란하다. 굳이 상관성을 말한다면, 오히려 특정한 干에게만 京位를 부여할 수 있을 정도로 왕권이 강했다고 하는 편이 사실에 더 부합한다고 하겠다. 國政의 운영에 직접 참여하는 干들만 京位를 소지한다는 것은 편제상의 원리일 뿐으로, 왕권의 강약과는 일단 무관한 사안이었다. 이런 의미를 지닌 京位가 '中古'期 초에 이르러 六部의 모든 干에게 적용되게 된 것은 眞骨이 새로운 성격의 지배세력으로 대두한 결과 종래의 집권세력인 干을 보편화된 지배층으로 일괄하여 편제할 필요성이 제기됨에 따른 변화라 생각한다.

다음 京位 非干群 관등을 보면 그 구성이 單色的이지는 않으나 단순한 幕僚的 從事者層에 걸맞는 官名이라고 보기 어렵다. 非干層의 근간을 이루는 奈麻와 舍知·烏知는 일정 지역의 首長을 지칭하는 뜻을 지니고 있다.[76]

---

75) 拙稿, 이 책의 제2장 Ⅲ.
76) 拙稿, 「新羅 '上古'期 '干'層의 編制와 分化」, 『歷史敎育』 53, 1993, 97쪽.

어의로 미루어 짐작컨대 복속당하기 전까지 나름대로 干을 칭했던 존재의 후예로서 當代的으로도 크든 작든 일정 지역을 관할하던 이들과, 婆娑尼師今의 5대손으로 그 祖父가 葛文王, 父親이 波珍湌이었다는 朴堤上이 奈麻 관등을 지녔던 사실로 미루어[77] 신분은 干層에 속하면서도 지방의 행정구역을 담당하도록 파견된 이들이 이들 관등 소지자의 주류를 이뤘던 것으로 판단된다. 州干의 관등이 奈麻로, 道使의 관등이 주로 舍知로 나타나는 것도 이런 맥락에서 이해될 일이다. 奈麻나 舍知가 職責名으로 쓰이기도 했던 것은, 이들 官名이 대세력에 부속된 가신들 중에서 실무를 관리하는 기능을 맡은 자의 명칭에서 연원한 것이기[78] 때문이라기보다, 신라 관제가 首長的 성격을 지닌 자에게 職能을 부과한 것으로부터 성립한 데서 연유한 현상이라고 보아야 할 것이다. 설령 이들 관등 소지자의 대부분이 干層의 家臣 출신이었다고 해도 그 官名 자체가 家臣의 職制에서 왔다고는 할 수 없다.

나머지 非干群 관등인 吉士와 先沮知의 경우는, 특히 吉士의 경우 '吉'이 執事나 使令 또는 家臣之長의 뜻을 지닌 '宰'와 통하는 말이었다고 하므로[79] 그 官名이 諸干의 家臣名에서 유래했을 가능성도 일단 고려해 볼 수 있다. 정황으로 보더라도, 京位를 소지한 公室로서의 干들은 그들의 私的인 지배 기반을 국가적인 사무에 투입해야 했으므로 그 가신층이 京位 편제에 포함되었을 가능성이 높다. 그러나 그렇기 때문에 더욱이, 이 官名이 諸干의 가신층의 職制에서 온 것이라고 보기 어렵지 않은가 여겨진다. 官制에서 加階級의 가신층을 배제한 고구려와는 사정이 다른 까닭이다. '使者'官의 지위가 '兄'官을 능가하기에 이른 고구려와 달리 신라에서는 끝내 非干群 관등이 干群 관등을 능가할 수 없었던 것은 그 기본 속성이 국왕의 幕僚的 從事者層이기보

---

77) 『三國史記』3, 新羅本紀3, 訥祗麻立干 2年 및 同書45, 列傳5, 朴堤上.
78) 河日植, 앞의 학위논문, 63~65쪽.
79) 『新撰姓氏錄』吉田連條에 '彼俗稱宰爲吉'이라고 하였다(今西龍, 앞의 논문, 281쪽).

다 諸干의 家臣層이었기 때문이거니와, 속성이 그러할진대 이들에게 公務를 부여하고 그에 어울리는 官名을 줄 필요가 있었을 때 私的인 家臣으로서 써왔던 職名을 그대로 사용하게 할 수는 없었을 터다. 따라서 非干群 官等 소지층이 諸干의 家臣 출신이라는 사실이 곧바로 그 官名의 유래를 家臣名에서 찾는 근거로 여겨져서는 곤란하다.

家臣의 職制에서 온 官名은 역시, 국가 형성 초기에 干들에게 구체적인 직능을 부여하면서 일찍부터 사용하기 시작한 것으로 나타나고, 그것이 京位制로 확립될 때 최상층의 官等名으로 고착되었으며, 外位 干 이하의 官名으로도 쓰인 一伐~阿尺이었다고 보아야 무난하다. 왕이 본디 干으로서 거느려 온 職事者層의 官名이고, 獨自的 王者로서의 諸干이 오래 전부터 저마다 보편적으로 써 오던 官名이기에 이렇게 남은 것이겠다. 外位制가 성립하기 이전부터 지방에 존재한 (下)干支와 一伐~阿尺을 村干과 그의 吏屬으로 보는 이유가 여기에 있다.

요컨대, 신라의 京位는 干層의 私的인 지배 기반을 公的으로 활용하는 측면에서 성립한 것이었다. '上古'期의 신라가 官等制만 운영하였을 뿐 國政과 관련하여 별도의 정치기구 혹은 조직을 마련하지 않았던 것은 경위를 받은 干 자체가 정치기구로 기능하는 체제에서 그럴 필요성을 느끼지 못했기 때문이라고 할 수 있다. 또 京位가 六部의 모든 干에게 적용되기 시작한 시점에 이르러 大等이라는 관명이 등장하는 것은 京位로써 더 이상 公務 담당자를 지칭할 수 없게 됨에 따라 그에 대신할 관명이 필요하게 된 결과라고 보면 틀림없다. 大等은 국왕에의 臣屬을 전제로 하면서도 하급 실무직과 구분되는 국가 차원의 상급 공무 수행자를 지칭하는 고유어였다.[80]

京位의 의미가 官等으로 한정되고 大等이 官職名으로 사용되면서 경위 소지자의 특권적 지위가 부인되는 한편, 干層이 分化하여 진골이 성립하면서

---

80) 金光洙, 앞의 「新羅 官名 '大等'의 屬性과 그 史的 展開」, 52~68쪽.

거기 편입되지 못한 일반 干들의 정치적 위상이 상대적으로 낮아지고, 兵部 등이 따로 설치되어 그동안 그들이 분담하여 수행해 온 기능의 일부를 국왕 직속 기구의 통합 관할로 넘기게 됨에 따라, 六部의 干들은 정치적인 주도력을 점차 상실해 가고 있었지만 여전히 지방에 대한 租賦 統責權을 분할 행사하고 공론에 참여함으로써 상당한 재력과 정치적 발언권을 지닌 최고지배세력으로서의 면모를 유지했다. 이들은 그 租賦를 책임질 지역을 나누어 가지고 할당 액수의 先納 내지는 保證을 전제로 인정받은 해당 지역에 대한 收取權을 매개로 지방의 村干과 吏屬을 장악하고, 이 수취관계에서 발생하는 상당한 차액을 경제적 기반으로 삼고 있었다.[81]

이런 상황에서 外位制가 성립하여 지방장관으로 出居한 진골이 村干과 그 예하의 一伐~阿尺을 직할하게 되었다는 것은, 비록 力役 動員에 한정하여 시작되고 있었지만, 종래의 干 중심·六部 중심 지방지배체제를 眞骨 중심·官府 중심 체제로 재편함을 의미했다. 干層은 이로써 대단한 타격을 입었겠고, 진골은 국왕과의 혈연관계에서만이 아니라, 강력해진 왕권을 배경으로 성립한 官職을 지니고 국왕의 권력을 위임받아 행사하는 幕僚라는 점에서 일반 干과 구분되는 새로운 성격의 지배신분층으로 한껏 발돋움할 수 있었으리라 여겨진다. 租賦統責의 기능도 점차 大等이 주도하는 郡縣의 몫으로 이양되어 갔다.

外位는 기본적으로 지방장관으로 나간 진골에게 독자적인 僚佐의 설치와 운용을 허용한 형태였다. 초기의 京位가 그랬듯이 신라에서 官位란 본디 公務擔當者에게 주던 것이므로 진골의 가신층에게 官位를 주어 그가 수행하는 일이 公務임을 나타낸 것이었다. 그러나 국왕에 직속한 臣下에 대해 적용되는 京位와 구분하여 그 신하에 私屬한 家臣에 대한 편제를 外位라고 부른 데에는 지배의 本支를 분명히 세우려는 의도가 작용하였던 것으로

---

81) 拙稿, 이 책의 제2장 Ⅰ.

보인다. 그 일의 공무적인 성격이 官位의 형태로, 그 일을 담당하는 자가 처한 사회관계가 '外'라는 개념으로 표현된 셈이다. 外位制는 '中古'期 신라 지배계급의 편제가 진골을 대상으로 한 것과 진골을 중심으로 한 것, 이 두 가지로 이중성을 띠고 이루어지고 있었던 데서 성립한 제도였다.

한편, 지방장관으로 出居한 진골들은 국왕의 近親이거나 勳臣들이었으므로 이들에게 독자적인 지배 기반을 마련해 준다는 것은 宗支 간의 分을 세우고, 義를 돈독히 하며, 이를 藩屛으로 삼아 왕권을 굳건히 다진다는 의미를 지녔을 것이다. 이로써 국왕을 중심으로 한 통일권력의 구축이 체계적으로 도모될 수 있었으리라 생각된다. 이는 일종의 봉건적 원리고 편제였다. 그러나 통일전쟁을 거치면서, 진골이 분화하여 왕실이 따로 성립하는 경향을 띠어 가고,[82] 이들이 封爵과 食邑을 받고 더러는 開府까지 하기에 이르러서는[83] 지방장관으로 나간 일반 진골에게 독자성을 인정하여 봉건적 기반를 허여한다는 것이 더 이상 명분을 가질 수 없었다. 왕족의 범주가 갈수록 축소되는 추세에서,[84] 그는 이제 왕족이기보다 관료일 뿐이었기 때문이다. 이들이 그 家臣에게 독자적으로 관위를 주어 지방 장악의 前哨에 세우는 것은 이제 더 이상 용납되기 어려운 私的인 지배 형태에 불과하였다. 文武王 14년에 단행된 外位制의 폐지는 이러한 상황 변화의 소산이었다.

5. 結 語

新羅의 外位制는 지방민에게 적용되던 제도가 아니다. '中古'期 이후 지방장관으로 出居한 진골들이 그 지배를 효율적으로 관철하기 위해 독자적으로 운용하던 官位體系였다. 그러므로 지방 유력자를 그 세력의 크기에 따라

---

82) 拙稿, 이 책의 제4장 Ⅳ.
83) 拙稿, 이 책의 제4장 Ⅱ.
84) 拙稿, 이 책의 제3장 Ⅳ.

등급별로 편제하기 위한 목적에서 外位制를 마련한 것이었다고 생각해 온 지금까지의 이해는 다시 검토해 볼 여지가 있다. 또한 外位制를 근거로 신라에 王京과 지방을 엄격히 구분하는 관념이 있었다고 말하거나 지방민이 천대를 받았다고 생각해 온 데 대해서도 그 타당성을 재고해 보아야 한다.

그동안 外位制 연구는, 이 제도의 기본 개념을 정리한 『三國史記』 外官 外位條의 기사를 곡해하거나 무시한 채 진행되어 왔다. 文意를 잘못 파악하고 여기에 어떤 착오가 있다고 여긴 결과였다. 그러나 이 기사는 六徒眞骨이 小京이나 州에 出居하여 따로 칭해 오던 官名인 外位를 문무왕 14년에 京位로 대체하였음을 전하는 것으로, 문장의 구성이나 내용에서 특별히 중시할 만한 잘못이 발견되지 않는, 충분히 음미해 볼 가치가 있는 기사다. 그 趣旨를 대체로 인정하고 수용할 필요가 있다. 실제로 그 身元을 파악할 수 있는 한, 外位를 가진 자들은 軍主와 私的인 관계를 맺고 있던 家臣들이었음이 확인된다. 이들은 外位를 지니고 일정한 촌락에 파견되어 軍主의 지방민에 대한 지배를 돕고 있었다. 즉, 지방장관으로 나간 진골은 그 영역에 대한 효율적인 지배를 위해 각자의 家臣 혹은 側近者를 관할 지역의 주요 거점에 파견하면서 이들에게 독자적으로 관위를 부여할 수 있었고, 그 관위가 곧 外位였던 것이다.

外位制는 신라의 지배체제가 干 중심에서 眞骨 중심으로 변화하고, 眞骨이 지방장관으로 나가 지방행정의 계통을 세우고 이에 입각하여 지방민을 동원하는 새로운 力役運用體制를 구축하기 시작한 것과 관련하여 시행된 제도였다. 이 제도 설치의 기본 목적은 그동안 六部의 干을 중심으로 한 지방지배체제에서 기능해 온 村干과 그 예하의 吏屬들을 진골이 직접 장악한다는 데 있었다. 智證王代에 異斯夫가 悉直州 軍主로 파견된 것이 진골이 지방으로 出居한 효시였지만, 이 무렵에 진골 중심의 지방지배체제가 확립된 것은 아니다. 그것은 법흥왕 재위 말엽에 가서야 가능했다. 법흥왕은 律令의 頒示

와 17관등제의 확립을 계기로 강화된 왕권을 토대로 새로운 力役動員體制가 적용되는 지역을 전국적인 규모로 확대해 나갔으며, 이러한 量的인 확대에 상응하는 質的 장치의 마련에 부심하였다. 外官으로 하여금 그가 거느린 私的인 人力을 국가의 공식적인 지방지배에 활용하도록 허용한 外位의 설치는 이러한 배경 속에서 이루어진 한 방안이었다고 이해된다. 이와 같은 맥락에서, 법흥왕 25년(538)에 外官의 '携家之任'을 인정한 사실을 外位의 성립 시점과 관련하여 주목할 수 있다. 이는 軍主 등 外官이 임지로 부임할 때 그 家臣을 대동하고 가는 것을 허용한 내용이다. 軍主를 중심으로 한 새로운 地方人力 動員體制를 구축하고, 軍主로 出居한 진골들이 이 체제에서 그 가신층을 독자적으로 활용할 수 있도록 공인해 준 것이었다. 外位制는 이 조처에 근거하여 성립하였을 것이다.

三國의 지배계급은 貴族的 參與層과 幕僚的 從事者層으로 대별되었다는 점에서 기본적으로 동일한 구성과 성격을 보이고 있었다. 그러나 그렇다고 해서 지배세력에 대한 편제가 삼국에서 동일한 형태로 이루어지고 있었던 것은 아니다. 특히 신라와 고구려의 지배세력에 대한 편제 형태는 서로 계통을 달리하였다고 해야 마땅할 정도로 판이하다. 고구려는 王侯的 성격을 지닌 加와 幕僚的 성격을 띤 使者를 엄격히 구분하는 가운데 使者의 지위를 격상시키는 방향으로 지배계급에 대한 二元的 編制를 추진해 갔다. 王侯的인 성격의 加를 국왕의 幕僚로 운용하던 관직인 '相加'나 '國相'이 고구려 초기에 일시적으로 설치되기도 하였으나 官制가 정비되면서 자취를 감추었다. 반면에 신라는 독립적인 王者로서의 '干'에게 직접 幕僚的인 직능을 부과하는 방향에서 지배계급을 一元的으로 편제해 나갔다. 신라의 관제는 고구려에서 사라진 相加를 더 발달·분화시켜 이를 조직한 형태인 셈이다.

관등의 序次가 고구려에서는 시기별로 달리 나타나지만 신라에서는 일부 관등의 분화만 있었을 뿐 이에 아무 변화도 일어나지 않았던 것은, 加(干)의 성격과 使者의 성격이 이원화되지 않고 일원화되었기 때문에 국왕권의 강화가 관등의 序次 변동으로 반영될 이유가 없었던 결과다. 신라의 非干群 官等 소지자 역시 단순한 막료적 종사자층이 아니었다. 그러므로 이들이 諸干의 家臣層에서 기원했다고 보면 곤란하다. 京位에서 干을 수식하는 용어로, 外位에서 干 예하의 官等名으로 쓰인 一伐~阿尺이 家臣의 職制에서 온 관명이다. 이것은 京鄕에 遍在하던, 本有의 獨自性을 띤 諸干이 오래 전부터 저마다 보편적으로 써오던 관명이었다. 外位制가 성립하기 전인데도 冷水里碑와 鳳坪碑에 (下)干支와 一伐~阿尺이 나타나는 이유가 여기에 있다.

外位制는, 六部의 干들에 의해 그동안 지배를 받아 오던 村干과 그 吏屬을 진골 출신의 지방장관이 직할하기 위한 제도고 장치였다. 村干의 職制를 흡수하여 그 위에 上級 官等을 두고, 지방장관으로 하여금 그 家臣에게 이 관등을 수여하여 각 지방에 배치하도록 한 것이다. 이들이 맡은 일의 公務的인 성격이 官位의 형태로, 그 일을 담당하는 자가 처한 사회관계가 '外'라는 개념으로 표현됨으로써 '外位'가 성립하였다고 할 수 있다. 국왕의 신하에게 주는 京位와 구분하여 그 신하의 僚佐에게 주는 것을 外位라 한 데에는 지배의 本支를 나누어 이원화하고 宗支 간의 分을 세운 封建의 개념과 원리가 투영되어 있었다고 사료된다.

Ⅱ. 統一新羅期의 開府와 眞骨의 受封

1. 序 言

'上古'期 末부터 眞骨勢力은 국가 권력구조상의 樞要職을 독점하고 그 정치적·사회적 지위를 대대로 유지하기 위한 제도적 장치를 마련해 나아가고 있었다. 종래 奈麻에 적용하여 '干과 非干'을 구분하는 데 써오던 重位制의 적용 관등을 阿湌으로 옮겨 '眞骨'과 非'眞骨'의 구분에 역점을 둔다든가,[1] 大阿湌 이상의 관등은 진골만이 받을 수 있도록 하고 大阿湌 이상의 관등 소지자만이 執事部 中侍 등 各部의 長官(令)에 오를 수 있도록 규정한 것 등은 그 일환이었다. 비단 중앙행정기관의 장관뿐 아니라 武官 및 外官의 首職인 將軍과 摠管도 진골이 아니면 受任할 수 없도록 제도화되고 있었다. 政局은 진골 중심으로 운영되었고 몇몇의 유력한 진골은 大閥閱로 성장하였다. 이 같은 형세는 시간이 지날수록 더욱 고착되는 추세여서, 眞平王代에 들어서서는 사회 일각에서 이에 대한 불만이 공공연히 표출되는 상황에까지 이르고 있었다.[2]

그러나 시간이 경과할수록 그 總數가 증가하고 있던 진골 개인들로서는 자리가 한정된 관직에 의존하여 지체를 유지한다는 것이 결코 용이한 일은 아니었다. 관직을 지니지 못하거나 하급 관직에 머무는 진골의 수가 늘어 갔다. 진골의 지체는 기본적으로 그들이 왕족이라는 사실에 근거하여 보장되

---

1) 拙稿, 이 책의 제3장 Ⅲ.
2) 『三國史記』 47, 列傳7, 薛罽頭.

는 바였지만, 現王과의 혈연적 親隣關係가 멀어질수록 정치적 영향력이 그만큼 상실되기 마련이었다. 따라서 진골들은 그 親隣關係를 여하히 유지할 것인가에 골몰하여야 하였다. 現王의 家族이나 近親의 범위에서 벗어난 진골은 姻戚으로서의 관계라도 유지해야 했다. 그렇지 못할 경우 그 정치적 지위와 門閥이 자칫 한때의 화려한 전설로 변해 버릴 공산이 컸다.[3] 왕실에서 극심한 近親婚이 이루어지고 있었던 원인이 여기에 있거니와, 8세기에 들어서서 현 왕실의 범주에 드는가 못 드는가에 따라 진골이 第一骨과 第二骨로 양분되는 상황에 이르렀던 사실이 그 심각성을 단적으로 말해 준다.[4] 생존을 위한 진골 상호간의 투쟁과 그 결과에 따른 계층적 분화가 점차 불가피한 일로 다가오고 있었던 것이다.

이와 같은 대세 속에서 진골들은 시간이 지날수록 그 경제적 기반을 확대하고 경영에 주력하는 경향을 띠어 갔다. 中代부터 金入宅이 성립하여 증가하는 추세에 있었던[5] 사정이 이를 말해준다. 경제력은 그 자체가 현실적인 영향력 면에서 정치적 지위나 신분적 지체 못지않은 위력을 지니는 것이기도 하였거니와, 유지의 항구성이나 안정성 면에서도 우월하였고, 또한 이것이 뒷받침되지 않고서는 관직과 신분의 면목을 세운다는 것이 당초에 至難한 일이었다. 이 시기의 경제력은 본질적으로 民에 대한 직접 지배에 기초한[6]

---

3) 金庾信 가문의 경우를 대표적인 예로 들 수 있다. 太宗武烈王의 姻戚(妻男)으로서 文武王과 함께 二聖으로 추앙되던 김유신이 죽자 그 가문은 급격히 몰락하여 갔다(李基白,「新羅 惠恭王代의 政治的 變革」,『社會科學』2, 1958 ;『新羅政治社會史研究』, 一潮閣, 1974 재수록, 247~252쪽). 김유신 이후로 그만한 인물이 배출되지 못한 데에도 몰락의 원인이 있겠지만, 국왕 근친족의 독주와 견제가 尤甚해지는 상황에서 이 가문이 왕실과 더 이상 통혼할 수 없었던 데에 보다 근본적인 원인이 있을 것이다.

4) 拙稿, 이 책의 제4장 Ⅳ.

5) 李基東,「新羅 金入宅考」,『震檀學報』45, 1978 ;『新羅骨品制社會와 花郎徒』, 一潮閣, 1984 재수록.

6) 金哲埈,「新羅 貴族勢力의 基盤」,『人文科學』7, 1962. ;『韓國古代社會研究』, 知識産業社, 1975 재수록.
   姜晉哲,「新羅의 祿邑에 대하여」,『李弘稙博士回甲紀念 韓國史學論叢』, 1969.

것이었기 때문이다. 경제력이야말로 執權을 위한 초석인 동시에 失權 뒤의 생존을 보장하는 안전판일 수 있었던 것이다. 그러므로 통일신라기의 유력한 진골귀족들이 각자의 재지적 기반을 경영하는 방식은 정치적·사회적 지배력의 유지 및 확대와 제도적으로 맞물려 이루어지고 있었다. 진골의 受封과 開府 사실을 통해서 이 連繫性의 일단을 살펴볼 수 있다.

眞骨의 受封 및 開府 문제는 지금까지 정면에서 연구된 바 없었으므로 그 용어조차 生硬할 정도이나, 통일신라기 진골의 존재 형태를 이해하고 中代에서 下代로의 사회변동 요인을 파악함에 있어서 이는 불가불 다루지 않으면 안 될 과제 중 하나다. 관련 기록이 매우 영세하지만, 이에 대한 理解의 결여가 신라 社會相에 대한 올바른 파악을 다소간 흐리게 하는 면이 있다고 생각하여 우선 그 정리의 방향만이라도 제시해 보고자 한다.

2. 統一新羅期 府의 用例와 開府

高麗는 太祖 23년(940) 春3月에 종래 불러오던 州府郡縣의 名號를 바꾸었다.[7] 그 자세한 내용에 대한 일괄적인 기록은 보이지 않으나, 『高麗史』 地理志에서 散見되는 기사를 통하여 우리는 이것이 전국적 규모의 조처였음을 알 수 있다. 신라적 군현제를 고려적 군현제로 전면 재편한 것이었다. 여기서 주목되는 사실 중 하나는 州~郡-縣에 '府'라는 새로운 행정단위가 부가되어 있는 점이다. 同 地理志에는 태조 재임 시에 이 府라는 명호를 획득한 지역으로 10개 소가 전한다. 이 중 설치 연대를 정확하게 알 수 있는 것이 天安府·安東府(태조13년), 安北府(태조14년), 南原府·京山府·金海府(태조23년) 등이고, 설치 시기가 단지 '太祖時' 혹은 '高麗初'로만 표기된 것이 義城府·興禮府·甫城府·高鬱府 등이다.

---

7) 『高麗史』 2, 世家2, 太祖2, 太祖 庚子 23年 春3月, '改州府郡縣號.'

반면, 신라의 군현제에서는 이 같은 府制가 시행되었음을 보여주는 기록이 아직 발견되지 않고 있다. 그리하여 그동안 이들 府에 대하여, 府라는 것은 신라 하대의 사회변동을 주도한 강대한 호족의 거주지에 붙여진 칭호이며, 府의 호족은 주위의 촌락족단을 지배 하에 두는 한편 部曲·鄕·所 등과 같은 賤民的 族團을 지배하였다고 이해해 왔다.[8] 말하자면 부는 신라 군현제의 비정상적인 운용 상태에서 성립한 것으로서, 武力 위주의 '實力'에 의해 형성된 族團 간의 신분적 관계가 그 질서의 축이었고, 이것이 고려 군현제의 혈연적·신분적 성격을 규정하는 기초가 된다는 것이다.

그러나 최근에 이 같은 견해에 대해 반론이 제기되었다. 신라 하대에 지방제도 개편의 일환으로 府制가 정식 시행되었다는 것이다.[9] 그것이 처음 설치된 시점에 대해서는 연구자마다 약간의 편차를 보이나 대략 9세기 초·중엽에 지방통제를 강화하기 위한 행정적·군사적 거점의 확보 차원에서 몇몇 지역에 부를 설치하였다고 한다.[10] 신라 하대의 비문들에서 散見되는 다음과 같은 府名에 주목한 견해였다.

① 通化府 : 禪師 諱大通 字太融 朴姓 寄家通化府 仲停里[11]
② □江府 : □□□□□江府 月巖山 月光寺寺[12]
③ 金海府 : 先時 知金海府進禮城諸軍事 明義將軍金仁匡 鯉庭稟訓 龍闕馳誠 歸仰禪門 助修寶所[13]

---

8) 旗田巍,「高麗王朝成立期의 '府'와 豪族」,『法制史研究』10, 1960. ;『朝鮮中世社會史의 研究』, 法政大學出版局, 1972 재수록, 3~40쪽.
9) 배종도,「新羅 下代의 地方制度 개편에 대한 고찰」,『學林』11, 1989, 35~46쪽. 黃善榮,「新羅下代의 府」,『한국중세사연구』창간호, 1994, 13~36쪽.
10) 이는 종래의 견해가 고려 군현제를 혈연적 결합관계 위에 구축된 族團 간의 신분적 질서로 이해함으로써 궁극적으로 고려 사회를 고대사회로 규정한다는 구도에서 기획된 것이었음을 생각한다면 매우 중요한 의미를 갖는 지적이라 하겠다.
11)「月光寺圓朗禪師大寶禪光塔碑」,『朝鮮金石總覽』上, 83쪽.
12) 위와 같음.
13)「鳳林寺眞鏡大師寶月凌空塔碑」,『朝鮮金石總覽(上)』, 99~100쪽.

④ 定邊府 : 朝請郞守定邊府司馬賜緋魚袋臣金穎[14]

이들이 신라의 府名임은 물론이며, 金海府처럼 고려 태조 대에 始置된 것으로 알려진 京山府·興禮府·高鬱府 등 몇몇 府도 기실은 신라 시기부터의 府名이라고 한다.[15]

이로써 '府'라는 것이 신라기부터 제도적으로 존재하였음은 분명해졌다. 그런데 문제는 그 실체가 무엇인가 하는 점이다. 지금까지의 연구들은 이를 행정구역 상의 한 단위로 파악하고 있다. 이를테면 金海府는 김해 지역에 붙여진 행정구역 명칭 혹은 지명이라는 것이다. 그리하여 위 ③의 기록에 의거, 『高麗史』에

新羅法興王旣受降 待以客禮 以其國爲食邑 號金官郡. 文武王置金官小京. 景德王 爲金海小京. 太祖二十三年改州府郡縣名 爲金海府[16]

라 한 기록의 신빙성을 의심하기도 하였다. 新羅 景明王 8년(924, 太祖 7년)에 건립된 鳳林寺 眞鏡大師 寶月凌空塔碑에 金海府가 보이므로, 太祖 23년에 金海府로 되기 전까지 景德王代에 명명된 金海小京이라는 名號가 내내 사용되어 온 것처럼 기록한 것은 지리지 편찬자의 착오라는 추론이다.[17] 같은 맥락에서, 유사 지명의 물색을 통해서 通化府·武府·定邊府·□江府의 위치를 考定하는 작업이 진행되었다.

그러나 府名으로 쓰인 通化나 □江, 定邊 등과 유사한 지명은 기록에서 좀체 발견되지 않고 있다. 이는 府를 지방지배의 중요한 거점이었을 것으로

---

14) 「寶林寺普照禪師彰聖塔碑」, 『朝鮮金石總覽(上)』, 61쪽.
15) 배종도, 앞의 논문, 35~43쪽.
　　黃善榮, 앞의 논문, 16~28쪽.
16) 『高麗史』 57, 志11, 地理2, 金州.
17) 배종도, 앞의 논문, 39쪽.

생각한 것에 배치되는 사실이다. 왜냐하면 역대 사서의 地理志類는 州·郡을 위시한 주요 행정구역을 중심으로 편찬해 온 것으로서, 이를 통해서 그 연혁을 확인할 수 없다는 것은 곧 해당 지역의 중요도가 그만큼 상대적으로 떨어진다는 것을 뜻하기 때문이다. 지방지배의 주요 거점이었다는 곳의 위치조차 분명치 않다는 것은 아무래도 석연치가 않다. 府를 행정구역의 한 단위, 혹은 지명으로 보는 견해는 좀더 검토해 볼 여지가 있는 것이다.

물론 그 府號가 지명과 일치하는 경우도 있다. 한 예로 武府를 들 수 있다. 無爲寺 先覺大師 遍光塔碑에,

(天祐)九年八月……此時 羅州歸命 屯軍於浦嶼之旁 武府逆鱗 動衆於郊畿畿[18]

라 하여 武府라는 府號가 전하는데 이는 武州에서 연유한 명호일 것이다. 그러나 그렇다고 해서 이로써, 景德王代(742~765)에 武州로 改號되었던[19] 이 지역이 그 후 어느 시기엔가 다시 武府로 이름을 바꾸게 된 것이었다고 단정하기는 어렵다. 『高麗史』 地理志에 의하면, 본래 백제의 武珍州였던 이 지역은 경덕왕 16년(757) 이후로 武州라고 불리다가 고려 태조 23년(940)부터는 光州로 개칭되었다고 한다.[20] 적어도 문헌 기록상으로는 이곳을 武府라 부른 연혁이 있음을 확인할 수 없는 것이다. 다만

---

18) 「無爲寺先覺大師遍光塔碑」, 『朝鮮金石總覽(上)』, 172쪽. 本碑는 高麗 定宗 3년(946)에 건립된 것이나 여기 인용된 내용 즉 '이때에 羅州가 歸順하여 浦嶼의 옆에 군대를 주둔시키자 武府가 크게 화를 내어 무리를 郊畿로 움직였다'는 기사는 弓裔가 王建을 시켜 羅州 지역을 정벌하였던 912년의 상황을 말한 것이다.

19) 『三國史記』 36, 雜志 5, 地理 3, 武州, '本百濟地 神文王六年爲武珍州 景德王改爲武州.'

20) 『高麗史』 57, 志11, 地理2, 海陽縣(亞細亞文化社刊 『高麗史』 中, 295쪽), '海陽縣 本百濟武珍州 新羅取百濟 仍置都督 景德王十六年改爲武州 眞聖王六年 甄萱襲據 稱後百濟 尋移都全州 後後高麗王弓裔 以太祖爲精騎大監帥舟師 略定州界 城主池萱以甄萱壻堅守不降 太祖二十三年稱光州 成宗十四年降爲刺史 後又降爲海陽縣令官.'

景德王分爲全·武二州都督府[21]

하였다 하므로, 혹시 武府라는 명호가 '武州都督府'를 줄여 일컬은 것이 아닌가는 생각해 볼 여지가 있겠다. 그렇지만 府라고 부르는 다른 지역들에 모두 都督府가 설치되었다는 사실이 밝혀지지 않는 한 某州都督府의 준말로 서의 某府를 상정하기는 일단 곤란하다 할 것이다. 通化, □江, 定邊 등은 州가 설치된 지역, 그리하여 都督이 파견되어 있던 지역의 지명과 무관하다. 그렇다면 府를 지방 행정구역의 한 단위나 지명으로 보기는 어렵지 않겠는가?

여기서 우리는 府의 또 다른 용례에 주목할 필요가 있다. 해당 시기는 한참 뒤지지만 우선 다음과 같은 기록을 참고해 보자.

> ○ 冊公主爲元成公主 宮曰敬成 殿曰元成 府曰膺善 置僚屬 以安東·京山府爲湯沐邑[22]
> ○ 遣使冊忠獻爲晉康侯 立府曰興寧 置僚屬 以興德宮屬之[23]

각각 宗親과 功臣을 冊封하고 立府를 허여하면서 府名을 하사하는 내용이다. 元成公主의 膺善府와 崔忠獻의 興寧府가 설치된 것이었다. 立府에는 독자적인 僚屬을 두도록 하고 食邑을 내리거나 宮을 소속시켜 그 재정적 소요에 충당토록 하는 조처가 뒤따르고 있다. 이 경우 응선·흥녕이라는 府號는 행정구역명 혹은 지명과 무관하게 붙여진 이름이다. 그리고 府는 親王·公主 등의 종실이나 功臣에게, '置僚屬'이라 한 一句에 함축된바, 그 지배력의 독자성을 인정하는 정치 행위와 관련한 용어로 쓰이고 있다. 특히 원성공주의 경우를 보면, 膺善府의 '府'가 공주의 湯沐邑(食邑)인 安東·京山府라는 행정구역으로서의 '府'와 성격상 확연히 구분됨을 알 수 있는 바다.

---

21) 『高麗史』 57, 志11, 地理2, 全羅道(亞細亞文化社刊, 『高麗史』 中, 285쪽).
22) 『高麗史節要』 19, 忠烈王 元年 正月.
23) 『高麗史』 129, 列傳42, 叛逆3, 崔忠獻.

이는 고려 중기의 예지만, 신라에서도 같은 성격을 가진 부의 존재가 확인된다. 먼저 金周元의 溟州郡王府를 볼 수 있다.

金周元 太宗王之孫 初宣德王薨 無嗣 羣臣奉貞懿太后之敎 立周元爲王 族子上大長 等敬信劫衆自立 先入宮稱制 周元懼禍 退去溟州 遂不朝請 後二年 封周元爲溟州郡 王 割溟州·翼領·三陟·斤乙於·蔚珍等官 爲食邑 子孫因以府爲鄕[24]

宣德王(780~784)의 死後에 정의태후의 교지에 의해 嗣王으로 지명되었던 金周元은 金敬信(뒤의 元聖王)이 무리를 겁주고 먼저 입궁하여 왕위에 오르 자 禍를 입을까 두려워 溟州로 퇴거한 후 朝請하지 않았는데, 그 2년 뒤에 元聖王이 金周元을 溟州郡王에 봉하고 溟州·翼領·三陟·斤乙於·蔚珍 等官을 나누어 식읍으로 삼게 함에 그 자손들이 '府'로써 貫鄕을 삼게 되었다 는 내용의 기사다. 즉 元聖王이 金周元을 溟州郡王으로 책봉하고 식읍을 사여할 때에 立府를 허용한 것이었다. 여기서는 명시되어 있지 않으나, 이와 함께 '置僚屬'의 조처가 수반되었을 것임은 짐작하기 어렵지 않다. 府로써 貫鄕을 삼았다는 것은 府名을 本貫으로 칭한 것을 말하는 것이고 또 김주원의 후손이 江陵 金氏를 칭하였으니, 溟州郡王府의 府號가 혹 '江陵'이었는지도 모르겠다. 여하튼 이 府는 앞에서 본 고려기의 膺善府나 興寧府와 같은 성격의 부다. 食邑으로 지급한 封戶에 대한 김주원의 독자적 지배를 위해 나름의 僚屬을 거느린 官司의 개설을 인정한 것이 그 내막이겠다. 이 기록은 비록 후대의 것이지만, 후술하는 바 事實의 전후 맥락으로 미루어 보아 매우 높은 신뢰도를 가진 내용으로 판단된다.

唐制에서는 公主의 府를 邑司라 하였다.

公主邑司官 各掌主家財貨出入 田園徵封之事[25]

---

24) 『新增東國輿地勝覽』 44, 江原道, 江陵大都護府, 人物, 金周元.

公主 집안의 재물 출납을 관장하고 식읍으로 주어진 封戶로부터 租調를 거두는 업무가 邑司에 속한 官吏의 소임이었다. 그런데 신라에서도

咸通五年 冬 端儀長翁主 未亡人 爲稱當來佛是歸 敬謂下生 厚資上供 以邑司所領 賢溪山安樂寺 當有泉石之美 請爲猿鶴主人26)

라 하여 端儀 長翁主의 邑司가 있었음이 확인된다. 端儀 長翁主가 智證大師를 當來佛로 생각하여 邑司 관할 하에 있는 현계산 안락사의 주지가 되어 줄 것을 청했다는 것이다. 이 문맥에서 邑司는 唐制의 그것과 같이 장옹주의 財貨를 관리하는 자립적 기관의 의미로 쓰였다. 즉 신라는 장옹주에게 立府를 허여하고 있었던 것이다. 장옹주가 그러했을진댄, 長公主 및 親王・公主 등이 독자적 官司를 설치・운영하고 있었으리라는 것은 능히 짐작할 수 있는 일이라 하겠다. 唐制에서는 親王의 府를 親王國이라 불러 封國의 儀를 갖추었거니와,『三國遺事』에 보이는 神文王代(7세기 후엽)의 萇山國(萊山國) 이라든가 聖德王代(8세기 초)의 蔚珍國 등이 곧 신라의 친왕국이었던 것이 아닐까 생각된다.

○ 寺中古記云 新羅眞骨第三十一主神文王代 永淳二年癸未 宰相忠元公 萇山國 [今卽東萊縣 亦名萊山國] 溫井沐浴 還城次 到屈井驛桐旨野駐歇27)
○ 寶川常汲服其靈洞之水 故晚年肉身飛空 到流沙江外 蔚珍國掌天窟停止 誦隨求 陁羅尼 日夕爲課28)

삼국 통일 후의 신라 영토 내에서 國을 칭한 지역들에 대해, 親王國과

25)『大唐六典』29, 諸王府公主邑司, 公主邑司.
26)「鳳巖寺智證大師寂照塔碑」,『朝鮮金石總覽(上)』, 92~93쪽.
27)『三國遺事』3, 塔像4, 靈鷲寺.
28)『三國遺事』3, 塔像4, 臺山五萬眞身.

같은 형태를 상정하지 않고서는 그 성격을 이해하기가 곤란할 것이기 때문이다. 이들을 독립국으로 보기 어려움이 분명한 이상, 太弟나 王子의 府들로 이해하여 무난할 것으로 사료되는 바다.

신라는 국왕의 즉위 사실에 대해 중국이 冊封 형식으로 추인해 오는 것을 외교적 방편상 거절하지 않고 있었다. 그 책봉이란 신라왕에게 중국의 관작을 수여하여 그 지배력을 인정하는 절차를 취하는 것이었는데, 대부분의 관작명에 開府를 허여한다는 뜻이 담겨 있었음이 주목된다. 예컨대 眞平王은 隋 文帝로부터 '上開府 樂浪郡公 新羅王'이라는 官爵을 받은 것으로 되어 있다. 樂浪郡公으로서 新羅王에 임명하며 府의 개설을 허여한다는 의미의 爵名이다. 이 외에도『三國史記』를 통해 확인할 수 있는바, 신라왕이 唐帝로부터 받은 冊命에 '開府'라는 용어가 포함된 경우는 다음과 같다.

(武烈王 1) 開府儀同三司 新羅王
(文武王 2) 開府儀同三司 上柱國 樂浪郡王 新羅王
(神文王 1) 開府儀同三司 上柱國 樂浪郡王 新羅王(襲先王官爵)
(聖德王32) 開府儀同三司 寧海軍使
(孝成王 2) 開府儀同三司 持節 大都督 雞林州諸軍事 兼持節寧海軍使 新羅王
(景德王 2) 新羅王 開府儀同三司 持節 大都督 雞林州諸軍事 兼充持節寧海軍使
(惠恭王 4) 開府儀同三司 新羅王
(昭聖王 2) 開府儀同三司 檢校大尉 新羅王
(哀莊王 6) 開府儀同三司 檢校大尉 使持節 大都督 雞林州諸軍事 雞林州刺史 兼持節充寧海軍使 上柱國 新羅王
(憲德王 1) 開府儀同三司 檢校大尉 持節 大都督 雞林州諸軍事 兼持節充寧海軍使 上柱國 新羅王
(興德王 2) 開府儀同三司 檢校太尉 使持節 大都督 雞林州諸軍事 兼持節充寧海軍使 新羅王

(文聖王 3)	開府儀同三司 檢校太尉 使持節 大都督 雞林州諸軍事 兼持節充寧海軍使 上柱國 新羅王
(景文王 5)	開府儀同三司 檢校太尉 持節 大都督 雞林州諸軍事 上柱國 新羅王
(憲康王 4)	使持節 開府儀同三司 檢校太尉 大都督 雞林州諸軍事 新羅王[29]

'府를 개설한다'는 뜻의 開府는 그러니까 '府를 세운다'는 뜻을 가진 앞서의 立府와 동일어로, 중앙정부의 지배력을 대전제로 하고서 受封者의 정치적·경제적·독자성을 일정 부분 인정하는 정치 행위를 일컫던 용어였다. 그렇다면 元聖王이 金周元을 溟州郡王으로 책봉하고 開府를 허용했다거나, 親王國 및 邑司의 개설을 허여했던 것은 이 같은 중국 중심의 지배질서가 新羅王을 중심으로 한 질서와 구조로 재생산된 형태였다고 할 수 있겠다. 신라에서 흔히 발견되는 長史와 司馬 직이 그러한 府의 屬官名으로서,[30] 이 같은 구조가 보편적인 형태로 존재하였음을 말해 주고 있다.

신라에서 이와 같은 府가 처음 개설된 시점과 관련해서는 앞서 親王國이었다고 본 7세기 후엽의 萇山國을 주목할 수 있거니와, 보다 분명하게 확인되는 것은 엇비슷한 시기의 것으로 나타나는 世獻角干의 河西府다.

新羅淨神太子寶叱徒 與弟孝明太子 到河西府世獻角干家一宿 翌日踰大嶺 各領一千人到省烏坪 累日遊翫[31]

---

29) 『三國史記』所載 신라 왕의 冊封官爵名을 一覽하려면, 金翰奎, 「南北朝時代의 中國的 世界秩序와 古代韓國의 幕府制」, 『韓國古代의 國家와 社會』, 一潮閣, 1985, 147~148쪽의 <表 3c>를 참고하시오.
30) 司馬와 長史는 본디 중국에서 府官의 幹部名이었고(金翰奎, 앞의 논문, 125~135쪽), 羅末 지방 호족세력의 직제가 麗初에 司兵·司倉 등으로 바뀐 사실(『高麗史』 75, 志29, 選擧3, 銓注, 鄕職, 成宗 2年)에서 司馬 역시 이와 계통 및 연원을 같이하는 직명이라 여겨지므로, 開府한 독립적 세력의 屬官名으로도 쓰였던 것이 아닌가 사료된다. 『大唐六典』에는 長史·司馬의 기능이 '掌統理府寮 紀綱職務'로 규정되어 있다(『大唐六典』 29, 諸王府公主邑司, 兵曹參軍事).
31) 『三國遺事』 3, 塔像4, 溟州五臺山寶叱徒太子傳記.

이 기록은 「溟州五臺山 寶叱徒太子傳記」라 하여 『三國遺事』에 전하는 것으로, 여기에서 河西府는 지명이 아니라 부명으로 쓰인 것이다. 신라 시기에는 강릉 지역을 하서부라고 부른 적이 없다. 확인할 수 있는 한, 신라기에 있어서 이 지역의 명호는 河西良·河瑟羅→北小京(善德王 8년)→河西州 (太宗王 5년)→溟州(景德王 16년)→河西州(惠恭王 12년)로 변화했을 뿐이다. 다만 한 가지, 『世宗實錄』地理志에 의하면

本濊國之古國 漢武帝元封二年 遣將討右渠 定四郡時爲臨芚. 高句麗稱河西良. 新羅善德王置小京. 太宗王五年戊午 以河瑟羅地連靺鞨 罷京爲州 置都督以鎭之. 景德王十五[十六의 誤 : 인용자]年丁酉 以河西州改溟州. 惠恭王十二年復古. 高麗太祖十九年丙申 號東原京. 成宗二年癸未 改河西府. 五年丙戌 爲溟州都督府. 十一年癸巳 改溟州牧 十四年丙申 改溟州團練使 元宗元年庚申 以功臣金洪就鄕 陞慶興都護府. 忠烈王三十四年戊申 改江陵府. 恭讓王元年己巳 陞爲大都護府 本朝因之[32]

라 하여, 고려 성종 2년에서 5년 사이(983~986)의 이 지역 명호가 河西府였다고 하므로 혹시 이 시기에 위의 傳記가 채록되었기 때문에 당대의 지명 표기에 따르게 된 것이 아닌가는 일단 의심해 볼 여지가 있겠다. 그러나 다음 기록을 보면 그러할 개연성은 많지 않아 보인다.

『三國遺事』의 臺山五萬眞身條에는 寶叱徒를 寶川이라 한 것이 다를 뿐 「寶叱徒太子傳記」와 거의 같은 내용의 기사가 전한다.

藏師之返新羅 淨神大王太子寶川·孝明二昆弟〔按國史 新羅無淨神寶川孝明三父子明文 然此記下文云 神龍元年 開土立寺 則神龍乃聖德王卽位四年乙巳也 王名興光 本名隆基 神文之第二子也 聖德之兄孝照名理恭 一作洪 亦神文之子 神文政明字日照 則淨神恐政明神文之訛也 孝明乃孝照一作昭之訛也 記云孝明卽位 而神龍年開土立寺云者 亦不細詳言之爾 神龍年立寺者 乃聖德王也〕到河西府〔今溟州

亦有河西郡是也 一作河曲縣 今蔚州 非是也〕 世獻角干之家留一宿 翌日過大嶺
各領千徒 到省烏坪 (中略) 淨神王之弟 與王爭位 國人廢之 遣將軍四人 到山迎之
先到孝明庵前呼萬歲……乃奉孝明歸卽位 理國有年〔記云 在位二十餘年 蓋崩年
壽二十六之訛也 在位但十年爾 又神文之弟爭位事 國史無文 未詳〕(中略) 川將圓
寂之日 留記後來山中所行輔益邦家之事云 ……上件三十七員齋料衣費 以河西府
道內八州之稅 充爲四事之資 代代君王 不忘遵行幸矣[33]

그런데 이 기록은 撰者의 긴 細註에서도 언급되고 있듯이 의문점이 있는
내용을 몇 가지 포함하고 있다. 淨神大王, 寶川, 孝明과 같은 인명이『三國史
記』등 여타의 사서에서는 전혀 발견되지 않고 있고, 연호와 연대에 오류가
있는 듯하며, 神文王을 지칭한다고 여겨지는 淨神大王代의 왕위 다툼 사실
또한 확인할 수 없는 내용이라는 점 등이 그것이다. 따라서 이 기록의 신뢰도가
문제될 수 있을 것이다. 그러나 여기서 무엇보다 중요한 것은 이것이 撰者의
창작이 아니라 古記를 거의 그대로 轉寫한 것이라는 점이다. 특히 기사
말미에 인용된, 寶川이 圓寂할 때 '뒷날 산속에서 행할, 국가를 돕는 일'이라
하면서 남겼다는 기록의 내용은, 節할지언정 改하지 아니한[34]『三國遺事』의
찬술 태도로 미루어, 약간의 誤字나 脫字가 있더라도 대체로 원본 그대로일
가능성이 크다. 여기에 河西府라는 府名이 다시 보인다. 그리고 그 내용은
'위에 말한 37員의 齋料衣費는 河西府 道內 8州의 稅로써 4事의 자금에
충당토록 하라. 대대의 君王이[35] 이를 잊지 않고 遵行한다면 다행이겠다.'는
것으로 신라기에만 유효한 당부로 되어 있다. 그러므로 이는 신라기의 기록이
라 해야 마땅하다 할 것이다. 특별히 부인할 이유가 없다고 한다면, 傳承대로
7세기 후엽 寶川의 '留記' 그것으로 봄이 온당하겠다. 따라서 여기의 하서부는

---

33)『三國遺事』3, 塔像4, 臺山五萬眞身. 〔 〕안의 기사는 撰者의 細註임.
34) 崔南善,「三國遺事解題」,『啓明』18, 1927 ;『新訂三國遺事』, 乙酉文化社, 1941,
    9쪽.
35) 여기서 君王은 문맥으로 보아 郡王의 誤記로 사료된다.

고려 성종대의 地名이 아님이 분명하다. 신라기의 府名인 것이다. 즉 寶川(寶叱徒)·孝明 두 왕자가 '河西府世獻角干(之)家'에 도착하여 하루를 留宿하였다고 한 것은, 世獻角干이 開府한 河西府의 官署 건물 안에 그의 私邸가 있는 것을 표현한 記述이었던 셈이다.

신라 '下代'의 비문에 보이는 府들은 대개 이러한 성격을 가진 府였다. 앞서의 武府 역시 武州 지역에 개설되어 있던 유력한 어느 특정인의 府司를 지칭한 것이겠다. 眞觀禪師碑文에 보이는 中原府도 마찬가지다.

師諱釋超 俗姓安 當國中原府人也 父尼藻攝司馬[36]

禪師의 부친인 尼藻의 관직이었다는 攝司馬는 小京의 직명이 아니다. 攝司馬는 司馬의 代行·補佐職으로 여겨지는데, 司馬는 9州의 都督府에 각 1인씩 배치되어 있던 長史의 다른 이름이었고 또 開府로 설치된 官司의 屬官名이었다. 中原府를 中原京의 異稱 쯤으로 간주하기는 곤란한 것이다. 어느 특정인의 府司였을 것이다.

開府 혹은 立府함으로써 개설되는 府의 지배력은 府主가 가진 소유지와 食邑으로 받은 民戶를 비롯하여 그것이 설치된 지역 일대에 미쳤고 또 封이란 본디 일정 지역을 割與하는 형식을 취하는 것이었으므로 사실은 해당 地名을 따서 府號로 삼은 경우가 태반이었으리라 사료된다. 그러나 반드시 그러했던 것은 아니었으니, 그것이 지명과 같을 경우라면 혹 모르겠거니와, 그렇지 않은 通化니 定邊이니 □江이니 하는 府들의 위치를 알기 위해서 유사 지명을 애써 물색할 이유는 없을 것이다. 고려에 들어서 典型化되는 '행정구역으로서의 府' 개념으로 신라 시기의 府를 이해해서는 안 된다. 말하자면 眞鏡大師碑에 金海府라는 府名이 보이는 사실이, 종래 金海小京으

---

36) 「眞觀禪師碑文」, 『釋苑詞林』 ; 許興植 編, 『韓國中世社會史資料集』, 亞細亞文化社, 1972, 79쪽.

로 불러 오던 것을 태조 23년에 金海府로 바꾸었다는『高麗史』地理志의 기록을 杜撰으로 여길 근거가 될 수는 없는 것이다. 兩者가 별개의 실체일 수 있는 까닭이다.

그동안 府를 행정구역의 한 단위로 간주해 온 데에는 '通化府 仲停里'와 같은 표현이 보이는 사실이 큰 몫을 담당했던 것 같다. 그렇지만 이는 앞서 살핀『三國遺事』臺山五萬眞身條의 '河西府道內八州'라 한 것과 다를 바 없는 표현으로서 '通化府 관할의 仲停里'를 지시한 내용으로 볼 수 있다. 이를테면 '道內'가 생략된 표현으로 여겨 무방한 것이다.[37] 그러므로 설사 여기서의 通化府가 행정구역으로 기능한 것이 정녕 사실이라 하더라도 그것은 豪族이 할거하던 신라 후기에 와서 그 성격이 변화한 예를 보이는 경우로 간주되어야 옳으리라 여겨진다.

3. 新羅封爵制의 運營과 眞骨의 受封

府의 개설은 封爵 및 그에 따른 食邑의 賜與에 수반하여 일부 특별한 이들에게 허여되던 것이었다. 金周元이 溟州郡王으로 봉해지고 몇몇 고을을 식읍으로 받으면서 府를 갖게 되었던 사실에서 이 연계성을 살필 수 있다. 爵位는 국가와 왕실을 보위함에 뛰어난 공훈이 있는 고위 관료들에게도 수여되었지만 기본적으로 그것은 社稷의 安寧과 祖業의 隆興을 도모하자면 무엇보다 本支를 공고히 하여야 한다는 취지에서 설정된 바로서, 王子·王孫 을 비롯한 宗親에게 주로 수여되던 것이었다. 신라에서 府를 개설할 수 있었던 이들의 대부분은 眞骨 중에서도 當代 王室의 近親에 속했던 인물들이 었을 것이다.

唐制에서는 皇帝의 兄弟와 諸子를 親王, 皇太子의 諸子와 親王의 嫡子를

---

37) '道'는 흔히 管轄의 뜻으로 쓰인다(木村誠,「統一新羅의 郡縣制와 浿江地方經營」, 『朝鮮歷史論集』上, 旗田巍先生古稀記念會編, 1979, 239~249쪽 참조).

郡王, 親王의 諸子와 郡王의 嗣子를 國公으로 봉하고, 그 밑으로 郡公, 縣公
및 侯·伯·子·男 등을 주도록 되어 있었다.[38] 그런데 신라에서도

○ 金宗基 周元之子 襲封爲王
○ 金貞茹 宗基之子 始仕於朝 官至上大等 封溟源公
○ 金陽 貞茹之子 金明之亂 佐神武王定社稷 官至侍中兼兵部令 追封爲溟源郡王[39]

라 하여, 金周元의 아들인 金宗基가 그 아버지의 爵位를 襲封한 반면, 金宗基
의 아들인 金貞茹는 관직이 上大等에 이르렀음에도 溟源公으로 강등되었음
을 볼 수 있다. 金周元이 郡王에 봉해지게 된 배경은 그가 왕위계승자로
누구보다 먼저 물망에 오를 수 있을 정도로 前王과 至親이었던 데에 있었겠다.
여기서 주목되는 사실은 신라 왕실에서도 郡王이라든가 (郡)公과 같은 爵位
가 수여되고 있었다는 점과 세대가 지나 현 왕실과의 혈연관계가 멀어질수록
작위를 강등시키는 어떤 원칙의 존재가 인정된다는 점이다. 형식과 내용
면에서 唐制와 대동소이한 封爵制가 신라에서도 운용되고 있었던 것이다.
　金周元과 元聖王 사이의 혈연관계는 분명치 않다. 전자는 武烈王에,
후자는 奈勿王에 각각 系譜를 대고 있으면서도 두 사람 모두 宣德王의
族子로 표현되고 있다. 따라서 확언할 수는 없으나 이들은 적어도 擬制的으
로라도 근친간이었던 것으로 여겨지며,[40] 그렇다면 신라 왕족들이 흔히 近親婚

---

38) 『大唐六典』 2, 司封郎中 員外郎.
39) 『新增東國輿地勝覽』 44, 江原道, 江陵大都護府, 人物, 金周元.
40) 『三國史記』 10, 新羅本記10, 元聖王 卽位年條에 의하면, 奈勿王의 10世孫인 宣德王
　　金良相이 돌아가고 아들이 없으므로 群臣이 後嗣를 의논하여 王의 族子인 金周元을
　　세우려 하였는데 마침 큰 비가 내려 閼川 물이 불어 그 너머에 살던 김주원이
　　건너오지 못하므로 다시 의논하여 마침내 宣德王의 아우인 金敬信을 세워 왕으로
　　삼게 되었다고 한다. 반면 『新增東國輿地勝覽』 44, 江原道, 江陵大都護府, 人物,
　　金周元條에서는 金敬信을 族子라 표현하고 있다. 그러나 여기서 내물계인 김경신
　　과 무열계인 김주원이 어떻게 공히 金良相의 族子로 일컬어질 수 있으며, 내물왕의
　　12세손이라는 김경신이 10세손이라는 金良相의 아우로 일컬어질 수 있었는지

을 행한 사실로 미루어 두 가문이 양자간 혼인관계를 맺고 있었을 개연성을 충분히 설정할 수 있겠다. 정상적으로라면 公으로 강등되었어야 할 金宗基가 아버지의 爵位를 그대로 襲封할 수 있었던 것은 그가 妻系로든 母系로든 元聖王과 매우 밀접한 혈연관계에 있었기 때문에 가능했던 일일 것으로 추측된다. 한편 金貞茹의 아들인 金陽이 郡王에 追封된 것은 神武王을 도와 社稷을 保衛한 功勳 때문이었다고 하니 王室封爵制와는 별개의 경우에 해당한다.

신라가 봉작제를 시행하고 있었다는 것은 이 같은 편린의 기록을 통해 대략 유추할 수 있을 뿐으로, 그 全貌를 전하는 기록은 아직 발견되지 않고 있다. 그렇지만 신라에서 봉작제가 시행되었음은 그것이 食邑制와 연계되어 있었던 사실을 보아서도 분명하다. 食邑은 국왕·왕실을 중심으로 한 통일권력의 구축이라는 대원칙 속에서 宗親에 대한 冊封에 부수하여 爵位에 걸맞는 경제적 기반을 마련해 주기 위해 賜與되는 것이었으므로,[41] 식읍제의 존재는 곧 봉작제의 존재를 의미하는 것이기 때문이다. 책봉이 전제되지 않은 식읍의 사여는 생각하기 어렵다. '封'이라는 용어의 의미 자체가 '爵諸侯之土也',[42] 즉 국왕이 신하에게 토지를 주어 제후로 삼는다는 뜻이었다. 이는 周代의 제도로서 親王을 비롯한 宗親과 王室의 戚臣, 功勞가 큰 高位官僚 등이 授封 대상이었다. 戰國時代 이후로는 爵位에 대해 토지 자체가 分封되지 않고 食邑이 분급되었으나, 作土分封의 의미만은 그대로 유지되고 있었다. 우리나라에서도 마찬가지였다.[43]

배경이 분명치 않다. 이들 사이에 어떤 擬制的인 관계가 상정되어야 할 것이다.
41) 金光洙, 「高句麗 前半期의 '加'階級」, 『建大史學』 6, 1982, 20~22쪽.
　　李玉, 『高句麗 民族形成과 社會』, 1984, 227~234쪽.
　　李景植, 「古代·中世의 食邑制 構造와 展開」, 『孫寶基博士停年紀念 韓國史學論叢』, 知識産業社, 1988, 147~152쪽.
42) 『說文解字』.
43) 李景植, 앞의 논문, 134~139쪽.

우리나라에서 식읍의 출현은 최초의 국가 단계에까지 소급될 것으로 생각되거니와, 신라에서 식읍 수여의 初見 記事는 法興王 19년(532)에 來降한 金官國王 金仇亥에게 '以本國爲食邑'[44]한 것이지만 기실은 '上古'期의 이른 시점부터 수여되기 시작했다고 봄이 옳을 것이다. 이를테면

   ○ 封朴阿道爲葛文王[45]
   ○ 封父骨正爲世神葛文王[46]
   ○ 封考仇道爲葛文王[47]

하였다는 葛文王 책봉에도 食邑의 사여가 수반되고 있었겠다. 갈문왕의 책봉은 封爵의 한 형태로 이루어진 것이기 때문이다.

그러나 이러한 연계성만을 근거로 들어 신라 봉작제가 '上古'期 초부터 시행되었다고 단정할 수 없음은 물론이다. 봉작제든 식읍제든, 그것이 체계적인 제도로서의 골격을 갖추어 제대로 시행되려면 왕실이 본연의 위상과 기능을 갖지 않으면 안 된다고 할 때, 그 제도화는 일러도 진골들이 최고 지배세력으로 부상한 '中古'期부터나 가능하였다고 봄이 타당할 것이다. '上古'期에는 왕권이 部體制에 기반을 두고 성립하였으므로 王部가 있었을 뿐 엄밀한 의미에서의 王室은 존재하지 않던 상황이었기 때문이다.[48] 封爵의 시원적인 형태는 '上古'期 초부터 발견되지만, 封爵制가 제도로서 시행되기 시작한 것은 진골이 대두하여 왕의 위상을 격상시키고 왕족으로서의 정치적 특권을 주장하면서 국왕을 정점으로 하는 통일권력을 구축해 나아가던 때의 일로 보아야 한다. 진골은 봉작제를 통해 왕실의 번병으로서 왕족이 갖는

<hr>

44) 『三國史記』 4, 新羅本紀4, 法興王 19年.
45) 『三國史記』 1, 新羅本紀1, 逸聖尼師今 15年.
46) 『三國史記』 2, 新羅本紀2, 沾解尼師今 元年.
47) 『三國史記』 2, 新羅本紀2, 味鄒尼師今 2年.
48) 拙稿, 이 책의 제2장 Ⅲ.

위치를 더욱 공고히 다질 수 있었을 것이다.

그러고 보면, 식읍 사여의 初見 記事가 法興王代로 나타난 것도 우연은 아니라 하겠다. 또한 이와 관련해서는『삼국유사』의 다음과 같은 기록도 참고해 볼 수 있다.

> 又阿瑟羅州東海中 便風二日程 有于陵島 周廻二萬六千七百三十步 島夷恃其水深 驕傲不臣 王命伊湌朴伊宗 將兵討之 宗作木偶師子 輕於大艦之上 威之云 不降則放 此獸 島夷畏而降 賞伊宗爲州伯[49]

智證王代에 鬱陵島의 于山國을 정벌한 異斯夫를 褒賞하여 '州伯'으로 삼았다는 내용인데, 여기서의 州伯은 단순히 州의 長官 곧 軍主로 삼은 것을 말한 것이 아니라고 여겨지기 때문이다.『三國史記』에 의하면, 伊湌 異斯夫가 何瑟羅州 管下의 于山國을 정벌하였던 것은 그가 지증왕 13년 6월에 同州의 軍主로 임명됨에 따른 일이었다고 한다.[50] 異斯夫가 何瑟羅州 의 軍主가 된 것은 于山國 征伐 이전의 일이었지 征伐 후의 일이 아니었던 것이다. 따라서 征伐 후에 그 戰功에 대한 褒賞으로 州伯을 삼았다는 것은 그가 軍主가 된 것을 의미하는 내용이 아님이 확실하다. 伊湌 官等의 소지자였 고 또 이미 軍主였던 異斯夫를 州伯으로 삼았다고 한 것은 爵位를 수여한 사실을 전하는 내용이다. 異斯夫(或云 苔宗)를 朴伊宗으로 표기한 것으로 미루어 이 기사는『삼국사기』가 채용한 것과는 계통을 달리하는 어떤 기록에 입각하여 작성된 것임이 분명하므로 그 내용의 정확성을 근거 없이 의심하기 는 곤란하다. 國王이 州·郡·縣을 친히 정하는[51] 등 지배체제 전반을 정비해

---

49)『三國遺事』1, 紀異1, 智哲老王.
50)『三國史記』4, 新羅本紀4, 智證麻立干 13年 6月, '于山國 在溟州正東海島 或名鬱陵 島 地方一百里 恃嶮不服 伊湌異斯夫爲何瑟羅州軍主 謂于山人愚悍 難以威來 可以 計服 乃多造木偶師子 分載戰船 抵其國海岸 誑告曰 汝若不服 則放此猛獸踏殺之 國人恐懼則降.'
51)『三國史記』4, 新羅本紀4, 智證麻立干 6年 2月.

나가던 신라가 중국의 봉작제에 대한 고졸한 이해를 토대로, 國公이라든가 縣男과 같은 爵位名을 염두에 두고서, 州伯이라는 爵位를 만들어 낸 사실을 함의한 기사로 보아 무난할 것이다. 이웃한 백제에서는 이미 5세기부터 王·侯 등의 작위가 백제왕에 의해 사여되던 터였다.[52] 요컨대 신라 봉작제는 智證~法興王代를 경과하면서 일정한 제도로서 면모를 갖추기 시작했던 것으로 판단된다.

그 봉작제가 數的으로 많은 이들에게 적용되고 또 封爵의 이념이 더욱 강조되게 된 것은 통일전쟁기의 일이었다. 대규모의 병력을 운용하는 將軍職에는 측근의 진골만이 임명되고 있었지만 그럴수록 그들의 정치적 입지 및 역할을 분명히 해둘 필요가 있었고, 투항해 온 麗·濟의 왕족을 진골로 편입함에 따라 그들과 새로운 정치관계를 정립할 필요성도 대두하였는데, 이에 봉작제가 주목된 것으로 보인다. 宗支 간의 分를 세우고, 義를 돈독히 하며, 王家의 굳건한 藩屛을 조성한다는 봉작제의 정치적 의미가 이 같은 필요성에 잘 부합하였으리라는 것은 넉넉히 짐작되는 바다. 文武王 10년(670) 6월에 고구려 流民들이 淵淨土의 아들인 安勝을 君으로 받들고자 한다는 뜻을 전하였는데, 이때 파견되어 온 小兄 多式 등이

今臣等得國貴族安勝 奉以爲君 願作藩屛 永世盡忠[53]

---

52) 百濟王은 그가 王·侯의 爵位를 賜與한 것을 '假行'이라 표현하면서 중국에 追認을 요구하였다(『宋書』 97, 列傳57, 夷蠻 百濟國 및 『南齊書』 58, 列傳39, 東南夷 百濟國). 이로써 백제가 독자적으로 봉작제를 시행하고 있었음을 알 수 있다. 그 추인의 요구는 대중국 관계에서 행한 의례적 성격이 강하다.
   梁起錫, 「五世紀 百濟의 '王'·'侯'·'太守'制에 對하여」, 『史學硏究』 38, 1984, 55~70쪽.
   盧重國, 『百濟政治史硏究』, 一潮閣, 1988, 222~223쪽.
   金英心, 「5~6세기 백제의 지방통치체제」, 『한국사론』 22, 1990, 76~87쪽.
53) 『三國史記』 6, 新羅本紀6, 文武王 10年 6月 및 7月.

이라 하여, '藩屏이 되어 영세토록 충성을 다하겠다.'고 하였다. 이는 신라 내부에서 이미 활성화되고 있던 그 같은 정치관계를 염두에 두고 말한 것이었 겠다.

신라 봉작제가 체계화되는 계기는 이때에 이르러 더욱 활발해지고 있던 唐나라와의 교류를 통해서도 마련되고 있었다. 唐에 머물러 宿衛하던 인물이 唐帝로부터 爵位나 관직을 받고 귀국하는 경우가 적지 않았던바, 그 작위는 신라에서도 그대로 통용되었던 것이다. 朗慧和尙碑에 의하면, 唐에서 臨海郡公으로 封해진 金仁問은 신라로 돌아와 熊川州의 한 지역을 封地로 받았다고 한다.

有一寺在熊川州坤隅 是吾祖臨海公 祖諱仁問 唐酬伐貊狁功 封爲臨海郡公 受封之所[54]

여기서 '受封之所'라 함은 食邑을 지칭할 터인데, 그것을 '封 받은 곳' 즉 封地라고 표현한 것이 주목된다. 이 단편적인 文句만으로는 그 식읍이, 김인문이 받은 唐爵을 신라가 그대로 인정하고 이에 부수하여 지급하도록 唐制에 규정된 封地의 명목으로 사급한 것이었는지, 아니면 김인문의 신분이나 공훈에 대해 신라 자체의 儀規에 입각하여 분급한 것이었는지는 분명하지 않다. 그러나 적어도 이를 통해서 臨海公이라는 唐爵이 신라에서 그대로 통용되고 있었고 식읍이 설정된 지역을 '受封之所'로 인식하고 있었음을 알 수 있거니와, 이는 곧 신라 봉작제가 唐制에 상응하는 형태로 체계화되어 있었음을 의미한다 할 것이다.

통일전쟁기를 거치면서 眞骨은 왕실의 藩屏으로서 宗廟와 社稷을 奉供한다는 명분 하에 봉작과 식읍을 받는 등 어느 정도의 독자성을 확보해 가고 있었다. 특히 그 나름의 僚屬까지 둔 府를 개설한 진골의 독자성은 매우

---

54) 「聖住寺朗慧和尙白月葆光塔碑」, 『朝鮮金石總覽(上)』, 77쪽.

강한 형태로 나타났다. 진골 중에는 장군 직을 맡아 공적으로 대규모 군사력을 영솔한 이도 있었지만, 그렇지 않은 이들도 그 경제적 기반을 토대로 사병적 성격을 띤 甲兵을 운용하였다.[55] 『新唐書』新羅傳에,

宰相家不絶祿 奴僮三千人 甲兵牛馬豬稱之[56]

라 한 것은 8세기 후엽의 견문을 전한 내용이지만 이미 7세기에도 수천의 甲兵을 거느린 재상가의 모습을 보기가 어렵지는 않았을 것이다. 이 시기 진골들의 그와 같은 면모는 다음과 같은 자료를 통해서도 일부 엿볼 수 있다.

是以 追集兵衆 欲除梟鏡 或逃竄山谷 或歸降闕庭 然 尋枝究葉 竝已誅夷 三四日間 囚首蕩盡 事不獲已 驚動士人 憂愧之懷 豈忘旦夕 今旣妖徒廓清 遐邇無虞 所集兵 馬 宜速放歸[57]

이는 神文王이 元年(681) 8月에 金欽突 등의 반란을 진압하고 내린 敎書의 一句로서, 叛賊의 罪狀을 열거하여 兵衆을 소집하게 되었던 명분을 말하고서 이제 사태가 수습되었으니 '所集兵馬'는 마땅히 속히 돌아가라고 종용하는 내용이다. 그런데 이 교서에서 구사된 '追集兵衆' '所集兵馬 宜速放歸' 등과 같은 표현은 국가의 정규 병력을 동원하고 복귀시키는 通常的 군사행위에서 사용하기에는 매우 부적절한 표현들이다. 정규 병력이었다면 그들을 동원하여 賊黨을 소탕한 일의 당위성을 이처럼 굳이 명분을 세워 해명할 필요가 없었으리라 여겨지고, 또 그들을 동원한 사실을 '追集'이라고 표현했을 것 같지 않으며, 사후에 이처럼 조속한 歸還을 종용할 까닭도 없지 않겠는가

---

55) 李基白, 「新羅私兵考」, 『新羅政治社會史研究』, 一潮閣, 1974, 255~278쪽.
56) 『新唐書』220, 列傳145, 東夷, 新羅.
57) 『三國史記』8, 新羅本紀8, 神文王 元年 8月 16日.

생각된다. 이때 소집되었다가 敎書를 통해 放歸를 종용받은 兵馬는, 교서의 전후 문맥과 사용된 용어의 어감으로 미루어, 六停이나 誓幢 등 국가의 정규 병력이 아니었을 것이다. 諸 眞骨 세력의 私的 군사력이었겠다. 진골 세력은 王室의 藩屛으로서 국왕이 필요에 따라 소집할 때에는, 더구나 그것이 왕실의 安危에 관련된 일인 경우에는, 반드시 응할 의무가 있었던 것이다.

新羅 國家가 편제하고 운영한 군사력의 내면은 실로, 眞骨 세력이 각기 이끌고 있던 독자적 군사력이었다.[58] 眞骨 將軍인 金欽春·金品日이 영솔한 부대에 각각 그 아들들인 盤屈과 官昌이 속해 있었던 것[59]이나, 金庾信 家門의 家臣的 性格을 지닌 인물들이 심지어는 奴婢까지 대동하고서 대거 그의 麾下로 전투에 참여하였던 것으로 나타나는 사실이 그것을 말해준다.[60] 그러므로 각 眞骨이 이끈 부대는 전장에서조차 서로 戰功을 다투는 경쟁자적인 입장에 서기 쉬웠고, 이것이 각자의 아들까지 경쟁적으로 死地로 내모는 분위기를 조성하고 있었다. 동일한 전장에서 각기 父命으로 戰死한 盤屈과 官昌이 이러한 체제의 희생자였던 셈이다.

封爵과 함께 開府를 허여받은 진골들은 독자적인 僚屬을 두고 食邑과 財産을 경영하면서 그것을 受封地로 인식하였으며 그 경제력을 토대로

---

58) 新羅 '中古'期의 군사력이 지닌 바 진골 귀족의 私兵的 성격에 대하여는 다음과 같은 논고가 참고된다.
井上秀雄, 「新羅兵制考」, 『新羅史基礎硏究』, 東出版, 1974, 175~176쪽.
李基白, 「韓國의 傳統社會와 兵制」, 『韓國史學의 方向』, 一潮閣, 1978, 196~201쪽.
이 같은 이해 방향에 대해서는 李文基 교수가 私的 군사력의 인적 기반을 찾기 어렵다고 보아 반론을 제기하기도 하였다(李文基, 「新羅 '中古'期 王京人의 軍事的 運用」, 『新羅文化』 5, 1988, 49~81쪽).

59) 『三國史記』 47, 列傳7, 金令胤 및 官昌.

60) 李文基 교수는 신라에서 父子가 동일한 부대에 소속되어 출전했음을 보여주는 6개의 사례와, 같은 부대의 將軍과 軍官이 사적인 유대관계를 가졌던 것으로 나타나는 몇몇 사례는 諸軍官의 운용 방식에 공동체적 잔영이 남아 있었음을 의미하는 사실이라고 이해하였다(李文基, 「新羅 6停軍團의 運用」, 『大丘史學』 29, 1986, 27~28쪽). 그러나 下代에는 그러한 경향이 더욱 두드러지게 나타나고 있어 이를 잔영이라고 이해하기는 곤란하리라 여겨진다.

私兵을 거느리고 있었다. 이 모든 것은 물론 국왕권을 전제로 성립하고 유지되었으므로 諸 眞骨 세력은 강력한 왕권을 떠바치는 藩屛으로도 기능하였지만, 그 독자성이 저러하였으니만치 국왕이 그들의 이해관계를 조정할 권위와 능력을 잃게 되는 경우에는 各立한 제 세력이 武力으로 충돌할 가능성도 없지 않았다. 惠恭王 4년에

大恭角干賊起 王都及五道州郡並九十六角干相戰大亂 大恭角干家亡 輸其家資寶帛于王宮 新城長倉火燒 逆黨之寶穀在沙梁牟梁等里中者 亦輸入王宮 亂彌三朔乃息 被賞者頗多 誅死者無算也[61]

라 하여 전국의 96角干이 相戰하는 大亂이 일어났던 것은 常存하던 그러할 가능성이 현실화한 경우다.

4. 受封眞骨의 府와 金入宅

府는 기본적으로 府主의 재산을 관리하기 위하여 개설이 허여된 기구였다. 府主가 賜給받은 食邑의 民戶와 府主 私有의 田丁·戶口가 그 지배의 주된 대상이었으므로, 관리하는 재화의 규모는 실로 막대하였으며 지배지역은 전국의 여러 행정구역에 걸쳤다. 金周元의 경우 그가 받은 식읍은 翼嶺(양양)·三陟·斤乙於(평해)·蔚珍 등 溟州 管下의 고을이었지만, 멀리 熊川州에도 지배지를 지니고 있었다. 金周元의 曾孫인 金昕(周元-宗基-璋如-昕)이 朗慧和尙에게 聖住寺 인근 지역에 대한 연고를 언급한[62] 사실에서 추찰할 수 있는 바다. 이 밖에도 世傳되어 왔거나 새로 확보한 토지와 민호가 전국 여러 지역에 산재하였을 것이다. 府의 廳舍는 그 중 중심이 될 만한 지역에

---

61) 『三國遺事』 2, 紀異2, 惠恭王.
62) 「聖住寺朗慧和尙白月葆光塔碑」, 『朝鮮金石總覽(上)』, 76~77쪽.

설치되었겠다.

食邑에 관한 한, 府의 수취 대상과 내용은 해당 고을의 民戶 가운데 일부에 대한 租·調·庸이었으므로, 府의 僚屬이 이들을 수취함에 있어서는 지방관의 감독과 감시를 받도록 되어 있었으리라 여겨진다. 실제로 唐에서는 그러하였다.

○ 凡諸王及公主以下所食封邑 皆以課戶充 州縣與國官·邑官共執文帳 准其戶數 取其租調[63]

○ 凡有功之臣賜實封者 皆以課戶充 準戶數 州縣與國官·邑官執帳 共收其租調 各準配租調遠近 州縣官司收其脚直 然後付國邑官司[64]

國官(親王國'의 관원) 및 邑官(邑司'의 관원)이 封戶가 있는 州縣의 관리와 함께 帳籍에 기재된 戶數에 준하여 租調를 수취하도록 한 것이다. 신라에서도 사정은 대동소이하였을 것이다. 그러나 규정이 이러했다고 해서, 신라에서 府僚의 수취 행위에 대한 지방관의 관리감독이 철저히 이루어졌다고 판단되지는 않는다. 金庾信家의 家臣인 裂起가 三光(金庾信의 子)에게 청하여 同家門의 연고지인 三年山郡의 太守로 파견된 사실이나,[65] 金昕이 그 가문의 연고지라 할 溟州의 捺李郡太守로 나가 있던 사실[66] 등으로 미루어, 그같은 연고 지역 州郡縣에는 開府 眞骨의 親屬이나 幕僚들이 주로 파견되었다고 여겨지기 때문이다. 이러한 상황에서는 그 府의 실질적인 지배력이 단지 食邑의 民戶에만 미치는 정도가 아니었을 터다.

府主의 위세는 실로 대단하였다. 특히 府主가 親王이나 郡王일 경우, 그 지역에서는 사실상 국왕이나 진배없었다. 이와 관련해서 파주군 성동리

---

63) 『通典』 31, 歷代王侯封爵.
64) 『大唐六典』 3, 戶部郎中員外郞.
65) 『三國史記』 47, 列傳7, 裂起.
66) 『三國遺事』 3, 塔像4, 調信.

석실분에서 출토된 金銅冠이 주목된다. 주지하는 바와 같이, 신라 고분에서
출토되는 金冠・金銅冠・銅冠은 대략 두 시기의 것으로 확연히 구분된다.
하나는 出字形立飾 3枚에 鹿角形 2枚라는 기본 틀을 대체로 유지한 5~6세기
대의 금관・금동관이고, 또 하나는 입식 상・하가 분리되지 않고 서로 연결되
는 등 앞 시기의 전형에서 크게 벗어난 6세기 후반의 山字形 금동관・동관이
다.67) 그런데 이 파주 금동관은 山字에 가까운 입식 형태를 보여68) 후자의
계통을 잇고 있으면서도 통일신라 양식의 토기를 共伴하고 있다는 점에서
그와 구분되어야 하는 유물이다. 그 조성 시기는 아무리 일찍 잡아도 삼국통일
을 전후한 시점이 될 터인데, 이때에 지방에서 금동관을 사용한 존재가
있었음을 알려주는 새로운 자료이기 때문이다. 이 금동관의 주인이 어떤
성격의 인물인지, 또 그것이 생전에 실용되던 것인지의 여부는 명백하지가
않다.69) 그러나 금동관과 함께 매장될 인물이라면 그는 틀림없이 當代의
유력자였겠다고 할 때, 그 주인으로 開府한 受封 眞骨을 주목하는 것은
매우 유력하며 설득력이 있으리라 판단한다. 前記한 臺山五萬眞身條에 나타
난 바 '河西府道內八州'라는 표현을 통해서는, 府의 관할 지역을 州라는
단위로 나누는 등 그 지배권역을 하나의 독립된 국가 형태로까지 인식한
예를 볼 수 있는 바다. 高麗 太祖 8년 10월의 高鬱府 將軍 能文에 관한

---

67) 尹容鎭 외,『臨河댐水沒地域 文化遺蹟 發掘調査報告書(Ⅱ)』, 慶北大學校博物館,
   1989, 142~146쪽 및 167쪽.
   金弘柱,「丹陽下里出土 一括遺物에 대한 考察」,『考古學誌』4, 1992, 187~190쪽.
   辛虎雄・李相洙,「湫岩洞 B地區 古墳群 發掘調査報告」,『東海北坪工團造成地域
   文化遺蹟 發掘調査報告書』, 關東大學博物館, 1994, 249~251 및 426~427쪽.
68) 윤덕향,「파주군 성동리 고분군 발굴조사 보고서」,『통일동산 및 자유로 개발지구
   발굴조사보고서』, 1992, 286쪽 및 405쪽.
69) 山字形 금동관・동관의 주인은 국가의례를 담당하던 종교적 특수 신분자였거나(『慶
   州新院里古墳群 發掘調査 報告書』, 1991, 72~73쪽), 경주에서 지방으로 파견된
   유력자 혹은 진골 귀족(金弘柱, 앞의 논문, 189쪽)이었을 것으로 추정되기도 한다.
   또 동관은 실용적인 것이었다기보다 副葬을 위해 급조된 것으로 보는 견해가
   우세하다.

기록에 麾下 府僚의 職名으로 중앙관제에서와 같은 侍郎이 보이는 사실도 참고된다.[70] 府가 마치 행정구역처럼 나타나기도 하는 것은 이러한 인식의 연장에서, 또한 그 당시의 실제 역학관계 속에서 그렇게 기능하게 된 경우겠다. 가령 신라 말기로 가면서 府들의 지방장악력이 군현의 그것보다 현저히 우세해짐에 따라 그러한 일부 지역에 대해서는 실제의 지방 행정을 府 중심으로 운영하기에 이르렀고, 고려로 접어들면서 이를 공식화한 것이 州郡縣에 府를 새로운 행정단위로 부가하는 조처가 아니었나 하는 것이다.

府主의 위세는 이러하였지만 府主 자신과 그 親屬의 대부분은 府司가 설치된 지방보다는 가급적 王京에 거주하려는 경향을 보였던 것으로 여겨진다. 府의 설치는 원칙적으로 當代에 한하여 허여되었으므로, 襲封을 통해 그 府를 累代로 유지하자면 중앙 정계로 나서서 고위 관직에 올라 공훈을 세우거나 왕실과의 통혼관계를 지속할 필요가 있었을 터다. 그러기 위해서는 불가불 왕경에 거주하지 않으면 안 되었겠다. 金周元과 같은 대세력가의 자손도 중앙 정계에 진출하여 上大等, 兵部令을 지냈다. 또한 國王權 측으로서도 封臣의 왕경 거주는 그 藩屏으로서의 제기능을 수행케 하고, 封家에 대한 통제를 용이하게 하는 유력한 방안이 된다는 점에서 적극 권장할 만한 사항이었을 것이다. 神文王 3년(683), 高句麗王으로 봉한 報德國의 安勝을 蘇判으로 삼고 金氏 姓을 내려 京都에 머무르게 했던 사실을 통해서 이를 추찰할 수 있다.

徵報德王安勝爲蘇判 賜姓金氏 留京都 賜甲第·良田[71]

이는 安勝이 敵性을 띠기 쉬웠기 때문에 취한 특별 조치로서의 측면도

---

70) 『高麗史』 1, 世家1, 太祖 8年 10月, '高鬱府將軍能文 率士卒來投 以其城近新羅王都 勞慰遣還 唯留麾下侍郎盃近大監明才相述弓式等.'
71) 『三國史記』 8, 新羅本紀8, 神文王 3年 10月.

있었지만 본질적으로는 당시 보편적으로 행해지던 府主의 王京居住 예에 따른 일반 조처였다고 여겨진다. 安勝은 '高句麗王'을 爵位로, '報德'을 府號로 사여받은 府主의 지위에 있었을 뿐이다. 報德國이 親王國=國邑 정도의 위치에 있었음은 安勝의 族子 大文의 敵性行爲를 '謀叛'으로 규정하여 처벌한[72] 사실에서도 看取되는 바다. 본질적으로 封爵이나 開府의 허여는 국왕권을 전제로 한 중앙집권적 관료제 속에서 설정되고 운영되던 것이었다.

王京에는 府까지 개설한 유력한 受封 眞骨들이 여럿 거주하고 있었으며, 이들의 집에는 지방의 府司로부터 운송되어 들어오는 物貨가 끊이지 않았다. 惠恭王 4년(768) 무렵의 실정을 전한다고 여겨지는 『新唐書』에 '不絶祿'의 宰相家가 있다 함은[73] 이를 두고 말한 것이겠다. 또한 이러한 사정과 관련하여 주목되는 것이 9세기 후반에 39개에 달하였다는 金入宅이다.

『三國遺事』는 '新羅 全盛之時의 京中에 178,936戶・1,360坊・55里・35金入宅이 있었다.'면서 39개의 宅號를 거명하고 있다.[74] 35개라는 금입댁의 수는 그 밖의 戶・坊・里 수를 한자리 숫자까지 정확히 거론한 자리에서 언급된 것이므로 어느 시점인가의 사실을 전하는 확실한 자료에 의거한 수라고 생각된다. 여기에 후술된 39개의 宅號는 같은 시기의 자료에 의한 것이 아니라 금입댁의 수가 더 증가한 뒷시기, 아마도 憲康王代(875~886)의 자료에 입각한 기록이겠다.[75] 그런데 그 성격을 생각해 보면, 『삼국유사』에서

---

72) 『三國史記』8, 新羅本紀8, 神文王 4年 11月, '安勝族子將軍大文 在金馬渚 謀叛 事發伏誅.'

73) 註 56)과 같음.

74) 『三國遺事』1, 紀異1, 辰韓.

75) '新羅全盛之時'로 시작하여 金入宅, 四節遊宅으로 이어지는 『三國遺事』의 기사를 憲康王代의 사실을 전하는 일괄 기록으로 생각하는 견해가 지배적이다. 한편 미시나 쇼에이(三品彰英) 교수는 '新羅全盛之時'를 헌강왕 대로 추정하면서도 이에 이어진 '京中十七萬八千九百三十六戶', '三百六十坊', '五十五里'의 字句가 각각 다른 시대의 王都에 관한 통계를 혼동하여 한 곳에 모아놓은 것은 아닐까 하는 의문을 제기하기도 하였다.
李丙燾, 『韓國史 古代篇』, 乙酉文化社, 1959, 702쪽.

는 金入宅을 단지 '富潤大宅'으로 표현하고 있으나 그 수를 꼭 집어 말할 수 있었던 것으로 미루어 金入宅이란 단순히 경제력으로 거명되고 지칭되던 바가 아니었으리라고 여겨진다. 소유 재산의 정도로 '富潤' 여부를 가린다는 것은 실로 애매하기 짝이 없는 기준이기 때문이다. 金入宅인지 아닌지를 當代의 누구라도 명백하게 가려 정확한 수를 헤아릴 수 있었다면 그것은 어떤 분명한 기준에 의한 것일 터이며, 그렇다면 정치적 기준에 의한 것이었을 개연성이 가장 크다. 開府의 여부가 그것이 아니었을까?

金入宅이 開府한 受封眞骨家를 일컫던 용어였을 가능성은 다음 기록을 통해서도 짐작해 볼 수 있다.

寺之經始則不知 但古傳云 前代新羅時 北宅廳基捨置妓寺[76]

이는 康州界 草八縣에 있는 伯嚴寺의 經始를 전하는 기록으로, 금입댁의 하나인 北宅이 그 廳舍 터를 寄進하여 이 절을 세웠다는 내용이다. 즉 草八縣(현재의 慶南 草溪)이라는 지방에 京都에 있는 北宅이라는 金入宅의 廳이 있었던 것이다. 이와 같이 지방에 청사를 개설해 두고 기반을 경영하던 사정은 다른 금입댁들의 경우도 마찬가지였을 것이다. 廳은 官衙를 지칭하는 용어다. 그렇다면 金入宅이 지방에 설치한 廳이란 곧 府司를 지칭한 말이며, 따라서 金入宅이란 開府한 眞骨家를 일컫던 용어였다고 보아 큰 무리가 아니겠다.

이들 金入宅의 주인들은 왕권에 비견되는 막대한 권세를 누리고 있던 有力 眞骨層이었다.[77] 대개는 왕의 至親이거나 功勳이 특출한 고위 관료로서

三品彰英 遺撰, 『三國遺事考證(上)』, 東京 : 塙書房 1975, 403~405쪽.
李基東, 「新羅 金入宅考」, 『新羅骨品制社會와 花郞徒』, 一潮閣, 1984, 185쪽.
76) 『三國遺事』 3, 塔像 4, 伯嚴寺石塔舍利.
77) 李基東, 앞의 논문, 187쪽.

受封한 이 혹은 그 嗣子들이었을 것이다. 『삼국유사』에 거명된 39개의 금입댁 중 財買井宅, 長沙宅, 金楊宗宅 등이 그 가문을 알 수 있는 경우인데 이들을 보아 그렇게 짐작된다. 우선 財買井宅은 '庾信公祖宗'이라 하므로 김유신 후손의 宗家임이 분명하거니와, 이들이 立府하게 된 것은 김유신이 興武大王 으로 追封된[78] 사실과 무관하지 않을 것으로 추측된다. 비록 追封일지라도 封王된 이의 가문이 금입댁으로 행세하였으리라 여겨지는 것이다. 또 長沙宅 은 景明王妃의 출신 宅號인데, 王妃는 聖僖大王으로 追封된 大尊 角干의 딸이었다.

妃長沙宅 大尊角干追封聖僖大王之子 大尊卽水宗伊干之子[79]

大尊의 父인 水宗은 武州 長沙縣의 副官을 지낸 金邃宗 그이니,[80] 長沙宅 이란 宅號가 이 長沙縣과 무관하지 않다면 이곳에 長沙宅의 府司가 있었을 것이다. 金楊宗宅은 憲德王 2년(810)에 執事部 侍中이 되었다가 이듬해에 病免한 金亮宗의 가문이다.[81] 金亮宗은 奉化 鷲棲寺 石塔의 舍利盒記에 '伊湌金亮宗公'으로 지칭되어 나타나기도 하는 인물이다.[82] 그를 公이라고 부른 것은 그가 그렇게 封爵되었기 때문인지 분명치 않으나 실제로 그러할 가능성도 완전히 배제하기는 어렵다. 侍中을 지냈고 伊湌에 올랐으며 公이라 고도 칭해진 金亮宗 역시 王의 至親이었거나 고위 관료로서 受封한 이였을

---

78) 『三國史記』 43, 列傳3, 金庾信 下에는 김유신이 興武大王에 追封된 것이 興德王 때의 일인 것으로 되어 있으나, 『三國遺事』 1, 紀異2, 金庾信條에는 景明王 때의 일로 되어 있다. 김유신 후손의 宗家가 늦어도 헌강왕 때에는 金入宅이 되어 있었다면 김유신이 追封王이 된 것은 이보다 앞선 시기일 것이므로 『삼국사기』의 기록이 옳다고 여겨진다.

79) 『三國遺事』 1, 王曆1, 第五十四景明王.

80) 李基東, 앞의 논문, 188~190쪽.

81) 李基東, 앞의 논문, 186쪽.

82) 『朝鮮金石總覽(上)』, 55쪽.

것이다.

금입댁들은 近親婚을 통하여 왕실과 지속적으로 통혼할 뿐 아니라 그들 상호간에 重婚하면서 宅號를 대대로 유지하기 위해 노력하였을 것으로 추측된다. 또한 受封者가 사망한 후 後孫이 제구실을 못한 가문일 경우엔 더 이상 금입댁으로서의 지위를 유지하지 못하였을 것이다. 그러므로 금입댁의 수는 아무래도 증가하는 추세에 있었겠지만 대체로 보아 30, 40家 정도에서 그런대로 고착되고 있었지 않을까 여겨진다.

지방에 府司를 두고 있었던 금입댁들은 封邑으로부터 거두어들이는 租調의 운송과 관련하여 국가 재정에도 관여하였다. 寶林寺普照禪師塔碑의 다음 사실이 이를 짐작케 한다.

教下望水·里南等宅 共出金一百六十分租二千斛 助充裝功德 寺隷宣教省[83]

憲安王이 望水宅·里南宅 등 두 金入宅에 下教하여 공히 金 160分과 租 2천斛을 내도록 했다는 내용이다. 租率을 什一로 계산할 경우 租 2천斛은 畓 1,333결에서 거두어야 할 분량이니[84] 金 160分을 차치하고서도 대단한 액수다. 그런데 이러한 거액을 국왕이 금입댁으로 하여금 供出토록 하였다는 것이다. 국왕이 특정 사찰을 지원하는 비용은 응당 內帑이나 國庫에서 지출되어야 마땅하겠다. 따라서 막대한 그 지원 규모나 합리적인 재원의 출처를 고려한다면, 금입댁의 이 부담은 公的으로 이루어진 것이라고 해야 옳다. 물론 王과 金入宅主(府主)의 혈연관계라든가 개인적인 친분, 혹은 정치적 압력에 의한 勒奪 등 다른 가능성을 생각해 볼 여지가 없는 것은 아니겠으나, 그 宅主의 이름을 말하지 않고서 宅號를 거명한 사실로 미루어 보아도, 국왕이 금입댁을 시켜 金과 租를 지출하도록 한 것은 개인적인 의뢰가

---

83) 「寶林寺普照禪師彰聖塔碑」, 『朝鮮金石總覽(上)』, 63쪽.
84) 李基東, 앞의 「新羅 金入宅考」, 204쪽.

아니라 公的인 성격을 갖는 財政行爲의 일환이었다고 봄이 온당할 것이다. 또한 금입댁이 그 거액을 이의없이 부담한 것은 이 같은 재정 행위가 일반화되어 있었기 때문이겠고, 해당 지출분에 대한 국가재정적 측면의 보상, 말하자면 해당 지역의 收租權 등이 담보되어 있었기 때문이겠다.

이는 금입댁이 특정 지역에 대한 租稅先納者로서 기능하기도 하였음을 뜻한다. 금입댁이 그 경제력으로 국가의 재정적 소요에 우선 응한 다음에 이에 대한 대가로 국가로부터 일정 지역에 대한 수조권을 위임받아 행사한 것이기 때문이다. 그 지역은 대개 금입댁의 府司가 설치된 지역이었을 터다. 국가로서는, 封邑으로부터의 租調 運送과 관련하여 금입댁이 확보하고 있는, 王京과 地方을 연결하는 교통로와 교통수단을 편의적으로 이용하고 있었던 셈이었다. 그러나 이 같은 금입댁의 기능은, 금입댁들이 그렇게 장악한 조세 수취권을 통해 해당 지역 민호에 대한 실질적인 지배력을 강화해 나갔으므로, 궁극적으로는 국가의 對地方 統制力을 약화시키는 결과를 초래하였다. 8~9세기로 접어들면서 일부 군현이 제기능을 상실하고 특정인에게 私屬되는 경향을 강하게 띠어 갔던[85] 원인은 이러한 구조에서도 찾을 수 있을 것이다.

5. 結 語

신라는 진골 왕족이 지배세력으로 대두한 '中古'期부터 국왕권을 정점으로 하는 중앙집권적 지배체제를 구축해 나갔으며 그 결과로써 통일 후에는 강력한 왕권을 구현하였다. 중앙에서는 정비된 관료제가 시행되고 있었고 지방에서는 강력한 군현제가 실시되었다. 그러나 지금까지의 연구에서 우리는 이 사실에 지나치게 주목해 온 면이 없지 않다. 이제는 그 다른 일면으로서, 관직과 관등의 결합 양식에 잘 드러나는 진골 중심 지배체제의 구조와 특성을

---

85) 旗田巍, 앞의 논문, 29~38쪽.

면밀히 검토해 볼 필요가 있다고 생각된다. '中古'期 이후, 신라의 지배체제는 본질적으로 진골을 중심으로 구성되고 운영되었다. 본고는 그 체제의 일면을 통일신라기 府의 성격과 眞骨의 受封 관계를 살핌으로써 규명해 본 것이다. 이제 지금까지 논의한 바를 정리함으로써 작업을 마무리하고자 한다.

신라 하대의 선사 비문에 나타나는 府의 용례를 검토해 보면, 종래 알려져 온 바와 달리, 그것을 행정구역 명칭이나 지명으로 간주하기 어려운 점들이 발견된다. 지방통제의 거점이었으리라고 여겨짐에도 그 위치를 고정하기 어려운 府號가 태반이고, 설령 위치를 짐작할 수 있다고 해도 정작 그곳의 연혁에서는 府라고 부른 사실이 확인되지 않는다. 기실 통일신라기의 府는 受封眞骨들이 재산을 관리하기 위해 설치를 허여받은 機關이었다. 여기에는 府主 獨自의 僚屬이 두어졌으며, 이들은 郡縣의 지방관과 협조하여 食邑·祿邑民으로부터 租調를 수취하고 사유재산을 경영하였다. 그러므로 府는 州郡縣과 일단 무관하였으며, 府號로 흔히 地名이 이용되었으나 원칙적으로 양자는 별개였다. 이 府는 7세기 후엽부터 보이기 시작하는데, 開府는 封爵 및 食邑의 賜給과 맞물려 시행된 제도이므로 더 이른 시기부터 이루어졌을 것으로 생각된다.

封爵은 신라에서 '上古'期의 이른 시점부터 행해지고 있었지만, 제도로서 본격적으로 시행되기 시작한 것은 진골이 최고 지배세력으로 대두하여 王과 王室을 중심으로 하는 집권적 지배체제를 구축해 나갔던 '中古'期부터의 일이었다. 신라 封爵制는 통일전쟁을 거치는 과정에서 공로자를 포상하고 麗·濟의 왕족을 편입하는 정치적 배경 속에, 이념 면에서 더 체계화되고 수혜자 면에서 더 확대되었다. 작위와 식읍을 받고 開府까지 허여받은 진골들은 그들의 식읍을 封地로 여기고 독자적인 사병을 거느리는 등 마치 독립적인 列侯와 같이 존재하였다. 특히 王兄弟나 王子와 같은 親王들의 部는 唐制에서와 같이 國邑으로 인식되어 葛山國이나 蔚珍國처럼 國으로 지칭되기도 하였다.

府는 기본적으로 府主의 재산 관리를 목적으로 개설이 허여된 기관이었으므로 원칙상 州·郡·縣의 지방지배에 직접 관여할 수 없도록 되어 있었지만, 府가 개설된 이른바 '受封之所'의 州·郡·縣에는 흔히 府主 측근의 인물이 지방관으로 파견되던 실상에서 그것은 한낱 机上의 원칙에 지나지 않았다. 일부 지역에서 府의 지방 장악력과 위세는 군현의 그것을 능가하고 있었다. 심지어는 府의 관할 지역을 다시 州라는 단위로 나름대로 나누어 파악하는 경우도 있을 정도였다. 신라 말기로 가면서는 그러한 지역에 대해서 실제의 지방 행정을 府 중심으로 운영하기에 이르렀다. 高麗가 州·郡·縣 외에 府를 새로운 행정구역으로 부가하는 조처를 취했던 것은 이러한 사정을 공식화한 것이겠다. 신라 말엽의 府를 행정구역으로 파악하려면 이 같은 흐름을 우선 염두에 두어야 할 것이다.

府主의 위세는 저러하였지만 법적으로 개부가 당대에 한하여 허여되던 것이었고 또 왕권의 인정을 전제로 한 것이었기 때문에 府主와 그 자제들은 封邑보다 王京에 거주하려는 경향을 보였다. 累代로 立府하자면 중앙 정계로 나서서 고위 관직에 올라 공훈을 세우거나 왕실과의 통혼관계를 지속할 필요가 있었던 것이다. 王京에는 開府한 眞骨家들이 여럿 있었으며, 이들의 집에는 府司로부터 운송되어 들어오는 물화가 끊이지 않았다.『新唐書』에 전하는 不絶祿의 宰相家란 바로 이들을 이른 말이며, 金入宅 역시 이들을 지칭한 용어였다. 금입택은 그 경제력으로 국가의 재정적 소요에 우선 응한 다음 이에 대한 대가로 국가로부터 일정 지역에 대한 수조권을 위임받아 행사하기도 하였는데, 이는 受封 眞骨들이 對地方 支配力을 합법적으로 강화해 나가는 계기가 되었다. 신라 말기로 갈수록 중앙정부의 지방 통제력이 약화되며 일부의 군현이 특정인에게 私屬되는 경향을 강하게 띠어 갔던 원인은 여기에 있다.

통일기의 신라 지배체제는 진골을 중심으로 하여 이처럼 짜여 있었다. 따라서 왕권의 강화와 약화라는 理解軸만을 가지고 신라의 정치 과정을 파악하려 할 때에는 적지않은 사실들이 설명하기 곤란한 내용으로 다가오게 되는 것이다. 본고는 빈약한 자료를 토대로 추론을 거듭하여 작성된 것이므로 여러 곳에서 문제점이 露呈되었을 줄 안다. 앞으로 보완해 나갈 과제로 삼고자 한다.

Ⅲ. ‘下代’의 六頭品 村主와 沙湌重位制의 施行

1. 序 言

新羅의 최고 지배신분층은 일정 등급 이상의 官等을 그들만이 독점할수 있도록 법제화하고, 국가 樞要職을 담당할 인물의 관등 범위를 그들이 독점하는 관등에 한정함으로써 여타 신분층과 차별화된 배타적 특권을 정치적·사회적으로 보장받고 있었다. 그러한 제도적 장치의 한 축을 이룬 것이 重位制다. ‘干’ 신분이 최고 지배신분층으로 기능했을 때는 奈麻重位制를, ‘眞骨’ 신분이 최고 지배신분층으로 대두한 이후에는 阿湌重位制를 각각 운용하여, 예하 신분층이 상위 관등으로 승급하여 국가 樞要職에 접근할 가능성을 원천적으로 차단하는 한편, 곁가지로나마 별도의 승급 통로를 마련해 주어 인사행정 상의 불만을 최대한 억제한 것이었다.

重位制는 최고 지배신분층의 특권만을 보장하기 위한 장치로서 한 시기에 하나의 관등에만 적용되었으며, 그 적용 관등이 奈麻에서 大奈麻로, 그리고 다시 阿湌으로 옮겨져 운용되었다. 전자는 신라 관등제가 12등 체제에서 17등 체제로 재정비된 결과였고, 후자는 진골과 육두품이 새로운 신분층으로 대두함으로써 야기된 제반 변화를 반영한 결과였다. 그리고 이는 신라의 최고 지배신분층이 ‘干’층에서 ‘眞骨’로 변화한 데 따른 당연한 移行이었다.[1]

---

1) 拙稿, 이 책의 제3장 Ⅲ.

그런데『三國史記』에는 기록되어 있지 않지만 沙湌에도 重位制가 적용되었던 것으로 나타나 주목된다. 856년(文聖王 18)에 조성된 新羅 竅興寺鐘의 銘文에 '上村主三重沙干堯王'이 보이는 것이다.[2] 沙干은 沙湌의 다른 표기다.[3] 沙湌重位의 존재를 전하는 자료는 이것이 유일하지만, 9세기 중엽에 신라 관등 제8위인 沙湌에 적어도 三重沙湌까지의 重位가 설치되어 운용되고 있었던 것은 분명한 사실이라 하겠다.

그러나 관련 기록이 이뿐이어서 사찬중위의 설치 이유와 그 기능에 대해서는 아직 전문적인 검토가 이루어지지 못하였다. 村主 職에 있는 인물이 三重沙干으로 나타나므로 이는 대략 지방인에 대한 特進策으로 활용되었으리라 짐작해 온 정도다.[4] 하지만 중위제 자체가 특진책으로서만 기능한 것이 아니고, 오히려 그 主機能이 특정 신분의 정치적·사회적 특권의 보장에 있었던 것이고 보면, 좀더 면밀한 검토를 통해 사찬에도 중위제를 적용하게 된 구체적인 내막을 밝힐 필요가 있다고 생각된다. 眞骨만이 大阿湌 이상의

---

2) 竅興寺鐘은 현재의 쓰시마 시(對馬市) 미네 읍(峰町) 기사카(木坂) 소재 하치만진자(八幡神社 : 지금의 海神神社)에 소장되어 있었다고 하는데, 20세기로 접어들던 시점에 분실되어 그 소재를 알 수 없게 되었다. 메이지(明治) 유신 후 神佛分離政策이 추진되면서 神社에 있던 사찰 관련 유물을 일괄적으로 치웠다고 하는데, 그때 이 鐘도 어디론가 옮겨졌다가 러일전쟁을 전후하여 銃砲 주조를 위해 공출한 물품에 포함되어 용해되고 만 것이 아닌가 여겨진다. 요시다 도고(吉田東吾), 다카다 주로(高田十郎) 등에 의해 이 鐘의 존재가 일찍이 알려지긴 했으나 역사학계에 본격적으로 소개된 것은 1954년 스에마쓰 야스카즈(末松保和)에 의해서였다(末松保和,「竅興寺鐘銘 (附)村主について」,『新羅史の諸問題』, 1954, 東洋文庫).

3) 沙湌은 '薩湌' 혹은 '沙咄干'이라고도 했다는 기록만 있지만(『三國史記』38, 雜志7, 職官 上), 川前里書石 原銘과 追銘에 '沙干支'라는 표기가 보이고, 眞興王巡狩碑 이후로는 官等名에서 '支'를 생략하는 경향이 나타나므로 '沙干'이 沙湌의 다른 표기임은 의심할 여지가 없다. 상식화된 이 사실을 굳이 지적하는 이유는, 뒤에 다시 상론하겠지만, 京官과 같은 官位를 지녔어도 村主는 골품제에서 제외되어 있었다는 견해가 혹시 중앙에서는 沙湌, 지방에서는 沙干이라 하여 官位名을 구분했을 가능성을 염두에 두고 제기된 것이 아닌가 여겨져 그 여지를 미리 차단해 두기 위해서다.

4) 武田幸男,「新羅の骨品制社會」,『歷史學硏究』299, 1965, 4쪽.
李宇泰,「新羅의 村과 村主」,『韓國史論』7, 서울대 國史學科, 1981, 16쪽.

관등에 오를 수 있다는 규정과 관련하여 六頭品層에 대해 阿飡重位制를 적용한 것과 마찬가지로, 沙飡重位制의 경우 역시 이로써 그 특권을 보호받은 신분층과 거꾸로 견제를 당한 신분층이 틀림없이 있었겠기 때문이다. 이들 신분층의 실체와 상호관계를 밝히는 것은 新羅 下代에 진행된 骨品制上의 신분 구성 변화의 양상을 파악하고, 나아가 이와 관련한 지방세력의 동향 및 지방 지배체제 변동의 경과를 구성적으로 이해하는 작업의 일환이 될 것이다.

沙飡重位 관련의 직접적인 자료는 극소하지만 이 역시 重位制의 한 형태인 만큼 중위제의 본질과 운영 원리를 차근차근 따져 나가면, 沙飡에도 이 제도를 적용하기에 이른 배경이나 과정을 어느 정도 구체적으로 짐작해 볼 수 있으리라 전망한다.

2. 六頭品 村主의 存在와 村主層의 複合性

重位制는 서로 유기적으로 관련되어 있지만 제도 자체는 별개의 체제인 骨品制와 官等制가 결합하여 성립한 것이다. 그리고 이것은 각 골품에 대해 저마다 오를 수 있는 관등의 상한을 정함으로써 성립한 것이 아니라, 그 시대 최고 지배신분층이 그들만이 독점할 상위 관등의 범위를 설정함으로써 성립한 것이다. 그러므로 예하 신분층에게 허용하는 최고 관등 하나에만 중위제가 적용되었다. 즉 한 시기에 중위제가 적용된 관등은 하나뿐이었다. 干層이 최고 지배신분층이었던 시기에 운용된 奈麻重位制는 眞骨이 대두하여 阿飡重位制를 시행하게 되면서 자동 폐기되었다. 頭品層에게는 干群 관등의 소지를 허용하지 않는다는 원칙 위에서 운용된 것이 奈麻重位制였으므로 간군 관등에 오르는 두품층, 곧 육두품이 새로 성립한 상황에서는 더 이상 그 의미와 기능이 효력을 지닐 수 없었던 까닭이다. 두품층에게

阿湌까지의 干群 관등을 허용하게 된 것은 진골이 干層에 대신한 최고 지배신분층으로 대두하여 大阿湌 이상의 관등만 독점하기로 방침을 裁定한 데 따른 결과였다.5)

따라서 9세기 중엽에 沙湌에 중위가 적용되고 있었다는 것은 이 시기 신라의 신분제와 관등제의 운용 원칙에 큰 변동이 일어났음을 의미한다. 그 변동의 내막을 알기 위해서는 우선, 沙湌重位를 소지한 당사자가 '上村主'로 나타나므로, 이 시기 村主層의 관등 및 신분관계를 살펴보는 것이 순서겠다. 관련 자료가 풍부하지는 않지만 興德王 9년(834)의 骨品別 禁制에 부기된 村主層의 신분 규정이 논의의 단서를 제공해 준다.

(가) 外眞村主與五品同, 次村主與四品同6)

'外眞村主'에게는 5두품의 禁制를, '次村主'에게는 4두품의 禁制를 동일하게 적용한다는 내용이다. 여기서 '外眞村主'는 그 자체가 職名은 아닐 터고, '지방의 眞村主' 또는 '外村主 중 眞村主'를 이렇게 쓴 것으로 이해하여야 무난할 것이다. 당시 법제상의 村主職名은 '眞村主' '次村主'였음이 틀림없다.

그런데 여기서 흥미로운 점은 骨品制와 전연 별개의 체제인 지방 촌주의 等級別 職制를 골품제에 준하는 신분으로 간주한 듯 보이는 사실이다. 촌주의 지위가 그대로 신분처럼 작용하고 있던 9세기 당대의 지방 사회상도 흥미롭지만, 이 시기의 촌주들은 이미 문무왕 14년(674)에 外位가 京位로 통합됨으로써

---

5) 註 1)과 같음.

6) 『三國史記』 33, 雜志2, 屋舍. 여기에 실린 골품제에 입각한 色服 · 車騎 · 器用 · 屋舍의 차등 규정은 興德王 9년의 下敎 내용을 거의 그대로 전한 것이다. '신분에 따른 禮(禮數)가 참람할 정도로 어그러진 당시의 세속을 개탄하며 '옛 법규'(舊章)에 따라 '하늘이 내린 도리'(明命)로서의 骨品 禁制를 遵行하도록 법령으로 재확인한 내용이다. 9세기 사회 신분의 실태를 반영한 것이라기보다 '舊章'으로 지칭된 전래의 골품 규정을 통해 매우 문란해진 신분질서를 바로잡으려는 의지를 반영한 규정이라 하겠다.

京位를 소지한 상태임에도 불구하고 골품제에서 벗어나 있었던 듯 별도의 부가 규정을 따로 마련하지 않으면 안 되었던 사정이 흥미를 유발한다. 같은 京位를 소지했어도 골품제에 포함된 부류와 그렇지 않은 부류로 나뉘었다는 것은 지금까지 구체적으로 논의된 바가 없는 상황이기 때문이다.

기실 위 규정은 당시로서는 그 함의가 명백했겠지만 當代의 실상을 잘 모르는 현재로서는 몇 가지 의문점을 내포한 애매한 내용인 것이 사실이다. 우선 여기에 언급된 眞村主와 次村主가 과연 지방 村主層 전반을 빠짐없이 포괄할 수 있는 職名 분류인가의 여부도 분명하지 않다. 통상 이 규정을 지방세력 전반에 대한 것으로 간주하고, 당시 地方民이 여전히 골품제에 포함되지 못한 채 王京人에 비해 차별적인 취급을 받았음을 보여주는 證左라고 생각하는[7] 경향이 있으나, 그렇다고 동의하기에는 석연치 않은 부분이 있다. 이를테면, 모든 촌주가 眞村主와 次村主로 2分된 것이 만일 사실이라면 이 법규가 공포된 지 겨우 22년이 지난 시점에 조성된 竅興寺鐘의 銘文에

(나) 上村主三重沙干堯王
　　　第二村主沙干龍河
　　　第三村主及干貴珍[8]

이라 하여, 모두 干群 京位를 지닌 것으로 나타나는 上村主와 第2, 第3 村主는 과연 어떤 촌주로 보아야 할지 당장 문제다.

'第二'·'第三'이라는 용어의 어감이 '뒤를 잇는 다음 차례'라는 뜻을 지닌 '次'와 상통하는 면이 있으므로 이들을 次村主로 보고 그 위의 上村主를

---

7) 朱甫暾, 「統一期 地方統治體制의 再編과 村落構造의 變化」, 『新羅 地方統治體制의 整備過程과 村落』, 신서원, 1998, 278~280쪽.

8) 「竅興寺鐘銘」, 『韓國古代金石文資料集(Ⅲ)』, 國史編纂委員會, 1996, 131쪽. 다만 第三村主의 官等은 '乃干'으로 읽히고 있으나, 여기서는 그 字形으로 미루어 及干의 殘缺로 본다. 'O干'이 확실하다면 '乃'와 가장 근접한 '及'으로 읽는 것이 가장 무난하겠기 때문이다(李宇泰, 앞의 논문, 115쪽 각주 106).

Ⅲ. '下代'의 六頭品 村主와 沙湌重位制의 施行　527

眞村主로 보아 문제될 것이 없지 않은가 생각하기 쉬운데, 그럴 경우 이들 모두가 공히 干群 京位를 지닌 점과 제2촌주의 관등이 沙湌인 점을 설명하기가 결코 만만한 일은 아니다. 三重沙湌도 결국은 沙湌이므로, 같은 沙湌임에도 불구하고 누구는 眞村主로 5두품 대우를 받고 누구는 次村主로 4두품 대우를 받는 상정하기 어려운 상황이 연출되기 때문이다. 같은 沙湌이라도 眞骨과 육두품으로 나뉘는 경우야 있을 수 있었다고 하겠지만, 5두품과 4두품으로 나뉘었다는 것은 官等(=官階)이 이미 그 의미를 상실한 것이나 진배없는 상황임이 분명하다. 육두품 이상만이 소지할 수 있었던 干群 官等을 5두품 이하의 신분층이 소지한 것과 아무리 지방 촌주라 하더라도 干群 京位를 소지한 사람을 기껏 5~4두품으로 대우한 것 모두가 납득하기 쉬운 일은 아니다.

興德王 9년의 법령이 더 이상 방치하기 어려울 정도로 문란해진 骨品 禁制의 현실을 반영한 것이고, 또 22년밖에 지나지 않은 시점이라고는 하지만 그 사이에 僖康·閔哀·神武·文聖 4대의 王位 교체가 있었던 격변의 시기였으므로, 지방 촌주를 5~4두품과 동일하게 대우한다는 규정이 제대로 준수되지 못하고 있었을 가능성도 일단은 배제할 수는 없겠다. 그 사이에 村主의 해당 관등이 급격히 격상되는 변화가 일어났거나 골품제 자체가 거의 瓦解之境에 이른 것일 가능성도 일단 고려해 볼 여지가 있지 않은가 하는 것이다.[9] 그러나 沙湌에 重位를 설치하여 시행한 사실로 미루어, 본디 重位制란 특정 신분에 대한 엄격한 규제가 그 본질의 한 면이므로, 骨品別 禁制가 의미를 상실할 정도로 신분질서가 문란해진 상태를 상정하기는 곤란하다. 새로운 관등에 重位制를 적용한 것은 오히려 신분제를 강화하고 있었음을 방증해 주는 사례라 해도 좋을 형편이다.

---

9) 육두품 이상만이 가질 수 있는 관등을 村主가 소지한 이유를 지방세력의 성장이라는 측면에서 이해한 견해도 있다(金周成, 「新羅下代의 地方官司와 村主」, 『韓國史研究』 41, 1983, 69쪽).

따라서 지금까지의 이해에 입각하는 한, 上村主를 眞村主로, 第2·第3 村主를 次村主로 보는 것은 아무래도 무리라고 할 것이다. 그렇다고 上村主 이하 第2·第3 村主 모두를 眞村主로 본다고 해서 문제가 해결되는 것도 아니다. 鑄鐘에 次村主 이하의 하급 村主層은 참여하지 않았을 수도 있기야 하겠지만 개연성이 떨어지는 설정인데다, 역시 干群 관등 소지자를 5두품으로 대우했다는 데 근본적인 문제가 있기 때문이다. 신라가 관등제와 골품제를 전국적인 체제로서 일사불란하게 운영하려 했다면, 그리고 지방세력에 대해서는 5두품 이하의 대우만 해줄 것이 요구되는 사회구조였다면, 이들에게 처음부터 級湌 이상의 京位를 주지 않았으면 될 일이었다. 굳이 干群 관등을 주고 5두품으로 대우한 배경이나 이유를 합리적으로 설명할 수 없는 한, 지방 촌주의 경우는 干群 관등을 소지했어도 5두품으로 대우했다는 견해는 설득력을 인정하기 곤란하다.

骨品과 官等의 상호 관계에서 두품층의 관등은 본래 1 : 1로 대응하는 형태로 시작된 것이었다. 17관등제가 성립하기 전, 신라의 관등제는 12관등 체제였다고 추정된다.[10] '大'자가 붙은 관등은 처음부터 있었던 것이 아님이 거의 확실하기 때문이다. '大阿湌', '大奈麻', '大舍', '大烏'의 4관등과 '迊湌'은 法興王代에 추가된 관등이었다. 따라서 奈麻에 重位制가 적용되던 때에 두품층에게 허용된 관등은 奈麻와 舍知, 吉士, 烏, 造位 다섯 관등밖에 없었다. 즉 奈麻-5두품, 舍知-4두품, 吉士-3두품, 烏-2두품, 造位-1두품으로 官等과 頭品이 1 : 1로 대응하는 관계 위에서 골품제가 성립하고 운영된 것이었다.

그러다가 '大'자가 붙은 관등들이 생겨나면서, 그리고 3두품 이하의 신분이

---

10) 末松保和, 「梁書新羅傳考」, 『新羅史の諸問題』, 1954, 400~408쪽. 다만 스에마쓰 교수가 伊伐湌과 伊湌이 하나의 官位에서 분화된 것이리라 생각한 것은 잘못이다. '大'자가 붙은 관등과 함께 훗날 추가된 관위는 迊湌이었다(權悳永, 「新羅 官等 阿湌·奈麻에 대한 考察」, 『國史館論叢』 21, 1991, 35쪽).

소멸하면서 이와 같은 1 : 1 대응관계는 무너졌지만, '大'자가 붙었어도 大奈麻는 결국 5두품으로서 奈麻層이었고 大舍는 4두품으로서 舍知層이었다. 大奈麻가 성립한 후, 重位制의 적용 관등이 奈麻에서 大奈麻로 변화한 후에도 그 重位名이 여전히 奈麻重位였던 사실이 이를 단적으로 보여준다. 그러므로 5두품은 奈麻層을, 4두품은 舍知層을 가리키는 신분이었다고 해서 크게 틀리지 않는다. 물론 奈麻 계열 관등을 지녔다고 모두 5두품인 것은 아니고, 舍知 계열 관등을 지녔다고 해서 모두 4두품인 것은 아니었다. 진골로서도 舍知가 있던 상황이고 보면,[11] 舍知 관등을 지녔더라도 신분은 5두품 이상인 경우가 적지 않았으리라 짐작해도 일단은 무방하겠다.

그러나 5두품으로서 級湌 이상의 干群 官等을 지닐 수는 없는 일이었다. 干群 官等의 소지는 육두품 이상만 가능하였다. 고쳐 말하면, 육두품이란 애초에 奈麻重位制의 제약을 뚫고 干群 官等을 받은 두품층을 새로운 계층으로 인정하고 지칭하기 위해 만들어 낸 용어였다. 따라서 이미 干群 京位를 소지한 자 곧 육두품을 5두품으로 대우한다는 것은 당시 골품제와 관등제의 기본 골격을 뒤흔드는 일일 수밖에 없었다. 그가 비록 지방 촌주일지라도 干群 京位를 지닌 이상 이는 마찬가지였을 터임이 분명하다. 三重沙湌·沙湌·級湌인 이들을 '與五品同'한다는 것은 도무지 있을 수 없는 일인 것이다. 만일 정말 그랬다면 골품제는 이미 그 기능을 상실했다고 단언해도 무방하겠지만, 정작 당시의 실상은 골품제를 전제하지 않고서는 성립할 수 없는 제도라 할 重位制가 沙湌에 적용되고 있던 상황이었다. 골품제는 여전히 위력적으로 작용하고 있었다. 그러므로 干群 官等을 소지한 上村主와 第2·

---

11) 예컨대 大官大監은 眞骨로서 官位가 舍知인 者부터 阿湌인 者가 이를 할 수 있다('眞骨位自舍知至阿湌爲之')고 되어 있어, 진골로서도 舍知 관등을 지닌 경우가 있었음을 알 수 있다. 昌林寺無垢淨塔誌를 통해서는 그 실례를 확인할 수 있는데, 奉教宣修造塔使가 '從弟 舍知 行熊州祁梁縣令 金銳'로 기록되어 있다. 당시 舍知 관등을 지녔던 金銳는 文聖王의 4촌 아우로서 진골 세력 중에서도 핵심 인물이었다.

第3 村主를 5두품 대우를 받은 眞村主로 간주하고, 관등과 상관없이 村主層은 5두품 이하의 대우를 받았다고 단정하는 것은 명백한 비약이다.

그렇지만 한편, 興德王 9년의 禁制에서 골품별로 色服·車騎·器用·屋舍에 차등을 둔다고 규정하고는 지방세력과 관련해 5~4두품에 준하는 眞村主와 次村主에 대해서만 언급한 것도 납득하기 쉽지 않은 일이다. 이미 文武王 14년(674)에 外位를 폐지하고 그 소지자에게 京位를 주면서 육두품에 해당하는 관등을 가진 다수의 지방세력을 양산한 처지였기 때문이다.

(다)　外位 文武王十四年 以六徒眞骨 出居於五京九州 別稱官名 其位視京位 嶽干 視一吉湌 述干視沙湌 高干視級湌 貴干視大奈麻 選干一作撰干視奈麻 上干 視大舍 干視舍知 一伐視吉次 (一尺視大烏) 阿尺視先沮知.[12]

이 조처에 의해 외위가 경위로 변환된 내용을 이해하기 쉽게 도표로 만들어 제시하면 다음과 같다.

〈표 1〉外位와 京位의 照應關係

外位	1	2	3	4	5	6	7	8	9	10	11
	嶽干	述干	高干	貴干	選干	上干	干	一伐	一尺	彼日	阿尺
京位	阿湌	一吉湌	沙湌	級湌	大奈麻	奈麻	大舍	舍知	吉次	大烏	小烏	先沮知
	6	7	8	9	10	11	12	13	14	15	16	17
骨品	六頭品				五頭品		四頭品				

이를 통해 한눈에 알 수 있듯이 外位 1~3위에 해당하는 이들은 육두품에 해당하는 京位를 받았다. 따라서 興德王 9년의 法制는 5두품에 상당하는 眞村主와 4두품 상당의 次村主에 대해서만 언급하고, 이들 六頭品級 촌주층에 대해서는 一切 언급하지 않은 형태라고밖에 볼 수 없다.

---

12) 『三國史記』 40, 雜志9, 職官 下.

여기서 아무리 지방 촌주라도 干群 京位 소지자를 5두품으로 간주할 수는 없는 노릇이었다고 한다면, 일단 논의의 방향을 전환하여 文武王代와 興德王代 사이의 약 200년 동안 일어났을 적잖은 사회변화를 이 禁制가 육두품급 촌주를 외면한 배경으로 검토해 봄직하다. 골품별 규제와 차등이 갈수록 문란해진 결과가 興德王 9년의 禁制 强化로 나타났던 것이 사실이고 보면, 골품제의 원형을 복원한다는 취지를 지나치게 강조한 결과, 지방세력의 성장 등 현실의 변화를 제대로 반영하지 못한 채 이 법규를 제정했던 것이 아닌가 하는 생각이다. 하지만 늦어도 文武王代부터는 육두품 상당 관등을 소지한 다수의 지방 촌주층이 있었고, 興德王代에도 그러하였으며, 竅興寺鐘 이 조성되던 文聖王代에도 사정이 마찬가지였던 사실에 유의한다면 이에 수긍하기는 좀체 어렵다. 그 사이에 많은 변화가 일어났겠지만, 줄곧 엄연히 있어 왔던 육두품 급 村主의 존재를 興德王 9년의 禁制가 갑자기 외면한 이유를 '그간의 변화'라는 맥락에서 찾기는 곤란한 것이다.

그렇다면 이제 마지막 남은 가능성, 즉 5~4두품으로 대우한 '眞村主'와 '次村主' 외에 級湌 이상의 干群 官等을 지닌 육두품 촌주들이 따로 존재했었고, 이들은 육두품으로서 당연히 그에 상응하는 禁制의 적용을 받도록 되어 있었기 때문에 따로 附加規定을 둘 이유가 없었을 가능성을 적극 고려해 볼 수밖에 없다. '眞村主'와 '次村主'로 대별되는 外村主 계열의 촌주는 그 官位에 상응하는 골품으로 대우하기가 난처한 상황이어서 특별히 부가 규정 이 필요했고, 竅興寺鐘銘에 보이는 上村主 계열의 촌주는 그대로 육두품으로 대우해도 문제가 없어 따로 언급하지 않았을 가능성이다. 그런데 이 가능성과 관련해서는 좀더 구체적인 詳論이 필요하므로 논의를 잠시 뒤로 미루기로 한다. 하지만 논의가 이에 이른 이상 육두품 촌주의 존재를 더 이상 부인하기 어렵다는 점만은 분명해졌다고 여겨진다. 그리고 보면, 지금까지 흔히 '地方勢力'이라는 포괄적 개념으로 싸잡아 부름으로써 하나의 同質集團인 것처럼 파악해 온 村主層은 기실 그 내부에 다양한 계통과 구성을 가진 복합세력이었을 가능성이 매우 큰 것이 사실이다.

우선 文武王 14년에 外位를 京位로 바꾸어 주기 전에도 이미 京位를 지닌 촌주가 있던 터였다. 예컨대 文武王 7년에 大奈麻 江深이 보이는데, 그는 亽同兮村主로서 공을 세워 級飡으로 승진까지 되었다.[13] 이 시기에 京位를 지닌 촌주는 外位를 지녔다가 훗날 京位로 바꾸어 받은 촌주와 계통이 다른 촌주였음이 분명하다. 또한 육두품 급 촌주층 내부에서도 文武王 14년 이전에 이미 干群 京位를 지녔던 부류와 이후에 그렇게 된 부류가 같은 성격의 촌주일 수는 없을 터다. 그리고 外位를 소지했다가 京位를 받은 촌주라 해도 모두 같은 처지가 아니어서, 예컨대 嶽干이었다가 一吉飡을 받은 부류는 阿飡으로 진급할 기회도 가졌을 법하며, 나중에 沙飡重位의 적용을 받는 대상에서도 응당 제외되어 있었을 또 다른 성격의 지방세력이었다.

興德王 9년의 禁制에 附記된 '外眞村主'와 '次村主'는 地方 村主群의 하층을 형성한 村主 계열일 뿐 그 전체가 아니었다. 이와는 별도로, 竅興寺鐘銘에 기재된 上村主처럼 干群 京位 소지자로서 村主群의 상층부를 형성한 육두품 촌주들이 엄연히 존재하였다. 그럼에도 불구하고 위 禁制에서는 이들에 대한 규정을 따로 두지 않았다. 이제 그 이유가 무엇인지 앞서 미뤄 두었던 문제를 살펴볼 차례다. 다각적으로 검토해 보아도 의문의 여지가 남을 경우엔 종래의 理解로부터 한 걸음 물러나 思考의 여백을 가지고 관련 사항 전반을 원리 면에서 처음부터 다시 점검해 보는 태도가 바람직하다. 禁制 말미에 附記된 外村主에 대한 단서 조항을 지금까지 잘못 이해해 온 것일 가능성까지 염두에 둘 필요가 있을 것이다.

---

13) 『三國史記』 6, 新羅本紀6, 文武王 7年 10月 2日~11月 11日.

3. 處遇規定으로서의 骨品制와 村主의 地位

興德王 9년의 禁制는 골품제의 전모와 실상을 여실히 보여주는 자료로 주목되어 왔다. 이에 따르면 신라는 '人有上下 位有尊卑'하다는 인식하에 진골(대등), 6두품, 5두품, 4두품 및 평인[백성]으로 등급을 나누어 각기 色服과 車騎·器用·屋舍를 달리했던 것으로 되어 있다. 개인의 사회적 지위나 처우를 신분이라 부른다면 진골부터 6~4두품을 거쳐 평인에 이르는 각 등급은 신분이라 불려도 좋을 것이다. 그러나 그 신분이 血統에 입각하여 生來的으로 결정되는 것이라고 한다면 이 禁制에서 분류한 등급을 곧 신분이라 부를 수는 없다. 진골이 최고 지배신분층으로 성립한 이후, 신라에서 생래적으로 결정되는 신분은 진골뿐이었기 때문이다. 말하자면 신라에서 엄밀한 신분 개념은 진골이냐 아니냐의 구분밖에 없었다.

신라에서 尊卑의 기준으로 삼은 것은 첫째가 官位였다. 법흥왕이 제정한 官服制度도 관위에 따라 복색을 달리하게 한 것이었다. 이때만 해도 관위 이외의 요소는 고려되지 않았다. 다만 官位名 자체를 干群과 非干群으로 나눔으로써 干 신분인가 아닌가를 구별했을 뿐이다. 그러다가 둘째로 眞骨인가 아닌가의 여부가 기준으로 추가되었다. 원래 牙笏은 級飡 이상이어야 지닐 수 있는 것이었지만 眞德王 4년에 '以眞骨在位者 執牙笏'하라는 下敎를 내려[14] 大奈麻 이하의 관위라도 진골이라면 牙笏을 들 수 있게 하였으니, 官位의 소지를 전제로 진골 여부를 따져 우대한 것이었다. 진골이 최고 지배신분층으로 대두한 징표였다. 이에 따라 시간이 지날수록 '位有尊卑'보다는 '人有上下'의 개념을 더 본질적 요소로 중시하는 경향이 커졌다. 眞骨에게만 大阿飡 이상의 관위를 허용하게 된 것은 이런 추세의 결과였다.

진골이 아닌 신분층은 흔히 '他宗' 혹은 '次品'이라는 용어로 凡稱되었다. 다음이 그 예다.

---

14) 『三國史記』 5, 新羅本紀5, 眞德王 4年 4月.

(라) ㉮ 五曰大阿湌 從此至伊伐湌 唯眞骨受之 他宗則否[15]

　　㉯ 大官大監.. 眞骨位自舍知至阿湌爲之 次品自奈麻至四重阿湌爲之[16]

'他宗'이나 '次品'은 현실적으로야 육두품이 이에 해당하는 것이었다 하겠지만, 딱히 육두품을 지칭하려는 의도를 내포한 용어는 아니었다. 眞骨인가 아닌가의 여부만 중시할 뿐, 여타의 신분이 구체적으로 몇 두품인가는 전혀 문제 삼지 않은 語法이고 用語였다. 頭品은 語義에 명시되어 나타나듯 개인[頭]의 能力·實力·功勳 등에 의해 결정되는 등급[品]으로서, 혈통[骨]에 입각한 眞骨과는 '근본이 다른'[他宗] 신분이었다. 거듭 확인하는 바이어니와 두품은 본디 官位와 1：1 대응관계에서 성립한, 현재의 사회적 지위를 표시하는 신분 개념일 뿐이었다. 관위가 높아지면 자연히 두품의 등급도 상승하였다. 重位制가 당대 최고 신분층이 독점하는 관위의 바로 밑 관위, 즉 '他宗' 혹은 '次品'에게 허용한 최고의 관위 하나에만 설치되어 운영된 사실이 이를 말해 준다. 두품 내에서는 승급 규제가 없었다.[17] 두품의 등급에 따라 오를 수 있는 관위의 上限이 정해져 있었다는 것은 수정되지 않으면 안 될 謬見이다.

　신라의 두품 신분이 능력에 의해 취득되는 신분이었다는 것은 國學에 입학한 자를 교육하여 奈麻級 관위에 오른 후 出學시킨 사실을 통해서도 확인할 수 있다. 즉 신라에서 국학에 입학할 수 있는 학생의 자격은

國學……凡學生 位自舍知已下至無位 年自十五至三十皆充之 限九年 若朴魯不化者罷之 若才器可成而未熟者 雖踰九年 許在學 位至大奈麻·奈麻 而後出學[18]

하였다고 한 바와 같이, 官位 舍知 이하 無位까지, 나이 15세 이상 30세까지로

---

15)『三國史記』38, 雜志7, 職官 上.

16)『三國史記』40, 雜志9, 職官 下.

17) 拙稿, 이 책의 제3장 Ⅲ.

18)『三國史記』38, 雜志7, 職官 上, 國學.

써 '皆充之'하는 것으로 규정되어 있었다. 그 신분은 전혀 문제되지 않았다. 그리하여 9년을 연한으로 교육하되 魯鈍하여 진전이 없는 사람은 내보내고, 미숙하더라도 가능성이 엿보이는 사람은 9년 넘게도 在學을 허용하며, 관위가 大奈麻나 奈麻에 이르렀을 때 修學을 마치도록 하던 것이 국학의 기본 운영방식이었다. 無位者도 실력만 있으면 官位를 받고 昇級을 거듭하여 9년 안에 大奈麻까지 오를 수 있던 체제였다. 즉 신라에서 관위란 기본적으로 실력에 의해 취득되던 것이었고, 해당 관위에 상응하는 두품으로서 대우받은 것이었다. 이 기록에 입각하는 한, 無位者라도 그 신분이 일정 수준 이상으로 정해져 있었으리라는 것은 근거 없는 假說이다.[19] 이처럼 두품의 등급이 얼마든지 승급 가능한 것이었다는 점에서 본다면, 몇 두품인가는 엄밀한 의미에서 신분이라기보다 處遇의 수준을 결정하는 개념이었다고 하겠다.

---

19) 『삼국사기』의 國學條에 신분에 대한 언급이 없는 것과 관련하여, 골품별로 오를 수 있는 관등이 각기 정해져 있었다고 생각한 기존의 오해에 입각, 國學에 입학할 수 있는 신분을 한정해 보려는 견해가 우세하다. 지금까지 6두품 이상(고경석), 5두품 이상(李基白, 李仁哲, 정호섭), 4두품 이상(李喜寬), 4두품 이하(李明植) 등 다양한 견해가 제시되었다. 國學에 國子學 太學 算學 과정이 있었고, 진골이 국자학에, 6~5두품이 태학에, 4두품과 평민이 산학에 입학하여 교육받았다고 본 견해도 있다(盧重國). 그러나 골품별로 오를 수 있는 관등이 각기 정해져 있었다는 생각은, 重位가 阿湌·大奈麻·大舍에 동시에 설치되어 각각 6두품·5두품·4두품이 그 적용을 받았다고 잘못 이해한 데서 비롯한 것이다. 이것이 오해였음은 이미 밝혀진 사실이거니와(拙稿, 이 책의 제3장 Ⅲ), 國學條에 신분 관련 규정이 없는 사실 역시 신라 사회의 구조가 그럴 필요가 없는 상태였던 데서 비롯한 것으로 이해해야 옳을 것이다.
李基白, 「新羅 骨品體制下의 儒敎的 政治理念」, 『新羅思想史硏究』, 一潮閣, 1986, 229쪽.
李仁哲, 『新羅政治制度史硏究』, 一志社, 1993, 144쪽.
고경석, 「신라 관인선발제도의 변화」, 『역사와현실』 23, 1997, 101쪽.
盧重國, 「新羅와 高句麗·百濟의 人材養成과 選拔」, 『新羅의 人材養成과 選拔』(新羅文化祭學術發表會論文集 19), 1998, 57쪽.
李喜寬, 「新羅 中代의 國學과 國學生」, 『新羅의 人材養成과 選拔』(新羅文化祭學術發表會論文集 19), 1998, 109쪽.
李明植, 「新羅 國學의 運營과 再編」, 『大丘史學』 59, 2000, 19쪽.
정호섭, 「新羅의 國學과 學生祿邑」, 『史叢』 58, 2004, 53쪽.

골품제는 신분과 처우라는 두 측면의 성격이 결합하여 성립한 제도였다. 眞骨이냐 아니냐를 구분하는 신분 개념과 그 관위가 어느 수준에 이르렀느냐를 따져 처우를 구분하는 등급 개념이 동시에 작동하던 체제가 곧 골품제였다. 이 점에 유의하면 興德王 9년의 禁制 末尾에 부가된 '外眞村主與五品同, 次村主與四品同'이라는 규정을 새롭게 이해할 여지가 생긴다. 이를 眞村主와 次村主가 골품제로부터 벗어나 있었음을 보여주는 단서라고 생각한 종래의 이해는 골품제를 핵처럼 굳어진 王京이라는 지역 중심 신분체제로 파악하고 王京과 地方을 분리된 독립 체계로 간주하는 發想에 기초해 있었다. 그러나 지방 촌주의 職制를 골품에 준하는 신분으로 간주한 듯 보이는 이 규정의 본질은 기실 村主職制를 骨品制의 연장선에서 파악한 점에 있다. 골품별 禁制를 일일이 규정하고, 촌주라는 職位를 그 골품별 禁制가 지닌 처우 수준의 등급에 맞추어 조정한 형태다. 職位를 신분으로 파악하려는 것이 아니라 職位에 대한 처우를 규정한 내용인 것이다.

여기서 무엇보다 염두에 두어야 할 것은 아무리 村主라 하더라도 그가 京位를 가진 한은 그에 상당하는 두품으로서 대우되어야 마땅한 일이었다는 점이다. 그가 진골이 아닌 이상 관위와 골품 사이에 작동하는 기계적인 상관관계의 영향으로부터 자유로울 수 없었다. 干群 官位를 소지한 두품층은 육두품인 것이고, 奈麻級 官位를 가졌으면 5두품, 舍知級 官位를 가졌으면 4두품인 것이었다. 두품층에게 있어서 그 아버지의 官位나 功勳이 아들이 오를 관위의 수준을 결정하는 참고 요소로 작용하였고 또 이것이 관행이었다고 여겨지지만,[20] 그렇다고 그 아들이 일정 수준의 관위를 지녀야 할 권리나

---

20) 부친의 官位나 功勞가 그 아들이 취득하는 관위의 수준에 영향을 미친 실례로는 眞平王 때에 20여 세의 奚論이 아버지의 공으로 大奈麻가 된 사실을 들 수 있다(『三國史記』 47, 列傳7, 奚論). 眞德王 2년에는 김춘추를 따라 唐에 다녀오던 중 해상에서 고구려 邏兵을 만나 김춘추 대신 희생된 溫君解의 공을 기려 大阿飡으로 追贈하고 그 자손을 優賞한 예가 보인다(『三國史記』 5, 新羅本紀5, 眞德王 2년). 목숨을 건 충성을 유도하기 위해서라도 이러한 조처는 시간과 공간을 초월하여 반드시

근거로서 아버지의 官位나 功勳을 내세울 수 있던 구조는 아니었다. 한마디로 두품의 등급은 세습의 대상이 아니었다. 이러한 구조에서 眞村主에게 5두품 대우를, 次村主에게 4두품 대우를 한다고 附記한 것이다.

따라서 이 附記 규정은 村主職制를 골품제 상의 처우와 결부시킨 문맥에서 해독되어야 한다. 外村主에 대해서는 官位와 骨品 사이의 기계적 상관성을 벗어나 특별한 처우가 필요했던 사정이 놓여 있었던 것이다. 이를테면 일정 지역에 대해 실질적 권한을 가진 眞村主와 次村主를 그 관등에 의거해서만 대우하기 곤란했던 현실 사정이 이 같은 附記로 나타났으리라는 것이다. 부연하자면 이런저런 사정에 의해 位卑者가 眞村主 職을 수행하게 된 경우, 예컨대 舍知級 관위를 가진 자가 眞村主가 되었을 경우 그 관위가 5두품에 해당하지는 않지만 그 職이 眞村主이므로 5두품에 상응하는 처우를 한다는 것이 이 규정의 本旨인 셈이다. 이는 外村主의 경우엔 位보다 職을 중시하여 처우한다는 뜻으로 해석해야 할 부가 규정이다. 그래야만 전후 맥락이 서로 부합한다. 이 규정은 位卑者일 경우에 적용되는 조항이었다.

실제로 眞聖女王 3년(889) 元宗과 哀奴가 沙伐州에 근거를 두고 반란을 일으켰을 때 村主 祐連이 이를 진압하기 위해 힘껏 싸우다가 죽은 일이 있었는데, 이에 왕은 10여 세밖에 안 된 祐連의 아들로 하여금 촌주의 職位를 잇도록 했다고 한다.[21] 당시 祐連의 아들이 어떤 관위를 지니고 있었는지는 잘 알 수 없으나 그의 나이가 10여 세였다고만 기록한 것으로 미루어 無位者였을 가능성마저 없지 않다고 여겨진다. 村主職을 잇게 하면서 관위를 주었다고 해도 村主職에 상당하는 관위까지는 아니었을 공산이 크다.

골품별 禁制를 규정하고 그 末尾에 '外眞村主與五品同, 次村主與四品同'이라는 附則을 두었던 興德王 9년(834)은 바로 앞의 憲德王 14년(822)에

필요했을 것이다. 고구려에서는 紐由의 공로에 대한 보답으로 그 아들을 大使者로 삼은 예가 있다(『三國史記』 45, 列傳5, 密友・紐由).

21) 『三國史記』 11, 新羅本紀11, 眞聖王 3年.

金憲昌의 亂이 일어나 수많은 州郡縣이 이에 연루됨으로써 전국 규모의 攻防을 치른 지 얼마 안 되는 시점이었다. 그 여파로서 후대에 祐連의 아들이 그러하게 되듯이 位卑者임에도 불구하고 村主職을 맡게 된 이들이 亂을 겪은 지역 곳곳에 量産되었을 것임은 능히 짐작할 수 있는 일이다. 興德王 9년의 禁制는 이러한 현실에서 '人有上下 位有尊卑'함을 다시 강조하고 확인하기 위해 마련한 것이었고, 그 연장선상에서 촌주에 대해서는 官位보다 職位를 중시하여 대우한다는 특별 조항을 附記하기에 이른 것이었다. 이 조항과 무관하게 干群 京位를 지닌 位高者가 眞村主 職에 있을 경우엔 당연히 그 관위에 입각하여 육두품 대우를 해야 했음은 물론이다.

그러므로 이 부가 규정을 지방 촌주층에 대한 차별 의식에서 나온 것으로 생각하는[22) 것은 사실과 거리가 있는 이해 형태다. 오히려 外村主 계열의 특수성을 인정하고 우대하기 위한 조처였다고 파악해야 실상에 가깝다. 지방 촌주층 역시 골품제로부터 벗어나 있던 존재가 아니었고 또 그럴 수도 없는 일이나, 다만 眞村主와 次村主에 대해서만큼은 그 職位의 성격상 관위가 좀 낮더라도 최소한 5~4두품에 상당하는 대우를 하는 것이 이들이 그 지방에서 차지하는 현실적 지위에 상응하는 것이고, 또 그 직무 수행 과정에서 생길 수 있는 갈등이나 차질을 최소화할 방도이리라는 사회적·정치적 판단이 이 규정에 함축되어 있었다고 이해하면 좋을 것이다.

신라 사회구조에서 차지하는 지방 村主層의 지위는 그동안 과소평가되어 온 측면이 있다. 新羅村落文書를 보면 상당한 규모의 村主位畓이 설정되어 있었음을 알 수 있는데, 官謨畓과 內視令畓이 각각 4結인 데 반해 村主位畓은 19結 70負에 달한다. 이 村主位畓을 여러 촌주─이를테면 眞村主와 次村主─가 공유한 것인지 여부가 불확실하고, 또 이 位畓을 받은 촌주의 실체가

---

22) 朱甫暾, 「郡司·[城]村司의 運營과 地方民의 身分構造」, 『新羅 地方統治體制의 整備過程과 村落』, 1998, 신서원, 243~244쪽.

모호하기는 하지만 지방 사회에서 차지하는 村主의 위치가 결코 얕잡아볼 수준이 아니었음은 물론이고, 村主의 지위에 대한 중앙의 評價와 認定 역시 상당한 수준이었음이 분명하다. 眞村主를 5두품으로, 次村主는 4두품으로 대우한다는 규정 자체가 촌주의 직위를 특수하게 여기고 중시한 소치였다. 일찍이 眞興王이 昌寧에 巡狩하고 남긴 碑에서 大等부터 軍主·幢主·道使까지 지방통치체제 상의 주요직들을 거명하면서 外村主도 잊지 않고 운위한 이유 또한 여기에 있었다.[23] 丹陽赤城碑에서 새로 편입한 지역의 재지세력에게 특별한 은전을 베푼 것도 신라가 초기부터 말기까지 일관하여 유지해 온 地方重視 基調라는 맥락 위에서 이해될 일이다.

新羅가 이처럼 村主의 정치적·사회적 위치를 중시했던 이유는 이들이 일정 지역의 民과 土地를 실질적으로 관할하는 자리에 있었기 때문일 것이다. 郡縣에 守令이 파견되어 있었지만 관할 지역의 民을 조직하여 동원하는 실무적 주체는 村主였다. 국가적 차원에서 추진하는 築城·築堤·寺刹造營 등 대규모의 土木·建築 사업에 力役을 동원하고, 戰場에 兵力을 동원하며, 租調를 수취하는 등 諸般事가 촌주를 축으로 이루어지고 있었다. 따라서 개별 촌락에 대한 파악의 성패가 촌주에 대한 장악력 여하에 달려 있었고, 신라의 國運이 결국 촌주층의 동향과 협력 여부에 달려 있었다고 해도 과언이 아닌 형국이었다.

村主의 위치와 그 의의가 이러하였으므로 신라 중앙정부는 효율적·합리적으로 지방의 촌주층을 장악하기 위한 방안 마련에 고심하였다. 諸干의 下戶支配에 기초한 部中心體制고 郡縣制에 입각한 國王中心體制고를 막론하고, 체제의 지향점이 성장하는 지방세력을 여하히 효율적으로 장악할 것인가에 놓여 있었던 점에서는 동일하였다. 그러나 지방지배는 체제를

---

23) '大等与軍主幢主道使与外村主'(「昌寧眞興王巡狩碑」, 『韓國古代金石文資料集(Ⅱ)』, 國史編纂委員會, 1995, 79쪽).

새로 마련했다고 해서 그대로 이루어질 수 있는 일이 아니었다. 궁극적으로 地方支配體制란 각 지방에서 나름대로 질서를 구축하고 유지하는 여러 권력들의 세력관계와 이해관계를 조정하고 타협하면서 장기적으로 정비되는 것이었고, 그 조정과 타협의 역할은 항상 當代 최고 지배세력의 몫이었다. 중앙 지배세력의 정치적 위상 자체가 지방 장악력 여하에 의해 결정되는 것이었다고 해도 과언이 아니다.

진골이 최고 지배신분층으로 대두한 후 새로운 형태의 지방지배 방식은 郡縣制에 입각한 형태로 설정되었지만, 그 실제는 州나 小京으로 出居하는 진골 유력자가 자신의 家臣層을 중심으로 별도의 관위체제 곧 外位를 운영함으로써 촌주층을 직접 장악하는 방향과24) 중앙에 머물러 政局을 주도하면서 食邑으로 받은 지방 각지의 民戶와 소유지에 대한 財政管理機構 곧 '府'를 개설하고25) 이를 통해 有關 村主層을 私的으로 조직해 나가는 방향, 이 두 각도에서 모색되고 있었다. 州 또는 小京 長官의 家臣層들은 새로 설정된 행정구역을 토대로 그 지역 내 촌주층을 통합할 수 있는 위치에 있는 高位의 外位를 받고 지방지배 구조에 투입되어 主君을 도왔다. 그동안 部體制 하에서 지방의 干으로서 작은 村城을 기반으로 형성된 기득권을 유지하면서 六部 諸干의 통제를 받아오던 村主層으로서도 지방 干의 등급을 다양화한 外位體制를 통해 자신의 기반을 郡縣 단위로 확대할 수 있었고, 진골 세력가의 인정을 받아 발탁됨으로써 지방 무대를 떠나 中央官으로 진출할 수 있는 기회를 가질 수 있었다는 점에서 이 새로운 변화가 그렇게 부정적인 것만은 아니었다. 초기에는 반발도 없지 않았지만26) 대세적으로는 진골 중심의

---

24) 拙稿, 「6~7세기 新羅 眞骨의 家臣層과 外位制」, 『韓國史研究』 107, 1999 ; 이 책의 제4장 Ⅰ로 재수록.
25) 拙稿, 「統一新羅期의 開府와 眞骨의 受封」, 『歷史敎育』 59, 1996 ; 이 책의 제4장 Ⅱ로 재수록.
26) 鳳坪碑에 보이는 村城의 군사적 충돌은 종래의 部 중심 지방지배체제와 새로 추진되는 진골 중심의 郡縣制的 지방지배체제 사이의 갈등에서 빚어진 것이다(이

이 새로운 체제에 협조적이었다. 진골 집권세력은 文武王 14년에 外位制를 폐지하고 관위를 京位로 단일화함으로써 자신들이 독립 세력화할 수 있는 割據的 기반을 포기하는 대신 村主層의 전폭적인 환영과 지지를 토대로 郡縣制에 기초한 중앙집권적 지배체제를 구축하는 데 성공했다.[27]

그러나 결국 지방을 통제하는 주체는 郡縣이라는 체제가 아니라 여기에 자기 세력을 守令으로 파견하며[28] 각지의 民戶 다수를 食邑으로 확보한 진골 귀족세력이었다. 따라서 지방 村主들은 자신의 관등을 높이고 자손에게 중앙에 진출할 기회를 마련해 주기 위해 자기 村과 관련 있는 진골 유력자를 찾아 다투어 충성을 맹세하고 자신의 忠心과 能力을 입증하는 데 진력하였을 것이다. 이 과정에서 촌주층이 종래 지녀 온 다수의 기득권이 진골 세력에게 넘어가고, 심지어는 村主職 자체가 진골이 파견한 인물에게 넘겨지는 경우까지 非一非再했을 것으로 짐작된다. 9세기에 이른 시점에서, 干群 京位를 소지한 육두품 村主의 많은 수는 진골 세력의 후원을 받던 부류로 채워져 있었을 것이다.

地方 村主職은, 이 職을 수행하는 자가 관위를 소지한 두품층이었다는 점에서 두품층이 立身하는 데 활용하기 좋은 경로였다. 外位를 京位로 단일화한 이후에는 지방 촌주라 하더라도 京位를 가진 이상 그대로 京官이나 外官으로 임용해도 법제적으로 전혀 문제될 것이 없는 일이었다. 下代에

점에 대해서는 後稿에서 상론할 예정임).

27) 外位制의 廢止와 관련하여 필자는 왕권강화를 위한 진골의 私的 在地基盤 解體라는 시각에서 논급한 바 있다(拙稿, 이 책의 제4장 I). 그러나 外位制 폐지 조치가 이로써 京位를 소지하게 된 村主層과 眞骨 家臣層의 전폭적인 지지를 받았으리라는 측면에서 생각한다면, 궁극적으로 이는 국왕을 앞세운 진골 세력이 그들 중심의 중앙집권체제를 구축하고 완성하는 데 반드시 필요했던 '지지기반 확대'와 '지배기반 확충'을 가능케 한 조처였다고도 말할 수 있다. 한편 진골 세력은, 형태를 달리하여, 官爵과 食邑을 받아 독자적 府를 개설하는 방식으로 그 私的 재지기반의 유지를 도모하였다(拙稿, 이 책의 제4장 Ⅱ).

28) 三光이 家臣인 裂起를 三年山郡 太守로 파견한 것이 대표적 사례다(『三國史記』 47, 列傳7, 裂起).

중앙 정계에서 활동한 육두품 인물 중에는 상당수의 지방 출신자가 포함되어 있었을 것으로 여겨지며, 거개는 지방 촌주직을 통해 간군 관위를 획득한 후 적절한 기회에 중앙으로 진출했던 이들일 개연성이 크다고 생각된다. 왕경 출신이든 지방 출신이든 유력한 진골이나 국왕의 후원을 받지 않고 두품층 인물이 살아서 자력으로 육두품에 오른다는 것은 거의 불가능한 일이었다.

이렇듯 육두품층 다수가 진골세력에 羈縻되고 있었던 현실이 육두품의 分化를 초래하고 있었다. 沙湌重位의 설치는 그 분화의 결과였다.

4. 六頭品의 分化와 沙湌重位의 設置

육두품은 국왕을 포함한 진골 유력자의 후원을 받아 干群 경위를 소지하게 된 두품층이었다. 그러나 이들은 스스로 '國士'를 자처함으로써 자신의 능력이나 功勞를 국가적으로 인정받아 이제 개인에 대한 봉사를 벗어나 국가를 위해 기여하는 자가 되었음을 과시하고 이 점에서 자신의 가치와 긍지를 찾는 경향이 컸다. '國士'는 본디 온 나라가 중히 여기고 우러르는 선비를 뜻하는 일반화된 述語지만[29] 신라에서는 육두품을 特稱하는 용어로 정형화되고 있었다.

예컨대 强首의 경우, 奈麻 관위에 있던 아버지 昔諦가 아내에게 아들에 대한 기대감을 나타내며

爾子非常兒也. 好養育之, 當作將來之國士也.[30]

라 말했다고 하는데, '장래에는 꼭 國士가 될 것'이라는 이 말은 强首가

---

29) '全國推重仰望之士也'(『中文大辭典』 2, 中華學術院印行, 1973, 1065쪽).
30) 『三國史記』 46, 列傳6, 强首.

훗날 沙湌 관위에 오르게 되는 사실을 암시하는 복선으로 깔려 있다. 또한 仇近의 경우, 그가 金庾信의 아들인 元貞公을 좇아 西原述城을 쌓을 때 일에 태만하다는 말을 듣고 元貞公이 매질을 하자

僕嘗與裂起入不測之地, 不辱大角干之命. 大角干不以僕爲無能, 待以國士, 今以浮言罪之, 平生之辱, 無大此焉.[31]

하다며 분하게 여겼다고 하는데, 여기서 大角干이 자신을 '國士로 대우했다'고 한 말은 金庾信이 便宜從事權으로 級湌을 준 다음 돌아와 復命하면서 王에게 沙湌으로 더 올려줄 것을 건의하여 允許받은 사실을 가리킨 내용이다. 仇近은 흔히 外位를 지닌 것으로 나타나는[32] 軍師였다가 京位 沙湌에 오른 인물이었다. 崔致遠의 경우도 마찬가지다. 그는 자신이 朗慧和尙碑文을 撰述하게 된 경위를 돌아보면서

顧, 文考選國子命學之, 康王視國士禮待之.[33]

하였다고 술회했다. 景文王이 자신을 國子監 학생으로 선발하여 공부하게 해주었고 憲康王은 그 11년(885)에 자신이 귀국하자 '國士'로 예우했다는 이야기인데, 여기서 '視國士禮待之'는 憲康王이 그를 '承務郎 侍御史 內供奉 賜紫金魚袋'로 삼은 일을 말한 것이다.[34] 당시 그가 받은 관위는 잘 알

---

31) 『三國史記』 47, 列傳7, 裂起·仇近.
32) 李文基, 『新羅兵制史硏究』, 一潮閣, 1997, 262쪽.
33) 崔致遠, 「大朗慧和尙白月葆光之塔碑銘幷序」.
34) 黃善榮, 「新羅末期 崔致遠의 官階와 官職에 대하여」, 『한국중세사연구』 9, 2000, 20~24쪽. 黃 교수는 『三國史記』 列傳에 唐의 使臣 자격으로 귀국한 崔致遠을 그대로 머물러 앉히기 위해 왕이 그를 '侍讀兼翰林學士 守兵部侍郎 知瑞書監'으로 삼았다고 기록되어 있으나 이는 사실로 보기 어렵다고 판단했다. 수긍이 가는 견해라고 여긴다.

수 없으나 使臣으로 온 사람을 붙잡아 두기 위해 관직을 주었다고 하므로[35] 그 관위 또한 적어도 沙湌은 되지 않았을까 짐작된다. 그는 이로부터 9년 후인 眞聖女王 8년(894)에 阿湌이 되었다.[36] 신라에서 '國士'는 級湌 이상의 관위를 지닌 육두품을 일컫는 용어였다.[37]

그런데 여기서 '國士'라는 용어에 주목하는 이유는 이것이 국가 개념을 중시하고 내세우는 의도를 강하게 내포한 용어이기 때문이다. 이는 상대적으로 특정 진골의 家臣的 위치에서 성장해 온 자신의 배경과 위치를 작게 평가하는 뜻을 지녔다. 그 능력과 공로를 국가적 차원에서 인정받은 자신에게 어떻게 이런 대우를 할 수 있는가 하고 항의했던 仇近의 말투나, 국왕이 자신을 國士로 생각하여 '禮'로써 대했다고 特記한 최치원의 태도에서 國士 곧 육두품은 특정 진골 개인이 마음대로 할 수 있는 從屬的 위치에 있는 자가 아님을 극력 주장하는 뜻이 넉넉히 읽혀진다. 이러한 國士 의식은 특히 渡唐留學生 출신의 두품층 인물들이 대거 귀국하면서[38] 더욱 증폭되었을 것이다. 이들은 육두품이라면 모름지기 국가적 인재로서 개인이 아닌 국가를 위해 복무하는 公的 官僚로서 인정되고 대우받아야 하며, 이것이 국가 발전을 위한 길이라는 점을 수시로 역설했을 것이다.

유학생 출신 육두품 지식인층의 이 같은 주장은 국내에 머물러 국학에서 유교적 소양을 쌓아 육두품이 된 사람들로부터도 같은 '文籍出身'[39]이라는 동질의식과 같은 육두품이라는 계층적 연대감에서 전폭적인 지지를 받았을

---

35) 『三國史記』 46, 列傳6, 崔致遠.
36) 『三國史記』 11, 新羅本紀11, 眞聖王 8年 2月.
37) 盧重國 교수는 신라의 '國士'를 절의와 명절을 갖춘 국가의 인재 정도로 파악했다(앞의 「新羅와 高句麗·百濟의 人材養成과 選拔」, 91~93쪽). 그러나 국가적 인재로서 重望이 있던 頭品層 인물이라면 干群 京位를 지닌 정도는 되었으리라 생각할 때, 6두품을 特稱한 용어로 보아 무리가 없지 않을까 여겨진다.
38) 李基東, 「新羅 下代 賓貢及第者의 出現와 羅唐 文人의 交驩」, 『新羅骨品制社會와 花郞徒』, 一潮閣, 1984, 283쪽.
39) 『三國史記』 10, 新羅本紀10, 元聖王 5年 9月.

것이며, 함께 渡唐하여 修學한 眞骨 지식인 일부로부터도 동의를 받았을 것이다. 더구나 당시는 거듭된 왕위 다툼의 결과로서 진골 내부에서 現王의 近親族이 연대하여 혈연관계가 소원해진 진골들을 '眞骨'의 범주에서 밀어내려는 경향을 강하게 보이던 때였다.[40] 宗親만이 眞骨을 일컫고 그 범주에서 벗어난 왕족들이 一般官僚化하는 추세에서, 유능한 지식인 관료들이 유력한 진골에게 私的으로 종속되었다가 그 주군이 왕위쟁탈전에서 패배할 경우 함께 몰락하고 만다는 것은 국가적 손실임이 분명하였다. 진골에 대한 私屬은 변함없이 강요되고, 왕위쟁탈전은 거듭 되풀이되는 가운데 승자 편에 서게 되면 다행이지만 불행히 패자의 처지가 될 경우엔 그저 승자의 개인적 아량만 바랄 수밖에 없는 현실이[41] 두품층은 물론이고 관료화되고 있던 왕족으로서도 매우 견디기 힘든 일이었을 터임이 분명하다.

유학생 계열의 육두품이 점증하면서 또한 僖康王 이후 빈번하게 교체된 왕들이 자신의 즉위를 국제적으로 인정받기 위해 유학생의 도움을 절실하게 원하게 된 상황에서 '國士'로서의 성격과 지위를 제도적으로 보장받으려는 육두품층의 요구를 수용하는 분위기가 갈수록 확산되었다. 신라의 親唐的 경향이 심화되어 최고 권력의 중심에 선 진골마저도 일찍이 宿衛로 渡唐했을 때 받은 虛職을 자랑스럽게 가장 먼저 내세우게 된 형편에서[42] 儒學을

---

40) 拙稿, 이 책의 제4장 Ⅳ.

41) 興德王이 죽고 悌隆과 均貞이 왕위를 다투어 일어난 전투에서 均貞을 돕던 金陽은 悌隆의 부하인 裴萱伯이 쏜 화살에 넓적다리를 맞고 敗退한 일이 있었는데, 나중에 金明이 悌隆(僖康王)을 죽이고 왕이 되자(閔哀王) 張保皐의 힘을 빌어 祐徵을 받들고 왕을 쳐서 승리한 후 裴萱伯을 불러 '개는 제각기 그 주인이 아닌 사람을 향해 짖는 법이다. 너는 주인을 위해 나를 쏘았으니 義士다.'라며 보복하지 않았다고 한다(『三國史記』 44, 列傳4, 金陽). 특정 진골에 私屬하여 주군을 위해 봉사하는 것을 옹호한 논리지만 이러한 개인적 아량에 기댈 수밖에 없는 두품층으로서는 私的인 主從關係 자체로부터 제도적으로 벗어나려는 의지를 강하게 가졌을 것이다.

42) 憲德王 5년(813)에 건립된 斷俗寺神行禪師碑文을 撰述한 사람이 '皇唐衛尉卿國相 兵部令兼修城府令伊干金獻貞'으로 되어 있다. 唐은 신라에서 온 고위직 인물에게 흔히 '員外衛尉卿'을 주었으므로 金獻貞 역시 員外였음이 틀림없다. '員外'를 생략하여 마치 實職을 가졌던 것처럼 썼으나 兵部令이나 되는 사람이 唐에서 받은

중심으로 한 唐文化의 보편성을 새로운 가치 기준으로 내세우는 육두품층의 움직임을 전적으로 차단할 도리는 없었다. 唐에서 급제하여 실력을 인정받고 더 나아가 말단이나마 관직을 받고 귀국하는 이들에게는[43] 對唐外交 면에서라도 그에 상응하는 처우를 해주지 않을 수 없었던 것이 신라의 당시 상황이고 처지였다.[44]

文籍出身의 學士들은 瑞書院과 崇文臺를 중심으로 한 文翰機構나 中事省 같은 近侍機構에서[45] 복무하면서 '國士'로서 우대받고 존중되었다. 그러나 진골 유력자들로서도 이에 대한 대응이 없을 수 없었다. 이들은 저마다 지방 郡縣과 촌락을 分點하여 자신의 정치적·경제적 기반으로 삼고 있었으므로 유학하고 돌아왔거나 국학을 졸업한 육두품층을 지방 수령으로 내보내 첨예한 이해관계의 현장에 서게 함으로써 자신의 처지와 현실을 깨닫게 하는 방안을 모색하였다. 왕위를 둘러싸고 진행된 진골 세력 내부의 갈등이 지방 郡縣 사이의 분열과 대립으로 이어지고, 이에 따라 지방관 및 재지 촌주층의 분열도 격화되고 있던 상황이었다.

따라서 唐에서 갓 귀국하여 '國士'임을 내세우며 自矜하던 이들마저도 지방 수령으로 나가 첨예한 정치적 이해관계의 현장에 놓이면, 적잖은 경우 심한 갈등 끝에 자신이 처한 현실을 깨닫고, 그 지방의 주요 利權을 틀어쥐고 있거나 자신이 그 곳에 파견되는 데 결정적 역할을 한 진골 유력자에게 굴복하여 私屬되기 십상이었다. 유학생 출신의 다수가 太守나 少守로 임명받

虛職을 앞세운 것을 보면 당시 신라 정치세력의 親唐的 傾斜가 매우 심했음을 능히 짐작할 수 있다.

43) 申瀅植, 「宿衛學生의 修學과 活動」, 『統一新羅史硏究』, 三知院, 1990, 242쪽.

44) 元聖王 5년(789), 渡唐留學生 출신이라는 이유만으로 子玉을 楊根縣 少守로 삼은 기사가 보인다(『三國史記』10, 新羅本紀10, 元聖王 5年 9月). 9세기 중엽으로 접어들면서 왕위쟁탈전이 격화되는 시점에서는 유학생 출신에 대한 우대가 더 후해졌을 것이다.

45) 李基東, 「羅末麗初 近侍機構와 文翰機構의 擴張」, 『新羅骨品制社會와 花郎徒』, 一潮閣, 1984, 258~263쪽.

고 지방으로 내려갔던 것으로 나타나는 데는[46] 이런 사정이 놓여 있었다고 여겨진다. 守令의 파견은 국왕의 결정에 의해 이루어지지만, 예컨대 789년 執事省 실무자[史]의 문제제기가 있었음에도 불구하고 侍中인 伊湌 世强이 渡唐留學生 출신 子玉을 적극 천거하여 기어코 楊根縣 小守(少守)로 내보냈다고 하는데,[47] 당시 侍中은 독자 기반을 구축하여 독립된 정치세력으로 성장하려는 경향을 강하게 띤 존재였다.[48]

守令職은 관할 지역의 촌주층을 통솔하여 租調의 수취[49]와 力役의 동원,[50] 軍事力의 운용[51]을 총괄하는 직위였으므로 마음먹기에 따라서는 이 자리를 이용하여 私的으로 막대한 경제력을 축적하고 유력한 진골이 영솔하는 정치세력의 중핵으로 부상할 수 있었다. 현실의 유혹은 컸다. 왕으로서는 文籍出身으로서 國土意識을 지닌 사람을 守令으로 내보내는 것이 국가를 위해 바람직하다고 판단했을 터고 따라서 이를 관행화하고 있었지만, 지방 郡縣과 村落이 저마다 특정한 진골 유력자의 정치적·경제적 기반으로 변화한 현실에서 이런 기대는 허망한 일이었다. 지방 수령에게 가해지는 私屬의 강압은 시간이 지날수록 더 심해졌다. 眞聖女王 8년에 始務10餘條를 올린 崔致遠을 다시 郡太守로 내보낸 것도[52] 守令職을 통한 길들이기 측면이 농후하다. 그가 왕에게 올렸다는 시무책의 내용이 現傳하지 않고 있어 다양한 추측이 시도되었지만 역시 그 요점은 진골 세력의 地方分店과 私的 主從關係 강요의 현실을 비판하고 대안을 제시하는 데 있었겠다. 이미 大山郡(泰仁)·富城郡 (瑞山) 太守를 역임했던 최치원은 時務策을 올린 후 다시 天嶺郡(咸陽) 太守로

---

46) 金世潤,「新羅 下代의 渡唐留學生에 대하여」,『韓國史研究』37, 1982, 163쪽.
47)『三國史記』10, 新羅本紀10, 元聖王 5年 9月.
48) 李基白,「新羅 下代의 執事省」,『新羅政治社會史研究』, 一潮閣, 1974, 190쪽.
49)『三國史記』11, 新羅本紀11, 眞聖王 3年, '國內諸州郡 不輸貢賦.'
50)『三國史記』10, 新羅本紀10, 憲德王 18年 7月, "命牛岑太守白永 徵漢山北諸州郡人 一萬 築浿江長城三百里.'
51)『三國史記』10 新羅本紀10, 憲德王 11年 3月, '草賊遍起 命諸州郡都督太守 捕捉之.'
52) 崔致遠은 始務10餘條를 올린 후 天嶺郡太守로 나갔다.

임명되자[53] 이를 끝으로 관직을 버리고 隱居하고 말았다.[54]

文籍出身 육두품층에 대한 진골 유력자들의 대응은 다각적이었다. 수령직을 이용한 길들이기와 함께 또 다른 한편에서 이미 확실히 장악한 촌락의 촌주층 중 干群 官等을 소지한 육두품 세력을 文籍出身에 맞설 수 있는 대항세력으로 육성하는 방안을 모색했던 것으로 보인다. 9세기로 접어들면서 干群 官等을 소지한 촌주가 많이 보이는 사실이 이런 사정을 반영하고 있지 않은가 하는 것이다. 守令으로 나간 文籍出身은 같은 육두품으로서 오히려 자신보다 높은 관등을 가졌고 중앙의 유력 진골과 직접 선을 대고 있는 다수의 촌주들을 마주하지 않으면 안 되었다.[55] 이는 수령으로서 곤혹스러운 일이 아닐 수 없었다.

文籍出身 육두품층의 관점에서 특정 진골의 비호 아래 기껏 村落에서의 이익이나 챙기면서 성장한 村主出身 육두품은 知的인 배경도 없고, 국가차원의 經綸이나 眼目도 없으며, 무엇보다 國家가 아닌 一個人에게 봉사하는 부류라는 점에서, 이제 더 이상은 도저히 同類意識을 가질 수 없는 존재였겠다. 文籍出身 육두품층은 現王과의 혈연관계가 소원해져 일반 관료로 변화하고 있던 왕족들과 연대하여 村主出身 육두품층과의 차별화를 시도하였다.

---

53) 『新增東國輿地勝覽』 31, 咸陽郡, 名宦, 崔致遠條에, "致遠이 海印寺 僧侶 希朗에게 보낸 詩 끝에 '防虜太監 天嶺郡太守 遏粲 崔致遠'이라 적었다."고 한 것으로 미루어 阿湌 官位를 받고 天嶺郡 太守로 나갔음을 알 수 있다.

54) 崔致遠은 天嶺郡 太守로 재직중에 물러났던 것으로 보인다(朴趾源, 「咸陽郡學士樓記」, 『燕巖集 1』). 그가 隱居하게 된 배경에 대해 『삼국사기』는 뜻을 펴기 어려운 亂世였기 때문이라 하였고(『三國史記』 46, 列傳6, 崔致遠), 『補閑集』 등에서는 최치원이 王建에게 보낸 글에 '鷄林黃葉 鵠嶺靑松'이라는 文句가 있었음을 신라 왕이 알고 미워했기 때문이라 하였다(『補閑集 上』, 成宗 15年 8月). 신라 사회의 병폐에 절망한 최치원으로서는 한편으로 신흥 세력에게 개혁의 기대를 걸었음직도 하였겠다고 여겨지지만, 몇 차례 太守 직을 역임하다 아예 물러나고 만 사실로 미루어 그 在職 과정에서 '國士'로서의 위신을 유지하며 국가를 위해 봉사하기 어려운 현실을 절감했던 것이 아닌가 한다.

55) 지방 守令의 해당 官等은 郡太守가 舍知~重阿湌, 少守가 幢~大奈麻, 縣令이 先沮知~沙湌으로 규정되어 있었다.

그 연대세력이 實力優待 사회를 건설해 나가면서[56] '得難'이라는 새로운 신분층을 형성해 가던 것과[57] 맞물려 육두품층 내부에 분화가 일어나고 있었던 것이다. 文籍出身을 수령으로 내보내는 등 自派로 영입하려는 의도를 지녔던 유력 진골 세력으로서도 이 분화를 인정하고 지원하는 편이 오히려 유능한 인재의 지지를 얻어 정치기반을 확대하는 방안으로 읽혀졌으리라 짐작된다. 私屬하여 主君을 위해 충성하는 것을 '義'로 예찬하고,[58] 이야말로 궁극적으로 나라를 위한 일이라고 粉飾하는 논리가 國士를 중히 여기는 명분으로 제시되었다. 村主出身 육두품층에 대해 沙飡重位制를 적용하여 昇級을 제한함으로써 육두품층의 분화를 법제화하자는 案을 받아들여 시행하기에 이른 것은 그 결과였다.

따지고 보면 육두품에 해당하는 네 관등 중 중간에 해당하는 沙飡에 重位를 설치하여 두 관등씩 나눈 것 자체가 육두품의 분화를 의미하였다. 4두품 및 5두품에 해당하는 관등이 각기 두 개씩인 것과 마찬가지로 村主出身 육두품층에게는 級飡과 沙飡 두 관등만 허용함으로써 상대적으로 文籍出身 육두품층이 一吉飡과 阿飡을 독점할 수 있게 된 셈이었다. 이로써 촌주층은 京官으로의 진출이 제도적으로 차단되었지만, 文翰職으로의 진출은 이미 능력 밖의 일이었고, 文籍出身 위주의 수령 파견이 관행화되면서 外官職으로의 轉職 역시 사실상 불가능해진 상황에서 沙飡重位制의 시행은 현실을 제도화한 것 이상의 의미를 지니지 못하였다.

그러나 육두품층의 분화를 제도로 고착시킨 이 조처는 지방 郡縣과 촌락 사이의 분열과 갈등이 격화되던 시점에서 중앙과 지방을 또다시 兩分한 것으로서 신라 사회의 붕괴를 재촉하는 결과를 초래하고 말았다. 沙飡重位制

---

56) 9세기 말에 이르러 신라는 6두품에게도 眞骨 大阿飡 이상과 똑같이 紫色의 公服을 입고 金魚袋마저 찰 수 있게 해줄 정도로 완연한 실력우대 사회로 변모해 있었다(黃善榮, 앞의 논문, 24쪽).
57) 拙稿, 이 책의 제4장 Ⅳ.
58) 註 41)과 같음.

의 시행으로 귀착된 육두품의 분화는 中央과 地方의 분리를 강제하고 지방의 獨自化를 조장했다는 점에서 통합과 안정을 요구하는 시대적 과제를 외면한 시대착오적 흐름이었다. 이로써 지방은 급속히 중앙으로부터 유리되어 갔고, 진골의 家臣 세력과 지방의 유력 세력으로 구성된 육두품 촌주층은 스스로 官班體制를 갖추어 自立化하는 경향마저 띠기에 이르렀다.[59] 자체적으로 官班體制를 형성한 육두품 촌주층은 법제화된 沙飡重位의 사용을 기피하여 과거에 '上村主 三重沙飡' 云云하던 職名과 官位를 그저 '上沙飡'으로 合稱하고 村主라는 직명의 사용도 꺼리는 경향을 보였다.[60] 중앙에서 추진한 육두품의 분화에 대한 거부감과 반발의 표현이었을 것이다.

5. 結語

지금까지 9세기 沙飡重位制의 시행을 매개로 하여 신라 골품제의 성격과 변화의 단면을 살펴보았다. 沙飡에 重位를 적용한 것은 육두품층의 분화를 제도화하기 위한 조처로서 '文籍出身'의 육두품층이 '村主出身'의 육두품층을 京官 및 外官職에서 밀어내려는 의도를 가지고 추진한 일이었다. 이제 여기서 논의된 바를 정리함으로써 글을 맺고자 한다.

興德王 9년의 骨品別 禁制 末尾에 附記된 '外眞村主與五品同 次村主與四品同'이라는 규정은, 地方 村主層이 骨品制로부터 벗어나 있었던 사실과 최고 5두품으로 간주됨으로써 차별 대우를 받았던 사실을 전해주는 내용으로 주목되어 왔으나 이는 기록을 잘못 이해한 것으로 판단된다. 지방에서도 干群 京位를 가진 村主는 육두품이었고, 5~4두품급 촌주 역시 京位를 가진 이상 골품제의 적용에서 벗어나 있을 수 없는 일이었다. 이 附記는 位卑者로서 촌주직에 있는 사람들에 대해 官位보다 職位을 중시하여, 5두품에 해당하는

---

59) 金光洙, 「羅末麗初의 豪族과 官班」, 『韓國史硏究』 23, 1979.
60) 「鳴鳳寺境淸禪院慈寂禪師凌雲塔碑」.

관위에 못 미치더라도 眞村主는 5두품 대우를 하며 4두품 관위에 못 미치더라
도 次村主는 4두품 대우를 한다는 규정이다. 오히려 村主職을 중시한 조처로
서 차별 대우와는 거리가 먼 규정이었던 셈이다.

신라 골품제는 身分과 處遇라는 두 측면의 성격을 결합하여 성립하고
운용된 제도였다. 진골이 성립한 이후의 골품제에서 신분은 眞骨과 非眞骨의
구별밖에 없었다. 非眞骨 곧 두품층 내부의 등급은 세습되는 원래 의미의
'身分'이 아니었다. 등급별로 대우의 편차를 두기 위해 6~4두품을 나눈 것이었
을 뿐이다. 육두품은 柰麻重位制로 인하여 干群 官等을 지닐 수 없었던
두품층이 干群 官等을 지니게 되는 변화가 일어남으로써 새로 성립한 계층이
다. 두품층이 육두품에 오르기 위해서는 진골의 지원이 불가결하였다. 이들은
진골에 私屬된 家臣 출신인 경우가 많았지만 干群 官等을 소지한 정치적
위치에서 '國士'를 자처하며 국가에 복무하는 자로서 自矜하였다. 신라에서
'國士'는 육두품의 다른 이름이었다. 그러나 國士는 점차 國學 출신이거나
渡唐留學生 출신으로서 '文籍'에 오른 자를 지칭하는 용어로 狹隘化되었다.

통일신라의 진골 세력은 食邑과 祿邑에서 나오는 財貨를 중심으로 한
私的 경제기반을 효율적으로 관리하기 위해 제각기 府의 開設을 허여받고
지방 촌락들을 실질적으로 分占해 나갔다. 장악한 촌락이 밀집한 지역에는
自派 인물을 수령으로 내보내려는 것이 진골 세력의 의지였으나 수령에
대한 人事權은 국왕의 고유 권한이었으므로 상호 이해관계를 조정하는
선상에서 國政이 운영되었다. 그러나 시간이 지날수록 지방 郡縣과 촌락의
특정 진골에 대한 예속도는 심화되었으며, 왕위쟁탈전과 맞물려 서로 분열하
고 갈등하는 경향이 두드러졌다.

唐에 유학하여 及第하거나 官職을 받고 귀국하는 육두품층이 많아지면서
특정 진골 개인이 아닌 국가를 위해 복무하는 公的 官僚로서의 위치를
제도적으로 보장받으려는 움직임이 거세어졌다. 國學 출신자가 이에 가세하

였으며 宗親 범주에서 밀려나 一般官僚化하는 경향을 띠던 진골 주변부 세력도 이를 지지하였다. 그러나 文翰機構나 近侍機構에 있으면서 그 公的 성격을 주장하는 '國士'층의 움직임은 유력 진골 세력에게 달갑지 않은 일일 수밖에 없었다. 이들은 '文籍出身'을 수령으로 발령하여 첨예한 이해관계가 맞부딪히는 현장에 투입함으로써 스스로 처지와 현실을 절감하게 하는 한편 육두품 촌주층의 수를 늘려 '文籍出身' 육두품에 대한 대항세력으로 육성하는 방략을 구사하였다. 수령으로 나간 '文籍出身' 육두품들로서는 오히려 자신보다 높은 관등을 지녔고 중앙의 유력 진골과 가까운 촌주들을 마주한다는 것이 여간 곤혹스러운 일이 아니었다.

이에 '文籍出身' 육두품층은 서로 그 성격과 계통이 다르다는 점을 근거로 '村主出身' 육두품층과 분리되어 따로 대우받는 선상에서 진골 유력자들과 타협하기에 이르렀다. 육두품층에 분화가 일어난 것이었다. 진골에 대한 私屬은 '義'로 粉飾되고, 궁극적으로 국가를 위한 일로 糊塗되었다. 육두품 해당 관등의 중간인 沙湌에 중위제를 적용하게 된 것은 이러한 변화의 결과였다고 생각된다.

그러나 沙湌重位制의 시행은 지방이 분열된 형편에서 중앙과 지방을 兩分한 조처로서, 통합을 요구하는 시대적 과제를 거스른 과오였다. 이로써 지방은 급속히 중앙으로부터 유리되어 갔고, 육두품 촌주층은 스스로 官班體制를 갖추어 獨自化하는 경향마저 띠기에 이르렀다. 沙湌重位制는 한편으로 중앙 관료층의 私屬性을 억제하고 公務者로서의 위상을 확장하는 데 기여했지만, 신라 사회의 붕괴를 가속화하여 國亡의 시기를 앞당기는 機制로 작용하고 말았다.

IV. 9세기 말의 '得難'과 그 성립 과정

1. 序言

9세기 말에 崔致遠이 王命을 받들어 撰한 聖住寺朗慧和尙白月葆光塔碑文(이하 朗慧碑文)에 得難이라는[1] 身分이 보인다. 朗慧의 族은 父 範淸 대에 眞骨에서 한 등급 강등되어 得難이 되었다는 것이다. 이를 토대로 지금까지는 得難을 六頭品의 異稱 혹은 美稱 쯤으로 여겨 왔다.[2] 신라 골품제의 구성상 眞骨 다음의 신분이라면 그것은 응당 육두품이었을 것으로 생각한 결과였다.

그러나 골품제 상의 신분 구성이 신라의 전 시기를 일관하여 한결같았던 것은 아니다. 1~3두품이 平人化한 사실에서, '中古'期의 末王인 眞德王(647~653)을 끝으로 聖骨이 소멸하였던 사실에서, 또한 '上古'期에서 '中古'期로 이행하던 시점에는 진골과 육두품이 새로운 신분층으로 성립한 사실에서[3] 이는 명백하다. 골품제 상의 신분은 소멸하기도 하고 생성되기도 하면서 시기에 따라 다른 구성을 보였던 것이다. 그러므로 충분한 검토를 행하지 않은 채 9세기 말엽에도 진골의 다음 신분이 으레 육두품이었을 것으로 단정하는 것을 온당하다고 하기는 어렵다.

得難은 朗慧碑文 이외의 다른 어떤 기록에서도 발견되지 않고 있는 身分

---

1) 碑文의 字形 자체는 得難의 得이 '淂'으로 되어 있으나, 細註의 內容에서 '淂難'이라 함은 貴姓의 얻기 어려움[難得]을 의미한다고 한 것으로 미루어 '得'字를 그렇게 쓴 것이 분명하다.
2) 李基白,「新羅 六頭品 硏究」,『省谷論叢』2, 1971 ;『新羅政治社會史硏究』, 一潮閣, 1974 재수록, 35~36쪽.
3) 拙稿, 이 책의 제2장 IV 및 제3장 III.

명칭이다. 그럼에도 불구하고 이를 육두품의 별칭으로 여기게 된 것은 同碑文에서 得難에 대한 細註로 서술한 부분을 그렇게 해석했기 때문이다. 그렇지만 비문의 내용이라고 읽은 글자 중에는 字間에 補添되어 있어 그것이 최치원 所撰의 原文에 본래부터 있었던 것인지 의문인 글자도 포함되어 있으며, 종래의 해석 또한 반드시 옳다고 하기 어려운 부분이 있으므로 이에 대한 전면적인 재검토가 불가피하다 할 것이다.

本考는 이러한 생각에서 得難 관련 기록의 정확한 해석을 시도하고, 그것을 단서로 하여 9세기 신라의 신분 구성을 살핀 것이다. 이로써 골품제가 신라 사회에서 종래 지녀온 의미를 점차 상실해 가고 있던 변화의 한 단면을 이해할 수 있을 것으로 기대한다.

2. 得難 關聯 記錄의 解釋

得難이 곧 六頭品이라는 생각은 朗慧碑文의 해당 부분을 그렇게 해석한 데서 기인한 것이므로 그 정당성 여부를 가리기 위해서는 우선 동 비문의 내용을 찬찬히 음미해 볼 필요가 있다. 本文은 다음과 같다.

[A] 俗姓金氏 以武烈大王爲八代祖 大父周川 品眞骨 位韓粲 高曾出入皆將相
    戶知之 父範淸 族降眞骨一等曰得難

대략 다음과 같이 해석되고 있는 내용이다.

[A1] (朗慧는) 俗姓이 金氏이며 太宗武烈王이 그 8代祖가 된다. 祖父인 周川은
    品이 眞骨이고 位가 韓粲이었으며, 高祖와 曾祖가 모두 나가서는 將軍이
    되고 들어와서는 宰相을 지냈음을 모든 집이 다 아는 바다. 아버지 範淸은
    族이 眞骨에서 한 등급 떨어져 得難이 되었다.

그런데 여기서 '族降眞骨一等曰得難'을 위와 같이 해석하는 데에는 몇 가지 의문이 따른다. 첫째는 진골에서 한 등급 강등된 사실과 得難이라는 語義가 상치한다는 점이다. 강등당하여 피치 못하게 지니게 된 신분을 마치 譏弄이나 하듯 얻기 어렵다는 뜻의 得難이라고 불렀다는 것은, 碑銘이란 그 주인공을 기리는 뜻으로 작성되는 것임을 생각할 때, 분명 語弊가 있는 말이기 때문이다. 둘째는 祖父까지 진골이었으나 父代에 이르러 그 族이 진골에서 한 등급 강등되었다는 내용이 기실 이해하기 어려운 사정이라는 점이다. 文意를 그대로 읽는다면 範淸 대에 이르러 무열왕에서 範淸에 이르는 혈족 전체의 신분이 강등되었던 것으로 이해함이 옳을 것이기 때문이다. 물론 이는 역사적 사실과 전혀 다르다. 무열왕이 후대에 신분을 강등당하였다는 것은 상정조차 할 수 없는 일이다. 따라서 이때의 族이 지시한 것은 範淸 개인 혹은 範淸 당대의 家格일 뿐 그 혈족 전체가 아니라고 볼 수밖에 없을 것이다.[4] 그렇다면 그것을 族이라고 표현한 것은 적절한 어휘 선택이었다고 하기 어렵다. 셋째는 '品眞骨'이라는 서술과 '族降眞骨一等'이라는 서술이 서로 호응하지 않는다는 점이다. 진골을 일단 品이라는 개념으로 규정하였다면 진골에서 한 등급 떨어진 내용에 대해서는 '降族品一等' 이라든가 하는 표현을 사용하는 것이 순리였겠기 때문이다. 또한 '族降'이라는 文句도 어색하다. 族을 주어로 쓰려면 被降이라든가 하는 피동형의 동사를 사용했어야 文意가 분명했다.

이러한 의문을 가질 때 우리는 일단 石翁의 견해에 주목하게 된다. 石翁이 누구인지는 분명치 않으나 崔致遠 所撰의 이른바 四山碑銘에 註釋을 달아 『桂苑遺香』이라는 책으로 남긴 인물인데,[5] 그는 朗慧碑文의 '周川의 品이

---

4) 尹善泰, 「新羅 骨品制의 構造와 機能」, 『韓國史論』 30, 1993, 52쪽.
5) 『桂苑遺香』(澗松美術館 崔完秀館長 소장)의 작자인 石翁은 石顚老師 朴漢永으로 추측되기도 한다. 그러나 石顚이 펴낸 註釋本의 명칭은 『精校四山碑銘注解』였다고 하므로 『桂苑遺香』이 곧 그것이라고 확신하기는 어렵다.

眞骨'이라 한 대목을 해설하여

[B]　　眞骨有五品 一曰聖骨 二曰眞骨 三曰得難 四曰王族 五曰金骨 今則第二也[6]

라 함으로써, 진골 내부에 聖骨·眞骨·得難·王族·金骨 등의 다섯 品이 존재하였다는 견해를 보였다. 곧 得難은 진골의 한 품이라는 인식이다. 만일 이 견해가 옳다면 [A1]의 문맥에서 得難이라는 말의 語義가 주는 어색함은 다소 경감될 것이다.

이 견해는 근거가 분명하지 않지만, 奈勿系의 分枝化 현상이 간취되는[7] 사실이나 奈勿系 외에도 신라의 前王族과 被服屬國의 王族 등이 진골 신분을 가졌던 사실로 미루어 볼 때 실제로 진골 내부에 서로 계통과 명칭을 달리하는 혈족들이 다수 존재하였을 개연성을 완전히 배제하기는 힘들다 할 것이므로 무시하고 지나쳐도 좋을 견해가 아니라고 여겨진다. 1989년에 발견된 바 金大問의 『花郞世紀』라고 전하는 筆寫本에는 '中古'期의 왕족이 '眞骨正統'系와 '大元神統'系로 크게 나뉘어 爭覇한 듯이 적혀 있다. 이로 보아서도 점차 서로의 신분적 위상을 달리해 간 복수의 진골 계파가 신라 사회에 존재하였을 가능성 여부는 전면적으로 검토해 볼 여지가 있는 과제라 할 것이다.

그렇다면 다음 기록에 나타나는 族系의 표현도 이 문제와 연관된 것으로 간주될 수 있다. 深源寺秀澈和尙楞伽寶月塔碑文에 소개된 秀澈의 族系이다.

[C]　　曾祖□ 位蘇判 族峻眞骨 慶餘法身 祖日新 考修□ □□不仕[8]

---

6) 石翁, 『桂苑遺香』, 117쪽.
7) 李基東, 「新羅 奈勿王系의 血緣意識」, 『歷史學報』 53·54合輯, 1972 ; 『新羅骨品制社會와 花郞徒』, 一潮閣, 1984 재수록, 54~90쪽.
8) 『朝鮮金石總覽(上)』, 57쪽.

해석하면, '曾祖는 □인데 位가 蘇判, 族은 峻眞骨이다. 福이 넘치는 法身이라 하겠다. 祖는 日新이다. 考는 修□인데 [종신토록] 벼슬하지 않았다' 정도가 될 내용이다. 여기서 '峻眞骨'은 빼어난 진골이라는 뜻으로 다시 풀어서 이해할 수도 있는 부분이나, 진골에 대한 직접적인 수식어로서의 '峻'은 자연스러운 용례라고 하기 곤란하므로[9] 일단 그대로 두고 생각해 보는 방향이 바람직하다. 그러고 보면 이는 '大父周川……位韓粲……父範淸 族降眞骨一等 日得難'이라 한 朗慧碑文과 매우 유사한 구성을 가진 文型임을 알 수 있는데, 秀澈和尙碑文의 찬자인 金穎이[10] 崔致遠과 동 시대의 인물이었음을 고려한다면, 비문에서 그 族系를 소개하는 항목이 구성상 유사성을 보인다고 해서 의외는 아니라 하겠다. 그것은 당대의 通例에 따라 서술될 내용이기 때문이다. 따라서 이 두 문장의 구성을 서로 대응시켜 이해하면 그 의미가 좀더 분명해지지 않을까 하는 기대를 가져볼 수 있다. 즉 '大父周川'과 '曾祖□', '位韓粲'과 '位蘇判', '族降眞骨'과 '族峻眞骨'을 각각 서로 대응시켜 보자는 것이다. 그러고 나서 朗慧碑文의 해당 부분을 다시 해석하면 특히 '父範淸' 이후에 대해서 [A1]과 다른 釋文을 갖게 된다.

[A2] 祖父 周川은 品이 眞骨이고 位가 韓粲이었으며 高祖와 曾祖가 모두 나가서 는 將軍이 되고 들어와서는 宰相을 지냈음을 모든 집이 다 아는 바다. 아버지는 範淸이다. 族은 降眞骨 一等이니 이른바 得難이다.

서로 대응하는 峻眞骨과 降眞骨을 진골의 系派名으로 보아 진골에는

___

9) 峻은 본디 山의 높고 험함을 지시하는 단어이나, 峻德·峻節·峻爵 등으로 쓰여 일반적으로 크고 높다는 뜻을 가지기도 한다. 그러나 이는 그 지시하는 범주가 극히 한정된 특정 신분이나 관직을 직접 수식하는 말로 쓰기는 곤란한 단어이다. 峻兩班, 峻宰相 등의 용례를 만들어 보면 그 어색함을 좀더 확연히 알 수 있을 것이다.

10) 李基東, 「羅末麗初 近侍機構와 文翰機構의 擴張」, 『歷史學報』 77, 1978 ; 앞의 『新羅骨品制社會와 花郞徒』 수록, 262쪽.

여러 갈래가 있었다고 이해할 여지가 발생하는 까닭이다. 그리하여 그 중무열왕을 始祖로 하는 계파가 降眞骨이었으며, 당대에는 이들이 가장 우세한진골 계파였으므로 거기에 속하기 어려운 貴姓이라는 뜻으로 속칭 得難이라부르기도 했다고 이해할 경우에는 기존의 해석에 수반한 앞서의 의문들이다소간 석연해지는 느낌마저 들게 되는 바다.

그러나 진골 내에 降眞骨과 峻眞骨로 나누어진 族系가 있었고, 그것이독자적인 신분층으로까지 발전하였다는 증거는 다른 기록에서 전혀 찾아지지 않는다. 뿐만 아니라 石翁이 제시한 견해는 그 사료적 근거를 좀체 알수 없는 실정이고, 『花郎世紀』라는 것 역시 그 眞僞가 자못 의심스러운기록인데다가[11] 설령 眞本이라 하더라도 8세기 초엽의 작품이므로 이를토대로 9세기 말의 상황을 이해하는 데에는 한계가 있다. 따라서 이 같은기록들에 의거하여 朗慧碑文의 得難을 복수로 존재한 진골 계파 중의 하나로생각한다는 것은, 적어도 현재로서는 성급하고 무리한 판단이라 함이 온당할것이다. 더구나 이들 각각이 전하는 진골 계파도 그 이름이 서로 일치하지않으며 제시된 형태 또한 相異한 형편이다. [A]의 降과 [C]의 峻에 관한

---

11) 1989년 2월에 발견된 筆寫本 『花郎世紀』에 대해서는 眞本일 가능성을 크게 보는견해(A)와 僞作일 가능성을 크게 보는 견해(B)가 서로 대립해 있는 실정이다. 『花郎世紀』를 둘러싼 그동안의 논쟁은 (C)에 잘 정리되어 있다.
 (A) 李載浩, 「『花郎世紀』의 史料的 價値」, 『精神文化硏究』 36, 1989.
  李鍾學, 「筆寫本 『花郎世紀』의 史料的 評價」, 『慶熙史學』 16・17合輯, 1991.
  李鍾旭, 「『花郎世紀』 硏究 序說—사서로서의 신빙성 확인을 중심으로—」, 『歷史學報』 146, 1995.
  金台植, 「川前里 書石 於史鄒와 『화랑세기』普賢—금석문을 통한 『화랑세기』진위 판정 한 시론—」, 『忠北史學』 20, 2008.
 (B) 權悳永, 「筆寫本 『花郎世紀』의 史料的 檢討」, 『歷史學報』 123, 1989.
  盧泰敦, 「筆寫本 花郎世紀의 史料的 價値」, 『歷史學報』 147, 1995.
  金基興, 「『花郎世紀』 두 사본의 성격」, 『歷史學報』 178, 2003.
  박남수, 「신발견 朴昌和의 『花郎世紀』 殘本과 '鄕歌' 一首」, 『東國史學』 43, 2007.
 (C) 권덕영, 「筆寫本 『花郎世紀』 진위 논쟁 10년」, 『韓國學報』 99, 2000.

限은, 그것을 각각 動詞와 形容詞로 본 종래의 견해에 따라 해석하는 것이 무난하겠다. 관련 기록이 좀더 보충되기를 기다려 보아야 할 부분이다.

그러나 9세기 말의 得難을 진골의 한 부류로 보기 어렵다는 것은 앞서의 본문 [A]에 이어 碑文 양식으로서는 異例的으로 得難에 대해 붙인 細註를 보아도 명백하다고 여겨진다.

[D]　　國有五品 曰聖而 曰眞骨 曰得難 言貴姓之難得 文賦云 □求易而得難 從言六
　　　　頭品 數多爲貴 猶一命至九 其四五品 不足言

이에 대한 기존의 해석은 다음과 같다.

[D1]　나라에 五品이 있어, 聖而요 眞骨이요 得難이니, (得難은) 貴姓의 얻기 어려
　　　움을 말한다. 文賦에 '或 求하기는 쉬우나 얻기는 어렵다'고 하였는데, 따라
　　　서 六頭品을 말하는 것이다. 數가 많은 것을 貴히 여기는 것은 마치 一命에서
　　　九命에 이르는 것과 같다. 그 四·五品은 足히 말할 바가 못 된다.[12]

이 해석에 따르면, 신라에는 聖而·眞骨·得難=六頭品·五頭品·四頭品 등 다섯 등급으로 나누어진 신분[品]이 있었으며, 得難은 진골 다음의 신분인 육두품의 다른 이름이다. '國有五品'이라고 한 것과 聖而 이하의 다섯 신분이 서로 부합하므로 이는 불가피한 이해인 것처럼 생각된다. 得難이 곧 六頭品이라는 이해는 이 해석에 기초한 것이었다.

그러나 이러한 해석과 이해는 적어도 두 가지 문제점을 안고 있다. 하나는 진골보다 상위 신분으로 명시된 '聖而'가 구체적으로 무엇인지 분명하지 않다는 점이다. 신라에 聖而라는 신분이 실제로 있었는지의 여부는 아직 확인 불가능하므로 우리가 알고 있는 바 진골보다 높은 신분인 聖骨을

---

12) 李基白, 앞의 논문, 35쪽.

그렇게 표기한 것이 아닐까 일단 추측해 볼 수 있겠지만, '骨'자를 '而'자로 쓴 이유에 대해 납득할 만한 설명을 구하지 못하는 한 설득력 있는 이해 방향이라 하기는 곤란하다. 게다가 聖而를 聖骨의 다른 표현으로 인정하면 모든 의문이 해소되는 것도 아니다. 『三國史記』와 『三國遺事』에 의하면 聖骨은 眞德王을 끝으로 소멸하였다고 하기 때문이다. 따라서 그로부터 이미 240여 년이 지난 9세기 말엽에는 聖骨이 존재하지도 않았음이 분명하다 할 것인데, 그러한 신분을 굳이 '國有五品'의 하나로 거론한 이유를 알 수 없다. 이 점에 주목하여 '國有五品'이라 한 것은 형식적인 계층관에 불과하다 는 견해도 제기된 바 있으나,[13] 최치원이 碑文 한가운데에 굳이 붙인 細註에서 2세기 반이 지난 사실을 근거로 형식적인 계층관을 피력하였다는 데에는 동의하기 어렵다.

위의 해석이 지닌 문제점의 또 하나는 '從言六頭品'을 '따라서 六頭品을 말한다'고 읽은 점이다. 이는 명백한 오역이다. 從은 동사로서 '따르다, 좇다'는 뜻을 가지지만, '따라서'라는 접속부사로는 쓰이지 않는 단어이기 때문이다. 從이 부사적 용법으로 쓰일 때에는 '부터'(自)라는 의미를 지니게 된다. 즉 從言은 '따라서 ~을 말하다'로 해석될 수 없는 文句다. 이 부분에 대해서는 다시 해석할 것이 요구되는 바다.

이러한 요구에서 새로운 讀法이 제시되었다. 從言과 六頭品 사이에 구두점 을 찍어 이해한 것이었는데, 그러자 자연히 뒷문장으로 밀려난 '六頭品'은 그 나름의 서술어를 필요로 하게 되었고 뒤이은 '數多爲貴'의 數多가 그 서술어로 간주되었다. 제시된 讀法과 해석은 다음과 같다.

[D2] 國有五品 曰聖而 曰眞骨 曰得難 言貴姓之難得 文賦云或求易而得難從言 六頭 品數多 爲貴猶一命至九 其四五品不足言

---

13) 武田幸男, 「新羅骨品制の再檢討」, 『東洋文化研究所紀要』 67, 1975, 203쪽.

나라에는 五品이 있다. 첫째 品은 聖而고, 둘째 品은 眞骨이며, 셋째 品은 得難이다. 得難은 貴姓의 얻기 어려움을 말한다. 文賦에서 말한 '或求易而得難'에서 인용한 것이다. 六頭品은 數가 많아서 貴하게 되기가 一命에서 九命에 이르는 것 같다(것과 같이 어렵다). 그 넷째 品과 다섯째 品은 족히 말할 것이 못 된다.[14]

그러나 이렇게 읽고 해석하는 것은 漢文의 통상적인 文理로 보아 무리에 가깝다. 우선 예의 從言을 '~에서 인용하다'는 뜻으로 해석할 수 있을지 의문인데다가, '文賦云或求易而得難從言'이 딱할 정도로 궁색한 문장에 해당한다는 점에서 그렇게 생각된다. 從으로 '~에 따르다'는 의미를 나타내려면 '之'라든가 하는 보어를 수반시키는 것이 恒例이려니와, 만일 그러한 취지였다면 왜 '引於文賦之或求易而得難名之' 따위로 쉽고 명료하게 쓰지 않았는지 의문이다. 또 이 讀法의 무리함은 한 문장으로 읽은 '爲貴猶一命至九'의 어색함에서도 드러난다. 그것은 이 문장이 '猶'로 유도된 비교문을 통해 더 뚜렷하게 부각시키고자 한 구체적인 내용을 결여하고 있음에서 오는 어색함이다. [D2]의 제안자 스스로가 이 부분에서 해설을 첨부할 필요성을 느껴 괄호로 묶은 문장을 보충하게 된 것도 기실은 여기에 원인이 있다고 보아 틀리지 않다. 제시된 해석과 같은 뜻이었다면 이는 '爲貴之難猶一命至九'라고 썼어야 할 문장인 것이다. 그리고 이 해석에 따르면 육두품이 得難이라는 別號를 얻게 된 것은 그들이 진골 신분으로 상승하기 어려웠던 데서 기인한 일이었다고 이해되는데, 진골이 되기 어려운 신분이 어찌 육두품뿐이었겠으며 진골인들 구하여도 얻기 어려운 것이 어찌 없었겠는가? 특정한 신분에 대해 얻기 어렵다는 뜻을 부여했다면 그 신분 자체를 구함의 목적으로 생각한 경우에나 있었을 법한 일이라 할 것이다. 事理로 보아 [D2]는 무리다.

14) 尹善泰, 앞의 논문, 13쪽 및 16쪽. 이는 『譯註 韓國古代金石文』(韓國古代社會研究所 編)과 『註解 四山碑銘』(崔英成 註)을 참고한 해석이라고 한다(위의 같은 논문, 16쪽 註 45).

여기서 문제가 되고 있는 '從言'의 從은 自와 같은 뜻으로 '부터'라고 새겨야 옳다. 즉 '從言六頭品 數多爲貴'는 그 중의 일부를 분리시켜 앞뒤의 문장에 연결시킬 수 없는 하나의 문장으로서, '육두품부터 말하자면 數가 많은 것이 貴하다'로 해석될 내용이다. '數가 많은 것이 貴하다'는 것은, 6~4두품은 각기 수자로써 신분을 표시하고 있는데 그 수가 클수록 그것이 지시하는 신분이 貴하다는 의미다. 이를테면 6은 5보다 큰 수이므로 육두품이 오두품보다 귀한 신분이라는 것이다. 그리고 여기에 이어진 '猶一命至九'는, 이는 마치 北周의 官制에서 一命부터 九命까지 수자가 커질수록 더 上位의 관품이었던 것과 같다는 의미다. 撰者가 이러한 비교문을 군이 부연하게 된 것은, 대개의 경우엔 이와 반대로 1品이 가장 높고 수자가 클수록 級이 낮은 官品으로 쓰이는 것이 일반적이라고 생각했기 때문이겠다. 그러므로 '從言六頭品'을 앞 문장에 연결한 [D1]을 근거로 得難은 곧 육두품을 말한다고 이해한다면 그것은 잘못이다.

그렇다면 문제를 다시 '聖而' 부분의 해석으로 환원시켜 보자. 여기서 먼저 환기해 둘 것은 碑文에 분명히 聖而라고 쓰여 있는 이상 타당한 근거 없이 이를 聖骨로 이해하는 것은 옳은 태도라고 하기 어렵다는 점이다. 이 경우에는 상식적인 관점에 서서 사고의 가닥을 정리해 볼 필요가 있다.

우선 [D]에서 聖而는 名詞로 볼 도리밖에 없는 단어다. 그러나 그것이 而로 끝나고 있다는 것은 참으로 생소하다. 而는 흔히 接續詞나 語助辭로 쓰이는 단어이기 때문이다. 과문한 탓인지 모르지만, 而로 끝나는 명사는 여기서 처음 본다. 그러므로 이 부분에서는 [D]가 과연 비문을 정확히 판독한 것인지부터 확인해 볼 것이 요구된다고 하겠다. 聖住寺址에 남아 있는 朗慧碑는 보존 상태가 대체로 양호한 편이므로 이는 그리 힘든 작업이 아니다. 다음에 제시한 것이 비문의 해당 부분이다.

이를 살펴볼 때 一見하여 주목하게 되는 점은, '聖而'와 '眞骨' 사이에

있는 '曰'자가 各 字形이 자리잡고 있는 공간의 균형을 깨뜨리고 있는 사실이다. 이 字形은 글자가 들어갈 수 있는 정상적인 공간에 위치해 있지 않을 뿐더러, '而'와 '眞'자 사이에서도 '而'자 밑에 바로 붙어 있고 그나마도 중심에서 벗어나 우측에 치우쳐 있다. 이는 이 글자가 本碑의 石刻이 일단 완료된 후 追記된 것임을 의미한다. 그렇다면 이 글자가 최치원이 撰한 원래의 碑文에 있던 것인지는 좀더 신중한 검토를 요하는 문제가 아닐 수 없다. 이를 본문에 넣어 읽음으로써 聖而를 명사로 보게 만든 [D]의 판독은 오류일 가능성이 있는 것이다.

그러나 문제의 '曰'자가 원문에 있던 글자인가 아닌가를 가리기는 쉽지 않다. 그것은 이 글자를 追記한 이가 누구인가, 또 그 追記의 시점이 언제였는가를 밝혀야 해명될 문제인데, 지금의 형편에서는 이에 직접 도움을 줄 수 있는 자료를 찾기 어려운 까닭이다. 따라서 이 비문이 撰해지고 刻石된 과정을 살펴봄으로써 개연성에 토대하여 追記 시점을 헤아려 볼 도리밖에 없겠다.

이 비문은 朗慧和尙 곧 無染이 眞聖王 2년(888)에 入寂하고 나서 얼마간의 시간이 경과한 뒤 崔致遠이 王命을 받아 撰하고, 그의 從弟인 崔仁滾(崔彦撝)이 역시 王命에 의해 書한 것이다.[15] 최치원이 이를 製撰한 것은 新羅 孝恭王

1~2년(897~898)경의 일이었으며, 崔仁渷이 글을 쓴 것은 이로부터 26~27년이 지난 景明王 8년(924)경의 일이었다.[16] 물론 이 비문이 돌에 새겨져 세워진 것은 그 뒤의 일이다. 立碑 시기에 대하여는 두 가지 견해가 제시되어 있다. 하나는 高麗 顯宗代(1010~1031)에 세워졌을 것으로 추정하는 견해고,[17] 또 하나는 崔仁渷이 비문을 쓴 신라 景明王 8년 직후의 일로 보는 견해다.[18] 후자가 더 타당하다고 여겨지지만[19] 확실한 시점을 알기는 어렵다.

그러면 문제의 '曰'자가 추기된 시점은 언제인가? 우선 생각할 수 있는 시점은 崔仁渷이 教書를 받들어 최치원의 撰文을 옮겨 쓸 당시다. 비문을 옮겨적고 나서 다시 읽어 보니 原稿에 있는 '曰'자를 脫漏시켰으므로 이를 補添하였을 가능성이 있지 않을까 하는 것이다. 그러나 이 글자가 그렇게 追記된 것이었을 개연성은 거의 없다고 보아야 할 것이다. 教書에 의해 옮겨 쓴 글에서 脫漏된 글자를 字間에 슬쩍 써넣었다는 것도 어색한 상정이려니와, 이 '曰'자의 字形이 다른 '曰'자와 달라 同一人의 필체로 여겨지지 않기 때문이다. 또 당대의 名筆인 崔仁渷 스스로가 追記한 것이었다면 비록 補添하게 된 글자라 하더라도 字形의 위치를 이처럼 右上으로 치우치게 잡아 궁색한 느낌을 주게 하지는 않았을 것으로 생각된다. 그가 쓴 글자라고 보기는 어렵다. 바꾸어 말하면 이는 최치원의 撰文에 없던 글자다.

그렇다면 다음으로 비문의 刻石者가 追記한 것일 가능성을 생각해 볼 수 있다. 그러나 이 가능성도 희박하다. 刻石者는 崔仁渷이 쓴 親筆 字形의 原本을 지니고 있었으므로 어떤 글자를 삽입하려고 마음먹었다면 書體가

---

15) 朗慧碑文 자체에 撰者는 '淮南入本國送國信 詔書等使前東面都統巡官承務侍郎侍御史內供奉 賜紫金魚袋臣崔致遠奉教撰'으로 書者는 '從弟朝請大夫前守執事侍郎賜紫金魚袋臣崔仁渷奉教書'로 되어 있다.

16) 管野銀八, 「新羅興寧寺澄曉大師塔碑の撰者について」, 『東洋學報』 13-2, 1924, 112~114쪽.

17) 今西龍, 「新羅骨品考」, 『新羅史研究』, 1933, 199쪽.

18) 葛城末治, 「聖住寺朗慧和尚白月葆光塔碑」, 『朝鮮金石攷』, 1935, 282~286쪽.

19) 尹善泰, 앞의 논문, 13~14쪽.

다른 글자를 새겨넣을 이유가 없었을 것이고, 또 그가 멋대로 그러할 필요가 어디에 있었는지 납득되지 않기 때문이다. 刻石은 原稿나 그 寫本을 石面에 붙인 상태에서 이루어지는 것이므로 刻石者가 실수로 글자를 빠뜨리고 후에 補添한다는 것은 생각할 수 없다. 이는 崔致遠의 原稿에 없던 글자이며 그것을 써넣은 것은 立碑가 완료된 이후의 일이다. 이 글자의 追記는 本碑의 건립과 직접 관련이 없는 後代人에 의해 임의로 자행된 것일 개연성이 가장 크다고 보아 마땅한 것이다. 따라서 문제의 '曰'자는 본문에서 배제되어야 한다. '聖而眞骨'은 분리된 용어가 아니며, 여기서 而는 흔히 쓰이듯 접속어일 뿐이다.

요컨대 得難에 대한 細註는 다음과 같이 해석될 문장이다.

> [D3] 나라에 5品이 있는데, 첫째가 聖而眞骨이고, 둘째가 得難이다. 貴姓의 얻기 어려움을 말한 것이니, 「文賦」에도 '或求易而得難'이라 한 대목이 있다. 육두품부터는 수자가 큰 신분일수록 귀한데, 이는 마치 一命에서 九命에 이르는 것과 같다. 그 4·5품은 족히 말할 바가 못 된다.

먼저 나라의 五品 신분 중에서 得難이 차지하는 위치를 말하고, 得難이라는 말의 語義와 類例를 언급한 다음, 5품 中 得難 이하의 품에 대해 간략히 개설한 내용이다. '國有五品'은 聖而眞骨, 得難, 六頭品, 五頭品, 四頭品의 다섯 품을 가리킨다. 그 중 第一의 品인 '聖而眞骨'에서 聖은 聖上의 뜻으로 王을 지칭한 말일 것이다. '王과 眞骨王族'이 第一品이라는 의미로 보면 무난하겠다. 王의 신분도 역시 眞骨인 상황이었지만, 국왕을 일반 진골에 포함시켜 合稱하는 것은 외람된 일이라고 여긴 찬자의 배려가 이렇게 표현된 것이 아닌가 여겨진다.

3. '得難' 身分 成立의 推移

得難은 9세기 말의 신라 사회에서 골품제 상 진골 다음 가는 서열로 공식적으로 인정받고 있던 신분이었다. 朗慧의 父 範淸이 族降당하여 得難이 되었다거나 혹 구하기는 쉽지만 얻기 어려운 貴姓임을 뜻한다는 崔致遠의 언급으로 미루어, 진골 신분에서 벗어나게 된 사람들과 육두품에서 어렵게 상승한 사람들이 이 신분층을 형성하였을 것으로 생각된다. 진골에 혈연적 계통을 두고 있던 사람 중에 그 자신은 진골로 인정받지 못한 인물들이 드물지 않았던 사정은 [A]와 [C]의 내용에서도 간접적으로 유추되는 바다.

우선 [A]의 家系에서 朗慧의 祖父인 周川만 품이 진골이었던 것으로 나와 있으나, 高·曾祖가 모두 出將入相하던 인물이었다는 언급으로 보아 이들의 신분 역시 진골이었음은 분명하다고 할 것이다. 그런데 父인 範淸은 진골이 아닌 得難이었다. 그가 金憲昌의 모반사건에 연루된 데에 신분 강등의 직접적인 원인이 있었다고 이해되지만,[20] 어떻든 여기서 朗慧의 祖父에 대해서만 품이 진골이라고 쓴 데에는 이유가 있었던 셈이다. 그렇다면 비문에서 '그의 族은 眞骨이다. 曾祖는 누구이고 祖는 누구이며 父는 누구이다'라고 쓰지 않고서 그 선조 중에서 특정한 인물에 대해서만 진골이라고 쓰는 서술 양식에는 충분히 유의할 필요가 있을 것이다. 이는 그 다음 대부터 진골이 아님을 시사하기 위한 어법일 수 있기 때문이다. 그런데 [C]에서도 秀澈의 曾祖가 진골이었다고만 언급하고 있다.

여기서 주목할 것은 그 족계를 소개함에 있어 秀澈의 경우는 曾祖부터 언급하였고 朗慧의 경우는 祖父부터 언급하여 차이를 보인다는 사실이다. 世系 파악에 정해진 범위가 없는 것이다. 그렇지만 이들은 진골이라는 선조를 맨 앞에 소개하고 있는 점에서 일치한다. 이러한 차이점과 공통점은 어디에서 기인하는 것일까? 일단 쉽게 상정할 수 있는 바는 가세가 번창한 집안일수록

---

20) 武田幸男, 앞의 논문, 194쪽.

世系를 더 소급하여 소개하는 것이 일반적이지 않았을까 하는 것이나 그러한 것 같지가 않다. 진골이라는 조상의 경우에는 '位韓粲', '位蘇判'이라 하여 관등을 말하고 있으나, 그 이후로는 이에 대한 언급이 없고 世系를 曾祖까지 소급한 秀澈의 경우에는 심지어 그 父가 벼슬하지 않았다고 한 것으로 미루어 가세가 오히려 零落해 가던 것이 실상임을 넉넉히 짐작할 수 있기 때문이다. 말하자면 진골이라는 조상 이후로 변변한 관등조차 지니지 못한 채 가세가 약해진 경우일수록 장황한 系譜의 소개가 불가피하였던 셈이다. 이러한 정황에 비추어 秀澈의 曾祖가 진골이었다는 언급은, 朗慧의 경우와 마찬가지로 그 다음 대부터 진골에서 벗어났다는 것을 말하고자 한 것으로 이해된다. 9세기 말에 이르러는 진골에서 出系하였다고 하더라도 그 당대에 이미 진골 신분에서 벗어나 있던 인물들이 드물지 않았던 것이다. 이들이 곧 得難層을 형성한 주류였을 것이다.

範淸이 신분을 강등당한 원인과 관련해서는, 일정한 혈족집단의 존재를 상정하고 그가 이 집단의 범위를 벗어났기 때문에 진골에서 강등되었을 것으로 생각한 견해가 제시된 바 있다.[21] 그러나 七代同一親族集團을 상정한 이 견해는 적지 않은 사례가 여기에 부합하지 않음이 지적됨으로써 설득력을 잃고 말았다.[22] 또 그가 憲德王 14년(822)과 17년(825)에 있었던 金憲昌·金梵文 父子의 모반에 가담하였다가 진압당함에 미쳐 신분 강등 조치를 받은 데에 원인이 있었을 것으로 생각한 견해도 제시되었다.[23] 이는 개연성이 큰 이해라고 여겨진다. 그렇지만 앞서 살핀 바와 같이 신분 강등은 보다 일반적으로 발생한 현상이었다고 추정되므로 그 원인을 刑罰에 국한해서 파악하기는 어렵다. 좀더 일반적인 신분 강등의 구조를 생각해 볼 여지가

---

21) 金哲埈,「新羅時代의 親族集團」,『韓國史硏究』1, 1968 ;『韓國古代社會硏究』, 知識産業社, 1975 재수록.
22) 李基東,「新羅 骨品制 硏究의 現況과 그 課題」,『歷史學報』74, 1977 ; 앞의 책에 재수록, 24쪽.
23) 註 20)과 같음.

있는 것이다.

'中代' 이후의 신라 골품제에서 육두품 이하의 두품층은 진골과 엄격히 구별되고 있었다. 이는 阿湌에 重位制를 적용한 사실을 통해 단적으로 알 수 있다.[24] 법제상 骨 신분은 두품 신분층이 결코 오를 수 없는 聖域이었다. 이 점에 주목하여 골품제는 기본적으로 骨制와 頭品制라는 두 계통의 제도가 합성된 형태였다고 이해한 견해도 여럿 제시된 바 있다.[25] 그런데 9세기 말에 이르러 그 경계선에 得難이라는 새로운 신분이 발생한 것이었다. 따라서 이 신분이 성립한 사실은 기존의 골품제 구성과 신분 관계에 큰 변화가 일어났음을 암시한다고 보아 좋을 것이다.

하나의 신분층이 독자적인 위치에 선다는 것은 일시에 일어나는 변화일 수 없다. 得難은 장기간에 걸쳐 성립하였을 것이다. 그러므로 이 신분의 성격과 그 성립의 推移를 제대로 이해하자면 무엇보다 신라 골품제의 전반적인 구성에서 일어나고 있던 변화를 大勢的인 觀點에서 정리해 볼 필요가 있다.

이에 우선 주목할 수 있는 것이 興德王 9년(834)의 禁制 규정이다. 興德王은 그 즉위 9년에 신분질서의 재확립을 목표로 色服·車騎·器用·屋舍에서의 禁制를 정하여 頒示하였는데, 신분을 眞骨大等·眞骨女·六頭品·六頭品女·五頭品·五頭品女·四頭品·四頭品女·平人(百姓)·平人女(百姓女)로 나누어 각기 차등을 둔 내용이었다.[26] 여기서 알 수 있는 것은, 이 시기의 신분이 眞骨·六頭品·五頭品·四頭品·平人의 5계층으로 구분되고 있었

24) 拙稿, 이 책의 제3장 Ⅲ.
25) 末松保和,「新羅三代考」,『新羅史の諸問題』, 1954, 512쪽의 註 12).
    武田幸男,「新羅の骨品體制社會」,『歷史學硏究』 299, 1965, 13쪽.
    井上秀雄,「新羅の骨品制度」,『歷史學硏究』 304, 1965 ;『新羅史基礎硏究』, 東出版, 1974 재수록, 312~324쪽.
    武田幸男, 앞의「新羅骨品制の再檢討」, 187~191쪽.
    申東河,「新羅骨品制의 形成過程」,『韓國史論』 5, 1979, 27~61쪽.
26)『三國史記』 33, 雜志2, 色服·車騎·器用·屋舍.

다는 점이다. 골품제 상의 이들 신분이 각자의 분수를 생각지 아니하고 다투어 사치함으로써 신분에 따른 禮가 僭濫에 가까운 지경으로 失墜되었기 때문에 舊章에 의거하여 그 질서를 다시 회복하고자 한다는 것이 이 禁制를 마련한 이유였다.27)

그러나 이 규정은, 闡明된 바처럼 舊來의 골품 질서를 원형대로 회복하고자 한 내용을 보이지는 않는다. 이미 변화하여 旣定事實化된 신분적 위상은 그대로 인정하는 선상에서 추진된 것이었다. 이를테면 四頭品이 車騎·器用·屋舍 規定에서 平人과 동일한 禁制의 적용을 받았다든가, 器用에서는 六頭品과 五頭品이 같이 취급된 것 등을 그 원형에 따른 조처로 볼 수는 없을 터다. 四頭品이 平人과 이미 同化될 처지에 직면해 있었고28) 六頭品과 五頭品의 구분이 어떤 측면에서는 의미를 잃어 가고 있던 當代의 실상을 반영한 것이겠다. 色服規定에서 '眞骨大等'이 보이는 것도 그러한 변화의 일면으로 생각된다. 골품제 상의 신분이 아닌 '大等'을 진골과 함께 거론한 것은 해당 규정의 적용을 받는 층을 단지 진골이라고만 지목할 수 없었던 사정에서 기인한다고 볼 때, 그것은 결국 당시의 실제적인 신분 구성에 종래의 골품제만으로는 포섭하기 곤란한 요소가 발생해 있었음을 뜻하는 것으로 풀이될 수 있겠기 때문이다. 물론 이 '眞骨大等'이 <眞骨과 大等>이라는 의미가 아니라 <眞骨의 大等(眞骨로서 大等인 者)> 혹은 <眞骨 곧 大等>이라는 의미를 가진 것이었다면 문제는 다르다. 그러나 후자일 가능성은 거의 없다고 판단된다.29) 다음과 같이 추론할 수 있다는 점에서 그렇다.

27) 『三國史記』 33, 雜志2, 色服, '興德王卽位九年 太和八年 下敎曰 人有上下 位有尊卑 名例不同 衣服亦異 俗漸 薄 民競奢華 只尚異物之珍奇 却嫌土産之鄙野 禮數失於 逼僭 風俗至於陵夷 敢率舊章 以申明命 苟或故犯 國有常刑.'
28) 邊太燮, 「新羅 官等의 性格」, 『歷史敎育』 1, 1956, 80쪽.
29) '眞骨大等'의 의미에 대해서는 이미 故 李基白 교수가 상세한 검토를 행한 바 있다(李基白, 「大等考」, 『歷史學報』 17·18合輯, 1962 ; 앞의 책, 1974에 재수록, 68~71쪽). 李 교수는 여기서, '眞骨의 大等'으로 볼 경우엔 진골로서 大等이 아닌 자가 규정에서 제외되게 되고, 6두품 이하의 골품 출신은 大等이 될 수 없었다는

첫째, '眞骨大等'은 <眞骨 즉 大等>으로 해석될 수 없다. 만일 그렇다면 大等이라는 文句는 衍文이 되는데, 특히 愼重하고 精緻한 文句의 선택이 요구되는 法條文에서 衍文이 삽입되었다는 것은 일단 상식에서 벗어난 상정일 것이다. 그리고 이와 관련해서는 眞興王巡狩碑의 大等을 진골로 置換시켜 파악할 수 없다는 것도 兩者를 일치시켜 보아서는 안 될 근거로 제시될 수 있다.[30] 9세기의 大等을 6세기의 大等과 동일한 존재로 보아서는 안 되겠지만, 신라에서 上大等이라는 職制가 계속 유지된 사실에 비추어 그 大等의 본질적 속성 자체에는 큰 변화가 없었을 것으로 보아도 좋은 까닭이다.

둘째, 眞骨과 大等이 전연 별개였다고 보기도 어렵다. 양자가 만일 별개의 존재였다면 大等의 대표 격인 上大等이 진골이었음을 설명할 수 없게 된다.

셋째, 그렇다면 예상되는 실제의 形勢는 다음 세 경우일 것이다. 각각의 경우에, 해석에 따른 지시 내용을 빗금으로 표시하면 <도표 1>과 같다.

먼저 Ⅰ-(1)의 경우, 眞骨로서 大等이 아닌 자와 大等으로서 眞骨이 아닌 자가 규정에서 제외되게 된다. 後者는 다른 신분층으로 포섭될 수 있다고 보더라도 前者는 그렇지 못하므로, 禁制 규정의 어떠한 적용도 받지 않는 층이 존재한다는 사실을 입증하지 못하는 한, 규정을 잘못 해석한 것이라는 지적에 승복해야 할 것이다. Ⅰ-(2)의 경우라면 규정에서 제외되는 층은

확증이 없는데다가, 대등은 관직이므로 '眞骨大等'을 '진골로서 大等職에 있는 자'로 이해하는 것은 여타의 신분층에 대한 규정이 官職 소유의 여부를 불문하고 있다는 사실과 相違된다는 점을 지적하는 한편, '眞骨과 大等'으로 이해하는 것도 진골만이 대등이 되었을 가능성을 배제하기 힘들고, 골품제에 입각한 규정에 골품 외의 존재가 삽입된다는 사실을 설명하기 곤란하다는 문제점이 제기된다고 보았다. 따라서 어느 한 편을 고집하기는 어렵다는 것이었다. 그러나 그는 '大等은 眞骨만이 되지 않았을까 한다'고 하여(위의 논문, 86쪽의 補註), '眞骨의 大等'일 가능성에 더 비중을 두었다.

30) 예컨대 '大等與軍主幢主道使與外村主'라 한 昌寧碑의 기록에서 대등을 진골로 치환시켜 놓고 생각하면, 진골과 대등을 동일한 존재로 볼 경우의 불합리성이 확연해진다.

〈도표 1〉 경우에 따른 '眞骨大等'의 指示 內容

경 우	(1) 眞骨 중의 大等	(2) 眞骨과 大等
I	眞骨 / 大等	眞骨 / 大等	眞骨 / 大等
II	眞骨 / 大等	眞骨 / 大等	眞骨 / 大等
III	眞骨 / 大等	眞骨 / 大等	眞骨 / 大等

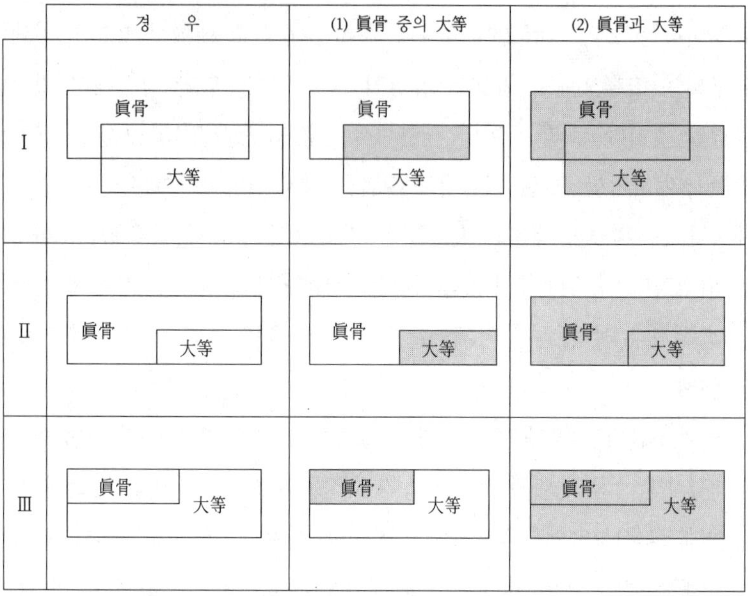

비고 : 여기서 圖形의 면적 비율은 실제의 형세와 전혀 무관하다.

발생하지 않는다. 다만 이 경우에는, 眞骨이 아닌 大等이란 도대체 어떤 층인가를 묻는 질문에 답변할 것을 과제로 안게 된다.

다음 II-(1)의 경우, 여전히 眞骨로서 大等이 아닌 자는 규정 밖에 있다. 또 이 경우엔 '眞骨大等'이라는 표현보다는 그냥 '大等'이라고 하는 편이 대상을 더 적확하게 표현한 것이 되겠다. II-(2)의 경우에는, '진골'이라고만 말하는 것이 더 분명한 표현이다. 특히 이 규정은 骨品制에 입각한 신분 구분에 따르고 있으므로 '진골'이라고만 해도 될 것을 군이 '眞骨大等'이라 할 이유가 없겠다. 따라서 역으로, (1)로 해석하든 (2)로 해석하든 문제가 있다고 한다면, 모든 大等이 眞骨이었다는 II의 형세는 애초에 성립하지 않는다고 봄이 옳다. 즉 모든 大等이 眞骨이었던 것은 아님이 명백하다.

그 다음 III-(1)의 경우에는, '眞骨 중의 大等'이라는 표현이 처음부터 성립하지 않는다. 모든 眞骨은 大等일 것이기 때문이다. Ⅲ-(2)의 경우라면, 그냥 '大等'이라고만 하는 것이 적확한 표현이다. 眞骨에 논의의 중점을 두는 경우에는 '眞骨과 大等'이라는 표현을 쓰지 못할 것도 없겠으나, 모든 眞骨이 大等이었다는 설정의 사실성은 의문이 아닐 수 없다.

그렇다면 課題는 남더라도 그 개연성을 인정할 수 있는 경우는 Ⅰ-(2)에 한한다. '眞骨大等'이란, 眞骨이 아닌 大等과 大等이 아닌 眞骨이 존재하는 상황에서 이들을 總稱한 말이었다고 볼 수밖에 없는 것이다. 다만 眞骨이 아니면서 眞骨과 동일한 대우를 받고 있었던 大等이 과연 어떠한 부류였는가 하는 문제가 과제로 남을 뿐이다.

여기서 다음 기록에 주목할 필요가 있다. 惠恭王 4년(768)에 弔冊副使로 신라에 다녀갔던 顧愔이 돌아가 『新羅國記』 1권을 남겼는데, 令狐澄이 唐 乾符年間(874~879)에 撰한 『貞陵遺事』에서 이를 引用한 것을 『三國史記』가 再引用한 내용이다.[31]

[E]   唐令狐澄新羅記曰 其國王族謂之第一骨 餘貴族謂第二骨[32]

이에 의하면 8세기 중후반의 新羅에서는 王族을 第一骨이라고 불렀고, 나머지 非王族 貴族을 第二骨이라 불렀다고 한다. 그렇다면 第一骨은 眞骨을 그렇게 부른 것으로 이해할 수 있을 것이다. 그런데 第二骨은 무엇일까? 이에 대하여는 현재, 眞骨이 아닌 頭品層 全般을 총칭한 것으로 보는 견해,[33] 六頭品을 지칭한 것으로 보는 견해,[34] 頭品이 아직 성립하지 않은 상태에서

31) 岡田英弘, 「新羅國記と大中遺事について」, 『朝鮮學報』 2, 1951, 115~117쪽.
32) 『三國史記』 5, 新羅本紀5, 眞德王 8年 3月.
33) 池內宏, 「新羅の骨品制と王統」, 『東洋學報』 28-3, 1941, 345쪽.
    李基白, 앞의 「新羅 六頭品 硏究」, 36~37쪽.
34) 今西龍, 앞의 「新羅骨品考」, 212쪽 및 215쪽.
    木村誠, 「統一新羅の骨品制-新羅華嚴經寫經跋文の硏究-」, 『人文學報』 185, 1986, 85~87쪽.

眞骨이 아닌 貴族 一般을 지칭한 것으로 보는 견해35) 등이 제시되어 있다. 그러나 이러한 이해들은 다음 기록이 전하는 바를 수용하지 못하는 한계를 안고 있었다.

[F] 其族名第一骨·第二骨以自別 兄弟女·姑姨從姉妹皆聘爲妻 王族爲第一
骨 妻亦其族 生子皆爲第一骨 不娶第二骨女 雖娶常爲妾媵 官有宰相·侍
中·司農卿·太府令 凡十有七等 第二骨得爲之……王姓金 貴人姓朴 民無
氏有名

그 族은 第一骨·第二骨이라는 이름으로 스스로 구별한다. 兄弟의 딸이나
姑從, 姨從 姉妹를 모두 娶하여 妻로 삼는다. 王族이 第一骨인데 妻도 역시
그 族이고 자식을 낳으면 모두 第一骨이 된다. 第二骨 여자는 娶하지 않으며
비록 娶하더라도 으레 妾媵으로 삼는다. 官에는 宰相·侍中·司農卿·太府
令 등이 있고 무릇 열일곱 等級이 있는데 第二骨이 이를 할 수 있다.
……王姓은 金씨고, 貴人의 姓이 朴씨며, 民은 氏姓이 없이 이름만 있다.36)

이 기록에는 宰相·侍中을 위시한 官職과 17官等 모두를 第二骨이 소지할 수 있노라고 분명히 언급되어 있기 때문이다. 新羅에서는 大阿飡 이상의 관등에 대해서

[G] 唯眞骨受之 他宗則否37)

라고 규정함으로써 六頭品 이하의 신분이 이를 지닐 수 없도록 法制化하고 있었다. 따라서 17관등 모두를 지닐 수 있다는 第二骨을 六頭品이나 頭品層 全般을 지칭한 용어로 보는 것은 이 규정을 무시하였거나 기록 [F]의 신뢰성을

---

35) 井上秀雄, 앞의 「新羅の骨品制度」, 303쪽.
　　 武田幸男, 앞의 「新羅骨品制の再檢討」, 144~146쪽.
36) 『新唐書』 220, 新羅傳.
37) 『三國史記』 38, 雜志7, 職官 上, 新羅官號.

의심하면서 내린 판단이라고 할 수밖에 없다. 그러나 [F] 역시 顧愔의 『新羅國記』 혹은 기행보고서에 입각하여 서술된 내용으로[38] 新羅에 직접 와서 目睹한 사실에 근거한 기록이므로 정당한 이유 없이 그 신뢰성을 의심하는 것을 옳은 태도라 하기는 어렵다. 기록에 충실하여 사고할 것이 요구된다.

그렇다면 第二骨의 신분은 第一骨과 마찬가지로 眞骨이어야 한다. 즉 [E]와 [F]의 第一骨·第二骨은 모두 규정 [G]의 '眞骨'에 해당하는 것이다. 眞骨이 두 부류로 나뉘어 있었던 것이겠다. [F]에서 '그 族은 第一骨, 第二骨이라는 이름으로 스스로 구별한다'고 한 것은 이를 두고 말한 것으로 여겨진다. 新羅에서 骨 신분과 頭品 신분이 엄격히 구별되어 있었던 사실로 미루어 보아도, 頭品層을 '骨'이라는 용어로 표현했다고 생각하기는 곤란하다. 그러고 보면 이는 『花郎世紀』 筆寫本이 전하는 바, 7세기의 眞骨이 '眞骨正統'系와 '大元神統'系로 나뉘어 있었다는 것과도 맥락이 닿는 사실이다. 이 필사본의 眞僞는 자못 의심스럽지만 그렇다고 해서 내용 전체를 터무니없는 僞作으로 간주하기도 어려운 형편이므로 다른 기록의 이해를 돕는 부분은 일단 염두에 둘 가치가 있다.[39]

眞骨은 모두 王의 後裔였다. 본디 諸干 중에서 王族 干들이 眞骨을 칭하며 대두한 바였다.[40] 특히 奈勿系의 왕족이 眞骨 身分의 형성을 주도하였다고 여겨지지만, 일반적으로 말할 때 眞骨은 王族이었다고 해서 틀리지 않는다. 그런데 [E]는 王族을 第一骨이라 하고 있다. 第二骨은 그 나머지 貴族이라는 것이다. 그러므로 이에 따르면 第二骨을 眞骨로 보는 것은 무리로 여겨질 수도 있겠다. 그러나 기록 [E]와 [F]에서 말하는 王族의 개념은 우리가 眞骨은 王族이라고 할 때의 개념과 같지 않다. 여기서는 기록 [F]가 그 王族은 四寸 범위 이내의 매우 심한 近親婚을 행하는 경향을 보인다고 한 사실에

---

38) 今西龍, 앞의 논문, 198쪽.
39) 權悳永, 앞의 논문, 1989, 195~201쪽.
40) 拙稿, 이 책의 제2장 Ⅳ.

유의할 필요가 있다. 이는 [E]·[F]의 '王族'이 그 정도 범위의 親族을 지시한 용어임을 뜻하기 때문이다. 즉 現王의 近親族만을 王族이라 한 것이다. 대략 現王의 直系 子孫 및 現王의 男女 兄弟와 그 子孫 정도가 第一骨을 칭하면서 스스로를 나머지 眞骨 貴族과 구별하였던 사정을 말한 내용이 아닌가 여겨진다. 그러므로 惠恭王代에 이 같은 성격의 第一骨이 보이는 것은 이 무렵에 現王을 중심으로 하는 혈연 관념이 크게 高揚되었음을 의미하는 사실로 이해되어야 할 것이다. 또 이렇게 이해해야만

至第三十六代惠恭王 始定五廟 以味鄒王爲金姓始祖 以太宗大王·文武大王平百濟·高句麗有大功德 竝爲世世不毀之宗 兼親廟二爲五廟[41]

라 하여, 現王의 親廟 둘을 포함하는 五廟制가 이 王代에 성립한 사실과도 부합한다.

우리는 지금까지, 7세기의 일을 적은 것으로 전하는 기록이 당시의 王族은 두 계열로 나뉘어 각축하였음을 말하고, 8세기 중후반의 기록은 당시의 眞骨이 第一骨과 第二骨로 나뉘어 있으면서 前者만을 王族이라 하였음을 전하며, 9세기 중엽의 기록은 眞骨이 자신들과 똑같이 대우하면서도 그들을 따로 大等이라고 부름으로써 신분상의 범주를 구분하려는 경향을 보였음을 말하고 있다는 것을 확인하였다. 그리고 朗慧碑文에서 9세기 말에 得難이라는 새로운 신분이 眞骨 밑에 성립하였음을 본 것이다.

이러한 사실들을 連繫시켜 다시 정리한다면, 7세기에는 眞骨 王族들이 두 계열로 나뉘어 있었으나 王位를 두고 서로 각축할 정도로 兩者의 지위나 세력이 비등한 형세였고, 8세기 중후반에는 眞骨 중에서 특히 現王의 近親族이 따로 第一骨을 칭하면서 다른 王族을 王族으로 인정하지 않으려는 관념을

---

41) 『三國史記』 32, 雜志1, 祭祀.

보이다가, 9세기에는 그 第一骨이 나머지 貴族을 眞骨이라 부르지 않는 형국으로 발전하였으며, 그 결과 '王族' 외의 貴族은 眞骨의 범주에서 벗어나 得難이라는 독립된 신분으로 성립하기에 이른 것으로 볼 수 있겠다. 즉 위의 기록들은 眞骨 내부에서 분화 현상이 발생하여 그 중 한 편이 결국 독립된 신분으로 성립하기에 이르렀음을 전하는 일련의 기록에 다름 아니다.

8세기 중후반 이후로는 王과 그 近親族만을 '王族'이라 하였으며, 9세기 중반부터는 그 '王族'만이 眞骨을 칭하고 있었다. 따라서 朗慧碑文에서 말한 '聖而眞骨'의 실체는, 同碑文에서 景文王 11년(871) 가을에 和尙이 上京하여 王을 배알하니

先大王冕服 拜爲師君 夫人·世子 曁太弟相國·群公子·公孫 環仰如一

하였다고 한 데서 거론된 王·王妃·世子·王弟 그리고 그 子·孫 정도의 범위를 축으로 하는 姻戚들에 불과하였을 것이다. 이는 이때의 眞骨이 狹義의 王室을 의미하는 말로 변화해 있었음을 의미한다. 9세기의 眞骨은 前代의 眞骨이 아니었다.

得難은 8세기의 眞骨 중 '第二骨'에 淵源을 두고 있는 身分이다. 17등의 관등을 제한없이 소지하면서 실제로 정국을 운영한 주체였지만, 王의 近親이 아니라는 점에서 '王族'과 구분되었고 결국 신분적인 위상을 달리하기에 이른 부류였다. 그리고 보면 得難이 진골에서 분화된 신분이었다는 점을 강조할 경우에는, 得難을 진골의 한 부류로 파악한 앞서의 石翁의 견해도 전혀 터무니없는 것은 아니었다고 할 것이다.

惠恭王代 이후로는 비록 王의 後孫일지라도 現王의 親族 범위에 들지 못하면 王族에서 벗어날 수밖에 없는 구조가 정착되고 있었다. 各代의 王家, 곧 王子나 王女, 王弟나 王妹, 혹은 그 자식들과 계속하여 通婚할 수 있었던

家系만이 累代로 眞骨 신분을 지닐 수 있었다. 그러하였기 때문에 新羅
王室은 더욱더 近親婚의 성향을 보일 수밖에 없었을 것이다. 그러나 또한
이러한 연유에서, 當代의 王室과 通婚하여 眞骨로 대우받은 가문도 적지
않았을 것으로 추측된다.[42]

한편 得難은 진골층이 분화한 결과로써 성립한 층이었지만 진골에서
벗어나게 된 부류만이 이에 속한 것은 아니었다. 頭品層에서 上昇한 부류도
드물게나마 포함되어 있었다. 憲德王 14년(822)에 金憲昌의 반란 진압에
공을 세운 阿飡 祿眞에게 大阿飡의 官等을 수여한[43] 사실에서 알 수 있다.
祿眞은 이 官等을 사양하였다고 하나, 下代에 점철된 왕위계승을 둘러싼
항쟁에서 祿眞처럼 큰 공을 세워 大阿飡 이상의 관등을 수여받은 두품층이
적지 않았음을 이를 통해 능히 짐작할 수 있다. 물론 阿飡에 重位制가 시행되
던 상황에서 두품층에 대해 眞骨 獨占의 官等을 授與한다는 것은 흔한
예가 아니었을 것이고, 또 그것을 받는다는 것 자체를 非禮로 여기는 경향도
없지 않았을 것이다. 그러나 드물게라도 그 授與의 필요성이 누적되고 있었던
사정은 충분히 인정할 수 있다. 종래의 '第二骨', 혹은 大等이라고만 불리던
층을 '眞骨'과 완전히 분리하여 독자적인 신분으로 성립시킴에 있어서는
그러한 필요성을 흡수한다는 趣旨도 강하였다. 이 새로운 신분층을 得難이라
고 부른 것이 이를 말한다. 곧 得難의 성립은 두품층에 대한 정치적 제약이
限界에 이른 사정을 반영하고 있기도 한 것이다.

眞骨이 王과 그 親姻戚만을 지칭하는 용어로 변화하고, 신분상으로는
眞骨과 구별되었지만 정치 면에서는 眞骨과 다를 바 없이 대우되는 得難이
성립한 상황에서, 또 頭品層도 得難이 되어 제한없이 정치에 참여할 수

---

42) 祐徵(뒷날의 神武王)이 그 집권에 張保皐의 협조를 얻는 조건으로 그의 딸을 왕비로
  삼겠다고 약속하였고 장보고 또한 이에 응한 것은, 이와 같은 구조에서 그것이
  진골 신분으로의 편입을 의미하는 好條件이었기 때문일 것이다(『三國遺事』 2,
  紀異2, 神武大王・閻長・弓巴).
43) 『三國史記』 10, 新羅本紀10, 憲德王 14年 및 同書45, 列傳5, 祿眞.

있게 된 상황에서 骨品制는 사실상 유명무실하였다. 이 변화는 當代人에게도 특기할 만한 사실이었을 것이다. 崔致遠이 得難에 대해 註釋을 단 것은 이러한 배경에서 이해된다.

4. 結 語

9세기 말의 得難은 六頭品의 別號가 아니다. 그것은 진골층이 몇 세기에 걸쳐 분화한 결과로써 성립한 독자적인 신분이었다. 또한 得難의 성립은 종래의 骨品制에 입각하여 頭品層에 대해 政治的 制約을 가한다는 것이 더 이상 설득력이 없어진 사정을 반영한 것이기도 하였다. 이에 이르러 骨品制는 死文化된 前代의 제도에 불과하였다.

興德王 9년의 禁制나 朗慧碑文에 보이는 9세기의 眞骨은 前代의 眞骨이 아니었다. 그것은 王과 그 親姻戚만을 지칭한 용어로서 狹義의 王室·宗室 개념에 해당하는 것이었다. 8세기 중후반에 五廟制가 성립하는 등 現王을 중심으로 하는 혈연의식이 크게 고양되면서 그 親族만을 王族이라고 부르게 되었던 변화의 결과였다. 高麗朝에 들어 나타나는 王族封爵制上의 宗室 범위는,44) 이러한 변화의 축을 염두에 둘 때 비로소 제대로 이해될 수 있다.

---

44) 金基德, 「高麗朝의 王族封爵制」, 『韓國史研究』 52, 1986.

補_

본고가 발표된(『韓國古代史硏究』8, 1995. 2) 후 南東信 교수가 '得難'조에 대한 전면적인 재해석을 시도하여, '聖而眞骨'을 하나의 신분으로 보고 '得難'을 '六頭品'과 구분되는 독자의 신분으로 간주하는 논고를 제출하였다.[1] '聖而眞骨'을 협의의 王室이 아니라 王室을 포함한 眞骨 전체로 파악하고, '得難'을 '얻기 어려운 것을 얻었다'는 뜻으로 해석한 다음 진골에서 한 등급 강등되었지만 여전히 貴姓을 칭한 신분으로 이해한 것이었다. 南 교수의 논고는 碑文의 '曰'자가 본디 없던 글자며, 종래의 이해와 달리 骨品制는 변화의 요소를 지닌 역동적 체제였다는 사실을 학계에 널리 환기하는 계기가 되었다. 하지만 많은 연구자들은 '聖而眞骨'을 분화하여 독립한 眞骨 王室로 보면 여기서 배제되었다는 '得難'의 수가 더 많아야 하는데 기실은 이에 대한 별도의 註가 필요할 만큼 일반적인 신분이 아니었지 않느냐며, 得難 신분을 가진 사람의 실례가 확인되지 않으면 그 존재를 믿기 어렵다고 여기는 듯하다. 아직은 9세기 말의 '五品'을 기존의 통설대로 이해함이 무난하다는 것이다.[2] 그러나 필자로서는 여전히 다음 사실에 유의하고자 한다.

첫째는 碑文을 제대로 해석하는 한 어떻게 하더라도 '得難'을 '六頭品'의 異稱으로 이해할 수는 없다는 점이다.

둘째는 新羅에서 高麗로의 이행을 완전한 단절로 볼 수 없는 한 고려로 들어서면서 王室 개념이 곧바로 성립한 근거를 역사적으로 설명해 낼 필요가

---

1) 南東信, 「聖住寺 無染碑의 '得難'條에 대한 考察」, 『韓國古代史硏究』 28, 175~205쪽.
2) 金基興, 「新羅의 聖骨」, 『歷史學報』 164, 1999 ; 『月谷李明植敎授停年紀念 新羅政治史論文選集』(論文選集刊行委員會, 2007 재수록 兼 追記.
　金昌鎬, 「新羅 無染和尙碑의 得難條 解釋과 건비 연대」, 『新羅文化』 22, 2003.
　田美姬, 「신라 하대 골품제의 운영과 변화」, 『新羅文化』 26, 2005.
　朱甫暾, 「신라 骨品制 연구의 새로운 傾向과 課題」, 『韓國古代史硏究』 54. 2009.

있으며, 그렇다면 신라의 진골 왕족 내부에서 분화가 일어나고 있었다는 상정은 필연이라는 점이다.

그리고 셋째, 공식적으로는 9세기까지 聖骨이 폐지되지 않았다고 보고 '聖而眞骨'을 聖骨과 眞骨의 合稱으로 해석할 경우 眞德王을 끝으로 聖骨王 이 絶滅하고 太宗武烈王부터는 眞骨이 왕위에 올랐다고 하여 歷史 記錄으로써 그 絶滅을 선언한 聖骨의 존재를 新羅 末期까지 그대로 유지시켜야만 했던 나름의 배경을 설명해 내야만 할 것인데, 아무래도 궁색한 설명뿐이라는 점이다. 聖骨을 自稱・標榜하며 등장한 인물이 있었던 것과 그것을 국가의 身分(品)으로 公認한 것과는 엄격하게 구별해서 생각해야 한다.

찾아보기

國飯　345, 352
國士　412, 543, 545, 548
『國史』　336
國相　478, 486
國役　213
國王　234, 289
國王中心體制　237, 540
國王中心體制說　236
國邑　55
國人　81, 82, 118, 330
國子監　544
國學　392
郡公　503
軍團　462, 465
軍師　409, 456
軍事組織　92
郡守　410
君臣關係　50, 302
軍役　225
郡王　503
軍資　455
君長社會　66
軍主　164
郡主　264
郡中上人　207
郡太守　212, 430, 548
郡縣　464, 483, 548
郡縣制　136, 335
宮　494
弓福(張保皐)　376, 377
權威位階　234
貴干　466
貴族　390, 574
貴族的 參與層　445, 473
귀틀系 土壙木槨墓　138
圭　266
竅興寺鐘　524, 532

均貞　375, 377, 436
近侍機構　547
近親　489
近親婚　339, 366, 435
金骨　557
金冠　513
金官國　69, 142, 458
金銅冠　263, 513
金山加利　151
金石並用期　100, 103
金入宅　489, 515
金入宅主(府主)　518
禁制　284, 415
琴尺　479
級飡　530
及尺干　479
祇摩　331, 332
騎兵　472
器用　424, 570
箕子　42
箕子朝鮮　37
吉士[吉次]　285, 403, 481
金堅其　389
金敬信　495
金寬毅　320
金仇亥　505
金大問　557
金明(閔哀王)　342, 376
金武力　209
金梵文　568
金富軾　71, 318
金三光　457
金舒玄　209, 211
金邃宗　517
金陽　376, 377, 436
金亮宗　517
金言　389, 395

本文 출처

제1장

   I   『歷史敎育』 114, 2010.

   II   『歷史敎育』 98, 2006.

   III   『新羅文化』 21, 2003.

   IV   『李元淳敎授停年紀念 歷史學論叢』, 敎學社, 1991.

제2장

   I   『歷史敎育』 63, 1997.

   II   『韓國史論』 23, 서울대 國史學科, 1990.

   III   『歷史敎育』 74, 2000.

   IV   改新稿

제3장

   I   『韓國史研究』 86, 1994.

   II   『歷史敎育』 104, 2007.

   III   『역사와현실』 50, 2003.

   IV   『韓國 古代·中世의 支配體制와 農民』(金容燮敎授停年紀念論叢 2), 知識産業社, 1997.

제4장

   I   『韓國史研究』 107, 1999.

   II   『歷史敎育』 59, 1996.

   III   『歷史敎育』 111, 2009.

   IV   『韓國古代史研究(8)-韓國史의 時代區分』, 1995.

※ 원래의 게재 내용에서 오류가 발견된 것은 바로잡고 난해하거나 오해의 소지가 있는 문맥은 가다듬거나 보완하였으나, 게재 후에 지금까지 축적된 학계의 관련 연구 성과를 모두 반영하는 데는 미치지 못하였다.

※ 책으로 재구성하면서 原題와 目次를 다시 조정하기도 하였다.